LES ÉTAPES DE LA PENSÉE SOCIOLOGIQUE

RAYMOND ARON

上海译文出版社

社会学主要思潮

[法]雷蒙·阿隆 著

葛秉宁 译

目　录

第二部分　十九世纪末二十世纪初的一代

前　言

过去,科学曾经使人类精神摆脱了神学和玄学的控制。这种控制在人类懵懂时期是不可缺少的,但是接着便力图使懵懂时期无限制地延长下去。今天,科学应当或以自己的方法,或以自己在各方面的成果,决定社会理论的重新组织。将来,一旦系统化后,科学就将与人类在地球上的活动共存,永远成为社会秩序的精神基础。

> ——奥古斯特·孔德《实证政治体系》,
> 第四卷,附录第 161 页,《对科学和
> 科学家的哲学研究》(1825 年)

　　我是在参加了几次国际社会学协会代表大会后，才想到写这本书，或者应该说写这些讲义（本书前身）的。自从苏联的同行们参加了这些大会以来，国际社会学协会代表大会就成了自称赞同十九世纪的理论，并把这种理论的指导思想作为科学总结提出来的人，同用现代的观察和实践方法，通过民意测验、提问和采访等手段进行调查培养出来的社会学家对话的惟一场所。该不该把熟知历史规律的苏联社会学家视作与西方社会学家一样，属于同一种科学职业的人，还是把他们看作是无法把科学从思想意识中区别出来的那种制度的牺牲者呢？这个制度把过了时的科学的残余——意识形态改头换面，使它成为国家的真理。只有抱着这种信念的人才继续把它称之为科学。

　　学者和教授们的这种对话，尤其是掺杂着历史—政治的对话使我极感兴趣。主要对话人通过各种途径在某些方面取得了某些可以类比的结果。受马克思主义熏陶的社会学家试图把各种现代社会置于整个历史进程中全面加以解释。资本主义像封建制度取代古老的经济那样，取代封建制度，社会主义将取代资本主义。少数人先用奴隶制，后来用农奴制，今天则用工资手段攫取劳动群众的剩余价值，而明天，剩余价值将超越工资制，随着阶级对抗一起消失。马克思在《政治经济学批判》一书序言中列举了五种生产方式，只有亚细亚生产方式这一种被苏联社会学家遗忘。也许苏联和中国之间的争论将使苏联人认识亚细亚生产方式和"水力经济"的重要性，而西方社会学家早在几年前就已认识到它的重要性了。人民中国比苏联更容易受到人们利用这种观念对它的批评。而苏联则从未发生过这种情况。

　　马克思主义引用奥古斯特·孔德的论点，它的理论既包括社会动态学又包括社会静态学。历史发展的规律是以社会结构理论、生产力和生产关系的分析为基础的，而这些理论和分析，其本身则是建筑在一种通常称之为辩证唯物论的基础上的。

这种理论既是综合论的（或是总体论的）、历史论的，又是决定论的。与其他特定的社会科学相比，这种理论的特点是包罗万象，从社会的运动中把握各个社会，综述社会的各个方面，因而能大体上认识今天，也能预测未来。它宣告某种生产方式——社会主义不可避免地将要来临，因而既是进步的，又是决定论的，它从不怀疑未来的制度要比过去的制度优越：生产力的发展难道不就是变化的动力和进步的保证吗？

大部分西方社会学家，尤其是美国社会学家在世界代表大会上冷漠地听着这种简单化的、庸俗的马克思主义单调的唠叨。他们在自己的著作中很少提到这种观点。他们无视社会和历史的规律，无视宏观社会学的规律。这种无视既表现为不懂得这些规律，又表现为对之漠不关心。他们不相信这些规律就是真理，不相信科学的社会学能够形成并说明这些规律因而值得加以研究。

美国的社会学本质上是分析论和经验论的。它自1945年以来曾经对欧洲和所有非共产主义国家的社会学研究和发展起过主导性的影响。这种社会学通过提问、采访等方式反复进行调查，以求弄清社会人或社会化了的人是怎样生活、怎样思考、怎样感受、怎样判断的。公民们在各种选举中是怎样投票的，在年龄、性别、居住地点、社会职业、收入水平、宗教等各种可变因素中，哪些因素会影响选举行为？候选人的宣传活动在多大程度上能决定或变更选举活动？在选举过程中选民改变主意的占多大比例？什么因素会使得选民在选举中改变主意？一个研究美国或法国总统选举的社会学家可能提出的就是这些问题，只有通过调查才能回答这些问题。再举一些诸如产业工人、农民、夫妻关系、广播和电视等例子是十分容易的，社会学家可能会向各种社会化了的个人、社会类别、稳固的或不稳固的团体提出各种问题，列出一张长长的清单也并不困难。进行这些研究的目的是为了确定各种可变因素之间的关系，各种可变因素对这个或那个社会类别的行为所起的作用。社会学家不是先验地，而是通过科学研究来划分实际存在的团体。这些团体或者有着共同的处世办事方法，或者同属于一个价值观念体系，或者都有着希望内部稳定的倾向，亦即有着会引起外界相应反应的突然变化。

但是，这并不是说由于这种社会学是分析性的和经验论的，因而就只懂得个人、个人的志向和动机、感情和愿望。相反，这种社会学能够触及一些总体，或实际存在的团体甚至一些潜在的阶级。但是即使是组成这些实体的成员也不知道其存在。确实，这种集体现实在人们看来是内在的，而不是超越人的认识的。在社会学家眼中，人总是社团化的，社团不止一个，整个社会就是由许许多多社团组成的。

综合的、历史的社会学，实际上只是一种意识形态。经验的、分析的社会学归根到底也只是一种社会志。这两种社会学的对立是滑稽可笑的。十年前我想写这本书的时候是这样，今天更是这样。但是由于对话和论战的必然结果所形成的各个学派在代表大会上却互相嘲笑着。

意识形态和社会志的对立，丝毫也不排除社会学在苏联和美国所起的类似作用。社会学在这两个国家里都已不再是抨击的目标。按照马克思主义的观点，社会学不会在基本方面影响社会秩序，因为马克思主义的社会学承认国家和党的权力（或者也可以说是无产阶级的权力），而美国的分析社会学则默认了美国社会的准则。

十九世纪的马克思主义社会学是革命的，因为它预示革命将摧毁资本主义制度。后来，在苏联，救人于危急之中的革命已成过去，不再属于未来。马克思预料的决定性的突变终于发生了。自此之后，经过一个不可避免的、辩证的过程，事物从正面走向了反面。一种从革命愿望中诞生的社会学，随即就为已经建立起来的秩序服务。对马列主义政党没有掌握政权的社会来说，苏联的社会学确实保持了或自认为保持了革命的作用。马克思主义社会学在苏联是保守的，而在法国或美国则是革命的或者努力成为革命的。但是我们东方国家的同行们对没有发生过革命的国家认识甚差（十年前认识更差）。他们为环境所迫，对自己不能研究的国家持严峻的态度，而对自己的社会则表现出极度的宽容。

经验论的、分析性的美国社会学并不是一种国家的意识形态，它很少自觉地、有意识地赞扬美国社会。在我看来，大部分美国社会学家是自由主义者(这是就该词在大西洋彼岸所含的意义来说的)，他们中间民主党人多于共和党人，他们赞成社会变动，容纳黑人，反对种族歧视和宗教歧视。他们用美国人的观念和理想来抨击美国的现实，毫不犹豫地承认美国社会的种种弊病。这些弊病像神话中的七头蛇那样，暴露出来后，通过改革被克服或减轻了，第二天又大量地冒了出来。黑人应当有选举权，但是如果黑人青年找不到职业，那么这种权利又有什么意义呢？一些黑人进了大学，但如果大部分黑人进的学校教学质量低劣，那么这种象征性之举又有什么意义呢？

总之，苏联社会学在对待自己的问题上是保守的，但对别人的问题却是革命的。美国社会学家则在涉及自己的社会问题上是改良主义的，而且在别国的问题上也是改良主义的，只是没有明说罢了。这两种社会的对立，在1966年已没有像在1959年我参加那次世界代表大会时那么明显。从那时起，美国式的经验论的研究已在东欧日益增多，也许在匈牙利，特别是在波兰比在苏联更多。即使在苏联，就某些明显限定的问题进行大量的试验性的研究也有所发展。可以想象，不久的将来，在苏联也会出现一种总体上赞成、个体上有争议的两者兼而有之的改良主义社会学。

总体上赞成、个体上有争议这两者的结合，在苏联要比在美国或西方国家更不容易做到，其原因有二：马克思主义意识形态比在美国社会学中占主导地位的含蓄的意识形态学派更为明确。它使得苏联社会学家不能像美国政治制度下的社会学家那样在总体上赞成的同时又能自由地兼收民主思想。再者，个体上的批判要深入就必然会损害这种意识形态本身的有效性。因为这种有效性表明，人类历史上决定性的突变发生在1917年无产阶级及其政党取得政权，实行生产手段国有化之时。如果在这次突变后，人类事务没有重大变化，仍按通常发展趋势持续下去，那么这种拯救人类于患难之中的革命理论又怎能得到捍卫？这里，我认为可以引用一下 P·N·费道雪夫和 B·巴伯两位教授在斯特雷扎代表大会上宣读报告后讲过的这样一段颇有讽刺意味的话：苏联的社会学家对自己社会的满意甚于对科学的满意，相反，美国的社会学家则对科学的满意甚于对他们社会的满意。

在欧洲和第三世界国家里，意识形态的和革命的影响，以及经验论的和改良主义的影响，根据不同情况都在时强时弱地同时起着作用。

在发达的国家里，尤其在西欧国家里，美国的社会学使社会学家"从革命走向改良"而不是"从改良走向革命"。在法国，革命的神话在一个时期里很有吸引力。但是由于采取经验论的方法，用分析的、部分的调查代替总体观察后，许多青年大学生已经逐步转而采取改良主义态度了。

但是，这种转变究竟是社会变革引起的，还是社会学实践所引起的，尚难确定。在西欧，革命已越来越不时兴了。经济的飞速增长，社会在这两代人之间可望越来越发展，这些都使普通的人不愿上街示威游行。再加上革命的政党是与一个外国强国有着联系的，这个强国为之提供效法的制度是一种越来越不注重建设的制度，所以革命热情衰退就不会令人惊奇了。如果千百万选民仍然对那个自称为代表革命希望的政党表示忠诚，那才令人迷惑不解了。

在欧洲和美国，马克思主义所称的那种批判的传统、综合和历史的社会学的传统并没有消失。美国的 C·赖特·米尔斯和赫伯特·马尔库塞、德国的 T·W·阿多诺、法国的 L·戈德曼，尽管他们的评论源自民粹主义或马克思主义，他们都既反对 T·帕森斯著作中提到的那种形式的、反历史的理论，又反对局部的、经验的和特有的调查。主张这种调查的社会学家几乎遍布全球，他们想把这种调查当作一门科学。形式理论和局部调查在逻辑上和历史上都不是不可分割的。许多实际上从事局部调查的社会学家对 T·帕森斯的伟大理论要么不予重视，要么持反对态度。帕森斯派社会学家也并不都热中于这种部分调查，因为数量众多、类别繁杂的调查不利于集中和综合。事实上，不放弃对现秩序进行总的或全面抨击的、受马克思主义熏陶的社会学家，把形式理论和部分调查视为仇敌，但对这两者的融合并不担忧，因为即使这两者有朝一日在社会上和美国的社会学有所联系的话，这种联系既是不必要的又是不能持久的。

形式的或抽象的经济学理论早已被历史学派和经验论派所抛弃。这两派虽然都反对抽象的反历史的理论，但本质上是不同的，他们都各有自己的理论和历史。同样，反对帕森斯形式理论和没有理论的社会志的社会学派，通过各种途径，也有了自己的历史和理论，至少都有自己的概念和一般命题。不管这种概括性程度如何，在某些情况下，也能引出革命性的而不是改良主义的结论。经验社会学一旦为今天称之为不发达的国家所接受，就能揭露社会关系或宗教和道德传统在这些国家的发展和现代化道路上造成的种种障碍。用美国方式形成的经验社会学，在某些情况下可以得出只有革命的政权才能扫除这些障碍的结论。分析社会学发展的理论可以重新发现历史，这一点是很容易说明的，因为这种理论是一种形式化了的现代历史哲学。人们也能找到这种社会学的形式理论，因为对各种社会进行比较，需要有一整套概念，即今天社会学家称之为理论的东西。

七年前，当我着手写这本书的时候，我一直在想，在东欧社会学家们所描述的马克思主义社会学和西方尤其是美国社会学家们所奉行的经验论社会学之间是否有什么共同的东西。于是我就追根求源，对《历史社会学的伟大理论》（这是"大学资料中心"出版的两本讲义的题目）进行了研究，以求找到一个答案。但是读者在本书里是找不到我所企求得到的答案的，只能找到别的什么东西。如果会有答案的话，也只能在以后出版的书里找到，但是这本书现在还没有写出来。

当然，一开始我就倾向于对这个问题作出一个回答，但本书里出现的只是一个含含糊糊、难以明说的答案。在东方的马克思社会学和西方的帕森斯派社会学之间，在十九世纪的伟大理论和今天的部分调查、经验调查之间存在着某种联系，也可以说存在着某种持续性。怎么能够无视马克思和马克斯·韦伯之间，马克斯·韦伯和帕森斯之间，奥古斯特·孔德和涂尔干之间，涂尔干、马塞尔·莫斯和克洛德·莱维-斯特劳斯之间的持续性呢？在某些方面，今天的社会学家显然是人们称之为前社会学家的继承者和接班人。使用"前社会学家"一词就可以看出我想进行的历史调查是有不少困难的。不管进行这种历史调查的对象是机构、民族还是科学学科，都应当先确定其范围以观察其发展变化。必要时法国或欧洲的历史学家可以采取一种简单的方法：地球上位于大西洋和乌拉尔之间的这块六角形的土地就是法国，就是欧洲。历史学家叙述的只是在这个空间内发生的事情。事实上，历史学家从来没有用过这种简单的方法。法国和欧洲不是一个地理实体而是一个历史实体。它们都是由制度和思想（这种制度和思想是不断变化的，但是可以认识的）以及一块土地所限定的。这个定义，是现在和过去交替的结果，是今天的法国和欧洲同启蒙时期或基督教国家时期的法国和欧洲比较的结果。只有能够把握每个时代的特点、各个时代的结局以及永恒现象的人才有资格谈论历史，才是一个优秀的历史学家。

如果这种历史调查的对象是一门科学、一门伪科学或类科学的话，那么困难就更大了。社会学是什么时候开始有的？社会学的创始人和鼻祖是谁？应当为社会学下什么样的定义？

我承认我为社会学下的定义是含糊不清的，但并不武断。社会学是以人与人之间的基本关系，以及更广泛的群体、阶级、民族、文化乃至人们通常所说的全部社会的宏观方面作为研究对象的一门科学。这个定义的本身就足以说明要写出一部社会学史，指出社会学始于何地终于何处是多么不容易的了。理解一门科学的宗旨和它的社会目标，其方法是很多的。但是社会学是否有这种科学宗旨和社会目标呢？它是不是和这两种东西之一共存呢？

所有的社会都对自己有所认识。许多社会都曾经想对集体生活的某一个方面作出客观的研究。亚里士多德的《政治学》在我们看来是一部政治社会学的专著或者是对各种政治制度的分析比较。虽然《政治学》对家庭和经济结构作过分析，但它的核心仍是论述政治制度，论述对各级集体生活，尤其是对使人类社交活动得以实现的城市起指导作用的机构。把握社会的愿望就是社会学思想的组成部分，就这一点来说，孟德斯鸠比亚里士多德更应当作为社会学的创始人载入本书。反之，如果把科学宗旨看得比社会目标更为重要的话，那么亚里士多德可能与孟德斯鸠甚至与奥古斯特·孔德等量齐观了。

　　此外，现代社会学不仅源于十九世纪的历史社会理论，而且还有其他来源，即行政统计资料、调查报告和凭经验的调查。保罗·拉扎尔斯费尔德①和他的学生们曾经对现代社会学的这另一源泉作过多年的研究。我们有充分的论据说今天的经验和数量社会学应当更多地归功于勒·普莱和凯特莱，而不是归功于孟德斯鸠和奥古斯特·孔德。总之，东欧的教授自从不再局限于引用马克思提出的历史发展规律，通过统计、调查表和采访等手段察看一下苏联的现实的那一天起就转而赞成这种社会学了。

　　毋庸置疑，十九世纪的社会学标志着人类思考自身行为的时期。在这个时期里社会学时而以人与人之间的基本关系，时而以一个总的实体，作为研究主题，它的性质是模棱两可的。它也表明社会学想与其他自然科学一样，成为一门独特的科学知识，即像物理学和化学那样，给人以掌握自然的力量，使人类把握自己的社会和历史。这种意愿虽然并不特别新颖，但由于它的坚决性而颇具特色。那么，这种知识为了成为一门科学该不该放弃综合性的包罗万象的历史社会学伟大理论的宏伟目标呢？

　　我着手探讨现代社会学的来源，结果列出了一张这方面的学者的名单。这个过程是怎样完成的，我自己也不太清楚。我同学生们交谈，没

_____

　　①　保罗·拉扎尔斯费尔德（Paul Lazarsfeld，1901—　），美籍奥地利人，社会学家和统计学家。——译者

有框框，想到什么就谈什么。我不管社会学应包括些什么，而总是努力把握这些社会学家的基本思想，尽量不忽视社会学特定的宗旨，也不忘记这种宗旨在十九世纪是与哲学观念及政治思想分不开的。当代的社会学家一旦投身到宏观社会学这一领域，着手对社会作全面的解释时可能就是这样做的。

这张名单所列的人物究竟是社会学家呢，还是哲学家？对此，我不想加以讨论。我们认为这是关系到一种相对新型的社会哲学，一种在二十世纪最近三十年发展起来的，以社会为目标的，以旨在成为一门独立的科学为特点的社会学的思想方式。社会人正在取代经济人。全世界各大洲所有的大学，不管制度如何不同，都在成倍增加社会学教授的讲席。代表大会一个接着一个地召开，有关社会学的出版物不断增加。社会学家们都主张经验论的方法，用民意测验的方法进行调查，用对他们最合适的概念体系，从某个角度观察社会现实。他们具有一种独特的看法。这种思想方法受到传统的影响。我的这张名单中的人物可以揭示这一传统的来源。

我为什么要选这七位社会学家呢？为什么圣西门、蒲鲁东、赫伯特·斯宾塞没有被列入这张名单呢？理由当然是有几条的。奥古斯特·孔德通过涂尔干，马克思由于二十世纪革命的缘故，孟德斯鸠通过托克维尔，而托克维尔则通过美国的意识形态，都属于现代派人物。至于本书第二部分谈到的另外三位作者，则早已被塔尔科特·帕森斯列在他的第一部大部头著作《社会行动结构》之中了。我们大学里一直把这三位作为导师而不是作为前辈进行研究的。当然，如果我不承认在选择时有主观决定的因素，那么我就缺乏对科学的诚实了。

本书首先介绍孟德斯鸠。以前我曾经为之开过一年的课，因为《论法的精神》一书的作者既可以被视为一位政治哲学家，也可被看成是一位社会学家。他用古典哲学家的方法不断分析和比较各种政治制度，同时努力把握整个社会的各个部门，从中找出各种可变成分之间错综复杂的关系。也许我之选择孟德斯鸠是受莱昂·布伦什维格①的启发，莱昂·布伦什维格曾在《意识在西方哲学中的进步》一书中，以专门一章对孟德斯鸠致意。在书中，莱昂·布伦什维格不是把孟德斯鸠当作社会学的先驱者，而是把他当作杰出的社会学家，使用不同于奥古斯特·孔德及其弟子的综合的分析方法的典范来致意的。

我把亚历克西·德·托克维尔也收集在本书中，这是因为社会学家，尤其是法国的社会学家往往对他不了解。涂尔干把孟德斯鸠视为先驱者；我并不认为他曾把同样的声誉给予《美国的民主制度》一书的作者。我在中学或大学里当学生的时候，即使从来没有听到过大西洋彼岸的大学生人人都知道的名字，要拿几张文学、哲学和社会学方面的文凭还是可能的。亚历克西·德·托克维尔的晚年正是第二帝国时期。他常常流露出比在新大陆沙漠里更为孤独的情绪。他晚年的这种境遇死后仍然在法国继续着。这位凭借理智而又悲伤地接受民主思想的诺曼底望族的后代发表了第一部著作后，获得了巨大的成功，但是从来没有在法国起过他希望起的作用。这个法国先是沉湎于有产者可耻的自私，后来又狂热推崇革命，继而又热中于个人专制。他原来所在的政党认为他太自由主义了，而共和党人则认为他对新思想还不够热情，所以他既没有被右派接纳过，又没有被左派吸收过，一直处在被大家怀疑的地位。亲英国派或亲英美派在法国的命运就是如此，我是说那些抱着怀旧心情、把1789 年以来法国历史上的风云变幻与操英语的各国人民享受的自由在作比较或者作过比较的法国人的命运就是如此。

托克维尔由于有保留地接受民主思想，参加这一不是理想的，而是不可抗拒的运动，所以在政治上处于孤立。他反对奥古斯特·孔德创导的、由涂尔干为代表的（至少在法国是这样的）社会学派的某些指导思想。社会学要求把整个社会如实地作为研究主题，并不要求政府机构、管理方式的作用可以因社会基础或社会秩序的结构特点而有所缩减。然

---

① 莱昂·布伦什维格（Léon Brunschvicg, 1869—1944 年），法国哲学家。——译者

而，从把社会作为研究主题转为削弱政治的作用或否认政治的特点，这是很容易的。我们可以在奥古斯特·孔德、卡尔·马克思和埃米尔·涂尔干的著作中看到不同方式的转化。自由民主制度和一党制是分别与托克维尔称之为民主社会以及奥古斯特·孔德称之为工业社会相联系的。战后初期这两种制度之间历史性的冲突使政局迫切需要作出一种选择，《美国的民主制度》就是以这种选择结束的："当今世界各国不会在内部制造不平等的条件，但是平等使各国走向顺从还是走向自由；走向光明还是走向野蛮；走向繁荣还是走向贫困，因国而异。"

人们也许会问我为什么选择奥古斯特·孔德而不选择圣西门。理由是十分简单的。不管人们赋予圣西门本人在圣西门思想中以什么样的地位，圣西门思想仍不是一种可与孔德思想相比拟的综合整体。如果说圣西门公爵强烈反映当时时代精神的著作中已经包括了大部分实证主义的论题，那么这也只是由于这位综合工科学校毕业生的惊人天赋，才使这些论题得以按照哲学的严谨性组织起来。他具有综合他那个时代全部知识的雄心壮志，但却很快自觉地陷入自己创造的精神世界中去了。

尽管我很熟悉蒲鲁东的著作，但是蒲鲁东并没有被包括在我的这张名单之中。这是因为我认为与其说他是一位社会学家，还不如说他是一位伦理学家或社会主义者更为确切。这倒不是说他本人缺乏历史变化的社会学观点（所有的社会主义者都是这样的），而是因为人们很难从他的著作中得到类似《实证哲学教程》和《资本论》给予具有社会学思想的历史学家那样的东西。至于赫伯特·斯宾塞，我承认他曾经有过相当的地位，但是我的这张名单中的人物应当具有与这一标准密切有关的知识，我称这七个人为社会学的"创始人"，他们的主要著作，我曾经阅读多遍，赫伯特·斯宾塞的著作还称不上是"创始人"的著作。

每幅画像，尤其是草图（书中的每一章，与其说是一幅画像，不如说是一张草图）往往能在不同程度上反映出画家本人的性格。我用了七年时间写完了第一部分，又花了五年时间写出了第二部分。我相信写成这每一章的指导思想是一目了然的，然而我在当时可能还没有意识到。我明显地在治学严谨的社会学家面前为孟德斯鸠和托克维尔辩护，以便使纪龙德省和芒什省的这两位议员能在社会学创始人的名单上占有一席之地，尽管他们两人都避开唯社会论，保持自己的独立性（从因果上来说），强调政治秩序（从人文上来说）甚于社会结构和社会基础。

奥古斯特·孔德的正统性已为人所共知，所以书中叙述他的理论目的自然不同。我想用我最初的直觉来解释他的全部著作。我就是这样使奥古斯特·孔德的社会学哲学系统化的，而实际上孔德的哲学是没有什么系统性的——这样说也许太过分了些。

叙述马克思思想是颇有争议的，但是这种争议主要针对对马克思思想的解释，而不是针对马克思本人。人们用十年前的方法，把《资本论》视为从属于《经济-哲学手稿》的著作，而且无视马克思1845年前的早期著作与成熟时期的著作之间的突变。同时，我努力想理出被第二国际和第三国际时期马克思主义者所持有和运用的马克思的基本思想。因此我曾经在另一本讲义中就1841年至1844年马克思想写的《批判》和后来收入他的巨著中去的《政治经济学批判》之间的区别作过分析，我已经放弃作深入分析，但我希望有朝一日重新写过。路易·阿尔杜塞曾经强调过这一关键之点：青年时期的马克思和写《资本论》时的马克思之间的持续性和间断性，实际上取决于马克思一生两个时期用同样的批判一词所代表的意义。

本书第二部分的三章学术性更强，其目标也许不太确切。然而我怕对埃米尔·涂尔干不够公正，因为我对他的思想一直有一种厌恶的感觉。也许这是因为我忍受不了唯社会论的缘故，埃米尔·涂尔干的社会学分析和深刻的直觉常常归结到唯社会论。我坚持——也许这样做是不公正的——将他的著作中（我指的是他的哲学著作）最有争议的部分列入本书。

我在本书中向读者不带偏见地介绍《普通社会学》一书的作者。三十年前我曾经写过一篇文章，强烈反对这位作者。帕累托是一个离群索居的人，但是现在我年纪大了，我感到与这些"可诅咒的作者"亲近了，尽管他们有一部分是应该被诅咒的。此外，帕累托的犬儒主义已经成了一种习俗。我的一位哲学家朋友认为帕累托是一个低能者(应当明确地说，他至少在哲学上是一个低能者)。任何一位教授，如三十年前塞勒斯坦·布格莱教授等，只要一听到有人提起维尔弗雷多·帕累托都会情不自禁地被这位伟大的经济学家的名字所激怒。后辈们至今都还不知道究竟应当在思想史上给这位社会学不朽著作的作者以什么样的地位。

我不得不迫使自己承认涂尔干的功绩，我对帕累托也毫无热情，但我对马克斯·韦伯却是十分钦佩的。我在青年时代就对他怀有这种崇敬心情，尽管我觉得在许多方面，其中包括许多重要方面，我与他是有很大距离的。即使是我在指出他的错误时，我也从不对他感到恼火，然而当涂尔干用他的论点说服我时，我却有一种不舒服的感觉。我为什么会有这种与一个从事科学事业的人不相称的反应呢？这一点只能让心理分析家和社会学家们去解释了。尽管如此，我还是谨慎小心地大量引用他的话，当然，我知道引用他的话就像引用统计数字一样，在很大程度上是任意选择的。

最后，在第一部分的结束语中，我说明我是属于孟德斯鸠、托克维尔以及埃利·阿莱维等自由社会学家这一派的。我把阿莱维放在前两人一起是不无讽刺意味的，这个"后生之辈"逃避了已经在美国和英国出版的这本书的批评。应当指出，我本人并没有受到孟德斯鸠和托克维尔多大影响，因为我认真研究他们的著作还只是最近十年的事，相反，马克思的书我倒反复阅读了三十五年。我曾经多次，尤其在《论自由》的第一章中，使用过托克维尔和马克思的比较和对照的修辞方法。我是从马克思主义，从德国的哲学和观察现世界进而谈到托克维尔的，在《美国的民主制度》和《资本论》之间，我从来没有犹豫过。正像大部分法国教授和学生那样，我在1930年第一次试图(但未实现)证明马克思说出了真话和《资本论》已对资本主义作了定论的时候，并没有读过《美国的民主制度》一书。我几乎是身不由己地继续对《资本论》抱有极大的兴趣，其热情程度大大超出对《美国的民主制度》那清晰、忧郁的文笔的欣赏。我的结论是英国学派的，我的学识则大部分来自德国学派。

本书由审计院助理稽核居伊·贝尔热先生最后定稿，他为本书所作的贡献大大超过了校订事先未曾见诸文字、有许多口误的讲稿。贝尔热先生为我的讲稿补充了大量引文、注解和出处，因而本书得以出版实应多多归功于他。本人谨在此向贝尔热先生致以诚挚的谢意。

本书附有最近几年的三篇研究文章。

第一篇，《奥古斯特·孔德和亚历克西·德·托克维尔，英国的鉴赏家》，是巴兹尔·扎哈罗夫于 1965 年 6 月在牛津大学讲课时的讲稿，牛津大学出版了这篇讲稿。承蒙牛津大学准许我全文转载，十分感谢。

第二篇，《托克维尔的政治思想和历史观》，是 1960 年在巴黎政治研究院一次演讲会上的讲稿，同年由法国政治科学杂志社出版。

最后一篇是 1964 年德国社会学协会为纪念马克斯·韦伯诞生一百周年在海德堡举行的第十届代表大会的公报的法文本。

从社会学的词义上来看，上述三篇文章与其说是属于社会学史还不如说是属于思想史。但是这两门学科之间的界限模糊，过去如此，今天还是如此。

第一部分

创　始　人

夏尔·德·塞孔达·孟德斯鸠

　　如果我能使人类从偏见中解脱出来，那么我就将是最幸运的人了。这里我所说的偏见，不是指使人不了解某些事情的东西，而是使人失去自知之明的东西。

——夏尔·德·塞孔达·孟德斯鸠
《论法的精神》序

一部社会学思想史，由研究孟德斯鸠开始，可能会使人感到迷惑。在法国，人们通常把他视作社会学的先驱，而认为奥古斯特·孔德是社会学的创始人，因为，按理说，只有创立社会学这个词的人才是创始人。但是，如果有科学地、如实地认识社会这样一个特定志向的人算是社会学家的话，那么，依我看孟德斯鸠和奥古斯特·孔德一样，也是一个社会学家。《论法的精神》一书对社会学的解释虽然尚不清晰，但实际上，在某些方面却比奥古斯特·孔德所作的解释更"新"。这并不是说孟德斯鸠反奥古斯特·孔德反得对，而只是说，在我的眼里，孟德斯鸠不是一个先驱，而是社会学的理论家之一。

把孟德斯鸠视作社会学家，这就回答了所有的史学家们提出的这样一个问题：孟德斯鸠是属于哪一个学科的？他属于哪个学派？

法国的教育机构在这个问题上显然是举棋不定的：孟德斯鸠既可属于文学界，又可属于哲学界人士，在某些方面也可属于史学界人士。

更上层的思想史家们则把孟德斯鸠时而视作文学家，时而视作政治理论家，时而又把他视作法律史家，时而还把他视作为十八世纪对法国的政治体制的基础持有异议、制造革命危机的观念学家，甚至经济学家。[1]确实，孟德斯鸠是一个作家，几乎是一个小说家，但又是一个法学家，一个政治哲学家。

毫无疑问，《论法的精神》一书在他的全部著作中占有重要地位。然而，在我看来，这本书的写作意图是很明显的，即如我所说的社会学意图。

此外，孟德斯鸠丝毫也没有隐瞒这个意图。他的目的是使历史通俗易懂。他要懂得历史资料。然而他面前的历史资料包括道德风尚、思想、法律、政治体制等等，种类繁多，浩如烟海。而孟德斯鸠就是基于这些表面上毫无关联的各种资料开始研究的。这种研究工作的结果理应从繁多的不连贯的材料中找出合乎理想的秩序。孟德斯鸠就像马克斯·韦伯那样，试图使互不相关的材料成为通俗易懂、条理清楚的资料。这种努力就是一个社会学家所作的努力。

但是我刚才使用的"不连贯"和"条理清楚"这两个词显然会引起问题。怎样做到条理清楚？应当用什么样的条理来取代这种道德和习俗上的庞杂性？

我认为，在孟德斯鸠的著作中有两个并不互相矛盾的答案，或者说是一种努力的两个阶段。

第一个阶段是说明事故发生后，除了混乱外，人们还能找到事故发生的深刻的原因，用以分析事件表面上的不合理性。

孟德斯鸠在《罗马盛衰原因论》一书中写道："世界不是由命运主宰的。这一点可以问罗马人，他们在某个方面有过持续的繁荣，但在另一方面却屡遭失败。这中间有精神和物质的普遍原因。这些因素在各个朝代中起着作用，或者使其兴旺，或者使其维持原状，或者使其走向衰亡。所有的事件都不能摆脱这些原因。如果说一个战役，即一个特殊的原因，使一个国家灭亡了，那就是说这个国家应当在一次战役中灭亡，这是一个普遍的原因。简言之，所有的特殊事件是由主要走向决定的。"（《全集》第二卷第十八章第173页。）

此外，孟德斯鸠在《论法的精神》一书中也说过：

"不是波尔塔瓦一战才使查理十二失败的。他即使不在这一地方被歼灭，也一定会在别的地方被击溃。命运中的偶然事故是易于补救的，而从事物的本身性质中不断产生的事件则是防不胜防的。"（《全集》第二卷第十分册第十三章第387页。）

我认为这两段引文所表明的思想就是孟德斯鸠最初的纯社会学思想。我把它归纳为这样的公式：应当透过表面上是偶然发生的事件，把握着引起这种事件的深刻的原因。

但这并不是说发生的事件都必然是由深刻的原因所引起的。社会学最初不是由公设决定的，根据这种公设，偶然事故在历史的进程中是毫无作用的。

要弄清军事上的一次胜利或失败是由于国家的腐败还是由于技术和策略上的失误所造成的，这确是一个问题。显然不能说一次胜利就表明一个国家的强盛，也不能说一次失败就表明一个国家的腐败。

孟德斯鸠作出的第二个回答更令人感兴趣，而且走得更远。他说，不能用深刻的原因来解释事件的发生，但是人们只要从为数不多的这样几个事件中就可以整理出各种各样的风俗习惯和思想。在无穷的风俗习惯与理想社会的绝对统一性之间，还有一个中间阶段。

《论法的精神》一书的前言清楚地表明了这一基本思想。

"我首先研究了人类。我认为在这样无限参差驳杂的法律和道德方面，人类并不是单纯地跟着幻想走的。"

这一说法包含这个意思：每个社会的种种法律是由人类没有觉察到的，但却在起着作用的某些原因决定的，因此这种种法律是可以被说明的。

接着他又说：

"我提出了一些原则。我发现所有的特殊情况也都是服从这些原则的。各国的历史也都只是这些原则的继续。每个特定的法律都是与另一个法律相关联，或者取决于另一个更为广泛的法律的。"（《全集》第二卷第229页。）

这样，就可以有两种方法来解释为什么会有上述种种风俗习惯了。即：或者追溯形成人们在这种或那种情况下遵守的某种特定法律的原因，或者分析构成介于杂乱无章的各种各样的风俗习惯和法律与普遍有效的蓝图之间的中间体的原则和类型。人们一旦掌握了决定事件总的进程的深刻原因后，未来就成为可以理解的了。一旦把多样性置于为数不多的类型或概念之中，那么多样性也就成为可知的了。

1. 政治理论

　　孟德斯鸠的概念手段使他能用清晰的条理代替杂乱无章的多样性。这个概念手段问题大体上就是《论法的精神》一书撰写计划的中心。这对解释这个问题的人来说已是一个老问题了。这部著作能否为我们提供一种可以理解的程序或对某一历史事实作出一系列深浅程度不同的注脚呢？

　　《论法的精神》一书有好几部分。表面上看来杂乱无章，所以常常引起人们的议论。照我看来，似乎可以分为三大部分。

　　首先，这部著作的前十三章论述了三种类型的政体。我们可以把这一已为人们熟知的理论称之为政治社会学。这一努力把多种多样的政体归纳为几种类型，每种类型的政体都是由各自的性质和原则所决定的。第二部分自第十四章起至第十九章止，论述影响人类、人类道德和人类的管理机构的气候和土壤，即物质和自然的原因。第三部分从第二十章起至第二十六章止，先后研究贸易、货币、人口、宗教等社会因素对人类道德、习俗和法律所产生的影响。

　　因此，看来这三个部分既是政治社会学，也是对各种社会结构起作用的物质和精神因素所作的社会学方面的研究。

　　此外，除了这三个主要部分外，《论法的精神》在最后几章还对罗马和封建的立法作了研究，并对这种立法作了历史的阐述。第二十九章无法归属于某一大类，这一章试图回答这样一个问题：怎样制定法律？这最后一章可以被认为是一种纲领性的归纳，它是由科学研究的方法演绎出来的。

　　第十九章也无法归入上述各个部分。这一章论述国家的总的精神，因而不属于某一特定的原因或管理机构的政治方面，但是可以属于社会划一原则这种东西之内。总之，这是最重要的几章中的一章，是《论法的精神》第一部分政治社会学和研究物质和精神原因的其他两部分之间的过渡。它起着承上启下的作用。

重提一下《论法的精神》一书的格局有助于提出解释孟德斯鸠的基本问题。所有的史学家对第一部分和后面两个部分之间的差异感到惊讶。每当看到同一章中不同小节之间表面上杂乱无章时，他们都试图用历史的解释方法，寻找作者写这些不同章节的时间。

这种历史的解释方法用于研究孟德斯鸠困难不大。我可以说《论法的精神》的前几章，即使第一章不是，至少第二章至第八章，也就是分析政体的三种类型的这几章，是受亚里士多德的影响的。

孟德斯鸠是在去英国旅行前写这几章的。当时他颇受占主导地位的古典政治哲学的影响。亚里士多德的《政治学》是古典传统的基本著作，因此孟德斯鸠在写开头几章时案头上就放有亚里士多德的《政治学》，这一点是无可怀疑的。在那几章中，人们几乎在每一页上都可以发现以间接提及或批评的方式参考过《政治学》一书的迹象。

以后几章，尤其是论述英国宪法和分权的著名的第十一章，可能是他从英国回来后，根据旅途观察的印象写的。至于研究物质和精神原因的有关社会学的几章，可能比前几章写得更晚些。

由此，我们可以比较方便地说《论法的精神》一书是两种思想方法、两种研究现实的方法的混合体。当然，这样说还是不够令人满意的。

孟德斯鸠可以算是古典哲学家的信徒。作为古典哲学家的信徒，他发展了政体类型的理论，这一理论虽然在某些方面与亚里士多德的古典理论有所不同，但还是秉承了这些古典哲学家们的风尚和传统的。同时，孟德斯鸠还可以算是一个社会学家，他力图探讨气候、土壤性质、人口和宗教可能对集体生活的各个方面带来何种影响。

由于作者既是政治理论家，又是社会学家，所以，《论法的精神》就可能是一部不连贯的著作，而不是一部写作时期不同、也许受了各种影响但仍是按照一个指导思想和一个概念体系写成的有条理的著作。

在假定史学家们比作者更为聪明，能立即看出这位天才忽略的矛盾并对这部著作作出解释之前，应当探索一下孟德斯鸠自己头脑里的内在顺序，而不管这种顺序是否合理。问题是为什么在他的著作里关于政体类型的理论和原因的理论能一致起来。

孟德斯鸠把政体分成共和政体、君主政权和专制政体。每种政体都是由两种概念加以确定的。《论法的精神》的作者把它称之为政体的性质和政体的原则。

政体的性质是指构成政体的东西。政体的原则则是指支配人们在某种政体下，为使这一政体有条不紊地运转的一种感情。因此，道德就是共和政体的原则。当然，这并不是说在共和政体下，人们都是有道德的，而是说人们应当做到恪守道德。只有当每个公民都具有高尚的道德时，共和政体才能兴旺。[2]

各种政体的性质由掌握最高权力的人数确定。孟德斯鸠写道："我假定有三种定义，或者毋宁说有三种事实：全体人民或部分人民掌握最高权力就是共和政体；某个人通过既定的法律治理国家就是君主政体；既无法律，又无规章，全凭某个人的意志任性行事的乃是专制政体。"（《论法的精神》第二章第一节，《全集》第二卷第239页。）分清共和政体是由全体民众还是一部分人掌权的目的在于说明有两种共和政体：民主共和政体和贵族共和政体。

但是这些定义立即可以使人看出一个政体的性质不仅仅取决于掌握最高权力的人数多寡，而且也取决于行使这种权力的方式。君主政体和专制政体都是由一个人掌握最高权力的制度，但在君主政体下，掌握最高权力的这个人是按照既定的法律治理国家的，而在专制政体下，他可以不凭法律、不照规章行事。因此，确定政体性质的标准，或者用现代术语来说，政体的可变参数有二：最高权力掌握在谁的手中？行使这种最高权力的方式是什么？

此外，还应当加上第三个标准，即政体的原则是什么？只有掌握最高权力这一几乎是法律上的特征，还不足以确定一个政体的类型。各种类型的政体还可由感情说明其特征。没有这种感情，一个政体是无法持久和兴旺的。

按照孟德斯鸠的说法，基本的政治感情有三种，每一种都能确保一个政体的稳定性。共和政体取决于道德；君主政体取决于荣誉；专制政体取决于恐惧。

共和政体的道德不是一种精神上的道德，而纯粹是一种政治上的道德，即：尊重法律、个人忠于集体。

荣誉，正如孟德斯鸠所说的那样，是一种"哲学上的假荣誉"，它要求人人尊重各自的地位所赋予的一切。[3]

至于恐惧，则已无需为之下定义了。这是一种低等的，或者也可以说是亚政治性的感情。但是所有的政治学理论家都论述过它，因为他们中的许多人，从霍布斯起，都曾经认为这是一种最合乎人情、最根本的感情。国家本身就是通过这种感情得以解释的。但用霍布斯的方法来对照，孟德斯鸠并不是一个悲观主义者。在他看来，建立在恐惧基础上的制度，从根本上来说是腐败的，在政治上几乎是死亡的开端。慑于恐惧而屈从的臣民几乎算不上是人。

与古典的传统相比，这种制度分类法是很独特的。

首先，孟德斯鸠认为，在亚里士多德分类法中属于两种不同类型的民主政体和贵族政体，是有别于君主政体的、被称之为共和政体的同一制度的两种方法。孟德斯鸠认为，亚里士多德并没有认清君主政体的真正性质。这一点很容易得到解释，因为孟德斯鸠心目中的君主政体，只有在几个欧洲君主国家里真正出现过。[4]

这种独特性是有其深刻的原因的。孟德斯鸠在他的著作中既区别了各种政体，又区别了各种社会组织和结构。亚里士多德曾经创立了制度的理论，并在表面上赋予这一理论以普遍的价值，但他预先假设古希腊的城邦是社会的基础。君主政体、贵族政体和民主政体是古希腊城邦政治组织的三种方式。因而，根据掌握最高权力的人数多寡来区别政体的类型是合理的。但是这种分析用一句现代话来说，意味着这三种制度是某种社会形式的政治上层建筑。

古典的政治哲学很少考虑政治上层建筑的类型与社会基础之间的关系。这种哲学没有明确提出应当在什么情况下划分从社会组织中抽象出来的政治制度。孟德斯鸠的重大贡献就在于概括地回答了这一问题，并把对制度的分析和对社会机构的分析这两者结合起来，使每个政体都显得像某一种社会。

孟德斯鸠考虑了社会的幅员，首先明确地提出了政治制度和社会的关系。他认为三种类型的政体都是与人们着意研究的社会的幅员相适应的。孟德斯鸠曾多次说过：

"共和政体的性质决定了共和国的疆域是很小的，否则它就不能存在。"（第八章第十六节，《全集》第二卷第362页。）

"一个君主政体的国家，它的幅员应该适中。太小了就可能变成共和国；太大了，国中显要的人物各自拥有相当的权势，不把君主放在眼里，在君主的宫廷之外拥有自己的宫廷；不但如此，他们也深知法律和风纪对他们不能迅速执行，因此可能不再听命于君主了。"（第八章第十七节，《全集》第二卷第363页。）

"一个幅员辽阔的帝国，是以统治帝国的人拥有专制权力为前提的。"（第八章第十九节，《全集》第二卷第363页。）

他的这些话或许不能用因果论这种严谨的逻辑语言来加以解释，即不能说：当一个国家的疆域超过某种限度时，就不可避免地会产生专制制度，而应该说：社会的幅员与政体的类型是天然协调一致的。这样，观察家们就会遇到这样一个难题：如果疆域超过一定的限度，国家就只能是专制主义的，那么，社会学家是不是就只能承认这种人性和道德上都不好的制度呢？为了避免这种令人不愉快的结局，社会学家就只能宣称一个国家的疆域不能超过某种限度了。

不管怎样，孟德斯鸠重提了涂尔干的话，通过这种疆域限度论，把制度分类与今天人们称之为社会形态学或社会幅员论联系了起来。

孟德斯鸠还以政体原则的概念，即某种制度不可缺少的情感为根据，把制度分类与社会分析联系在一起。这种原则的理论显然要导致一种社会组织的理论。

如果共和政体的道德观是爱好法律、忠于集体，或者用现代语言来说是爱国主义的话，那么共和政体最终将导致某种平等。共和政体是人人都依靠集体，并为集体而生存，都是集体的一分子，因而彼此都是平等的一种制度。

反之，君主政体的原则是荣誉。孟德斯鸠常常用一种似乎是论战和讥讽的口吻论述这种政体。

"在君主国里，人们通过政治经营巨大的事业，但是尽可能少用品德。正像在最好的机器里，人们通过技术尽可能减少机件、力和齿轮的数目一样。君主国家的生存并不依赖爱国心、追求真正光荣的欲望、忘我精神、牺牲个人最宝贵的利益以及我们只不过是听说在我们的祖辈身上曾经有过的一切英雄的品德。"（第三章第五节，《全集》第二卷第255 页。）

"前面我们说过，君主政体是以优越地位、等级甚至是高贵的出身为前提的。荣誉的实质是要求优遇和名誉地位。因此，它便在这种政体中获得地位。名利欲在共和政体中是极为有害的，但在君主政体中却有良好的效果。它可以使这一政权具有生命力。名利欲并不危险，因为它不断受到压制。君主政体是有这种好处的。"（第三卷第七章，《全集》第二卷第257 页。）

这种分析并不完全是什么新鲜的东西。人类自从思索政治以来，总是在两个极端中摇摆不定： 要么认为只有当民众都关心集体的利益时，国家才会昌盛，要么认为既然无法使大家关心集体利益，那么用人类的恶习促进全体利益的制度就是一种好制度了。孟德斯鸠的荣誉论最清楚不过地就是这第二种论点的一种表达方式。集体利益即使不是由公民们的恶习所确保，至少也是由那些小小的优点，甚至是道德上应当受到谴责的态度所确保的。

我个人认为，孟德斯鸠论述荣誉的章节里有两种占主导地位的态度或意图： 用前人和共和政体的真正的政治道德相对地贬低荣誉。但也把荣誉作为社会关系的原则，作为反对专制制度这一主要弊端、保护国家的手段，以抬高荣誉的价值。

事实上共和政体和君主政体的本质是不同的，因为前者是以平等和公民的政治道德为基础的，后者则是以不平等及道德的替代物——荣誉为基础的。但这两种制度都有一个共同点，即：都是宽和的，任何人都不能在这两种制度下置法律于不顾而专横独断。反之，第三种政体即专制政体就不是宽和的政体了。孟德斯鸠把这三种政体分为宽和的政体和非宽和的政体。共和政体和君主政体属于宽和的政体，专制政体则不然。

除此之外，还有第三种分类法。我用一句时髦话把它称为辩证的分类法。共和政体是以集体的成员之间的平等关系为基础的；君主政体则基本上是以差别和不平等为基础的。至于专制政体，它标志着恢复平等。不过共和政体中的平等是指品德上的平等和人人参政，而专制政体的平等则是人人担惊受怕、无权无势、不得参政。

也可以说，孟德斯鸠指出了专制政体中最坏的政治弊端。诚然，当一个国家的幅员太广时，专制政体或许是不可避免的，但这种制度必然是一种既无规章，又无法律、个人统治的制度，其结果是恐怖当道。可以这么说，专制政体一经建立，人人彼此都互存戒心。

归根到底，在孟德斯鸠的政治思想中根本对立的东西，是人们彼此互存戒心的专制主义及每个公民都无须害怕他人的自由制度。孟德斯鸠在第十一章论述英国宪法的章节中曾经直截了当地提到过这种给人以自由的安全感。而在专制主义下，统治者的绝对权力只有在宗教方面受到限制，尽管这种保障也是很脆弱的。

这种论点也并非没有遭到人们的争论和抨击。

首先，人们会提出这样的问题：专制政体是否与共和政体、君主政体一样是一种具体的政治类型？孟德斯鸠明确指出：共和政体的样板是古代的共和政体，尤其是西征前的罗马共和政体为我们提供的；君主政体的样板就是英国、法国等欧洲国家当时的君主政体。至于专制政体的模式，就是他所说的波斯帝国、中华帝国、印度帝国和日本帝国混合物的亚洲帝国。诚然，孟德斯鸠对于亚洲的知识是零碎的，但他毕竟还掌握了资料，因而他的关于亚洲专制政体的概念还是较为得体的。

孟德斯鸠原来主张对尚未完全消失的、具有欧洲思想特点的亚洲历史进行解释。他认为亚洲基本上都是专制政体，这种政体把一切政治机构和宽和都取消殆尽。孟德斯鸠眼中的亚洲专制政体就是死气沉沉的荒漠和无休无止的奴役。绝对统治者只有一个人，他拥有至高无上的权力，有时他也会授权于一个大臣，但不管专制统治者与他周围的人之间的关系具有什么样的形式，都不存在着什么平等的社会阶级、等级和身份，也不存在相当于前人的道德和欧洲的荣誉这些东西。恐惧笼罩着居住在这些辽阔的土地上的千百万人民，国家就是依靠这个无所不能的个人生存的。

这种亚洲式专制政体的理论难道不就是会引起对欧洲君主政体非议的政治弊端的最好写照吗？我们不能忘记这句名言："一切君主政体都将像河流入海那样堕入专制政体。"君主政体一旦不尊重等级、贵族阶级和中间阶级，个人专横、独揽大权就会变得毫无节制。君主政体梦寐以求的就是这种亚洲式的专制政体。

孟德斯鸠关于各种政体的学说，由于把疆域大小和政体形式联系在一起，就有导致某种宿命论的危险。

《论法的精神》在两个极端上摇摆不定。人们可以毫不费力地在不少章节里看到某种等级：共和政体最好，君主政体次之，最后才是专制政体。但是，另一方面，既然各种制度都是由社会实体的面积大小而定，因此都是不可抗拒的，那么我们面前所出现的就不是一种社会准则的等级，而是一种不可避免的决定论了。

引起争论、是非未定的最后一点是极为本质的问题，即政治制度和社会形式的关系。

这种关系实际上可以用多种方法加以探讨。社会学家和哲学家们认为只需用一个标准，如掌握最高权力的人数多寡，就足以确定一种政治制度，并建立一种超历史的政治制度划分方法。古典政治哲学家撒开社会组织，认定各种政治制度是永恒的，建立了关于制度的理论，他们的观点就是这样的。

但是人们也可以把政治制度与社会类型密切地结合起来。孟德斯鸠多少也是这样做的。这样，我们就可以得出马克斯·韦伯后来称之为三种理想类型：古代城邦型的社会类型，即用共和、民主或贵族方法治理的、幅员较小的国家；注重等级差别的、合法的和温和的欧洲君主政体；幅员广阔、个人专权、只有宗教尚能稍为限制君主专制、平等虽已恢复但人人都无权的亚洲式专制政体。

孟德斯鸠所持的是政治制度与社会类型关系中的第二种观点。同时，人们考虑在多大程度上政治制度能和它们得以实现的历史实体分开。

不管怎样，孟德斯鸠的基本思想是要在政体、制度形式和人与人的关系之间建立这种联系。在孟德斯鸠看来，关键问题不是最高权力属于一个人或几个人，而是根据法律，有分寸地行使权力，还是专横粗暴地滥用权力。社会生活是与治理的方式不同的另一码事。这一思想在政治制度社会学中具有十分重要的意义。

此外，不管孟德斯鸠对政治制度的分类方法与社会形式的分类方法之间的关系如何解释，他毕竟明确地提出了这个问题，因此他的功绩是不可抹煞的。我不认为他已经最终解决了这个问题，但是又有谁已经做到了这一点呢？

区别宽和的政体与不宽和的政体，这可能是孟德斯鸠的中心思想。这种区别使得第十一章中对英国的论述成为开始几章政体类型理论的一部分。

因此，主要的章节是孟德斯鸠研究英国宪法的第十一章第六节。这一节引起的反响如此之强烈以致许多英国宪章派都按照孟德斯鸠的理论来解释英国的政治机构。英国人读了《论法的精神》后认为已认识了自己，这就是这位天才所获得的荣誉。①[5]

孟德斯鸠认为英国既是一个以政治自由为目标的国家，又是一个具有政治代议制的业绩和思想的国家。

"虽然一般地说每个国家都有生存下去这样一个共同的目标，但每个国家都还有一个独特的目标，"孟德斯鸠写道，"罗马的目标是扩张；拉栖第梦②的目标是战争；犹太法律的目标是宗教；马赛的目标是贸易……世界上还有一个国家是以建设政治自由为直接目标的。"（《论法的精神》第十一章第五节，《全集》第二卷第396页。）至于代议制，这一思想在共和理论中并不占首位。孟德斯鸠所想象的共和政体是古典的共和政体，在古典的共和政体中，议会是全民的议会，而不是由人民选举的、由人民的代表组成的议会。只有在英国，孟德斯鸠才看到代议制得到充分的实现。

这种政体的目标是自由，代表人民的是议会。它的主要特点是人们所称的权力分立。这一理论至今仍有其现实性，许多人对它寄予无限希望。

孟德斯鸠发现，在英国，行政权是由一个君主掌握的。既然行政权要求决定问题、采取行动果断迅速，那么，由一个人掌握这种权力是恰当的。立法权则是由两院，即代表贵族的上议院和代表平民的下议院体现的。

行政权和立法权这两种权力是由不同的个人和团体分掌的。孟德斯鸠既分析了这两个机构的分立，又论述了它们之间的协作。他确实指出了这两种权力各自能够做的和应当做的事情。

此外，还有第三种权力，即司法权。孟德斯鸠指出："这种令人生

---

①　这里，我既不想详细研究十八世纪的英国宪法，又不想深入探讨孟德斯鸠心目中的英国宪法，更不想仔细分析二十世纪的英国宪法。我想表明的只是孟德斯鸠关于英国的基本思想是怎样融合在他的一般政治观点里的。

②　古希腊城市名，即斯巴达。——译者

畏的司法权既不是某一种等级或某一种职业所专有，可以说它已经成了看不见和不存在的权力了。"（《论法的精神》第十一章第六节，《全集》第二卷第398页。）这就似乎是说既然司法权是对法律的解释，因此应当尽可能地不主动使用这种权力并尽可能避免带有个人色彩。这不是个人的权力，而是法律的权力，"人们惧怕的是法官的职位而不是法官本人"。（同上引书。）

立法权应当与行政权密切配合。它应当检查行政机构是怎样正确地贯彻法律的。至于行政权，它不能介入辩论，而应当用他所说的制约职能与立法权合作。孟德斯鸠还说，预算应当每年表决。"如果立法权不是逐年议定国家的税收，而是一次性地作出永久裁决，那么它就有失去自主的危险，因为行政权将不再取决于立法权。"（同上引书第405页。）每年通过一次预算是自主的一个条件。

这一总的论据提出后，许多人就对此作了解释。一部分人强调行政权与司法权之间的区别，另一部分人则强调这两者之间应当保持经常合作的关系。

孟德斯鸠的这一段论述与洛克就同一问题所作的论述是很接近的。孟德斯鸠的有些说法十分奇特，看上去似乎是参考了洛克的文章了的。[6]尤其是第六节开首部分中有两种行政权的定义，一种是第一次把行政权称作为"决定从属于国际公法的事宜"（同上引书第396页。），似乎是把行政权限制在对外政策之内，稍后又把它称为"执行公众决议的权力"（同上引书第397页。），这就使这种权力具有另一种完全不同的含义了。在这种情况下，孟德斯鸠沿袭了洛克的提法，但是洛克和孟德斯鸠的意图根本不同。洛克的目的是限制王室权力，旨在说明如果君主的权力超过了某种限度，或者不履行某种义务，那么主权的真正主人——人民就有权作出反应。与此相反，孟德斯鸠的基本思想并不是这个词的法律意义上的权力分立，而是主张所谓"社会权力的平衡"这一政治自由的条件。

孟德斯鸠在对英国宪法所作的全部分析中，提出了一个贵族阶级和两个议院的设想，一个议院代表平民，一个代表贵族。他坚持认为贵族只能由贵族审判，因为"高贵的身分常常受到别人的妒忌，因此，如果贵族由平民审判，那么他们就可能有危险，他们享受不到一个自由国家最微不足道的人所能享受到的，由与自己身分相同的人审判的权利。所以，不应传贵族到国家普通的法庭上出庭，而只能传他到立法团中由贵族组成的那部分去受审"。（同上引书第404页。）换句话说，孟德斯鸠在分析英国宪法时，主张按照他自己确定的，并认为是实现宽和的政权所不可缺少的君主政体的基本精神，找出社会差别、阶级和身分的差别。

如果由我来评论孟德斯鸠的话，我将会说，只有当一种权力能够遏制另一种权力时，这个国家才是自由的。为了证实这一说法，他在第十一章结束对英国宪法所作的研究时又重新提到了罗马，并就平民阶层和贵族阶层之间的关系来研究全部罗马历史，这一点是十分令人震惊的。他感兴趣的是阶级对立，他认为这种社会竞争是宽和的制度必须具备的条件，因为各种阶级都能求得平衡。

至于宪法本身，孟德斯鸠确实曾经详细地指出各种权力各自的范围以及应当怎样配合。但是宪法上的这种形式只不过表明了这是一个自由国家，或者照我的说法，是一个自由社会而已。在这种社会里任何权力都不能无限延伸，因为它是受别的权力制约的。

《罗马盛衰原因论》全面归纳了孟德斯鸠这一中心思想。

"一般说来，每当看到所有的人在一个以共和国为名的国家里安详地生活着的时候，人们可以确信在这个国家里是没有自由的。在一个国家里，团结是一个很含糊的概念。真正的团结是协调一致的团结。各个部分尽管是互相对立的，但都能像乐曲中的各个不协和和弦达到完全和弦一样，致力于社会共同利益。有时，在一个人们以为只有混乱的国家里，也会有团结，即协调一致。这是幸福的源泉，这种幸福本身就是真正的和睦安宁。各个部分就像宇宙中的各个星体那样，由彼此的作用和反作用永恒地联系在一起。"（第九章，《全集》第二卷第 119 页。）

社会协调一致的概念就是力量平衡的概念或由各社会集团的作用与反作用建立起的和睦共处的概念。[7]

如果说这种分析是正确的，那么关于英国宪法的理论就是孟德斯鸠政治社会学的核心。这倒并不是因为这一理论可供各国仿效，而是因为这一理论为君主政体的制宪机构找到了依靠社会各阶级和各种政治力量之间的平衡，建立一个温和和自由的国家的根据。

但是这种作为自由楷模的宪法是一部贵族的宪法，因此就有各种各样的解释。

第一种解释是司法界人士长期所持的，也许还是 1958 年法国制宪会议成员所持的解释。他们认为这是一种共和制度内部法律角度上的三权分立理论。以共和国总统和总理为一方，议会为另一方，他们各自的权力都是明确的。平衡是按照孟德斯鸠的方式或理论，确切地说，是通过对各种机构之间的关系作了精密的安排后取得的。[8]

第二种解释强调各种社会力量之间的平衡，我也有这个主张。这种解释还强调孟德斯鸠观点的贵族性质。各种社会力量平衡的这种观点是以有一个贵族阶级为前提的，它在十八世纪中间体阶级行将消失时，为中间体阶级作过辩护。因此，孟德斯鸠就是与君主政体作对的、没落的贵族阶级的代表，但上了历史的当，着力反对国王，为贵族效劳。他的论战只有在为平民事业所用时才显得有所作为。[9]

我个人认为还有第三种解释。这种解释源自第二种解释但又超过第二种解释。用黑格尔的"扬弃"（aufheben）来说，就是不仅保留了真理部分，而且还要走得更远。

孟德斯鸠确实只是以贵族社会为蓝本，设想社会各种力量之间的平衡这一自由的条件的。他认为好的政体都是温和的，只有当一种权力能够牵制另一种权力，任何公民都无须惧怕别人时，才可能有温和的政体。贵族只有当自己的权利受到政治组织的保证时才会有安全感。《论法的精神》一书所述的社会平衡观点是与贵族社会联系在一起的。在当时法国君主立宪的争论中，孟德斯鸠是站在贵族一边，而不站在国王或平民一边的。

剩下的问题是要弄清楚孟德斯鸠对自由和温和条件的看法如果超过了他心目中的贵族模式，那么这种看法是否仍然行得通。他或许会说，人们确实可以设想一种既能使等级又能使身分差别消失的社会进化。但是人们能否设想一种既无等级又无门第差别的社会？能否设想一个温和的、全体公民都能自由地生活在其中但又不存在多种权力的国家呢？

孟德斯鸠为贵族的利益而反对国王，他也致力于民众和民主运动，人们可以为他辩解。不过，如果我们回顾一下历史，许多事件在很大程度上都已经证明了他的理论是正确的，表明一个人人享有最高权力的民主制度不一定就是一个温和的和自由的政体。我认为孟德斯鸠坚持把平民的权力和公民的自由区别开来是完全正确的。平民享有最高权力后，公民的安全就会消失，行使权力也就不会温和了。

孟德斯鸠用贵族的方式表达了社会力量平衡和各种政治力量合作的理论，[10]这就提出了尊重法律和公民安全的条件，也就是任何权力都不是无限制的这样一个原则问题。他的政治社会学的基本论点也就在于此。

2. 从政治理论到社会学

分析孟德斯鸠的政治社会学可以使我们看出他在一般社会学中所关心的主要问题。

第一个问题是把政治社会学纳入整个社会的社会学之中，怎样使特别令人瞩目的政体类型为全社会所理解。这个问题与马克思主义怎样让至关重要的经济组织为大家所通晓十分相似。

第二个问题是实际存在的东西与它的价值、制度的内涵与决定一个良好的、合乎愿望的制度之间的关系问题。怎样既以肯定的语气向人们推荐某些制度，让大家接受这些制度，同时又对这些制度从政治上加以评论？一个社会学家能否违背人类天性，肯定一个在某些情况下必然会受人指责的制度呢？

第三个问题是理性的普遍性和历史的特殊性这两者的关系问题。

孟德斯鸠认为专制政体是违背人类天性的。但是，什么是人类天性？是不是指各个不同时期、不同地点的全体民众的天性？人的个性究竟包括什么？怎样使顺从人类天性与承认无穷无尽的习俗、礼仪和制度结合起来？

要回答第一个问题需要经过三个阶段，作三种分析，即：孟德斯鸠考虑这种政治制度的外部原因是什么？他确立的需要作出解释的现象和原因之间的关系是什么性质的？《论法的精神》一书是否把所研究的社会作为一个整体，作过综合的解释？是否仅仅把各种原因简单地列举一下，罗列一下占主导地位和从属地位的原因之间各种关系，以致使人无法说出哪一个占主导地位的因素是起决定性作用的。

罗列原因，表面上看来是毫无系统性可言的。

孟德斯鸠首先研究的是我们所说的地理环境的影响。地理环境指的是气候和土壤这两个方面。他研究土壤问题时所探讨的是人类怎样按照不同的土质耕种土地、分配财富的。

他在研究了地理环境后，接着就在第十九章中着手分析了一个民族的总体精神。这是一个模糊不清的概念。因为人们无法即刻就明白这究竟指的是作为全部因素的结果的主导因素呢，还是一个孤立的主导因素。

孟德斯鸠接下去研究的也还不是物质因素，而是社会因素，其中包括贸易和货币问题。我们可以说他这时研究的，基本上是集体生活中经济方面的问题，而把我们认为是经济分析中的一个基本因素，即马克思主义术语称之为生产手段或人类掌握的技术工具和器材这一因素几乎完全忽视了。孟德斯鸠认为，从根本上来说，经济就是所有制，尤其是土地所有制，或者是贸易、交换、各个集体之间的往来，还有货币。他认为货币是集团内人与人之间或集团与集团之间关系的基本一面。他所看到的经济主要是农业和商业。这并不是说他不懂得他自己称之为技艺的和我们所说的工业的开端为何物，而是在他眼中，关注经济活动的城市就是雅典、威尼斯、热那亚那样的商贩云集的城市。换句话说，根本不同点在于有的集团关注的是军事活动，而有的集团关注的则是贸易。这是在现代政治哲学前的政治哲学中的传统概念。古典政治哲学没有出现与工业联系在一起的现代社会的新颖特点，因此，在这一点上，孟德斯鸠是属于这个传统的。在这个意义上，我们甚至可以说他是在百科全书派前的。他远不懂得技术上的发明创造对改变生产方式乃至整个社会面貌有什么关系。

孟德斯鸠在研究贸易和货币后接着研究的是人口数量问题。这个问题在历史上有两种提法。有时这个问题意味着与人口下降作斗争，孟德斯鸠认为这种情况最为常见。他认为威胁大多数社会的问题是人手不足问题。但是他也知道还有另一个方面的挑战，即要与人口超过资源许可增长过多作斗争。

最后，孟德斯鸠还研究了宗教的作用，认为它对集体生活的组织影响最大。

总而言之，孟德斯鸠纵观了相当数量的原因，把物质原因和精神原因区别了开来，这种区别在他看来似乎是至关重要的。气候和土地性质属于物质的原因，总的民族精神和宗教属于精神原因。至于贸易和人口，孟德斯鸠本来也可以把它们视作对集体生活的其他方面起作用的、集体生活本身的一些特点，毫不费力地单独列出，但是孟德斯鸠对各种原因并没有创立过系统的理论。

然而只要把先后次序略作变动，就可作出令人满意的列举。先是地理环境，更确切地说是气候和土地性质这两个概念，然后是人口数量，因为先谈限定社会疆域的物质环境，后研究人口数量，这样更合乎逻辑。再后是纯粹的社会因素。孟德斯鸠承认其中两个主要因素：一是全部信仰，他把它称之为宗教（这个概念极易延伸）；一个是劳动组织和交换。这样，我们就可以得出孟德斯鸠社会学的真正结果：一个国家的总的精神的概念。

至于孟德斯鸠试图用他所列举的因素加以解释的从属因素，我认为基本上是三个概念：法律、习俗和礼仪。对这三个概念，孟德斯鸠都下了明确的定义。

"习俗和礼仪都是法律未作规定、无法规定或无意规定的习惯。法律与习俗的区别在于前者偏重约束公民的行为，后者偏重约束人的行为。习俗与礼仪的区别则在于前者偏重人的内心活动，后者偏重人的外部举止。"（《论法的精神》第十九章第十六节，《全集》第二卷第 566 页。）

法律与习俗的基本区别与社会学家们所作的国家命令和社会约束之间的区别是一致的。前者包括国家明确规定和批准的命令，后者包括肯定或否定的戒律，即命令和禁止。集体的每个成员都必须遵守，法律不作硬性规定，如有违反如何处罚也无明文规定。

习俗与礼仪的区别指的是内心的迫力和受集体制约的、纯属外部的举止行为之间的区别。

孟德斯鸠还着重区别三种主要类型的法律：关于组织家庭生活的民法；刑法——像当时所有的人那样对此十分关注；[11]政治制度的组成法。

为了理解孟德斯鸠怎样看待各种因素与体制之间的关系，我可以从他论述地理环境的几本书中举些例子加以说明。从这几本著名的书中我们可以清楚地看出孟德斯鸠是怎样进行分析的。

在地理环境问题上，他着重研究了气候和土地。但概念性的东西十分贫乏。关于气候，他几乎只对寒冷与炎热、温和与极度有所区别。这里我无须指出现代地理学家使用的多少种更为确切的概念，对气候现象有多少种区别。至于土地，孟德斯鸠也只偏重指出是肥沃还是贫瘠，并补充提了一下地形和某一地区的物产。在这些问题上，孟德斯鸠的论述都少有特色。他的这些思想大部分源自一位名叫阿巴思诺特的英国医生。[12]但我对之感兴趣的则是他提出的因果关系的逻辑性。

孟德斯鸠在好几处都直接提到人的气质、感受程度和生活方式与气候有关，因而"在气候寒冷的国家里人们对娱乐缺乏感受性，气候温和的国家的居民对此感受程度较大，热带国家的居民尤甚。正像用纬度来区别气候那样，我们可以用感受程度来区别它。我曾经看过英国和意大利的戏剧。同样的剧目、同样的演员、同样的音乐产生的效果在两个国家里极不相同。前者冷漠，后者热烈，使人不可思议"。（《论法的精神》第十四章第二节，《全集》第二卷第476页。）

如果这种提法是确实的，那么社会学就变得十分容易了。孟德斯鸠似乎认为某种物质环境可以直接决定人的某种生理、精神和心理方式。

但是有些解释，如他对有关奴隶问题的著名的解释，却是十分复杂的。他在以《民间奴隶制法为什么与气候有关》为题的第十五章中说道：

"有些国家，天气酷热使人身体疲惫，并大大削弱人们的勇气。人们只是由于惧怕受到惩罚而不得不从事艰辛的劳动，因此奴隶制在这些国家里就不那么违反理性。由于奴隶主在君王面前就像奴隶在自己面前那样懒散，因此在这些国家里伴随着民间奴隶制的是政治上的奴隶制。"（第七节，《全集》第二卷第495页。）

这种论述颇能反映孟德斯鸠思想的各个方面。首先是他把气候与奴隶制的关系解释得几乎有些过于简单化了。但在同一段落里却有"奴隶制在这些国家里不那么违反理性"的提法。这就说明奴隶制作为一种制度是违反理性的，含蓄地提出了一个普遍的人性观念。这样，在一个段落里就出现了两种并列的解释：一种是对事实上存在的这种制度作决定论的解释，另一种是以普遍有效的道德标准对这种制度作出的评论。这两种思想方式的共存从"不那么违反理性"这句话中可以看出。孟德斯鸠一方面认为奴隶制作为一种制度，是违背人性的基本精神的，另一方面却又把奴隶制这个事实归因于气候的影响，为它寻找借口。但是这种提法只有当气候对一种制度产生影响，或有助于这种制度使之成为可能时，才能在逻辑上被人接受。因为，如果说因与果之间必然有联系的话，那么，道德上的谴责与经过科学论证的决定论之间显然会产生矛盾。

下述章节证实了这种解释。孟德斯鸠用这样几句话作了归纳，体现了他的典型的思想：

"我不知道究竟是智能还是良心驱使我提出这一问题的。世上或许没有一种气候不能让自由人从事劳动。由于法律制订得不好，因而有了懒人，而正因为有了懒人所以就有人把他们当奴隶役使。"（第十五章第八节第497页。）表面上看来，这后一篇否定了认为奴隶制是由气候造成的前一篇，而把它归咎于法律制订得不好，前一句指出气候在任何地方都不能使奴隶制成为必要。事实上，孟德斯鸠如同所有的社会学家一样，一遇到这类问题就束手无策了。他们追根究源，一旦发现使他们感到害怕的制度竟是不可避免的时候，就转而全盘接受。何况这里涉及的是几世纪前的制度，早已成了过去，无须弄清不是这样又会怎样。但是，如果用来研究今天的社会——既然可以用来研究过去的社会，为什么不能用来研究今天的社会呢？那就会进入死胡同：既然这种最不人道的制度是不可避免的，那么，社会学家又能提出怎样的改革意见呢？

因此，我认为只有当现代社会学家把地理环境视作一种影响而不是必然的因素，用这样的方法来说明一种制度时，他的这番话才可理解。某种因素可以促使某种制度比其他制度更有可能形成。此外，立法者的工作常常在于抵制自然现象的直接影响，用人类的法律充实决定论的内容，而人类法律的结果是与自发产生于自然现象的直接结果相对立的。[13] 孟德斯鸠不像人们所说的那样相信严格的气候决定论。他之所以像当时许多人那样轻易地赞同人的气质和情感与气候直接有关，之所以试图在某种制度与外部因素之间建立可能的联系，那是因为他也承认因素的多样性和立法者可能的行动。因此，他的这些分析的意义在于环境不能决定制度，只能对它施加影响，有助于决定制度的发展方向。[14]

　　孟德斯鸠在研究其他各种因素时还探讨过人口数量与技艺的关系，[15] 提出了一个对我们来说带有根本性的问题，即人口数量问题。显然这个问题与生产手段和劳动组织有关。

　　一般说来，人口数量与农业生产的可能性有关。在某个集体里，人口数量应当与农民可能养活的人数相当。然而，如果耕种得法，农民不仅可以养活自己，而且还可以养活他人。当然这还需要看农民是否愿意生产超过自己需要的东西。因此，这就需要激励农民生产尽可能多的农产品，鼓励城市手工业和工业产品与农产品之间的交换。孟德斯鸠断定，为了激发农民的生产热情，需要让农民尝到生产更多东西的甜头。

　　这种观点是千真万确的。在不发达的社会里，只有让在传统的条件中生活的农民感到需要，才能使生产顺利发展。应当让农民期望得到比通常可能得到的更多的东西。然而，孟德斯鸠认为，只有手工业工人才能提供更多的东西。

　　他接着说："这种以简化技术为目的的机器并不总是有用的。如果产品价格适中，购买者和生产者都觉得合适，那么，简化生产程序，即减少工人人数的机器就是有害无益的了。如果不是到处都有水磨，那么我也不会认为它像人们所说的那样有益，因为它使无数人无所事事，使许多人无水可用，使土地耗去肥力。"（《论法的精神》第二十三章第十五节，《全集》第二卷第 692 页。）

　　这一段话颇能引人注目。以简化技术为目的的机器，是一些缩短产品的必要生产时间的机器。孟德斯鸠担心的，是我们称之为工艺性失业。有了机器，生产同一产品的时间缩短了，那么就不得不让一部分工人退出生产过程。孟德斯鸠像两个世纪以来各代人那样，对此感到忧虑。

　　显然，这种论证忽略了生产力这一现代经济的基本原则。因为，生产同一产品的时间缩短后，人们可以让多下来的工人从事别的工作，增加可供全社会使用的产品数量。这一段话反映了作者缺乏作为一个百科全书派应当懂得的、在当时不是不为人所知的基本理论。他不懂得科学技术进步所带来的经济上的意义。孟德斯鸠十分关心技艺和科学，因此他的这种缺陷令人感到惊奇。他写过许多关于科学和技术发明的文章，但并没能理解机械的力量。正是由于机械的使用，生产某种产品的必要时间缩短了，就可以雇佣更多的工人，增加总产量。[16]

现在我就孟德斯鸠的思想方法提出第三个问题：他在分析社会学和因素的多样性方面谈到什么程度？他又是怎样把众多的因素归结为一个整体的？

我认为，孟德斯鸠在专论国家总精神的第十九章中对社会确定了一个综合性的概念。

孟德斯鸠写道："人类受多种事物的支配，那就是：气候、宗教、法律、施政的准则、先例、习俗、礼仪等。由此形成一个总的精神。

"在一个国家里，当其中一个因素占了主导地位后，其他因素的作用也就相应减弱了。自然条件和气候左右着未开化的人；礼仪规矩支配着中国人；法律束缚着日本人；道德过去曾经是拉栖第梦的基本信条；施政的准则及古老的习俗则是罗马的准则。"（《论法的精神》第十九章第四节，《全集》第二卷第558页。）

这段话值得评论一番。第一小段重新列举了种种因素，其方法与其说是系统的不如说是先验的。支配人类的这些因素一部分是自然现象，如气候；另一部分则是社会方面的，如宗教、法律和施政的准则；再一部分是标志着一切社会特点的传统和历史持续性，孟德斯鸠把这些称为先例。总精神就是由所有这些因素构成的。这个总精神不是一个可与其他因素类比的局部的因素，而是由物质的、社会的和精神的因素综合而成的。

这个综合结果可以使人们把握住构成某一个社会集体的独特性和统一性的东西。法国有法国的总精神，英国有英国的总精神。从因素的多样性到总精神的单一性，其间并不排除部分的因果关系。总精神并不是一种抹杀其他因素、位居支配地位、压倒一切的因素。这些都是某个社会集体经受了各种各样的影响后，随着时间的推移而形成的特征。

孟德斯鸠还提了另一种说法。这个说法在逻辑上与前两个说法无关，即在历史进程中一个因素可能逐步成为主要的因素。这就形成了这样一种在今天看来仍然有相当经典性的理论：即物质因素在古代社会比在复杂的或他当时还不可能这样称呼的文明社会里更具有约束力。

他想说的或许是：在法国或英国这样古老的国家里，气候、土地等自然因素的作用，与精神因素的作用相比是微弱的。在某一个历史时期里，一种因素会给一个集体的行为留下痕迹和印记。

我倾向于相信该书作者所说的一国的总精神就是美国人类学家所说的一国的文化，即某种生活方式和共同关系的形式。这种方式或形式不是一种因素，而是一种结果——在长期内构成一个社会类型的全部自然影响和精神影响的结果。

然而，在孟德斯鸠的著作中，我们可以隐约看到两种可能的综合思想。一种是政治制度占主导地位的影响，另一种是国家的总精神。

第一种思想，即政治制度占主导地位的影响，可以有两种解释：要么是政治制度在因果关系上占主导作用，要么是政治制度在与观察家们最为关心的、现代语言称之为人的价值即集体生存各个方面中人的重要性等级相比上所取得的主导作用。

上述引用的段落使人无法在这两种解释中断然作出抉择。孟德斯鸠似乎常常同时采用两种解释。他认为在历史上起作用的各种因素中，政治制度是主要的。但如果我们进一步问一下或者表示一下不同意见：这种主要作用是对什么而言的？回答可能是：这是就国家的强弱、兴衰，归根到底是对构成科学的好奇心所特别关注的东西所说的。

至于国家的总精神，它是与前几章中政治制度的理论相吻合的，因为制度只有当人民具有它所需要的情感时才能维持，而国家的总精神最能保持在此项制度期间所不可缺少的这种情感和原则。

国家的总精神不同于某个个人或集团的创造性，也不同于康德或萨特的生存选择，即单一决定。单一决定源自个人或集团的多种行为和生存的多阶段性。总精神是一个由地理条件和历史情况形成的特定集团的生存、行为、思维和感觉方式。

归根到底，国家的总精神有两个作用：它包括所有局部的解释，而不是只代表一种包罗万象的最终的解释；其次，它使政治社会学发展到整个社会的社会学。

孟德斯鸠这样写道："岛屿上的居民比大陆上的居民更倾向于自由。一般说来，岛屿的面积都很小，不太会发生一部分人压迫另一部分人的现象。大海使这些岛屿与大的帝国相隔，暴政不能在岛屿上插手，征服者常为海洋所阻，岛上居民不为征服所慑，因此比较容易保持自己的法律。"（《论法的精神》第十八章第五节，《全集》第二卷第534页。）在这段话中，有许多地方是有争议的，但是这里我们只是指孟德斯鸠的方法。然而，就在这一节文字中，我们可以看出某种地理环境虽然不能决定却是怎样有助于某种政治制度的。

题为《法律怎样有助于一个民族的习俗、礼仪和性格的形成》的第十九章第二十七节同样也是这样。这一节讲的是英国的情况。在读了第十一章关于英国宪法的第六节后，再读这一节就可以看出原则的理论与国家的总精神理论是何等的相似，可以看出多种多样的局部解释是怎样归结在某个集团总的说明之中，而又不使这个包罗万象的总的说明与各种各样的局部解释发生矛盾。

3. 事实与价值

全部历史社会学的基本问题可以用下述方式归结：社会学家的职责是否在于观察各种制度而又不对这些制度作出评价？换句话说，对奴隶制及自由制度，他们无法对前者或后者的道德和人性上的业绩或贬或褒，那么该不该予以解释？其次，如果他们发现制度是多种多样的，那么他们不把这各种各样的制度归结为一个制度因而就不得不对它们逐个进行研究，或者透过这多样性找出它们的共同点？这两个问题不能完全互相印证。它们虽不相同，但如果决定我们作出评价的标准同时就是普遍适用的标准的话，这两个问题就相似了。

分析这些问题的最好方法是从《论法的精神》中的一个基本概念，即法的概念本身出发。孟德斯鸠的巨著是《论法的精神》。我在上面提到的两个问题只有从对法的一个或几个概念的分析中才能找到答案。

对于我们这些受康德哲学思想熏陶、在课堂里接受过逻辑教育的现代人来说，法律一词有两层意思。它可以是立法者的戒律或职能当局的命令，规定我们可以做什么，不可以做什么。我们可以把它称之为戒律性法律。确切地说戒律性法律、实在法、立法者法律与习俗或礼仪的不同在于前者是明文规定的，而后者所要求的义务或禁条则是不成文的、没有系统的。制裁的方式一般也不相同。

我们也可以把法律理解为决定因素和结果之间的一种因果关系。譬如，我们说奴隶制是一定的气候的必然产物，那么，在特定类型的地理环境与奴隶制这一特殊的政治制度密切相连上有着一种因果律。

然而，孟德斯鸠说他"不论述法律，而论述法律的精神"。他断言实在法"应当与国家的自然状态、冷、热、温的气候有关；和土质、位置、面积有关；和农、猎、牧各种居民的生活方式有关。同时也应当与政治制度所能容忍的自由程度有关；与居民的宗教信仰、爱好、财产多寡、人数、贸易、习俗、礼仪有关。最后，各种法律之间互相关联，和它们的渊源、立法者的目的有关，与它们所据以制定的事物的秩序有关。应当从这些角度来研究法律。这就是我在本书里所要进行的研究，我将研究所有这种种关系，这些关系的总和就是'法律的精神'"。（《论法的精神》第一章第三节，《全集》第二卷第 238 页。）

孟德斯鸠寻求的就是解释戒律性法律的因果律。根据上述这段引文，法律的精神就是人类各种社会的戒律性法律与可以影响或决定这些法律的诸因素的全部关系。《论法的精神》就是解释戒律性法律的因果关系的总和。但是，鉴于孟德斯鸠和我们大家都从这两个方面的意义使用法律这个词，因此就有可能产生误解，造成麻烦。

如果孟德斯鸠的思想可以归结为上述公式，那么，解释他的思想就有可能较为容易。研究的对象是戒律性法律，因果关系则是对戒律性法律的解释。如果这种理解是正确的，那么孟德斯鸠就和奥古斯特·孔德以及他的某些现代解说者所描绘的形象一致了。路易·阿尔杜塞就是一例，他认为孟德斯鸠即使没有这样做，他也应该是这样想的。[17] 在这种情况下，一切就都简单了，孟德斯鸠就可能接受法律决定论的观点。这种观点能够发现法律的多样性，并且会用对人类社会有影响的种种因素来解释法律的多样性，决定论的观点就可能与人类社会生存方式具有无法确定的差别的观点协调一致，孟德斯鸠也许就会满足于假设立法者的目的，从因果研究中找出实际的结果。

有不少章节就是顺着这个思路写的，如：

"我写本书丝毫不是为了指责不论在哪个国家已经形成的东西。每个民族都能在本书找到本民族准则的根据。人们自然能够得出这样的结论，即只有以创造性地参加国家建设为己任的人，才可以提出变革的建议。……如果我能使大家都懂得热爱自己的职责，热爱自己的君主、祖国和法律，如果我能使大家在各自的国家里，在各自的政治制度下和各自所处的岗位上感到更加幸福，那么我相信，我就是最幸运的人了。"（《论法的精神》序，《全集》第二卷第 230 页。）

诚然，这番话是在《论法的精神》的序言里说的，人们可以按照适当的论述予以解释。但是，这并不妨碍孟德斯鸠既可以有决定论的观点，又可以是一个严谨的保守主义者。如果一国的政治制度必然取决于各种环境，那么由此得出的结论很容易把现存的各种制度已是最好的制度这样一句话遗漏。需要弄清楚的是，是否应当再加上"最好的或最坏的天体中"这样的字眼。

除此之外，在孟德斯鸠著作中的许多章节都是向立法者提供建议的。

说实在的，向立法者提出的建议与决定论哲学以及特殊论哲学不相违背。如果一种政治制度可用某种影响加以解释，那么人们就有权探讨该做些什么才能达到某种目标。例如，如果说法律源自一国的精神，那么人们就必然能提出这样的建议：适应按照这个国家的精神建立的戒律性法律吧！论述法国国家精神的那个著名的章节就是以这样的建议结尾的：“让它去认真地做那些无聊的事，高兴地去做那些严肃的事吧！”（《论法的精神》第十九章第五节，《全集》第二卷第559页。）同样，当一种制度已经体现了自己的特性和原则，那么指出应当采取什么样的法律以适应这种制度就很容易了。如共和政体是以人人平等为基础的，那么人们自然会得出教育法和经济法应当有利于平等的实现，防止形成巨富。

决定论的观点并不排除人们提出建议，如果这种建议与特定的地理环境、国情或制度性质有关。换句话说，这是一种有条件、假定的命令。立法者处于一种特定的地位，作出保持一种制度，或使国家繁荣昌盛的指令。这种建议就是莱维-布律尔[①]所说的来自科学的理性艺术一类东西，也是科学社会学实际的结果。

但是，孟德斯鸠在《论法的精神》一书中，有多处不是向立法者提出实际建议，而是对这种或那种制度作道义上的谴责。最著名的是第十五章关于奴隶制的几节以及第二十五章题为《奉告西班牙和葡萄牙的宗教裁判所的法官们》的第十三节，该节对宗教裁判提出颇有说服力的抗议。孟德斯鸠曾多次淋漓尽致地表达了他对这种或那种社会组织方式的愤慨。

在这些章节里，孟德斯鸠不是以道德学家而是以社会学家的身分进行评论的。

我们可以用孟德斯鸠是一个人而不仅仅是一个社会学家来解释这些抗议。作为社会学家，他试图对奴隶制作出解释；但作为人，他对奴隶制感到愤慨。他在抱怨或谴责奴隶制时忘了自己正在写一本社会学的

---

① 莱维-布律尔(Lucien Lévy-Bruhl, 1857—1939年)，法国社会学家。——译者

著作。

但是，孟德斯鸠作为人而不是作为学者对奴隶制进行谴责，对这种谴责的解释是与《论法的精神》第一章的某些主要章节相矛盾的。孟德斯鸠在这些章节中论述了各种法律。

在第一章第一节中，孟德斯鸠说公道与不公道的关系在实在法之前即已存在。然而，如果我们深入探讨一下特殊论哲学和决定论哲学，那么我们就可以说所谓公道与不公道都是由实在法、立法者的指令所确定的。社会学家的任务仅仅在于研究立法者在各个不同时期，各个不同社会里是怎样认识公道与不公道。孟德斯鸠十分明确地表明他的看法与此不同。他说："应当承认在实在法之前就已存在公道的关系。"他还说："如果说除了实在法所要求或禁止的东西以外不存在公道与不公道，就等于说在人们画出圆圈之前所有的半径都是长短不等的。"（《论法的精神》第一章第一节，《全集》第二卷第233页。）

换句话说，如果我们认真研究一下孟德斯鸠的这个提法，那么就可以发现孟德斯鸠是相信公平关系和公道原则在普遍有效的实在法之前即已存在的。这种先于实在法之前的是非关系就是："譬如，假定人类社会业已存在，凡是按照法律行事的就是正确的；有智力的生物受到另一个生物的好处后，就应当对那个生物表示感激；有智力的生物创造了另一个有智力的生物，被创造的生物就应保持原有的依附关系；有智力的生物损害了另一个有智力的生物，他就应当遭到同样的损害，等等。"（同上引书。）

上述列举虽然并不系统，但人们可以看到这些列举归根到底只有两个概念，即平等和对等这两个概念。这些理性的法律，最高的法律，是建立在人的天然平等性以及从这个根本的平等性上引出的对等义务的基础之上的。

这些先于实在法而存在的法则显然不是因果律，而是一种支配法则。它并非出自个别立法者的意愿，而是与人的本性和理智同存的东西。

于是就有第三种法律。除了各个不同的社会里存在的明文公布的实在法以及把实在法和对实在法起作用的各种因素联系起来的因果律以外，还有一种普遍适用的支配法则。制订这种法律的人除非是上帝本人，否则是不为人所知的。孟德斯鸠想让人们知道的就是这些，别人无法说这就是他的高深的思想。

这样，我们就触及了解释《论法的精神》的中心问题。

实际上人们很可能看出这些自然的法律，这些普遍适用的理性法律在孟德斯鸠的思想上并不占有什么地位。他或许是出于谨慎或习惯才保留这些法律的。革命派常常在某一个方面比他们自己所认为的更为保守。孟德斯鸠认为用社会学的方法解释实在法，把决定论用于社会本质上去才是革命的。他的思想逻辑只包括三个因素：观察实在法的多样性；用各种原因来解释这种多样性以及按照对法律所作的科学解释向立法者提出实际的建议。在这种情况下孟德斯鸠才是一个真正的实证主义社会学家，他向人们解释为什么以某种方式生活。这位社会学家理解别人要比别人理解自己更为透彻，他发现说明集体在不同的气候条件、不同的时期采取的合适的生存方式的原因，并帮助每个社会按照自己的制度、气候和总精神等特点生存下去。对价值的评论总是取决于人们根据实际情况制订的目标的，理智或人性的普遍法则在这里是没有地位的。《论法的精神》第一章第一节在孟德斯鸠的理论中或许是无关紧要的，或者只是传统的思想方法的一种残余。

我个人认为这种解释不能正确评价孟德斯鸠。我还认为人们不能出于谨慎而仅对第一章第一节作出解释。此外，我也不相信会有人已经对这种地道的决定论哲学透彻地想过。因为，如果有人对这种哲学作过深入的探讨，那么，一般地说来，他对共和政体和专制政体的优劣就没有什么可说的了。然而我能肯定，孟德斯鸠是想既说明政治制度的多样性，又保留对这种多样性作出评价的权利。

那么，孟德斯鸠若显若隐地寻求的又是什么样的哲学呢？

孟德斯鸠一方面想用因果关系来解释实在法的多样性，一方面还想把握普遍有效的标准，对所研究的各种政治制度作出评价。他所提出的标准极端抽象，最后都可以归纳为平等或对等这两个概念。他激烈抨击的奴隶制或专制政体在他眼里是完全违背人性的，与人的自然愿望背道而驰的。

但是要把普遍有效的支配性法则放到在某些方面仍然是决定论观点的哲学中去，这样做是困难的。

为了解决这个问题，孟德斯鸠在第一章第一节里提出把从无机物到人的各种东西进行某种分等。他说："各种东西都有自己的法则。上帝有上帝的法则，物质世界有物质世界的法则，高于人类的神灵有神灵的法则，动物有动物的法则，人有人的法则。"（《全集》第二卷第232页。）当这种东西是某种物质时，那么它的法则纯粹是因果律，在此情况下，这些法则就是必然法则，不可违反。当这种东西是一个生命体时，那么这些法则虽然也是因果律，但其性质就复杂得多了。最后，如果是人的话，那么孟德斯鸠说这些作用于有智力的生物的法则就有可能被违反，因为自由是与智力同步的，与人的行为有关的法则就不再是必然的因果律了。

换句话说，科学地解释实在法和保持普遍适用的需要，这两者结合起来的理论是将各种物体进行分等，提出各种各样的法则的理论。这种种类别中包括受永恒不变的法则支配的无机物直到受可以违反的理性法则支配的人。

这就提出了一个看来是常常不合情理的说法："智力世界远不如物质世界容易受到控制。因为，智力世界虽然也有自己的法则，而且这些法则在性质上也是不可改变的。但是智力世界不像物质世界那样始终遵循这些法则。其原因是个别的有智力的生物受到其本性的限制，因此就容易出差错。而且，从另一方面来说，我行我素还正是出于他们的本性。"（《论法的精神》第一章第一节，《全集》第二卷第233页。）这段话似乎是说，由于支配有智力生物的理性法则常常可以被违反，所以智力世界不如物质世界。实际上，即使理性法则有可能被违反，哲学家也不必把它看作是智力世界不如物质世界的一个证据，相反却可以看到人类自由的明证。

孟德斯鸠将各种存在物分成若干等级，并根据存在物的性质拟想出不同的法则。有人就可指责这种观点混淆了因果律和支配法则这两个概念。这种等级的理论似乎把物质的必然法则、运动法则和理性的支配法则这三者等同起来了。

我并不认为孟德斯鸠混淆了这三者的界线。他指出了立法者制订的实在法、历史上和自然界存在的因果关系以及与理智有内在联系的、普遍适用的法则之间的区别。他只不过是想寻求一种理论，把对各种不同的社会现象所作的决定论的解释与对这些社会现象所作的普遍适用的道义和哲学上的评价结合起来。

路易·阿尔杜塞指责孟德斯鸠援引普遍的理性法则。他提出孟德斯鸠只需就法则的特殊性对各种法则作出决定论的解释，只需提出从这种决定论的解释中得出的实际建议。路易·阿尔杜塞是像一个马克思主义者那样提出这个意见的。然而，马克思主义之所以反对援引普遍的理性法则，那是因为它在朝实现人类数世纪以来所期望的制度发展着的历史运动中，找到了与理性法则相同的东西。

实际上，有许多人超越了决定论的哲学。其中一部分人是由于瞻望未来之故，另一部分人则是靠了形式特征的普遍标准。孟德斯鸠选择了这第二种道路超越了特殊性。我认为这丝毫不能说明他是错了。

在存在物的等级之后，孟德斯鸠理论的第二个方面是明确了什么是自然人——照他的观点指的是早先的，可以说是先于社会的称作为人的人。第一章第二节就是谈这个问题的。他认为，"先于社会"这一说法并不意味着曾经有过不生活在社会之中的人，而是说人们可以根据理智设想一下抽掉集体性的人是什么情况。在这一节里，孟德斯鸠想批驳霍布斯关于本性的观点，而这一批驳，我认为有助于理解他的思想中的基本观点。

孟德斯鸠想说明的是人的本身一点也不好战，人的原始状态不是彼此的战争状态，而是，即使不是真正的和平，至少也是处于与和平和战争无关的状态。孟德斯鸠之所以要批驳霍布斯，那是因为霍布斯认为人的本性是和自己的同类彼此敌对，用以证明只有专制政权才能确保和平，使吵吵闹闹的人群安分下来。孟德斯鸠与霍布斯恰恰相反，他不认为战争的根源在于人的原始状态，人类本身并不是人类的敌人，战争与其说是人性现象不如说是社会现象。既然战争和不平等是与社会的本质而不是与人的本质联系在一起的，那么，政治的目标就不应当是消灭与集体生活不可分割的战争和不平等，而应当是减轻战争和不平等的祸害。

这两种论断表面上虽然互相矛盾，实质上却是合乎逻辑的。如果说战争是人性现象，那么绝对和平还可向往，如果是社会现象，那么人们就只好寄希望于减轻战争的祸害了。

我们再把孟德斯鸠和让-雅克·卢梭的思想方法比较一下。他们之间的区别与上述孟德斯鸠与霍布斯之间的区别基本相同。卢梭引用的是由人类理智设想出来的人的原始状态，可以这么说，把它用作社会的标准，这个标准使他产生由民众掌握绝对权力的观点。我们的作者则满足于看到不平等源自社会，不是从中得出必须恢复原来的平等，而却得出应当尽可能减少社会本身造成的不平等这样的结论。

孟德斯鸠的关于原始状态的观点不仅仅说明了他的全部政治哲学，关于国际法问题的第九、第十两章也都源自这个观点：

"国际法当然是建筑在这样的基础上的，即：各国在和平时期应当尽量谋求彼此福利的增进；在战争时期则应当在不损害自己真正的利益的前提下，尽量减少破坏。战争的目标是胜利，胜利的目标是征服，征服的目标是保全。构成国际法的各种准则都是由这一原则和先例中产生出来的。"（《论法的精神》第一章第三节，《全集》第二卷第237页。）

这段引文表明，《论法的精神》一书不仅对实在法作了科学的、因果的解释，而且还按照孟德斯鸠赋予国际法的目标分析了支配各个集体的关系的法则，换句话说，这就意味着集体走向的最终结局可以由理性的分析加以确定。

4. 可能的解释

孟德斯鸠的哲学既不是奥古斯特·孔德所说的简化了的决定论哲学，也不是传统的自然权利哲学，而是使这两者结合的一种尝试。人们对他的思想所作的种种解释，原因即在于此。

德国历史学家迈内克在《历史主义的形成》这一经典著作中写过一个章节评论孟德斯鸠。他认为孟德斯鸠的理论是介于标志十八世纪思想特征的理性的普遍性学说和十九世纪历史学派中盛行的强调特性的历史观之间的一种理论。

在孟德斯鸠的著作中确实有理性普遍主义哲学的东西，也有强调历史习俗和历史群体多样性的东西，问题在于是否应当把孟德斯鸠的思想视为这两种思潮脆弱的折中，视为发现总体历史主义过程中的一个阶段，或是试图把两种考虑（其中任何一种都不会被全部消除）糅合在一起而进行的一次正当的但不完善的尝试。

路易·阿尔杜塞对孟德斯鸠的矛盾有一种新的说法。他认为孟德斯鸠的矛盾在于他的创新能力和反动主张。这种说法有一定的道理。在十八世纪思想意识冲突中，孟德斯鸠是属于确实可以称为反动的那一派的，因为这一派主张恢复多少有点传奇色彩的过去中存在过的制度。

十八世纪，尤其是十八世纪上半叶，法国政治作家曾经就君主政体的理论和贵族在君主政体中的地位问题进行过一场大论战。[18]大体上有互相对立的两派。罗马派认为法国君主政体源自罗马帝国（法兰西国王本来可以成为罗马帝国的继承者的），这样，历史就将证明法国国王主张专制制度。另一派，即日耳曼派认为法国贵族的特权地位源自对法兰克人的征服。在这场争论中形成的理论一直持续到下一个世纪，并且导致产生了不折不扣的种族主义思想，例如认为日耳曼人及高卢—罗马人最为高贵的理论。贵族和平民的区别几乎就等于征服者和被征服者的区别。这种征服者的权利今天已无法证明必须保持不平等的地位，但在过去，在十八世纪却被认为是社会等级制度合法的、牢固的基础。[19]

人们只要读一下《论法的精神》最后三章，就可以看出在两派争论中孟德斯鸠是站在日耳曼派一边的，他与主张贵族权利的死硬的理论家相比只是稍有保留，更难以捉摸这些细微的区别而已。在论述英国宪法的那一节结尾处，孟德斯鸠有一句名言：建筑在列强均势基础上的英国自由，产生于"丛林之中"，即产生于日耳曼的丛林之中。

总的说来，孟德斯鸠关心的是贵族特权和加强中间团体。[20]他丝毫不是平等的鼓吹者，更不是主张权力归于民众的理论家。他把社会不平等与社会秩序的本质糅合在一起，对不平等甚为适应。如果人们像阿尔杜塞那样认为权力归民众和人人平等是十九世纪和二十世纪各次革命以及法国和俄国革命取得胜利的政治信条，认为历史正在朝着权力归民众和人人平等这一方向发展，那么说孟德斯鸠是旧制度的鼓吹者就是恰如其分的了。在这个意义上，他就是一个不折不扣的反动派。

然而，我认为问题还要复杂得多。孟德斯鸠确实认为社会不平等是始终存在的，治理国家的人总是那些享有特权的人。但是不管他引证的那些由历史所决定的制度是什么性质的，孟德斯鸠都始终认为社会秩序本质上是不平等的，自由的条件是社会各派力量的均势和名人执政。名人这一概念涵义甚广，既包括平等民主制度中的优秀公民，也包括君主政体中的贵族，甚至还可包括苏联式制度中的共产党员。

换句话说，孟德斯鸠政治哲学的基本点是自由主义：政治秩序的目的是通过各派力量的均势确保政权温和。力量均势指的是法国君主政体下平民、贵族和国王之间的力量均势；英国君主政体下平民和特权阶层之间的力量均势；罗马共和政体下平民阶层和贵族阶级之间的力量均势。这些不同的例子都说明庞杂的、等级森严的社会这一个基本概念。在这种社会里，政权的温和需要各派力量保持均势。

如果说这就是孟德斯鸠的最终思想的话，那么这丝毫说明不了他是反动的。他在十八世纪的这场论战中无疑是反动的。他既没有预料也不曾希望发生法国革命。或许他在无意中已经为这场革命作了准备，那是因为人们无法在事前或事后了解每个人的历史责任，但在主观上他并不希望发生法国革命。如果说一个人在未曾经历过的环境中的作为是可以预料的话，那么人们就可以想象孟德斯鸠在当时情况下或许勉强可以算一个制宪派，然后不久就转为反对派，并像和他类似的自由派人士一样要么流亡国外，要么上断头台，要么隐居国内以逃避革命的急风暴雨。

但是，孟德斯鸠尽管在政治上是反动的，却仍不失为是一种未被超越、尚未过时的思想方法的代表。不管社会结构如何，在一个时期里，人们都有可能运用孟德斯鸠的思想方法，分析某个社会特有的庞杂形式，并通过各派力量的均势谋求确保温和与自由。

我们可以在莱昂·布伦什维格所著的《意识在西方哲学中的进步》一书关于孟德斯鸠的一小节中找到对孟德斯鸠思想的一种最新解释。这种解释认为孟德斯鸠的思想基本上是自相矛盾的。[21]

这一评论认为，孟德斯鸠以某种方式为我们提供了一部纯社会学的杰作——我要说这是一部分析社会学的杰作。这一杰作在各种因素之间建立了各种联系，既不试图在哲学上把这种种因素加以综合，也不主张确定什么决定性的因素或找出各个社会的深刻渊源。

除了这种纯社会学以外，布伦什维格倾向于认为孟德斯鸠的著作没有任何体系。他以"理性世界应当和物质世界一样得到很好的治理……"这句话为例，认为这种异乎寻常的说法——也可以说是一种至少表面上对理性世界的贬低，尽可能地违背它应当遵循的规律——表明他混淆了因果律和支配法则。

莱昂·布伦什维格还指出孟德斯鸠还在笛卡儿主义的政体类型公式（即在圆周画出之前每根半径原已相等，同样，在实在法产生之前，公道与不公道即已存在）和从亚里士多德传统中得出的政体分类法之间犹豫不决。最后，他还说《论法的精神》一书既非一气呵成，又缺乏前后呼应，因而得出结论说读者在这部书中看到的是一种受自由价值启示的、不明确的进步哲学。

我个人认为这一评论是严厉的。诚然，孟德斯鸠的思想缺乏系统，但与某种缺乏系统的历史社会学的精神是一致的。但愿我已经指出了孟德斯鸠的思想远不如人们所说的那样自相矛盾。

作为社会学家，孟德斯鸠力图把两种缺一不可，但又很难结合的思想糅合在一起。一方面他隐晦地指出部分的解释是无限众多的，指出对一个集团应当予以解释的方面是多么的多，与集体生活诸方面有关的决定因素是多么的庞杂。另一方面他也想方设法避免把各种局部的关系并立起来，力图抓住某种构成历史协调一致性的东西。他认为已经多少有点清楚地在民众精神这一概念中找到了与部分解释的无限多样性并不矛盾的统一的原则。民众精神是通过政体原则与政治理论联系在一起的。

人们可以在《论法的精神》一书中清晰地看到当代社会学家也在试图寻找的好几种解释和可以理解的关系。这些可理解的关系应当成为法律制订者的指导，本身就是各种命令。例如，孟德斯鸠提出了一种理想的政体类型，因而他就可以合乎逻辑地提出教育法、税收法、贸易法、限制奢侈法等各种法律应当怎样制订才能使这种理想的制度得以全部实现。他认为立法者应当帮助一种制度使它得以维持，因而他科学地提出了这种种建议。

《论法的精神》还为特定的社会活动的目的性提供了参考。国际法就是一例。至于孟德斯鸠在多大程度上真正指出了各国在和平时期应当尽可能地多创财富，在战争时期则应尽可能地少遭祸害，则是另外一码事。这些值得称道的提法虽然出自教条多于出自科学，但是不管怎样，呈现在我们面前的孟德斯鸠的社会学已经包括了使某个特定部门的法律符合人类活动的内在目的性的可能性。

最后，孟德斯鸠的作品也为人性的普遍规律提供了参考。这种普遍规律即使不能给人类以决定具体政治制度的权力，至少给了人类以谴责如奴隶制等这样一些制度的权力。我十分倾向于认为《论法的精神》中已经出现过埃里克·韦尔的政治哲学中的否定定义的形式天然权利这一概念。[22] 在孟德斯鸠的作品中，人性的理性法则都是以十分抽象的方法提出的，这样就可以避免从这些法则出发，得出特定的政治制度应当是什么样的推论，并使人得以谴责某些实际做法。

孟德斯鸠的社会学思想的最后一个特点，是人们称之为共时思想和历时思想这两者的不断结合。就是说用一个社会的某些部分来解释同时代的其他部分，用过去和历史来解释这个社会本身，这两者结合起来，并不断加以更新。在《论法的精神》所用的社会学方法中，已经可以看到奥古斯特·孔德称之为静态与动态的区别。

既然这样，那么为什么孟德斯鸠却被人们看作是社会学先驱而不是社会学家呢？不把他列为创始人之一的原因是什么呢？

首先是因为在孟德斯鸠所处的时代，社会学这个词还没有存在，后来才逐渐在生活习惯中使用，这个词是由奥古斯特·孔德创造出来的。

第二个原因就更为深刻了，那就是孟德斯鸠对现代社会从未作过研究。被人们视为社会学创始人的奥古斯特·孔德或马克思，他们的研究目的是找出现代社会（即主要是工业和资本主义社会）的典型特征。孟德斯鸠不仅没有把反映现代社会作为目的，而且他使用的范畴在很大程度上是古典政治哲学范畴。最后，《论法的精神》一书着重论述的既不是经济，又不是社会，而是国家。

在某种意义上来说，孟德斯鸠是最后一位古典哲学家，从另一种意义上来说他又是第一个社会学家。说他是最后一位古典哲学家，那是因为他认为社会基本上是由政治制度决定的，并且提出了自由这一概念。而从另一种意义上来说，他用社会这一总概念重新解释古典政治思想，并力图用社会学的观点对社会集体的各个方面作出解释。

最后还需补充一点，即孟德斯鸠不相信进步。他不像奥古斯特·孔德那样相信进步，这是不足为奇的，因为他关注的是政治制度，因而他就必然看不到历史进程中的某个运动会单方面朝好的方向发展。孟德斯鸠落在许多人之后，看到迄今为止的政治变化确实是由新旧交替、渐进运动和崩溃解体所引起的，因而对人们一考虑经济或人的才智就自然产生的进步思想无法理解。我们只能从马克思的著作中找到进步的经济哲学，在奥古斯特·孔德的著作中找到科学引起人类进步的哲学。

生平简介

1689 年 1 月 16 日　夏尔·德·塞孔达生于波尔多附近的拉布雷德堡。

1700—1705 年　在朱伊的奥拉图瓦尔会开办的中学读书。

1708—1709 年　先后在波尔多及巴黎攻读法律。

1714 年　夏尔·德·塞孔达当选为波尔多市议员。

1715 年　与让娜·德·拉蒂格结婚。

1716 年　被选入波尔多科学院。

继承其伯父的议长职位、全部财产以及孟德斯鸠男爵的称号。

1717—1721 年　攻读科学并撰写关于肾上腺的用途及反应，物体的透明度及重力等多篇论文。

1721 年　不署名出版《波斯人信札》，获巨大成功。

1722—1725 年　暂居巴黎从事社交活动，频繁接触埃诺院长、普里侯爵夫人等波旁公爵周围的人士，经常出入朗贝尔夫人的沙龙及昂特索尔俱乐部，在该俱乐部宣读了他所著的《西拉和厄克拉特的对话》。

1725 年　不署名出版《尼德的神殿》。返回波尔多后辞去议长职务并重返巴黎。他后来在《思想》一书中这样写道："我对自己常感不满的是在共和国内真正对我合适的等级太少了。就议长一职来说，我生性耿直，虽然我深谙各种问题，但对解决问题的程序却一窍不通。尽管我也曾为此作过努力，但最使我厌恶的是，可以这么说：蠢人却有我所没有的才能。"（《全集》第一卷第 977 页。）

1728 年　被选入法兰西学院。前往德国、奥地利、瑞士、意大利及荷兰等国旅行，后应切斯特菲尔德勋爵的邀请，从荷兰去英国。

1729—1730 年　旅居英国。

1731 年　返回拉布雷德堡，撰写《论法的精神》。

1734 年　《罗马盛衰原因论》出版。

1748 年　《论法的精神》在日内瓦出版。没有署名，成绩是巨大的，但读者对此书评论多于阅读。

1750 年　《为〈论法的精神〉辩解》出版，回击耶稣会会士及詹森派教徒的攻击。

1754 年　应阿朗贝尔的要求为《百科全书》撰写《论兴趣》（1756年出版）。

1755 年 2 月 10 日　在巴黎逝世。

注释

[1]　人们还记得 J·M·凯因斯在《通论》法文版序言中说过的一段颇有争议的俏皮话："孟德斯鸠是法国最伟大的经济学家。只有亚当·斯密才能与他相比拟。他的高度洞察力、清晰思路和良知（这些都是一个经济学家所必须具备的素质）远远超过了重农论者。"（《就业、利息和货币通论》，J·M·凯因斯著，J·德·拉尔让泰译，巴黎，帕约出版社 1953 年出版，第 13 页。）

[2]　"政体的性质与原则之间有这样的区别：政体的性质决定政体的形式，政体的原则决定政体的行动。前者指的是政体独特的结构，后者指的是使政体运转的人的意愿。法律同各类政体的原则关系不应少于同各类政体的性质的关系。"（《论法的精神》第三章第一节，《全集》第二卷第 250 页和第 251 页。）

[3]　"显然，在由一个自以为凌驾于法律之上的人执法的君主政体里，不如在平民政体里那样需要讲究道德，因为在平民政体里执政者懂得自己必须服从法律，给法律以力量……一旦道德不复存在，专横就会进入会接受专横的人的心灵，人人都会变得贪婪。"（第三章第三节，《全集》第二卷第 251，252 页。）"荣誉的性质就会是要求优遇和高名显爵。"（第三章第七节，《全集》第二卷第 257 页。）

[4]　说实在话，共和政体和君主政体之间的基本区别在马基雅弗利著作中已有论述。他说："曾经对人发号施令和还在对人发号施令的所有政体或领主制，要么是共和国，要么是公国。"（《君主论》第一章，《全集》第 290 页，七星诗社出版。）

[5]　参阅 F·T·H·弗莱彻著：《孟德斯鸠和英国政治》，伦敦，1939 年出版；P·M·斯珀林著：《1760—1801 年孟德斯鸠在美国》，美国路易斯安那州立大学 1940 年出版。

[6]　孟德斯鸠引证的洛克的这段话源自《关于政体的两篇论文》，

第一篇文章揭露并纠正了罗伯特·菲尔默爵士及其追随者的错误原则和
基础；第二篇题为《民众政权的起源、范围及终结》。这两篇论文 1690
年于伦敦初次出版。第二篇文章被达维德·马泽尔译成法文，由 A·沃尔
夫冈于 1691 年在阿姆斯特丹出版，改题为《论民众政体——政权的起
源、基础、性质及政治社会的终结》。马泽尔的这一译本在十八世纪曾
一再重版。新版本由 J·L·菲约翻译，改题为《论民权》，1953 年由巴
黎法国大学出版社作为政治学丛书之一出版，B·米尔基纳·盖泽维奇及
马塞尔·普雷洛作序。

《论民权》第十一至十四章叙述了洛克关于权力和各种权力之关系的
理论。在第十二章中，洛克列举了三种典型的权力：立法权、行政权和
国家统治权。"立法权即决定运用国家力量的方式、保护集体和它的成
员的权力。""行政权即为负责执行已经制订的现行法律而不时行使的
权力，"它包括行政管理和司法两方面。此外，"每个国家都还有另一
种权力，人们称它为天然权力，这是因为它相当于每个人在进入社会之
前生而有之的权力……作为一个整体，社团是一种处在与国家以及与不
属于这种社团的个人相对而言的自然状态中的团体。此项权力包括决定
和平与战争、结盟、与外国社团或个人谈判等权力。如果愿意的话，我
们可以把这种权力称为统制权……毫无疑问，行政权和统制权这两种权
力事实上是有区别的。行政权指的是在社会内部和组成社会的所有的人
之间执行法律的权力；统制权指的是根据利弊得失确保国家的外部安全
和利益的权力。然而这两种权力通常是联系在一起的……不能把行政权
和统制权授予可能使这两者各行其是的人，因为这样将使公众的力量受
到多头指挥，迟早会引起混乱和灾难。"（菲约出版社出版，第 158 页和
第 159 页。）

[7] 这个概念并不完全是新的。用权力分散，保持各种社会权力和
力量的均势的思想解释罗马宪法，最早出现在波里比阿①和西塞罗的混合

---

① 波里比阿（约前 202—约前 120 年），古希腊历史学家。——译者

制度理论中。他们两人在权力的分散和平衡中隐隐约约地看到了自由的条件。但人们是在马基雅弗利的著作中看到声称是孟德斯鸠的提法的提法：“我对那些责备元老院里和民众间发生争论的人说，我坚持认为他们所谴责的恰恰是自由的原则，他们对在公共场所的争论偶尔引起的喧闹大惊小怪，而对争论所产生的良好结果充耳不闻。在任何共和政体中，总是有两大政党：大人物的政党和平民的政党。任何对自由有利的法律都只能产生于它们互相对立之中。”（《论蒂特·李维①的前十卷》，第一卷第四章，《全集》第 390 页，七星诗社出版。）

[8] 三权分立的论点是戴高乐将军正式的立宪理论的主要论点之一。“一切原则和全部经验都要求立法、行政、司法这三种公众权力明确分立，十分平衡。”（《1946 年 6 月 16 日在贝叶的演讲》。）“要有一个以治理国家为己任的政府，给它以治理国家的时间和可能，使它除了自己的任务外不以其他事物为转移，进而实现国家的团结。要有一个以代表国内公众愿望，通过法律监督行政机构而不想偏离自己职守为己任的议会。政府和议会既应通力合作，在职责上又要各自分立。这两个机构的任何成员都不得同时又是对方机构的成员。政权需要的就是这种平衡的结构……司法机构应当保持独立性，始终成为公众自由的保护人。这样，国家的职能、尊严和公正就可得到最可靠的保证。”（《1958 年 9 月 4 日在共和国广场上的演说》。）但是，请注意，根据 1958 年宪法，行政权干预立法权要比立法权干预行政权更为容易。

关于法学家们是怎样解释孟德斯鸠的三权分立理论的问题，请参阅：L·迪吉著《论宪法》第一卷；R·卡雷·德·马尔贝格著《对一般国家理论的贡献》，巴黎，西雷出版社 1920 年版第一卷，1922 年版第二卷，着重参阅第二卷第 1—142 页；Ch·艾森曼著《〈论法的精神〉及三权分立》，载《卡雷·德·马尔贝格文集》第 190 页以下各页，1933 年巴黎出版；西雷出版社出版的《〈论法的精神〉二百周年文集》中的

① 蒂特·李维（公元前 64 或 59—公元 10 年），古罗马历史学家。——译者

《孟德斯鸠的宪法思想》一文，第133—160页，1952年巴黎出版。

[9] 这种解释以路易·阿尔杜塞为代表。见他所著《孟德斯鸠，政治和历史》，巴黎，法国大学出版社1959年出版，第120页。

[10] 此外，在用孟德斯鸠的方法对共和政体所作的分析中，尽管有共和政体的性质是全体公民人人平等这个基本思想，但是人们还是可以发现人民群众和杰出人物之间是有差别的。

[11] 狄德罗、百科全书派，尤其是伏尔泰，他是卡拉斯、西尔旺、拉巴尔骑士和身受当时司法制度之害的其他人的辩护人、《论司法的可能性》（1772年）的作者，对十八世纪刑事问题极为关注。然而，关于刑法问题的争论，在1764年米兰人切萨雷·贝卡里亚（1738—1794年）出版了《论犯罪及刑罚》一书后最为剧烈。这本书是作者在二十六岁那年写的，一出版就在整个欧洲受到尤其是莫尔莱教士、伏尔泰、狄德罗等人的评论。贝卡里亚发挥了量刑不应以法学上的赔偿原则为基础，而应以按罪处刑这种相对论和实用主义原则为基础的思想。此外，他还激烈抨击了当时的刑事诉讼程序——或者缺乏诉讼程序，提出应当根据罪行大小恰当量刑。这一著作为现代犯罪学奠定了基础，成为后来进行的刑法改革的直接根源。参阅 M·T·梅斯特罗所著的《刑法改革家伏尔泰和贝卡里亚》，1942年纽约出版。

[12] 关于对孟德斯鸠的影响这一问题，应当参阅最有权威的孟德斯鸠评论家 J·德迪厄所著《孟德斯鸠和英国政治传统在法国——〈论法的精神〉的英国来源》一书，巴黎，勒科弗尔出版社1909年出版；《孟德斯鸠》，巴黎1913年出版。

[13] 第十四章第五节的题目是：《助长气候造成的缺陷的立法者，不是称职的立法者，反之则是称职的立法者》。孟德斯鸠写道："自然的因素越是使人静止不动，精神的因素就越是使人避免不动。"（《全集》第二卷第480页。）

[14] 气候影响论导致孟德斯鸠产生许多奇怪有趣的想法。他总是以英国为例，试图用这种方式找出英国生活和英伦三岛气候的特点，好

不容易得出这样的看法：

"在一个国家里，如果气候的弊病影响人的精神到对一切直至生活都感到厌倦的程度，那么人们可以清楚地看到，对一切都忍受不了的人们来说，最适合他们口味的政体就是不能把造成人们痛苦的原因归咎于某个个人的制度。在这种制度下，法治甚于人治。因此，为了变革国家，就必须推翻法律。"（《论法的精神》第十四章第十三节，《全集》第二卷第486页。）

这句复杂的话似乎是说：英国的气候已经使人们处于如此失望的地步，以致需要取消个人统治，以便把英伦三岛居民所受的自然苦楚归咎于全部法律而不去指责某个个人。孟德斯鸠用这种笔调继续在好些段落中对英国的气候进行分析。他写道："如果同一个国家由于气候的缘故而具有某种缺乏耐心的特点，使它对旧事物无法长期忍受，那么人们可以看到我们刚才提到的那种政体也许还是最合适的了。"（同上引书。）这样，英国人缺乏耐心就和制度巧妙地联系在一起了。英国公民无法责怪个人掌握政权，他们被缺乏耐心这个词弄得不知所措了。

孟德斯鸠在论述气候的这几章中多次提出这种说法。但正像人们所说的那样，这种说法是华而不实、缺乏说服力的。

［15］技艺一词此处专指手工业工人的活动，就是今天我们称之为次要的活动，包括制造和加工而不是直接耕种土地。

［16］把孟德斯鸠的经济分析归结为这惟一的错误是不公正的，因为事实上孟德斯鸠列出过一张经济发展诸因素的图表。这张图表总的说来是详尽、正确的。

作为一个经济学家，孟德斯鸠还缺乏系统性。他既不属于重商主义派，又不属于重农主义派。然而，人们还是可以（最近就是这么做了）把他看作是一个考虑了经济发展诸因素后，先于他人对经济发展进行现代化研究的社会学家。他分析了农民的劳动这个使集体得以生存的基础。区别了各种所有制，探讨各种不同的所有制对劳动者人数及耕作效率的影响，把所有制、农业劳动与人口数量联系了起来，后来又把人口数量与社会各阶级联系了起来。他草创了一门人们可以称之为奢侈论的理论，提出只有富人阶级才能使非生活迫切需要的无用东西的贸易得以进行。他还把集体各阶级的内部贸易与集体外部的贸易联系了起来，使货币介入这些经济活动，并密切关注货币在集体内部和集体之间贸易中的作用。最后，他还研究了政治制度在多大程度上能促进或阻碍经济繁荣。

孟德斯鸠的分析，从狭义上来说，比起其他经济学家的分析来，并不见得片面和过分简单。孟德斯鸠的雄心壮志在于创立一门包括纯经济理论在内的普通社会学。

在这种分析方法中，各种不同的因素都是经常互相起作用的。所有制形式反过来影响着农业劳动的质量，农业劳动的质量也影响着社会各阶级的关系，社会阶级结构影响着内外贸易。它的中心思想是社会各部门都是彼此无限地起着作用的。

[17]　根据路易·阿尔杜塞在《孟德斯鸠，政治和历史》一书中的说法，《论法的精神》的作者具有真正的理论革命思想。这种理论革命"认为在政治和历史领域运用某种牛顿定律是可能的，从人类的政治机构中可以得出整体中怎样会有多样性，稳定中怎样会有变化的，即多样化的规律和变异的规律。这种规律不再是一种理想的秩序，而是各种现象的内在关系。它不是光凭对某些要素的直觉得出的，而是不带偏见地基于事实通过研究和比较摸索出来的。"（第26页。）但是，"社会学家不像物理学家那样要与服从简单的决定论并遵循一条不可偏离的路线的东西（物体）打交道，而是要与一种十分特殊的物体——人打交道，而人常常会偏离自己制定的规律的。那么，人在与自己的规律的关系中将会怎样做呢？让他去改变它、绕过它还是违反它吧。不过所有这些都不会影响这一思想，即人们可以从人类不热情的顺从或反叛行为中得出一条不知不觉中遵循着的规律，并从人类的谬误中找出真理。为了避免另找人类行为的规律，应当简单地把人类为自己确定的法律看作治理人类的需要！事实上人类的谬误、性格上的缺陷，违反或变更规律都仅仅是人

类行为的一部分。问题在于要从违反规律中找出规律，从变更规律中找出规律……这种态度要求一条十分有效的方法原则，即不要把人类活动的目的看作动机，不要把人类有意识为自己确定的目的理由当作使他们行动的真正原因。真正的原因常常是无意识的。"（第 28 页和第 29 页。）

[18] 关于十八世纪思想意识方面的争论，参阅埃利·卡尔卡松著：《孟德斯鸠和十八世纪法国宪法问题》，巴黎 1927 年出版。

[19] M·路易·阿尔杜塞是这样归纳这次争论的："一种思想统治着十八世纪的政治著作，即：君主专制政体是以反对贵族而建立起来的；国王依靠平民来抵消封建敌手的力量，并按照自己的意愿削弱这种力量。日耳曼派和罗马派就封建制度及君主专制政体的起源这一争论就是以这个普遍信念为背景而展开的……以圣西门、布兰维利埃和孟德斯鸠等日耳曼派（其中孟德斯鸠消息最为灵通，人们对他看法最为不一，但他和别人同样坚定）为一方，他们怀着眷恋的心情提到早期的君主政体和像原先日耳曼'丛林'中那样由贵族和贵族院议员选出的国王，用以反对已变成专制的君主政体和好战的、牺牲贵族利益在平民中挑选高级官吏和盟友的国王。另一方是受资产阶级思想熏陶的专制派、罗马派（迪博神甫，该人是反贵族阴谋的策划者——见《论法的精神》第三十章第 10 页，是《论法的精神》最后几章的攻击对象）及百科全书派。他们在路易十四或开明的君主时期颂扬懂得赞赏勤劳的资产阶级的功绩、身分甚于大地主过时的奢望的君主的理想。"（同上引书第 104 页和第 105 页。）原先的日耳曼传统主义中有勒·拉布勒神甫写的一部没有出版的著作。这本书是 1664 年 3 月 13 日法国贵族授命编写的，其目的是为了从历史中找出"贵族权利和特权的证据"。几乎可以肯定圣西门是知道这本书的。勒·拉布勒认为他已从征服法兰克一事中找到了贵族的起源，并发挥了关于贵族在练兵场议会时曾与国王共同参政的理论。圣西门公爵（1675—1755 年）在 1715 年前后拟订的施政纲领、布兰维利埃伯爵（1658—1722 年）在《法国政府史》（1727 年）、《给奥尔良公爵殿下的呈文》（1727 年）、《论法国的贵族》（1732 年）中都曾进一步颂扬了按照法

兰克人的传统，与效忠王室的近臣共享大权的这一古老的君主政体——"无与伦比的夏勒马涅王朝"。日耳曼封建制度一直持续到十九世纪上半叶。1814年蒙洛西埃在《论法国的君主政体》一书中再次提到了布兰维利埃的论点，以捍卫"贵族的历史权利"。这种论点反过来唤起了1815年那一代的一批伟大的历史学家的使命，其中尤以奥古斯坦·蒂埃里更为突出。他的最初几部著作(1820年出版的《雅克·博诺姆正传》)引用了西哀士的这句话作为说明："为什么第三等级不把那些抱着以征服者后代自居这一可笑念头的家族统统赶到弗兰哥尼亚丛林中去呢？"

勒·拉布勒和布兰维利埃的日耳曼主义既是种族主义的，又是自由主义的。说它是种族主义的，那是因为它赞成征服者的权利；说它是自由主义的，那是因为它反对专制权利，赞成议会形式。但这两种因素是可以分开来的。

这种政治-历史理论可以作为法兰克的自由传统和日耳曼丛林议会的参考，但与贵族的利益并不相连。马布利神甫在《法国历史概论》(1765年)这部对革命的几代人最有影响的著作中对此作了解释，并为全国三级会议及第三等级的政治抱负辩护。1815年拿破仑想与平民和自由重归于好时也曾借鉴过马布利神甫著作中关于练兵场特别议会的思想。同样，十九世纪的基佐，这位人们称之为资产阶级合法上升时期的历史学家，也像马布利那样，是一位犯有错误的日耳曼主义者。(参阅1823年出版的《论法国历史》和1828年编写的《欧洲文明通史讲义》。)

毫无疑问托克维尔和戈比诺是日耳曼思想的最后两个继承人。在托克维尔的著作中，封建主义成了君主专制主义上升的憾事，它加强了人们感情上的自由信念和理智上的民主信念。戈比诺通过他的舅父和蒙洛西埃的著作直接受到十八世纪贵族理论家熏陶的。在他的著作中，自由的意向让位于种族主义了。(参阅托克维尔和戈比诺的通信集，载《托克维尔全集》第九卷，巴黎，伽里玛出版社1959年出版，尤其请参阅J·J·谢瓦利埃所写的序。)

[20] 这并不影响他对他自己所属的阶层有清晰的认识。他的著作

中抨击贵族及其奉承者的乖戾和恶癖之处并不少见。当然，讥讽贵族奉承者主要是讽刺君主制把贵族弄成什么样子，而讽刺贵族本身或当时模样的贵族，即可以自由独立地安排自己命运的贵族，则是次要的。所以在他的著作中就有"走狗集团在法国比在其他国家更受尊重，它是大贵族的聚会，这个集团填补了其他国家的空白"（《波斯信札》第98封，《全集》第一卷第277页。）和"除了意大利的教士外，没有人比法国宫廷里的人更无知了"（《我的思想》，载《全集》第一卷第1315页。）等话。

　　[21]　见莱昂·布伦什维格著：《意识在西方哲学中的进步》，第489—501页。

　　[22]　参阅埃里克·韦尔著《政治哲学》第264页，巴黎，J·弗兰哲学书店1956年出版。埃里克·韦尔在书中写道："哲学家的天然权利是批判历史实证权利的基础。同样，道德的原则是批判个人准则的基础。……它和实证权利一起规定了人们在这种情况下应当怎么做，接受什么，可以提出什么要求。它只是在一个制度不顾人这种智能动物的平等权利，或否认人的理性特点时才抨击这种严密的制度。天然权利不提供物质前提，只是在觉得可以发展这种前提时才按照自己的标准采纳这种前提……作为批评的手段，天然权利应当决定实在法规定的作用，看它是否与人这种有智力的生物的平等权利相矛盾，看由这种种因素组成的制度是否与人的平等权利相违背。对这个问题的任何回答都将具有明确的和历史的意义：天然权利一旦努力行使，则必然是在一个历史实证制度中行使的。用于实证权利，并在总体上改变这种实证权利的不是实证权利。"（第36—38页。）

奥古斯特·孔德

人类是按照一种虽然不像万有引力定律那样不可变更的，但也是一种必然的规律，由内心的驱使而行动的。正确的政治目的不应当使人类徒劳行动，而应当为人类指明方向，使之便于行动。

——奥古斯特·孔德《实证政治体系》附录Ⅲ，《重组社会的必要的科学工作简介》，1828 年出版，第 95 页作为社会学家，孟德斯鸠首先关心的是人类和社会的差别性。他认为科学的目的是使表面上杂乱无章的东西条理化。孟德斯鸠做到了这一点。他为之设想了各种类型的社会和政体，列举了影响各种社会集团的决定因素并最终也许从中找出了某些理性的、有普遍价值的原则，尽管这些原则在这种或那种情况下会遭到破坏。孟德斯鸠立足于这种差别性，费力地求得了人类的一致性。

与孟德斯鸠相反，奥古斯特·孔德首先是一个主张人类和社会的一致性、人类历史的一致性的社会学家。他提出这个一致性的观点，最终遇到的却是相反的困难：找不到也发现不了差别性，因为根据他的哲学思想，绝对有效的社会类型只有一种，人类应当通往这惟一的社会类型。

1. 孔德思想的三个阶段

这样，依我看来，人们可以把奥古斯特·孔德的哲学思想的几个发展阶段，作为代表断言、解释和证实人类一致性理论的三种方式加以介绍。这三个阶段分别以奥古斯特·孔德的三部著作为标志。

第一个阶段自 1820 年至 1826 年，即《社会哲学文集》阶段，包括以下几本小册子：《现代史简评》（1820 年 4 月）、《重组社会的必要的科学工作简介》（1822 年 4 月）、《对科学和学者的哲学研究》（1825 年 11—12 月）、《论神权》（1825—1826 年）。第二个阶段以《实证哲学教程》（1830—1842 年陆续问世）为标志。第三个阶段以《实证政治体系》和《论人类宗教社会学》（1851 年至 1854 年问世）为标志。

　　在第一阶段中，这位年轻的综合工科学校毕业生在《文集》（奥古斯特·孔德把这几篇文章收在《实证政治体系》第四卷末重新出版，以表明自己思想的统一性）中思考着他所处那个时代的社会。大部分社会学家都是以解释自己所处的时代为起点的，在这方面奥古斯特·孔德可以称得上是典范了。《文集》反映和解释的就是十九世纪初欧洲社会的历史性时刻。

　　奥古斯特·孔德认为，一种由"神学"和"尚武"这两个形容词标明特点的社会类型正在消失。中世纪社会的柱石是天主教会解释的超验性的信念。神学思想方式是与由第一等级的军人表现的尚武活动的主导地位同时代的东西。另一种社会类型，即科学的和工业的社会正在诞生。从消亡的社会是神学社会这个意义上来说，新生的社会是科学的社会。具有新时代特征的思想方法是学者的思想方法，带有旧时代特征的思想方法则是神学家和僧侣的思想方法。作为一种社会范畴，学者取代了僧侣和神学家，成为社会秩序中精神和道德的基础。他们正在从僧侣手中接受一份神权的遗产。孔德在《文集》的开头几篇文章里说，这种神权在每个时期里都必然是由提供一种占支配地位的思想方法和用作社会秩序准则的思想的人所代表的。和学者取代僧侣一样，广义的实业家——即企业家、工厂经理和银行家正在取代军人的地位。一旦人类用科学的方法思考时，最重要的社会活动就不再是一部分人反对另一部分人的战争，而成为人与自然的斗争或者是合理地开发自然资源了。

　　从这个时期起，孔德从对他所处的社会分析中得出了社会改革的基本条件是智力改革的结论。光凭偶然的一次革命或暴力行为不足以改组处在危机中的社会。为此必须综合各门科学，并创立一种实证政治学。

　　奥古斯特·孔德像他的许多同时代人那样，认为现在社会处在危机之中，他在正在消逝的神学和尚武社会秩序与正在形成的科学和工业社会秩序的矛盾中找到了对社会动乱的解释。

　　对当时危机的这种解释，其结果是改革者的奥古斯特·孔德不是一个马克思主义式的革命鼓吹者，也不是孟德斯鸠或托克维尔式的自由制度的鼓吹者，而是一个实证科学和社会科学的理论家。

孔德思想的总方向，尤其是改造计划，都源自对当时社会的这种解释。正像孟德斯鸠看到了法国君主政体的危机，他的观察所得成了他的整体观念的源泉之一那样，奥古斯特·孔德看到了两种社会类型的矛盾，并认为这种矛盾只能通过他称之为科学和工业型的社会的胜利才能解决。这种胜利是不可避免的，但它可以推迟或加速，因而社会学的作用是理解这种必然的、即既是必不可少的，又是不可避免的历史变化，帮助这种根本秩序的实现。

在第二阶段，即《实证哲学教程》阶段，孔德的指导思想并没有变化，但他的视野更开阔了。在《文集》阶段，奥古斯特·孔德所研究的基本上还只是现代社会及其过去，即欧洲历史。非欧洲人很容易指出奥古斯特·孔德在最初几篇文章中，天真地认为欧洲历史是吸收了人类历史的欧洲历史。或者说他以欧洲历史的典型特点为前提，承认欧洲社会所寻求的社会秩序就是全人类的社会秩序。在第二阶段，即在《实证哲学教程》阶段中，奥古斯特·孔德没有重提这些论点，而是深化了这些论点，并实施了他在青年时代的著作中大体上确定了的打算。

他博览了各门学科，发展并确认他在《文集》一书中已经提出过的两条基本规律：三种状态的规律及科学分类。[1]

按照三种状态的规律的说法，人类应当先后经过三个阶段。在第一个阶段中人类解释各种现象，并把这些现象的存在归因于生命体或与人类相似的力量。第二阶段中，他乞灵于抽象的实体，如大自然。第三阶段时，人类只是观察这些现象，并找出各种现象之间在某个时期或过去可能存在的经常联系。他不想找出事情的缘由，而只是想找出支配各种现象的规律。

从神学时代到形而上学时代，进而到实证时代，这个过程对各种知识学科来说，并不是同时发生的。在奥古斯特·孔德的思想里，三种状态的规律只有当它与科学分类相结合时才有严格的意义。各门科学的排列次序为我们揭示了才智在各个领域里成为实证才智的顺序。[2]

换句话说，实证思想方法首先是在数学领域里得到承认，然后在物理、化学和生物学上得到承认的。当然，实证主义在某些更为复杂的学科里出现得较迟这一点是很正常的，因为：学科越简单，就越能实证地加以思考。甚至会有这种情况：观察到的现象会自然得到承认。这样，才智就会立即成为实证才智了。

三种状态的规律和各门学科的分类，这两者的结合其目的是要证明在数学、天文、物理、化学、生物等学科里取得胜利的思想方法，最终也应当在政治学领域里取得胜利，并达到创建一门新的实证社会科学——社会学的目的。

然而，这两者结合的目的并不仅仅是为了说明创建社会学的必要性。自从有了生物学这门学科后，方法论就发生了一个决定性的变化：科学不再是解析性的科学而基本上必然是综合性的科学了。这一变化后来奠定了社会学的历史统一观的基础。

奥古斯特·孔德所说的解析性和综合性这两个术语有多种含义。在这个具体的例子里，物理学和化学这种无机性科学因为是研究孤立的现象之间的规律的（这些现象的孤立是必然的、合理的），所以是解析性的科学。与之相反，在生物学上如果人们不研究生命体的全貌，就无法对某一器官或某种功能作出解释。某一特定的生物现象只有在与整个机体相比之下才有自己的意义并得出解释。如果硬是人为地把某一成分从某一生物体中割裂开来，那么所能得到的只是一种无生命的物质。作为有生命的物质，这种物质是全面和完整的物质。

整体先于局部这一思想也应当移植到社会学方面来。某一特定的社会现象如果不是被放在整个社会之中，那么就无法理解。对整个社会不加研究就无法理解某个特定社会中的宗教情况或国家的确切形式。但是整体先于局部这一思想并不仅仅适用于人为地从历史演变中割裂出来的某个时期。十九世纪初法国社会的情况，只有把这个时期置于法国历史的持续性中才可理解。法国王朝复辟只有通过大革命才可理解，而大革命也只能通过几世纪的君主政体来理解。神权和尚武精神的衰落只有从过去的好几个世纪中找出其原因才得以解释。如同只有研究社会整体的本身才能理解社会整体的一个部分一样，只有研究历史的全部变化才能理解某个时期的历史变化。

但是，继续沿着这个路子想下去也会遇到一个明显的困难，那就是：为了理解法兰西民族某个时期的演变，需要查阅全部人类历史。整体先于局部的原则这一逻辑导致提出这样一个观点，即：社会学第一位的、真正的对象是人类历史。

奥古斯特·孔德是综合工科学校造就的一位逻辑性极强的人。他既然提出了综合先于分析，他就应当得出他想建立的这门社会科学要以人类历史作为研究对象的结论。因为这种历史被看作为一个整体，对于理解整个社会的特殊职能或某个特定变化时期来说都是不可缺少的。

在《实证哲学讲义》一书中，一门新的学科——社会学——已经形成了。它承认整体先于局部、综合先于分析，研究的对象是人类历史。

在这里人们可以看到孔德与孟德斯鸠的孰优孰劣。照我看来，孔德劣于孟德斯鸠。孟德斯鸠的出发点是差异性，而奥古斯特·孔德却过分讲究逻辑——这正是大人物或某些不太重要的人物的特点，把人类的统一性作为出发点，以研究人类历史作为社会学的对象。

应当补充指出：奥古斯特·孔德认为社会学是与先前已经存在的各种科学相同的一门科学，因而他毫不犹豫地重新使用了在《文集》中已经提到过的这种说法：既然在数学和天文学领域里没有意识的自由，那么在社会学领域里也不可能有更多的意识自由；既然学者们已经把自己的定论灌输给了对数学和天文学一窍不通的人和爱好者，那么他们也应当用同样的方法灌输自己对社会学和政治学的定论，这样才是合乎逻辑的。当然这需要有一个先决条件，即：社会学应当既能确定现存的东西，也能确定将要存在的和应当存在的东西。此外，奥古斯特·孔德的综合社会学还提出了这门科学的职能问题。社会学是一门纵观历史的科学，它要确定的不仅仅是曾经存在过的和目前存在的东西，而且从决定论的必然意义上来说它还应当确定将会存在的东西。将会存在的东西已被证明是与旧时哲学家未曾说出的人性、与奥古斯特·孔德简单地称之为人类和社会秩序的实现一致的。在他的思想的第三个阶段里，孔德用人性和社会性的理论证实了人类历史的统一性。

《实证政治体系》写于作者与克洛蒂尔德·德沃的恋爱经历之后。这本书的文体和用词造句与《实证哲学教程》已有些不同，但它的思想倾向仍和孔德在第一阶段，特别是第二阶段中表现出来的思想倾向相吻合。

实际上，我这么想，如果说奥古斯特·孔德的经历可以用他想证明人类历史的统一性的意愿加以解释的话，那么他在最后一本书中为这个概念提供了哲学基础就是极为正常的了。为了使人类历史成为一个整体，那么各个社会、各个时代的人就应该有某种可以被认识、可以被确定的性质。其次，透过社会组织的多样性，任何社会都应当有一种可以被人们认识的基本秩序。最后，人性和社会性应当是这样的，即可以由此推断历史演变的主要特点。照我的看法，可以用这三个观点来解释《实证政治体系》的基本点。

人性的理论包括在奥古斯特·孔德所称的大脑图表，即关于大脑区域定位学说的全部观点之中。但是，除了这种或那种古怪之举外，这张图表明确指出具有人类特征的各种活动。以社会静力学为研究对象的第二卷，描写和分析了人们能够透过机构的多样性认识社会的基本秩序。总而言之，大脑图表和社会静力学为《实证政治体系》专论社会动力学的第三卷提供了基础。全部历史就是为了实现第二卷里分析的社会基本秩序，实现第一卷大脑图表中所论述的人性中最美好的东西。

因此，奥古斯特·孔德思想的出发点就是研究他所处的那个时代内部神学和尚武型社会以及科学和工业型社会之间的矛盾。由于这个历史时期的特点是科学思想和工业活动已经相当普遍，所以解决这种危机的惟一方法是创立一种像过去神学思想体系支配社会秩序那样支配现时社会秩序的科学思想体系，以加速变革的进程。

之后，孔德进入了《实证哲学教程》阶段，即进入综合人类全部科学工作，以便找出各门学科中曾经使用过的方法，总结各门学科已取得的主要成果的阶段。综合这些方法和成果可以为创建一门尚未存在的科学——社会学奠定基础。

但是孔德想创立的社会学并不是孟德斯鸠式拘谨、稳重和分析的社会学。孟德斯鸠力求多作解释，使人们认识人类制度的极度多样性。而孔德的社会学的作用则是解决当代世界的危机、即提供一种支配重组社会的科学思想体系。

然而，一门科学要能起到这样的作用就必须像数学和天文学那样取得毋庸置疑的成就，得出无可辩驳的真理。而且，真理的性质应当是某一种形式的。孟德斯鸠的分析社会学主张在各处进行这种或那种改革，为立法者提供建议。但是，鉴于任何社会制度都受许多因素的制约，因此这种社会学不允许设想会有一种与现存的制度这一现实根本不同的现实。奥古斯特·孔德既想成为一个学者，又想成为一个改革者。那么，什么样的科学既能符合他的断言，又是一个改革者所必需的呢？毋庸置疑，这门科学就是奥古斯特·孔德设想的综合性的科学，就是立足于最普遍的规律、立足于人类发展最基本的规律、可以发现人类能以某种方式使用的总的决定论的科学。用实证主义的一个术语来说，就是"可以更改的必然性"。

奥古斯特·孔德的社会学首先论述的是人们最有兴趣知道的东西。至于细节，那是历史学家的事。照作者的意思就是让那些才疏学浅、默默无闻的实干家去干了。一下子就已深谙未来的普遍规律的人是轻视这些人的。

孟德斯鸠和托克维尔重视的是一个国家的政治和形式；马克思注重的是经济组织；奥古斯特·孔德的理论则是以只有精神上协调一致社会才能存在的思想为基础的。[3] 只有当社会成员有了共同的信仰时，才有社会。这就是表明人类各个阶段特征的思想方法。目前阶段和最终阶段的标志是实证思想的胜利普及。

既然奥古斯特·孔德把人类历史是统一的这个思想阐述得如此淋漓尽致，因而他就必然需要建立这种统一性。然而，他只有参照人性永恒和社会秩序基本永恒这一概念时，才能用哲学术语建立这种统一性。

奥古斯特·孔德的哲学思想是以三大命题为前提的。

第一个命题是：西欧的工业社会具有典型性，它将成为全人类的社会。奥古斯特·孔德错误地认为欧洲工业社会的某些方面具有普遍的使命，这一点并没有被证明。欧洲社会的特征——科学地组织劳动——比其他组织方法有效得多。个中奥妙一旦被一个民族发现，人类的其他部分就应当把握好它，因为它是繁荣和强盛的条件。

第二个命题是科学思想的双重普遍性。数学、物理学和生物学方面的实证思想具有普遍意义，运用这种思想而取得的成就是看得见、摸得着的，因而全体人类都接受这种思想方法。奥古斯特·孔德在这方面的说法是很正确的。今天西方的科学无论在数学、天文学、物理学、化学等方面都已成为全人类的科学，在生物学方面很大程度上也是如此。但是科学的普遍性还有另一层意思：既然人们用实证方法研究天文学或物理学，那么人们也就不能用其他方法研究政治学和宗教学。实证方法已经在无机的自然科学方面取得了成功，它就应当延伸到思想的其他方面。然而实证方法在这方面的普及是极不明显的。在社会学、伦理学或政治学方面，难道一定要沿用数学或物理学的方法吗？这个问题至少是有争议的。

奥古斯特·孔德的第三个命题就是《实证政治体系》的命题。如果说人性基本上是不变的，社会秩序基本上也是不变的，那么怎样才能最终保全多样性呢？

换句话说，奥古斯特·孔德关于人类统一性的观点在他的一生事业的三个主要阶段里有三种形式：

西方正在发展的社会是很典范的，全人类必将走上西方先驱者已经开创的道路；

人类历史是一部思想史，这部思想史表明了实证思想的变化，或者说表明了全人类学习实证主义的过程；

人类历史就是人性的发展和成长的过程。

这三个命题彼此绝不矛盾。在某种意义上来说，奥古斯特·孔德一生的每个阶段都曾提到过这些命题，但侧重面不同。这三个命题代表着对人类的统一性的三种可能的解释。

2. 工业社会

奥古斯特·孔德青年时代的指导思想并不是他个人的思想。他只是汇总了在当时环境下人们的信仰，即：神学思想已属过去，用尼采的话来说，上帝已不复存在，此后支配现代人的才智的将是科学思想；封建机构或君主制组织与神学一起正在消亡；学者和实业家将统治我们时代的社会。

这些论点都没有什么独特之处，然而这是奥古斯特·孔德为了对现代社会作出恰如其分的解释而从许多流行的思想中选择出来的。懂得这一点还是很重要的。

十九世纪初震惊所有社会观察家的新鲜事是工业。大家都认为某种与过去不同的新奇事正在诞生。但现代工业的独特性究竟在哪里呢？

我认为十九世纪初人们看到的工业有六个特点：

一、工业是建筑在科学的劳动组织的基础上的。生产不是按照习俗进行组织，而是以获得最大效益为目的而组织的；

二、由于科学组织劳动，因而人类得以大量开发资源；

三、工业生产要求在工厂和城镇集结工人，这样就出现了一种新的社会现象：工人的大量存在；

四、工人在劳动场所大量集结决定了职工与雇主、无产者与企业主或资本家之间潜在的或公开的对立；

五、 随着财富由于劳动的科学性而不断增加,生产过剩的危机也日益增多。其结果是在物质丰富的情况下制造了贫困。令人愤慨的是正当千百万人备受贫困之苦的时候,大量商品却卖不出去;

六、 与劳动组织工业化和科学化相联系的经济制度,其特点是自由贸易及企业主和商人追逐利润。某些理论家由此得出这样的结论: 开发财富的根本条件正是追逐利润和竞争,国家干预经济事务越少,生产和财富就增加得越快。

对工业社会的解释视对每个特点强调的程度而异。奥古斯特·孔德始终认为前三个特点是决定性的特点。工业就是科学的劳动组织,然后才有财富的不断增加和工人在工厂里的集结。此外,工人集结是与资本或生产资料集中在一小部分人手中相对应的。

在他看来,第四个特点即工人和企业主的对立是次要的。[4]他认为这种对立是由于工业社会组织得不好而造成的,可以通过改革加以纠正。同样,在他眼里危机也是次要的、表面的现象。至于自由主义,他并不认为它是新社会的要素,而是一种比建筑在自由竞争基础上的组织更加稳定的组织在发展过程中的一种反常的成分和一时的危机。

自然,在社会党人看来,第四和第五个特征是决定性的特征。像十九世纪上半叶悲观的经济学家一样,社会党人的这种思想是由于他们看到了无产者与企业主之间的冲突,看到了频繁的危机,并认为这是资本主义无政府状态不可避免的产物而发展起来的。马克思就是以这两个特征为基础创建资本主义理论并对资本主义作出历史性的解释的。

至于第六个特征即自由贸易,这一点正是自由派理论家所特别强调的。他们认为自由贸易是经济进步的决定性原因。

十九世纪初期所有的人都同时看到财富在增长,科学被用于工业和自由贸易制度。人们是按照后两种现象在第一种现象的发展中作用的大小而作出不同解释的。

奥古斯特·孔德在抨击自由派和社会主义派经济学家的过程中确立

了自己的工业社会的理论。他对工业社会所作的解释既不是自由派的，也不是社会主义派的。如果在伯纳姆的《管理革命》[5]一书的法文译本中没有用过"组织"一词的话，那么这种工业社会可以被确定为是一种组织理论。因为奥古斯特·孔德所称的组织者与伯纳姆所称的组织者或经理是极不相同的。

奥古斯特·孔德指责对价值持怀疑态度的并力图抽象地确定这种制度作用的自由派经济学家为形而上学者。他认为，形而上学思想是一种抽象的思想，是一种从概念出发的思想。在他看来当时的经济学家的思想就是这样的。[6]

此外，这些形而上学者还犯了把经济现象从整个社会中分裂开来加以研究的错误。政治经济学不恰当地把一个部门从整体中孤立出来，而这个部门却是只能严格地包含在整体之中的。

法国的大部分涂尔干派社会学家也持这种批判态度。这两种批评决定了那些被称之为社会学家的人对那些被称之为经济学家的人所持的敌视态度，至少在法国的大学里是这样的。

最后，奥古斯特·孔德还指责自由派过高地估计贸易或竞争机制在财富发展中的效力。

然而，经济学家们认为从长远来说，私人利益是会协调一致的，这一点还是可取的。如果说自由派和社会主义者之间的基本对立在于前者相信利益最终会趋向一致而后者则主张阶级斗争的根本性，那么在这个根本问题上，奥古斯特·孔德是站在自由派一边的。他不相信无产者和企业主之间有什么根本利益的对立，而只是在财富分配时有一时的和次要的争夺。但是，像所有的自由派经济学家那样，奥古斯特·孔德认为发展生产，从其定义上来说是与所有人的利益相一致的。工业社会的法则就是发展财富，谋求最终的利益一致。

与认为自由竞争是财富增长的基本原因的经济学家相比，实证主义的创始人是属于我称之为综合工科学校组织派毕业生这一派的。

今天，两位经济学家代表了综合工科学校毕业生精神的两种倾向。

莫里斯·阿莱代表了认为经济调节的竞争手段具有决定性重要意义的倾向。[7]另一位综合工科学校毕业生阿尔弗雷德·索维，他远不如莫里斯·阿莱或雅克·吕夫那样热衷于市场机制，代表了认为组织具有至高无上作用的另一种倾向。[8]奥古斯特·孔德可以被认为是组织派的首领。

这位综合工科学校的组织派毕业生是敌视社会主义的，或者更确切地说是敌视他称之为共产主义者的那些人的。这些人就是当时反对私有制的空论家或理论家。他是一个相信私有制的功效甚于相信竞争作用的组织派，令人惊奇的是他十分信服集中财富的私有制。

奥古斯特·孔德确实认为资本和生产资料的集中是正确的。在他看来资本和生产资料的集中与私有制并不矛盾。他认为这种集中首先是不可避免的，而且由于天生的乐观态度（这种乐观态度具有他的历史哲学特点），他认为这种集中也是有益的，是与人们看到的人类历史进程中的基本倾向一致的。每一代人都应当生产多于自身生存需要的东西，然后把多于从上一代人手中接过来的财富转交给下一代人。只有这样，物质文明才能发展。生产资料资本化具有发展物质文明的特点，并导致集中。

奥古斯特·孔德对这样的论点不屑一顾。这种论点认为资本的大量集中会导致所有制公有化。他不认为生产资料的集中必然会导致国有化。恰恰相反，他根本不相信私有制与公有制是对立的，因为他认为无论是经济权威还是政治权威都是个人的权威。在任何社会里，总是少数人处于支配地位。要求实行公有制的动机之一，不管有意还是无意就是认为（不管这种信念有无根据）用一种所有制代替另一种所有制或许能改变社会支配结构。对此，奥古斯特·孔德是持怀疑态度的。他认为富人总是处在强有力的地位，而这种地位又是不能不伴随着财富而获得的。这一点，在任何社会秩序中都是不可避免的。无论何地总有一部分人处在支配地位，而掌握集中的资本、行使不可缺少的经济权威和社会权威的那些人是最恰当不过的了。

但是，应当抽去这种个人所有制的绝对个人性质，因为他称之为显贵、世俗领袖、实业家、银行家的人都应当把自己的作用看作为一种社会职责。私有制是必要的、不可避免和不可缺少的,但是只有当它不是被看作一种被利用或滥用的权力,而是被看作某些受命于命运或业绩的人行使的一种集体的职能时,私有制才会被允许存在。[9]

这样,奥古斯特·孔德就处在介于自由主义和社会主义之间的地位。他既不是一个按照罗马法典想象出来的私有制的鼓吹者,也不是一个倾向于生产资料社会化的改革家,而是一个既想保持私有制,又想改变其意义使之成为由某些人行使社会职能的一种制度的组织者。这一观点与社会天主教的教义比较接近。

除了私有制的理论外,奥古斯特·孔德还有另外一种观点,即世俗等级制的辅助性的观点。这一观点尤其在《实证政治体系》等最后几本著作中占有相当重要的地位。

由于每个人的生存地位并不完全由他在经济和社会等级制中所处的地位决定的,因而实证主义的鼓吹者更加倾向于赞同财富的集中和实业家的权威。除了生存竞争法则支配的世俗秩序外,还有一种精神秩序,即道德价值。处在世俗等级底层的工人,如果他的道德价值和对集体的忠诚程度高于他等级上的上司,那么他在精神等级中就可处于较高的地位。

这种精神秩序不是基督教教义所设想的超验的秩序。它不是永生世界的秩序,而是人世间的一种秩序。它用道德价值的精神秩序代替世俗的权力和财富等级制度。每个人都应当以力争成为价值秩序而不是权力秩序中的佼佼者作为最高的目标。

奥古斯特·孔德的经济改革雄心是有限度的,因为工业社会只有用一种教权来调节、节制和改变面貌才能稳定地存在。孔德的改革意图集中在创建一种教权,这正好显示了他是一个温和的经济改革家。

在经济和社会理论的发展中,用这种方法解释工业社会其作用几乎等于零。至少在欧洲是这样。孔德的工业社会概念一直被视为一种古怪的东西游离在理论竞争之外。除了极右或极左的个别人外，没有任何一个右翼或左翼的政党真正承认过它。

然而在这个世纪的法国作家中，却有两人自称奥古斯特·孔德派。一个是君主政体的理论家夏尔·莫拉斯，另一个是激进主义理论家阿莱。这两个人出于不同的原因都自称是实证主义者。莫拉斯之所以是实证主义者，那是因为他在奥古斯特·孔德身上看到了一个组织论、权威论和改革了的教权的鼓吹者；[10]阿莱之成为实证主义者是因为他用康德的思想来解释奥古斯特·孔德，并认为实证主义的基本思想是贬低世俗的等级制度。"让国王去当最好的厨师助手吧，但是不要让他叫我们去吻锅子。"[11]

奥古斯特·孔德的著作中有两个方面：接受世俗的、专断的和等级的秩序；在世俗等级制上增加一种精神秩序。奥古斯特·孔德只是在霍布斯的世俗秩序的哲学，即权力哲学中加上了康德的哲学后才接受霍布斯的世俗秩序哲学的。只有精神，只有道德价值才是可敬的。正如阿莱所说的那样："等级从来不是可尊敬的。"

为什么奥古斯特·孔德的观点一直处在现代社会哲学的伟大潮流之外？这个问题提得好。在某种意义上来说，奥古斯特·孔德的理论今天比十九世纪的其他理论更接近于时兴的理论。现时铁幕两边强调大量机构的相似点，贬低竞争机器的作用并试图从工业文明中找出基本特点的所有理论，实际上都可以自称为奥古斯特·孔德派的理论。不管孔德介入自由派与社会主义派、市场论鼓吹者与计划论的辩护者的争论还是游离其外，他都是一个工业社会的理论家。

孔德关于自由劳动、把科学应用于工业、组织至上等论点都具有目前工业社会观点的明显特征。那么为什么奥古斯特·孔德会被人遗忘或不赏识呢？

第一个原因是即使实证主义的主要思想是深刻的，但他对工业社会的详细描述，尤其是在《实证政治体系》一书中对工业社会的详细描述还是常常会遭到人们轻浮的嘲笑。孔德详细地解释了世俗等级制度将怎样组织，工业家、银行家等世俗领袖的确切地位将是怎样的，指出为什么担任最广泛职务的人应当拥有最大的权威，应当在等级制度中占有最高的地位。他精确地指出每个城市的人口数和掌权者的人数，他还说明了财富应当怎样转移。一句话，他把自己的想象列举得十分详细，在他的这种想象中我们都无所作为，而他却自以为是上帝。

另一方面，奥古斯特·孔德的工业社会的观点是与战争已经一去不复返的论调联系在一起的。[12] 然而，1840 年至 1945 年这一时期里，历史并不像他所想象的那样，这是无可争辩的事实。本世纪上半叶就发生了几次十分激烈的战争，它使实证主义派的忠实信徒们大失所望。[13] 实证主义派曾经说过战争会在人类的先驱，即西欧消失，但是二十世纪几次战争的中心和策源地恰恰是西欧。

奥古斯特·孔德认为，西方的一小部分人，由于时来运转成了人类运动的带头人。这些人不应当征服其他种族的居民，把自己的文明强加于他们的头上。他以充分的论据（我想说的是，这些论据在他看来是充分的，而且各种事件给我们的启示使我们也认为是充分的）说明西方人不应当征服非洲和亚洲。如果西方人靠刺刀传播他们的文化，他们就会犯错误，对他们自己及对别人都是不幸的。如果说他这样说是正确的，那是因为他曾经犯过错误。一个世纪中发生的事情与他所声称的并不相符。[14]

奥古斯特·孔德曾经预言过和平，因为他认为在工业社会里战争将不再起作用。为了迫使生性懒散的人从事正常的劳动以建立幅员辽阔的国家，为了形成罗马帝国的统一，让天主教义得以传播并最终使实证主义得以产生，战争是必要的。战争已经完成了双重历史任务：使人学会了劳动并建成了一些辽阔的国家。但在十九世纪，它就没有什么作用可以发挥了，因为从此以后的社会是劳动至上、劳动价值至上的社会，军人阶级已不复存在，因而战争也就没有理由了。[15]

在过去，征服他国对那些从中得到过好处的人来说，是一种增加资源的合法的或者至少是合理的手段。而在财富取决于科学地组织劳动的时代里，战利品就失去了意义，并成了过时的东西了。以后财富转移的手段是赠予和交换，而奥古斯特·孔德则认为赠予应当起越来越大的作用，在某种程度上它还应当缩小交换的作用。[16]

总之，奥古斯特·孔德的哲学思想并不在于对工业社会进行解释。他的哲学思想特别强调用教权改造世俗组织，而教权应当是取代僧侣地位的学者和哲学家的行为。教权应当协调人的感情，把大家联结起来从事共同的劳动，承认国家治理者的权利，节制权贵的专横和利己行为。实证主义所梦寐以求的这种社会既不能用否定自由主义和社会主义，又不能用建立教权来确定（实证时代的教权就像过去神学时代的僧侣和教会的权力）。

然而，就在这个问题上也许历史使奥古斯特·孔德的门徒们大为失望。即使工业社会的世俗组织与奥古斯特·孔德所想象的那样相似，哲学家和学者的教权也还没有诞生。教权这种东西要么在过去由教会来行使，要么由那些他没有把他们看作为真正的学者或真正的哲学家的观念学家来行使。

当那些自称为社会秩序的科学解释者行使教权时，如在苏联那样，这些人强调的不是所有工业社会的共同点，而是一种独特的工业社会组织理论。不论从哪方面来说，人们都没有把贬低意识形态冲突的人当作保护主。欧洲社会经历过这种意识形态的冲突，好几百万人死于这种冲突之中。

奥古斯特·孔德希望有一种由一些既对社会组织作出解释，同时又贬低世俗等级制度的道德意义的人行使的教权。但是这种教权没有存在过，现在也不存在。这或许是因为人类喜欢使自己分裂的东西甚于使自己团结的东西，或许是因为每个社会都必须坚持各自独特之处，而不必坚持与其他社会共有之点，或许是因为这些社会对奥古斯特·孔德的工业社会的作用还没有充分信服。

实际上，他认为科学地组织工业社会将会使每个人得到与各自能力相当的地位，并实现社会正义。他对这种观点十分乐观。以往，一些人由于年龄或出身而获得最好的地位，而在此后的劳动社会里，才干在决定每个人的地位时将起着越来越重要的作用。

一位名叫迈克尔·扬的英国社会学家写了一本书，讽刺这种所谓能人统治制度。这一制度实际上就是按照奥古斯特·孔德从什么是工业社会秩序中，以过早的喜悦心情想象出来的。[17] 作者并没有提到奥古斯特·孔德的名字，而奥古斯特·孔德在对这种秩序的描写中也找不到他所希望得到的东西。迈克尔·扬幽默地说如果每个人都能获得与自己的能力相称的地位，那么，从事低等工作的人就只好大失所望了，因为他们无法指责命运和不公正。如果每个人都认为社会秩序是公正的，那么这种秩序在某种程度上是人为的，因而对某些人来说是无法忍受的，除非每个人都因为受了奥古斯特·孔德的熏陶，同时都认为智力等级制与按贡献大小和心灵善恶划分的等级制相比是不值一提的。但是要使大家相信世俗秩序是次要的却不那么容易。

3. 社会学是一门人文科学

奥古斯特·孔德在《实证哲学教程》的最后三册，特别是在第四册中提出了他对称之为社会学的这门新学科的观点。

他把孟德斯鸠、孔多塞和波舒哀作为自己的启示者和先驱，自认为是他们的信徒。亚里士多德不包括在内，这一点我将在后面谈到。这三个名字中的任何一个都能引出奥古斯特·孔德社会学思想的几个基本命题。

奥古斯特·孔德认为孟德斯鸠提出的历史和社会现象决定论是一个杰出的贡献。他对《论法的精神》作了简洁的解释，其中心思想就是该书第一章的这一段名言："规律是由事物本性中产生出来的必然关系。"奥古斯特·孔德从这一段话中看到了用于社会现象的多样性和社会变化的决定论原则。

然而，反过来说，作为社会学的创始人来说，孟德斯鸠缺少进步思想。奥古斯特·孔德在孔多塞著名的《人类理性进步的历史概观》[18]一书中找到了这一思想。这本书认为找到了人类理性过去所经过的几个阶段。这些阶段的数量是一定的，更迭程序也是必要的。奥古斯特·孔德从孔多塞的著作中得出这一思想，即：人类理性的进步是人类社会变化的基础。

综观孟德斯鸠的决定论和孔多塞的人类理性（按照不可抗拒的次序）进步的必要阶段论，人们可以看出奥古斯特·孔德的基本观点是：社会现象取决于一种严格的决定论；这种决定论是以人类社会不可避免的变化形式出现的，而人类社会的变化又是受人类理性的进步所支配的。

这种思考历史变化的方法使他对朝着人类理性和人类社会的最终阶段发展的历史有一个完整统一的看法。这一观点与波舒哀的天意说十分相似。奥古斯特·孔德把波舒哀的天意说尊之为先于他自己的尝试的最杰出的尝试。他说：

"用相当高尚的观点综观社会的全部历史，对人类理性作第一次重要尝试的，肯定应追溯到我们伟大的波舒哀。毫无疑问，一切神学哲学用来找出人类重大事件的某种表面联系的方法都是肤浅的和虚幻的，今天人们在直接创建一门真正的社会发展科学时根本不能使用这种哲学的解释，因为它不可避免地带有先入为主的特征（而这种先入为主又是过于不可抗拒的了）。但是这种令人钦佩的学说（其普遍性对任何一种类似观点是不可缺少的）深受重视，而且只要所使用的方法的性质许可，甚至还可以一直保持下去。因此，这种学说是一种重要的模式，它始终能明确表示我们的才智不断为自己所确立的总目标。我们的才智是我们对历史全部分析的最终结果，即按照既是真实的，又比波舒哀的设想更为广泛的惟一的一种目的，合理地协调人类各种事件中的基本系列。"（《实证哲学教程》第四卷第 147 页。）

"按照惟一的一种目的，合理地协调人类各种事件中的基本系列"这一提法就是奥古斯特·孔德的社会学思想的要旨。他确实是一位主张人类统一性的社会学家，他的目标是要在时间和空间上把极其多样的人类社会归并为一种基本的系列，即人类的变化，归并为一种惟一的目的，即达到人类理性的最终状态。

这样，我们就能看到这位实证科学的创始人是怎样以基督教天意论的最后一位门徒的身分出现的，可以看到用天意论转为用普遍规律来解释历史的过程是怎样进行的。不管是天意还是人类变化的必然规律，历史都被看作是必然的、统一的。意愿是惟一的，因为它要么由上帝决定，要么由人的本性决定。进化也是必然的，因为要么是天意决定进化的阶段和结局，要么是人类或社会的性质本身决定进化的规律。

这样，奥古斯特·孔德的思想，即使在《实证哲学教程》里是以最科学的形式出现的，也很容易从某种科学的概念变成天意论的一种新说法了。

奥古斯特·孔德所设想的历史的惟一目的就是人类理性的进步。如果说这种进步能说明社会的全部过去是一个整体，那是因为同样的思想方法可以用于各个领域。

大家知道，奥古斯特·孔德看到了实证方法今天在科学领域里是严谨的，因而他得出了这样的结论，即：这种建立在观察、实验和寻找规律基础上的方法，应当广泛用于今天还受神学和形而上学控制的，就是说由某些超人、某些现象的实质或现象的最近的一些原因所解释的所有领域。只有一种思想方法即实证的方法才是普遍有效的，既可用于政治学，也可用于天文学。[19]

同时，奥古斯特·孔德还强调另一个见解，以补充第一个意见，尽管这个补充见解与第一个意见似乎是矛盾的。他认为只有当全部指导思想为一个集体的全部成员所采纳，并形成一个协调一致的整体时，社会才会有真正的统一性。当一个社会内同时存在许多互相矛盾的思想方法，存在好几种从互相排斥的哲学中得出的思想时，这个社会一定是混乱不堪的。

看来，我们可以从这个论点中得出这样的结论，即：在过去，社会并不存在危机。这些社会的全部思想应当是协调一致的。协调一致的全部思想把所有的才智以及整个集体团结起来。但是这一结论只是部分正确的，因为奥古斯特·孔德曾经指出不同的科学是在不同的历史时期达到实证阶段的。最先达到实证阶段的科学是科学分类（它表明实证思想的传播阶段）中的前几门科学。在每个时期中都有几门科学已经部分地成为实证科学，而其他的知识学科还处在盲目崇拜阶段或神学阶段。奥古斯特·孔德的最终目标——思想的协调一致性——在历史上从来就没有完全实现过。人类历史之初，已经有某些科学因素达到了实证状态，然而在其他领域里还是神学思想占统治地位。

换句话说，历史运动的动力之一，恰恰就是每个历史阶段中思想方法的不一致性。说到底，在实证主义前只有一个时期有过思想上的真正一致性，即拜物主义。拜物主义是人类理性的一种直接的和自发的思想方法。人类理性认为可以赋予一切有生命或无生命的东西以活力，可以想象各种事物和类似人类或人类意识的生物。人类的思想只有在最后的阶段当实证主义扩展到包括政治和道德在内的全部知识学科时才会有真正的协调一致。但是在拜物主义和实证主义之间会有各种各样的思想方法，这是必然的。而这种多样性可能就是防止人类历史停止发展的因素。

奥古斯特·孔德在其一生经历之初确实认为一个社会不能有两种不同的哲学思想。但是后来他的思想发展了，认识了哲学思想的多样性在历史进程中几乎经常是占主导地位的事实。社会变化的最终目的是使人类思想协调一致，而这正是人类思想的归宿。只有两种方法能使思想协调一致：自发的拜物主义和最终的实证主义。人类要么假定各种事物都是有生命的，以此来解释所有的事物；要么抛弃神学的或形而上学的一切因果解释，致力于找出其中的规律。

但是，在这种情况下，怎么会有历史呢？如果说人类智慧最终和正常的阶段是实证哲学阶段，为什么人类先后要经历那么多阶段？为什么经过好几个世纪甚至好几千年才出了这样一个人即奥古斯特·孔德，只有他才最终认识人类理性应当是怎样的？

最深刻的原因是实证主义只能是一种后来的哲学，换句话说就是实证主义不能是一种自发的哲学，因为它是人类认识外界秩序、承认自己无法最终解释这种外界秩序并乐于识破这一秩序的哲学。实证主义的理性对各种现象进行观察和分析，找出支配各种现象之间关系的规律。然而观察和分析不能立即迅速地发现这种外界秩序。人类应当先生存下来，然后才能探讨哲理。诚然，在生存斗争的最初阶段里，必要时可以用科学的方法解释某些简单的现象，如物体的坠落就可以用实证的方法自发地得到解释。[20]但是实证主义哲学是观察、实验、分析和决定论的哲学，它不能建筑在对某几种现象真正的科学解释基础之上，因而，在历史的开始阶段里就应当有另一种哲学，它与找出规律最终所需要的哲学是不同的。

这种哲学就是孔德先称之为神学，后来又称之为拜物主义的哲学。这种哲学使人类生存了下来，它对人们说世界是可以理解的，又是好心的，住着许多与人相似的生物借以鼓励人类。

拜物主义哲学为人类提供了一个暂时、变通的阶段。这个阶段在智力上使人类深信外界的本质是可以被认识的，在道德上使人类具有自信心，相信自己有能力克服各种障碍。

但是，如果历史是必然的，那么为什么历史应当继续朝自己的终点发展呢？奥古斯特·孔德回答说：既然某些现象在一开始就可以被人们用科学的方法和实证的方法进行解释，那么人类理性的进步，其停顿实际上是不可想象的。部分实证主义和拜物主义的综合之间的矛盾使人类感到苦恼，使人类理性在达到普遍的实证主义这一最终阶段之前无法停顿。

这里我们应当加上一句话：在奥古斯特·孔德看来，人类的某几个部分可以停留在一个暂时综合的阶段，停留在这个或那个中间阶段上。奥古斯特·孔德在晚年甚至认为某些民族或许可以无须经过社会动力学的全部阶段，从拜物主义的初期综合阶段直接进入到实证主义的最终综合阶段。

孔德的历史观还提出了另一个问题：如果说历史主要是人类理性的进步史，那么人类认识的进步和其他活动之间的关系又是怎样的呢？

奥古斯特·孔德在《实证哲学教程》中说，历史就其总体来说主要是人类智慧的进步史。他说：

"毫无疑问，这种进化的主要部分，即对全面进步影响最大的部分就是包括从泰勒斯①和毕达哥拉斯②的原始著作到拉格朗日③和比夏④的作品在内的科学精神的不断发展过程。然而，今天任何一个明智的人都无法怀疑这样的事实，即在长期持续的努力和探索过程中，人类的才智总是沿着一条精确选定的道路前进的。事先对这条道路的精确认识，在某种程度上使掌握足够情况的智者能在这种努力和探索迟早实现之前，按照著名的丰特内尔⑤在上世纪初的乐观估计，预料到各个时期的基本进步。"（第四卷第195页。）

这样，理性的必然进步就成了人类历史的基本方面。[21]奥古斯特·孔德没有给偶然性以多大的地位。他认为人类理性的主要阶段可以被一种过人的才智所预料，因为这些阶段适应了一种必然性。

人类理性的进步是历史变化最明显的特征，这并不意味着才智运动

---

① 泰勒斯（约前624—约前547年），据传为古希腊第一个哲学家、唯物主义者。——译者

② 毕达哥拉斯（约前580—约前500年），古希腊数学家、唯心主义哲学家。——译者

③ 拉格朗日（1736—1813年），法国数学家和力学家。——译者

④ 比夏（1771—1802年），法国医学家、解剖学家、生理学家。——译者

⑤ 丰特内尔（1657—1757年），法国哲学家和诗人。——译者

可以决定其他社会现象的转变，而且，奥古斯特·孔德也不是这样提出问题的。他在任何时刻都没有想过人类才智的进步和经济、战争与政治的转变之间有什么关系，但是人们很容易从他的分析中找到这个问题的答案。

在奥古斯特·孔德的著作中才智决定整个社会就像孟德斯鸠著作中政治制度决定整个社会那样都是不存在问题的。他们两人之间的区别在于一个认为历史最明显的特征是才智状况，另一个则认为是政治制度。但是他们两人都认为历史运动是由全部社会现实的各个部门之间的作用与反作用推动的。[22]

无论在《实证哲学教程》第五卷还是在《实证政治体系》第三卷中，用社会动力学的观点来说，一个阶段向另一个阶段的过渡，其动力是社会各部门之间的矛盾。引起某个整体的瓦解和下一个阶段的到来，其原因根据不同情况不是在政治或经济方面，就是在才智方面。

才智变化仍然处在优先地位。事实上人类历史的几个重大阶段都是由思想方法所决定的。人类历史的最终阶段就是全面实现实证主义的阶段。变化的根本动力就是实证主义的诞生和不断成熟，并对拜物主义、神学和形而上学这几个暂时的综合的不断抨击。

人类才智指明了人类历史的发展方向，并表明社会和人性在最终阶段时的盛况。

这样，人们就懂得人类历史可以被看作是一部"统一民族"的历史。如果历史是一部宗教史，那么要达到人类历史的统一性就应当有一种可以普遍推行的宗教。如果历史是一部才智发展史，那么只要有一种对全人类都有效的思想方法，历史就可以成为一部"统一民族"的历史了。这一点是比较容易想象的。今天，对于各种族所有的人来说，数学是确实可信的。诚然，这一主张的正确性还不完全是显而易见的。施本格勒曾经说过，就像现代数学一样，以前也有过希腊的数学。但是施本格勒自己只是在某种特定的意义上提出这一说法的。他认为数学的思想方法是受一种独特的文化风格影响的。我并不认为他否认数学公式具有普遍真理因而是真实可信的。[23]

如果实证科学或实证哲学适用于全人类，又如果历史是一部才智发展史，那么这种历史就应当被看成为是一部"统一民族"的历史。

但是，如果说人类历史是一部"统一民族"的历史，它的那些发展阶段是必然的，而且为了达到某一特定的目的，某一步骤又是不可避免的，那么为什么人类的各个支系会有独特的和不同的历史呢？

如同孟德斯鸠注重的是维护统一性那样，奥古斯特·孔德注重的则是维护差异性。如果说人们凭着某种认识经验深入探讨这种思想方法（孔德本人或许还没有走得这么远），那么历史的多样性，即人类各支系的过去并不相同，这一点就变得令人迷惑不解了。

奥古斯特·孔德意识到这种差异性，并列举了三种差别：种族、气候和政治活动。[24]尤其在《实证政治体系》一书中，他用各种族的某些占主导地位的禀性来解释他们之间的差异性。因此，他认为，黑种人首要的特点是重感情。他在晚年认为这一点是一种道德上的优越性。人类的不同支系并不是以同一种方式进化的，因为他们原来的天赋不尽相同。但是，差异性显然是在共同的本质上发展起来的。

至于气候，他指的是人类各个支系所处的全部自然条件。每个社会都曾经遇到过许多大大小小的困难需要克服，也曾经有过有利或不太有利的地理环境。这些地理环境使人看到进化的差异程度。[25]

在研究政治活动的作用时，人们还可以看到天意论的痕迹。奥古斯特·孔德实际上主张首先应当使政治家和社会改革家消除这样的幻觉，即个人能够从根本上改变历史的必然进程，不管个人怎样伟大。但他不否认必然的进程发生得是早是晚，不可避免的结果其代价是否昂贵，所有这些都取决于环境、机遇和伟大的人物。但是，如果以拿破仑为例，我们却不难看出伟大人物可能发挥的作用还是有限的。

奥古斯特·孔德认为拿破仑和罗马帝国皇帝朱里安或西班牙皇帝菲利浦二世一样，不懂得他所处的时代的精神，或者用今天人们的说法，不懂得历史发展的方向。他徒劳无益地企图复辟军人制度，把法国推向征服欧洲的战争，使冲突倍增，驱使欧洲各国人民反对法国革命，而最终他在这一时的谬误中一无所获。一个君王，不管他如何伟大，一旦在时代性质问题上犯了错误，最终难以名垂史册。[26]

这种认为个人无法改变历史进程的理论进而还抨击了社会改良派、乌托邦或革命派以及所有认为只要提出一个新社会的计划或者用暴力就能打乱历史进程的人。

随着人类从物质规律世界进入历史规律世界，命定性也确实是越来越可以改变的了。由于社会学发现了人类历史的基本次序，人类或许能够缩短实现实证主义的时间，减少实现实证主义所需付出的代价。但是，奥古斯特·孔德基于他的历史进程不可避免的理论，既反对大人物的幻想，又反对改良派的乌托邦。下面这段话很能说明问题：

"总之，就像我在1822年写的一篇文章里所说的那样，文明的进程就其本身而言并不是直线前进的，而是像动物的爬行那样，歪歪扭扭，以平均运动为中心蜿蜒前进的。这个平均运动总是试图占优势。对这个平均运动的正确认识可以事先调节自然的主导地位，减少曲折和与之相适应的、多少令人沮丧的摸索。这是一门既尽可能合理又有学问，被人们适当引申使用的艺术。然而，赋予它具有在任何情况下都能防止暴力革命(它是人类进步的自发过程中遇到的障碍而造成的)的性质，无疑是夸大了这门艺术的真实意义了。由于社会机体极其错综复杂，所以在许多方面它的弊病和危机要比人的机体必然更为不可避免。然而，在极度混乱和不可抗拒的冲动面前，即使是真正的科学也不得不承认一时间它也是无能为力的。但是凭借着对危机的基本性质有正确的估计，并且对危机的结局能合理地预见，科学还可以有助于缓和危机，更能缩短危机持续的时间。除非它适时发现自己确实无能为力，科学一般是不会放弃明智的干预的。在这方面如同其他方面一样，甚至比其他方面更不存在支配这些现象的问题，而只是改变现象的自发发展。显然这就要求人们事先认识真正的规律。"（《实证哲学教程》第四卷第213—214页。）

奥古斯特·孔德提出的这门新的社会科学是一门研究历史发展规律的科学。它是以观察和比较，因而也就是以与其他科学尤其是生物学所使用的方法相类似的方法为基础的，但这些方法可以说都带有实证主义理论的指导思想和综合静力学和综合动力学观点的框框的。无论是为了了解某一特定社会的秩序，还是为了了解历史的梗概，在这两种情况下，理性取决于把握整体应先于对局部的观察。

静力学和动力学是奥古斯特·孔德的社会学的两大部分。静力学主要研究的是他称之为社会协调的问题。一个社会好比一个有生命的机体，就像不把一个器官置于生命体的整体中就不可能研究这个器官的功能一样，不把政治和国家置于某个特定时期的整个社会之中，要研究政治和国家同样也是不可能的。因此，社会静力学既包括对某一特定时期的社会结构的剖析，又包括对决定"协调"的一个或几个因素的分析。就是说把全部个人或家庭作为一个整体，把许许多多机构视作一个统一体。但是，既然静力学是研究"协调"问题的，那么它必然会导致我们超出历史社会的差异性去研究全社会的主要机构是什么，以便找出社会秩序的一些原则。

这样，社会静力学就从原先只是对各种社会及某个特定集体的各个机构之间的相互关系进行简单的实证剖析，变成《实证政治体系》第二卷中对整个人类集体的基本秩序的研究了。

动力学原来也只是说明人类社会先后经过的几个阶段。但是，从整体来看，我们知道人类社会和人类理性的发展是由规律所支配的。既然全部历史是一个统一体，那么社会动力学就不同于搜集事实、观察机构承袭的史学家们的那种历史了。社会动力学综观的是人类理性和人类社会发展的先后必要的阶段。

社会静力学揭示人类社会的基本秩序。社会动力学叙述这一基本秩序在达到实证主义这一最终阶段之前所经过的曲折历程。

动力学从属于静力学。人们通过人类社会的秩序才懂得什么是历史。静力学和动力学提出"进步就是秩序的发展",并把秩序和进步这两个词写在实证主义和巴西的旗帜之上。[27]

原先,静力学和动力学只是简单地研究共存和交替,最后则发展到了研究人类和社会的基本秩序,研究其变化和发展。但是,按照奥古斯特·孔德注重整体及适用于整体的规律和不可避免的历史运动与某种天意论之间的混淆不清这两个观点来看,从静力学和动力学这种表面上科学的提法发展到秩序和进步这种表面上哲学的提法,这个过程是必要的。

4. 人性和社会秩序

原先,社会静力学是与解剖学相类似的。它所研究的是社会实体的各个部分是怎样组织的。但是,既然社会学是以人类历史(这部历史被视为只形成了惟一的一个民族的历史)为研究对象的,那么这种剖析静力学毫无困难地就成了分析人类社会结构的科学了。由于从根本上来说历史只有一种,因此,通过静力学的研究,人们就找到了社会结构的性质。奥古斯特·孔德明白地提出了静力学的研究目的是:

"根据一个假定的抽象概念,应当把人类秩序作为一个不变的东西首先加以研究。这样,我们就能对各个时期和各个地方必然相通的各种基本规律作出估价。这种系统的基础工作有助于我们以后对逐步进化作出全面的解释。逐步进化的基本萌芽是一直存在着的,但只有在真正人性的制度逐步实现时,逐步进化才有可能。

"第二卷应当先后叙述人类秩序的各个基本方面的特点。其中首先应当确定适应我们真正特性的正常制度,然后解释这个制度最终实现之前为什么需要一个长期的逐步准备过程。"(《实证政治体系》第二卷第3—4页。)

孔德的静力学观点在《实证政治体系》一书中得到了充分的发挥。《实证政治体系》第二卷以富有特色的《人类秩序的抽象的论著》为副题，通篇论述了社会静力学。《实证哲学教程》虽然也概述过静力学，但只有一个章节，而且其主要思想还只是初露端倪。[28]

静力学在逻辑上可以分为两部分：第一部分是《实证政治体系》第一卷中对人性结构的初探，第二部分才是社会性质的结构的研究本身。

奥古斯特·孔德用他称之为"大脑图表"的表格来叙述他对人性的看法。这张"大脑图表"就像对大脑区域定位所作的科学研究。他在这张图表中标明了人的各种禀性在解剖学上的相应点在大脑中的部位。这种大脑区域定位理论是奥古斯特·孔德思想中最不值一驳的方面，我们对此无甚兴趣，可以毫无遗憾地置之不顾，而又不会曲解作者的思想，因为作者本人也认为大脑区域定位在一定程度上是一种假设。生理学上的解释引出的解剖学上的假设，而解剖学上的这种假设也只不过是在解释理性的作用时把位置变动一下而已。

奥古斯特·孔德论述什么是人性的方法与柏拉图所用的方法显然有很大的不同。但人们在柏拉图的著作中可以找到区域定位的轮廓。这种区域定位即使不是大脑区域定位至少也是躯体区域定位。柏拉图在区别思想和情感之后，也把人性的各个方面定位于人体的各个不同的部位。但是，即使在这种情况下，人们也会忽视人的禀性在躯体的区域定位理论，而只记得柏拉图对人的描绘。[29]

奥古斯特·孔德指出，人们可以认为人性具有双重或三重性质，可以说人是由良智和智力组成的，或者可以把良智分成感情（或情感）和活动，并认为人就是感情、活动和才智。奥古斯特·孔德还明确指出良智一词的双重意义含糊不清但又耐人寻味。有良智就是有感情或有勇气。一词两意，似乎语言原来就已经意识到情感与勇气之间是有联系的。

人是有感情的、活跃的和有才智的，而人首先是本质上活跃的生物。孔德在晚年写《实证政治体系》一书时，重新提到了《文集》中已经提到过的这样一句话，即：人不是为了在投机和无穷的猜疑中浪费时间而生的。人生来是为了行动。

但是活动的推动力不是来自良智（感情意义上的良智）。人的行动从来不是才智所支配的，就是说人身上的抽象的思想从来也不是行动的决定因素。但是，由情感支配的行动需要才智的控制。按照一个著名的说法就是：由情感而行动，为行动而思考。

由这个观念而产生了对用唯智主义来解释唯理主义的批判。根据这种解释，历史的发展使才智逐步成为支配人类行为的手段，这在奥古斯特·孔德看来是不可能的。他认为感情是人类的灵魂、行为的动力。推动力总是来自感情，才智永远只是一个指挥手段或控制手段。

但这绝不是贬低才智，因为实证哲学中还有力量和高雅的举止的反关系思想。举止最高雅的人总是最弱的人。认为才智不能决定行动并不贬低才智，正是由于才智在某种方式上是最高尚的东西，所以它不是，而且不可能就是力量。

人性三要素的大脑区域定位只是把思想和它们的功能的位置移动了一下。奥古斯特·孔德把才智放在大脑前部，这样做就使才智与感受器官或感觉器官联系了起来。相反，他把情感放在大脑后部，使情感与运动器官直接联系在一起。

接下来人们就可以在感情中区别出利己主义的东西及与之相反的利他主义或无私精神。奥古斯特·孔德对感情作了奇怪的分类。他先列举了纯粹利己主义的本能（求食、性欲和母性），然后再列出仍然属于利己主义的、但已扩大到与他人关系中的一些禀性：军事上和工业上的利己主义行为。这些行为是人性中两种类型社会的地位转移。他认为当时已经对这两种类型作了观察。军事方面的本能是一种推动我们战胜障碍的本能。反之，工业上的本能则是指促使我们去创造工具的本能。此外，他还提到了另外两种十分容易识别的感情：骄傲和虚荣。骄傲是一种谋求出人头地的本能，而虚荣心则是获取他人青睐的本能。虚荣心在某种程度上已经使本能从利己主义转到利他主义了。

非利己主义的禀性有三种：一个人对另一个人在平等基础上的爱慕；范围已经扩大了的崇敬，它指的是儿子对父亲、学生对师长、下级对上级的崇敬；第三种是仁爱，这种行为大体上已普遍扩展，并将在人类宗教中发扬光大。

至于才智，它可以分为理解和表达。理解可以是被动的，也可以是主动的。被动时可以是抽象的也可以是具体的。主动时则是归纳的或演绎的。表达可以是模仿式的，也可以是口头的或书面的。

最后，活动可分为三种意向：古典哲学中的刚毅这个词要求办事的勇气、行动时的谨慎和实现目标时的坚定不移。

这就是人性的理论。根据这张大脑图表，人们可以清楚地看到，人首先是利己主义的，但又并不完全是利己主义的。利他并进而发展成无私和友爱的禀性事实上也是一开始就有的。

历史不能改变人性。注重静力学就是说承认作为人禀性的特点是永恒的。奥古斯特·孔德不会像让-保罗·萨特那样说"人就是人的未来"这样的话，也不会认为人是随着时间的推移而形成的。人的基本禀性在其起源时就已存在了。

但这并不等于说社会的更迭对人没有什么影响。相反，历史为人提供了认识自己身上最崇高的东西的可能性，有助于利他主义禀性逐步发展。历史还使人有可能充分利用自己的才智来指导自己的行动。才智历来就是人类的控制手段，但它在进化的初期还不是控制活动的有效手段。因为如上所说，实证思想并不是一种自发的思想。所谓实证，就是发现支配各种现象的规律。然而，从观察和经验中得出对规律的认识需要时间，为了使人的才智达到内在的程度并认识自己的职责，历史是不可缺少的。

人性各部分之间在结构上的关系与原先没有什么不同。因此，奥古斯特·孔德不同意对人类进化作乐观主义和唯理主义的解释。他反对那些认为理智可以是人类行为的主要决定因素的人，宣称驱使人类的只能是感情而不是别的什么东西。人类越来越为无私的精神所推动，而越来越不为利己主义的本能所驱使。支配人类活动的控制手段在发现支配现实的规律的过程中充分履行自己的职责，这才是真正客观的。

这种对人的本性的解释有助于分析社会的本质。

在《实证政治体系》第二卷的七章中，奥古斯特·孔德先是论述了宗教理论、所有制理论、家庭理论、语言理论和社会机构或劳动分工理论，然后以两章的篇幅结束该书。这两章一章是论述由僧侣系统化了的社会存在，即后来成为实证社会的人类社会的雏形。另一章论述了人类秩序变化的总的限度，用静力学的方法解释动力学的可能性，或者说用静力学的规律解释历史变化的可能性及必要性。所有这些章节形成了社会基本结构理论。

分析宗教的目的是说明宗教在人类社会中的作用。宗教是由于两种需要而产生的。任何社会都必然具有协调一致，即社会各组成部分、全体社会成员之间的配合和团结。社会的统一性要求全体成员承认一个协调统一的原则，即宗教。

宗教本身包括三种具有人性特征的东西：精神方面的东西，即教理；感情方面的东西，即在崇敬中表现出来的仁爱，以及实际方面的东西，即奥古斯特·孔德称之为制度的这种东西。崇敬支配情感，制度支配信徒的公私行为。宗教反映了人性的区别。宗教应当同时具有精神、情感和活动，即人类的全部禀性，才能实现统一性。

这一观点与奥古斯特·孔德早期所说的才智观念决定人类历史的阶段这一观点并没有根本区别。但是，在写《实证政治体系》的当时，他在简单的指导思想或哲学中看不到每个社会组织的基础，他看到的只是宗教在缔造社会秩序。宗教既是情感、行为，同时又是信条或信仰。奥古斯特·孔德写道："在这篇文章里，当各部分都真正协调一致时，宗教将永远具有人类集体或个人之间和谐相处的特点。这个定义是适用于各种主要情况的惟一的定义，同样也适用于心灵和精神，因为心灵和精神的合作对于这种统一性来说是不可缺少的。因此，宗教之对于精神就像健康之对于身体，是一种正常的协调一致。"（《实证政治体系》第二卷第8页。）

　　论述所有制和语言的这两章应当合在一起探讨。把这两章凑在一起似乎会使人感到惊讶，但这样做与奥古斯特·孔德的深刻思想是一致的。[30]实际上，所有制和语言是相对应的。所有制是能动社会的反映，而语言则是才智的反映。所有制和语言这两者的共同规律是积累的规律。文化的进步是因为物质和智力上所获得的东西不会随着取得这些东西的人的消失而消失。人类之所以存在是因为有传统，即交接。所有制就是一代一代传下来的财富的积累。语言也可以说是一个贮藏所。它贮藏了才智上获得的东西。接受一种语言就是接受先人创造的一种文化。

　　不要为所有制一词以及这个词所包含的政治和党派的影响所吓住。在奥古斯特·孔德眼里，不管是私有制还是公有制都没有什么关系。他认为，作为文明的主要职能，所有制就是人类的物质产品超出了创造产品的人的生存需要，而我们可以把我们创造的东西传给我们的后代。所有制和语言这两章就是专门论述人类文明的这两个主要手段的，文明的条件就是世代的持续，活着的人继承死去的人的思想。"人类的组成是死人多于活人"、"死人越来越支配着活人"这两句名言就是这样来的。

　　这两句话很值得思考。奥古斯特·孔德的一个特点是：他虽然以工业社会思想为出发点，并且深信科学社会与过去的社会是根本不同的，但他不像大多数现代社会学家那样贬低过去、颂扬未来，而是为过去恢复某种声誉。他是一个空想主义者，幻想有一个比任何已经存在过的社会更加完美的未来。他怀着人类世代相袭的一致性的强烈观点，始终是一个主张传统的人。[31]

　　在所有制和语言这两章之间还穿插了论述家庭的一章，以及与之对称的、论述社会组织或劳动分工的一章。这两章所论述的问题是人类本性的另外两个基本要素。家庭基本上是一个感情单位，而社会组织或劳动分工则是人类本性中的一个活跃的因素。

奥古斯特·孔德在家庭理论上把西方的家庭类型作为模式，并把它视作典范。这样，他自然就受到了别人的非难。他认为多少世纪来一直在许多国家里存在的某种家庭组织，如多配偶制家庭是不正常的，因而他始终摒弃这些家庭组织。

他确实太偏执、太绝对了。他在论述家庭时常常把与某个特定社会有关的某些现象和普遍的现象混淆起来。但我并不认为这种不负责任的批评会有助于问题的研究。实证主义理论家特别致力于阐明家庭内部的关系具有人与人之间可能存在的各种关系的典型特征，表明在家庭里，人类的感情还包括教育和培养。

家庭内部的关系可以是平等的关系，即兄弟间的关系；崇敬的关系，即子女对父母的关系；慈爱的关系，即父母对子女的关系；复杂的指挥和服从的关系，即丈夫和妻子的关系。奥古斯特·孔德认为支配权应当归于男人，这是最显然不过的。男人聪明能干，而女人则往往多愁善感，所以女人应当服从男人。但是从另一种观点来看，这种一定程度上建立在力量基础上的优越性却是一种差劣性。因为在家庭里，精神的权力（即最崇高的权力）是妇女的权力。

奥古斯特·孔德主张人与人的平等，但这种平等是建立在职责和禀性根本区别基础上的平等。即使在说妇女的智力不如男子时，他也差不多已经看到了妇女有另一种优越性：妇女掌握着精神和爱情的权力。这种权力要比空泛的智力上的优越性更为重要。奥古斯特·孔德曾经说过这样一句名言："人们会对办事甚至思考感到厌倦，但从不会对爱情感到厌倦。"

同时，在家庭里，人类有历史持续性的经验，并掌握了文明条件，会把物质财富和精神知识一代一代传下去。

奥古斯特·孔德关于劳动分工的基本思想就是区别人的活动和人与人之间合作的思想。更确切地说，就是把职务和通力合作区别开来。但是，实证主义的首要原则虽然会使人不快，可的确是承认并且宣称力量在社会实际组织中的主导地位。作为人类活动的组织，社会受着不能不受的力量的支配。

奥古斯特·孔德只承认两个政治哲学家：亚里士多德和霍布斯。在他看来，霍布斯是，或者几乎是除了亚里士多德和他本人之外惟一值得提及的政治哲学家。霍布斯看到了一切社会都受着，并且应当受力量支配（从不可避免、应当与将会成为事实的东西相适应这两层意义上来说）。在社会中，力量就是人数和财富。[32]

奥古斯特·孔德不承认唯心主义的某种形式。社会是受并且仍将受人数和财富的力量（或者是人数和财富的结合）所支配的，因为人数和财富的力量这两者没有根本的、质的区别。力量占支配地位，这是正常的。我们长时期所研究的这种真实生活，我们所研究的这种人类社会，如果不是这样的又将是怎样的呢？

"对霍布斯的这个说法感到惊讶的人都肯定会觉得把政治秩序建立在软弱无能的基础上而不是建立在力量之上是奇怪的。然而根据我对社会强盛三要素的分析，我认为他们徒劳无益的批评得出的结果就在于此。因为没有这种真正的物质力量，人们就不得不在精神和心灵上寻找这些软弱无力的因素所无法提供的原始基础。这些软弱无力的因素只会适当地改变先前已经存在的秩序，而不能在物质力量未能建立某种合适的制度的地方起到任何社会作用。"（《实证政治体系》第二卷第299—300页。）

但是，一个符合人性的社会应当包括一种与力量统治相对应的或纠正这种力量统治的东西，即教权。奥古斯特·孔德发展了这种教权理论，用以反对现实主义的社会秩序观点。人类社会经常需要这种教权，因为作为一种世俗秩序，人类社会还将永远受力量的支配。

教权有两种：智力权力和感情或情感权力。奥古斯特·孔德早年是把教权作为智力权力提出来的，在晚年认为教权基本上就成了情感和爱的力量。但是，不管教权的确切形式究竟如何，俗权和教权之间的区别在任何时候都是存在的，这种区别只有在实证阶段，即在人类历史的最终阶段才能充分显示出来。

教权有多种作用。它可以调节人类的内部生活，把人类联系在一起，共同生活，共同行动，神化俗权，使人们认识服从的必要性。没有一部分人指挥，另一部分人听从指挥，也就不可能有社会生活。对于一个哲学家来说，知道谁指挥、谁被指挥没有多大意义，反正发号施令的人总是并且永远是强有力的人。

教权的作用不仅仅是调节、联系和神化俗权，它还应节制和约束俗权。但只有到社会分化已经达到相当的程度时才需要发挥这一作用。当教权神化俗权时，即当僧侣们声称国王是天之骄子，国王是以上帝的名义统治臣民的时候，教权就使俗权具有了权威性。用精神力量使强者神化在人类历史进程中曾经是必要的。在人类找到外界秩序的真正规律，更不用说社会秩序的真正规律之前，确实需要有一种社会秩序，需要有一种能为人们接受的秩序。到了最终阶段时，教权将只能部分地神化俗权。学者们将会向人们解释建立工业秩序和社会秩序的必要性，并以此使企业主和银行家指挥的力量得到某种道义上的权威，但这时学者们的主要作用是节制和约束，而不是神化这种权力，即提醒强者不要超出行使社会职权的范围，使他们认识到他们的指挥权不等于道义上和精神上的优越性。

为了使教权能够起到这些作用，使俗权和教权的区别最终为人们所判断并承认，这就需要历史。对这两种权力的区别所进行的静力学分析也证明历史是必要的。

静力学的研究在智力、活动和感情等三方面为动力学指明了方向。

智力的历史是从拜物主义向实证主义发展的历史，即从以主观性和类似意识的某种现实对现实的外部世界的投射为基础的综合，向发现和确立支配各种现象的规律(不要求找出其原因)发展的过程。

活动是从军事阶段转为工业阶段的。用马克思主义的术语来说，就是从人与人之间的斗争变为人对自然的战而胜之。但是奥古斯特·孔德对人征服自然力量的结果并不抱有过分的希望。

最后，情感的发展历史就是利他主义禀性的逐步发展过程。但是，人的自发的、生而有之的利己性并没有改变。

静力学有助于人们从社会基本结构上来理解历史。历史的三层意义就是从静力学中得出的。

历史既导致社会职务差别日益增大，也导致社会日益统一。俗权和教权的区别在最终阶段将比以往任何时期更为明显。这一区别同时也是更密切地协调一致和更牢固地团结统一的条件。人们接受世俗的等级制度是因为人们懂得这种等级制度的脆弱性，是因为人们憧憬将成为世俗等级制度对立物的精神秩序。[33]

5. 从哲学到宗教

奥古斯特·孔德指出了工业社会的特征后认为工业社会是社会组织的普遍形式，然后又在《实证哲学教程》中提出了人类历史是一个"统一民族"的历史的观点。最后，他在人性永恒的基础上确立了人类的统一性。这种统一性在社会方面表现为透过历史上的各种制度都能找到的基本秩序。

因此，主张人类统一性的社会学家必然有一种关于指导建立社会学的哲学观点。奥古斯特·孔德是一个有社会学思想的哲学家，又是一个有哲学家思想的社会学家。社会学和哲学的这种难分难解的关系源自承认人类统一性的思想原则，而这种统一性要求对人、对人的本性、人的使命以及个人与集体之间的关系具有某种看法。因此这就需要弄清奥古斯特·孔德的哲学思想，把他的思想归结为在他的著作中可以找到的三种意愿：社会改革派的意愿、综合各种科学的方法及成果的哲学家的意愿以及自封为一门新宗教——人类宗教——的大祭司的意愿。

大部分社会学家都曾经以各种方式试图对社会进化有所作为并施加

影响。十九世纪许多伟大的社会学理论，或许还有今天的社会学的伟大理论，有一个从思想到行动，或者说从科学到政治到道德的过程。

这种意愿带来了一些问题：社会学家是怎样从理论到实际的？人们从他的社会学理论中能够得出何种行动建议？他对全部社会问题提出的是一个总体解决办法，还是对许多特殊的问题提出部分的解决办法？最后还有：一旦有了解决办法，社会学家又是怎样使之用于实际的？

在这一点上，孟德斯鸠和奥古斯特·孔德的区别是很明显的。孟德斯鸠想了解的是社会和历史上各种机构的差异性，但他在把包含一切的科学变为支配一切、指导一切的政治时是十分谨慎的。诚然，在他的著作中有一些向立法者提出的建议，但人们看不出孟德斯鸠在社会组织的主要方面到底喜欢什么。即使在出主意时，他也只是批评某些做法，而不提应当做什么。他含蓄地给人提出的常常是反面的意见，而不是正面的劝告。他让人们知道奴隶制在他看来是违背人性的，人与人之间的平等是与人的本质联系在一起的。但当涉及某个特定时期的特定社会时，人们从他的著作中得到的最好的劝导就成了：瞧！什么叫平民，观察一下他们的境遇，注意一下他们的发展变化，别忘了他们的性格，通情达理一些吧！这种说法虽然不明确，但却是妙极了。这种不明确正是与他的不想全面解决十九世纪称之为"文明危机"的社会问题这一思想本质相符的。

因此，从孟德斯鸠著作中得出的必然结果就是就方法问题向社会工程师提出可行的建议。社会工程师懂得哪些特点是各种社会共有的，一种政策在某种情况下是可行的，在另一种情况下也许就不可行了。

换句话说，孟德斯鸠只是设想了一种从科学到行动的转化过程。这一过程是谨慎而有局限性的。他提出的是一些局部的解决办法，而不是总体的解决办法。他不提倡用暴力使现存的社会适应可能的公正秩序，他没有灵丹妙药使君王变得开明，使君王的顾问们阅读《论法的精神》。一句话，孟德斯鸠是谦逊的，但谦逊肯定不是在社会改良派奥古斯特·孔德身上占主导地位的优点。既然人类历史是统一的，而基本秩序常有变动，因此他就毫不犹豫地提出了应当怎样履行人类职责，怎样最好地实现基本秩序的设想，自以为已经掌握了解决社会问题的方法。

奥古斯特·孔德在论述必要的改革时贬低了经济和政治的意义，抬高了科学和道德的作用。用科学方法组织劳动固然是必要的，但在他眼里这种组织工作归根到底还是比较容易的。能够结束现代社会危机的改革，其主要精神并不在此。

奥古斯特·孔德发觉政治既蔑视科学家又瞧不起宗教创始人。他相信每个社会都有与之相称的政府，而这些政府又是与各自的社会组织情况相适应的，但他不相信改变组织和制度就能结束根深蒂固的社会混乱。

作为社会改革派，他想改变人的思想方法，传播实证主义思想，并把它推广到全社会，消灭封建思想和神学思想的残余，教育他的同代人，使他们懂得战争是过时的东西，为殖民而征服他国是荒谬的。但他认为所有这些都是再明白不过的事了，以致在他的著作中没有着力加以阐述。他首先关心的是传播通往公正地组织社会和国家的思想方法，他的任务是使所有的人都成为实证主义者，使他们懂得实证主义的组织方法对世俗秩序来说是合理的，用无私和仁爱对人们进行精神和道德教育。与众不同的是：奥古斯特·孔德想在现实中推行的这种基本秩序，用他的哲学思想来说，必须是自行实现的。因为，如果说静力学的规律是一成不变的秩序的规律，那么动力学的规律则保证根本秩序得以自行实现。看来轻视改革派的愿望和所作的努力的历史决定论就是由此而来的。

在马克思思想中有另一形式的困难。奥古斯特·孔德也遇到了这种困难，但他的解决方法迥然不同。奥古斯特·孔德像孟德斯鸠一样，甚至比孟德斯鸠更憎恶使用暴力。他不认为革命能够解决现代危机，能使社会充分履行自己的职责。他认为从今天四分五裂的社会转化为明天和谐协调的社会是需要时间的。他既对行动持保留态度，又用命运的可变性来证明有良好愿望的人的努力是必要的。历史是受规律支配的，而我们却不知道人类社会将朝什么方向发展，但是这种发展多少需要一些时间，也多少要有些流血牺牲。发展本身是不可避免的，在发展的过程中和方式上，会体现出安排给人们的自由。奥古斯特·孔德认为在从最简单的生物到最复杂的生物这个阶梯上，越是上层的生物自由的余地越大，或者说命运可变性的余地越大。所谓最复杂的生物就是社会或个人。人是科学分类中的最后一种，即第七种学科——伦理学——的研究对象，各种规律在历史上给人的自由最多。[34]

在奥古斯特·孔德看来，社会改革派的社会学家并不是孟德斯鸠式的、主张部分改革的工程师，或今天的非实证主义者的求实的社会学家。社会改革派的社会学家也不是马克思式的暴力预言家。奥古斯特·孔德是新时代客观公正的预言者，他懂得什么是人类秩序的基本东西，因而懂得当人类接近共同事业的目标时，人类社会将是怎样的。

社会学家是和平的预言者，他教育人们，集中人们的智慧。其次，他本人又是社会学宗教的鼓吹者。

奥古斯特·孔德在年轻时曾经有过两个主要的目标：改造社会、综合各种科学知识。这两种思想之间的联系是显而易见的。惟一值得称道的社会改造实际上是改变神学的思想方法，推广实证主义。然而这种对集体信仰的改造只能是科学发展的结果。恰当地创造新科学的最好方法是透过历史，在现有的科学中研究实证精神的进步。

奥古斯特·孔德在《实证哲学教程》前三卷实现了综合各种科学知识的雄心壮志。在后三卷中，他已经创立了社会学，静力学和动力学的命题也已轮廓初见。这前后六章之间的联系在奥古斯特·孔德的思想上是毋庸置疑的。

综合各门科学有助于创立和概括各种社会思想。但社会学思想并不绝对取决于各门科学的综合。各门科学只在科学的概念与改革派及社会学家的意愿紧密联系在一起时才可能综合在一起。孔德对科学的解释说明了从最初阶段的实证主义到最后阶段的实证主义，或者说从《实证哲学教程》思想到《实证政治体系》的发展过程，而奥古斯特·孔德前期的许多追随者，诸如 E·利特雷和 J·S·穆勒等却认为这种发展是一种否定。

对各门科学进行哲学上的综合受四种思想的支配：

一、奥古斯特·孔德心目中的科学并不是一种冒险行为，也不是一种无休无止、无一定目标的研究。它是信条的源泉。奥古斯特·孔德想把神学精神的最后一点痕迹抹去，但夸张地说来，他在某种方式上是与神学家的某些愿望同时诞生的。他寻求的是不会再有什么疑问的最终真理，深信人不是为了怀疑而是为了信任而生的。奥古斯特这样想是不是错了？人很可能是为了信任而不是为了怀疑而生的，但如果说科学就是怀疑和信任的混合物，那么就应当再加上一句：奥古斯特·孔德相信信任的必要性大大甚于怀疑的合理性。他认为科学家们确定的规律可与信条相比拟。应当始终不渝地接受，而不是无休止地怀疑这些规律。如果说各门科学会导致社会学的诞生，那么大部分原因是由于科学提供了全部经过检验的命题，这些命题就等于以往的信条。

二、奥古斯特·孔德认为科学真理的基本内容是由他称之为规律的东西体现的。就是说，在他看来是由各种现象之间的必然关系，或占主导地位的、永恒的、具有某种存在性质的东西所体现的。

奥古斯特·孔德心目中的科学不是一种追求最新解释的研究。它不企求追根究源，而只是以发现世上存在的秩序为己任。它要找出这种秩序不是出于对真理的无私好奇，而是为了能够利用自然界为我们提供的资源和在我们自己思想中建立起秩序。

这样，科学就是双重实用主义的东西了。它是原则，人们可以像得到不可避免的后果那样获得技术诀窍。它对我们的智力，或者更可以说对于我们的意识，具有一种教育意义。如果世界上没有我们将发现的秩序，而这种秩序又正是我们智慧秩序的源泉和原则，那么我们的意识就可能是混乱的，我们的主观印象——用奥古斯特·孔德的话来说，也将是模糊不清、使人根本无法理解的了。[35]

科学的这种概念逻辑地导致社会学和伦理学的诞生，导致他的内在意愿的实现和发展。如果科学就是关心实在的东西、就是不断地寻找解释，想把握一种我们还没有掌握的可理解性，那么它就可能比实际存在的科学更为科学，它将会更容易导致奥古斯特·孔德所认为的独断主义和实用主义科学，而不是社会学的诞生。

我毫不怀疑实证主义的创始人会为人造卫星和探索太阳系以外的空间的企图所激怒，他会认为这种举动是不明智的。人类尚不知道在自己立足的地方该做些什么，为什么偏要跑到老远的地方去？为什么要去探索对人类没有直接影响、没有关系的空间呢？在他眼里，任何不能为我们显示一种秩序或有助于我们行动的科学都是没有用处的，因而不能为之辩护。奥古斯特·孔德是一个武断的人，他不赞成概率论。既然规律大体上是真实的，为什么还要过多地关心细节呢？为什么要有这许多毫无用处的详细情况呢？为什么还要怀疑这些使世界可以为人所理解的、可靠的规律呢？

三、奥古斯特·孔德在试图汇集各门科学的结果和方法时，发现或自认为发现了一种人类理解自己、社会学家了解社会必不可少的实在结构，一种生物的等级结构。各种生物都按照这一等级结构受到各种规律的支配。自然界中有一种等级制度，它包括最简单到最复杂的现象，无机物质到有机物质以及各种生物乃至人类。这种结构实际上几乎是一成不变的。这是一种自然界特定的等级制度。

这种对世界的解释，其基本思想是低等的东西可以影响高等的东西，但不能决定高等的东西。这种等级观点有助于把各种社会现象放在各自恰当的位置上，同时也可以确定社会等级制本身。在社会等级中，上层是受下层的影响、调节的，正像有生命的东西受物理和化学现象的影响，而不是为它们所决定那样。

四、科学是实证精神的表现和结果，它应当为现代社会提供各种信条。但科学同样受到一种经常的危险的威胁，这种危险是与科学的本质联系在一起的，即一经分析就分散了。奥古斯特·孔德不断地指责他的学者同事们在两方面太专门化了，而这种专门化在他看来太过分了。学者们只研究现实的一个小部门，只研究一门科学的一小部分，而对其他的东西则毫不关心。此外，学者们不像奥古斯特·孔德那样深信自己代表现代社会的教士，起着精神长官的作用，他们可悲地倾向于满足自己作为学者的任务，而毫无改造社会的雄心壮志。奥古斯特·孔德说这种谦逊简直就是犯罪，是致命的错误！纯分析性的科学最终是害多益少。人们能从知识的无限积累中得到什么呢？

应当产生一门以社会学为中心和原则的综合性科学，所有的科学都应当以社会学为汇集点。只有社会学才能代表最高水平的复杂性、高超性和虚弱性。奥古斯特·孔德为了创建社会学而综合各门科学，他只是沿着在词义上和目标上都是以社会学为最终目的的科学的自然道路前进。综合各门科学这项工作不仅在客观上应当以社会学这门人文科学为基础，而且它的惟一可行的主观的综合原则仍然还是社会学。因为只有考虑人类的情况，才有可能把各种知识和方法集中起来。如果只是出于好奇，那么就可能局限于漫无目标地观察各种现象和各种关系的差异性。所以，为了进行综合，人们就应当客观地思考包括人类在内的各种生物的等级制度，在主观上认真思考与人类有关的、能解释人类所处的地位的、对人类开发自然资源，按照秩序生活都是有益的各种知识。

因此，人们就能在《实证政治体系》的第四卷中看到某种原始的哲理。奥古斯特·孔德就是这样运用培根的语句来表达自己思想的。培根的这些话包括十五条被称之为原始哲学规律的规律。其中有一些是客观的，另一些则是主观的。这些规律有助于我们了解社会学家是怎样综合各门科学的成果的。无论在主观上还是在客观上，这些科学只能在人类情况的基础上得到统一。[36]

奥古斯特·孔德认为社会学是一门知性科学，只有透过历史，在社会中观察人的活动和作为，人才能了解人类思想。用心理学家的内省方法或用康德的自省分析方法都不能了解人类思想。

这种真正的知性科学就是今天我们所称的知识社会学。这是一门观察、分析和理解人在历史进程中用自己的业绩表现出来的智力的科学。

社会学之所以是一门知性科学还因为思维方式和思想活动总是与社会背景联系在一起的。用自省分析的方法能把握得到的先验自我是没有的。思想是社会的思想和历史的思想，每个时代或每个思想家的思想也是在社会的背景中总结出来的，只有懂得这种背景才能懂得人类思想是怎样活动的。为此，奥古斯特·孔德在《实证政治体系》的社会动力学一章的开首部分写道：

"本世纪的主要特点是历史在哲学、政治甚至诗歌等方面占有无法变更的优势。历史观点的这种普遍优势既是实证主义的基本原则，又是实证主义的全面结果。既然真正的实证性偏重于以相对取代绝对，那么，当已被公认是客体方向移动的有规律的流动性朝主体方向（它的各种变化支配着我们的某些思想）恰当延伸时，实证主义的影响就更为全面了。"（《实证政治体系》第三卷第 1 页。）

孔德的宗教思想对我们时代的影响确实不大。要人们嘲笑奥古斯特·孔德是容易的，但更重要的是要了解他的天真幼稚之中究竟有什么东西。

奥古斯特·孔德是，并自称是宗教的创始人。他认为我们时代的宗教可以，并且应当受到实证主义的启迪。这种宗教应当与旧时的宗教不同，因为旧时的宗教是以一种过时的思想方法为前提的。他认为具有科学思想的人不会再受传统观念的支配去相信神的启示、教会的教理或神灵。但另一方面，宗教还是适应了人类的某种经常需要。人需要宗教是因为人需要爱高于自己的某种东西。社会也需要宗教，那是因为它需要一种能巩固和节制俗权的教权，并使人们懂得与价值等级相比，能力等级算不了什么，只有宗教才能使能力的技术等级得到应有的地位，并在它之上再确立一个或许是相反的价值等级制度。

人类企求友爱和团结。适应人类这一经常要求的宗教就是人类宗教。应当创立的道德价值等级制度或许是与世俗的等级制度背道而驰的。奥古斯特·孔德要我们热爱的人不是不讲公道、粗鲁愚昧的人。伟人并不是全部人类，而是指人类中的那些活着的时候留下一个业绩，树立一个榜样，在他们的后代中虽死犹存的人。

"人类的组成是死人多于活人"这句话并不是因为死人在数量上多于活人，而是因为人类是由死人组成的，只有死人才残存在我们应当热爱的人类之中，他们真是他所说的那样主观不灭。[37]

换句话说，奥古斯特·孔德要我们热爱的伟人就是人们有过的或创造过的最美好的东西。在某种方式上，归根到底就是一个人身上超过别人的东西，或者至少就某些人来说，是体现基本人性的东西。

我们热爱的伟人的这种基本人性是否与传统宗教中的上帝所体现和超越的人性如此地不同呢？自然，在爱奥古斯特·孔德要我们去爱的人与爱传统宗教中的超验性的上帝之间是有根本区别的。但是基督教里的上帝已经成了凡人，西方传统中的基本人性和神性之间有一种可以作各种解释的联系。

就我而言，我认为奥古斯特·孔德主张的宗教虽然大家知道并没有多大的世俗成就，但不像人们通常所认为的那样荒谬。不管怎样，我还认为要比其他社会学家自觉或不自觉传播的宗教或半宗教思想高明得多。既然在选定的人以外还要热爱人性中的某些东西，那么，热爱伟大人物所体现和表达的基本人性肯定要比酷爱一种经济和社会秩序，甚至到欲置不相信这一救国救民理论的人于死地的程度为好。

如果应当从社会学中引出一种宗教来的话——而这是我本人不想做的，那么，照我看来，惟一勉强可以想象的，归根到底还是奥古斯特·孔德的宗教。孔德的宗教不要人们去热爱众多社会中的一个，因为这样做可能成为一种部落的狂热，也不要人去爱未来的社会秩序，因为这种秩序无人知道，而是以社会秩序的名义，从消灭怀疑派着手。奥古斯特·孔德要我们爱的既不是今天的法国社会，又不是明天的俄国社会，也不是后天的非洲社会，而是某些人已经具有的、所有的人都应当努力具有的美德。

　　或许这不是一种能轻易触动大部分人的感情的东西，但是在我看来，在所有的社会学宗教中，只有奥古斯特·孔德的全民政治在哲学上最站得住脚，因而在政治上也就最为软弱。人们一旦对超验的现实不感兴趣，就很难爱好那些把他们联结在一起的东西，或憎恨使他们分裂的东西。

　　可以肯定，如果奥古斯特·孔德不与克洛蒂尔德·德沃共同生活，他就不可能设想出人性宗教。人们可以把它看作是他一生中的偶然事件。如果说我对奥古斯特·孔德的思想所作的解释是正确的，那么这一偶然事件就有很深刻的意义了。我说他是主张人类统一性的社会学家，因而这种主张人类统一的社会学必然的或至少是可能的结果就是人类统一的宗教。伟人宗教就是按照彼此团结的原则而改变了面貌的人身上的最美好的东西。

　　奥古斯特·孔德希望共同的信念和惟一的友善目标能把人类团结起来，尽管人类将注定要世代不绝地在彼此隔绝的世俗社会中生活下去。既然这一目标不能存在于超验之中，而且人类是由崇尚团结的信念联系在一起的，他们愿意认识并热爱各个时期各个群落中超越个性、对大家都有益处的东西，因而能不就事论事地看待团结，而把团结看成一个目标或理想，那么，除了寄希望于团结一致的人类外，还能有别的什么出路吗？

生平简介

1798 年 1 月 19 日 奥古斯特·孔德生于蒙彼利埃的一个天主教徒和君主主义者家中。他的父亲是一个中级官吏，任蒙彼利埃税务总署的代理人。

1807—1814 年 在蒙彼利埃上中学。孔德在早年即已放弃天主教信仰，接受自由和革命的思想。

1814—1816 年 在综合工科学校求学，学习成绩冠南方学生之首。

1816 年 4 月 王朝复辟政府怀疑综合工科学校为雅各宾派，决定暂时关闭该校。孔德回蒙彼利埃数月，在该地医学院学习医学及生理学，以后又回巴黎，在巴黎教授数学谋生。

1817 年 8 月 孔德任圣西门秘书，与圣西门合作并成为他的朋友至 1824 年。其间孔德与这位工业主义哲学家合作编辑出版《工业》、《政治家》、《组织者》、《工业制度》、《企业家入门》等刊物。

1819 年 与夏尔·孔德及夏尔·迪努瓦耶合作，在《批评者》上发表《信念和欲望的分野》。

1820 年 4 月 在《组织者》上发表《现代史简评》。

1822 年 在《工业制度》上发表《重组社会的必要的科学工作简介》。

1824 年 根据前书改写的《实证政治体系》第一卷第一部分出版。4 月，孔德将该著作售予圣西门，由圣西门在《企业家入门》上介绍，但未署作者姓名。孔德对此提出抗议，两人发生龃龉。H·古耶说："他的老板在这部著作中发现了阐述圣西门的工业主义的《企业家入门》的第三部分，而这位年轻人也在《企业家入门》中发现了阐述奥古斯特·孔德的实证主义的《实证政治体系》第一部分。"孔德后来说，和一个"道德败坏、玩弄手腕的人"的"有害联系"对他造成了"令人不快的影响"。

1825 年　《对科学和学者的哲学研究》、《论教权》等两篇著作在圣西门的《生产者》上发表。

奥古斯特·孔德与当过妓女的卡罗利娜·玛森结婚。孔德后来说，这一出于"大度考虑"的婚姻是"我一生中犯过的惟一真正严重的错误"。卡罗利娜曾多次出走。

1826 年 4 月　孔德开始公开讲授《实证哲学教程》。听课中的学生有：安博尔特、H·卡诺、生理学家布兰维尔和数学家普安索。

1826—1827 年　孔德因其夫人第一次出走的刺激，加之用脑过度而患精神病住入疗养院。八个月后尚未痊愈即出院，稍后曾萌自杀之念。孔德深知病因，病愈后即严格节制体力和脑力消耗，以防重发。

1829 年 1 月 4 日　孔德重新讲授《实证哲学教程》。

1830 年　《实证哲学教程》第一卷出版。其余几卷先后于 1835 年、1838 年、1839 年、1841 年和 1842 年出版。

1831 年　孔德在第三区区政府义务讲授大众天文学，至 1847—1848 年止。同年，孔德在综合工科学校谋求分析课教授职位，但未果。

1832 年　被任命为综合工科学校分析与机械课辅导教师。

1833 年　孔德向基佐要求为他在法兰西学院谋求科学史教授职位，但遭拒绝。同时，他在综合工科学校谋求几何学教授职位，也因他有共和思想而遭拒绝。

1836 年　被任命为综合工科学校主考人。

1842 年　与其夫人最终分手。

1843 年　《解析几何学浅论》出版。

1844 年　《大众天文学的哲学论述》的前言《实证精神讲话》出版。孔德失去综合工科学校主考人职务，以后主要靠"实证主义者的自由捐款"为生。捐款先后来自 J·S·穆勒和几个富有的英国人（1845 年时）及 E·利特雷及百余名法国学生和仰慕者（从 1848 年起）。

10 月，孔德幸遇克洛蒂尔德·德沃。她是孔德从前的一位学生的姐姐，时年三十左右，因被其夫遗弃而忧郁成病。

1845 年 "无比美好之年"。这一年孔德向克洛蒂尔德·德沃表示了爱情，但她只同意建立友情，说"无法超过友情的限度"。

1846 年 4 月 5 日 奥古斯特·孔德目睹克洛蒂尔德·德沃病逝，此后，孔德对她一直真心崇敬。

1847 年 孔德提出人性宗教。

1848 年 "实证主义学会"成立。《实证主义总论》发表。

1851 年 孔德失去综合工科学校辅导教师职务。《实证政治体系或论创建人性宗教的社会学》第一卷出版。其他各卷陆续于 1852 年、1853 年和 1854 年出版。4 月 22 日，孔德致函德·托卢泽，称："我深信可以在 1860 年前把实证主义改作为惟一真正完善的宗教，在巴黎圣母院前布讲。"

12 月，利特雷及孔德的其他多位学生对孔德赞同路易·拿破仑发动政变感到恼火，并对新的哲学方向深感不安，退出"实证主义学会"。

1852 年 《实证主义教程或世界宗教概论》发表。

1855 年 《致保皇党人》发表。

1856 年 《主观综合或人类正常概念普遍制度》发表。孔德提议与耶稣会会长联合反对"四方狂热的无政府主义的泛滥"。

1857 年 9 月 5 日 孔德在巴黎默西厄-勒-普兰斯路十号逝世。死时他的学生在场。

注释

[1]　奥古斯特·孔德于 1822 年 2 月或 3 月设想了三种状态的规律，并在 1822 年 4 月出版的《重组社会的必要的科学工作简介》中第一次提出了这一观点。这篇文章刊登在圣西门的《以建立工业制度为目的的论著续编》上。奥古斯特·孔德后来在《实证政治体系》一书的前言中称这篇文章为"基本短文"，有时还以《实证政治体系初探》（1824 年版名）提到该文。这篇文章后来收入《实证政治体系》第四卷，改名为《重组社会的必要的科学工作简介》。

三种状态规律是《实证哲学教程》第一课《科学的分类》（第五版第一卷第 2—8 页）和第二课的内容（同上著作第 32—63 页）。

关于三种状态的规律及科学的分类的发现，参阅：亨利·古耶所著的《奥古斯特·孔德的青年时代和实证主义的形成》第三卷《奥古斯特·孔德与圣西门》，巴黎，弗兰出版社 1941 年出版，第 289—291 页。

[2]　"在研究人类从最简单的阶段到今天各个活动范围内智力全面发展的问题时，我自己以为发现了一个重大的基本规律。由于一个不变的需要，人类智力的发展取决于这一规律。我认为这一规律可以在我们对自己的组织有了认识，并提出合理的证据以及对过去进行认真的研究后作出的历史鉴别基础上牢固地确立。

"这一规律说明我们的每一个主要观念、每一种知识都先后有三个不同的理论状态：神学状态或虚构状态、形而上学或抽象状态、科学状态或实证状态。换句话说，人类出于其本性，先后用过三种方法来研究每一个问题。这些方法的性质是很不相同的，甚至是完全对立的：首先是神学的方法，然后是形而上学的方法，最后是实证的方法。由此得出三种哲学学说，或三种互相排斥的、对全部现象看法的总体系。第一种哲学学说是人类智慧的必要起点，第三种学说是人类智慧固定的和最终的状态，而第二种学说则仅仅是过渡性的……

"在实证状态时，人类已经认识到要想得到抽象的概念是不可能的，因而放弃了寻找宇宙的起源和终极的打算，放弃了认识现象的内在原因的念头，用推理和观察结合得很好的方法，努力去发现它们的实际规律，就是说去发现它们之间永恒不变的交替和类似关系。此后对事情就其实际意义所作的解释，它所反映的只不过是各种特定现象和普遍事实之间的联系，随着科学的进步，这种普遍现象也将越来越少了。"（《实证哲学教程》第一卷第2—3页。）

[3] 孔德写道："思想支配并扰乱着世界，换句话说就是全部社会机器最终都是建筑在舆论基础上的……目前社会的政治和道德危机的根源归根到底在于思想上的无政府主义。我们最严重的问题实际上就在于人们对各种基本准则的看法有着深刻的分歧，而这些基本准则的固定不变恰恰是一个真正的社会秩序的首要条件。只要个人的才智没有被一致的意见统一到几种足以形成一种共同的社会理论的普遍思想之上，那么，不管采取何种治标的政策，国家的状况就仍将基本上是革命的，它实际上所能包括的也只是临时的政府机构，人们对此不能视而不见。"（《实证哲学教程》第一卷第26页。）

[4] 然而，奥古斯特·孔德还是承认它的重要性。"由于缺乏一种相当普遍的推动力有条不紊地协调各种因素，因而工业活动造成的只是彼此之间不完全联系的阶段。这就是现代文明的基本问题所在，只有依靠公民的团结一致，才能真正解决这个基本问题。"（《实证政治体系》第三卷第364页。）"自从废除人身奴役以来，除了无政府主义的夸张外，无产者群众丝毫也没有真正纳入到社会体制中来。资本的力量最初是谋求解放，然后是谋求独立的自然手段，现今在日常交易之中却变得异乎寻常之大了。按照健全的等级理论，资本具有高度的概括性和责任性，但是不管它必须占有何等重要的优先地位，资本的作用是过于大了。"（《实证哲学教程》第六卷第512页。）"今天，主要的混乱危害着物质存在，领导力量的两个必要因素，即数量和财富处在日益激化的对立状态之中，这种对立状态同样也是应当受到指责的。"（《实证政治

体系》第二卷第 391 页。）

[5] 詹姆斯·伯纳姆著《管理革命》，1941 年，纽约出版，法文版名为《组织者的时代》，巴黎，卡尔曼-莱维出版社 1947 年出版，莱昂·勃鲁姆作序。

[6] 奥古斯特·孔德对政治经济学的性质和对象的研究见《实证哲学教程》第四十七课（第四卷第 138 页）。奥古斯特·孔德是在担任圣西门的秘书时接触并研究当时的政治经济学，即古典和自由的经济学的。他在评论时，避开了"杰出的、明智的哲学家亚当·斯密这个十分特殊的情况"。他的论战主要针对斯密的后继者。他说："要是我们的经济学家确实是亚当·斯密的科学的后继者，那么就请他们给我们说一下，他们究竟在什么地方完善和补充了这位不朽的导师的理论，在他的独到的始创的见解中增添了些什么真正的新发现。相反，这些独到之见却被无谓多余的卖弄科学形式从根本上歪曲了。毫无意义的异议在价值、效益、生产等最基本的概念上使他们之间产生分歧。公正地研究这些异议不就好像看到了中世纪学究们就纯粹的形而上学实体的基本作用进行的奇怪辩论吗？这种形而上学实体的经济观念越是教条化、越是钻牛角尖，其特性也就越为分明。"（同上引书第 141 页。）但是，孔德严厉指责经济学家的目的是想创立一种"相对独立于全部社会哲学的自主的科学"……"因为，在研究社会和生命体时，由于主体的性质，各种普遍的现象都必然是互相依存、有机地联系在一起的，以致无法恰当地用一些现象来说明另一些现象……脱离实体世界进入实际思辨时，除了对社会的过去或现在作智力、道德和政治分析外，可以肯定分析社会的经济和工业这一任务是无法实证地完成的。其结果是这种不合理的分离方法反过来提供了一种本质上是形而上学的理论的无可辩驳的征兆，而这种理论就是以形而上学的性质为基础的。"（同上引书第 142 页。）

[7] 莫里斯·阿莱，矿业学校经济学教授。著有：《经济和利息》，巴黎，法国国家印刷局 1947 年出版，共二卷；《论纯粹经济学》，巴黎，法国国家印刷局 1952 年出版《纯粹经济学和社会效益》，

巴黎，西雷出版社 1945 年出版；《统一的欧洲，繁荣之路》，巴黎，卡尔曼-莱维出版社 1960 年出版；《处于十字路口的第三世界》，布鲁塞尔，《非洲手册》社 1963 年出版，共两卷。

[8] 阿尔弗雷德·索维，法兰西学院教授，著有：《人口总论》，巴黎，法国大学出版社 1963 年出版第一卷，1959 年出版第二卷；《社会本质》，巴黎，阿尔芒·科兰出版社 1957 年出版；《从马尔萨斯到毛泽东》，巴黎，德诺埃尔出版社 1958 年出版；《青年的增长》，巴黎，卡尔曼-莱维出版社 1953 年出版；《索维计划》，卡尔曼-莱维出版社 1960 年出版；《当代神话学》，巴黎，帕约出版社 1965 年出版，《两次大战期间的法国经济史》，第一卷《从停战到英镑贬值》，巴黎，法亚尔出版社 1965 年出版。

[9] 孔德写道："在解释了现代社交准则中决定企业首脑们财富集中的自然规律后，实证哲学还将使人感到通常资本集中在什么人手中这一点对人民群众的利益是无关紧要的，只要资本的正常使用对整个社会肯定有用就行了。然而，这一基本条件由于其性质取决于道德手段多于取决于政治措施，鼠目寸光和耿耿于怀的人不惜使全部真正的社会活动直接濒于瘫痪的境地。他们处心积虑地用合法手段为资本的自发积累设置障碍，这将是徒劳无益的。显然，这种专横的做法能导致的实际效益甚少，更多的则是受到反对极端自私地使用手中掌握的财富的实证道德的普遍谴责。这种谴责由于应受到谴责的做法本身不能否认谴责的本原而更加不可抗拒，而这种本原就像天主教义全盛时期所表明的那样，人们是由于共同的基本教育而受到熏陶的……但是，实证哲学在向人们指出它最重要的要求，其性质基本上是道德上的要求时，必然也会使上层阶级感到这种看法的分量，并以毋庸公开置疑的本原的名义强有力地为它们规定与它们的地位相称的道德上的义务。因而，例如在所有制问题上，就能使富者作为公共资本的必然保管人，他的地位在道义上得到巩固，而公共资本的有效使用，除了某些极端错误外，是永远也不会引起任何政治责任的，总是应当经过认真的道义上的讨论的。这种道义上的

讨论在适当的条件下是人人皆可进行的，它的精神权威以后还将成为一种正常的手段。根据对现代进化的深入研究，实证哲学还将指出自从废除人身奴役以来，撇开那些无政府主义的夸张，广大无产者还没有真正被吸收到社会体制之内。资本的力量先是解放的自然手段，以后又成为独立的自然手段。在日常的交易中，虽然按照一般的概念以及神圣的等级理论，它应当负有较多的责任，占有恰当的优势地位，但今天它的作用却过于大了。总而言之，这种哲学将使人知道工业关系非但不会变成危险的经验主义或暴虐的对抗，而且应当用普遍和谐的道德准则加以系统化。"（《实证哲学教程》第六卷第357—358页。）

[10]　莫拉斯曾经专门写过一篇关于奥古斯特·孔德的论文。这篇文章与其他文章（《妇女浪漫主义》、《蒙克小姐》）一起附在1918年巴黎新国家书店出版的《智力的未来》一书后面出版。莫拉斯评论孔德说："如果说果真有大师的话，如果说天、地和解释天地的手段只是在我们出世的时候才有的这种说法是错误的话，那么我不知道有什么人值得我怀着最感激的心情去提及他的名字。人们总是怀着激情提到他的形象的……我们中的有些人无政府主义严重，是他使他们恢复了秩序或与秩序相当的东西，以及秩序的希望，他向他们指出在不太遥远的天际微笑着的统一的美好景象。"

[11]　阿莱的著作，尤其是《论基督教》（巴黎，里德尔出版社1924年出版）、《思想》（巴黎，阿特曼出版社1932年出版，巴黎出版总会丛书第10／18辑1964年重版，这最后一卷中还有一篇研究孔德的专著），经常引用孔德的话。

下述两书叙述了阿莱的政治思想：《一种激进理论的成分》，巴黎，伽里玛出版社1925年出版；《反对政权的公民》，巴黎，S·克拉出版社1926年出版。

[12]　我曾经在《工业社会和战争》（巴黎，普隆图书公司1959年出版）一书，尤其是在伦敦经济和政治学院所作的《纪念奥古斯特·孔德的演讲》这篇论文中，研究过奥古斯特·孔德思想中的战争问题。

[13]　几年前我曾参加过一个关于阿莱的论文评审委员会工作。这篇论文是一位受阿莱影响而转变为实证主义者的人所写。此人在1939年战争爆发时差不多已经放弃了阿莱和奥古斯特·孔德的思想。他竟在一个爆发战争的世纪里宣布和平，真是一个令人难以置信的预言家！

[14]　奥古斯特·孔德是在十六世纪至十八世纪形成的帝国已经解体、十九世纪的帝国即将成立这一殖民主义历史上的关键时刻写作的。这时美洲殖民地已从西班牙手中解放了出来，英国也失去了北美主要殖民地只保住了亚洲和加拿大，法国则失去了印度、加拿大和圣多明各。1829年至1842年，孔德编写《实证哲学教程》时，法国正在征服阿尔及利亚并在非洲沿海国家和大洋洲夺取据点以建立其第二个殖民帝国。英国也是这样，在1840年占有了新西兰。

孔德是这样评论十七、十八世纪殖民制度的。他说："这一广泛的行动给全人类带来的是好处还是危险？对这一无聊而又无法解答的问题，上一世纪已经有过许多夸张的论著，肯定无须重提。但研究一下这一行动最终是加速还是推迟现代社会好坏两方面的全面变化还是很有意义的。然而，在这一方面，展现在陆地和海洋上好战的人面前的新的主要目标以及同时出现的宗教意识的大量回潮（宗教意识最适合落后民族的文明）似乎都有延长武士制度和神学制度，故意避开最终重组社会的明显倾向。但是，首先，人类各项关系制度从那时起将逐步接受的全面发展，应当使人更好地了解这种复兴的真正哲学性质，指出它最终要为全人类所用。应当更明确地指出在许多场合下，由于无法使各人种同化而有步骤地消灭人种这一政策的根本缺陷。其次欧洲这一伟大事件所产生的新的有力促进，通过其在工业方面应当产生的更加直接的近期影响，必然会在社会上和政治上极大地增加它的重要性。这样，我认为一切就取得了平衡，现代进化就必然会得到真正的加速，人们对此一般都抱有过分的看法。"（《实证哲学教程》第六卷第68页。）

孔德是这样分析十九世纪的殖民征服的，他说："我们确实……注意到一种危险的诡辩术已经自发地出现，并且，今天还有人在竭力巩固它。这种诡辩术给连绵不断的入侵冠以为世界文明的最终利益而直接建立最先进的民族对不太先进的民族的物质优势这种似是而非的美名，以无限期地保持军事活动。在目前政治哲学十分可悲的情况下，任何错误的东西都可以昙花一现，因而这种倾向肯定是十分危险的，它是全面混乱的根源。按照逻辑的继续，这种倾向必然会先引起民族之间的互相压迫，然后根据社会发展的不平衡性，再造成国家之间的倾轧。虽然这种大力对外扩展——它肯定仍是理想的——未能实现，但是人们还是用这种借口，以白色人种无可辩驳的优越性为根据，找到了建立这种可憎的殖民奴隶制的口实。不管这种诡辩一时间会引起多么严重的混乱，具有现代社交特征的本能必将使人打消任何无谓的忧虑——人们担心这种混乱在不久的将来会成为与文明居民长期苦心经营的事业根本不相容的全面战争的新根源。在正确的政治哲学形成和传播之前，毫无疑问正直的人民群众还将充分重视——尽管出自一种模糊的经验论——这种我们从相反方向见到过的对伟大的罗马政治所作的笨拙的倒退模仿。这种模仿的根本目的是要在与现代社会环境根本不同的社会条件下，除了在统一的民族里以外，到处阻止这种滑稽可笑的模仿在长期从事卓杰的和平活动的国家里可能激起的尚武生活的过快崛起。"（《实证哲学教程》第六卷第237—238页。）

[15]　奥古斯特·孔德著作中断言战争过时、强调现代社会与战争及尚武现象之间存在矛盾之处数不少。他说："真正具有哲学思想的人应当十分容易地意识到严酷、持久的战争必定会在人类的精英中完全消失的时代终于来临了。他们在理智和道德上对此都感到十分满意。"（《实证哲学教程》第六卷第239页。）他还说："可以用于政治研究的各种合理探索的一般手段都曾自发地但同样有力地帮助过人们了解人类基本上属于尚武性质的生活这一不可避免的原始倾向，以及同样也是无法抗拒的、本质上属于工业性质的生活方式这一最终归宿。因此，任何稍有先进知识的人都不能不明确地或隐晦地承认尚武精神正在逐渐衰亡，工业精神正在逐步上升，而这正是我们逐步进化的两个必然结果，

因而这两个必然结果在今天已经得到大部分认真从事政治哲学工作的人的应有的高度评价。此外，对战争生活的厌恶(这种厌恶具有现代社会的特点)不断流露，并日益强烈，其表现方法也越来越多样，甚至在军队内部也有这种情绪。又譬如说，当很少有人自愿执意参军，强迫义务征兵变得越来越不可缺少，从军的人全面不足已到处日益成为无可辩驳的事实时，日常的经验对这一逐渐涉及公众的观念也许不必直接加以论证了。尽管军事活动在本世纪初一时为在无法避免的不正常局势之后出现的不可抗拒的力量所驱使有了惊人的巨大发展，我们的工业和和平的天性还是以更快的速度正常地发展着，并占着优势地位，确保了文明世界的休养生息，尽管欧洲的和谐由于暂时没有协调国际关系的系统组织而不断受到损害。这一点虽然不会真正导致战争，但还是足以使人经常感到危险的忧虑……工业活动自发地体现了这种能同时在每个个人身上和所有民族中得到发展，而又不会在发家问题上造成一部分人与另一部分人之间不可调和的矛盾的奇妙性能。与此相反，人类中的那一部分显赫人物的全部尚武生活，归根到底是以不可避免的强制手段为前提并最终决定这种强制手段的。这种强制手段重视全部文明世界，是这种制度的主要社会职责。因此，既然工业时代除了具有由自然规律体系所赋予的服务于人类进步的生活方式这一尚未确定的意义外并不包含其他普遍意义，那么尚武时代就必然应当局限于逐步充分实现注定要实现的先决条件的这一段时间之内。"(《实证哲学教程》第四卷第375、379页。)

[16]"我们的物质财富可以自由地或强制地转手。在第一种情况下，转移有时是无偿的有时则是赢利性的。与此同时，不自愿的转移可以是使用暴力的或合法的。总而言之，这就是物质产品自然转移的四种常见方式……根据高尚程度或效力大小，这四种方式的正常顺序应当是：赠与、交换、继承和夺取。中间两种方式在现代居民中最为通用，最适合在现代居民中占优势的工业生活。两头两种方式则能极大地促使大资本的原始形成。虽然最后一种方式将最终被完全废弃，第一种方式则永远也不会如此。工业利己主义今天已使我们看不到它的重要性和纯

粹性……赠与的趋势一经实证主义加以系统化之后，应当为最终制度提供一种最好的世俗手段，辅助真正的教权的持续活动，使财富更为有用，更能受人尊敬。物质财富的这种最古老、最崇高的转移方式将比粗野的经济学家的形而上学所指出的更加有助于我们的工业组织。"（《实证政治体系》第二卷第155—156页。）

这一段话与现代某些分析，尤其是弗朗索瓦·佩鲁所著的《赠与在现代资本主义中的经济意义》的分析比较接近。该书于1954年4月由迪奥热纳出版社出版，1961年法国大学出版社出版的《二十世纪经济》第一版第322—344页中转载了这篇文章。

[17] 迈克尔·扬著：《能人统治的兴起》，伦敦泰晤士和赫德森出版公司1958年出版，1961年收入《企鹅丛书》。

[18] 《人类理性进步的历史概观》一书，孔多塞于1793年写成，新历三年第一次出版。新版本请参阅哲学丛书版本，巴黎，布瓦万出版社1933年出版。在孔多塞之前，蒂尔戈曾写过《人类理性连续进步的哲学概观》。

[19] 奥古斯特·孔德从中得出结论认为：既然天文学上没有意识自由，在政治学上也不会有意识自由。

[20] "严格地说，神学哲学在我们个人的幼年时代或社会的初期从来都不是绝对万能的。就是说对于任何现象秩序来说，最简单、最一般的事情总是被看作本质上服从于自然规律的，而不受超自然因素的专横意志的支配。例如素负盛名的亚当·斯密在他的哲学著作中曾经恰如其分地说过，无论何时何地，权威之神都是无法找到的。一般地说，即使最复杂的问题，极常见极基本的现象也是如此，它们之间实际存在的关系其绝对不变性始终自发地使思想准备最不足的观察家感到震惊。"（《实证哲学教程》第四卷第365页。）

[21] "虽然我们社会进化的各种因素间按照业已确立的原则建立起来的不可避免的互相联系依然存在，全部进步因素中还是应当有一个因素在它们之间持续不断的互相反作用过程中自发地占有优势地位，不断

地为其他因素提供不可缺少的原始动力，尽管这一因素自己后来也应当从自身的进化中得到新的发展。这里只须立即把这一占优势的因素区别开来，不必特意过问其他因素对它的特殊的从属关系或其他因素之间的关系，因为这种从属关系是会在这一工作自发进行过程中充分显示出来的。对这一占优势地位的因素的研究应当指导我们整个的动力学阐述。被这样简化了的规定性是不会造成任何严重困难的，因为人们只需把那种其发展最能被臆想出来的社会因素从其他因素中区别出来就行了，尽管它们之间存在着必然的普遍联系。相反，观念也会因此在直接研究其他许多因素的发展中得到再现。鉴于这种双重的决定性，人们就应当毫不犹豫地把才智的进化当作全部进化和人类必然占优势的原则放在首位。如果说才智的观点能像我在上一章中所说的那样，在对严格意义上的社会机构所作的简单的静力学研究中起主导作用的话，那么在直接研究人类社会总运动中就更应该如此了。虽然我们贫乏的才智毫无疑问在其中只不过是初步觉醒的欲望、热情及感情所激起的持续冲动的不可缺少的需要，但是人类全部进步却总是只能在它的必不可少的领导下得以实现……因此，从哲学的天才第一次跃进以来，人类总是若暗若明地，但总是确实无疑地认识到社会的历史是由人类理性的历史所支配的。"（《实证哲学教程》第四卷第340—342页。）

［22］孔德在《实证精神讲话》中这样写道："多神论与古代的征服制度最为适应，而一神论则最适合于中世纪的防卫结构。现代社会性使工业生活越来越占优势，因而它应当有力地支持伟大的精神革命。今天，这种精神革命已将我们的才智最终从神学制度提高到了实证制度阶段。这种每日每时实际改善人类条件的积极趋势，在一神论条件下不仅总是与宗教定见（它总是和另一种截然不同的目的有关）格格不入，而且这种活动必将最终激起人们彻底地自发地普遍反对神学哲学。"（巴黎出版总会丛书第10／18辑，1963年出版，第62—63页。）

［23］奥斯瓦尔德·施彭格勒著：《西方之衰落，世界史的结构和形态研究述略》，慕尼黑，1918—1922年出版，法译本，巴黎，伽里玛

出版社 1938 年出版，两卷本。这本书是在阿加迪尔危机时代构思的，1916 年第一次出版，1918 年德国战败后才在德国显示出它的惊人成就。

[24] "在我看来，社会差异的三个总根源是：一、种族；二、气候；三、从全部科学广延上考虑的纯粹的政治活动。这里，研究它们的相对重要性是否真正符合陈述的次序或其他什么次序是完全不恰当的，即使这种决定性在科学的初生态中丝毫没有明显的不合适之处，方法的规律在研究了主要对象之后至少会推迟这种决定性的直接展开，以免基本现象和它们的各种变化之间发生不应有的混淆。"（《实证哲学教程》第四卷第 210 页。）

[25] 孔德在《实证哲学教程》第五十二课开首时提出"为什么白种人在社会发展的主要方面拥有如此明显的实际特权？为什么欧洲是这种占优势地位的文明的发祥地……"等这样一些问题，并明确指出"社会学上的这场具体的重大论争"应当"在初步抽象地制订出社会发展的基本规律之前一直延续下去"之后，他却提出了一些理由，一些"局部的、孤立的，因而必然是不完整的看法"。他说："就第一个问题而言，毫无疑问人们已经在白种人的组织中，尤其是在大脑系统中发现了他们实际优越性的某些积极的苗子，尽管今天所有的自然主义者在这个问题上远不能恰当地取得一致的意见。同样，就第二个问题来说，人们能够更为满意地看到物理学、化学甚至生物学上的各种条件，这些条件必然在某种程度上对欧洲国家迄今为止在人类进化中一直处在优势地位这一杰出的性质起着作用。"孔德对此还作了如下的注脚：

"譬如说，在物理方面，除了处在温带这一十分有利的气温条件外，还有一个令人赞叹的地中海流域。自从航海术有了相当的发展以来，最迅速的社会进步总是首先在这一地带实现。航海术的发展使人们得以利用这一宝贵的中间地带，既能使沿海各国彼此联系，发展它们的持续关系，又能保持它们之间的差异性，这种差异性使各国在社会互相促进中变得十分重要。同时，在化学方面，这一地区也是得天独厚的。铁和煤产量丰富这一点最为明显，无疑为加速这一地区的人类进化作出了巨大的贡献。最后，在生物学方面，无论从植物学还是从动物学角度来说，这一地区既最适宜于主要食用作物的种植，又最有利于最珍贵的家畜的发展。这些都是显而易见的，因而文明就在这一地区大受激励。但是不管人们对上述几方面是否真正重视，这些粗略之见显然远远不能对提出的现象作出真正实证主义的解释。当社会动力学应运诞生并在后来使人们能够直接进行这种解释时，人们还必须以全部自然哲学为基础，事先对上述各点作一次认真的、科学的审查，这一点也是不言而喻的。"（《实证哲学教程》第五卷第12—13页。）

[26]　奥古斯特·孔德对拿破仑十分苛求，他说："由于永远可悲的命运的安排，霸权（军事上的）是不可避免的。伟大的奥什开始时似乎对此甚感幸运。这一霸权后来却落到了一个在法国名不见经传的人的手里。这个人出生在一个文化落后的地区里。在一种无人知晓的迷信的激情支配下，他对旧的社会等级制度怀着一种不自觉的崇敬心情。巨大的野心吞噬了他。尽管他到处招摇撞骗，这种野心实际上还是与任何高尚的精神优势格格不入的，当然他的无可争辩的军事才能除外。特别在今天这种军事才能与道义力量的联系甚于与理智力量的联系。

"今天，人们在重提这个人的名字时，不由得会想起那些无耻的奉承者和无知的狂热分子曾经长期把一个与中世纪处处跑在时代前面的君王相比在各方面都落在时代后面的君王比作夏勒马涅。虽然任何个人的评价都与我们的历史分析的性质、目的无关，但是照我的想法，今天每个真正的哲学家都应当把恰当地引起公众理智注意下面这种危险的谬误当作自己不可推卸的社会责任，这种谬误在失去理智、犯有过错的报界骗人的宣传下，今天已经驱使整个革命派糊里糊涂地（这一点是致命的）竭力去为原来理所当然地为人痛恨的人——这个人曾经用最糟糕的手段使政治极度倒退，使人类在这倒行逆施中备受痛苦——恢复名誉。"（《实证哲学教程》第六卷第210页。）

[27]　实证主义的影响在巴西十分深远，几乎成了该国的官方理论。共和国总统本哈明-康斯坦把孔德编纂的《实证科学百科全书》作为

公立学校的学习课程。1880 年阿波斯托拉特学院成立。1891 年一座实证主义神殿在里约热内卢成立，以崇拜人类。巴西绿底国旗上印着"秩序和进步"这一箴言，绿色同时也是实证主义旗帜的颜色。

［28］《实证哲学教程》和《实证政治体系》这两书所阐述的观点在细节上有所不同。这里我只是点明这两本书的指导思想而不想谈论它们的不同点，这样就可以像奥古斯特·孔德在写《实证政治体系》一书时所设想的那样来研究社会静力学。

［29］ 柏拉图著作中关于理智和良智的区别见《论共和国》与《费德尔》。在《蒂迈欧篇》（第六十九节以下）对会死的生命体所作的生理学的描写中又一次提到了这一区别。在《蒂迈欧篇》一书中，柏拉图描绘了一张躯干定位图，把不灭的灵魂置于头部，而把会死的灵魂置于胸部。此外，柏拉图与孔德的观点还有其他相似之处。因此，柏拉图的挂钩幻想(参见《费德尔》)使人想起孔德在人身上发现的情感、行为和才智之间的辩证关系。

［30］ "就这社会方面而言，语言的形成应当最终与所有制的确立相比较……因为，前者在人的精神生活中起着根本的作用，这种作用相当于后者在物质生活中所起的作用。语言在从根本上帮助人们获得全部人文、理论和实际知识，激发我们的美学观念后使这一双重财富永存，并把它转交给新的合作者。但是这两个贮存机构所贮存的东西的差异性，决定了这两种贮存机构之间有一个根本的区别。就旨在满足个人需要的生产而言(个人的需要必然会破坏生产)，所有制应当确定的是单个的持有者，他们的社会效率由于明智的集中而得到提高。相反，对于毫不走样就能同时占有的财富来说，语言所确立的自然是整整一个群体，在这个群体中人人都能自由地从这一共同的宝库中获得好处，自发地保管好这一财富。这两种积累体系虽然有着根本的区别，但它们的弊端却是相同的，都是由于不思生产、光想享受所造成的。物质财富的持有者可以成为物质财富使用的专横主宰，他们常常把物质财富的使用引入满足利己需要的歧途。同样，那些对精神宝库未作任何贡献的人却在那里炫耀

自己，不做任何真正的努力却想获得一个好名声。"（《实证政治体系》第二卷第 254 页。）

[31] 奥古斯特·孔德认为人类历史是统一的，他还想把全部过去都包括在他的这一命题之中。在这一脉相承的意义上他甚至看到了实证主义的一个主要优越性："西方的无政府状态主要是因为人类的持续性遭到破坏而造成的。人类的持续性先后被诅咒古代的天主教、排斥中世纪的新教和否认任何前后关系的自然神论所破坏。只有求助于实证主义才能最终为革命的局面找到它所包含的惟一出路，战胜逐渐驱使活人反对古人的破坏性大小不一的各种理论。历史在作出这番努力以后，就会很快成为一门神圣的科学，而这正是与直接研究人类（人类的概念概括了我们全部正确的理论）的命运这一历史的正常职责一致的。此后，系统的政治学将把自己的某些任务（当然这些任务是从属于与伟大的进化相适应的状态的）和历史联系在一起。甚至连革新了的诗歌也可以从中臆想出那种旨在准备未来、使过去理想化的美丽情景。"（《实证政治体系》第三卷第 2 页。）

[32] "严格意义上的政治社会赖以安身立命的合作的惟一原则，必然会导致维护和发展政治社会的政府的产生。说实在话，这种权力所表现出来的基本上是物质上的权力，因为它总是源自高位和财富。但是，社会秩序从来不会有别的什么直接的基础，认识这一点是很重要的。霍布斯关于力量的自发统治这一著名原则，实际上构成了从亚里士多德以来到我本人这一时期中，实证主义的政府理论所取得的惟一的重要进展。因为中世纪提前实现两权分立这一令人赞叹的业绩是在一种有利的形势下取得的，这主要是由于感情上而不是理智上的原因。这种理论只是当我在本书开首重新提及时，才忍不住讨论起来。霍布斯的观点之所以遭到种种可憎的指责，其原因都是他的形而上学以及由此造成的当时人们无法区别的静力学和动力学评价之间的极度混乱。但是这种双重缺陷只能使那些不那么怀有敌意的、更为高明的评判者们进一步把不同意见视作这一光辉论述的重要性所在，而只有实证哲学才能充分利用这一

光辉的论述。"(《实证政治体系》第二卷第299页。)

[33] "但是，通常在职权和行使职权的人之间，其一致性常常会有许多不足之处。即使我们想把每个人都放到恰当的位置上，但由于我们的客观生活十分短暂，不可能充分研究各种职衔，并加以及时调整，因此这一目的必然是无法达到的。此外，应当承认，大部分社会职务并不需要什么真正的天赋，因为真正的天赋是不能由适当的练习所完全代替的，干任何事都不能完全不加操练。由于最好的机构也是需要经过专门训练才能掌握，因此人们应当十分尊重实际上掌握了职权或资本的人，并且承认个人的安全对社会的效率是何等的重要。此外，还应当不以先天的优势为骄傲，而以后天的进取而自豪，因为在先天的优势中我们的作为是微乎其微的。因此，我们的真正价值正像我们的幸福一样，尤其取决于对人为的和天然的真正秩序赋予我们的力量的有意识的恰当使用。这就是正确的评价，根据这一评价，教权应当不断向个人和阶级学习，对社会和谐上难免的缺陷适当迁就，因为社会和谐上的缺陷进一步复杂化会造成更多的弊端。

"然而，如果能够论证无政府主义异议的感情不能同时得到由僧侣适当安排的某种正常的满足，那么习惯上的这种信念是不足以制服无政府主义者的异议的。这种信念源自一种直接构成教权的主要性质的评判能力，出任顾问、主持祭献和执掌训诫等全部社会职务显然都源自这种教权。然而，评判必然是以对公职的评判开始的，最后再扩展到评判个人的职务。毫无疑问，僧侣应当始终努力阻止人员的变动，因为在这个问题上的放任自流要比人员变动中可能产生的弊端更为有害。僧侣还应当建立并发展一种与源自实际权势的这种客观秩序相对应的主观秩序。这种主观秩序是根据对个人的各种职衔的充分评价，以个人评价为基础的。尽管这第二种分类除了在神圣的祭仪之外不可能也永远不会占优势，但是它与第一种分类法的对立却会导致真正可行的改善，弥补无法克服的缺陷。"(《实证政治体系》第二卷第329—330页。)

[34] "真正的哲学是以尽可能地综合在思想、感情和行为这三种表

明人类生存方式特点的现象中观察出来的人类个体尤其是集体的生存方式为目的的。在这几个方面，人类的基本进化必然是自发的，因而只有对它的自然进程作出正确的评价才能为我们的明智努力提供全面的基础。但是我们对此所能作的系统修正，对于减少一个如此复杂的进程如若完全任其自流所能发生的部分偏差、致命的落后和严重的不协调来说十分重要。不断地作出这一不可缺少的努力就是政治学的本质所在。然而，政治学的真正的概念只能源自不断使它的全面规定性日趋完善的哲学。由于这个共同的根本目的，哲学的固有任务就在于协调人类生存方式的各个方面，把它们的理论概念归结为一个完整的统一体。只有在确切地代表了全部自然关系时，这种综合工作才是真正可行的。对自然关系的明智的研究因此也就成了这项工作的先决条件。如果哲学想撇开这种综合工作，直接对活跃的生命施加影响，那么它就可能越俎代庖，错误地替代了政治学的必不可少的任务，即担任实际进化的惟一的合法评判员的任务。巨大的机构的这两种主要职能之间持续的联系和正常的分离同时存在于系统伦理学之中，而系统的伦理学必然是哲学的特有的运用和政治学的全面指导。"（《实证政治体系》第一卷《引言》第8页。）

　　[35]　奥古斯特·孔德在《实证政治体系》论述社会静力学的宗教这一章里进一步论述了他的认识论哲学。他写道：

　　"正确的哲学……体现的是我们用外部材料构成的真正的规律。这些规律虽然客观上受到赞誉，但它的准确性却永远只是近似的。不过由于这种近似性只是为我们经常变化的需要服务的，所以一经按照实际需要（这种实际需要通常能够适当地确定它的精确性）确定后，就绰绰有余了。除了这一主要作用外，它还常常是理论自由的正常尺度……

　　"因此，我们是在外部和内部之间的必然会合中根本建立起普遍秩序的。真正的规律，即普遍现象，从来都只是经过观察在相当程度上得到了证实的假设。如果说在我们之外根本不存在什么和谐的话，那么我们就完全不可能臆想出什么和谐。但是，在任何情况下，它都无法像我们想象的那样得到证实。在这种持续的合作中，世界提供的是物质，而人提供的则是每个实证概念的形式。然而这两个部分只有在彼此作出牺牲后才有可能融合在一起。过分的客观性会妨碍以抽象为基础的全面见解，但如果我们抱着天然的过分主观性不放，那么使我们得以进行抽象的分析工作仍将是不可能的。每个人在与他人比较时总是自发地从自己的观察中首先抽去太利己的东西，以便与社会一致起来，而与社会一致则是好思索的生活的主要目的。不过，人类共有的主观性的程度通常是始终存在着的，不会引起任何严重的麻烦……

"如果（普遍的秩序）完全是客观的或纯主观的，那么，它就应当早就被我们观察到了，或者甚至就是我们构思出来的。但是它的概念要求两种虽是不可分割的，又是不同质的作用融合在一起，把这两者糅合在一起，其进程只能是缓慢的。组成这种普遍秩序的各种不可违抗的规律形成一种自然的等级制度，各种东西都按照各自逐渐减少的概括性和不断增加的复杂性排列在他物之前。因此，应当对它们的次第作出正确的评价。"（《实证政治体系》第二卷第32—34页。）

[36] 原始哲学的十五条规律载《实证政治体系》第四卷第三章第173—181页。

[37] "伟人就是过去、将来和现在以不同的方式致力于完善普遍秩序的全部的人。"（《实证政治体系》第四卷第30页。）

"崇敬真正卓越的人是崇敬人类的一个极为重要的方面。他们中的每个人即使在客观生活中都是伟人的某种体现，但是这种体现要求人们最好避开常常会使最好的本性变坏的严重缺陷。"（同上引书第二卷第63页。）

"人类不仅只是由可以同化的生命体组成的，而且也只是吸收每个生命体中可以被吸收的部分，而对其各自的差别不予理会。"（同上引书第二卷第62页。）

卡尔·马克思

　　工业较发达的国家向工业较不发达的国家所显示的,只是后者未来的景象……一个社会即使探索到了本身运动的自然规律……它还是既不能跳过也不能用法令取消自然的发展阶段。但是它能缩短和减轻分娩的痛苦。

　　　　　　——卡尔·马克思《资本论》德文第一版序言,《马克思恩格斯全集》,中文版,第二十三卷,人民出版社 1972 年版,第 8—11 页为了分析马克思的思想，我将努力回答在研究孟德斯鸠和孔德时曾经被提出过的同样的问题：马克思是怎样解释他所处的时代的？他的总体社会理论是什么？他对历史是怎样看的？他是怎样看待社会学、历史哲学和政治学三者的关系的？从某种意义上说，论述马克思并不比论述前两位更为困难些。如果没有几百万马克思主义者，那么任何人都不会怀疑马克思的指导思想是怎样的。

马克思并不像 M·阿克塞洛斯所说的那样是一位技术哲学家，也不是其他人所认为的主张异化的哲学家。[1]他首先是一位社会学家和资本主义制度的经济学家。他对这一制度、对人类的命运和所感到的变化都有一套理论。他是他称之为资本主义的社会学—经济学家，而对社会主义制度将是何物没有明确的论述。他总是说人类无法事先认识未来，因此提出马克思是不是斯大林派、托洛茨基派、赫鲁晓夫派还是毛泽东的拥护者这样一个问题是不太有意义的。马克思生活在一个世纪以前，这是他的幸运，也可以说是他的不幸。他没有回答今天我们面临的问题。我们可以代他回答这些问题，但是这是我们的回答，而不是他的回答。一个人，尤其是一个马克思主义社会学家，因为马克思毕竟与马克思主义有一点关系，都是与他所处的时代不可分割的。提出生活在一个世纪前的马克思会怎么想这样一个问题，就等于代替马克思本人提出马克思会怎么想。回答这个问题是可能的，但答案是不肯定的，因而意义不大。

即使只论述生活在十九世纪里的马克思是怎样认识他所处的时代和前途，而不论述他对我们的时代和前途是怎样想的，这样的分析也还会有许多特殊的困难，其原因是多种多样的，有内因，也有外因。

外在困难源自马克思身后地位上升。今天，大约有十亿人在接受一种称之为马克思主义的理论(这一名称是否确切姑且不论)的教育。对马克思理论的某种解释已经成为俄国的官方思想意识,后来又成了东欧国家和中国的官方思想意识。

这种官方理论自诩是对马克思思想的真正解释。社会学家如要对这种思想另作某种解释,那么,在官方理论的支持者眼里,他就成了一个资产阶级代言人、资本主义和帝国主义的仆佣。换句话说,当我在论述孟德斯鸠和奥古斯特·孔德时,我没有多大困难就获得了人们的热情支持,但当我要论述马克思时,有些人事先就表示不予支持了。

另外一个外部原因来自对苏联官方理论的反应。这种官方理论具有一切官方理论简化和夸张这两种不可分割的特点,像讲授教义似的教育各种不同的人。

因此,居住在塞纳河两岸的、愿意成为马克思主义者而又不想陷入盲目之中的钻牛角尖的哲学家们,对马克思的深刻的、最新的思想臆想出一种比一种更为聪明的解释。[2]

就我而言,我不想找出一种对马克思思想的更高超的解释。这倒不是因为我对这种钻牛角尖式的解释没有兴趣,而是认为马克思的中心思想要比人们能在《论据》杂志或有关论述马克思青年时期作品的著作中找到的思想还要简单些。马克思对青年时期的这些作品态度十分认真,以致不惜弃之不顾,让老鼠来批判了。[3]因此,我这里参照的主要是马克思已经出版的并被视为能大体代表他的思想的著作。

然而,即使撇开苏联式的马克思主义和钻牛角式的马克思主义者的马克思主义,内在困难还是有的。

内在困难首先是由于马克思是一个多产的作家。他写过许多东西,有时还像社会学家那样,轮番在日报上写些短文或长篇著作。由于他写的东西很多,所以在谈论同一件事时,前后说法不一。稍为机灵一点、知识稍为广博一点的人都可以发现在大部分问题上,马克思主义的公式并不是协调一致的,至少可以有各种解释。

此外,马克思的作品包括社会学理论、经济学理论、历史学著作等。有时在科学作品中论述的理论却被历史学著作中暗含的理论所否定。例如：马克思设想了某种阶级的理论，但在对 1848 年和 1850 年法兰西阶级斗争、路易·拿破仑政变、公社历史作历史的研究时，他所承认的、并把它们当作著作中的主人公的阶级就不一定是他在理论上指出的那些阶级了。

再则，除了他的著作繁多外，还应当看到各个不同的时期。主要时期有二：第一个时期，即青年时期，包括 1841 至 1847—1848 年写的作品。这一时期的作品一部分在马克思在世时已经发表，大多是短篇和论文，如：《黑格尔法哲学批判·导言》、《论犹太人问题》，其他作品则是在去世后发表的。这一时期的全部作品是在 1931 年出版的。根据青年时期的作品重新解释马克思思想的专题著作就是从这时起发展起来的。

在青年时期的著作中有《黑格尔法哲学批判》片段，《经济-哲学手稿》，《德意志意识形态》。

这个时期最重要的、长期以来为人熟知的作品有：《神圣家族》，用来回答蒲鲁东的《贫困的哲学》、与蒲鲁东论战的《哲学的贫困》。

青年时期以《哲学的贫困》，尤其是《共产党宣言》这本经典小册子的完成而结束。《共产党宣言》是宣传性的社会学专著中的杰作。这篇文章第一次明确而响亮地提出了马克思的指导思想。但 1845 年写成的《德意志意识形态》也标志着前一个时期的结束。

自 1848 年起至晚年，马克思表面上已不是一个哲学家而成了一个社会学家，尤其是经济学家了。今天，大部分自称为不同程度的马克思主义者们都有无视我们这个时代的政治经济的特点。马克思没有这种弱点，他受过极好的经济学教育。他像极少数几个人那样了解他所处的那个时代的经济思想。他是而且自认为是科学的、严格意义上的经济学家。

在他一生中的第二个时期，有两部著作是极为重要的：一部是 1859 年写成的《政治经济学批判》，另一部当然是代表马克思中心思想的杰作《资本论》了。

我坚持认为马克思首先是《资本论》的作者，因为这一普通的见地今天已受到过于聪明的人的怀疑。马克思的目的是分析资本主义的作用并预测它的演变。因此，毫无疑问，在他自己眼里他首先是《资本论》的作者。

马克思对历史的变化有一种哲学的看法。他赋予资本主义的矛盾以一种哲学的意义是可能的，甚至是极为可能的。但是马克思所作的科学努力的基本点则是科学地揭示资本主义制度的演变，在他看来这是不可避免的。

使《资本论》得不到应有的地位或只用几页篇幅就能概述《资本论》的任何说法都是违反马克思本人的想法和意愿的。

人们都有自由，认为一个伟大的思想家也会搞错，他的主要作品是他不屑发表的。但是必须对自己的才干十分自信方能肯定比伟大的作者更了解作者本人。如果对自己的才干不太有把握，那么最好还是像作者自己理解自己那样理解作者，把《资本论》而不是把《经济-哲学手稿》置于马克思主义的中心地位。因为《经济-哲学手稿》是这位年轻人在了解黑格尔甚于资本主义的那个时期里，对黑格尔和资本主义尚在思辨过程中写下的、尚未定型的、既可说是质量平平也可说是才气横溢的草稿。

因此，考虑到马克思科学生涯的这两个时期，我将在《共产党宣言》、《政治经济学批判》和《资本论》中找出马克思成熟时期的思想作为我的出发点，并在以后的阶段中对马克思的历史—社会学思想的哲学背景作一番研究探讨。

最后，除了苏联的正统马克思主义观念外，还有许多从哲学和社会学观点上对马克思所作的解释。一个多世纪来，许多学派都自称是马克思派，但同时又对马克思思想作出种种不同的解释。马克思最终的、高深莫测的思想究竟是什么，我不想赘述，因为我承认我对此一无所知。但我想说明为什么马克思思想的主题是简单的、似明实晦的，可以引出种种解释，使人几乎没有把握作出选择。

人们可以把马克思看作黑格尔的信徒，也可以把他看作康德的信徒。人们也可以同意熊彼特的观点，认为用经济来解释历史与哲学上的唯物主义毫不相干，[4]也可以说用经济来解释历史与唯物主义哲学密切相关。人们可以像熊彼特那样把《资本论》看作是一部与哲学毫不相干的严谨的经济类的科学著作，也可以像比戈神甫及其他评论家那样指出《资本论》确立了人类在经济生活中的存在主义哲学。[5]

我的抱负是指出为什么马克思的文章内涵模糊不清，就是说这些文章提供了可以被漫无边际地评论并且被改变为正统观点的必要素材。

任何想成为某种政治运动的意识形态或一个国家的官方信条的理论，都应当具有适合于思想单纯的人的简洁性和适合于喜欢探其细枝末节的人的耐人寻味性。毫无疑问，马克思思想高度体现了这些性质，每个人都可以从中各取所需。[6]

马克思是一个社会学家，这一点是毋庸置疑的。但他是一个特定形式的社会学家，即经济社会学家。他深信，不了解经济制度的运行就无法了解现代社会，忽视经济制度运行的理论就无法理解经济制度的演变。最后，作为一个社会学家，他不把了解现状与预见未来及行为的愿望分割开来，与今天的所谓客观的社会学相比，他既是一个预言家，又是一个行为家和学者。总而言之，他也许有这样一个优点，即：直言不讳地认为对现存的东西的解释和对应当存在的东西的判断之间是有联系的。

1. 对资本主义所作的社会-经济分析

马克思思想是就资本主义社会目前的作用、现时的结构和必然的变化对资本主义社会所作的分析和理解。奥古斯特·孔德曾经发展了所谓工业社会，即各种现代社会的主要特点的理论。奥古斯特·孔德认为，过去的封建的、尚武的和神学的社会是与现代的工业的、科学的社会根本对立的。毫无疑问，马克思也认为与尚武的、神学的社会相比，现代社会是工业的科学的社会。但是，马克思并没有把旧时社会与现代社会的矛盾置于中心的地位，而是把现代社会称之为资本主义社会，并把他认为是这种社会固有的矛盾置于自己思想的中心地位。

实证主义认为，工人与企业主之间的冲突是一种无关紧要的现象，是工业社会的缺陷，比较容易克服。但在马克思思想中，工人与企业主，或用马克思主义的话来说即无产阶级与资本家之间的冲突则是现代社会的主要问题，它反映了现代社会的基本性质，并且据此可以预测历史的发展。

马克思思想就是对资本主义社会的矛盾性和对抗性的解释。马克思的全部著作就是用某种方式力图说明这种对抗性是与资本主义的基本结构分不开的，同时也是历史发展的动力。

我打算分析的《共产党宣言》、《政治经济学批判·序言》和《资本论》三部著名的著作就是对资本主义的这种对抗性进行解释、确定和明确的三种方式。

如果懂得马克思思想的核心是断言资本主义社会的对抗性，那么就可以立即明白为什么不能把社会学家和行为家分割开来。因为，指出资本主义制度的对抗性必然会导致宣布资本主义将自行灭亡，因而激起人们为实现这一业已写在书本上的命运多少作出一些贡献。

《共产党宣言》可以说是一篇非科学的文章。这是一本宣传小册子，但马克思和恩格斯在这本书里用简洁的词句提出了他们的某些科学思想。

《共产党宣言》的中心命题是阶级斗争。

"到目前为止的一切社会的历史都是阶级斗争的历史。自由民和奴隶、贵族和平民、领主和农奴、行会师傅和帮工，一句话，压迫者和被压迫者，始终处于相互对立的地位，进行不断的、有时隐蔽有时公开的斗争，而每一次斗争的结局都是整个社会受到革命改造或者斗争的各阶级同归于尽。"（《共产党宣言》，《全集》第一卷第 161—162 页。）①

这就是马克思的第一个决定性的思想。人类历史的特点是我们称之为社会阶级的人类集团之间的斗争。人类集团的定义暂时还是含糊不清的，但它有两个特点：一方面它包括压迫者和被压迫者的对抗，另一方面将逐渐形成两个集团，而且只有两个集团。

由于所有的社会都被分为两个敌对的阶级，因而目前的资本主义社会在某种意义上也不会与在它以前的各种社会有所不同，然而也有前所未有的某些特点。

首先，统治阶级——资产阶级——不经常改革生产工具就不可能维持自己的统治。马克思写道："资产阶级除非使生产工具，从而使生产关系，从而使全部社会关系不断地革命化，否则就不能生存下去。反之，原封不动地保持旧的生产方式，却是过去的一切工业阶级生存的首要条件……资产阶级在它的不到一百年的阶级统治中所创造的生产力，比过去一切世代创造的全部生产力还要多，还要大。"（同上引书第164、第 166 页。）②[7] 此外，将会导致社会主义制度的生产力正在现时的社会中成熟起来。

《共产党宣言》提出了资本主义社会特有的两种矛盾的形式。马克思的其他科学著作也提到过这两种形式。

第一种形式是生产力和生产关系的矛盾形式。资产阶级不断创造着更加强有力的生产手段。但是生产关系，大概是所有制的关系和收入分配并没有以同样的速度改变着。资本主义制度能够生产越来越多的东西，然而，尽管财富在增长，贫困仍然是大部分人的命运。

于是就出现了第二种形式的矛盾，即财富的增长和大部分人日益贫困，总有一天这个矛盾会导致一场革命危机。现在占着并继续占着人口大多数的无产者将形成一个阶级，即一个希望夺取政权、改造社会关系

---

① 《马克思恩格斯选集》中文版第一卷第 250—251 页。——译者
② 同上，第 254 页和第 256 页。——译者

的集团。但是，无产阶级革命与过去所有的革命性质不同。过去一切革命都是由少数人发动并为少数人谋利益的革命。无产阶级革命则将是由绝大多数人发动，并为所有的人谋利益的革命。无产阶级革命将标志着阶级和资本主义社会对抗性的结束。

这场会导致资本主义和阶级同时消失的革命是资本家自己造成的。资本家不能不打乱社会组织，他们处在无法缓和的竞争之中，不得不增加自己的生产手段，不得不同时增加无产者的人数和加剧他们的贫困。

资本主义的矛盾性表明，生产手段的增加不但不表现为工人生活水平的提高，而是表现为工人的无产化和贫困化的双重进程。

马克思并不否认今天在资本家和无产者之间还有手工业者、小资产阶级、商人、自耕农等许多中间等级。但他提出两个见解，一个见解是随着资本主义制度的发展，社会关系就会定形为资本家和无产者这两个集团，而且只能定形为两个集团的趋势。另一个见解是，两个阶级，而且只能是两个阶级，代表着政治制度的可能性和社会制度的设想。中间等级是没有任何历史主动性和历史能动性的。只有两个阶级能够给社会留有自己的印记：一个是资本家阶级，另一个是无产阶级。在发生决定性冲突的时候，每个人不是与资本家联系在一起，就必然是与无产者联系在一起。

当无产阶级取得政权时，先前的历史进程就会断然中止。因而，到目前为止的一切社会的对抗性质也将消失。马克思写道：

"在发展进程中，当阶级差别已经消失而全部生产集中在联合起来的个人的手里的时候，公众的权力就失去政治性质。原来意义上的政治权力，是一个阶级用以压迫另一个阶级的有组织的暴力。如果说无产阶级在反对资产阶级的斗争中一定要联合为阶级，如果说它通过革命使自己成为统治阶级，并以统治阶级的资格用暴力消灭旧的生产关系，那么它在消灭这种生产关系的同时，也就消灭了阶级对立和阶级本身的存在条件，从而消灭了它自己这个阶级的统治。代替那存在着阶级和阶级对立的资产阶级旧社会的，将是这样一个联合体，在那里，每个人的自由发展是一切人的自由发展的条件。"(《共产党宣言》,《全集》第一卷第182—183 页。)①

这篇文章具有马克思理论基本思想的明显特征。十九世纪初期的作家都有把政治或国家看作是经济和社会这些基本现象之外的次要现象的倾向。马克思没有摆脱这个普遍运动,他也认为政治或国家是在社会本身发生的现象之外的次要现象。

因此,他把政权看作是社会冲突的表现。政权是统治阶级、剥削阶级维持自己的统治和剥削的手段。

基于这一思想,取消阶级矛盾在逻辑上必将导致政治和国家的消亡,因为政治和国家表面上都是社会冲突的副产品和表现。

这些就是马克思的历史观和政治宣传的主题,只不过是简化了的表达方法。但是马克思的科学的目的是严格地论证资本主义社会的对抗性、这种充满矛盾的社会不可避免地将自行消亡、结束目前社会的对抗性的革命必将爆发等主张。

因此,马克思的中心思想是把资本主义制度当作一个矛盾着的、即为阶级斗争所左右的制度来解释。奥古斯特·孔德认为他所处的社会由于源自神学和封建社会的机构与和工业社会相适应的机构并存,所以是一个不协调的社会。他在自己的周围看到了协调的不足之处,回溯过去,在历史上各种社会中寻找协调的原则。马克思观察了并自认为观察到了资本主义社会的阶级斗争,并在历史上各种社会里找到了与在现时社会中观察到的阶级斗争相似的东西。

马克思认为,阶级斗争趋于简化。一部分社会集团将以资产阶级为中心,另一部分则以无产阶级为中心,而生产力的发展将成为历史运动的动力。无产阶级将通过无产化和贫困化爆发革命,并在历史上第一次建立一个非对抗性的社会。

基于马克思对历史解释的这几个总的主题,我们需要完成两个任

---

① 《马克思恩格斯选集》中文版第一卷第273 页。——译者

务，需要找出两个论据：首先是，马克思思想中使他既看到现时社会的矛盾，又看到历史上已知的各种社会的对抗性的一般理论是什么？其次是解释阶级斗争，并导致资本主义制度发生革命的资本主义社会的结构、作用是什么？它是怎样演变的？

换句话说，通过在《共产党宣言》一书中发现的马克思的论点，我们必须解释：

一般社会理论，即人们通俗地所说的历史唯物主义；

我们在《资本论》中看到的马克思的基本经济思想。

马克思本人在那篇也许是他全部著作中最有名的文章里曾经归纳过他的社会学总观点。在1859年柏林出版的《政治经济学批判·序言》中，他这样写道：

"我所得到的、并且一经得到就用于指导我的研究工作的总的结果，可以简要地表述如下：人们在自己生活的社会生产中发生一定的、必然的、不以他们的意志为转移的关系，即同他们的物质生产力的一定发展阶段相适合的生产关系。这些生产关系的总和构成社会的经济结构，即有法律的和政治的上层建筑竖立其上并有一定的社会意识形式与之相适应的现实基础。物质生活的生产方式制约着整个社会生活、政治生活和精神生活的过程。不是人们的意识决定人们的存在，相反，是人们的社会存在决定人们的意识。社会的物质生产力发展到一定阶段，便同它们一直在其中活动的现存生产关系或财产关系（这只是生产关系的法律用语）发生矛盾。于是这些关系便由生产力的发展形式变成生产力的桎梏。那时社会革命的时代就到来了。随着经济基础的变更，全部庞大的上层建筑也或慢或快地发生变革。在考察这些变革时，必须时刻把下面两者区别开来：一种是生产的经济条件方面所发生的物质的、可以用自然科学的精确性指明的变革，一种是人们借以意识到这个冲突并力求把它克服的那些法律的、政治的、宗教的、艺术的或哲学的，简言之，意识形态的形式。我们判断一个人不能以他对自己的看法为根据，同样，我们判断这样一个变革时代也不能以它的意识为根据；相反，这个意识必须从物质生活的矛盾中，从社会生产力和生产关系之间的现存冲突中去解释。无论哪一个社会形态，在它们所能容纳的全部生产力发挥出来以前，是决不会灭亡的；而新的更高的生产关系，在它存在的物质条件在旧社会的胎胞里成熟以前，是决不会出现的。所以人类始终只提出自己能够解决的任务，因为只要仔细考察就可以发现，任务本身，只有在解决它的物质条件已经存在或者至少是在形成过程中的时候，才会产生。大体说来，亚细亚的、古代的、封建的和现代资产阶级的生产方式可以看作是社会经济形态演进的几个时代。资产阶级的生产关系是社会生产过程的最后一个对抗形式，这里所说的对抗，不是指个人的对抗，而是指从个人的社会生活条件中生长出来的对抗；但是，在资产阶级社会的胎胞里发展的生产力，同时又创造着解决这种对抗的物质条件。因此，人类社会的史前时期就以这种社会形态而告终。"（《政治经济学批判·序言》，《全集》第一卷第 272—275 页。）①

在这篇文章里，我们可以看出马克思对历史所作的经济上的解释的全部基本思想。马克思没有明确提到阶级和阶级斗争的概念，但是把这两个概念放在总的概念里还是很容易的。

一、第一个也是最基本的思想是：所有的人都处在一定的、必然的关系之中，这种关系是不以他们的意志为转移的。换句话说就是应当适应历史运动，分析社会结构、生产力和生产关系，而不要把人的思想方式当作解释的来源。每个人，不管他愿意不愿意，都有自己的社会关系，而理解历史进程的条件就是要懂得这些超个人的社会关系。

二、在任何社会里，人们可以识别出经济基础（或基础结构）和上层建筑。基础结构主要由生产力和生产关系组成。上层建筑包括法律和政治机构以及思想方式、意识形态和哲学。

三、在变革的某些时刻里，历史运动的动力是生产力和生产关系之

---

① 《马克思恩格斯全集》中文版第十三卷第 8—9 页。——译者

间的矛盾。生产力似乎主要是一个特定社会的生产能力，这种能力与科学知识、技术机构和集体劳动组织的本身有关。在这篇文章里，生产关系并没有被十分明确地规定，似乎主要是以财产关系为特征的。因此就有"它们一直在其中活动的现存生产关系或财产关系（这只是生产关系的法律用语）"一说。然而生产关系并不一定会与财产关系混同起来，至少生产关系所包含的除了财产关系外，还有在一定程度上由财产关系直接决定的国民收入的分配。

换句话说，历史的辩证法是由生产力运动形成的。在变革的某些时期里，生产力是与生产关系相矛盾的，就是说，既与财产关系相矛盾，又与个人或社会集团间的收入分配相矛盾。

四、 在生产力与生产关系的矛盾中很容易引进阶级斗争，虽然这篇文章没有提到这一点。在变革时期，即生产力与生产关系发生矛盾的时期里，一个阶级是与已经成为生产力发展桎梏的生产关系联系在一起的，而另一个阶级则相反，它是进步的，代表着新的、非但不是生产力发展道路上的障碍，而是最大限度地有助于生产力发展的生产关系，研究一下这一现象就够了。

让我们撇开抽象的提法转而来解释资本主义。在资本主义社会里，资产阶级是与生产资料的私有制以及国民收入的某种分配方式联系在一起的。与之相反，无产阶级则组成了社会的另一个极端，它代表着社会的另一个组织。在历史的某些时刻，它代表着一种新的、比资本主义组织更为进步的社会组织。这个新的组织标志着历史进程的一个未来阶段，标志着生产力的进一步发展。

五、 生产力和生产关系的这种辩证法要求一种革命的理论。因为，根据这一历史观点，革命不是政治上的偶然事件，而是历史必然的表现。在条件成熟时，革命就会发生，并履行其必要的职能。

资本主义的生产关系首先是在封建社会中发展起来的。法国革命是在新的资本主义生产关系达到某种成熟程度时发生的。马克思至少在这篇文章里已经预见了从资本主义向社会主义过渡的类似过程。生产力应当在资本主义社会内部发展起来。社会主义生产关系应当在标志着史前时期结束的革命发生之前、在目前的社会内部成熟起来。社会民主党的第二国际就是基于这种革命理论而倾向于采取一种比较消极的态度的，它认为应当先让生产力和生产关系成熟起来后再革命。马克思说，人类始终只提出自己能够解决的任务。社会民主党害怕革命过早实现，因而它就从来也没有发动过革命。

六、 在这种历史的解释中，马克思不仅区别了基础建筑和上层建筑，而且还把社会现实和意识区别了开来。现实不是由人们的意识所决定的，相反，是社会现实决定了人们的意识。于是就得出了这样一个总的观念： 应当用人们处在其中的社会关系来解释人们的思想方法。

这种主张可以成为今天人们称之为知识社会学的基础。

七、 这篇文章的最后一个内容是马克思粗略地勾画了人类历史的各个阶段。奥古斯特·孔德根据不同的思想方式区别了人类发展的几个时期。马克思用与孔德相同的方法，根据经济制度区分历史时期，确定了四种经济制度，用他自己的话来说，就是四种生产方式。他把这四种生产方式称为： 亚细亚生产方式、古代生产方式、封建生产方式和资产阶级生产方式。

这四种生产方式可以归纳为两大类：

西方历史上曾经先后有过古代的、封建的和资产阶级的生产方式。这是西方历史的三个阶段，每个阶段都以劳动着的人们的某种关系为特征。古代的生产方式的特征是奴隶制；封建的生产方式的特征是农奴制；资产阶级的生产方式的特征是工资制。这是三种区别明显的、人剥削人的生产方式。资产阶级生产方式是最后一种对抗的社会形式，因为社会主义的生产方式，即联合起来的生产者将不允许人剥削人，不允许体力劳动者从属于一个既掌握生产资料所有权又掌握政治权力的阶级。

反之，亚细亚生产方式似乎不是西方历史上的一个阶段。马克思著作的解释者们曾经为此喋喋不休地争论过历史进程的统一性或非统一性。实际上，如果亚细亚生产方式标志着一种不同于西方的文明的话，那么，有多少个人类集团，就可能会有多少种历史发展方式。

此外，亚细亚生产方式似乎不是由奴隶、农奴或工资收入者对一个掌握生产资料的阶级的从属性所决定的，而是由全体劳动者对于国家的从属性所决定的。如果对亚细亚生产方式的这种解释是对的，那么，它的社会结构就不是以西方意义上的阶级斗争，而是以国家或官僚阶级对全社会的剥削为特征了。

这里我们可以看到人们是怎样利用亚细亚生产方式这一概念的。可以设想，在生产资料社会化的情况下，资本主义的没落并不是剥削的结束，而是在全人类传播亚细亚生产方式。不喜欢苏维埃社会的社会学家曾经为关于亚细亚生产方式的寥寥数语进行过长时期的争论。他们甚至在列宁的著作中找出几段话，说列宁害怕社会主义革命非但不能消灭人剥削人的制度，反而会导致亚细亚生产方式的形成，以此得出人们容易猜得出的政治性的结论。[8]

在我看来，这些就是从经济上解释历史的指导思想。到目前为止，还不存在什么复杂的哲学问题：这种经济的解释与唯物主义的形而上学有没有联系？其联系程度如何？应当给辩证法以何种确切的意义？目前，只要把握着马克思明确提出的这些指导思想就行了，虽然这些思想中有些模棱两可的东西，经济基础和上层建筑的确切界线会引起并且曾经引起过无休止的争论。

2.《资本论》

对《资本论》一书曾经有过两种解释。一部分人，其中包括熊彼特，他们认为《资本论》基本上是与哲学无关的经济科学著作。另一部分人，如 R·P·比戈，则认为它是对经济问题所作的一种现象学或存在主义的分析，有些章节，如关于商品拜物教的那一章，是用哲学观点进行解释的，它有助于人们把握马克思的主要思想。我不想介入这些争论之中，只是想说明我本人对这个问题的看法。

马克思师承英国经济学家，在我看来，他自认为并想成为一个英国式的科学经济学家。他自以为既是英国政治经济学的继承人，又是英国政治经济学的批判家。他深信把握了这种经济学中的最优秀部分，并纠正了它的错误，使它超出了资本主义或资产阶级观点的狭隘性。马克思分析了价值、交换、剥削、剩余价值和利润，想成为一个纯粹的经济学家，因而不想从哲学观点出发证明这个或那个在科学上有不正确之处的或有争议的提法。马克思对待科学的态度是严肃的。

然而他却不是一个严守教条的古典经济学家。其确切原因他曾经指出过，只须找出这些原因就可明了他的作品所处的地位了。

马克思指责古典的经济学家把资本主义经济规律看作普遍有效的规律。他认为每种经济制度都有它自身的经济规律。传统的经济规律，即使是正确的，在这种情况下也只不过是资本主义制度的规律而已。因此马克思把普遍有效的经济理论思想发展成每种制度都有自己独特的经济规律的思想。

此外，撇开社会结构是无法了解一种特定的经济制度的。经济规律都具有各种制度的特点，因为经济规律是决定某种生产方式的社会关系的抽象表现。例如，在资本主义制度下，经济剥削这一基本现象是由社会结构所说明的，同时，资本主义制度不可避免的自行消亡性也是由社会结构所决定的。

因此，马克思为自己确定的目标是：既要根据资本主义的社会结构来说明资本主义制度的运行方式，又要根据它的运行方式来说明资本主义制度的变化。换句话说，《资本论》是一项伟大的工程，我认为，从严格的意义上来说它又是一项天才的工程。它既说明了资本主义制度的运行方式和社会结构，又说明了资本主义制度的历史。马克思是一个经济学家，同时又想成为一个社会学家。懂得资本主义的运行将有助于懂得为什么在私有制社会里人们会受剥削，为什么这一制度由于自身的矛盾，注定会朝消灭这种制度的革命的方向发展。

对资本主义的运行方式及其变化的分析，同时也向人们提供了一部人类的生产方式的历史。《资本论》是一部经济学著作，又是一门资本主义社会学，也是一部在史前时期一直受到自身冲突麻烦的人类的哲学史。

这一意图显然是伟大的，但是我并不认为这一意图已经实现。迄今为止任何这类意图都未曾实现过。今天的经济学或社会学可以对资本主义的运行方式作部分有效的分析，可以对资本主义制度下的各种人和各个阶级的命运作有效的社会学分析，可以对历史作某些分析，使人了解资本主义制度的变化，但却没有一种能把社会结构、运行方式、在这种制度下的人的命运以及这种制度的演变必然联系在一起的总体理论。而之所以没有这种包罗万象的理论，那是因为这种总体并不存在，历史并不是如此合理、如此必然的。

总而言之，理解《资本论》就能理解马克思是怎样既分析制度的运转和变化，又描述在这一制度下人们的命运的。

《资本论》共分三卷，只有第一卷是由马克思自己发表的，第二卷、第三卷是在马克思去世后由恩格斯从马克思的大量手稿中整理出来的，因而远不是完美无缺的。第二卷、第三卷中的评注会引起一些争议，因为某些段落似乎是互相矛盾的。我在这里并不想概述《资本论》全书，但是把马克思最为坚持的、在历史上最有影响的基本论点理出来，看来还不是不可能的。

第一个基本观点是：资本主义的本质是追逐利润，利润至上。由于资本主义是建立在生产资料私有制的基础上的，因而它就同时建立在企业主和生产者追逐利润的基础之上。

斯大林曾在他的最后一部著作里写道，资本主义的基本法则是追逐最大限度的利润，而社会主义的基本法则则是满足群众的需要、提高群众的文化水平。这样，他当然就把马克思的思想从高水平的教诲降低到了低水平的教诲，但还是把握住了马克思主义的初衷。我们可以在《资本论》的开首几页，马克思提出两种类型的交换这些章节中找到这一原始论点。[9]

一种交换是从商品到商品，可以通过或不通过货币。你有一件东西已经用不着了，你可以把它给需要这一东西的人，换回你需要的东西。这种交换可以直接进行，那就是物物交换，也可以通过货币这一各种商品通用的等价物间接进行。

可以说，从商品到商品的交换是一种一目了然的交换，是直接的、合乎人情的交换，也是一种不谋求利润或增值的交换。在从商品到商品的过程中，你是处在平等的关系上的。

与之相反的是第二种类型的交换。这是一种通过商品从货币到货币的交换，其特点是在交换过程结束时，你掌握的货币比原来的要多。这种通过商品从货币到货币的交换是具有资本主义特点的交换。在资本主义社会里，企业主或生产者不是通过货币用不需要的商品换回需要的东西。资本主义交换的本质是从货币经过商品再到货币。回来时的货币要比出去时的货币为多。

在马克思看来，这种交换是典型的资本主义交换，因而也是最令人迷惑不解的。为什么通过交换能够获得原来没有的东西或者至少获得比原来更多的东西？马克思认为资本主义的中心问题可以归结为：利润是从哪里来的？以追逐利润为活动的基本动力的、大部分生产者和商人能够获得利润的这种制度为什么是可能的？

马克思深信已经为这个问题找到了一个令人在精神上十分满意的答案。他用剩余价值的理论表明了任何东西都是根据它自身的价值来进行交换的，而且利润就在其中。

马克思论证的程序是：价值理论、工资理论，最后是剩余价值理论。

第一个论点是：任何商品的价值大体上都与它所包含的社会平均劳动量成比例。这就是价值—劳动理论。

马克思并不认为价值规律会在任何交换中都受到应有的尊重。商品的价格随着供求情况而围绕着价值上下波动。马克思不仅没有忽视价格围绕价值上下波动，而且还明确地肯定了这种变动。此外，马克思还承认商品只有在人们需要它的时候才有价值，换句话说，即使商品中凝结了劳动，但如果购买力不投向这一商品，那么这个商品还是毫无价值的，或者说价值与劳动量之间的比例性可以说是以对这一商品的正常需要为前提的，这样就找出了商品价格变化的一个因素。但是如果我们像马克思那样假定人们对这一商品有一种正常的需要，那么体现在商品价格中的价值与凝结在这一商品之中的社会平均劳动量之间就会有某种比例性。

为什么会这样呢？马克思的基本论点是劳动量是商品中惟一可以计算的因素。如果研究使用价值，那么我们面前只有严格的质量因素，人们无法把钢笔的使用价值与自行车的使用价值进行比较，因为这两种使用价值是截然不同的，因而这两者是无法比较的。既然我们想找的是商品的交换价值，那么就应该找出一个像交换价值那样可以计算的因素。马克思认为，惟一可以计算的因素就是包含、凝结在商品内部的劳动量。

马克思同时认为这样做当然是会有困难的，即：社会劳动的不均衡性。一个普通工或熟练工与领班、工程师或企业主相比，他们的劳动价值或创造价值的能力是不同的。马克思认为劳动有质量上的区别，但他还认为只需把各种劳动归并为一种单位，即社会平均劳动就行了。

第二个论点是：像任何商品的价值一样，劳动价值也是可以衡量的。资本家按照工人出售给他的劳动力付给工人的工资相当于为生产工人自身及其家属不可缺少的商品所付出的社会必要劳动量。人的劳动报酬是按照其价值及对一切商品都适用的总的价值规律付给的。

马克思的这一论点可以说是不言而喻的、明显不过的。通常，当一个论点被当作显而易见的论点提出时，那就是说这一论点是准备让别人去讨论的。

马克思说：既然工人是为出卖自己的劳动力而进入劳动市场的，劳动力就应当按照自身的价值取得报酬。他还说，在这种情况下，价值就只能像所有情况下的价值那样，就是说用劳动量来衡量。但这不完全是生产一个劳动者所需的必要劳动量，因为这样做将使我们脱离社会交换而转为生物交换。应当想象衡量劳动力价值的劳动量就是使工人及其家属赖以生存的商品的劳动量。

这一论点的困难在于价值—劳动的理论是建筑在作为价值原则的劳动可量性的基础之上的，而且在第二个论点中当涉及工人自身及其家属的必要商品时，人们就在表面上离开了这种可量性。在后一种情况下，就有一个由习俗和集体心理所决定的价格问题。这一点，马克思本人也是承认的。因此，熊彼特说剥削理论的第二个论点只是一种文字游戏而已。

第三个论点是：工人生产一个与他自己以工资形式取得的价值相等的价值所需的必要劳动时间少于他的实际劳动时间。例如，工人在五小时内生产的价值与包含在他工资里的价值相等，但他工作了十小时，所以他只用了一半时间为自己劳动，而另一半时间则是为企业主劳动的。剩余价值就是工人在必要劳动时间，即生产与他以工资形式得到的价值相等的价值所需的必要劳动时间以外生产的价值量。

在劳动日中用来生产凝结在工资中的价值的那一部分叫做必要劳动，剩下的那一部分就叫做剩余劳动。在剩余劳动时间里生产的价值叫做剩余价值，剩余价值率是由剩余价值和可变资本，即用来支付工资的那一部分资本的比例决定的。

如果前两个论点成立的话，那么只要生产包含在工资内的价值所需的必要劳动时间少于总的劳动时间，第三个论点就必然会随之而来。

马克思斩钉截铁地断言，劳动日与必要劳动之间是有差距的。他相信他那个时代的十小时，有时甚至是十二小时的劳动日明显高于必要劳动时间，即用来创造包含在工资内的价值所需的必要劳动时间。

基于这一点，马克思就论述了为劳动时间而斗争的口号。他引用的是当时大量存在的现象，特别是老板们承认的只是在最后一小时或两小时内谋取利润这一点。大家知道，近一个世纪来，每次要缩短一周的劳动时间时，老板们总是竭力反对。他们在 1919 年说过： 八小时工作制使得他们无利可图。老板们的辩护词为马克思的理论提供了一个论据： 利润是在最后几小时的劳动中获得的。

损害工人利益、增加剩余价值或提高剥削率有两个基本方法： 一种是延长劳动时间，另一种是尽可能缩短必要劳动时间。缩短必要劳动时间的一种手段是提高劳动生产率，即在较短的时间内生产与工资的价值相等的价值。于是就产生了表明资本主义经济不断提高劳动生产率的趋势的手段。劳动生产率提高了，必要劳动时间也就自动缩短，因而在保持名义工资水平的情况下，剩余价值率却提高了。

至此，我们就可以懂得利润是从何而来的，就可以懂得为什么一切都是按其价值进行交换的经济制度还能同时生产剩余价值，即老板的利润。有一种既具有按价值取得报酬又能生产剩余价值的商品，这种商品就是人的劳动。

马克思认为这种分析是绝对科学的，因为它用与资本主义制度内在联系的不可避免的手段来说明利润。但是这种手段引起人们的不满和斥责，因为一切都是按照资本主义规律行事，工人受剥削，他们用一部分时间为自己劳动，而用另一部分时间为资本家劳动。马克思是一个学者，但又是一个预言家。

以上简略地谈到的是剥削理论的基本要素。在马克思眼中，这一理论有两种作用。他认为这种理论首先是解释了资本主义经济的一个内在难题。这一难题可以归纳为： 既然在交换中价值是平等的，那么利润从何而来？其次，马克思在解决这一科学谜语的同时还为反对某种经济组织提供了合理、严谨的依据。最后，用现代语言来说，他的关于剥削的理论为资本主义经济运行的经济规律提供了一种社会学的依据。

马克思认为，经济规律是历史性的，各种经济制度都有它自己的规律，因此，关于剥削的理论就是这些历史规律的一个例子。因为剩余价值和剥削的理论是以社会划分成为阶级为前提的。一个阶级，即企业主或生产资料拥有者阶级购买工人的劳动力。资本家和无产者之间的经济关系是与这两个社会类别的人之间的社会力量关系相关连的。

剩余价值的理论具有科学的和道义的两种作用。这两种因素结合在一起使马克思主义具有一种无与伦比的威力。理性主义者从中得到满足，唯心主义者或反叛者们也如此，而这两种满足又是互为补充的。

到目前为止，我只是分析了《资本论》的第一卷。第一卷是马克思在世时出版的惟一的一卷，其他两卷则是马克思的手稿，后来由恩格斯整理出版的。

第二卷论述的内容是资本流通，它原想把资本主义经济制度当作一个整体，说明资本主义经济制度运行的方法。用现代术语来说就是马克思原来想在第一卷对资本主义结构以及它的运行所作的微观经济分析的基础上，在第二卷中创建一种可以与魁奈所作的《经济表》相比拟的宏观经济理论，以及人们到处可见其迹的危机理论。但我个人认为马克思对危机问题并没有一种完整的理论。他曾经探讨过这种理论，但这个愿望未能实现。人们至多只能根据马克思在第二卷中分散提到的一些资料，整理出各种理论算作是马克思的理论。惟一毋庸置疑的观点是马克思认为资本主义制度无政府状态的竞争性以及资本流通的必要性使生产和购买力的分配之间经常可能出现差距，这就等于说无政府状态的经济本质上就包含着危机。危机是按照什么模式或理论出现的呢？是定期的还是不定期的？爆发危机的经济背景是什么？对于这些问题，马克思曾经作过一些说明，但还没有形成一种理论。[10]

第三卷的内容是通过对资本主义制度的结构及其运行所作的分析提出这一制度变化的初步理论。

第三卷的中心问题如下：按照《资本论》第一卷的模式，我们可以看到在一个特定的企业或特定的经济部门里，劳动越多，剩余价值也就越多，可变资本与全部资本的比例也就越高。

马克思称企业中与机器和投入生产中的原料相等的那一部分资本为不变资本。根据第一卷的模式，不变资本转化为产品的价值，但不创造剩余价值。全部剩余价值来自可变资本或与工资相等的那一部分资本。资本的有机构成是可变资本与不变资本之间的比例。剥削率就是剩余价值与可变资本的比例。

研究这一抽象的、具有像《资本论》第一卷模式分析中那种特征的关系，就必然会得出这样的结论，即：在一个企业或一个特定的部门里，可变资本越多，剩余价值也就越多；资本的有机构成越是朝缩小可变资本与不变资本的比例方向变化，剩余价值也就越少。具体地说，就是企业或部门的机械化程度越高，剩余价值越少。

显然事情并不是这样的。马克思十分清楚，经济的表面现象似乎是与他在模式分析中所提出的基本关系相矛盾的。只要《资本论》第三卷不出版，马克思主义者和评论家们就会不断提出这样一个问题：剥削的理论是否正确？为什么提高可变资本与不变资本比例的企业或部门会有更多的利润？换句话说，表面的利润方式似乎是与剩余价值的基本方式背道而驰的。

马克思是这样回答的：利润率不是像剥削率那样与可变资本相比计算的，而是与全部资本相比，即不变资本与可变资本的总额相比计算的。

为什么利润率不与剩余价值成比例而是与不变资本与可变资本的总和成比例呢？如果利润率与可变资本成比例，那么资本主义就显然无法运转。事实上利润率是极其不平衡的，因为资本的有机构成，即可变资本与不变资本的关系在各经济部门之间是截然不同的。因此，既然资本主义制度不能有别的运转方法，利润率也就实际上只能与全部资本成比例，而不与可变资本成比例。

那么，为什么利润方式的表面现象会与剩余价值的基本实际不同呢？对这个问题有两种回答，一种是非马克思或反马克思主义的回答，另一种是马克思的正式回答。

像熊彼特这样的经济学家的回答是简单的：剩余价值的理论是错误的。利润的外表直接与剩余价值的本质发生矛盾这一点只能证明剩余价值的模式与事实不符。人们从理论出发，后来却发现实际情况与这种理论并不相符，这时人们当然可以提出一些补充的假设，协调理论与实际。但还可以有另一种更合乎逻辑的解决方法，即承认这种理论模式并不正确。

马克思是这样回答的：如果利润率不是与全部资本，而是与剩余价值成比例，那么资本主义就无法运转。因此，各个经济部门之间就有一个平均利润率。这种平均利润率是由各企业和各经济部门之间的竞争形成的。竞争迫使利润需要有一个平均率，各企业和各经济部门中的利润率并不与剩余价值成比例。就整个经济来说，全部剩余价值就是各经济部门按照其投入的全部资本，即不变资本和可变资本的总额大小进行再分配的一笔总金额。

事实就是这样的，因为别的解释是不可能的。如果各部门间的利润率相差太大，这一制度也就无法运转。如果一个部门的利润率是百分之三十或百分之四十，而另一个部门的利润率只有百分之三或百分之四，那么资本就不会投向利润率低的部门。这一例子本身就为马克思提供了一个论据：既然这样做行不通，那么就应当通过竞争确定一个平均利润率以确保全部剩余价值最后能在各部门内按投入的资本的大小分配。

这种理论必然导致一种变化的理论，导致马克思称之为利润率倾向下降的规律的产生。

马克思论点的基础是观察。当时所有的经济学家也曾观察过或自认为作过观察。这一观察说明利润率有周期性下降的倾向。马克思一直想对英国的经济学家们说，由于他的方法，他比他们高明得多。他认为已经在自己的模式中找到了利润率倾向下降的历史现象的解释。[11]

平均利润率是与全部资本，即不变资本和可变资本的总和成比例的。但剩余价值只是在可变资本即人的劳动中获得的。然而，随着资本主义的发展和生产的机械化，资本的有机构成也在不断变化，全部资本中的可变资本趋向减少。马克思由此得出结论：随着资本有机构成的变化，利润率趋向于下降，全部资本中的可变资本减少。

利润率倾向下降的这一规律再次使马克思得到精神上的极大满足，因为他认为用令人满意的科学方法说明了许多观察家已经注意到的、但没有找到解释或解释得不够好的问题。其后，他又认为再次找到了他的老师黑格尔称之为理性的狡狯，即资本主义由于人的行动及人的意志以外的、无法避免的手段自行消亡。

事实上，由于竞争和企业主想缩短必要劳动时间，资本的有机构成的变化是不可避免的。资本主义企业间的竞争提高了生产率。生产率的提高通常表现为生产的机械化，因而也表现为与不变资本相比，可变资本的减少。换句话说，竞争的手段使以利润为基础的经济朝着资本积累、生产机械化和可变资本在资本总额中的比重下降的方向发展。这是一种无可逃遁的方法，同时也是引起利润率倾向下降，就是说使以追逐利润为轴心的全部经济运转日益困难的方法。

这样，人们就又一次找到了马克思思想的基本模式。这一模式就是借助于人的行动，但又高于每个人的行动的历史必然性模式，就是通过制度运转的内在规律，消灭这一制度的历史方法的模式。

依我看来，马克思思想的中心和独特之处在于把分析资本主义制度的运转和分析不可避免的变化结合起来。每个按照自己的利益合理地活动的人都在为损害大家的利益，至少是为损害想保护这一制度的人的利益而出力。

这种理论是与自由派的基本论点截然相反的。自由派认为每个为自己的利益劳动的人同时都在为集体的利益而劳动。而马克思则认为，每个为自己的利益劳动的人同时都在为使制度必要地运转，并最终消灭这一制度而出力。正像《共产党宣言》所表明的那样，这永远是一种把事情弄得不可收拾的人的无稽之谈。

在此之前我们所阐明的还只是随着资本的有机构成的变化利润率趋于下降这一点。但是，利润率下降到什么程度资本主义就不能运转了呢？对此，马克思并没有作出任何严谨的回答，因为事实上没有任何合理的理论能够有助于确定制度运转所不可缺少的利润率。[12]换句话说，利润率趋于下降的规律勉强表明随着机械化和生产率的提高资本主义的运转会变得越来越困难，但并没能说明最终灾难的必然性，更没有提到这一最终灾难何时到来。

那么，表明这一制度将会自行消亡的论点是什么呢？奇怪的是能表明资本主义制度自行消亡的论点是《共产党宣言》和马克思在深入研究政治经济学之前写的作品中已经提到的几个论点。这些论点是无产阶级化和贫困化。无产阶级化指的是随着资本主义的发展，处在资本家和无产者之间的中间阶层将衰落不堪，这些阶层中越来越多的人将被无产阶级吸收。贫困化是随着生产力的发展，无产者越来越贫困的过程。如果生产越多，而工人群众的购买力却越来越低，那么工人群众就可能倾向于反抗。在这种假设下，资本主义自行消亡的过程就可能具有社会学的性质，并通过各社会集团的行为得以实现。另一种假设是：如果分配给人民群众的收入不足以吸收日益增加的产品，那么在这种情况下，资本主义制度就无法在生产出来的产品和消费者对市场上的产品的需要之间建立平衡，资本主义制度就可能瘫痪。

资本主义自行消亡可以用两种方法论证。一种是经济上的论证方法。这是一种对无限增长的生产力与使分配给群众的收入固定化的生产关系之间的矛盾的一种新的解释方法。还有一种是社会学的方法。这是一种无产阶级化了的劳动者因越来越得不到满足而起来反抗的方法。

但是怎样来揭示贫困化？按照马克思的模式，为什么生产力提高了，而分给劳动者的收入却会绝对或相对地减少？

确实，马克思的模式很难说明贫困化。因为在理论上，工资是与维持工人及其家属所需的必要商品量相等的。另一方面，马克思立即补充说：工人及其家属的生活所需，其估量不是不可改变，而是按照不同的社会而变化的社会估量的结果。如果把按生活水平所作的社会估量作为最低估量，那么我们必然得出关于工人的生活水平将会提高的结论。因为每个社会都很可能以符合生产能力的水平作为最低生活水平。情况也确实如此，法国或美国目前的最低生活水平要比一个世纪前的最低生活水平高得多。诚然这种最低的社会估量并不绝对正确，它只是一个大概的估算，但工会对最低生活水平的估算常常与经济的能力联系在一起。因此，如果工资额与最低集体估量有关的话，那么它就应当有所增加。

另一方面，马克思本人还认为并不排除在剥削率不变的情况下，工人的生活水平仍有提高的可能性；只要生产率的提高能够在缩短了的必要劳动时间里创造出与工资相等的价值就行了。在马克思的模式中，剥削率不降低，生产率也能提高工人的实际生活水平。

如果生产率提高了，因而必要劳动时间缩短了，那么只有提高剥削率才能避免实际生活水平的提高。但是马克思告诉我们，各个时期的剥削率大体上是稳定不变的。

换句话说，如果按照马克思所作的经济分析方法理解的话，那么我们就丝毫看不出什么贫困化，反而会得出像已经出现的情况即工人的实际生活水平有所提高这样的结论。

那么，马克思著作中对贫困化的论证是从哪里引出来的呢？依我看来，惟一的论证是从社会—人口学的方法，即从产业后备军这一点中得出的。妨碍工资增加的是因为经常得不到雇佣的过剩劳动力充斥在劳动力市场上。这种情况损害着工人的利益，改变着资本家和工人之间的交换关系。

在《资本论》的理论中，贫困化并不是严格的经济方面的机制，它是一种经济学—社会学的理论。其社会学部分是马克思赞同李嘉图的观点，但并不真正满足于此。他认为工资一旦提高，出生率就会上升，就会造成劳动力过剩。经济上的机制(它是马克思所特有的)是因工业技术发展而引起的失业的机制。生产过程不断机械化有助于解放一部分雇佣工人。产业后备军本身就是这种机制的表现，资本主义社会中技术—经济就是因此而有所发展的。影响工资水平，阻碍工资上升的，也正是产业后备军。如果没有产业后备军，马克思就可能既不放弃他的理论中的基本要点，又能把工人生活水平提高的这一历史事实包括在他的理论之中了。

在这种情况下，问题还会继续存在：为什么资本主义必然会自行消亡？我个人感觉是读了《资本论》以后，我们发现了资本主义制度为什么运转困难的原因，确切地说，找到了这一制度运转越来越困难的原因。虽然我认为这后一论点就历史观来说是错误的，但我不认为我们已经发现了能够得出除了人民群众对自己的命运不满而起来反抗外，资本主义也会自行消亡的这一结论性的论证。如果命运没有激起他们的极度愤慨，例如在美国那样，《资本论》就没有提供理由使人们相信对资本主义制度的这一历史性的判决是不可避免的。

过去的各种制度在理论上都是可以继续存在下去的，但却都消亡了。资本主义的消亡并不是马克思所揭示的，因而不要仓促地作出结论。任何制度都可以不经理论家的宣判死刑而自行消亡。

3. 马克思哲学思想的含糊不清之处

马克思哲学思想的中心是用社会学和历史学的方法解释资本主义制度。这一制度由于自身的矛盾而朝着革命和非对抗性制度发展。

马克思确实认为他从对资本主义所作的研究中得出的社会总理论，可以而且应该用来理解其他类型的社会。然而他首先从事的是解释资本主义的结构及其变化，这一点是毋庸置疑的。

为什么对这种资本主义历史社会学会有如此多的不同解释呢？为什么它是如此含糊不清？即使撇开历史的和后来发生的偶然因素，以及那些打着马克思主义旗号的运动和社团的命运，我认为其基本原因有三：

马克思关于资本主义社会以及其他各种社会的概念是一种社会学上的概念，但是这种社会学是与一种哲学联系在一起的，许多解释上的困难都源自哲学和社会学的关系，而这种关系是可以用各种方式理解的。

其次，按照人们对诸如生产力、生产关系等概念所下的武断程度不同的定义，以及认为整个社会是由经济基础决定或调节的这一观点，马克思的社会学本身就包含着各种不同的解释，更何况经济基础和上层建筑这些概念本身并不明确，会引起无休止的推测。

最后，经济学和社会学之间的关系也会引起各种不同的解释。马克思认为，人们是通过经济学来理解整个社会的，但经济现象和整个社会之间的关系也是含糊不清的。

在我看来，首先有一个论点是无可争辩的，就是说所有的文章都证明了这一点。马克思是由哲学转而研究政治经济学的，中间经过社会学。他生前一直是一个哲学家，他一直认为在各种制度的更迭中产生的，并最终达到非对抗性社会的人类历史具有一种哲学的意义。人类是在历史的长河中创造自己的，历史的终结同时也就是哲学的终结。哲学能确定人类的特性，但它自己却是通过历史得到实现的。资本主义之后的、非对抗性的制度不仅是许多社会类型中的一种类型，而且也是人类对自己进行研究的终结。

然而，即使历史的这种哲学意义是毋庸置疑的，存在的问题也还是不少的。

通常，人们是用恩格斯提出的三种影响的结合来解释马克思思想的。这三种影响是：德国的哲学、英国的经济学和法国的历史学。把这些影响列举出来似乎是平淡无奇的，因而今天仍为爱钻牛角尖的解释者们所藐视。看来应当先用不是钻牛角尖的方法，即用马克思、恩格斯对他们自己的思想起源所作的叙述开始解释马克思思想。

他们认为自己继承了德国古典哲学，因为他们从黑格尔思想中继承了一个指导思想，即社会和制度的更迭既代表了各个哲学阶段又代表了人类的各个发展阶段。

此外，马克思曾经研究过英国经济，用过一些英国经济学家的概念。他沿用过当时被承认的几种理论，如价值—劳动的理论、利润率趋于下降的规律。当然他对这些理论的解释是与原来的解释不同的。他认为沿用英国经济学家的概念和理论可以给资本主义经济确定一个严谨的科学形式。

最后，他还从法国的历史学家和社会主义者那里借用了阶级斗争这一概念。这一概念实际上在十八世纪末、十九世纪初的历史著作中到处可见，马克思根据自己目睹的情况加进了新的涵义。社会之分为阶级并不是一种与全部历史和社会的基本性质联系在一起的现象，而是与某个特定时期相适应的现象，在以后的阶段中，阶级分裂将会消失。[13]

这三种影响在马克思的思想中起着作用，对解释马克思和恩格斯所完成的综合起过有益的作用，不过这种解释相当粗糙。分析这些影响后，许多重大的问题，尤其是黑格尔与马克思的关系这一问题仍未解决。

这个问题最大的困难之处首先在于对黑格尔的评述至少与对马克思的评述同样是众说纷纭的。人们可以根据自己对黑格尔思想的理解随心所欲地把这两种理论联系在一起，或是对立起来。

有一个简便的方法可以说明马克思是黑格尔学说的信徒，那就是把黑格尔也看作马克思主义者。科热弗就是近乎天才或故弄玄虚地使用这种方法的。在他的解释中，黑格尔的马克思化已经到了这样的程度，以致使人们无法怀疑马克思对黑格尔著作的忠诚。[14]

反之，如果人们像 G·居尔维奇那样不喜欢黑格尔，那么就只要像哲学史教科书那样把黑格尔看作是一个把历史的演变当作精神的演变来设想的唯心主义哲学家。这样，马克思就立即成了根本上反黑格尔的了。[15]

不管怎样，在马克思思想中确实有黑格尔的某些无可争辩的论点，在其青年时代的著作中有，成熟时期的著作中也有。

马克思在关于费尔巴哈的十一点提纲的最后一点中这样写道："哲学家们只是用不同的方式解释世界，而问题在于改变世界。"（《哲学研究》，巴黎，社会出版社1951年版第64页。）①

---

① 《马克思恩格斯选集》中文版第一卷第19页。——译者

《资本论》的作者认为，引导出黑格尔体系的古典哲学已经结束。它已不可能走得更远了，因为黑格尔已经设想了全部历史和整个人类。哲学已经完成了把人类的经验提高到明确的意识这一任务。人类经验的意识已在《精神现象学》和《百科全书》中形成，[16]但是人类在意识到自己的使命后，并没有完成这一使命。作为意识，哲学是完整的，但现实世界并不与哲学赋予人类存在的意义相符。因此，马克思思想中的哲学——历史问题就是要弄清历史的进程将在什么条件下才能实现黑格尔哲学所设想的人类使命。

马克思不容争辩的哲学遗产是深信历史的演变具有哲学的意义。一个新的经济和社会制度不仅仅是事后满足职业历史学家冷漠的好奇心的一种突变，而是人类进步的一个阶段。

为了使哲学得以发展，历史应当认识的人性和人的使命究竟是什么？

这个问题可以在马克思青年时代的著作中找到各种答案。这些答案都是围绕着普遍性、总体性等积极概念或与之相反，围绕着异化这一消极的概念作出的。

黑格尔的《法哲学原理》[17]一书中所说的个人和当时社会中的个人，实际上都具有双重的互相矛盾的地位。一方面，个人是公民，作为公民，他属于国家，即具有普遍性。但个人只能每隔四、五年成为形式上民主的天国的公民，一经投票，他的公民权也就用完了。除了使个人能实现其普遍性的这一惟一的活动外，个人还属于黑格尔所称的市民社会，就是说全部职业活动。于是，作为市民社会的成员，他就囿于自己的特殊性里，与整个集体隔绝了。他要么是一个听命于企业主的劳动者，要么是一个脱离集体组织的企业主。市民社会影响个人实现普遍性的使命。

为了解决这个矛盾，个人应当在自己的劳动中，以用与自己参加公民活动同样的方式参加普遍性活动。

这些抽象的话意味着什么？用普选的方式选举人民的代表，用抽象的选举自由和辩论自由确定形式上的民主，并不触及集体全体成员的劳动条件和生活条件。向市场提供劳动力以获得一份工资作为对等物的工人，与每隔四、五年选举一次代表、直接或间接选出自己的统治者的公民是不同的。为了实现真正的民主，应当把目前社会中局限于政治方面的自由转移到人们具体的经济存在上来。

但是，为了使从事劳动的人能够像公民们那样用选票参加到普遍性活动中去，实现真正的民主，那么就应当取消生产资料的私有制。生产资料私有制的结果是使一部分人为另一部分人效力，导致企业主剥削劳动者，使企业主不能直接为集体劳动，因为在资本主义制度下，他们的劳动目的是为了利润。

因此，《黑格尔法哲学批判》一书中的第一个分析是以特殊与一般、市民社会与国家、劳动者受奴役与选民或公民的虚假自由的对立为中心的。[18]这篇文章来源于马克思思想中早已存在的形式上的民主与真正的民主的对立，同时又表明了哲学考虑和社会学批判的某种结合方式。

哲学考虑表现在反对把个人的普遍性局限于政治方面。这种考虑十分容易转变为社会学的分析。用通常的语言来说，马克思的思想是这样的：对于除了从老板那里领取由老板规定的工资以外别无其他手段赖以为生的人来说，每四、五年一次的选举权有什么意义呢？

围绕马克思青年时代的思想的第二个概念是总体的人。这个概念也许比普遍性的人的概念更为含糊不清。

总体的人是说人不会被劳动分工弄得支离破碎。在马克思和大部分观察家眼中，现代工业社会里的人实际上是专业化的人，他们受过专门训练以从事某种专门职业。他们一生中的大部分时间是囿于这种局部的活动中的，因此他们许多可以发挥出来的才干和能力得不到利用。

按照这一思路，总体的人就是非专业化的人。马克思在许多著作中提出要对人进行综合技能训练，使每个个人都能从事尽可能多的职业。个人有了这种训练就可以不致从早到晚干同样的活。[19]

如果说总体的人指的是没有因为劳动分工的需要而失去某些技能的

人，那么这一概念是对工业社会限制个人的条件既明白又充满对人的同情的抗议。确实，劳动分工的结果是使大多数人不能去做力所能及的事。但是这种稍带一点浪漫色彩的抗议似乎是与科学社会主义的精神不太相符的。很难设想，一个社会，不管是资本主义社会还是非资本主义社会，除非这个社会十分富裕，并最终解决了贫困问题，能够把每个人培养得可以从事所有的职业，能够使一个工业社会在个人非专业化的情况下得以运转。

因此，人们就设法在另外一个方向找出一种不太浪漫的解释。总体的人不可能是什么都会干的人，而是真正意识到自己的属性，能完成人的定义范围内的活动的人。

在这种情况下，劳动的概念就变得十分重要了。人本质上是劳动的生物。在不人道的条件下进行劳动，人就失去了人性，原因是他已不再在适当的条件下从事构成人性的活动。确实，在马克思青年时代的著作中，尤其在《1844 年政治经济学手稿》中，曾经对资本主义的劳动条件作过批判。[20]

这里，我们遇到了"异化"这一概念。今天异化一词已成为大部分对马克思解释的中心。在资本主义社会里，人是异化了的。为了使人能成为人，应当克服这种异化。

马克思有三个不同的词常常被译成"异化"。然而这三个德文词的意义并不完全相同。这三个词是 Entäusserung、Veräusserung 和 Entfremdung。只有最后一个词与法文中的"异化"一词意义相近。这最后一个词从词源上来说是"变得使自己对自己感到陌生"；就是说在某些情况下和在某些社会中，由于人类条件的缘故，人变得自己对自己感到陌生，以致在自己的活动和劳动中认不出自己了。

异化这一概念显然是来自黑格尔哲学，并在黑格尔的哲学中占有重要地位。但是黑格尔思想中的异化一词是出于哲学或形而上学上考虑的。黑格尔认为理性是在自己的活动中异化的。它建立了理智和社会的大厦并在自身以外显示出来。理性史即人类史，就是一部连续不断的异化史。异化结束后，理性将重新掌握自己的全部业绩，掌握自己的过去，并自觉掌握这所有的一切。在马克思主义中，包括马克思青年时代的作品中，异化的过程并不表明一个哲学上或形而上学上不可避免的过程，而表明一个社会学上的过程。人类或社会经由这个过程建立各种集体组织并消失在其中。[21]

从社会学角度解释的这种异化是对目前社会秩序所作的历史学上的、道德学上的和社会学上的批判。在资本主义制度下，人是异化的，人消失在集体之中，而这种种异化的根源乃是经济的异化。

经济异化有两种方式。这两种方式与马克思对资本主义制度的两次批判大体上相对应。第一次异化是由生产资料私有制引起的，第二次则可归因于市场的无政府状态。

由生产资料私有制引起的异化表现为劳动这一决定人类本性的人类基本活动失去了人性的特点，因为它对于雇佣工人来说只不过是一种谋生的手段。劳动已不表明人的存在，而退化为生存的工具和手段。

企业主也异化了，因为他们掌握商品的目的不是为了满足他人的真正需要，而是把商品带到市场上去谋求利润。企业主受竞争中的各种偶然性的支配，成了不可预见的市场的奴隶。他们剥削工人，在自己的工作中已经没有人性可言，为一种不知其名的工具异化了。

不管人们如何解释这种经济异化，我认为其中心思想还是相当明确的。在马克思思想中，对资本主义经济现实的批判在成为一种严格的社会学和经济学的分析之前，原来是一种哲学和道德学上的批判。

因此，人们可以把马克思的思想当作一个普通的经济学家和社会学家的思想来叙述，因为他在晚年时曾想成为一个经济学和社会学学者，但他是从哲学的命题出发，作社会和经济批判的。人的普遍性、总体的人、异化等哲学命题为他成熟时期作品中的社会学分析明确了方向并使之具有生命力。成熟时期的社会学分析在多大程度上发展了青年时期的哲学上的直观或者相反完全取代了这种哲学上的直观？这里就有一个尚未涉及的解释问题。

马克思在他的一生中肯定把这些哲学命题保留在不显要的地位上。他认为分析资本主义经济就是分析在一个受自发规律支配的制度下无法支配自己生存的个人和集体的异化。批判资本主义经济同时就是在哲学上和道德上批判资本主义为人限定的地位。在这一点上，不管阿尔杜塞怎么看，我都是赞同通常的解释的。

此外，马克思认为对资本主义变化的分析当然就是通过历史对人类的变化以及人类本性的变化的分析。他期待资本主义以后的社会能使这一哲学思想得以实现。

但是资本主义以后的革命应当实现的总体的人是什么样的？这个问题可以讨论，因为马克思的著作在这个问题上有两个相互略有矛盾的论点。按照一个论点的说法，人是在劳动中实现其人性的。劳动的解放将标志着社会的人性化。但在别的地方却出现了另一种观点，即人在劳动之外才真正自由。这第二种观点认为人类只有在充分缩短劳动时间，可以从事劳动以外的其他事情时才能实现人性。[22]

当然，人们可以把这两个论点结合起来，说社会的彻底人性化首先要求人在劳动中的条件人性化，同时劳动时间应当充分缩短，使人有时间阅读柏拉图的作品。

从哲学上来说，还有一个难题：决定人类本身并使社会有助于实现这种哲学观点而应当充分发展的基本活动是什么？如果不对人类的基本活动加以确定，人们就有重新回到性质十分含混的总体的人这一概念上去的危险。社会应当使所有的人都有施展各自全部才干的可能，这一主张体现了社会理想的完美定义，但要把它变成具体和明确的纲领却并不容易。此外，要把所有的人不能施展他们的才干完全归咎于生产资料私有制也是困难的。

换句话说，在由于生产资料的私有制而引起的人的异化和在革命之后才能实现的总体的人之间似乎极不协调。简单地用一种所有制形式取代另一种所有制形式怎么能把对现实社会的批判与实现总体的人的希望协调起来？

　　这里人们就可以看出马克思的社会学既是伟大的但又是含糊不清的，它本质上是一种社会学，但它也希望成为一种哲学。

　　除了上述这些思想外，还有其他许多含糊不清或模棱两可的地方，致使人们可以对马克思的思想作出多种解释。

　　其中一个模糊之处是属于哲学上的，它涉及历史规律的性质问题。马克思对历史的解释是以超个人的清晰可见的变化为前提的。生产方式和生产关系之间有着辩证的关系。资本主义由于阶级斗争和生产方式与生产关系之间的矛盾而自行消灭。然而这种历史总规律可以有两种不同的方式加以解释。

　　一种解释是我称之为客观主义的解释。对历史性矛盾的这种解释可以导致资本主义的消亡和非对抗性社会的到来。它是与人们通常所说的历史线索相适应的。马克思从混杂的史实中找出了历史变化中最重要的东西，即基本资料，但并没有把各种事件的细枝末节包含在这一观点之内。

　　这种解释如果能够成立，那么资本主义消亡和非对抗性社会的到来就将是事先已经为人所知的，并且已经肯定的了，只是时间和方式尚未确定罢了。

　　"资本主义将因其矛盾而消亡，不过人们不知道它将在何时和怎样消亡"这种预测显然不能令人满意。预测一个重大事件但却不能预见其日期及形式是没有多大意义的，或者这样的历史规律至少与自然科学的规律没有任何共同之处。

　　这是对马克思思想的一种可能的解释方法。这种解释乃是今天苏维埃世界的正统解释方法。苏维埃世界认定资本主义必然灭亡，必将由一个更为进步的，即苏维埃社会所代替，但同时却承认这一不可避免的事件发生的日期还未可知，承认这场预料中的灾难的方式尚未确定。这种不确定性在政治事件上是有很大好处的，因为这样一来，人们可以诚心诚意地宣称共处是可能的。对于苏维埃制度来说，摧毁资本主义制度是没有必要的,因为它终究是会自行消亡的。[23]

　　另外一种可能的解释方法是辩证的解释方法。这种辩证的方法不是通常意义上的辩证方法,而是一种难以捉摸的辩证方法。根据这种解释,马克思的历史观既来源于历史世界和设想这一世界的意识之间的相互作用,又来源于历史现实的各个部门之间的相互作用。这种双重相互作用可以避免在解释重大的历史线索时的不足。因为人们在辩证地解释历史运动时可以不必放弃各种事件的细节,因而能够如实、具体地了解各种事件的本末。

　　因此,让-保罗·萨特和莫里斯·梅洛-蓬蒂也持有马克思的一些基本思想,如:人在私有制经济中由私有制经济所引起的异化、生产力和生产关系的主导作用等。但是这几位著作者在他们自己的作品中引用这些概念的目的并不是想得出科学意义上的历史规律,甚至也没有想要引出变化的重大线索。这些概念只是了解人在资本主义制度下的地位,把各种事件和资本主义社会中的人的地位联系起来,而又无须一本正经地谈什么决定论的必要工具。

　　法国的存在主义者和卢卡奇等整个马克思主义派对这种辩证的观点众说纷纭。这种辩证的观点在哲学上较为令人满意,但也有它的困难之处。[24]

　　主要的困难在于不易找出简单的马克思主义中的两个基本思想,即资本主义社会中人的异化和在资本主义消亡后非对抗性社会的到来。用主体和客体、现实中的各部门之间的相互作用进行辩证的解释一定会得出这两个基本观点。那么全面的、完整的和最恰当的解释是怎样确定的呢?这个问题还是得不到解决。如果每一个历史主体都根据自己的地位来设想历史,那么为什么马克思主义者或无产阶级的解释是最恰当的?这种解释为什么是全面的?

　　援引历史规律的客观主义观点,还有必然要宣告一个既无日期又不确切的事件这一主要困难。辩证的解释则既无法说明革命的必然性,又无法说明资本主义以后的社会的非对抗性,也不能说明历史解释的整个性质。

第二个模糊不清之处是人们称之为革命的绝对必要性。马克思思想自以为是科学的，然而它却似乎包含着绝对必要性，因为它把革命行动视作历史分析的惟一合理结果。像上面一样，人们可以用是康德式的还是黑格尔式的这个提法归纳出两种可能的解释。究竟应该用康德的事实和价值、科学规律和道德必要性这种二元论呢，还是用黑格尔传统的一元论来解释马克思主义？

在马克思身后的历史上，存在着两个学派：康德派和黑格尔派。黑格尔派人数比康德派为多。康德派马克思主义的代表人物是德国社会民主党人梅林和奥地利马克思主义者马克斯·阿德勒。后者与其说是黑格尔派不如说是康德派，是一个很特殊的康德派。[25]康德派认为人们无法从事实推论到价值，从对实际的判断推论到道德的必然性，因而不能用对历史的如实解释来证明社会主义的正确性。马克思如实地分析资本主义制度，要社会主义，这是一种精神上的决定，然而大部分马克思的解释者都还是想继续留在一元论的传统上。了解历史的主体本身就是受历史制约的。社会主义或非对抗性社会必然会从目前的对抗性社会中脱胎而出，因为辩证法必然会使历史的解释者们从评价现存的东西转而寄希望于另一种形式的社会。

有些解释者如 L·戈德曼等，则走得更远。他们说在历史上零星的观察是没有的，全面的历史观是与某种态度有关的。人们出于对社会主义的愿望才从资本主义中看出它的矛盾性。对现实的态度和对现实的观察这两者是无法分离的。这倒不是因为对现实的态度是武断的，是从一种其正确性尚未被证实的决定中得出的，而是按照主体与客体的辩证关系，我们每个人的思路和解释方法都是从历史的现实中得出的。解释来自对客体的接触。这种客体不是一种消极地被认识的，而是既被认识又被否定的客体。否定客体表明了人们希望有另一种制度。[26]

于是就有两种倾向：一种是把历史的解释——这种解释在科学上是有效的——与人们赞同社会主义的决定割裂开来的倾向；另一种则相

反，它要把历史的解释与政治的愿望联系起来。

但是，在这个问题上马克思是怎样想的？作为一个人，他既是学者又是预言家，既是社会学家又是革命家。如果有人问他："这两种方法是否可以分割？"我想他一定会回答：抽象地说这两种方法是可以分割的，因为他太精于心计以致不会承认他对资本主义的解释是与一种精神上的决定联系在一起的。但他又是如此地深谙资本主义制度的弊病，因此，对于他来说，对现实的分析必定会使人产生革命的愿望。

除了在对历史重大问题的客观看法上有康德派或黑格尔派的辩证解释这两种可能外，还有一种今天已成为苏维埃主义的官方哲学的折中方法，即恩格斯在《反杜林论》中提到过、斯大林曾在《辩证唯物主义和历史唯物主义》一书中作过概述的辩证客观主义哲学。[27]

这种辩证唯物主义的主要论点如下：

一、辩证思想认为实在的规律就是变化的规律。无机的自然界和人类社会中都存在着不断的变化，永恒的原则是不存在的，人性的观念和道德的观念每一个时期都在变化着。

二、实在的世界包含着从无机的自然界到人类社会这一质的渐进，而人类社会还包含从人类最初的社会制度到标志着史前时期结束的制度即社会主义的渐进。

三、这些变化是按照某些抽象的规律进行的。量变到了一定的程度就会成为质变。变化是在不知不觉中一点一点地进行的，到了一定的时候就会发生突变。这种突变是革命性的。恩格斯举过这样一个例子：水是液体，如果把温度降到一定的程度，液体就会凝固，量变到了一定的时刻就会质变。总之，变化似乎是遵循着一种概念的规律进行的，即按照矛盾的规律和否定之否定的规律进行的。

恩格斯还举了一个例子，让人懂得什么是否定之否定的规律。他说，如果否定 A，结果就是负 A，负 A 乘负 A 就是 A^2，看来这就是否定之否定。在人类社会中，资本主义制度是对封建所有制的否定，社会主义公有制则将是否定之否定，就是说对私有制的否定。

换句话说，宇宙和人类运动的一个特点就是与其他变化相对而言，一些变化是处在矛盾的关系之中的。这种矛盾采取以下形式：B 时中有 A 时的矛盾，C 时中有 B 时的矛盾，C 时以某种方式回复到 A 时原来的状态，但是程度更高。同样，全部历史就是对旧时无差别的原始集体所有制的否定，而社会主义则又否定社会阶级和对立，在更高的水平上回复到原始社会的集体所有制。

这些辩证的规律并没有使所有的马克思的解释者们十分信服，人们就马克思是否赞同恩格斯的唯物主义哲学有过许多争议。除了历史问题外，主要的问题是要弄清楚辩证法的概念在多大程度上可以用在有机的和无机的自然界以及人类社会。

辩证法的概念包含着变化的观点、观点的相对性、原则与情况相适应的观点以及总体和意义这两个观点。只有使一个社会或一个时期的全部因素成为一个整体，只有当人们能清晰地理解一个总体到另一个总体的过渡的时候，才会对历史作出辩证的解释。总体和更迭的可理解性这两个要求似乎是与人类社会联系在一起的。人们知道在历史上社会就是完整的单位，因为集体的各种活动实际上都是互相联系的。人们可以用一个基本因素，如生产力和生产关系来解释一个社会实体的各个部门。但是在一个有机的，特别是无机的自然界中能不能找到相当于总体和更迭意义的东西呢？

说实在话，这种物质世界的辩证哲学对承认马克思对资本主义的分析，或者成为一个革命者都是不可缺少的。人们不必承认 $(-A) \times (-A) = A^2$ 这一辩证法的例子照样可以成为杰出的社会主义者。恩格斯提出的自然辩证哲学与马克思思想的基本点之间的联系既不明显又无必要。

从历史角度上来看，诚然某种正统的观点可以把这些不同的论点糅合在一起，但从逻辑和哲学角度上来说，对历史作经济上的解释并从阶级斗争出发抨击资本主义是与自然辩证法毫不相干的。归根到底，在我看来马克思关于资本主义的哲学观点和形而上学的唯物论之间在逻辑上和哲学上都没有必然的联系。

但是事实上许多从事政治活动的马克思主义者都曾经认为，要成为一个好的革命者就应当在哲学上是一个唯物主义者。这些人搞革命都很在行，甚至在哲学上也很强，因此也许很有道理。尤其是列宁，他曾经写过《唯物主义和经验批判主义》一书，指出"马克思主义者放弃了唯物主义哲学就是同时背离了革命的正确道路"[28]。在逻辑上，人们可以在政治经济方面是马克思的信徒，但也可以不是形而上学的唯物主义者。[29]列宁从历史观点出发，在唯物主义的哲学与历史的观点之间建立了某种联系。

4. 马克思社会学思想的含糊不清之处

马克思的社会学，即使抽去其哲学背景，也还有一些含糊不清之处。

马克思对资本主义和历史的观点源自生产力、生产关系、阶级斗争、阶级觉悟以及经济基础和上层建筑这些概念的综合。

在社会学分析中使用这些概念是可能的。就我个人而言，如果我想对苏联社会或美国社会作出分析，我很乐意从经济状况甚至生产力状况出发，然后研究生产关系和社会关系。用批判的眼光和方法论使用这些概念以弄清和解释一个现代社会或者历史上任何一种社会都是可行的。

但如果只是这样使用这些概念，那么就找不到历史的哲学，就很可能发现不同的生产关系可以适应同样的生产力发展程度。私有制并不排除生产力的巨大发展。相反，生产力稍有发展，集体所有制就出现了。换句话说，批判地使用马克思的范畴并不意味着对历史进程作教条主义的解释。

然而，马克思主义是以发展生产力、改造生产关系、强化阶级斗争和准备革命之间的平行性为前提的。照他这种教条主义的说法，生产力是决定因素，生产力的发展标志着人类历史的方向，特定的生产关系和阶级斗争的状况是与生产力发展的不同状况相适应的。如果随着资本主义生产力的发展，阶级斗争反而缓和了，如果在不太发达的经济中出现了集体所有制，那么历史的教条主义哲学的必不可少的各种活动的平行性就不再存在了。

马克思试图通过经济基础，即生产力状况、科学技术知识、工业和劳动组织，理解全部社会。从经济组织出发了解各种社会，尤其是现代社会是完全正确的。这样做，作为一种方法也许还是最好的了。但从这种分析出发进而对历史运动作出解释，还应当承认现实社会各个部门之间的特定关系。

解释者们认为使用"决定性"这样太精确的词来了解生产力或生产关系和社会意识之间的关系确实是困难的。由于因果性或决定性这些词在机械论派或非辩证论派的词汇里显得过于生硬，因而人们用"影响"一词代替"决定"。"影响"这个词当然是更为可取的，但太空泛了一些。在一个社会里，任何一个部门都在影响着其他部门。如果我们有另外一种政治制度，那么我们就可能有另一种经济组织。如果我们有另一种经济，那么我们也许会有与第五共和国不同的另一种制度。

"决定"一词太生硬，而"影响"一词又太灵活，无瑕可击得反而使人对其意义发生怀疑。

整个社会是由经济基础"决定"的，这个论点颇可辩驳，而"影响"一词又无多大意义，因而人们想在"决定"和"影响"之间找出一个折衷的提法。像往常一样，在这种情况下，最奇妙的解决方法就是辩证的方法。"影响"一词被说成是辩证的，这样人们就以为已经跨出了决定性的一步。

即使承认马克思的社会学是以对物质生产力、生产方式、社会环境和人的意识之间的关系所作的辩证分析为基础的，但在一个特定的时间里还是应当找出其基本思想，即决定整个社会的东西。依我看来，马克思的思想是不容怀疑的。他认为一个历史制度是由生产力状况、所有制方式和劳动者之间的关系等主要特征所决定的。各种社会类型都是以共同劳动的人之间的某种关系方式为特征的。奴隶制是一种社会类型，工资制则是另一种类型。基于这一点就可以有社会各部门之间真正灵活和辩证的关系。但一个社会制度是由少量被认为是决定性的因素决定的，这一点还是最基本的。

难就难在马克思心目中的决定性的、相互联系的各种因素在今天看来都是可以分割的，因为历史已经把它们分割开来了。

马克思严密的观点是生产力发展的观点。生产力的发展使资本主义生产关系越来越难以维持，这一制度的各种机构的运转使阶级斗争越来越严酷。

实际上，在某些情况下生产力是伴随着私有制发展的，在另一些情况下则是伴随着公有制发展的，在生产力最发达的地方没有发生过革命。马克思据以发现社会整体性和历史整体性的事实已为历史所分割，要解决由这种分割所引起的问题，可能有两种方法：一种是灵活和批判的解释，它采用的是从社会学和历史学的角度进行解释的方法论，因而可以为大家所接受。另一种是教条主义的解释，它在某些方面在完全不同的情况下坚持马克思臆想的历史变化模式。这第二种解释方法今天已成为正统的解释方法，因为根据资本主义内在的矛盾性和自行消亡的思想，它宣告了西方社会的末日。但是这种教条主义的观点是不是就是马克思的社会学呢？

马克思的社会学的另一个含糊不清之处源自对一些基本概念，特别是对经济基础和上层建筑的分析和讨论。属于经济基础的是社会现实的哪些因素？属于上层建筑的又是哪些？

大体上来说，似乎应当把经济特别是生产力，即一个社会的全部技术设备以及劳动组织称作为基础。但一种文明的技术设备是与科学知识不可分的，而科学知识似乎是属于思想和知识范畴的，思想和知识似乎又应当属于上层建筑的，至少在科学知识与思想方法及哲学密切联系在一起的许多社会里是这样的。

换句话说，在被视为生产力的经济基础中已经有一些应当属于上层建筑的东西。这一事实本身并不意味着人们不能既研究经济基础，又研究上层建筑对一个社会作出分析。但这些简单的例子说明按照定义把属于这个或那个的东西真正区分开来是很困难的。

同样，生产力取决于共同的劳动组织，同时也取决于技术设备，而劳动组织从属于所有制法，所有制法又属于法律范畴，至少在某些文章中，法律是国家实体的一个部分，[30] 而国家是属于上层建筑的。这样，人们又一次遇到了把属于经济基础和上层建筑的东西真正区别开来的困难。

就归属问题进行的争论实际上可以无限地继续下去。

作为单纯的分析手段，这两个概念可以作为一个完整的概念正当地使用。人们反对的只是一个概念从属于另一个概念这种教条主义的解释而已。

人们难以用比较的方法确切地说明生产力和生产关系的矛盾。按照在马克思和马克思主义者思想中起着重要作用的辩证法的最简单的一种说法，生产力发展到一定的水平，个人的财产所有权将妨碍生产力的发展。在这种情况下，就会出现发展生产技术和保持个人所有权之间的矛盾。

我认为这一矛盾包含着一部分真理，与教条主义的解释是不同的。如果研究一下法国的雪铁龙、雷诺或佩希内，美国的杜邦·德内穆尔或通用汽车公司等现代大企业，那么人们就可以说，生产力的规模已经使保持私人的财产所有权成为不可能。雷诺汽车公司不属于任何私人，因为它是属于国家的（这倒不是因为国家不是一个个人，而是因为国家所有制是抽象的，所以可以说是虚构的）。佩希内甚至在将股票分给工人之前也不属于私人的，因为它是属于千千万万个股东的，他们只是在法律上是业主，但并不享有传统的个人所有权。同样，杜邦·德内穆尔公司和通用汽车公司也是属于千千万万个股东的，他们只是在法律上保持虚构的所有权，并不享有真正的特权。

此外，马克思在《资本论》中提到大股份公司，以证明个人所有制正在消亡，并试图得出典型的资本主义正在转化的结论。[31]

因此，我们可以说马克思指出生产力的发展与私人产权之间存在矛盾是有道理的，因为在大股份公司的现代资本主义社会里，私人产权在某种方式上已经消失。

反之，如果认为大企业是资本主义的核心，那么人们同样可以十分方便地指出生产力的发展丝毫不会消灭私人产权，而生产力和生产关系在理论上的矛盾也不存在。生产力的发展要求产生新的生产关系方式，不过这种新的生产关系方式可以不与传统的所有权发生矛盾。

按照生产力和生产关系之间的矛盾的第二种解释，由财产个人所有权决定的收入分配，使资本主义社会无法吸取自己的生产成果。在这种情况下，生产力和生产关系之间的矛盾就会影响到资本主义经济运转的本身。人民群众分到的购买力将永远低于经济的需要。

这种说法一直流行了近一个半世纪，而在这一段时间里，所有资本主义国家的生产力都有了巨大的发展。以私有制为基础的经济无法吸取自己生产成果的情况，在生产能力只及今天的五分之一或十分之一的时候就已经暴露出来了。当生产力达到今天的五倍或十倍后，这种情况还会继续存在。看来矛盾并不明显。

换句话说，关于生产力和生产关系之间的矛盾的两种说法都没有被证实过。明显地包含一部分真理的惟一的说法，它是不会引出马克思主义者津津乐道的政治的、以救世主口吻自诩的论点的。

马克思的社会学是阶级斗争的社会学。它有几个基本论点：现时的社会是一个对抗性的社会，阶级是全部历史悲剧，特别是资本主义历史悲剧的主角。阶级斗争是历史的动力，它将导致革命，将标志着史前时期的结束和非对抗性社会的到来。

但是什么是社会阶级？现在是应当回答这个问题的时候了。如果我叙述的是一位教授的思想，我本来就应该从这个问题开始的，然而马克思并不是一位教授。

在马克思的著作中有许多文章谈到这个问题。这些文章有三种类型，依我看来至少其中主要的几篇是这样的。

《资本论》手稿的最后几页中有一章是经典性的，这一章的题目是《阶级》。恩格斯把它放在《资本论》第三卷的最后一章加以出版。由于《资本论》是马克思的一部主要的科学著作，因此必须参照这一章节，可惜的是这一章并不完整。马克思写道："单纯劳动力的所有者、资本的所有者和土地的所有者，——他们各自的收入源泉是工资、利润和地租——也就是说，雇佣工人、资本家和土地所有者，形成建立在资本主义生产方式基础上的现代社会的三大阶级。"①[32]阶级在这里是以经济收入的来源即资本—利润、土地—地租、劳动—工资这一传统的方法区分的，也就是说以他称之为"把社会生产过程的一切秘密都包括在内的三位一体的公式"。（《资本论》第三卷第四十八章第193页。）②

利润是剩余价值这一基本实在的表面形式。地租，马克思曾经在《资本论》第三卷中对它作过长篇分析，是剩余价值的一个部分，是一种没有分配给劳动者的价值。

这种用经济结构对阶级所作的解释与马克思的科学意图最为合拍，它使人们得以从马克思的阶级理论中引出几个基本论点。

首先，社会阶级是在生产过程中占有一定地位的集团。生产过程中的地位含有两层意思，即在生产技术过程中的地位和在技术过程之上的法律过程中的地位。

资本家既然是劳动组织的主人，因而也就是技术过程的主人。同时，他的生产资料所有者的地位使他在法律上又是从合伙生产的人手中取得剩余价值的人。

由此可以得出这样的结论，即：随着资本主义的发展，阶级关系逐步趋于简化。如果撇开随着工业化的进展其重要性逐渐减少的地租，因

---

① 《资本论》中文版第三卷第1000页。——译者
② 同上，第919页。——译者

而只剩下两种收入来源的话，那么大的阶级也只有两个：由只具有劳动力的人组成的无产阶级及资本主义的资产阶级，即攫取一部分剩余价值的人。

马克思关于阶级问题的第二类文章包括一些历史研究，如：《1848年至1850年的法兰西阶级斗争》及《路易·波拿巴的雾月十八日》。马克思在这些文章中用了阶级这一概念，但并没有形成系统的理论。这些文章列举的阶级要比上面刚提到的在阶级结构上区分出来的阶级数量还要多，分得还要细。[33]

因此，在《1848年至1850年的法兰西阶级斗争》一书中，马克思区分了以下这些阶级：金融资产阶级、工业资产阶级、商业资产阶级、小资产阶级、农民阶级、无产阶级，还有他所称的流氓无产阶级（大体相当于我们所说的无产阶级中受剥削最重的阶层）。

列出这些阶级与《资本论》最后一章中概述的阶级理论并不矛盾。马克思在这两类文章中提出的问题并不相同。在一些文章中马克思试图确定哪些大集团具有资本主义经济的特点；在另一些文章中则试图确定在特定的历史条件下，哪些社会集团曾经对政治事件有过影响。

从以区别收入来源为基础的阶级结构理论到对社会集团作历史的观察之间还有一个困难：实际上，一个阶级并不仅仅因为从经济分析的角度上来看只有一个相同的收入来源而构成一个统一体，而要成为一个统一体显然还应当具有某种心理上的一致性，必要时还要加上某种团结的意识甚至一种共同行动的愿望。

这一看法引出了马克思的第三类文章。在《路易·波拿巴的雾月十八日》一书中，马克思解释了为什么许多从事同样的经济活动、过着同一类型生活的人不一定代表同一个社会阶级。他说：

"小农人数众多，他们的生活条件相同，但是彼此间并没有发生多种多样的关系。他们的生产方式不是使他们互相交往，而是使他们互相隔离。这种隔离状态由于法国的交通不便和农民的贫困而更为加强了。他们进行生产的地盘，即小块土地，不容许在耕作时进行任何分工，应用任何科学，因而也就没有任何多种多样的发展，没有任何不同的才能，没有任何丰富的社会关系。每一个农户差不多都是自给自足的，都是直接生产自己的大部分消费品，因而他们取得生活资料多半是靠与自然交换，而不是靠与社会交往。一小块土地，一个农民和一个家庭；旁边是另一小块土地，另一个农民和另一个家庭。一批这样的单位就形成一个村子；一批这样的村子就形成一个省。这样，法国国民的广大群众，便是由一些同名数相加形成的，好像一袋马铃薯是由袋中的一个个马铃薯所集成的那样。既然数百万家庭的经济条件使他们的生活方式、利益和教育程度与其他阶级的生活方式、利益和教育程度各不相同并互相敌对，所以他们就形成一个阶级。由于各个小农彼此间只存在有地域的联系，由于他们利益的同一性并不使他们彼此间形成任何的共同关系，形成任何的全国性的联系，形成任何一种政治组织，所以他们就没有形成一个阶级。"（社会出版社出版，第 97、98 页。）[1]

换句话说，行动、思想方法和生活方式的一致是一个社会阶级的实在的必要条件，但光有这一条件还不够。作为一个阶级还必须有一致的意识和有别于其他社会阶级甚至敌视其他社会阶级的感情。严格地说，分散的个人只有在进行反对另一个阶级的共同斗争中才能形成一个阶级。

综观上述文章，我认为这些文章所提供的不是一种完整的、可以传授的阶级理论，而是一种相当清晰的政治—社会学理论。

马克思的基本思想是雇佣工人与资本家的根本利益矛盾。他还深信这种矛盾支配了整个资本主义社会，矛盾的形式随着历史的演变而日趋简单。

但另一方面，作为历史实在性的观察家而且又是一个杰出的观察家，他像任何其他人一样认为社会集团是众多的，从严格的意义上来说，阶级不能混同于任何一个社会集团。除了生活的共同性外，它还要

---

① 《马克思恩格斯选集》中文版第一卷第693页。——译者

求在全国范围内意识到这一共同性，并有为组成某个集体而共同行动的愿望。

在这一点上，人们懂得为什么在马克思眼中实际上只有两大阶级。这是因为在资本主义社会里只有两个集团真正代表着社会之所以成为社会的矛盾方面，真正具有一种政治愿望和特定的历史愿望。

工人和生产资料所有者标准不同，这是人们可以想象或可以看到的。这些标准已经混淆不清了。产业工人有着特定的生活方式，这种生活方式与他们在资本主义社会中的命运有关，他们意识到必须团结一致，必须对别的社会集团持对抗态度。因此，从整体上来说他们是一个社会阶级。这个政治上和历史上的定义是由他们与资本家根本对立的独特意志所决定的。这并不排除在每个阶级内部还有一些小的团体的存在，更不排除那些尚未被历史悲剧的两大主角兼并的团体的存在。但是随着历史的发展，商人、小资产者、旧的社会结构的幸存者等这些外部和边缘集团将不得不要么加入无产阶级的行列，要么加入资本主义的行列。

在这一理论中有两点是含糊不清、可以讨论的。

马克思在开始分析时对资产阶级的上升和无产阶级的崛起是等量齐观的。在最初几篇文章里，他是把第四等级的降临当作与第三等级的上升相同的事情加以描述的。资产阶级在封建社会内部发展了生产力，无产阶级以同样的方式正在资本主义社会内部发展生产力，但是我认为这种类比是错误的。想无视这两种根本不同的情况是需要有政治热情同时也需要才干的。

资产阶级，无论是商业资产阶级还是工业资产阶级，当它在封建社会内部创造了生产力时，确实是一个在旧社会内部形成的新的社会阶级。但无论是商业资产阶级还是工业资产阶级，虽然它在社会上起着不可缺少的作用，不过是一个享有特权的少数人的集团。它像经济贵族反对军事贵族那样反对封建统治阶级。人们懂得这个历史上的新的特权阶级是怎样在封建社会里创造新的生产力和生产关系，又怎样使封建的政治上层建筑崩溃的。在马克思眼里，法国革命就成了资产阶级夺取政治上处于领导地位的封建阶级残余所拥有的政权的时刻。

与此相反，在资本主义社会里无产阶级并不是一个享有特权的少数人的集团，而是不享有特权的大批劳动群众。它在资本主义社会里并不创造新的生产力和生产关系，工人只是资本家或技术人员领导的生产方式的执行者。

因此，把无产阶级的崛起与资产阶级的上升进行类比，在社会学角度上来说是错误的。为了在资产阶级上升和无产阶级的崛起之间建立等同关系，马克思主义者只得使用别人用过的、又被自己反对过的方法：虚构。为了对无产阶级的崛起和资产阶级的上升进行类比，恰恰相反，应当驳斥操纵政党的少数人并和无产阶级一起承认自己是无产阶级。

换句话说，为了最终保持资产阶级的上升和无产阶级崛起之间的类似性，列宁、斯大林、赫鲁晓夫、勃列日涅夫和柯西金都先后应当是无产阶级。

在资产阶级这一方，资本家是特权享有者，是他们操纵着商业和工业，并占着统治的地位。当无产阶级起来革命时，却是那些自称为无产阶级的人支配着工商企业并行使权力了。

资产阶级是一个享有特权的少数人集团，它从社会上的统治地位进而行使政治权力。无产阶级是不享有特权的广大群众，这样的群众是不会变成享有特权并占有统治地位的少数人集团的。

我在这里并不想对自称资产阶级的制度或自称是无产阶级的制度各自的功过作任何评价。我所想说的只是，因为在我看来，这些都是事实，无产阶级的崛起除非是神话，否则是不能与资产阶级的上升相提并论的。把这两者进行类比显然是马克思历史观上的一个最大的错误，其后果也是严重的。

马克思曾经想用什么阶级执政这种只有一个意义的方法为一种经济、社会和政治制度下定义。但是这样的定义是不足取的，因为它必然会在表面上把政治简化为经济，或把国家简化为社会集团的关系。

5. 社会学与经济学

马克思曾经为把经济运转的理论和资本主义经济变化的理论糅合在一起作过努力。这种理论和历史的糅合在开始和结束时都有着双重的内在困难。

马克思写道，资本主义制度只有在一部分人占有资本，然后能购买除了自己的劳动力之外一无所有的人的劳动力的条件下才能运转。这一群人在历史上是怎样形成的呢？资本得以运转所不可缺少的原始积累其形成过程又是怎样的？暴力、权势、阴谋、盗窃以及政治史上的其他惯用手法最容易不过地说明了一伙资本家是怎样形成的。但要从经济上来说明这伙人的形成却是不容易的。对资本主义的运转进行分析在开始时是以超经济现象为前提的，其目的是创造这一制度得以运转的条件。

在结束时还有一个同样性质的困难。《资本论》中没有任何结论性的说明，既没有提到资本主义在什么时候停转，也没有提到资本主义在某个特定时刻应当停止运转。为了在经济上说明资本主义的自行消亡，经济学家应当这么说：当利润率低于某一水平时，资本主义就不能运转，或者说：当收入从某个时候起以某种方式分配时，资本主义制度就不可能吸收自己的生产了。但事实上这两种说明在《资本论》中一个也没有。马克思在《资本论》中曾经提出许多理由试图使人相信资本主义制度运转越来越困难，但他没有在经济上证明资本主义将由于其内在的矛盾而消亡，因而人们不得不在这个过程的结束时像在开始时那样加进资本主义经济外部的即政治上的因素。

资本主义经济作为一种剥削经济，它的纯经济理论中还有一个基本困难：这一理论是以与工资理论不可分割的剩余价值概念为基础的，然而任何现代经济都是不断发展的经济，因而它必须每年从生产中提取一部分积累以扩大生产力。这样，如果把资本主义经济说成是一种剥削经济，那么就应当说明资本主义积累和投资的机制在哪些方面，在什么程度上与另一种现代经济中已经存在的或可能存在的积累机制有所不同。

马克思认为资本主义经济的特征是高度的资本积累。"积累啊，积累啊！这就是摩西和先知们！"（《资本论》第一卷，《全集》第一卷第 1099 页。）①[34]

但在苏联式的经济中，每年从国民收入中提取百分之二十五的积累长期被认为是积累理论的不可分割的一部分。今天，苏联式经济的辩护者们声称苏联经济的一大优点就是资本构成的高比例。

马克思逝世一个世纪后，两种制度之间意识形态上竞争的目标是在确定增长率时各自采取什么样的积累率。为此就应当弄清楚资本主义的积累机制到底比另一种积累方法好呢还是更差（对谁来说好，对谁来说差？）。

马克思在分析资本主义时，同时还研究了各种经济以及资本主义式的现代经济的特征。因为他还不知道有另一种经济。一个世纪后，对一个正统的马克思主义经济学家来说，真正的问题则在于分析另一种形式的现代经济的特点。

光有工资理论、剩余价值理论和积累理论已经远远不够了，因为这些理论只反映了已经提出过的问题，只不过是研究问题的开端，只能区别人们所称的资本主义剥削和苏联式的剥削，或者用更中立的方法说明资本主义的剩余价值和苏维埃制度中的剩余价值。在任何制度里人们都不能给劳动者以自己所创造的全部价值，因为总要留出一部分作为集体积累。

当然这并不排除这两种机制间有实质性的区别。在资本主义制度里，积累是通过私人利润和市场实现的，而且两种制度里收入分配的方式并不是相同的。

这番话在马克思去世后一个世纪的今天说起来是很容易的。我丝毫

---

① 《资本论》中文版第一卷第 652 页。——译者

不认为自己比马克思高明，因为这样想是很可笑的，我只是想说明马克思在研究前期资本主义制度时无法轻易地区别哪些因素是由私有制引起的，哪些则是由经济发展的某个阶段所引起的（在他进行研究时英国正经历着这样一个发展阶段）以及任何工业经济的基本点是什么。

今天，对经济作社会学上的分析的任务正是要区别这三种因素：一种是与一切现代经济联系在一起的，另一种是与现代经济中某种特定的制度相关的，再一种则是与经济增长的某个阶段有关的。

区别这三种因素是很困难的，因为在现实中这三者常常同时出现，而且互相交叉。要对一种制度作出政治上和道义上的恰如其分的评论显然不应该把应当归因于其他决定因素的东西归因于这一制度的本身。

积累理论和剩余价值理论本身就混淆了这些不同的因素。任何现代经济都含有积累，积累率是高是低应当根据发展的阶段及被考察的社会的政府的意志而定。反之，剩余价值的经济—社会机制以及积累的流通方式倒是可以变化的。积累的流通机制在计划经济中比较简单，而在生产工具私有制的经济里则较为复杂，因为后者既有自由市场又有权力机关以课税的形式进行提取，不会轻易受到积累额的大小和在国民生产中资本构成率的高低的权威方面的决定的影响。

经济分析和社会学的分析之间的关系最终会引起政治制度和经济制度之间的关系问题。我认为马克思的社会学就是在这一点上最容易受到攻击。

我们可以在马克思的《资本论》和其他著作中找到他对这个关键问题的一些看法，不过这些看法是大同小异的。

国家基本上是被看作阶级统治的工具的。由此可见，政治制度是由执政的阶级所决定的。资产阶级的民主制度是保持着自由制度形式的资本家阶级执政的制度。为了与由互相敌对的阶级组成的一个阶级统治另一些阶级的经济-社会制度相对照，马克思提出了一种没有阶级统治的经济-社会制度。因此可以这样断定：国家应当消亡，因为只有当一个阶级为了剥削别的阶级的需要时国家才会存在。

在对抗性社会和未来的非对抗性社会之间有一个称之为无产阶级专政的阶段。无产阶级专政这个词单独出现在马克思在 1875 年写的《德国工人党纲领批判》或《哥达纲领批判》这篇著名的著作中。[35] 无产阶级专政指的是在国家衰亡之前这一关键时刻里极大地强化国家机器。国家在消亡前处于鼎盛时期。

在马克思的著作中，无产阶级专政一词实际上有两种并存的提法，因而含义不甚清楚。一种是雅各宾式的无产阶级专政，它模仿掌握了绝对权力的、自称代表人民群众的政党的无产阶级专政；另一种几乎与第一种相反，这种专政是马克思受巴黎公社经验的启示而设想出来的，其目的是消灭中央集权国家。

我认为这种政治学概念和在非对抗性社会里国家消亡的概念是全部马克思著作中最经不起批驳的社会学概念。

没有人否认在任何社会，特别是在现代社会里都应当行使管理和权力这两种共同的职能。也不会有人振振有词地认为一个像我们这样复杂的工业社会可以不用行政管理，可以不要在某些方面集权的行政管理机构。

此外，即使实行经济计划化也不能想象可以不需要由集权机构作出计划化思想本身所要求的根本决策。然而这些决策是以人们通常称之为"国家"的功能为前提的。因此，除非想象出不再存在生产协调问题的物资极为丰富的阶段，否则计划经济还是会要求加强中央政权行使的行政管理和领导职能的。

在这个意义上，只要还须按计划的指令生产尽可能多的东西，只要还须按照统治者的意志在各社会阶级间分配产品，那么，经济计划化和国家消亡论这两种思想在可以预期的将来是互相矛盾的。

即使把国家称为集体管理和指导职能的总和，国家还是不会在任何工业社会里消亡，更不会在实行计划化的工业社会里消亡，因为中央计划化就其本义来说它要求政府作出比在资本主义经济中所作的更多的决策。而资本主义经济的部分定义就是决定权分散。

因此，国家的消亡只有一种象征性的意义。消亡的只是特定国家的阶级性。实际上，人们可以设想，当阶级对立不再存在时，管理和领导的职能就不再是某个特定集团的狭隘的意志的体现，而是整个社会意志的表现。在这个意义上，人们确实可以想象阶级性、统治、剥削甚至国家本身的消亡了。

但是，在资本主义制度下，国家的基本特征是否就是某个特定阶级行使权力？

马克思的中心思想是资本主义社会是一个对抗性的社会，这一制度的所有基本特性都是由此而来的。怎样才会有非对抗性的社会呢？全部论据就在于掌握生产工具而执政的资产阶级和被认为将取代资产阶级的无产阶级这两个阶级的性质区别。

无产阶级是一个取得政权的世界性的阶级这一说法只有一种象征性的意义。因为在工厂里的广大工人是不会被人与执政的少数统治者混淆起来的。"执政的无产阶级"这种说法只不过是一种象征性的说法，只不过指的是一个仰仗人民群众力量的政党或集团而已。

在一个不再存在生产资料私有制的社会里，也就不再存在与这种所有制联系在一起的对抗。但是还会有一部分人以人民群众的名义行使权力，因而就会有国家，由国家来行使对任何发达的社会来说都是不可缺少的行政和指导者的职能。这种社会所包含的对抗与生产资料私有制社会的对抗是不同的。但是国家可以通过经济决策在很大程度上决定各人的条件。这样的社会显然会有集团之间的对抗，或者是农民集团与工人集团这些平行的集团之间的对抗，或者是在等级制度中处于下层的集团与处于上层的集团这些垂直的集团之间的对抗。

我丝毫不是说在一个各人的条件取决于计划，而计划是由国家制订的社会里必然会有冲突，而是说不能仅仅因为生产资料私有制消失了，各人的条件都取决于国家的决定而肯定这个社会就不再存在对抗了。如果国家的决策是由一些个人或少数人作出的，那么，这些决策只能符合这一部分人或那一部分人的利益。在计划化社会里各个不同的集团之间的利益事先协调一致是没有的。

在这样的社会里，国家的权力不会，也不应当消亡。诚然，计划化社会可以公正地加以治理，但不能预先保证计划的领导人在可能作出决定时一定会作出符合所有的人的利益或符合集体最高利益的决定。

确保对抗的消失要么以各集团之间的对抗除了生产资料私有制外别无其他根源，要么是以国家的消亡为前提的。但是这两种假设都不太可能，因为一个集体中各个成员的全部利益不可能在生产资料不再成为个人攫取的目标的这一天起就会一致起来。一种对抗消失了，并不是说各种可能的对抗都消失了。只要行政和指导的职能存在，如果行使这些职能的人办事不公正，偏听偏信，一意孤行，那么当权者作出的决定不能使被治理者满意的危险必然还会存在。

最后，除了这些问题外，还有一个根本性的问题，即政治的作用缩小、经济的作用增加。

马克思的社会学，至少当它以预见的形式出现时，是以缩小政治的作用提高经济的作用，即以建立起生产资料公有制和计划经济后国家消亡为前提的，但是政治作用并不能因为经济作用的增加而缩小。不管在何种经济和社会制度下，政治问题始终是存在的，这是因为由谁掌权，怎样决定当权者，怎样行使权力，当权者和被治理者之间配合或矛盾的关系如何等问题都是由政治所决定的。政治作用和经济作用同样都是基本的、独立的，这两者是相辅相成的。生产和集体资源分配的组织方法影响着权力问题的解决方法，权力问题的解决方法也反过来影响生产和资源的分配问题。那种认为生产和资源分配的某种组织会自动解决领导权问题并使之不复存在的看法是错误的。假想国家消亡就是假想国家只是为了生产和分配资源而存在，生产和资源分配问题一旦解决就不再需要国家，不再需要指挥了。[36]

这种假想有着双重的欺骗性。首先是经济的计划化管理将导致国家机构的强化。即使计划化不能导致国家机构的强化，在现代社会里始终会有一个指挥问题，即行使权力的方式问题。

换句话说，简单地假定一个阶级执政并以此为一个政治制度下一个定义是不可能的。人们不能用垄断者的政权为资本主义政治制度下定义，也不能用无产阶级政权为社会主义社会的政治制度下定义，因为在资本主义制度里并不是垄断者亲自行使权力的，在社会主义制度里也不是无产阶级自己行使权力的。在这两种制度里都必须确定由哪些人来行使政治职权，怎样选人，怎样行使权力，都必须确定掌权者和被治理者的关系。

政治制度社会学不应当被视作为经济社会学或社会阶级社会学的附属品。

马克思常常提到意识形态。他试图用社会背景来说明各种思想方法和思想体系。

用社会现实来解释思想的方法很多，可以用被考察的社会的生产方式或技术风格来解释各种思想方法，不过最成功的方法是把特定的思想归因于某个社会阶级。

一般说来，马克思认为意识形态是一个社会阶级对自己的地位和整个社会的一种错觉或错觉的再现。他在很大程度上认为资产阶级经济学家的理论是一种阶级的意识形态。他丝毫没有指责资产阶级经济学家企图欺骗读者或对现实作出骗人的解释，但他倾向于认为一个阶级是不能离开自己的地位来观察世界的。正像萨特后来所说的那样，有产者是通过他自己拥有的权力来观察特定的世界的。权力和义务的世界法律形象就是有产者表明自己的存在和地位的社会再现。

这种与阶级意识联系在一起的错觉理论适用于许多思想或思想体系。如果用于经济和社会理论，那么人们还勉强可以认为意识形态是一种错觉，而这种错觉的主体是阶级。但是这种意识形态的概念包含着两大困难。

如果一个阶级出于自己的地位对世界产生了一种错觉，又如果资产阶级不懂得剩余价值的机制，或者还受着商品拜物教幻觉的束缚，那么为什么有些人能够摆脱这种幻觉，能够摆脱这种错觉呢？

另一方面，如果一切阶级的思想方法都是片面的或有偏见的，那就没有什么真理可言了。如果所有的意识形态都与孕育或接受这些意识形态的阶级不可分割，那么一种意识形态优于另一种意识形态又能表现在哪里？马克思试图这样回答：在所有的意识形态中，有一种意识形态要比其他所有的意识形态高明，因为有一个阶级能够实事求是地认识世界。

在资本主义世界里，无产阶级，而且只有无产阶级才能认识世界的真谛，因为只有无产阶级才能通过革命认识未来。

卢卡奇是近代几位伟大的马克思主义哲学家中的一位。他在《历史和阶级意识》一书中曾经力图说明各种阶级的意识形态是不相同的，而只有无产阶级的意识形态才是正确的。这是因为无产阶级能够，而且只有无产阶级才能在资产阶级为它创造的地位上，在社会的发展和朝着革命的演变的过程中认识社会，因而也就能认识社会的真谛。[37]

意识形态方面的第一种理论试图既保持意识形态与阶级的联系，又坚持一种意识形态的正确性，避免滑到全面的相对论上去。

这样做的困难在于：这种阶级意识形态的正确性很容易受人怀疑。持有其他意识形态的人和别的阶级很容易回答说：做学问的人都是一样的。如果说我对资本主义的看法是受我的资产阶级利益所支配的，那么你的无产阶级观点就是出于你的无产者的利益。为什么在野派的利益一定会比执政者的利益更为正当呢？为什么处于劣势的人的利益一定比处于优势的人的利益更有道理呢？何况处境是会转化的，而且事实上正在经常转化着。

这种论证方法只会导致全面的怀疑论，即任何意识形态都一样，都是片面的、带偏见的、利己的，因而是骗人的。

因此，人们试图改弦易辙，走区别各类精神结构的知识社会学的路，我认为这种做法还是比较好的。任何思想都是以某种方式与社会环境相联系的，但是绘画、物理、数学、政治经济学或政治学说与社会实际的联系并不相同。

这就需要把和社会实际既有联系又不附属于社会实际的思想方法或科学理论，与人们意识中妨碍正视真理的阶级地位所造成的意识形态或错觉区别开来。

这就是马克思主义或非马克思主义的知识社会学家试图完成的任务，其目的是既保持某些科学的普遍真理，又保持艺术作品的普遍价值。

对马克思主义者和非马克思主义者来说，主要的是不要把科学著作或美学作品的意义缩小为它的阶级内容。马克思十分爱好希腊艺术，他像知识社会学家一样十分清楚人类的创造并不会因其阶级内容而失去意义。艺术作品对其他阶级、在其他时代都具有同样的价值，具有同样的意义。

思想与社会实际密切相关，某些思想方法与社会阶级不可分割，对此是丝毫不容否认的，但还必须区别情况。为了防止虚无主义，我认为必须坚持两点意见：

思想家应当谋求的是对大家都有用的真理而不仅仅是一个阶级的真理；社会的创造应当对其他社会的人都具有价值和意义。

6. 结束语

一个世纪以来，马克思的思想总共经历过三次大的危机。[38]

第一次危机是二十世纪初德国社会民主党的危机，人们称它是一场修正主义危机。当时的两个主要人物是卡尔·考茨基和爱德华·伯恩斯坦。争论的焦点是：资本主义经济是否像我们所期待的那样正在朝我们所宣告并依靠的革命方向变化？修正主义者伯恩斯坦声称阶级对立不会激化，集中的发生不会像预料的那样快、那样全面，因而历史辩证法是不可能乐意地认识革命的灾难和非对抗性社会的。考茨基和伯恩斯坦间的争论在德国社会民主党和第二国际内部是以考茨基的胜利、修正主义者的失败而结束的。正统的观念被保持下来了。

马克思思想的第二次危机是布尔什维主义的危机。一个自称马克思主义的政党在俄国取得了政权。这个党自然把自己的胜利称为无产阶级革命的胜利。但是，第二国际的正统派、大多数德国社会党人和西方社会党人等另一派马克思主义者并不以为然。1917至1920年之间，自称为马克思主义派的各党内部发生了一场争论，其中心可以归纳为：苏维埃政权是无产阶级的专政呢，还是对无产阶级的专政？第二次危机的两个主要代表人物列宁和考茨基在1917至1918年之间使用过这两种提法。在第一次修正主义危机中，考茨基是站在正统派一边的，在布尔什维主义危机中他自以为还是站在正统派一边，但这时候出现了一个新的正统派。

列宁的论点很简单：马克思主义和无产阶级的布尔什维克党是代表执政的无产阶级的，布尔什维克党的政权就是无产阶级专政。由于人们一直没有搞清楚无产阶级专政究竟是怎么一回事，因此布尔什维克党的政权就是无产阶级专政这一假设在当时还是颇能吸引人的，得到了一些人的支持，而且一切就变得十分容易了。因为，如果布尔什维克党的政权是无产阶级的政权，那么社会主义制度就是无产阶级的制度了，社会主义建设也就随之而来了。

反之，考茨基的论点是：在一个工人阶级占少数的非工业化的国家里发生的革命不是真正的社会主义革命。如果接受这一论点的话，那么一个政党的专政，即使是马克思主义政党的专政也不是无产阶级的专政，而是对无产阶级的专政。

自此以后，就出现了两派马克思主义思想。一派认为虽然某些方式是没有预料到的，但是马克思的预见还是在苏联的制度中得到了实现。另一派则认为马克思思想本质的东西受到了歪曲，因为社会主义不仅要求集体所有制和计划化，而且还要求政治上的民主。于是，第二派的人就说，没有民主的社会主义计划化并不是社会主义。

此外，应当找出马克思主义的意识形态在苏联社会主义建设中的作用。很明显，苏维埃社会并不是从马克思的头脑里产生出来的，它在很大的程度上是环境的产物。但是布尔什维克所解释的马克思主义意识形态，确实起了作用，而且起了重大的作用。

马克思主义思想的第三次危机就是目前的这一场危机。它的焦点是在布尔什维克对社会主义的解释和斯堪的纳维亚—大不列颠派对社会主义的解释之间是否有一种中间的提法。

今天，我们可以清楚地看到社会主义社会有另一种可能的方式，即在国家领导下的中央计划化。这种国家或多或少是完整的，它和一个主张社会主义的政党结合在一起，这就是苏联对马克思主义理论的解释。但还有另一种说法，即西方的说法，最完善的形式或许就是瑞典社会了。在这一形式中人们可以看到私人企业和公营企业并存，收入的不平等现象减少，令人愤慨的社会现象已经大部分消失。部分计划化、生产资料的混合所有制，所有这些都是与西方民主制度（即多党制、选举自由、思想和理论讨论自由）相辅相成的。

正统的马克思主义者毫不怀疑苏维埃社会是马克思的真正传人，而西方的社会党人也不怀疑西方的说法对马克思的精神的忠实程度并不差于苏联。但是许多马克思主义知识分子认为这两种说法都不能令人满意，他们所希望的社会在某种程度上既有苏联社会的社会主义和计划化，又有西方社会的自由。

我不想探讨这第三种方式能否以不同于哲学家所想象的方式存在，但是，无论如何，正像哈姆雷特对霍雷肖所说的那样："天地间的事物比起我们哲学的全部想象来要多得多。"这第三种方式或许是有的，但目前，现阶段所讨论的理论问题是两种定义相当明确的理想类型，两种在不同程度上都自称是社会主义的社会，不过其中一种并不是自由的社会，另一种是资产阶级的社会。

中苏分歧使这一危机进入了一个新的阶段。在毛泽东眼中，苏联的制度和苏联的社会正在资产阶级化。莫斯科的领导人像本世纪初的爱伯恩斯坦及右翼社会党人一样，被看作为修正主义者。

马克思本人可能站在哪一边呢？提出这一问题是徒劳无益的，因为马克思本人并没有想到历史的进程会造成的这种分歧。当人们不得不说马克思批评过的某些现象并不能归咎于资本主义，而只能归咎于工业社会或者归咎于他所观察到的这种发展阶段时，人们就步入了一种思想机械论，而马克思当然是能够这样做的（因为他是一个十分伟大的人物）；但是这种思想机械论是与当时的马克思格格不入的。他是一个具有反叛精神的人，综述各种可能因素，他必然对自称为马克思派的社会的任何说法和任何方式都不会感到兴趣的。他到底喜欢哪一种形式？依我看来是无法确定的，而且说到底也是毫无意义的。如果我作出一种回答，也不过是我自己的好恶而已，因而最好还是说我自己喜爱什么，而不要强加于马克思，因为他是无法回答这个问题的。

生平简介

1818 年 5 月 5 日　卡尔·马克思生于普鲁士莱茵省的特利尔城。他的父亲亨利希·马克思是律师，出身于一个犹太教士的家庭，1816 年改奉新教。卡尔·马克思是他八个孩子中的第二个。

1830—1835 年　在特利尔城的一所中学念书。

1835—1836 年　在波恩大学攻读法学，后与珍妮·冯·威斯特华伦订婚。

1836—1841 年　在柏林攻读法学、哲学和历史。在这一段时间里，马克思常与"博士俱乐部"的青年黑格尔派成员交往。

1841 年　获耶拿大学哲学博士学位。

1842 年　马克思定居波恩，先为科伦的《莱茵报》撰写文章，后任主编。

1843 年　马克思对股东们胆小怕事的态度感到失望，离开了主编职位。

同年与珍妮·冯·威斯特华伦结婚，后去法国。马克思与阿·卢格合作编辑《德法年鉴》，并在《德法年鉴》上发表了《论犹太人问题》和《黑格尔法哲学批判导言》。

1844—1845 年　马克思寓居巴黎，与海涅、蒲鲁东、巴枯宁等交往。在此期间，马克思开始学习政治经济学，并在许多手稿中从哲学角度上写下了对黑格尔的经济学和现象学的看法。马克思与恩格斯结下友谊，《神圣家族》是他俩合作撰写的第一部著作。

1845 年　法国政府应普鲁士政府的请求，将马克思逐出巴黎。马克思迁居布鲁塞尔。7—8 月间，他与恩格斯同去英国旅行学习。

1845—1848 年　旅居布鲁塞尔。

马克思与恩格斯、莫雷斯合写了《德意志意识形态》，不过这本书并没有出版。

与蒲鲁东发生龃龉。

1847 年出版《哲学的贫困》。

1847 年 11 月，马克思和恩格斯同赴伦敦。共产主义者同盟第二次代表大会委托他们起草一份《共产党宣言》。1848 年 2 月《共产党宣言》德文本在伦敦出版。

1848 年　马克思被逐出布鲁塞尔，先在巴黎小住后即去科伦。在科伦任《新莱茵报》主编。他在该报上积极掀起一场促使德国革命运动更加激进化的斗争。

1849 年　《新莱茵报》上发表了《劳动、工资和资本》。

马克思被逐出莱茵省。先在巴黎小住一段时间后即于 8 月去伦敦并最终定居伦敦。

1850 年　《法兰西阶级斗争》出版。

1851 年　马克思任《纽约论坛报》撰稿人。

1852 年　共产主义者同盟分裂，科伦审讯共产党人。

《路易·波拿巴的雾月十八日》出版。

1852—1857 年　马克思不断发生经济困难，不得不放弃经济学的研究而致力于谋求日常生活的记者工作。

1857—1858 年　马克思重新从事经济学的研究。这一时期他写了许多笔记，这些笔记直至 1923 年才被发现。

1859 年　《政治经济学批判》在柏林出版。

1860 年　《福格特先生》出版。

1861 年　马克思去荷兰和德国旅行。他在柏林拜访了拉萨尔，并为《维也纳新闻》撰稿。

1862 年　马克思与拉萨尔断交，并停止与《纽约论坛报》的合作关系。马克思经济极为窘困。

1864 年　马克思参与筹建国际工人协会，并为该协会起草章程和成立宣言。

1865 年　《工资、价格和剩余价值》出版。

国际在伦敦开会。

1867 年　《资本论》第一卷在汉堡出版。

1868 年　马克思开始对俄国的村社感兴趣，并学习俄语。

1869 年　开始在国际内部与巴枯宁作斗争。恩格斯为马克思提供年金。

1871 年　《法兰西内战》出版。

1875 年　《哥达纲领批判》出版。

《资本论》第一卷法译本出版。马克思曾与译者约·鲁瓦合作。

1880 年　马克思向盖德口述法国工人党纲领要旨。

1881 年　珍妮·马克思逝世。马克思与维拉·查苏利奇通信。

1882 年　去法国、瑞士旅行，并在阿尔及尔小住。

1883 年 3 月 14 日　卡尔·马克思逝世。

1885 年　《资本论》第二卷由恩格斯整理出版。

1894 年　《资本论》第三卷由恩格斯整理出版。

1905—1910 年　《剩余价值理论》由考茨基出版。

1932 年　梁赞诺夫、兰茨胡特和迈尔编辑出版马克思青年时代的著作。

1939—1941 年　《政治经济学批判大纲》出版。

注释

[1] 科斯塔·阿克塞洛斯著《马克思，技术思想家》，巴黎，收入子夜出版社 1961 年出版的《论据》丛书。

把异化的概念视作马克思基本思想的一个部分这一看法，天主教的代言人如伊夫·卡尔韦神父曾在《卡尔·马克思的思想》一书(瑟伊出版社 1956 年出版)中就是这样提的。马克思主义评论家如 L·戈德曼和 H·勒费弗尔也是如此。H·勒费弗尔说："批判商品拜物教、批判金钱和资本，这就是马克思经济专业的著作，即《资本论》一书的精髓"(1963 年 2 月 13 日答《艺术报》记者问)，他还进一步说："马克思论述异化和异化的各种形式的文章遍布他的全部著作，不久前人们还看不到它的全貌。"(《马克思主义》，巴黎，法国大学出版社 1958 年出版的《我知道什么》丛书之一，第 48 页。)

[2] 我的"塞纳河两岸"这一说法不妥。二十年前是在柏林的施普雷河两岸，而今这种钻牛角尖式的马克思主义已经移居塞纳河左岸，引起人们热烈的争论和学者们的辩论，并出版了不少引人注目的刊物。

[3] 《德意志意识形态》是由马克思和恩格斯于 1845 年 9 月至 1846 年 5 月在布鲁塞尔合作撰写的。1859 年马克思在《政治经济学批判·序言》中写道："我们决定共同钻研我们的见解与德国哲学思想体系的见解之间的对立，实际上是把我们从前的哲学信仰清算一下。这个心愿是以批判黑格尔以后的哲学的形式来实现的。八开本两厚册的原稿早已送到威斯特伐里亚的出版所，后来我们才接到通知说，由于情况已变，不能付印。既然我们已经达到了我们的主要目的——自己弄清问题，我们就情愿让原稿留给老鼠的牙齿去批判了。"(《全集》第一卷第 274 页。)①

---

① 《马克思恩格斯全集》中文版第十三卷第 10 页。——译者

［4］ 参阅 J·熊彼特著《资本主义、社会主义和民主》，巴黎，帕约出版社 1954 年出版，第一部分，《马克思主义理论》第 65—136 页（该书英文本第一版 1942 年出版）。1951 年出版的熊彼特遗作《十大经济学家》中又重新收进了有关马克思的几个章节。

［5］ 参阅 P·比戈著《马克思主义和人文主义》关于马克思经济著作的导言部分。巴黎，法国大学出版社 1953 年出版第 269 页。

［6］ 乔治·居尔维奇在一定程度上从中预料到他自己的看法。

［7］ 马克思对资产阶级的革命和建设的作用的颂扬甚至是充满激情的。他说：“它创造了完全不同于埃及金字塔、罗马水道和哥特式教堂的奇迹；它完成了完全不同于民族大迁移和十字军东征的远征。”（《共产党宣言》，《全集》第一卷第 164 页。）①

［8］ 参阅卡尔·A·威特福格尔著《东方专制主义》，这是一本对极权进行比较研究的书，纽黑文，耶鲁大学出版社出版，共 556 页，法文版由巴黎子夜出版社于 1964 年出版，列入《论据》丛书。

同时请参阅《社会契约》中的下述文章：卡尔·A·威特福格尔著《马克思和东方专制主义》，1957 年 5 月出版；保罗·巴尔东著《论东方专制主义》，1959 年 5 月；《专制主义和极权主义》，1959 年 7 月；《专制主义、极权主义和社会阶级》，1960 年 3 月；科斯塔·巴巴约阿努著《马克思和专制主义》，1960 年 1 月。

至于正统的马克思主义者对这一问题的看法，请参阅《思想》杂志 1964 年 4 月第一百十四期《亚细亚生产方式》专辑及下列文章：J·谢诺著《亚细亚生产方式的争论近况》，《思想》杂志 1965 年第一百二十二期；M·戈德里埃著《亚细亚生产方式的概念》，《当代》杂志 1965 年 5 月号。

［9］ 约·维·斯大林著《苏联社会主义经济问题》，巴黎，社会出版社 1952 年出版，共 112 页：“现代资本主义基本经济规律的主要特

---

① 《马克思恩格斯选集》中文版第一卷第 254 页。——译者

点和要求，可以大致表述如下： 用剥削本国大多数居民并使他们破产和贫困的办法，用奴役和不断掠夺其他国家人民，特别是落后国家人民的办法，以及用旨在保证最高利润的战争和国民经济军事化的办法，来保证最大限度的资本主义利润……社会主义基本经济规律的主要特点和要求，可以大致表述如下： 用在高度技术基础上使社会主义生产不断增长和不断完善的办法，来保证最大限度地满足整个社会经常增长的物质和文化的需要。"（第41页和第43页。）①

[10] 除了生病和经济拮据外，正是由于意识到还没有形成理论，所以马克思推迟《资本论》最后两卷的出版时间。从1867年（第一卷出版的那一年）到去世，马克思从未停止过研究，但结果仍未能使他满意，所以一直把他所设想的未了事宜当作终生事业。因此，1878年9月他在给丹尼尔逊的信中说《资本论》第二卷可于1879年底前付印，而1879年4月10日他又说在观察英国工业危机的发展和结局之前，不会出版第二卷。

[11] 利润率周期性下降的说法最初是由大卫·李嘉图提出的，后来由约翰·斯图尔特·穆勒加以发展。为了说明人们总有理由进行投资时，李嘉图写道："在一个国家里，当工资由于各种必需品的价格竞相上涨而提高到使资本只能获得很少的利润，并使人失去积累的念头之前，积累起来的资本，不管数量多少，都不可能不被用于生产方面。"（《政治经济学和赋税原理》第二卷第90页，巴黎，科斯特出版社1934年出版。）换句话说，李嘉图认为利润率骤降至零只不过是一种偶然性而已。利润率下降是由于产品的分配中名义工资那一部分增长，而名义工资是由于生活必需品价格相对上涨而提高的，而物价上涨又是人口增加，需求上升及土地收益逐渐减少的结果。但是，李嘉图认为，增长的障碍，即农业土地收益逐渐减少这个问题，可以用向世界开放、国际专业化和从国外自由进口小麦加以解决。谷物法废除后，穆勒在《政治经

---

① 《斯大林选集》中文版下卷第568—569页。——译者

济学原理及其在社会哲学中的应用》（1848 年）中，再次引用了李嘉图的理论，但赋予这一理论以更为发展、更为长期的解释，有一点与现代停滞主义者的理论相似。利润率下降是社会走向停滞、资本将不会明显积累这一状态在企业账面上的反映。收益逐渐减少的规律源自利润朝零点方向下降。

[12] 在一篇受凯恩斯主义影响的分析中，人们至多只能说用来维持充分就业（这是资本的附带作用）而必须投放的最后一笔资本，它的利润率不应低于按照货币持有者喜欢现金的心理而确定的银行利息。但是这种方案实际上很难与马克思的经济理论合成一体，因为马克思经济理论的思想方法是先边际价值论的方法，何况在马克思的经济分析中，在以经典作家的市场规律为前提的利润率趋于下降的规律，与由于工人消费水平低下，缺乏实际需求阻碍增长而引起的危机之间，是有着某种矛盾的。但是区别这种矛盾是短期的还是长期的无助于问题的解决，因为这两种理论的目的都既不能说明长期的倾向，也不能说明波动性，而是说明整个经济制度的全面危机。（参阅琼·鲁宾逊著《试论马克思主义经济学》，伦敦，麦克米伦出版社，1942 年出版。）

[13] 马克思在 1852 年 3 月 5 日致约瑟夫·魏德迈的信中写道："……至于讲到我，无论是发现现代社会中有阶级存在或发现各阶级间的斗争，都不是我的功劳。在我以前很久，资产阶级的历史学家就已叙述过阶级斗争的历史发展，资产阶级的经济学家也已对各个阶级作过经济上的分析。我的新贡献就是证明了下列几点：（1）阶级的存在仅仅同生产发展的一定历史阶段相联系；（2）阶级斗争必然要导致无产阶级专政；（3）这个专政不过是达到消灭一切阶级和进入无阶级社会的过渡……"（载卡尔·马克思-弗里德里希·恩格斯著《哲学研究》，巴黎，社会出版社 1951 年出版，第 125 页。）①

[14] 参阅 A·科热弗著《黑格尔著作阅读指南》，巴黎，伽里玛

---

① 《马克思恩格斯选集》中文版第四卷第 332—333 页。——译者

出版社 1947 年出版。

关于马克思对黑格尔的评述，参阅：G·卢卡奇著《青年黑格尔》，苏黎世-维也纳出版社 1948 年出版，及 J·伊波利特对该书所作的分析，载《马克思及黑格尔研究》，巴黎，M·里维埃出版社 1955 年出版第 82—104 页。G·卢卡奇甚至把黑格尔著作中的神学阶段的论点说成是反动的神话，并且还研究了黑格尔青年时代著作中对亚当·斯密的批判。黑格尔也许看到了资本主义的基本矛盾，但却不能找到解决矛盾的方法，留待马克思去阐明它。

[15] G·居尔维奇著《卡尔·马克思的社会学》，巴黎，大学资料中心 1958 年油印本；《现代社会学的创始人，I，社会学家圣西门》，巴黎，大学资料中心 1958 年油印本。

G·居尔维奇试图尽量缩小马克思所受的黑格尔的影响。他在解释马克思思想来源时强调马克思思想中的圣西门主义，他阐述的圣西门对马克思青年时代的影响，依我看来是很有说服力的。他说："马克思是圣西门和圣西门主义的嫡系后代。他从黑格尔处得到的只是神学，因为左翼黑格尔主义只不过是圣西门对某些黑格尔信徒的影响。这一点，人们有时是公开承认的。蒲鲁东从圣西门学说中得到极大的教益，但他是一个反叛的圣西门主义者，使圣西门主义备受抨击。然而正是他使圣西门主义民主化，并把它与工人运动联系在一起，使马克思进一步与圣西门主义联系起来。这种蒲鲁东化的圣西门主义不仅是马克思早期思想的主要来源，而且也是他全部智力生涯的源泉。"（引自有关圣西门的章节第7、8 页。）G·居尔维奇还引用了圣西门下述一些话："自由这一门科学，像其他科学一样，也有自己的本题和一般含义……如果我们要自由，那么我们就得自己创造自由，绝对不能等待。"接着他又写道："马克思青年时代的文章，尤其是关于费尔巴哈的第四个论点，使得马克思的某些信徒像谈论自由哲学或自由科学那样谈论马克思的社会学。亨利·勒费弗尔把马克思这一方面的思想的来源归结于最讲宿命论的哲学家黑格尔，他的立场就是这样的。事实上，要是人们能在马克思著作中找到自由科学的话，那么，这种自由科学显然是直接从圣西门那里来的。"（引自有关圣西门的章节第 25 页。）

我不怀疑马克思能在他的圈子里接触到圣西门的思想。理由很简单：因为在马克思的青年时代，圣西门的思想已在欧洲广为流传。它以这种或那种方式到处出现，尤其在报刊上。今天还是这样，人们还能在报纸上看到关于发展和欠发展的理论。但是，依我看来，即使马克思知道圣西门思想，他自己的社会学中心思想也不会是从那里来的。

马克思从圣西门学说中发现了军事社会和工业社会这两类社会的对立，发现了科学用于工业、生产方法更新、依靠工业改造世界等思想。但马克思的核心思想并不是圣西门或孔德的工业社会思想，而是资本主义工业社会的矛盾性，然而，圣西门或孔德的遗产中并没有包括资本主义的内在矛盾这一思想。圣西门和奥古斯特·孔德的思想都强调社会组织甚于社会冲突，他们俩都不认为社会冲突是历史运动的主要动力，都不认为当时的社会已被不可解决的矛盾所分裂。

在我眼中，马克思思想的中心是资本主义社会的矛盾性和阶级斗争的基本性。因此，我不认为在圣西门的影响中有一种能形成马克思思想的主要影响。

关于马克思和圣西门的关系问题，请参阅埃梅·帕特里所著《圣西门和马克思》，载《社会契约》，1961 年 1 月第五卷第一期。

[16] 《精神现象学》，让·伊波利特译，两卷本，巴黎，奥比埃出版社，1939 年、1941 年出版。《哲学全书》，J·吉伯兰译，巴黎，弗兰出版社出版。

《精神现象学》1807 年问世。《哲学全书》在黑格尔在世时已出过三版（1817 年，1827 年，1830 年）。

[17] 《法哲学原理》1821 年由黑格尔在柏林出版。这一著作是《哲学全书》中论述得最为详尽的一个章节。黑格尔的《法哲学原理》的法译本系 A·卡昂译，让·伊波利特序，巴黎，伽里玛出版社 1940 年出版，1963 年由该公司收入《思想》丛书。

[18] 批判黑格尔的《法哲学》的文章有二：

一篇题为《黑格尔法哲学批判导言》。这篇文章较短，但因该文是由马克思于 1844 年在巴黎发表在由他和 A·卢格领导的《德法年鉴》上的，所以早已为人熟知。（法文本题为《黑格尔法哲学批判》，莫利托尔译，载科斯特出版社出版的《哲学全书》第一卷第 83—108 页。）

另一篇题为《黑格尔的国家法即黑格尔法哲学批判》。这篇文章要长得多，包括对黑格尔《法哲学》一书部分章节的逐句批判，三十年代才由 D·梁赞诺夫以马克思恩格斯学院的名义在莫斯科出版。同时，兰茨胡特和迈尔也在莱比锡出版本书。（法译本根据兰茨胡特和迈尔的文本译出，见莫利托尔编的《哲学全书》第四卷。）

关于这个问题，参阅让·伊波利特著《黑格尔关于国家的概念及卡尔·马克思对他的批判》，载《马克思和黑格尔研究》，巴黎，里维埃出版社 1955 年出版，第 120—141 页。

[19] 马克思写过几篇充满诗情画意的文章描述未来的社会：在这个社会里人们早晨去钓鱼，白天去工厂，晚上回家陶冶精神。这并不是无稽之谈。我曾经在以色列结识过聚居区的一些劳动者，他们确实是在晚上阅读柏拉图的作品的，但这至少在目前还是一个例外。

在《德意志意识形态》一书中，马克思曾经写道："当分工一出现之后，每个人就有了自己一定的特殊的活动范围，这个范围是强加于他的，他不能超出这个范围：他是一个猎人、渔夫或牧人，或者是一个批判的批判者，只要他不想失去生活资料，他就始终应该是这样的人。而在共产主义社会里，任何人都没有特定的活动范围，每个人都可以在任何部门内发展，社会调节着整个生产，因而使我有可能随我自己的心愿今天干这事，明天干那事，上午打猎，下午捕鱼，傍晚从事畜牧，晚饭后从事批判，但并不因此就使我成为一个猎人、渔夫、牧人或批判者……"这样，"社会活动的这种固定化，我们本身的产物聚合为一种统治我们的、不受我们控制的、与我们愿望背道而驰的并且把我们的打算化为乌有的物质力量"，就会一扫而光。（《德意志意识形态》，勒内·卡尔泰尔根据梅加版译出，巴黎，社会出版社1962年出版，第31—32页。)①

[20] 《政治经济学手稿》是马克思于1844年在巴黎写成的。1932年前一直未曾出版，1932年才由D·梁赞诺夫编辑交由梅加出版社出版，同时由S·兰茨胡特及J·迈尔收入马克思著作的两卷集《历史唯物主义》(A·克勒纳出版社，莱比锡)中。J·莫利托尔就是根据这后一种并不完整、且有许多错误的版本译成法文的，刊登在科斯特出版社出版的《哲学全集》第六卷上。以后E·博蒂热利又根据修订后的梅加出版社版本重新译成法文，题为《1844年政治经济学和哲学手稿》，收在由巴黎社会出版社1962年出版的《卡尔·马克思全集》里。M·吕贝尔也曾译过此文，载七星诗社编的第二卷内(1968年)。

[21] 在黑格尔的著作中，Veräusserung和Entäusserung，有时还有Entfremdung，这三个词译成法文时均为异化。黑格尔认为异化是主体和实体间的差别和分裂的辩证时刻。异化是一个充实的过程，意识必须经过多次异化才能充实规定性并使意识成为一个整体。在《绝对知识》一章的开始部分，黑格尔写道："自我意识的异化建立了事物性，并且这种异化不仅有否定的意义，而且有肯定的意义，不仅对于我们或者自在地有肯定意义，而且对于自我意识本身也有肯定意义。对象的否定或对象的自我扬弃对于自我意识所以有肯定的意义，或者说，自我意识所以认识到对象的这种虚无性，一方面，是由于它异化它自己；因为它〔自我意识〕正是在这种异化过程里把自身建立为对象，或者说把对象——为了自为存在的不可分割的统一——建立为它自身。另一方面，这里同时还包含另一环节，即自我意识又同样扬弃了这种异化和对象性，并把这种异化和对象性收回到它自身中，因而它在它的异化本身里就像在它自己本身里。这就是意识的〔辩证〕运动，而意识在这个运动里就是它的各个环节的全体。意识必须同样按照对象的各个规定的全体去对待对象，并

---

① 《马克思恩格斯选集》中文版第一卷第37—38页。——译者

且按照全体规定中的每一规定去把握对象。"（《精神现象学》，伊波利特译，第二卷第293—294页。）

马克思对异化的解释不同，因为"在某种意义上来说，总体在开始时就已经提出"。（《卡尔·马克思的思想》，J·Y·卡尔韦著，瑟伊出版社1956年出版，第53页。）马克思认为黑格尔把人的对象化，即人在自然界和社会世界中的表露，与异化混淆起来了。伊波利特在评论马克思时说："异化并不是对象化。对象化是自然的，它不是使意识变得使自己都不认识自己的方法，而是一种自然地表示意识的方法。"（《逻辑与存在》，巴黎，法国大学出版社1953年出版，第236页。）马克思这样说道："对象性的存在物对象地活动着，而只要它的本质规定中没有包含着对象性的东西，那么它就不能对象地活动。它所以能创造或创立对象，只是因为它本身是为对象所创立的，因为它本来就是自然界。"（《1944年手稿》，社会出版社出版，第136页。）①

这种以"人直接地是自然存在物"、"彻底的自然主义"为基础的区别，使马克思得以从异化这一概念，从《精神现象学》一书中叙述的意识的连续决定性中得出批判性的一面。"《现象学》是一种暗含着的、自身还模糊不清的、带有神秘色彩的批判；但是，既然《现象学》紧紧抓住人的异化——虽然在《现象学》中人是以精神的形式出现的——那么，在它里面就潜藏着批判的一切要素，并且这些要素往往已经具有了远远超过黑格尔观点的完善的和成熟的形式。"（同上引书，第131页。）②

黑格尔的评论家如让·伊波利特等认为，黑格尔和马克思在异化这一概念上的根本分歧的原因在于：马克思把人作为自然界的生物，就是说是从实证性出发的，其自身不是一种否定，而黑格尔则"发现了这种虚无的纯主观性的意义"（同前书第239页）。在黑格尔的著作中，"在

---

① 《1844年经济学-哲学手稿》中文版第120页。——译者
② 同上，第115页。——译者

辩证的历史初期，互相了解的欲望是无限的，而且还有想了解他物的欲望的欲望。这种力量是不牢靠的，因为它没有原来的实证性"（第241页）。

[22] 科斯塔·巴巴约阿努著《马克思主义基础》（载《社会契约》，1961年11—12月第五卷第六期）、《卡尔·马克思全传》（载《证据》，1963年7月第一百四十九期）、《马克思和异化批判》（载《证据》，1964年11月号)澄清了马克思思想中这一混淆不清之点。

科斯塔·巴巴约阿努认为在诸如《1844年手稿》中表现出来的马克思青年时代的哲学思想和《资本论》第三卷中表现出来的成熟时期的哲学思想之间存在着根本的对立。马克思用"惟一掌握自我命运并真正支配自由"的人类的发展是"从必然范围以外"开始的这一十分古典的格言，代替了把劳动作为人类惟一的本质，把未经异化的参加生产劳动作为真正目的的生产至上主义。

[23] 这种客观的观点在不同的观察家眼里可以被看作是有利于或不利于和平的观点。一些观察家说，只要苏联领导人仍然坚信资本主义必然灭亡的信条，世界就将处在危机的气氛之中。与此相反，人们也可以像一位英国社会学家那样，说只要苏联领导人相信他们自己的哲学，他们就既不懂得自己的社会，也不懂得我们的社会。他们深信自己必然胜利，使我们生活在和平之中，那么就让他们继续去相信他们的哲学吧！

[24] 参阅让-保罗·萨特著《共产党人与和平》，载《新时代》，第81，84—85，101期，巴黎，伽里玛出版社1965年重版，载《形势Ⅵ》，第384页；同时请参阅巴黎伽里玛出版社1965年出版的《形势Ⅶ》第342页及1960年出版的《辩证理性的批判》：莫里斯·梅洛-蓬蒂著《理性和非理性》，巴黎，纳热尔出版社1948年出版《人文主义和恐怖》，巴黎，伽里玛出版社1947年出版；《辩证法历程》，巴黎，伽里玛出版社1953年出版。

[25] 关于康德派对马克思主义的评解，参阅马克斯·阿德勒著

《马克思主义问题——马克思主义和伦理学》，1913 年出版；卡尔·福伦德著《康德和马克思》，1926 年第二版。

[26] L·戈德曼著《辩证法研究》，巴黎，伽里玛出版社 1959 年出版。

[27] 弗·恩格斯著《反杜林论》，该书德文版原以《欧根·杜林先生在科学中实行的变革》为题，原先刊登在 1877—1878 年的《前进报》和《人民国家报》上。法文本有两个版本：一为布拉克所译，科斯特出版公司 1931 —1933 年出版，共三卷；另一版本为博蒂热利所译，巴黎，社会出版社 1950 年出版。

《反杜林论》是在马克思在世时出版的。马克思曾就经济思想史方面的问题给恩格斯寄过材料，帮助他编写。恩格斯在定稿时曾部分引用过这些材料。

参阅卡尔·马克思《全集》第一卷第 1494—1526 页；及斯大林著的《辩证唯物主义和历史唯物主义》（1937 年）。（摘自《联共（布）党史》，巴黎，社会出版社 1950 年出版。）

[28] 列宁著《唯物主义和经验批判主义》，巴黎，社会出版社 1908 年出版。在这本书中，列宁阐述了一种彻底的唯物主义和现实主义："我们自己所属的、物质的、可以感知的世界，是惟一现实的，……我们的意识和思维，不论它看起来是多么超感觉的，总是物质的、肉体的器官即人脑的产物。物质不是精神的产物，而精神却只是物质的最高产物。"[①]他还说："外部世界和人类思维的运动的一般规律在本质上是同一的，但是在表现上是不同的，这是因为人的头脑可以自觉地应用这些规律，而在自然界中这些规律是不自觉地、以外部必然性的形式、在无穷无尽的表面的偶然性中为自己开辟道路的。"[②]这本书应当成为苏联正统马克思主义的基础。1908 年 3 月 24 日列宁在致高尔基的

---

① 《列宁选集》中文版第二卷第 84 页。——译者
② 同上，第 157 页。——译者

信中以"党人"的身分要求高尔基表明态度反对"危险的理论"，并向他的通信对象提议在"经验批判主义问题上持中立态度"。他说，这并不意味着搞"派别斗争"。

〔29〕 相反，无神论是与马克思的马克思主义本质联系在一起的。人们既可以是一个教徒和社会主义者，而且也可以是一个非教徒和马克思—列宁主义的信徒。

〔30〕 马克思在《政治经济学批判·序言》中说："法的关系正像国家的形式一样，既不能从它们本身来理解，也不能从所谓人类精神的一般发展来理解，相反，它们根源于物质的生活关系。"（《全集》第一卷第 272 页。）①稍后，他又说："生产关系的总和构成社会的经济结构，即有法律的和政治的上层建筑竖立其上并有一定的社会意识形式与之相适应的现实基础"，或者说是"人们借以意识到这个冲突并力求把它克服的那些法律的、政治的、宗教的、艺术的或哲学的，简言之，意识形态的形式。"（同上引书，第 273 页。）②

《德意志意识形态》一书有一章题为：《国家和法同所有制的关系》。一般说来，在马克思著作中，国家与法都是源自人民生活的物质条件，都是掌握国家权力的阶级的统治意志的表现。

〔31〕《资本论》第三卷第二册（社会出版社法译本第 102—104 页）中，马克思的这段话最有意义：

"股份公司的成立。由此：

1. 生产规模惊人地扩大了，个别资本不可能建立的企业出现了。同时，这种以前由政府经营的企业，成了公司的企业。

2. 那种本身建立在社会生产方式的基础上并以生产资料和劳动力的社会集中为前提的资本，在这里直接取得了社会资本（即那些直接联合起来的个人的资本）的形式，而与私人资本相对立，并且它的企业也表现为

---

① 《马克思恩格斯选集》中文版第二卷第 82 页。——译者
② 同上，第 83 页。——译者

社会企业，而与私人企业相对立。这是作为私人财产的资本在资本主义生产方式本身范围内的扬弃。

3. 实际执行职能的资本家转化为单纯的经理，即别人的资本的管理人，而资本所有者则转化为单纯的所有者，即单纯的货币资本家……

这是资本主义生产方式在资本主义生产方式本身范围内的扬弃，因而是一个自行扬弃的矛盾，这个矛盾首先表现为通向一种新的生产形式的单纯过渡点。它作为这样的矛盾在现象上也会表现出来。它在一定部门中造成了垄断，因而要求国家的干涉。它再生产出了一种新的金融贵族，一种新的寄生虫——发起人、创业人和徒有其名的董事；并在创立公司、发行股票和进行股票交易方面再生产出了一整套投机和欺诈活动。这是一种没有私有财产控制的私人生产。"①在马克思著作里，评论家甚至抨击文章的作者差不多就是一个经济分析家和社会学家。

[32]　马克思在《资本论》第三卷第五十二章（巴黎，社会出版社1960 年法文版第 259—260 页）中说："在英国，现代社会的经济结构无疑已经有了最高度的、最典型的发展。但甚至在这里，这种阶级结构也还没有以纯粹的形式表现出来。在这里，也还有若干中间的和过渡的阶段到处使界限规定模糊起来（虽然这种情况在农村比在城市少得多）。不过，这种情况对我们的研究来说是无关紧要的。我们已经看到，资本主义生产方式的经常趋势和发展规律，是使生产资料越来越同劳动分离，分散的生产资料越来越大量集中成群，因此，劳动转化为雇佣劳动，生产资料转化为资本。另一方面，适应于这种趋势，土地所有权同资本和劳动相分离而独立，换句话说，一切土地所有权都转化为适应于资本主义生产方式的土地所有权形式。

"首先要解答的一个问题是：什么事情形成阶级？这个问题自然会由另外一个问题的解答而得到解答：什么事情使雇佣工人、资本家、土地所有者成为社会三大阶级？

---

① 《资本论》中文版第三卷第 493、495—496 页。——译者

"乍一看来，好像就是收入和收入源泉的同一性。三大社会集团的成员，即形成这些集团的个人，分别靠工资、利润和地租来生活，也就是分别靠他们的劳动力、他们的资本和他们的土地所有权来生活。

"不过从这个观点来看，例如，医生和官吏也形成两个阶级了，因为他们属于两个不同的社会集团，其中每个集团的成员的收入都来自同一源泉。对于社会分工在工人、资本家和土地所有者中间造成的利益和地位的无止境的划分，——例如，土地所有者分成葡萄园所有者，农场所有者，森林所有者，矿山所有者，渔场所有者，——也同样可以这样说了。"①（手稿到此中断。——弗里德里希·恩格斯）

[33] 《1848年至1850年的法兰西阶级斗争》。这本书写于1850年1月至10月，1895年才以小册子形式以本题出版。该书大部分文章曾在《新莱茵报》头四期中刊登过。《新莱茵报》是一本经济和政治杂志，1850年初在伦敦创刊。法文版请参阅巴黎社会出版社1952年出版、卡尔·马克思著《法兰西阶级斗争》。

《路易·波拿巴的雾月十八日》是在1851年12月至1852年3月写成的，1852年5月20日由魏德迈第一次在纽约出版，1885年由恩格斯重版，1891年被第一次译成法文，并在里尔出版。法文本请参阅巴黎社会出版社1956年出版的卡尔·马克思著《路易·波拿巴的雾月十八日》。

[34] 马克思在《资本论》第一卷中写道："资本家狂热地追求价值的增殖，肆无忌惮地迫使人类去为生产而生产，从而去发展社会生产力，去创造生产的物质条件；而只有这样的条件，才能为一个更高级的、以每个人的全面而自由的发展为基本原则的社会形式创造现实基础。资本家只是作为资本的人格化才受到尊敬。作为这样一种人，他同货币贮藏者一样，具有绝对的致富欲。但是，在货币贮藏者那里，这表现为个人的狂热，在资本家那里，这却表现为社会机构的作用，而资本家不过是这个社会机构中的一个主动轮罢了。此外，资本主义生产的发

---

① 《资本论》中文版第1000—1001页。——译者

展，使投入工业企业的资本有不断增长的必要，而竞争使资本主义生产方式的内在规律作为外在的强制规律支配着每一个资本家。竞争迫使资本家不断扩大自己的资本来维持自己的资本，而他扩大资本只能靠累进的积累。"（《全集》第一卷第 1096 页。）①他还写道："节俭啊，节俭啊，也就是把尽可能多的剩余价值或剩余产品重新转化为资本！为积累而积累，为生产而生产——古典经济学用这个公式表达了资产阶级时期的历史使命。它对财富分娩的痛苦从来不迷惑，但对历史必然性悲叹又有什么用处呢？在古典经济学看来，无产者不过是生产剩余价值的机器，而资本家也不过是把这种剩余价值转化为追加资本的机器。"（同上引书第 1099、第 1100 页。）②

[35] 马克思的原话是这样的："在资本主义社会和共产主义社会之间，有一个从前者变为后者的革命转变时期。同这个时期相适应的也有一个政治上的过渡时期，这个时期的国家只能是无产阶级的革命专政。"（《全集》第一卷第 1429 页。）③1852 年 3 月 5 日马克思在给约瑟夫·魏德迈的信中（注 13 中已经提到）也用了这个提法。在《共产党宣言》中即使没有用原话，至少也有这个意思。"无产阶级将利用自己的政治统治，一步一步地夺取资产阶级的全部资本，把一切生产工具集中在国家即组织成为统治阶级的无产阶级手里，并且尽可能快地增加生产力的总量。"（《全集》第一卷第 181 页。）④

关于马克思和恩格斯曾多少次使用过无产阶级专政一词的问题，请参阅卡尔·德雷珀著《马克思和无产阶级专政》，应用经济科学研究所手册"S"辑，1962 年 11 月第 6 期。

[36] 马克思曾经和圣西门以及曼彻斯特自由派人士一起宣传把政治口号降格为经济口号。圣西门曾在《组织者》（第四卷第 197—198 页）

---

① 《资本论》中文版第一卷第 649—650 页。——译者
② 同上，第 652—653 页。——译者
③ 《马克思恩格斯选集》中文版第三卷第 21 页。——译者
④ 同上，第一卷第 272 页。——译者

中写道："在一个以用科学、艺术、工艺品实现繁荣为积极目的而组织起来的社会里"（以区别于尚武和神学社会），"确定社会前进方向这一最为重要的活动再也不是由那些负有政府公职的人所承担。它是由社会集团自己执行。此外，这一组织的目的和目标是如此地明确，如此地坚定不移，容不得人们乃至法律的随心所欲。在这种秩序中，负有各种社会职务的公民，即使负有最高职务的人，从某种角度来看，他们所起的也只不过是次要的作用，因为不管他们的职务多么重要，也不过是按照并非由自己选定的方向办事而已。这时，作为指挥作用象征的政府已不起作用或几乎不起作用。"（G·居尔维奇已在《现代社会学创始人教程》的《圣西门》一节的第 29 页中引用了这一段话。）

关于马克思的政治思想，请参阅马克西米利安·吕贝尔著《马克思著作中的民主观念》，载《社会契约》1962 年 7—8 月号；科斯塔·巴巴约阿努著《马克思和现代国家》，载《社会契约》1960 年 7 月号。

［37］ G·卢卡奇著《历史和阶级意识》，1923 年柏林出版，法译本由巴黎子夜出版社出版，收入《论据》丛书。

［38］ 详细分析请参阅本人的《马克思主义在二十世纪的影响》，工业经济社会研究及资料公司简报《研究》第 906 期，1965 年 1 月 1 日出版。

亚历克西·德·托克维尔

要想在自由中寻找别的什么东西的人,生来就是侍候人的。

——亚历克西·德·托克维尔《旧制度和革命》,
第一卷,第三章,第 217 页

托克维尔通常并不算在社会学思想启蒙者之列。不过我认为无视一项重大的业绩是不公正的。

但是，我专心研究他的思想还有另外一个原因。在对孟德斯鸠、奥古斯特·孔德和马克思进行研究时，我是把经济现象和政治制度（或国家）之间的关系放在分析的中心位置上，并总是以这些创始人对他们所处的社会所作的解释为出发点的。对现状的判断是我用来解释这些社会学家思想的原始根据。不过，在这一点上托克维尔既不同于奥古斯特·孔德，又不同于马克思，他既不像奥古斯特·孔德那样注重工业问题，也不像马克思那样首先着眼于资本主义问题，而是偏重于民主问题。

我作出这一抉择的最后一个原因是出于托克维尔构思他自己的使命的方法，用现代术语来说，就是构思社会学的方法。托克维尔先确定现代社会的某些结构上的特点，然后对这些现代社会的各种方式进行比较。而奥古斯特·孔德在观察工业社会时，虽然不否认由于国家和地区不同而有不太重要的差别，但他强调的是各工业社会之间的共同性。他为工业社会下了定义，并且认定只要从这个定义出发，就能指出整个工业社会的政治和精神组织的特点。马克思为资本主义制度下了定义，并确定了资本主义制度各社会中应当具有的某些现象。奥古斯特·孔德和马克思强调的是工业或资本主义整个社会的一般特点，忽视工业社会或资本主义制度的不太重要的差异，在这一点上他们是一致的。

托克维尔则恰恰相反，他看到了某些特征是与现代社会或民主社会的本质联系在一起的，但他也提到在这些共同的基础上可能建立多种政治制度。民主社会可以是自由的民主社会，也可能是专制的民主社会。美国的、欧洲的、德国的或法国的民主社会的性质可以而且应当有所不同。托克维尔是一个杰出的比较社会学家，他试图通过对各种属于同一类别、同一类型的社会的比较，找出最重要的东西。

在盎格鲁撒克逊国家里，托克维尔被认为是与十八世纪的孟德斯鸠同样重要的最伟大的政治思想家之一。他之所以在法国从未引起社会学家的注意，那是因为涂尔干的现代学派是得传于奥古斯特·孔德的，因此，法国社会学家注意社会结构现象，忽视政治结构现象，托克维尔未被看作大师之一，可能就是这个原因。

1. 民主与自由

托克维尔写过两本主要著作：《美国的民主制度》和《旧制度与革命》。他去世后，人们还出版过一本他回忆1848年革命、出任外交部长及通信和演讲集子。但是关于美国和法国的两本大部头著作才可以说是最重要的，是一本两部曲的两个组成部分。

关于美国的这本书旨在回答这样一个问题：为什么美国的民主社会是自由的民主社会？《旧制度和革命》则是想回答：为什么法国在朝民主演变、保持自由的政治制度的过程中，经历了那么多的苦难？

首先应当像我为奥古斯特·孔德确定工业社会的涵义、为马克思确定资本主义的涵义那样，确定民主或民主社会的涵义（这一点，在托克维尔的著作中几乎俯拾皆是），并以此为出发点。

然而，要完成这一任务实际上并不是没有困难的。托克维尔常常使用这一提法，但可以说从来没有严格地下过定义。

他常常用这个词来指某种社会类型多于指某种政权形式。在《美国的民主制度》中有一段话完全能够说明托克维尔的这种做法。

"如果你认为把人类的精神和道德活动转向物质生活的必需，并利用这种活动来生产物质福利是有益的；如果你认为理智比才能对人类更为有用；如果你的目的丝毫不是想创造什么英雄业绩，而只是想尽可能地形成一些息事宁人的习惯；如果你希望看到的只是缺点而不是罪恶，只要罪恶少些，宁可少一些伟大的行动；如果你满足于在一个繁荣的社会里生活而不是在一个光辉灿烂的社会里大展宏图；最后，如果你认为政府的目的不是给整个国家以尽可能多的力量和荣誉，而是给组成这一整体的每一个人以最多的福利，使他们免受贫困，那么你就得为平等创造条件，组成一个民主的政府。即使时间已不允许你再作选择，即使有一种超越人类的力量不考虑你的意愿已把你拽入两种政府中的一种，你至少也应尽量从中引出好的东西，懂得它的良知，了解它的恶习，努力缩小恶习的影响，发扬良知。"（《全集》第一卷第一册第256页。）

我认为这一段充满修词反衬、十分富于说服力的话反映了托克维尔的风格和写作特点，也反映了他的思想本质。

在他看来，民主就是地位平等。不存在等级和阶级的差别、组成集体的每一个人在社会上彼此平等的社会才是民主的社会。当然这不是说智力上的平等，因为这是荒谬的；也不是经济上的平等，因为在托克维尔看来这是不可能的。社会平等意味着不存在地位上的世袭差别，意味着人人都可以得到各种工作、各种职业、各种尊严和荣誉。因此，民主的思想既要求社会平等，又要求生活方式和水平趋于一致。

如果说这就是民主的要旨，那么，与一个平等社会相适应的政府就应当是托克维尔在别的章节里所称的民主的政府。如果集体的成员之间没有地位上的根本差别，那么理所当然，主权就应由全体成员来掌握了。

孟德斯鸠和其他古典著作者对民主也下过定义。如果说社会整体是至高无上的，那么人人参加治理者的选择和权力的行使就是民主社会即平等社会的逻辑表现。

此外，这种以平等作为社会准则、民主作为国家特点的社会，同时也是以最大多数人的福利作为主要目标的社会。这是一种不以强盛和荣誉为目的，而是以繁荣和安宁为目的的社会，是一种人们所称的小康社会。但是托克维尔出身望族，在评论现代民主社会时总是在严厉与宽容、出自内心的犹豫与出自理智的勉强赞同之间摇摆不定。[1]

如果现代民主社会的特点就是这样的，那么，我认为人们可以通过孟德斯鸠来理解托克维尔的中心问题了。托克维尔说过在写《美国的民主制度》一书时，他就是模仿着孟德斯鸠的。托克维尔的中心问题就是进一步阐述孟德斯鸠提出的许多问题中的一个问题。

在孟德斯鸠看来，共和政体和君主政体是，或者可能是一种温和的制度，在这种制度下，自由是受到保护的。专制政体，即个人专制政体，则在本质上不是一种温和的制度，而且不可能是一种温和的制度。但是，在共和政体和君主政体这两种温和的制度之间也还有一个基本的区别：平等是古代共和政体的准则，而现代君主政体，至少是法国的君主政体的本质却是等级和地位的不平等。因此，孟德斯鸠认为有两种方法，或在两种社会中民主能得到保障：一种是在古代的小共和政体中，这种共和政体的准则是道德，在这种共和政体下，每个人都是而且应当是尽可能平等的；另一种是在现代君主政体下，这是一些幅员辽阔的国家，它们的准则是荣誉，在这些国家里地位的不平等可以说就是自由的条件。实际上，只有当每个人都感到必须忠于自己的地位所要求的职责，国王的权力才不致蜕变为专断的权力。换句话说，在孟德斯鸠臆想的法国君主政体里，不平等既是自由的动力，又是自由的保证。

但是，在研究英国时，孟德斯鸠还研究了代议制这种他眼中的新现象。他发现英国的贵族热中于贸易，因此不怎么腐败。因而他观察到的是一种以代议制和重商活动为基础的自由君主政体。

托克维尔的思想可以被认为是孟德斯鸠的英国君主政体理论的发展。大革命后，托克维尔不能认为现代人所说的自由的基础和保证是地位的不平等，因为这种不平等的精神基础和社会基础已经不复存在，想恢复已被革命摧毁的贵族制的权威和特权是不明智的。

因此，邦雅曼·贡斯当所说的现代人的自由，正像孟德斯鸠所设想的那样，已不能以身分和地位的不同为基础了。地位的不平等已成为首要的事了。[2]

这样，托克维尔的论点就成了：既然自由不能以不平等为基础，那么它就应当以地位平等的民主现实为基础，并受到政府的保护。托克维尔认为他已在美国找到了这种政府的模型。

但是，他是怎样理解民主的呢？托克维尔并没有像现代社会学家们那样大书特书，也没有用几条标准为民主下过定义。但是，我认为用二十世纪的科学要求来明确他所称为自由的东西并不困难。我认为他的观点很像孟德斯鸠对自由的看法。

自由这一概念的首要之点是不存在专断。当权力按照法律行使时，人人就有了安全。但是不能轻信于人，因为没有任何人会有行使绝对的权力而不腐化的德行，所以不能让任何人有绝对的权力，应当像孟德斯鸠所说的那样，用权力来遏制权力，应当使决策中心、政治及行政机构多极化，让它们彼此取得平衡。而且鉴于每个人都具有彼此独立的性质，所以执政者在某种方式上就应当是被统治者的代理人或代表。换句话说，只要物质上许可，人民就应当自己管理自己。

因此，托克维尔的问题可以归纳为：各人命运趋向一致的社会在什么条件下才能不致陷入专制制度？或者说，怎样使平等和自由并存？但是托克维尔既有社会学的思想又有古典哲学的观点，他是通过孟德斯鸠获得这种古典哲学思想的。他追溯社会的状况，以弄清政治机构的状况。

然而，在深入进行研究之前，应当分析一下托克维尔对奥古斯特·孔德或马克思等同代人认为基本的东西的解释，因为这种解释正确地指导着他的思维。

据我所知，托克维尔并不熟悉奥古斯特·孔德的著作；他肯定听到人们谈论过他的著作，但看来孔德的著作在他的思想发展中并没有起过任何作用。至于马克思的著作，我不认为托克维尔也熟悉。《共产党宣言》在1948年比1848年更为出名，在1848年时它只不过是一个流亡布鲁塞尔的政治移民所写的小册子。没有证据能说明托克维尔熟悉这本自此之后名声大振、但在当时还是令人费解的小册子。

至于孔德和马克思认为的基本现象，即工业社会和资本主义，托克维尔谈及这些问题，这是不言而喻的。

在现代社会的首要活动是商业和工业活动这一可以说是明白不过的事实上，托克维尔是与奥古斯特·孔德和马克思一致的。他在谈论美国时说过，并且毫不怀疑欧洲各国也有这相同的趋势。尽管表达方法与圣西门、奥古斯特·孔德不同，他还是很自觉地拥护以军事活动为主的旧时社会，反对以大多数人的利益为目的和任务的当时社会。

他用许多篇幅描写了美国的工业优势，但丝毫也没有忽视美国社会的主要特征。[3]不过，托克维尔基本上是用与过去以及他的主要论点即民主的论点相比来阐述和介绍商业和工业活动这一优势地位的。

他尽量表明工业和商业不会重新形成传统形式的贵族政体。他认为，由于商业和工业活动而造成的财富不平等与现代社会的平等趋势并不矛盾。

首先，由商业、工业和动产形成的财富是可变的，如果能这么说的话。这种财富是不会在世代保持特权地位的家族里一成不变的。

其次，在企业主和工人之间不会产生过去社会里领主和农奴或佃户之间的那种等级关系。真正的贵族政体的惟一的历史基础是土地所有权和军事活动。

这样一来，在托克维尔的社会学观点里，财富的不平等，不管这种不平等是怎样的明显，与现代社会的地位根本平等这一特征并不矛盾。诚然，在有的章节里托克维尔曾经指出，如果在民主社会里有朝一日会出现贵族政体回潮的话，那么这种回潮将是通过企业主来实现的。[4]不过，总的说来，他并不相信现代工业会引出一个贵族政体。相反，他却认为财富的不平等将随着现代社会的越来越民主而趋于缓和。他尤其认为这些工业和贸易财富是不牢靠的，不会成为一种持久的等级结构的根源。

换句话说，从1835年起托克维尔就已经形成了一种既热情又无可奈何，而无可奈何又甚于热情的所谓"福利国家"或全面资产化的理论。这一理论是与马克思关于资本主义已发展到了灾难和末日阶段的观点截然相反的。

把奥古斯特·孔德、马克思和托克维尔这三个人的观点进行一番比较是很有意义的。第一种观点是今天那些专家治国论者的指导思想；第二种观点是昨天的革命家们所持的末日观点；第三种观点则是一种折中的观点，它主张建立一种每个人都拥有一些东西，大家，或几乎所有的人都想保持社会秩序的社会。

我个人认为，在这三种观点中，与六十年代西欧社会最接近的观点还是托克维尔的观点。还应当公正地说，三十年代的欧洲社会看来与马克思的观点更为接近，剩下的问题是九十年代的欧洲将接近于何种观点？

2. 美国的经验

在《美国的民主制度》第一卷里，托克维尔列举了美国的民主政体之所以是自由的民主政体的原因。这些原因使我们能同时弄清他持的理论所含的内容。

托克维尔用与孟德斯鸠十分相似的方法列举了三个原因：

美国社会的偶然的和特殊的地位；

法律；

习惯与风俗。

偶然和特殊的地位指的是：在地理上，美国的居民都是来自欧洲的移民，而且美国又没有邻国，也就是说没有敌对的或至少是值得担心的邻国。在托克维尔撰写该书前，美国一直有着得天独厚的条件，外交义务最小，军事危险也微乎其微。而且，这个社会是由具有先进文明、技术设备的人在一片辽阔无垠的土地上建立起来的。类似这种情况在欧洲是没有的。这些可以作为不存在贵族政体、优先发展工业活动的一种解释。

现代社会学有一种理论认为，形成与土地所有权联系在一起的贵族制度的条件是土地稀少。美国的疆域是如此辽阔，不存在土地稀少的问题，所以贵族所有制是不可能形成的。托克维尔著作中虽然也有此思想，但是我不相信他会认为这是他的许多解释中的最基本的一种解释。

实际上，他更强调的还是清教徒式的移民的价值体系、他们的平等和自由这两种意义。他构思了一个社会的特征是由它的起源形成的这一理论。美国社会保留了它的创始者——最初的移民的道德体系。

作为孟德斯鸠的得意门徒，托克维尔把这三种原因作了这样的区别：地理和历史地位不如法律重要，而法律则不如习惯、风俗和宗教重要。条件相同，风俗习惯和法律不同，就会出现另一种社会。他所分析的历史和地理条件都只不过是一些有利的因素，美国的民主制度之所以是自由的，其真正的原因在于有完备的法律，更有那些缺此即无自由可言的习惯、风俗和信仰。

美国的社会虽然不能为欧洲社会提供一个样板，但可以提供一些教益，向这些国家指明自由在一个民主社会里是怎样受到保护的。

人们可以用两种方法来研究托克维尔论述美国法律的那些章节。一种方法是提出托克维尔在何种程度上确切地理解当时美国宪法的作用的，又在何种程度上预见了它的变化的，换句话说，就是可能有一种有趣的、顺理成章的方法，即将托克维尔的解释与他所处的那个时代的人们所作的解释以及今天的解释作一番比较。[5]这种方法本人在此不作赘述。

第二种可能的方法的目的仅仅在于找出亚历克西·德·托克维尔对美国宪法所作的大体上的解释，以便从中找出与一般的社会学问题不同的意义：在一个民主社会里，最有利于保护自由的法律是什么？

首先，托克维尔坚持认为结构上的联邦性质使美国得到了好处。这种结构可以在某种方法上集中大小各州的优点。孟德斯鸠在《论法的精神》一书中曾经用了相当的篇幅谈过这个能够调动必要的力量确保国家安全，而又可避免人口高度集中所造成的弊病的原则。

托克维尔在《美国的民主制度》一书中写道:

"如果只有小国而无大国,人类自然可以更自由、更幸福。但没有大国这一点却又无法办到。这就使世界上出现了一种繁荣国家的新因素,即力量。一个民族如果终日面临着被蹂躏、被征服的威胁,那么它的自由自在的形象又有什么用处呢?如果自己的海域被别人控制、自己的市场被别人左右,那么善于制作、精于经商又有什么用呢?小国常常是贫穷的,其原因不在于小,而在于弱。大国常常是繁荣的,其原因不在于大,而在于强。所以,对一个国家来说,力量常常是幸福,甚至是生存的首要条件之一。因此,除了某些特定情况外,小国常常最终要么被大国粗暴地并吞,要么自己联合起来。再也没有比既不能自卫又不能自足的民族更为可悲的了。

"联邦制度就是为了集中大小各国的优点而建立起来的。人们只要看一下美利坚合众国就可以知道它采用这一制度后所得到的好处。在那些中央集权的大国里,立法者不得不使法律具有各个地区、各种习俗所不具有的统一的性质。立法者对特殊情况既不了解,只能按照一般规律行事,人们也就不得不屈从于法律的必然性,因为法律丝毫不能适应人们的需要和习俗。这就是混乱和贫穷的一大原因。这一弊病在州联盟中是不存在的。"(《全集》第一卷第一册第164—165页。)

因此,托克维尔对没有丝毫力量自卫的小国的生存可能性表示了某种悲观情绪。这一段话今天重读起来是很奇怪的,因为人们不知道按照作者的这一人类事务的观点,他所说的世界上许多无力自卫的国家究竟指的是什么。不过,或许他会重新修改这一一般的说法,再加上这么一句话:那些无法自卫的国家如果国际组织能够为它们的安全创造必要的条件的话,那么它们或许能够继续生存下去。

不管怎么样,托克维尔还是按照古典哲学家们的永恒信念坚持认为,为了拥有保证安全的必要的力量,国家必须相当之大,而为了使法律能够适应环境和情况的多样性,国家又应当相当之小。这两者只有在联邦或邦联制政体中才能得以结合。托克维尔认为美国人为自己确立的准则其最大的好处就在于此。

他具有卓绝的洞察力，看到了美国的联邦结构保证着财富、人员和资本的自由流通。换句话说，联邦的原则足以防止国内关税壁垒的形成，避免美国领土这一经济统一体的解体。

最后，托克维尔认为："威胁民主制度生存的两个主要危险是立法权完全屈从于选举团的意志及立法权集中了政府的其他全部权力。"（《全集》第一卷第一册第158页。）

这两种危险都是以传统的形式表现出来的。在孟德斯鸠或托克维尔眼里，民主政体不是说人民可以听任激情的驱使，代替政府作出决定。此外，托克维尔还认为任何民主制度都有集权的趋势，都有把权力集中于立法机构的倾向。

然而，美国的结构规定了立法权分别属于两个议会，设立了合众国总统一职。托克维尔当时认为这一职务不够重要有力，但却可以相对地免受选举机构或立法机构的直接压力。此外，在美国，法的精神替代了贵族制度，因为尊重司法形式有利于保卫自由。托克维尔还注意到了多党制，他准确地看到这些政党不像法国的政党那样是以意识信念为宗旨的，它们不提出相反的施政原则，而是代表关心对社会上出现的问题、有志于进行讲究实效的讨论的各种组织的。

托克维尔还提出有助于捍卫自由的另外两种半制宪、半社会性质的政治形式。一种是自由结社，另一种是由自由结社而出现的为数众多的自愿组织。村镇、市县甚至全州一旦有什么问题，就会有不少公民自动组织起来，探讨解决问题的方法。不管问题的重要性如何——是在小城镇里建立一所医院还是结束战争，都会有一个志愿的组织耗费自己的时间和钱财寻求解决方法。

最后，托克维尔还提到新闻自由问题。在他看来，新闻自由有各种弊病，如果报界滥用这种自由，它就很难不倒退到许可证制度。不过，他用与丘吉尔谈论民主时相似的口气说，只有一种制度比新闻许可证制度更坏，这就是取消这种许可证。在现代社会里，全面自由还是比全面取消这种自由更受人欢迎。在这两个极端之间，中间道路是绝对不存在的。[6]

托克维尔把风俗习惯和信仰归在第三种原因里。他不时把美国和欧洲进行明显的或不明显的比较，在比较中发展了自己著作中的中心思想。这一中心思想是与他对美国社会的解释相对而言的。

这个基本论点，归根到底就是说自由的条件是人的习俗和信仰，而习俗的决定因素是宗教。托克维尔认为美国社会就是能够把宗教意识和自由意识结合起来的社会。如果一定要找出美国的自由得以存在、法国的自由前途不稳的惟一原因，那么，托克维尔认为可能是因为美国社会能够把宗教意识和自由意识结合起来，而法国社会则备受教会与民主、宗教与自由之间相互对立之苦的缘故。

在法国，现代思想和教会之间的冲突是民主制度保持自由过程中遇到困难的根本原因。相反，宗教意识和自由意识之间的休戚相关则是美国社会最重要的基础。

他写道："为了确切表明盎格鲁—美国文明的性质，我已经作过不少论述。这种文明是两种完全不同的因素的产物（这一个根本出发点是应当经常想到的）。这两种因素在别的国家里往往是相互对立的，但在美国却能彼此融合，结合得很好。我说的这两种因素是宗教意识和自由意识。

"新英格兰的创建人既是狂热的派别主义者，又是充满激情的革新派，但他们却在某种宗教信仰里密切联系着，彼此不抱任何政治偏见，这就形成了两种不同的但又不是对立的倾向，人们可以很方便地在风俗习惯和法律里到处找到其痕迹。"

稍后，他又写道：

"这样，在道德领域里，一切都是安排就绪、互相协调并且都是预先规定和确定好了的。但在政治领域里，则一切都是动荡不定、颇多争议、前途未卜的。在道德上，人们虽然是自愿的，但又都是被动地服从着，

213

而在政治上人们往往强调独立、轻视经验、嫉妒任何权威。这两种倾向虽然表面上是对立的，但并不相互损害，它们步调一致，似乎还能相互支持。宗教看到人类在世俗的自由里很好地发挥了自己的才干；在政治领域里创世主为人类开创了发挥聪明才智的场所。宗教在自己的领域里是自由的、有力的，对自己的地位是满意的。它知道依靠自己的力量，不用别人的支持统治人们的心灵，自己的王国将会建设得更好。自由认为宗教是它的斗争和胜利的伙伴、童年的摇篮和权利的神圣源泉，它认为宗教保护着习俗，而习俗是法律的保证，是自由得以延续的保证。"（《全集》第一卷第一册第42—43页。）

撇开这些我们今天已经不用的笔调不说，我认为这段话是从社会学角度对"英美式"文明中宗教的严谨和政治的自由两者结合的方法所作的极佳解释。现代社会学家也许会把这些现象解释成更为精确的概念，也许还会作更多的保留或表现出更多的激情。不过托克维尔的果断也是颇为引人注意的。作为一个社会学家，他秉承了孟德斯鸠的传统，用通俗易懂的语言，力求使自己的思想具有文学的形式，而不是罗列概念，乱树标准。

还是在《美国的民主制度》一书里，托克维尔阐述了在法国宗教和自由的关系与美国的宗教和自由的关系是如何之截然不同：

"人们每天喋喋不休地对我表明在美国除了我所赞赏的宗教精神外，一切都是如何之好。我听说大洋彼岸的人，他们的自由和幸福中缺少的只是不相信斯宾诺莎的世界永恒论和不支持卡巴尼斯的头脑产生思想的学说。实际上，对此我只能回答说：讲这种话的人没有去过美国，他们遇到信教的居民不如自由的居民多，其他就无可奉告。那么我就等着他们去了回来罢。

"在法国，有些人认为共和体制是法国庄严伟大的权宜手段，他们用肉眼测量弊病和贫困与力量和财富之间广袤的距离，并想用废墟来填平这一沟壑。这些人是属于自由的人，而中世纪的独立骑士则是国王的人，即使在国旗下他们也还是为着自己而战。共和政体将相当长时期地存在下去，使他们摆脱低下的地位。不过我不是对他们说这番话的。

"但是，也有一些人认为共和政体是一种永恒、平静的状态。思想和习俗每天都在把现代社会引向这一必然的目标。这些人真诚地要使人们成为自由的人，他们出于激情而不是由于自私的利益而攻击宗教信仰。可以不要信念的只是专制政体而不是自由。"（《全集》第一卷第一册第307—308页。）

从某些方面来看，这段引人赞赏的话是典型的法国第三等级的话。第三等级是既支持或服从代议制，又反对反宗教激情的民主派，因而没有足够的力量行使政权。托克维尔是一个自由主义者，他希望民主派人士承认自由制度和宗教信仰必须联结在一起。

此外，根据他的历史知识和社会学的分析能力，他应当知道（他可能知道）这种调和是不可能的。在法国，天主教会和现代思想之间的冲突，如同英美文化中宗教与民主的水乳交融都是由来已久的。因此，既应当为这种冲突感到遗憾，同时又要从中找出原因。这种原因是很难消除的，因为自托克维尔写这本书的一个多世纪以来，这种冲突一直没有被消除过。

因此，托克维尔的基本论点是：在一个想实行自治的平等的社会里，每个人意识中都必须有一种道德纪律。每个公民都应当出自内心，而不仅仅是出于害怕受到惩罚而服从这一纪律。然而，在当时，托克维尔在这个问题上还是孟德斯鸠的学生，他认为比其他东西更能造就这种道德纪律的信念就是宗教信念。

此外，除了宗教感情的影响外，美国公民都很熟悉情况，通晓当地事务，都享受着免费的公民教育。最后，托克维尔还针对法国的行政权力集中，强调美国的行政权力下放的作用。美国公民习惯于在城镇一级解决集体事务，这就使他们得以在自己能够熟悉的有限范围内学习自治，并进而将此精神扩展至国家事务。

对美国民主的这种分析显然不同于孟德斯鸠援引的古代共和政体的

理论。但是托克维尔自己却认为他的现代民主社会的理论只是孟德斯鸠的观点的扩展和更新。

在《美国的民主制度》第二卷导言的一段话中，他把他自己对美国民主制度的解释和孟德斯鸠的共和政体理论作了一番比较。

他写道："不应当从狭义上来理解孟德斯鸠的思想。这位伟人要说的是共和制度只有通过社会对于自己的行动才能生存。他认为道德就是每个人对自己行使的防止侵犯他人权利的一种精神力量。人类战胜私欲，这是私欲或个人利益虚弱的结果。但是这一胜利在道德学家看来并不就是道德，只是回到了讲效果多于讲原因的孟德斯鸠思想而已。在美国，不是道德伟大，而是私欲渺小，反正，这是一码事。不是无私伟大，而是人们对私利理解正确，这也差不多是一码事。因此，尽管孟德斯鸠谈论的是古代道德，但他还是对的，而他就希腊人和古罗马人所说的一切对美国人也是适用的。"

这一段话有助于我们把托克维尔的现代民主理论和孟德斯鸠的古代共和制度理论的关系联结在一起。

当然，孟德斯鸠理解的共和制度和托克维尔理解的民主制度之间还是有本质区别的。古代的民主制度是平均主义的、注重道德的、朴素的和尚武的民主制度。公民们希望平等，因为他们不愿意优先考虑商业活动。现代民主制度则相反，从根本上来说，它是一个商业和工业社会，因此在这个社会里，私利不能不成为主导思想。现代民主制度当然必须建立在私利之上。因此，托克维尔认为，（孟德斯鸠所说的）现代民主的原则是私利，而不是道德。但正如上面那一段文章所指出的那样，在现代民主制度的原则（私利）和古代共和制度的原则（道德）之间，还是有某些共同之点的。那就是：在这两种情况下，公民们都应当服从道德纪律。国家的稳定是以风格和信仰对每个人的行为产生的巨大影响为基础的。

总的说来，在《美国的民主制度》一书中，托克维尔是具有孟德斯鸠风俗的社会学家，也可以说是具有孟德斯鸠给我们留下的两种风格的社会学家。

在《论法的精神》一书中，国家精神这一概念把一个社会的各个方面联结在一起。社会学的第一个目标，照孟德斯鸠的说法，就是要把握社会的整体。托克维尔肯定是想在美国把握这一国家的精神的，为此，他运用了孟德斯鸠在《论法的精神》一书中所区分的各种类型，把历史原因和现实原因、地理环境和历史传统、法律行为和道德行为区别开来，最后再把所有的这些因素集中起来，以确定一个独特的社会，即美国社会，按照抽象或概括的不同程度，综合运用各种不同的解释方法描绘了这个独特的社会。

以后我们还将看到托克维尔在《美国的民主制度》第二卷的分析中提出了社会学的第二个目标，并且使用了另外一种方法。他提出了一个更抽象的、概括程度更高的问题，即现代社会的民主问题。就是说，他为自己提出了对一个可以与孟德斯鸠在《论法的精神》第一部分中提到的政治制度相比拟的理想类型进行研究的任务。托克维尔从抽象的民主社会概念出发，提出了这种民主社会应当具有何种政治形式，为什么在这里具有这种形式而在别处却又是另一种形式等问题。换句话说，他先确定了一种理想类型即民主社会的类型，然后用比较的方法试图从各种原因，用他自己的话来说，从最一般的原因到最特殊的原因中把结果分离出来。

正像在孟德斯鸠的作品里那样，在托克维尔的著作中也有两种社会学的方法。其中一种成功地描绘了一个独特的社会的形象，另一种则提出了某种类型的社会的抽象的历史问题。

托克维尔绝不是美国社会怡然自得的欣赏者。他在内心深处保留着一个从他所属的那个阶级——法国贵族阶级处借来的价值等级观念。他对这一等级制度的文明贫乏很为敏感，他既没有用期待人类命运会变得好些的人的热情，又没有用看到社会解体的人的敌对情绪来反对现代民主制度。他认为民主制度的正确性是以为更多的人造福这一事实所证明的，但是这种福利既不光彩夺目，又不那么崇高伟大，它每前进一步都免不了遇到政治上和道义上的风险。

实际上，任何民主制度都会导致中央集权，因而会导致某种专制制度，有蜕化成个人专制的危险。民主制度还常常包含着多数派行使暴政的危险。任何民主制度都假设多数派总是对的，因而很难阻止多数派滥用胜利压迫少数派。

托克维尔还说由于那些想谋求职位的人为之吹捧的统治者不是君王而是一个普通的人，所以民主制度还会使奉承思想蔓延。吹捧一个平民的统治者并不比吹捧一个君王统治者更好一些，甚至还会更糟些，因为在民主制度下的奉承思想就像人们通常所说的那样颇能蛊惑人心。

此外，托克维尔对美国社会中的两大问题十分警觉。这两大问题是白人与印第安人、白人与黑人的关系问题。如果说有一个问题威胁着联邦的生存的话，那么，这个问题肯定是南方的奴隶问题。托克维尔是一个十足的悲观论者，他认为随着奴隶制的消亡以及白人和黑人在法律上平等地位的确立，习俗在这两个种族之间设立的障碍将会增多。

他认为归根到底只有两种解决方法：要么允许两个种族之间通婚，要么实行种族隔离。然而通婚必将遭到大多数白人的反对，而种族隔离在取消奴隶制后倒几乎是不可避免的。托克维尔预见了会发生可怕的冲突。

一段最典型的具有托克维尔风格的文章阐述了白人和印第安人之间的关系，使人听到了这位生性孤僻的人的声音。

"西班牙人把狗放出去，像捕捉野兽似的追捕印第安人。他们不加区别地、残暴无情地大肆掠夺新大陆和攻下的城市。但是要把一切都毁掉是做不到的，疯狂也总有一个尽头。幸免于难的印第安人后来被胜利者同化了，并接受了他们的宗教和习俗。相反，美国人对印第安人的态度则表现出形式上和法律上的最纯粹的爱。只要印第安人还处在野蛮状态，美国人就绝不干预他们的事务，并且把他们当作一个独立的民族来对待。美国人除用合同的方式手续正当地获得他们的土地外，绝不占领他们的寸土，而且，假如一个印第安人部落无法在自己的地盘上生活下去，那么他们就会伸出友谊之手把他们带出这一地方，让他们在他们父老的故土以外的地方度过余生。西班牙人空前残酷的手段和无法抹去的可耻行径既不能使印第安种族消灭殆尽，又无法阻挡他们分享自己的权利。合众国的美国人却轻而易举地、不声不响地达到这双重目的，而且又显得那么合法，那么慈善，既无流血事件，又不违反世人眼中任何一项重大的道德原则，只要更好地尊重人道的原则，人类是不会毁灭的。"（《全集》第一卷第一册第354—355页。）

在这段话里托克维尔没有遵循现代社会学家的不作重要的判断、不用讽刺嘲笑的规则。[7]这段话颇有贵族人道主义的特点。在法国，我们常常习惯于认为只有左派人士才是人道主义者。托克维尔则想表明在法国激进党人、极端共和党人不是人道主义者，而且是意识形态上狂热的、不惜准备用几百万人来殉他们思想的空想革命家。他谴责法国知识分子政党的代表——左派空想理论家，同时也谴责对已被最终消灭了的秩序始终耿耿于怀的贵族反动思想。

托克维尔是一个一面写作一面不停作出判断的社会学家。就这个意义上来说，他属于不作评论就无法分析各种制度的古典政治哲学家传统。

在社会学史上，他很接近于莱奥·斯特劳斯所解释的古典哲学。[8]

亚里士多德认为，人们如果不把暴政看成是离最好的制度最远的制度的话，就无法确切地解释暴政，因为现象的实在性是和它的质不可分割的。想不作评论地描述一种制度实际上就是缺少了组成这种制度的各种因素。

托克维尔没有和这种做法决裂，他对美国的描写也就是对各种导致自由在一个民主社会里得到捍卫的原因的解释。他在描写中还指出了时刻威胁着美国社会平衡的东西，这些话本身就意味着一种评论，而且托克维尔并不认为通过描述，并在描述里作一番评论有什么违背社会科学准则的地方。如果有人问他，他可能就会像孟德斯鸠或者亚里士多德那样回答说，如果描述不包含与描述有内在联系的评论的话，那么，这种描述就不可能是忠于事实的，因为一种制度之所以这样是由它的性质所决定的。暴政只能作为暴政来描写。

3. 法国的政治悲剧

《旧制度和革命》代表了一种可以与孟德斯鸠在《罗马盛衰原因论》中所表示出来的意图相比拟的意图。它试图用社会学的观点来解释这种历史事件。

托克维尔理解社会学解释的界限就像孟德斯鸠一样明确。他们两人实际上都认为重大事件要用重大的原因来解释，而事件的细节则是与结构的情况不可分割的。

托克维尔一面想着美国，一面研究法国，并已达到相当程度。他力求弄明白为什么民主的法国，或者看上去是民主的法国要成为政治上自由的社会会有这么多的困难。至于美国，同样，他力求找出这一相反现象的原因，即找出这个社会由于它的民主性，或虽然这个社会有民主性，为什么又能保持政治上自由的原因。

《旧制度和革命》是从社会学角度对一次历史危机所作的解释。它的目的是使这些事件明白易懂。开始时，托克维尔是用一个社会学家的方法观察和论证问题的。他不承认革命危机是一个纯粹的偶然事件。他断言旧制度的机器在被革命风暴卷走的时候就已经衰败不堪了，他还说革命危机是有它的特征的，因为它是按照宗教革命的方式进行的。

"以这个世界为目标的法国革命正是用以另一个世界为目标的宗教革命同样的方式进行的。它在各种特定的社会之外抽象地研究公民，这与宗教不分地点和时间从整体上研究人类也是相同的。法国革命不仅仅研究法国公民特定的权利，而且也研究人类的一般政治义务和权利。正是由于总是这样地往上追溯社会和政体上较不特殊、因而也可以说是最自然不过的东西，所以革命能为大家所理解，并且到处被模仿着。"（《全集》第二卷第一册第89页。）

政治危机和宗教革命的这种巧合似乎是现代社会许多伟大革命的一个特点。1917年的俄国革命在托克维尔派社会学家看来，同样具有本质上是宗教革命这样一个特点。

我认为，可以把这一论点进一步延伸为：任何政治革命当它希望具有普遍适用的意义的时候，并且自诩为是拯救全人类的道路的时候，都具有某种宗教性质。

为了确切表明自己的方法，托克维尔还说："我说的是阶级。只有阶级才能占据历史。"这句话是摘录来的，然而我可以肯定，如果有一家杂志把这句话发表出去，并且还带上从哪里摘来的这么一个问题，那么，十之八九的人会这样回答：卡尔·马克思。在这个论点之前，他还说了一句："毫无疑问，他们可以叫大家来反对我。"（同上引书第179页。）

托克维尔提到能起决定性作用的那些阶级是：贵族阶级、资产阶级和农民阶级，附带还有工人，因而他区分的这些阶级介于旧制度的等级和现代社会的阶级之间。不过，托克维尔没有提出抽象的阶级理论，没有为这些阶级下过什么定义，也没有列出它们各自的特点。他是为了解释各种事件才在大革命时期列出旧制度时期法国的主要社会集团的。

于是，托克维尔就从中提出这样一些问题：旧制度的全部机器在欧洲都已衰败，为什么革命却只发生在法国？哪些主要现象能说明这一事件？

《美国的民主制度》一书已经对第一个问题作了间接的研究，那就是中央集权和管理上的单调划一。诚然，旧制度下的法国，外省和当地在立法和管理上是千差万别的，但是由总督代王室行使的管理却越来越有力，因而差别只不过是在苟延残喘罢了。早在革命风暴发生之前，法国已由中央集中管理，行政上单调划一了。

"制宪议会轻而易举地一下子把法国旧有的全部小王国——其中有不少甚至比君主政体本身还要古老——摧毁殆尽，并且像对待新大陆的处女地那样，先后把王国分成八十三个互不相干的部分，对此人们感到惊讶。没有什么比这更能使对这种场面毫无准备的欧洲其他国家感到震惊甚至恐惧的了。帕克说道：'人们还是第一次看到这些人用这样野蛮的方法把自己的祖国弄得支离破碎，就好像是活生生地把人撕成碎片，因为只有对死者才能碎尸。'

"就在巴黎用这种方法在外部获得至高无上的权力的时候，它自己也发生了另一个变化，同样值得在历史上引人注目。巴黎从仅仅是一个交换、贸易、消费和娱乐的城市变成了一个生产和制造的城市。这第二件事为第一件事增添了新的、更加美妙的特点……

"虽然旧制度的统计资料常常不值得人们相信，但我还是认为可以无须担忧地断言：在法国大革命前的六十年里，巴黎的工人人数增加了一倍多，而在同一时期内全市的总人口只增加了三分之一多一点。"（《全集》第二卷第一册第141—142页。）

说到这里，人们会想到 J·F·格拉维埃所写的《巴黎和法国的荒漠地区》[9]一书。托克维尔认为，在十八世纪末以前，巴黎就已经是法国的工业中心了。重视巴黎大区和防止工业在首都集中并不是今天才开始的。

其次，由中央管理、到处都越来越执行着同样的规章制度的法国社会，可以说已被弄得支离破碎了。法国人不能讨论自己的事情，因为缺少形成政治团体的基本条件——自由。

托克维尔用纯社会学的方法描写了涂尔干所说的法国社会的解体。由于没有政治民主，各特权阶级，尤其是全国各不同阶级之间的团结无法形成。丧失了历史作用，但仍保持着特权的旧时代的特权集团和在新社会中起着决定作用、但和旧的贵族谈不到一起的集团处于分离状态。

他写道："人们在十八世纪末还可以看到贵族和资产阶级在风度上的区别，因为没有什么东西会比人们称之为风度的这种表面习俗等同得更慢了。然而，实际上所有高居平民之上的人都是很相像的。他们思维相同，习惯相同，口味相同，兴趣也相同。他们读同样的书，讲同样的话。他们之间的不同只是权利的不同而已。这种相同的程度是否能在别的什么地方也可以看到，我很怀疑，甚至在英国也看不到。在英国，各阶级虽然由于共同的利益而相互牢固地联结在一起，但思想和习俗还是常常使他们彼此有别，因为政治自由有巨大的力量在公民间建立必要的联系和相互依存的关系，不会常常为此使大家彼此相似。个人统治才会随着时间的推移造成人与人彼此相似、对别人的命运无动于衷这样一个不可避免的结局。"（同上引书第146页。）

这就是托克维尔用社会学的方法对法国所作的分析的中心所在。法国各特权阶级既有等同划一的一面，又有彼此分离的一面。它们虽然实际上彼此相似，但由于特权、风度和传统的不同而彼此分离。政治上缺乏民主使它们无法达到对政治团体的健康发展必不可少的那种团结一致。

"阶级分裂是旧的君主政体的一条罪状，但后来却成了旧的君主政体为自己辩白的理由了。因为当国家的那一部分富有的和有教养的人在政府里不能融洽相处、彼此相助的时候，那么由政府来管理国家是不可能了，这时就必须有一个人出来主宰一切。"（同上引书第166页。）

这一段话是重要的，我们从中可以看到具有孟德斯鸠和托克维尔特点的、多少带有贵族色彩的治理社会的观点。一个国家只能由这个国家里富有的和有教养的那一部分人来治理。这两个著作家毫不犹豫地把这两个形容词一起用上了，他们这样做并不是为了蛊惑人心，因为在他们看来用这两个词是理所当然的。他们也不是妄自尊大，因为他们认为这种现象是顺理成章的，他们是在没有物质手段的人就没有受教育的机会的时代里写他们的书的。在十八世纪，只有国家的那一部分富有的人才有可能受教育。

此外，托克维尔认为他已经观察到了，我也认为他已经正确地观察到了，法国大革命初期（我个人还想补充说是在法国所有的革命的初期）的一种特殊现象，就是法国各特权阶级在治理国家的方式上不能取得一致的意见。这一现象说明了为什么制度会经常发生变化。

我认为对法国政治特点的这种分析是十分透彻的，可以适用于十九世纪和二十世纪全部法国政治史。这样人们就懂得了在十九世纪乃至二十世纪近期法国是西欧国家中经济上和社会上变化最少，而政治上波动最多的国家这一奇怪的现象了。"经济-社会上"的守旧和政治上的动荡这两者共存是很容易被托克维尔的社会学观点解释明白的。但如果要在社会和资料中逐点找出这两者的联系那就比较困难了。

"六十年前当分割旧法国社会的各阶级在被种种障碍弄得长期彼此割裂之后开始了接触时，它们首先是在彼此的压痛点上接触的。它们处在一起只是相互厮杀，即使在当代（即一个世纪前）它们还在彼此嫉妒、彼此仇恨着。"（同上引书第167页。）

托克维尔对法国社会所作的解释的中心点是：在旧制度末期，法国既是欧洲所有国家中最民主的（按照托克维尔对这一词所赋予的意义上来说的）国家，就是说是地位划一、个人和集团的社会平等最受责难的社会，又是政治自由最少、凝固在越来越不适应现实的传统机构里的社会。

要是托克维尔能创建一种现代革命的理论，那么他提出的肯定是一种与马克思主义观点不同的、至少是与社会主义革命应当在生产力发展以后，在一个私有制社会内部发生的这样一种观点不同的观点。

他暗示，甚至多次明确地写道，在他眼里现代的伟大革命就是那些标志着从旧制度到民主制度过渡的革命，换句话说，托克维尔关于革命的观点基本上都是着眼于政治的。旧时代的政治机器反抗现代民主运动，到处引起革命的爆发。托克维尔还说，这种革命不是在情况不好的时候，而是在情况较好的时候爆发的。[10]

他一刻也没有怀疑俄国的革命与其说符合马克思的设想倒不如说更符合他自己对革命的政治设想。俄国的经济在十八世纪八十年代开始上升。从1880年到1914年，俄国是欧洲国家中经济增长率最高的国家之一。[11]此外，如同法国大革命之对于王朝制度一样，俄国革命是以反对旧制度的政治机构开始的。如果有人以在俄国夺取政权的政党是一个自称具有一种完全不同的意识形态的政党来反驳的话，他就会说，在他看来，民主革命的特点就是自称自由而在实际上却试图实行政治和行政上的集权。托克维尔毫不费力地把这些现象纳入了他的体系，并多次提到建立一种力图管理整个经济的国家的可能性。

用他的理论观点来说，俄国革命是社会民主化阶段上旧制度的政治机构的崩溃。这次革命的爆发得益于战争的延长，它导致了一个自称具有民主理想而又彻底推行行政集权、国家管理整个社会这种思想的政府的产生。

研究法国大革命的史学家们经常在这两种选择上犹豫不决：法国大革命是一场灾难呢，还是一件好事？是一种必然呢，还是一个偶然事件？托克维尔对这两个极端的命题都不同意。他认为法国大革命显然不是一个完全偶然的事件。如果人们认为民主运动总有一天会把旧王朝的机器卷走，那么大革命就是必然的。但就其确切的形式和各个插曲的细节来说，它又不是必然的了。它是一件好事还是一场灾难？托克维尔可能会说两者兼而有之，更确切地说，他的书中有右派人士抨击法国大革命的各种材料，同时也有怀着事情为什么不以别的形式发生的忧伤的地方，以"历史的"或"不可避免的"这样的字样来说明已经发生的事件。

对法国大革命的抨击首先涉及十八世纪称之为哲学家、二十世纪称之为知识分子的文人。这些哲学家、文人或知识分子常常相互攻讦。托克维尔评论作家们在十八世纪的法国和在大革命中的作用就像今天我们带着或是赞赏或是遗憾的态度继续评论着他们的作用一样。

"作家们不仅仅把自己的思想灌输给参加大革命的平民，而且还把自己的性格、情绪传给了他们。在作家们的长期熏陶下，再加上人们生活在对交际一无所知的环境中，又没有别的领路人，因此国人读了他们的书后，最终就把自己的本能、气质、兴趣乃至天然生就的怪癖与写这些书的人联系在一起了。这样，当国家需要行动时，它就把文学上的全部习惯带到政治生活中来了。

"我们在研究大革命史时，可以看到大革命正是在与支配作家们写出许多关于治理国家的抽象的书本相同的意图支配下进行的。对一般理论、完整的立法制度和法律中准确的对称性有同样的爱好，对现存的东西同样藐视，又同样相信理论，同样喜欢机构中有独特、新奇、富有创造性的东西，同样希望既按照逻辑规则又按照独特的计划重组政府而不是局部调整。这种景象真令人吃惊！因为作家身上的优点有时就是政治家身上的缺点，这些相同之点常可使人写出许多漂亮的文章，也可以导致伟大的革命。"（《全集》第二卷第一册第200页。）

这一段话曾经是一派文学的源泉。例如，泰纳的《现代法国的起源》一书几乎就是作家和文人的恶劣作用这一思想的发展。[12]

托克维尔分析了他称之为"根本无宗教信仰"的观点，从而发展了对法国大革命的抨击。这种观点曾经在法国一部分地区流行。托克维尔认为宗教精神和自由精神的结合是美国自由民主制度的基础。与此相反，他在《旧制度和革命》中却揭示了一种相反的情况。[13]意识形态上已经变得民主了的法国的那一部分人不仅失去了信念，而且变成反教权主义、反宗教的了。此外，托克维尔还声称他十分崇敬旧制度里的神职人员，[14]并公开、大胆地对不能维护，至少是不能部分地维护贵族在现代社会中的作用表示遗憾。

这一论点算不了什么时髦的思想，但却很有托克维尔的特点。

他写道："读了（贵族阶级向全国三级会议提交的）陈情表后，人们可以在贵族的偏见和怪癖中感觉得到它的思想和某些高尚的优点。人们不是使贵族向法律的帝国折服，而是打倒它，使它失去生存的基础，对此我们应当始终感到遗憾。国家就这样失去了一部分必要的精髓，自由就遭到了永远也治愈不了的创伤。一个几世纪来一直走在前面的阶级在长期运用这种无可争辩的荣誉中养成了心灵上的某种自豪感，对自己的力量自然充满信心，习惯于被人当作社会的中坚力量予以重视。它不仅自己具有刚毅的习性，而且还以自己的榜样使其他阶级增添活力。把贵族连根铲除甚至连它的敌人也为之震惊。没有任何力量能够完全代替贵族阶级，贵族阶级自己也不会复生，它可以重新取得头衔和财产，但却不会再有先辈们的精神了。"（《全集》第二卷第一册第 170 页。）

这一段引语在社会学上的意思是：为了捍卫民主社会里的自由，人们应当有自由感，并爱好自由。

贝尔纳诺斯用许多篇幅写道：光有选举、政党、议会等一套自由的机器是不够的，人们还应当对独立具有某种兴趣，对政权有某种反抗精神，这样，自由才能成为名副其实的自由。他的这些话虽然肯定不如托克维尔的分析那么精确，但得到的结论是相同的。

托克维尔对大革命所作的评论，以及激励他写出这些话的情绪，完全是奥古斯特·孔德所说的离经叛道的评论和情绪。在奥古斯特·孔德眼中，制宪议会的意图是行不通的，因为它想把旧王朝的神权机构和封建机构与现代的机构糅合在一起。孔德以惯常的不妥协口气断言，把思想方法根本不同的机构糅合在一起是不可能的。托克维尔确切希望的倒不是民主运动不要把旧法国的政治机构卷走，虽然这一运动是不可抗拒的，而是希望尽可能地以君主政体的方式和贵族精神的方式把旧制度的政治机构保留下来，为捍卫以谋求福利和社会革命为己任的社会中的自由作出贡献。

在孔德这样的社会学家看来，制宪议会式的糅合在一开始就是不可能的，而托克维尔派的社会学家则认为这种糅合是否可能还无法肯定，然而毕竟是合乎冀望的。从政治上来看，托克维尔对第一次法国革命即制宪议会革命是赞同的，他怀念的也是这个时期。在他眼中，法国革命和法国的伟大时期是法国人充满信心和无限希望的 1788 至 1789 年。

"我认为在任何历史时刻，在地球上的任何地方都看不到有这么多的人如此真诚地热中于公众利益，真正地忘却了自己的私利，如此专心地凝视着一个伟大的目标，并坚决为实现这一目标而不惜以生命中最宝贵的东西去冒险。他们努力征服自己以摆脱心灵深处的狭隘情感。这是热情、勇气和牺牲精神的共同源泉。实现法国大革命的所有的伟大行动都出于这个共同的源泉。这一场面是短暂的，但它的美妙之处是无可比拟的，人们永远也不会忘记这一情景。所有的国家都看到了这一情景并为之喝彩、深为感动。在欧洲，看不到这一壮举、不被这一壮举激起崇敬之意的地方，即使是极偏僻的角落也是没有的，无须寻找。在研究大革命的现代学者为我们留下的数量众多的专题著作里，我从未发现有什么地方没有留下 1789 年这最初几天的不可磨灭的痕迹。大革命荡涤着各处，传播着青春的活力和纯正的激情，我敢说在这世界上没有任何一个别的民族能做出这样的壮举。我深谙自己的民族，深知它的错误、缺点和贫穷，但我也知道它能够做些什么。有些事情只有法兰西民族能够设想，有些宽宏大量的决定也只有它敢于作出。有些时候，只有法兰西民族才愿意承担人类的共同事业，并为之战斗，即使跌入了深渊，它还能令人折服地一跃而起，并一下子登上其他民族永远也登不上的高度。"（《全集》第二卷第二册第 132—133 页。）

这里，我们可以看到一向被人视为批评家的托克维尔，——实际上他确实是法国的批评家，他曾经把法国的发展和盎格鲁-撒克逊国家的发展作过比较，并为法国没有与英国或美国相似的历史而感到遗憾——是怎样同时准备把自我批评变为自我颂扬的。"只有法国……"这一词语会使人想起论述法国独特使命的演讲。托克维尔试图使各种事件在社会学的角度上易于为人理解，但在他的著作中，正像在孟德斯鸠的著作中一样，还有民族性意识这一背景。

这种民族性是以确切的方式出现在他的著作中的。在论述文人的这一章里（第三册第一章），托克维尔没有用民族性来作解释。相反，他断言知识分子的作用与法兰西的民族精神毫无关系，只能用社会地位来解释。正是因为没有政治自由，因为他们没有参加实践，对治理国家的真谛一无所知，所以，这些文人已为抽象的理论弄得晕头转向了。

托克维尔的这一章是一篇论述知识分子在实现现代化过程中的社会作用的分析的蓝本。这种分析目前十分风行。文章说在这种社会里，知识分子醉心于意识形态，而对治理国家的问题确实毫无经验。

反之，当谈及法国大革命和它的辉煌时期时，托克维尔则倾向于用孟德斯鸠的笔调作某种概括的描绘。这种概括的描绘是对一个集体的行为方式所作的描述，而不是把这种行为方式作为最新的解释，因为这种行为方式既是一个结果，又是一个原因。但是，这种概括的描述已经相当新颖、相当独特了，足以使这位社会学家在写完这篇分析时把他所得到的观感凑成一幅完整的图像。[15]

《旧制度和革命》第二卷讲的是事件的后半部分，即大革命。书中研究了人和偶然事件的作用。在已经出版的注解中对这些角色和个人的说明颇多。

"最使我吃惊的倒不是甘愿为大革命出力的人所表现出来的才干，而是违心地促使大革命到来的人所表现出来的罕见笨拙。法国大革命的非凡伟大，它的即使在天涯海角也都能看到的光芒，以及震撼所有的民族的力量，使我在研究这一事件时深为惊异。

"我还研究了为大革命出过许多力的宫廷。我看到了一些可以在历史上看到的最普通的情景：浑浑噩噩、笨拙无能的大臣，放荡不羁的神甫，轻浮的女人，贪婪大胆的阿谀奉承者，还有一位只有虚伪的、危险的道德的国王。可是我发现正是这些小人物为这一壮举提供了方便，促进和加速了这一壮举的成功。"（《全集》第二卷第二册第116页。）

这篇光辉的文章的价值不仅仅在文学方面。我认为它包含了托克维尔如能写完这本书本来可以提出的全部观点。他先是作为社会学家对起源进行了研究，指出革命前的社会是怎样在很大程度上由于它自己的整齐划一和集权管理的方式而为革命的社会作了准备的。以后他又试图密切关注事情的发展，同时又不忽视孟德斯鸠和他本人都认为是历史的这一东西，即在特定的环境中发生的事情：一连串偶然事件的会合，或由个人作出的、别人也可另有想法的决定。这里有两个情景，在一个情景里可以看到历史运动的必然性，在另一个情景里可以看到人的作用。

托克维尔认为，基本的事实是制宪议会的失败，即贵族阶级或君主政体的道德观与民主运动结合的失败。在他眼中，谋求政治平衡的困难就在于这一结合的失败。托克维尔认为，他所处的那个时代的法国需要一种君主政体，但他又觉察到君主制意识的弱点，认为只有结束中央集权和行政划一才会有政治自由的稳定，然而，这种中央集权和行政管理上的专制主义又是与民主运动联系在一起的。

这篇文章还分析了美国民主制度的自由使命，指出了民主法国缺乏自由的危害。

托克维尔用一句十分明显地流露出中间派人士的政治态度，并对极端派持抨击态度的话写道："总而言之，到目前为止，我还认为一个有着良好教养、良知和善意的人，在英国是能成为激进派的，但我从不认为在一个法国激进派人身上会同时具有这三种品质。"

三十年前，在谈论纳粹党人时，这种笑话是相当流行的。德国人都是很聪明、老实和亲希特勒的。但他们也只有两种品质。托克维尔所说的是一个有着良好教养、良知和善意的人在法国成不了激进分子。一个激进分子，如果他有良好的教养和善意，就不会有良知，如果有了良好的教养和良知也就不会有善意。

自然，从政治上来说，由于爱好不同，各人会对良知作出截然不同的判断。奥古斯特·孔德会毫不犹豫地说托克维尔怀念制宪议会的糅合是缺乏良知的。

4. 民主社会的理想类型

《美国的民主制度》第一卷和《旧制度和革命》发展了亚历克西·德·托克维尔社会学方法的两个方面：一方面描绘一个特定的社会，即美国社会；另一方面用社会学的观点解释一个历史危机，即法国大革命。《美国的民主制度》第二卷则是第三种方法的写照，很能表明作者的特点：建立某种理想类型，即民主社会，并从这一类型中推理出未来社会的某些趋势。

《美国的民主制度》第二卷在使用的方法和提出的问题上与第一卷不同，所谈的几乎都是所谓精神经验。托克维尔凭着民主社会是阶级差别逐渐消失、生活条件日趋整齐划一而形成的这一点，想象出民主社会的结构和特点，并先后提出以下四个问题：智力运动会从中引出什么结果？美国人的感情会从中引出什么结果？本义上的习俗会从中引出什么结果？政治社会又是如何？

这件事本身就是很困难的，甚至可以说是带有冒险性的。首先就是没有说明，人们是否通过民主社会的结构特点就能确定智力运动将会变得怎样或习俗将会变得怎样。

如果设想有一个阶级和地位差别都几乎消失的社会，那么人们是否就能预先知道宗教将会变得怎样？议会里的侃侃而谈、诗歌、散文又将变得怎样？然而这些就是托克维尔提出的问题。用现代社会学的行话来说，这些问题是属于知识社会学范畴的。社会环境在多大程度上能决定各种智力活动的形式？这种知识社会学既有抽象性又有偶然性。在将来，各种民主社会里的散文、诗歌、戏剧和议会的慷慨陈词毫无疑问将和过去几世纪里的这类智力活动一样，都是不均一的。

此外，托克维尔作为基点的民主社会的结构特点，其中一部分可以与美国社会的特殊性联系在一起，另一部分则与民主社会的本质不可分割。这种模棱两可性使托克维尔对他自己提出的问题所作的回答有多大的普遍意义无法确定。[16]

对第二卷中提出的问题，它们的答案有时是一种趋势，有时则是一种选择。民主社会的政治要么是专制的，要么是民主的，用这种泛泛的词句提出的问题有时甚至找不到任何答案。

对《美国的民主制度》第二卷的评论众说不一。这本书刚出版，一些评论家就不像对待第一卷那样予以青睐，但是我们可以说托克维尔在各方面都超过了自己的水平，与原来的他不可同日而语。他表现出可以根据少量事实就能重新构思或推断的卓越才能。对此，社会学家颇为赏识，而史学家们却常为之感到遗憾。

该书的第一部分论述了民主社会对智力运动的影响。在这一部分里，托克维尔列举了对各种思想、宗教和诗歌、戏剧、口才等各种文学类别的态度。

第一册第四章的题目是《为什么美国人从来没有像法国人那样热中于政治上的一般思想》。（《全集》第一卷第二册第 27 页。）这个题目使人想起托克维尔常常喜欢使用的把法国人与美国人进行比较的做法。

对于这个问题，托克维尔是这样回答的：

"美国人组成了一个民主的民族，这个民族总是自己管理着自己的公共事务。我们虽然也是一个民主的民族，但长期以来只是在为寻找最好的指导公共事务的方法而冥思苦想。我们的社会状态已使我们臆想出治理国家的一般思想，但是我们的政治结构却妨碍着我们用经验来修正这些思想，并逐步发现其中的不足之处。然而，在美国，这两件事却是不断彼此平衡并自然地相互纠正的。"（同上引书第 27 页。）

这种解释是知识社会学的解释，又是一种简单的经验论的解释。法国人对意识形态很有兴趣，因为几个世纪以来，他们都未真正地关心过公共事务，因而这种解释意义重大。一般说来，青年学生的政治理论多于政治经验。我个人也是这样，即使在我的政治理论最成熟的时候，我对怎样搞政治还是没有一点经验。这几乎是一些个人和整个民族"政治—意识形态"行为的规律了。

在同一卷的第五章里，托克维尔就不同社会的宗教信仰问题作了阐述。他对民主的本能和宗教信仰的方式之间的关系的分析更为深刻，不乏兴味，但也很偶然。

"上面我说过平等使人具有十分笼统、十分广博的思想，这一点主要是指宗教方面。相似的、平等的人很容易产生只有一个上帝的观念，这个上帝要众生恪守同样的戒律、又使他们以同样的代价来享受未来的幸福。人类统一性的思想不断把他们引导到造物主统一性的思想上来。与此相反，彼此分离、极不相似的人必然会因有多少民族、种姓、阶级和宗族而创造出多少神明，并且通过千百种不同的道路进入天堂。"（同上引书第30页。）

这一段引文表明了知识社会学的另一种解释方法。越来越多的、不包括在不同集团里的个人，他们的日益整齐划一，促使他们产生人类的统一性和造物主的统一性的思想。

这种解释在奥古斯特·孔德的著作里也有，不过当然要简单得多了。这种概括的分析理所当然地使许多史学家和社会学家为之茫然。

托克维尔还指出民主社会倾向于相信人性的无限可完善性。在民主社会里，社会是可变的，每个人都有希望在等级社会中提高自己的地位。一个升迁有望的社会必然会使人在哲学上产生整个人类都有类似的升迁机会的思想。在贵族社会里，人的社会地位是与生俱来的。这种社会不太相信人的无限可完善性，因为这一信念是与贵族社会赖以存在的意识形态方式相矛盾的。相反，进步的思想几乎是与民主社会共存的。[17]

在这种情况下，不仅有从社会组织向某种意识形态过渡的问题，而且还有社会组织与意识形态之间的密切关系问题。后者是前者的依据。

在另一章里，托克维尔还指出美国人喜欢在应用科学方面甚于在基础科学方面显示自己的才华。这一说法在过去一个长时期里是正确的，但今天已经不对了。托克维尔以他独特的笔调指出，一个本质上关心福利的民主社会对基础科学的关心应当与贵族色彩更浓的社会不同，因为在贵族社会里，从事科学研究的人都是有闲的阔佬。[18]

还可以举出他对民主政体、贵族政体与诗歌的关系的描述。[19]下面这段话清楚地表明了抽象想象力的作用。

"贵族政体必然会使人留恋过去、裹足不前。民主政体则相反，它使人对旧的东西产生某种本能的厌恶，因而在这一点上贵族政体对诗歌更为有利，因为，通常事物是在发展的，但是随着时间的流逝事物就会变得模糊不清，因此，在这种双重关系上，它能更多地引起人们对理想的描绘。"（《全集》第一卷第二册第77页。）

这里，我们可以看到为什么可以用少量的事实建立起一种理论。如果只有一种诗歌，如果这种诗歌只有在有利于随着时间而逝去的东西和人物的理想化时才能繁荣昌盛起来，那么这种理论就是确实可靠的。

同样，托克维尔还指出民主派的史学家倾向于用不可名状的力量和历史的必然这种不可抗拒的作用来解释各种事件，而贵族派史学家则倾向于强调伟人的作用。[20]

托克维尔在这一方面确实是有道理的。历史的必然否认各种突发事件和伟人的作用，这一理论毫无疑问是属于我们生活在其中的民主时期的。

在第二部分里，托克维尔还是以民主社会结构上的特点试图阐明这种社会的基本情感。

在民主社会里，存在着对平等的炽热愿望。这种平等的愿望必将超过对自由的爱好。社会对消除人与人之间、集团与集团之间的不平等的关心将甚于维护法制和对个人独立性的尊重。这种社会的生命力在于对物质福利的关心，并且由于经常考虑着这种物质福利而总是忧心忡忡。但是，事实上物质福利和平等并不能创造出一个安宁的、人人得到满足的社会，因为每个人都在与别人作比较，而且社会的繁荣昌盛从来也得不到保证。但托克维尔却认为这种民主社会不会是动荡不定的，也不会有什么深刻的变化。

表面上喧喧嚷嚷的这种社会将导致自由。不过人们热爱自由是把自由作为物质福利的条件，而不是热爱自由的本身，这一点是可虑的。因此，在某种情况下，如果自由的政治机构运转不灵，影响繁荣的话，那么人们就会宁可牺牲自由也要保持他们所向往的福利。

下面这段话特别典型地反映了托克维尔在这个问题上的思想。

"平等每天都在使人获得许许多多小小的乐趣。平等的乐趣无时无刻不存在，人人都能享受得到。最高尚的心灵不会对它无动于衷，最平庸的生灵也会从中得到乐趣。所以，平等所引起的热情必然是强有力的、无所不在的……

"我认为民主社会的人民对自由都有一种天然的爱好。他们为自己效力，努力寻求自由、热爱自由。然而他们痛心地发现自由正在远离他们。他们对平等也有一种炽热的情感，这种情感是难以消除的、永恒的、不可战胜的。他们希望在自由中得到平等，如果得不到的话，他们甚至愿意在受奴役的地位中去寻找平等。他们宁愿忍受贫困、奴役和野蛮行为也不愿忍受贵族政治。"（《全集》第一卷第二册第103、104页。）

这里，人们可以看出托克维尔所受的智力教育上的两个特点：对当今社会摒弃带有贵族特征的传统十分敏感的贵族世家的态度以及受孟德斯鸠的影响在自由和平等这两个概念上玩弄辩证的手段。在孟德斯鸠的政治体制理论中，基本的辩证关系就是自由和平等的辩证关系。君主政体下的自由是建筑在等级差别和荣誉感的基础上的。专制政体下的平等则是奴役中的平等。托克维尔运用了孟德斯鸠的提问法指出：为什么在民主社会里占主导地位的感情是不惜一切代价获得平等的愿望。这种愿望可以使人去接受役使但不会导致顺从。

在这种社会里，一切职业都将是受到尊敬的，因为所有的职业归根到底都是具有相同的性质，都是以工资为生的。托克维尔大体上说过：民主社会是一个全面的工资社会。这种社会旨在消灭所谓高尚的和不高尚的活动之间本质和内容上的区别。这样，家务服务和自由职业之间的差别就会逐步消失，所有的职业都将同样成为提供收入的工作。诚然，各种职业所享有的声誉不一还将继续存在，但这是由于各种职业所得工资的高低所致，在本质上并无区别。

"不为钱财工作的职业是没有的。工资是一切职业的共同点，它使所有的职业都像一家人一样。"（《全集》第一卷第二册第159页。）

在这里，托克维尔显示出了最好的才华。他从表面上极为平常、普通的事情中引出了一系列意义深远的结果。因为在他写作的那个时代，这种倾向还刚露头，只是在今天才向纵深发展。美国社会最毋庸置疑的特点之一就是相信所有的职业都是可尊敬的，就是说性质基本相同的。

托克维尔继续写道：

"这一点可以用来解释这样一种看法，即：美国人从事的职业相对地说是多种多样的。美国的仆人不认为低人一等，因为他们是在工作，周围的人也是在工作。他们并不为领取工资而自卑，因为美国总统也是为了一份工资而工作的。人们给总统支付工资不仅是为了让他来当领导，也是为了让他像仆人一样地提供服务。在美国，各种职业辛苦程度不同，报酬也有多寡，但从无贵贱之分。一切正当的职业都是可尊敬的。"（同上引书。）

当然，在各种职业之间还是可以找出细微的差别的，不过在我看来，这一说法基本上是正确的。

一个民主社会，托克维尔继续写道，就是一个个人主义的社会。在这种社会里，每个人以及他的家庭都有离群的倾向。奇怪的是这种个人主义的社会都与专制社会的离群特点有某些共同之点，因为专制政体也有使个人相互分离的倾向。但这并不能得出民主的个人主义社会一定会导致专制政体这样的结论，因为某些机构可以防止民主社会朝专制政体这一腐败的制度滑去。这些机构就是那些由个人自由创建、可以而且应当沟通离群索居的个人与强有力的国家之间的关系的协会。

民主社会倾向于集权，因而包含着由政府机构包揽全部社会事务的危险。托克维尔设想了一个完全由国家计划支配的社会。这种包罗万象的政府在某种程度上已经在今天我们称之为社会主义的社会中实现了。但是这种政府远未能实现创造一个取代资本主义社会的、摆脱了异化的社会这一理想，就其模式而言反而成了一种令人生畏的专制社会的典型。这里我们可以看到，用原来的概念来衡量，反命题的看法和相互矛盾的判断已经达到了何种程度。

如果认为民主社会就是人人都想最大限度地获得世上的财富，而社会也努力使尽可能多的人生活得尽可能好些的话，那么民主社会就其总体来说就是一个物质的社会。

托克维尔接着写道：但是强烈的唯灵论和宗教的狂热常常是以周围的唯物论的对立面出现在民主社会里的。这种爆炸性的唯灵论与标准的、常见的唯物论是同时存在的。这两种相互对立的现象都是民主社会的基本组成部分。

《美国的民主制度》第二卷第三部分论述道德风尚。我要研究的主要是托克维尔在谈到革命和战争时所表述的思想。暴力现象，就我看来，在社会学角度上是很有意义的。某些伟大的社会学理论，其中包括马克思主义理论，都是以暴力现象、革命和战争为中心的。

托克维尔首先指出，在民主社会里，习俗风尚有变得温柔的趋势。在美国，人与人之间的关系趋于简单、自然、不那么装腔作势、讲究风度。贵族式的繁文缛节正在一种"手足之情"（用现代语言来说）中消失。在美国，人与人之间关系是直接的，而且主人与仆人之间的关系也趋向于与所谓上等人之间的关系相同。在美国这样一个本质上平等的社会里，欧洲社会人与人关系中残存的贵族式等级差别日趋消失。

托克维尔认为，这种现象是与美国社会的特殊性相联系的，但他还相信，随着民主化的发展，欧洲社会也会朝这一方向演变。

接着他就按照民主社会这一理想类型，研究了战争与革命问题。

他首先声称，所有重大的政治和思想革命都是传统社会向民主社会演变的一个过渡阶段，而不是民主社会的实质。换句话说，民主社会里重大的革命将是很少的，而这种社会自然是永远不会满足的社会。[21]

托克维尔写道，民主社会是永远不会满足的社会，因为，作为平等的社会，它是嫉妒性很强的社会，但是尽管表面上喧喧嚷嚷，从根本上来说，它还是一个很保守的社会。

民主社会是反对革命的社会，其深刻的原因是：随着生活条件的改善，在革命中会有所失的人越来越多。在民主社会中，拥有一些财物的个人和阶级太多了，以致民主社会不敢在变幻莫测的革命中用他们的财产进行冒险。[22]

他写道："人们认为新社会将每日每时改变着面貌。但我却害怕它最终会抱着相同的机构、相同的偏见和相同的习俗不放，使人类裹足不前，变得目光短浅，使人的精神永远停留在原有的水平上，产生不了新思想，使人类在孤立无援和徒劳无益、微不足道的活动中疲惫不堪，虽然不断努力，还是毫无长进。"（《全集》第一卷第二册第269页。）

在这一方面，这位贵族既有其错误之处，也有其正确之点。他的正确之点在于实际上发达的民主社会吵闹多于革命。他的错误之处在于低估了支配现代民主社会的运动原则，即科学和工业的发展。他曾想把极其稳定的社会和为福利日夜操心的社会这两种形象结合起来，但是他没有看清关心福利，再加上科学精神，必然会不断引起技术上的发明和革新。科学，这一条革命的原则正在某些方面基本上是保守的民主社会内实施。

托克维尔对法国大革命耿耿于怀：他的父亲和母亲曾在恐怖时代坐过牢，热月9日才从断头台上被救下来。他的许多亲戚，特别是马尔泽尔布一家是在断头台上送了命的。因此他本能地反对革命，而且像我们大家一样，能找出许多令人信服的理由来证明他的这种感情是正确的。[23]

他说：反对专制政体、保护民主社会的最好的办法之一是尊重法制，而革命就其定义来说就是违法的。革命使人习惯于不服从法律，这样养成的藐视法律的情况，在革命后还会继续存在，并且成了使专制政体可能形成的一个原因。托克维尔倾向于相信，民主社会革命越多，就越有变成专制社会的危险。

这一论点可能就是他对先前的感情的一种辩解，但不能因此得出这种推论是不对的这样一个结论。

托克维尔认为民主社会不太会卷入战争，它不可能在和平时期里准备战争，也不可能在战争已经爆发之时结束战争。基于这一观点，托克维尔十分忠实地描绘了美国直至近期的外交政策。

民主社会认为战争是正常的、和平的生活中一个令人不愉快的插曲。在和平时期里大家尽量不去想它，也不采取防范措施，因此起初几仗通常是失败的。但他又说，如果民主国家在最初几仗中还没有完全被击溃，那么它最终必然会全面动员，把战争进行到底直至取得彻底胜利。

为此，托克维尔对二十世纪民主社会的全面战争作了相当生动的描写：

"战争在持续着。当它最终迫使所有的公民放下和平的工作，使他们的小企业蒙受损失时，以前曾使他们为和平付出了巨大的代价的激情现在转而使他们拿起了武器。战争摧毁了所有的工业，而其本身却成了惟一的大工业。人们从四面八方向它靠拢，向它倾注了由平等而产生的强烈的、雄心勃勃的愿望。因此，平素不易为人拖入战争的民主国家，当它们最终拿起武器时，有时也会在战场上做出惊天动地的事来。"（《全集》第一卷第二册第283页。）

民主社会不太会卷入战争并不意味着民主社会不会打仗。托克维尔认为它们也许是会打仗的，而战争将会加速集权的过程。托克维尔对集权十分厌恶，而集权却到处取得了胜利。

此外，他还担心民主社会里的军队会像我们今天所说的那样好战。在这一点上，我认为他是错了。他对此作过一次传统的分析，指出职业士兵，尤其是下级军官在和平时期里名声是低微的，平时军官伤亡甚少，因此晋升困难，他们比普通的人更希望战争。我承认我对这种不肯定的东西太予肯定有点担忧，但难道这不正是太喜欢无限延伸的结果吗？[24]

最后，他认为，如果在民主社会里出现了独裁者，那么这些独裁者必然会力图发动战争，其目的既是为了强化自己的权力，也是为了满足他们的军队的需要。

第四部分，即最后一部分，是托克维尔所作的结论。现代社会经历了两次革命：第一次革命旨在实现社会地位的日益平等、生活方式上的整齐划一，以及将行政权越来越集中于最高层，不断加强行政管理；另一次革命则是不断削弱传统的权力。

由于这两次革命一次是对权力的反抗，另一次则是为了中央集权，因而民主社会面临着这样的选择：要自由的政府机构呢，还是要专制的政府机构。

"这两次革命在今天看来似乎是背道而驰的：一次是不断地削弱权力，而另一次则是不断地强化这种权力。在我们历史上的任何时期，权力从来没有这样软弱过，也没有这样强大过。"（《全集》第一卷第二册第320页。）

这个反命题很好，不过提得不太确切。托克维尔想说的是权力被削弱了，但它的活动范围却扩大了。事实上他的目的是扩大行政和国家的作用，削弱政治决定权。如果他把扩大行政和国家的作用与削弱政治决定权这两者进行比较，而不像过去那样把强化政权和削弱政权这两者进行比较，那么这个反命题就缺乏说服力，不那么吸引人了。

托克维尔自己说过，作为一个政治活动家，他是很孤独的。他原是一个正统主义者，后来才以某种方式与家庭的传统决裂，犹犹豫豫、惴惴不安地转而支持奥尔良王朝。但他对1830年的革命还是抱有希望的，希望他的政治抱负，即社会民主化和自由的政治机构的强化这两者的有机结合：君主立宪最终能得以实现。在奥古斯特·孔德看来，君主立宪是不值一提的，而在托克维尔眼中却是梦寐以求的。

但是，与此相反，1848年的革命却使他感到懊丧，因为这场革命向他表明了，至少在当时是最终证明了：法国社会是不可能有政治自由的。

这样，他就陷入了孤立无援的境地。出于理智，他离开了正统派，从感情上，他脱离了奥尔良派。他在议会里是属于王朝反对派的，但对宴会运动他又是反对的。他向反对派指出用这种宣传手法试图改革选举法只会使王朝覆灭。1848年1月27日他针对即位演说发表了一次有预见的讲话，宣告革命即将来临。然而他在 1848 年革命以后编写回忆录时却又直率地说他承认在发表那次讲话时，他自己也不相信自己是一个好的预言家。他大概还说过： 当我讲了革命即将来临后，听众们认为我言过其实了，而我自己也这样认为。革命是在他宣布一个月左右的时间后在一片连他自己也包括在内的怀疑情绪中爆发的。[25]

1848 年革命后，他经历了他所期望的自由共和政体时期，并出任外交部长，历时数月。[26]

托克维尔在政治上是属于自由党的，即属于一个很少有可能在法国政治的进程中得到满足、即使是在历经吵闹之后得到满足的政党的。

作为社会学家，托克维尔则是属于孟德斯鸠派的。他把社会学的描写方法、政体和社会类型分类，以及通过少量事实确立抽象理论的倾向这三者结合起来。他反对用空洞的概括来预见历史，这一点是与奥古斯特·孔德或马克思等古典社会学家截然不同的。他不相信过去的历史是由不可避免的规律所支配的，不相信未来的事情都是预先决定好了的。托克维尔像孟德斯鸠一样，希望历史明白易懂，而不是取消历史。然而，孔德和马克思这一类社会学家却总是想最终取消历史，因为在历史成为历史之前就了解历史，意味着使历史失去其特有的人性上的意义，即人的行为的意义和不可预料的意义。

生平简介

1805 年 7 月 29 日　亚历克西·德·托克维尔生于韦尔纳伊。他是埃尔韦·德·托克维尔夫妇的第三个儿子。母亲姓罗桑博，她的祖父马尔泽尔布在狄德罗主编百科全书时曾任图书馆馆长，路易十六时期做过律师。在恐怖时期，亚历克西·德·托克维尔的父母曾被拘禁在巴黎，热月 9 日从断头台上被救。王朝复辟时期，埃尔韦·德·托克维尔当过摩泽尔、塞纳-瓦兹等好几个省的省长。

1810—1825 年　先在他父亲先前的家庭教师勒絮尔神甫的指导下学习，以后又在梅斯中学念书，在巴黎攻读法律。

1826—1827 年　与其兄爱德华结伴去意大利，并在西西里小住。

1827 年　奉王室命令在凡尔赛任助理法官。其父自 1826 年起任该地省长。

1828 年　结识玛丽·莫特莱并与她订婚。

1830 年　托克维尔违心地向路易-菲利普立誓表忠，他在给未婚妻的信中写道："刚才我终于立下了誓言。我一点也没有受到良心的责备，不过我还是深为不快。我要把这一天看作一生中最不幸的日子之一。"

1831 年　托克维尔和他的朋友居斯塔夫·德·博蒙向内政部长申请并获准去美国考察美国监狱制度。

1831—1832 年　1831 年 5 月至 1832 年 2 月旅居美国，并去新英格兰、魁北克、南部(新奥尔良)、西部直至密歇根湖旅行。

1832 年　托克维尔的朋友居斯塔夫·德·博蒙因拒绝在一个案件中表态而被撤职。博蒙认为在这一案件中检察署起着不光彩的作用。为了声援博蒙，托克维尔辞去了法官职务。

1833 年　《美国的监狱制度及在法国的实施》一书出版。补编关于殖民地问题，是由巴黎皇家法院律师、宾夕法尼亚历史学会会员居·德·博蒙及亚·德·托克维尔合著的。

初访英国，结识纳索·威廉·西尼尔。

1835 年　《美国的民主制度》第一、二卷出版，获得巨大成功。

再次出访英国和爱尔兰。

1836 年　与玛丽·莫特莱结婚。

《1789 年前后的法国社会和政治状况》一文在《伦敦和威斯敏斯特评论》上刊出。

7 月中至 9 月中出访瑞士。

1837 年　托克维尔首次参加立法选举，虽然得到他的亲戚莫莱伯爵的支持，但由于拒不接受官方支持而遭失败。

1838 年　被选为道德和政治科学院院士。

1839 年　托克维尔在其宅邸所在地沃洛涅选区以可观的多数当选为议员。此后直到 1851 年退出政治生涯为止，他在该选区屡次当选。

就取消殖民地奴隶制的法案作报告。

1840 年　就监狱改革法案作报告。

《美国的民主制度》第三、四卷出版，但不如 1835 年那样受欢迎。

1841 年　托克维尔被选为法兰西学院院士。

出访阿尔及利亚。

1842 年　以圣-梅尔-埃格利兹及蒙特布尔区的代表身分被选为芒什省省议员。

1842—1844 年　任议院外非洲事务委员会委员。

1846 年 10—12 月　再访阿尔及利亚。

1847 年　就援助阿尔及利亚特别拨款问题发言。托克维尔在报告中确定了关于阿尔及利亚问题的理论。他主张对穆斯林土著居民采取一种强硬的，同时又是关心他们福利的态度。他要求当地政府尽量鼓励欧洲人前去殖民。

1848 年 1 月 27 日　在议会作报告："我认为我们目前正睡在火山上。"

4 月 23 日　托克维尔在制宪议会普选中保留职位。

6月 任新宪法起草委员会委员。

12月 托克维尔在总统选举中投卡芬雅克的票。

1849年6月2日 托克维尔任外交部长，挑选阿尔蒂尔·德·戈比诺为办公厅主任，任命博蒙为驻维也纳大使。

10月30日，托克维尔被迫辞职。

（这一时期的活动请参阅《回忆录》。）

1850—1851年 托克维尔撰写《回忆录》。

12月2日后，托克维尔退出政治生涯。

1853年 托克维尔在图尔附近定居，他系统地查阅了该城市的档案，收集旧财政区时期的文稿，用以了解旧制度下的社会情况。

1854年6—9月 为了了解封建制度以及该制度在十九世纪还残存下什么而去德国旅行。

1856年 《旧制度和革命》第一部出版。

1857年 去英国查阅有关大革命历史的资料。回国时英国海军大臣为他提供一艘军舰，以示敬意。

1859年4月16日 逝世于戛纳。

注释

[1] 如果说托克维尔在理智上赞同这种以确保最大多数人的最高利益为目标的社会的话，那么在心灵深处他并不是不无保留地赞成将使庄严伟大和荣誉丧失意义的社会的。他在《美国的民主制度》序言里写道：一个被人卡着脖子的国家是不会多么辉煌、多么光荣，因而大概也不会多么强盛的。但在这个国家里人心安定，大部分公民将是幸运的，这倒不是他们不希望过得更好，而是他们懂得已经过得不错了。"（《全集》第一卷第一册第8页。）

[2] 托克维尔在《美国的民主制度》序言中写道："一场伟大的民主革命正在我们中间进行着。大家都看得见它，但并不是所有的人都用同样的方法评价它。一部分人把它看成是新事一桩，是祸端一件，希望能够挡住它。另一部分人则认为革命是不可抗拒的，因为在他们看来，在历史上，革命是持续不断的、最古老而又最经常发生的事。"（《全集》第一卷第一册第1页。）"因而地位平等的逐步发展是一件合乎天意的事，它的主要特点是：它是普遍的、持久的、日益摆脱人力羁绊的；所有的事件和所有的人都是为它的发展服务的……各位即将读到的这本书是作者在看到这场历经几个世纪、冲破种种障碍，今天还在它所造成的废墟中继续前进的、不可抗拒的革命在他的精神上造成某种宗教恐惧的影响下写出的……如果说长期的观察和认真的思考使现代人承认平等的逐步发展既是他们历史上已经过去的事，又是历史的未来，那么这一发现就足以使这一发展具有上帝的意志的神圣性质了。这样，要想阻挡民主的潮流就可能被看作是反对上帝。所有的国家都只得顺从上帝为它们安排的这种社会国家了。"（同上引书第4、5页。）

[3] 请参阅《美国的民主制度》第二卷第二部分第十八、十九和二十章。第十八章题目为：《为什么在美国人心目中所有的正当职业都有良好的声誉，都是受人尊敬的？》；第十九章的题目是：《使几乎所有

的美国人都对工业职业感兴趣的原因是什么？》；第二十章的题目是：
《工业为什么能产生贵族制度？》。

在第十九章里，托克维尔写道："美国人只是昨天才到达他们现在
居住的这块土地上的，可是他们已经为了自身的利益打乱了自然界的全
部秩序。他们沟通了哈得孙河与密西西比河的联系，让大西洋横贯美洲
大陆二千多公里与墨西哥湾相通。迄今为止最长的铁路也在美国。"
（《全集》第一卷第二册第 162 页。）

[4] 请参阅《美国的民主制度》第二卷第二部分第二十章。该章的
题目是《工业为什么能产生贵族制度？》。托克维尔在该章中写道：
"当全国转向民主时，从事工业的特定阶级就变得更为贵族化了。人们
在这一部分产业中越来越相似，而在另一部分产业中则越来越千差万
别。不平等现象在小社会里增加着，而在大社会里却减少着。这样，当
人们究其根源时，我似乎觉得人们已经看到了贵族制度通过自然的力量
已从民主制度中脱胎而出了。"托克维尔的这个见解是建立在对劳动分
工引起心理和社会结果所作分析的基础之上的。终生做别针的工人——
托克维尔的这一例子源出亚当·斯密——失去了尊严。他们只有放弃成
为一个好的人，一个好的公民，才能成为一个好的工人。这里，人们会
想到马克思的某些话。相反，师傅却养成了指挥的习惯，在庞杂的业务
中他的智力已经达到了通晓全局的地步，而这一现象就是发生在工业把
旧的领导阶级中的富有的和有文化的那一部分人吸引过来时出现的。托
克维尔接着又补充说："但是这种贵族制度与先前的贵族制度没有丝毫
共同之处……。"下面的结论反映了托克维尔的感情，很具有他的方法
的特点："我认为，总的说来，在我们眼前崛起的工业贵族制度是世上
最冷酷的制度，但同时又是最受制肘的，因而是不太危险的一种贵族制
度。然而民主制度的朋友们忧心忡忡、瞩目而望的也就是这一方面，因
为，万一社会地位的持续不平等现象和贵族制度东山再起，那么，可以
预言它们必将是经由这个渠道再次闯入这个世界的。"（《全集》第一卷
第二册第 166—167 页。）

[5] 关于这一点，美国有大量的文献，尤其是美国历史学家 G·W·皮尔逊曾经重新列出了托克维尔的旅行路线，并确切指出了托克维尔与美国知名人士的会晤，找出了他的某些思想的来源，换句话说，就是皮尔逊把托克维尔这个美国社会的解释人与情况提供者和评论者作了一番比较。参阅：《托克维尔和德·博蒙在美国》，纽约，牛津大学出版社 1938 年出版。双日锚书屋，1959 年。《全集》第一卷第二册内有一张《美国的民主制度》一书涉及到的问题的长长的带注书目，由 J·P·梅耶提供。

[6] 托克维尔曾就美国的司法制度、陪审团的法律和政治作用写过许多文章，似乎可以对这些文章作一些研究。

[7] 应当指出托克维尔在这一点上可能是错误的。美国人和印第安人的关系与西班牙人和印第安人的关系之间的区别不仅仅在于彼此所采取的态度，而且还在于印第安人在北方和南方不同的人口密度。

[8] 莱奥·斯特劳斯的两部著作已被译成法文：《论暴政》（正文前有《伊埃隆·德·格泽诺丰》，后附《暴政和明智》），亚历山大·科热弗译，巴黎，伽里玛出版社 1954 年出版；《自然权利和历史》，巴黎，普隆图书公司 1954 年出版。

同时请参阅：《迫害和写作技巧》，纽约，自由出版社 1952 年出版；《霍布斯的政治哲学——它的基础和起源》，芝加哥，芝加哥大学出版社 1952 年出版。莱奥·斯特劳斯认为："古典政治学的存在全靠人类的完善或人类必须的生活方式。古典政治学在对最好的政治制度的描写中达到了登峰造极的程度。这种制度应当是可以实现的，它不会在人的本性上引起奇迹般的或非奇迹般的任何变化，但是实现这种制度并不是很可能的，因为人们认为它的实现取决于偶然。马基雅弗利抨击这一观点，提出人们是按照自己确实是怎样生活的，而不是根据应当怎样生活来决定自己的态度的，同时还提出偶然性是可以控制的、或已被控制了的。全部现代政治思想的基础就是这一批评奠定的。"（《论暴政》，同前书第 45 页。）

[9] J·F·格拉维埃著：《巴黎和法国的荒漠地区》，巴黎，勒波蒂朗出版社 1947 年第一版。经全部改写后，巴黎，弗拉马里翁出版社于 1958 年出第二版。该书第一章里摘录了《旧制度和革命》的一段话作为题铭。

格拉维埃还著有《领土整治和法国地区的前途》，巴黎，弗拉马里翁出版社 1964 年出版。

[10] 《旧制度和革命》第三卷第四章题为：《路易十六时期是旧君主政体的极盛时期——为什么这种繁荣昌盛反而加速了革命的到来》（《全集》第二卷第一册第 218—225 页）。这一观点在当时相对地来说是新的，许多研究大革命的现代历史学家曾经引用过这个观点。A·马蒂埃这样写道："革命不是在一个国力衰竭的国家里爆发的。恰恰相反，它是在一个蒸蒸日上、繁荣昌盛的国家里发生的。贫困有时会导致骚乱，但不会引起社会大动荡。社会大动荡常常源自阶级的不平衡（《法国革命》第一卷《君主政体的覆灭》，巴黎，阿尔芒·科兰出版社 1951 年出版[第一版 1921 年出版]第 13 页）。欧内斯特·拉布罗斯在他的伟大著作《旧制度末期、革命初期时法国的经济危机》（巴黎，法国大学出版社 1944 年出版）中详尽明确地阐述了这一思想。

[11] 从 1890 年至 1913 年，俄国产业工人增加了一倍，从一百五十万剧增至三百万。工业企业的生产增加了三倍。煤炭生产从五百三十万吨增至二千九百万吨，钢铁从七十万吨增至四百万吨，石油从三百二十万吨增至九百万吨。根据普罗科波维奇的统计，按照不变价值计算，国民收入增加了百分之四十，从 1900 年至 1913 年人均收入增加了百分之十七。教育也有了长足的进步。在 1874 年只有百分之二十一点四的人能读会写，至 1914 年即增加到了百分之六十七点八。1880 年至 1914 年基础教育在校人数已由一百一十四万一千人增至八百一十四万七千人。1899 年列宁在《俄国资本主义的发展》一书中指出俄国的工业进步比西欧甚至美国都快。他还说："由于老的国家的帮助和影响，资本主义在年轻的国家里发展很快。"法国经济学家埃德蒙·泰里在俄国作了一次长途考

察旅行后，于 1914 年在《俄国的经济变化》一书中写道："如果欧洲各大国 1912 年至 1950 年的情况仍像 1900 年至 1912 年间朝本世纪中叶发展时那样，那么届时俄国将在政治、经济乃至金融上统治欧洲。"1914 年前俄国经济增长的特点是：

大量吸收外国资本（在交易上表现为大量贸易逆差）；

资本主义结构高度现代化和高度集中；

沙皇国家在建立经济基础、组织金融流通中具有重大影响。

[12] H·泰纳著《现代法国的起源》，巴黎，阿歇特出版社 1876—1893 年出版。泰纳的这部著作包括三大部分。第一部分：《旧制度》，共二卷；第二部分：《大革命》，共六卷；第三部分：《现代制度》，共三卷。有关知识分子在旧制度和在革命发展中的作用问题载第一部分第三、四分册，分别题为：《精神与理论》、《理论的传播》。参阅第三分册第二（古典精神）及第三、四章。

为了纠正解释上的极端之词，请参阅：D·莫尔内的杰作《大革命的精神上的原因》，巴黎，1933 年出版。D·莫尔内指出，作家和文学家在很大程度上是与托克维尔和泰纳所描绘的形象不同的。

[13]《全集》第二卷《旧制度和革命》第一册第 202 页以下各页。第三册第二章的题目是：《无宗教信仰为什么能在十八世纪成为法国人普遍的、占主导地位的情绪？这对革命的性质有何种影响？》。

[14]"除了它的某些成员的一些明显的劣迹外，我不知道在大革命袭来时世上是否还有一个教会比法国天主教会更加出色、更有教养、更有民族性、更具有公共情操而又不过分拘泥于个人情操，同时又更多地讲究诚意？迫害很好地说明了这一点。我刚开始研究旧社会时，对它充满着偏见，结束时却对它充满了敬意。"（《全集》第二卷第一册第173 页。）

[15] 这一段概括叙述见《旧制度和革命》书末。它是这样开始的："当我研究这个国家时，我发现这个国家比它的历史上的任何事件更为出色。这种国家，世界上难道有过吗……"（《全集》第二卷第一册

第240、第250页。)托克维尔这样写道:"不看清旧社会,不看清它的法律、它的缺陷、它的偏见、它的贫困、它的伟大,人们就无法理解法国人在旧社会覆灭后六十年中所做的一切。但是如果要进而深入了解我们国家的本质,那么,光是弄清这些东西还是不够的。"

[16] 托克维尔对这一困难十分清楚,他在《美国的民主制度》第二卷的卷头语中写道:"我应当立即告诫读者,纠正一个对我十分有害的错误。人们由于我说过平等有这么多不同的作用,因而就得出我把平等看作是今天发生的一切事情的惟一的原因这样一个结论。这说明了我的目光狭窄。当今时代众说纷纭,情感、本性各异,它们产生于与平等不相干的,甚至相反的事情之中,这样,如果我以美国为例,我可以轻而易举地证明国家的性质、居民的起源、开拓者的宗教信仰、他们所获得的知识以及他们先前的习惯,都曾经并且继续独立于民主之外,对他们的思维和感受方法产生着巨大的影响。由于平等的缘故,不同的、互有差别的因素会在欧洲相会,将对欧洲发生的大部分事情作出解释。我承认所有这些原因都是存在的,也承认它们的作用,不过我的主题不是谈论这些,不想指出我们为什么会有这些习性和思想,我只是想指出平等在多大程度上改变了上述种种东西。"(《全集》第一卷第二册第7页。)

[17] 第一部分第八章:《平等是怎样使美国人认识人的不断可完善性的》。(《全集》第一卷第二册第39—40页。)

[18] 第一部分第十章:《为什么美国人注重科学实践甚于理论》。(《全集》第一卷第二册第46—52页。)

[19] 第一部分第十三至十九章,尤其是第十三章:《民主时期的文学面貌》及第十七章:《论民主国家的诗歌源泉》。

[20] 第一部分第二十章:《论民主时期史学家的几种特殊倾向》。(《全集》第一卷第二册第89—92页。)

[21] 我重读了托克维尔的著作,发现他在自己的著作里早已用不同的词语提出了现代工业社会喧喧嚷嚷的满足这一观点。我认为这一观

点多少也是我的观点。我在工业社会和阶级斗争这些课中还阐述过这一观点。请参阅雷·阿隆著《工业社会十八讲》，载巴黎伽里玛出版社1962年出版的《思想》丛书；《阶级斗争》，载巴黎伽里玛出版社出版的《思想》丛书。

〔22〕"在民主社会里，大部分公民看不清他们能从革命中得到什么好处，但却以各种方式时刻猜度着他们在革命中可能失去些什么。"（《全集》第一卷第二册第260页。）

"如果说美国从未经历过大的革命，那么黑人在美国土地上的出现将带来革命，这就是说不是社会地位的平等，而相反是社会地位的不平等将使革命发生。"（同上引书第263页。）

〔23〕"今天我对这件事还是记忆犹新的：那天晚上，在我父亲当时居住的城堡里，我们和许多近亲在一起欢度一个家庭节日。仆人们都被遣开，全家围聚在火炉边。我母亲用她悦耳动听的嗓子在大家窃窃骚动中唱起了一首有名的歌曲。歌词讲的是路易十四的不幸和他的死。歌声一停，大家都哭了。我们不是为了个人所受的许多困苦而哭，也不是因为在内战中或在断头台上失去许多亲友而哭，而是为这个伟人的命运而哭，尽管他已经死了十五年。大部分为他流泪的人从未看见过他，而这个人曾经当过国王。"（J·P·梅耶摘自《亚历克西·德·托克维尔》，巴黎，伽里玛出版社1948年出版，第15页。）

〔24〕关于这一点，请参阅第三部分第二十三章：《民主军队中最好战的和最革命的是什么阶级？》。托克维尔用这样的话结束这一章："在整个民主军队里，最不能体现一国的和平与合法精神的总是下级军官，而体现得最好的则是士兵。士兵将为军界带来民族风尚的长处及弱点，使人能从军队身上看到一个民族的缩影。如果这个军队是愚昧无知和软弱无力的，那么士兵就只得在不知情的情况下，身不由己的听从头头们的瞎指挥了。如果这支军队训练有素、坚强有力，那么，士兵们就会自己使头头们讲究秩序。"（《全集》第一卷第二册第280页。）

〔25〕J·P·梅耶《全集》中的这篇演说被收在《美国的民主制

度》第二卷附录中(《全集》第一卷第二册第368—369页)。托克维尔是在1848年1月27日讨论对国王的演说的答辩草案时作此演说的。托克维尔在演说中揭露了领导阶级的可耻行径,例如路易-菲利普王朝末期的许多丑闻。他最后说:"凭你们的不可分析的、但又是确定无疑的本能直觉,难道你们没有感到欧洲大陆又在颤动了吗? 难道你们没有感到……我怎么说好呢? 空气中有一种革命的风暴? 人们不知道这阵风暴产生于何方、来自何方,而且,也不知道它将卷走何物(请相信这一点)。在这样的时刻里,面对着公共道德的堕落,你们却保持沉默,因为这个词并不过分。"

[26] 他当时的办公厅主任是阿尔蒂尔·德·戈比诺。尽管他们彼此的观点根本对立,但是一种伟大的友谊使他们联系在一起。戈比诺在当时年纪尚轻,而托克维尔却已是一个著名人士。1848年两大卷《美国的民主制度》出版时,戈比诺的《论人种的不平等》以及许多伟大的文学作品(《七星诗社》、《亚洲小说集》、《文艺复兴》、《阿代拉伊德和伊尔努瓦小姐》等)都还未问世。

社会学家和 1848 年革命

　　当我在不同的时间、不同的时代、不同的民族里寻找是什么有效的原因导致了昔日统治国家的阶级走向覆灭时,我确实看到了某一事件、某一人物、某一偶然或表面的原因,但是,请相信,真正的原因,使人失去权力的有效原因却是:要掌握政权,他们已经不称职了。

　　　　　　　　　——亚历克西·德·托克维尔《在国民议会里的演讲》,1848 年 1 月 29 日

　　研究本书前面研究过的几位社会学家对 1848 年革命所采取的态度具有多方面的意义。

　　首先，1848 年革命、短暂的第二共和国以及路易·拿破仑·波拿巴的政变先后标志着君主立宪的覆灭和共和政体的建立，然后又是共和政体的覆灭和专制政体的建立。这些事件的背景是社会主义革命的威胁和烦扰。在 1848 至 1851 年这一时期里，先后出现过一个社会党人影响很大的临时政府的短暂统治、制宪议会与巴黎人民之间的斗争，以及君主主义者占多数的立法议会捍卫共和政体与想建立一个专制王朝的普选总统之间的争斗。

　　换句话说，在 1848 至 1851 年这一段时期里，法国比在十九世纪的任何其他历史时期里，更多地经历了一场类似二十世纪的政治斗争。因此，在 1848 至 1851 年这一时期里，人们可以看到二十世纪所称的法西斯主义者、多少有些自由主义倾向的民主主义者和社会主义者这三派之间的斗争。这种斗争人们在 1920 至 1933 年的魏玛德国时期已曾看到过。

　　诚然，1848 年的法国社会党人是与二十世纪的共产党人不同的。1850 年的波拿巴派既不是墨索里尼的法西斯党人，也不是希特勒的国家社会党人，但是十九世纪法国政治历史上的这个时期确实已出现了二十世纪的主要角色和典型的斗争。

　　此外，奥古斯特·孔德、马克思和托克维尔都曾经对这个本质上十分令人感兴趣的时期作过评论、分析和批判。他们对各种事件的评价都具有各自学说的特点，有助于我们了解各种重要的评论、各种分析方法以及这些著作者发展的抽象理论的意义。

1. 奥古斯特·孔德和 1848 年革命

奥古斯特·孔德的情况是最简单不过的了。他首先对自由主义的代议制机构的覆灭感到高兴，认为这种机构是与形而上学的、批判的以及有无政府主义倾向的思想联系在一起的，也是与英国发展的特殊性联系在一起的。

奥古斯特·孔德曾在青年时期的作品里将法国的政治变化与英国的政治变化作过一番比较。他认为，在英国，是贵族阶级与资产阶级甚至平民结成联盟，以逐渐削弱君主政体的影响和权威的。而法国的政治变化则完全相反。在法国，是君主政体与城镇和资产阶级结成联盟以削弱贵族阶级的影响和权威的。

在奥古斯特·孔德看来，英国的议会制度只不过是贵族阶级统治所采取的一种形式，英国的议会是贵族用来像在威尼斯那样在英国实行统治的机构。

奥古斯特·孔德认为代议制并不是一种具有普遍使命的政治机构，而只不过是英国历史的一个偶然。想从拉芒什海峡彼岸向法国引进代议制机构是一个根本性的历史错误，因为实施代议制的基本条件尚未具备。此外，想在法国使议会和君主政体并存这更是一个会引起严重后果的政治错误，因为法国革命的敌人正是旧制度的最高象征——君主政体。

总而言之，制宪议会把君主政体和议会糅合在一起的理想，在奥古斯特·孔德的眼里是不可能的，因为这种糅合是建筑在两个原则错误之上的：一个涉及普遍意义上的代议制机构的性质，另一个涉及法国的历史。

此外，奥古斯特·孔德赞成中央集权。他认为中央集权符合法国历史的规律，他甚至还认为法律与法令之间的区别是形而上学的立法者们徒劳无益的钻牛角尖。他在这方面走得更远了。

按照对历史的这种解释，他对取消法国议会，建立一种他所称的世俗专政一事十分满意，并且对拿破仑三世最终消除马克思所说的议会痴呆症极为高兴。[1]

在《实证哲学教程》中有这么几段话，反映了奥古斯特·孔德在这个问题上的政治和历史思想特点：

"自从现代第二个阶段末期以来，王权的优势一直左右着这样一个制度。因此，按照我们的历史学理论并根据先前以君主政体为中心的旧制度的各组成部分的全部症结所在，很明显，要想最终摆脱旧机构的羁绊，法国革命的主要努力应当在于动员人民力量直接与王权作斗争。然而，尽管这个预备阶段的政治作用事实上只是最大胆的创新者们所不敢想象的在将来逐步消灭君主制度，主张立宪的空想派相反还在梦想使君主制度的原则与人民力量的影响像天主教机构和精神解放那样牢不可破地联系起来，这一点是令人瞩目的。如果人们不想在其中看到仍在为掩盖现代改组的实质起着可悲影响，并把这一根本的改革贬作泛泛地抄袭只适合英国的过渡政体的普遍错误的第一个直接证据的话，这种缺乏条理的空论在今天是引不起哲学界的任何注意的。

"其实这就是制宪议会的主要头头们的政治空想。由于乌托邦与具有法国社会里人与人之间的关系准则的特点的全部倾向之间有着根本的矛盾，因此他们当然是关注着这一空想的直接实现的。

"因此，这里就是立即运用我们的历史学理论对这种危险的幻想作迅速的估计的天然场所，虽然这一理论本身比较粗糙，无法进行专门分析，它的后果的严重性促使我提醒读者注意这一研究的主要基础，并且读者可以根据前面两章的解释，毫无困难地随意发展这些基础。

"这种谬误缺乏正确的政治哲学观点，因此人们很容易设想它是由何种经验论的缘故自然形成的。这种谬误无疑是无法避免的，因为甚至连伟大的孟德斯鸠也深受诱惑。"（《实证哲学教程》第六卷第190页。[2]）

这一段引文提出了许多基本问题：在法国，现代性是否确实会使君主政体无法持续下去？奥古斯特·孔德认为与某种思想体系联系在一起的政治机构在另一种思想体系下就无法继续生存，这种观点是否真有道理？

实证主义者确实有理由相信传统的法国君主政体是与一种天主教的、封建的和神学的思想和社会制度联系在一起的。但是自由主义者却会说与某种思想体系同时存在的政治机构只要稍加改变是能够在另一种历史制度中继续生存并发挥作用的。

奥古斯特·孔德把英国式的政治机构简化为过渡时期管理的特殊性，这种说法是否正确？他认为代议制机构是与商业贵族政体的统治不可分割地联系在一起的，这种观点是否有道理？

因此，出于这种一般的理论，这位巴黎综合工科学校毕业生对有一个世俗的独裁者出来结束对英国政治机构的无效模仿、结束议会里饶舌的空想家们显眼的统治感到高兴。他在《实证政治体系》一书中表示了这种兴高采烈的心情。在第二卷引言中他甚至还给沙皇写了一封信。信中他希望这位他称之为经验论的独裁者接受实证哲学大师的教导，为从根本上重组欧洲社会作出决定性的贡献。

对沙皇的这番恭维话在实证主义派中间引起了一些骚动。于是在第三卷中，奥古斯特·孔德的口气就有所改变了。原因是这位世俗的独裁者陷入了一个错误之中，我说的是克里米亚战争。看来，奥古斯特·孔德把这场战争归咎于俄国了。后来大的战争时期结束了，成了历史，奥古斯特·孔德赞扬法国的世俗独裁者体面地结束了俄国的世俗独裁者的这一短时期的错误。

对议会机构的这种研究方法，如果我能用奥古斯特·孔德的话来说，并不只是与这位实证主义的伟大导师的特殊性格联系在一起的。把议会机构看作是空想的或英国的，对它采取仇视的态度今天还继续存在。[3]此外，还应当看到奥古斯特·孔德并不想完全排除代议制，他认为只需每三年举行一次议会例会，通过一下预算也就足够了。

我认为对历史和政治的这种评价是受了社会学的直接启示的。因为，奥古斯特·孔德设想的、涂尔干加以实践的这种社会学是以社会而不是以政治为中心的，甚至把政治放到从属于社会的地位。这就会导致贬低政治制度而重视社会基本现实这样的结果。涂尔干对议会机构也持带有对社会学一词的创始人的挑衅和蔑视色彩的冷漠态度，他对社会问题、道德问题以及职业机构的重组问题十分感兴趣，认为议会中发生的一切不是不值一提，就是无关紧要的。

2. 亚历克西·德·托克维尔和 1848 年革命

托克维尔和孔德之间的区别是很明显的。托克维尔把奥古斯特·孔德认为连伟大的孟德斯鸠也抵挡不住的谬误的东西，当作法国革命的伟大设想，而对制宪议会的失败，即想把君主政体和代议制度糅合在一起的资产阶级改良派的失败深为遗憾。他把奥古斯特·孔德嗤之以鼻的行政权下放即使不认为是最基本的，至少也看作是至关重要的。此外，他还对立宪议会极为关心，而奥古斯特·孔德却把它当作空想的、不值得加以认真研究的东西，只用三言两语就撇开不谈了。

这两位著作者的社会地位也是迥然不同的。奥古斯特·孔德曾是国立综合工科学校的监考人，长期以这个职务的菲薄薪水为生。后来他失去了这一工作，不得不靠实证主义派的资助维持生活。这位孤独的思想家蛰居在默西厄-勒-普兰斯路的住所里，创立一种人道主义宗教，自然成了这个教派的先知和大神甫。这一特殊的地位使他的思想表达方法具有一种与各种事件的复杂性不直接适应的过激形式。

亚历克西·德·托克维尔是奥古斯特·孔德的同时代人。他出身于一个法国旧贵族家庭，是七月王朝众议院中拉芒什省的代表。1848 年革命爆发时他在巴黎。与奥古斯特·孔德不同，这时他走出住所，上街观察，对这一大事的发生深为感动。后来制宪议会选举时，他回到了自己的省里，以多数票当选为议员。他作为负责制订第二共和国宪法委员会的成员在制宪议会里起着重要的作用。

1849 年 5 月，在当时还只是路易·拿破仑·波拿巴的那一位出任共和国总统时，托克维尔在一次政府改组时进入了奥迪隆·巴罗内阁，出任外交部长。他担任这一职务前后共五个月，直到共和国总统解除这位部长职务时为止，因为这位部长议会心太重，而且还受着旧的王朝反对派，即拥护君主政体的自由党的控制。自由党人是由于君主政体复辟暂时不可能而不得已转为共和党人的。

这样，由于既没有正统主义君主政体复辟的可能，又没有奥尔良派复辟的可能，托克维尔就在 1848 至 1851 年间由一个王朝拥护者变成了一个保守的共和党人。但他同时对他所称的"私生子王朝"怀有敌意，因为他已经看到了这个王朝的威胁正在冒头。"私生子王朝"指的是路易·拿破仑帝国。路易·拿破仑是一个除了自己的姓氏、他叔父的威望和自己可笑的轻举妄动之外一无所有的人。卡芬雅克则是一个保卫资产阶级秩序的共和党将军。稍有一点远见的观察家都对法国人民以多数票投了路易·拿破仑的赞成票而没有投票赞成卡芬雅克感到不安。

《回忆录》这本引人入胜的书记载了托克维尔对这次革命的反应。这是他信手写成的惟一的一本书。托克维尔对自己的著作花力甚多，反复推敲、不断修改。但对 1848 年革命，他以令人惊异的坦率写下了自己的回忆，表达了自己的看法。他这样写仅仅是为了使自己满足而不是为了出版。他毫不宽容地评论了好几位同时代人，提供了大大小小历史舞台上的演员彼此真实感情的极其珍贵的见证。

2 月 24 日革命发生的这一天，托克维尔的反应几乎是失望和沮丧的。这位议员是一个屈从于民主现代性、热中于思想、人身和政治自由的自由派保守党人。他认为这些自由是体现在代议制机构中的，而革命却经常使这些机构处于危险的境地。他深信革命越频繁、自由就越不可能存在。

"1830 年 7 月 30 日清晨，我在凡尔赛外街遇到了国王查理十世的车队。车队挂着擦得锃亮的纹章，像出殡似的列队缓行。看到这一景象我忍不住流下了热泪。这一次（即 1848 年）我的印象就不同了，但更为强烈。这是十七年来我亲眼看到它完成的第二次革命。这两次革命都使我感到痛苦，但后一次给我的印象更为辛酸。直到最后我对查理十世还怀有一点世袭的崇敬，不过这个国王是由于违反了对我来说至为珍贵的法律而下台的，因此我曾期望查理十世的下台将使我们国家的自由重新得以发扬，而不是窒息。但是今天这个自由在我眼里已经死去了，这些逃跑了的王亲国戚对我来说都是无关紧要的，但我感到我自己的事业也失去了。我在一个重新取得自由而似乎变得繁荣强大的社会里度过了青年时代最美好的年华。我在这个社会里设想了一种适度的，稳定的，由信仰、风俗和法律节制的自由。这种自由的魅力一直吸引着我，为了自由我倾注了我毕生的激情，我感到失去了自由我是永远也得不到宽慰的，而却又必须放弃它。"（《全集》第十二卷第86页。）

稍后，托克维尔还谈到了与法兰西研究院的一位朋友和同事昂佩尔的一次谈话。托克维尔对我们说昂佩尔是一个典型的文人，他对这一与他的理想一致的革命极为高兴，因为改革派战胜了基佐式的反动派。君主政体崩溃后，他看到远处天际呈现了一个繁荣的共和国的前景。托克维尔在文中写道，他和昂佩尔曾经极为热烈地争论过这样一个问题：革命究竟是一件好事呢，还是一件坏事？"我们大声吵嚷了一通以后，最后两个人一致同意还是让未来来判断吧，因为未来是最高明、最正直的评判人，可惜它往往来得太迟了。"（《全集》第十二卷第85页。）

几年后，托克维尔写道他比以往任何时候都深信1848年的革命是一件坏事。鉴于这个观点，别的说法是不可能的，因为1848年革命的最终结局是半合法的、自由和温和的君主政体被奥古斯特·孔德称为世俗独裁者、被托克维尔称为"私生子王朝"、我们通常所说的专制帝国取代了。况且，从政治上来看，很难相信路易·拿破仑的制度会比路易·菲利普的制度要好些。但是这些评论都是带有个人好恶色彩的。即使在今天，在学校的历史教科书上，昂佩尔的热情还是比托克维尔忧郁的悲观情绪得到较好的反映。对革命怀着热情而不管其结果如何，怀疑动乱的最后结果，这两种具有法国知识分子特点的态度今天还继续存在着，而且当我的学生走上讲台，讲解应当怎样看待法国历史时，这两种态度还可能继续存在。

自然，托克维尔曾试图解释这次革命发生的原因。他是用自己通常的风格，也就是孟德斯鸠的风格对这些原因作出解释的。2 月的这次革命，正像所有这种性质的大事一样，都具有其一般的原因。而且，如果能这样说的话，这些一般原因又是由一些偶然的事件加以补充的。认为革命一定源自前者，或把革命仅仅归因于后者这两种看法都是肤浅的。一般原因是有的，但是仅有一般原因不足以认识一个特殊事件，因为特殊事件常可因为这个或那个次要的偶然因素的不同而不同。

下面这段话最能说明问题：

"三十年来使巴黎成为法国第一大制造业城市，并把一大批新的工人群众以及由于城市加固工程的需要而目前又没有工作的农民吸引到巴黎城内的工业革命；在政府的鼓励下日益刺激着这一大批人对物质享受的追求以及在暗中起着作用的追求民主的不安情绪；刚冒头的经济和政治理论使人相信人类的贫穷是由权力所致而不是上帝造成的，因而只要改变社会的基础，贫穷是可以消灭的；对统治阶级的不信任，这种不信任使统治阶级尤其是它的头面人物下了台，这种不信任又是如此地普遍和深刻致使对被人推翻了的政权最为关心的人也失去了抵抗能力；权力集中，迫使一切革命行动占据巴黎并掌握现成的统治机器；最后还有在一个不到六十年里经历了七次大革命（其中还不包括许许多多小的、不太重要的动乱）的变幻不定的社会里的所有东西，包括机构、思想、风尚以至人的可变性，这些都是二月革命的一般原因，没有这些原因就不可能有这个革命。导致这场革命的主要偶然原因是：反王朝的激情，这种激情酝酿了一次骚乱，目的是想实施改革；对这次骚乱先是过度的镇压，后来却听之任之；前部长们的突然辞职使政权一下子中断，新部长们在混乱中既未能及时控制政权，又未能及时恢复政权的行使；这些部长们的错误和思想上的混乱，他们成事不足，败事有余；将军们的迟疑不决，缺乏享有民望而又有魄力的君王，尤其是国王路易·菲利普的年老昏庸，这是任何人所不能预料的弱点，这一弱点虽然在革命中已经暴露无遗，但几乎还是令人难以置信的。"（《全集》第十二卷第84—85页。）

这就是一个既不相信严格的历史决定论，又不相信偶发事件替代论的社会学家对革命所作的历史的、分析性的描述。像孟德斯鸠一样，托克维尔很想使历史为人理解，但是使历史为人所理解并不是说就是向人们指出非得如此这般才行，而是要找到把组成各种事件的一般原因和次要原因糅合起来的方法。

此外，托克维尔还指出了法国的一种地方性现象：对执政者的藐视。这一现象在每个朝代的末期都有出现，它说明了为什么许多次法国革命都是很少流血的。一般说来，各个朝代都是在再也没有人愿意为它战斗的时候倒台的。1848年以后的110年内，统治法国的政治阶级就是这样埋在人们对它的普遍藐视之下的，连最应当为自己辩护的统治者也失去了自卫的能力。

托克维尔十分明白1848年革命在初期具有社会主义性质。但是他在政治上虽是自由派，而在社会问题上却是保守派。所以他认为社会上的种种不平等现象是事物本身所固有的，至少在他那个时代是无法消除的。因此，他极为严肃地认为临时政府的社会党成员所干的蠢事已经超过了可以容忍的限度。在这一点上他是与马克思一致的。此外，作为一个纯粹的观察家，他发觉在1848年2月到5月制宪议会召开这第一个阶段中，社会党人在巴黎并且通过巴黎在整个法国有着巨大的影响，在这一点上，他也与马克思略为相似。然而，他们用这种影响大肆吓唬市民和大部分农民，而很少用来巩固自己的实力地位，因此在制宪议会最后摊牌时，他们没有任何方法战而胜之，只能制造骚乱。领导1848年革命的社会党头头们不懂得利用2月至5月这一段时间里的有利形势。自从制宪议会召开以来他们就不知道究竟应当打革命的牌还是打立宪制度的牌。后来，在关键的时刻里他们又放弃了自己的队伍——巴黎工人阶级，使他们在恐怖的6月，在没有人领导的情况下孤军奋战。

托克维尔激烈反对社会党的头头和"六月事件"的肇事者，但是他的这种敌对情绪并没有使他盲目行事。一方面，他承认巴黎工人在与正规军作战中表现出来的高度勇敢精神，另一方面他又指出对社会党头头们的不信任也许还不是最终的。

在马克思看来，1848 年的革命表明，今后欧洲社会的基本问题将是社会问题，十九世纪的革命将是社会革命而不再是政治革命。托克维尔经常关心的是个人自由，他认为动乱、起义或革命都是灾难性的。但是，他也意识到这些革命都具有某种社会主义性质。由于他认为社会主义革命暂时是被排除了的，而且对一种建立在与私有制原则不同的基础上的制度看不惯，因此他谨慎地作出了如下的结论：

"1848 年时社会党人受到了人们理所当然的蔑视。社会主义是否还会蒙受这种蔑视呢？我只是提出这个问题而不作回答。随着时间的推移，我们现代社会的各种法律会有许多修改，对此我并不怀疑，而且这些法律的许多重要部分已经有了修改。但是会不会有朝一日把这些法律都废除掉，用其他的东西来代替？我认为这是行不通的。对此我无须多说，因为对世界的过去研究得越多，对现代世界看得也就越清楚。在研究不仅出现在法律里，而且也出现在法律原则里的形形色色的差别，研究土地所有制的过去和今天（不管人们怎么说）的形式时，我倾向于认为人们称之为必然的机构常常只是人们已经习惯了的机构。至于社会机构方面，可以有所作为的范围远比生活在每个社会里的人们所想象的要宽广得多。"（《全集》第十二卷第 97 页。）

换句话说，托克维尔并不排除 1848 年时失败的社会党人能在或远或近的将来成为社会机构的改造者。

托克维尔《回忆录》的其余部分先是描写了六月骚乱，接着又叙述了第二共和国宪法起草情况、参加第二届奥迪隆·巴罗内阁、自由君主主义者（后来由于种种原因变成了共和派）与议会中的保皇主义多数派以及被人怀疑想复辟帝国的总统所作的斗争。[4]

托克维尔就是这样理解 1848 年革命的社会主义性质的，并且以此认定社会党人的行动是荒诞不经的。他是资产阶级秩序派的人物，因此在六月骚乱中随时准备与起义的工人作战。在危机的第二个阶段，他成了一个温和的共和党人，是人们后来称之为保守的共和制拥护者，同时他又成了一个反波拿巴分子。他虽然失败了，但他对失败并不感到惊讶，因为从1848年2月的那些日子以来，他已经想到自由制度暂时是行不通的，革命将不可避免地产生一个专制制度。在路易·波拿巴当选以后，他自然而然地预料到将会出现帝国复辟，但是行动并不取决于想象，他还是和这种在他看来可能性最大、但却又是最不希望的解决方法作斗争。作为孟德斯鸠派的社会学家，他不认为已经发生的都是应该发生的。如果上帝是仁慈的，如果理性是强有力的，那么应当由上帝和理性来决定该发生什么事。

3. 马克思和1848年革命

在1848至1851年这一历史时期里，马克思的经历与奥古斯特·孔德或托克维尔不同。他既没有躲在默西厄-勒-普兰斯路的象牙塔里，也不是制宪议会或立法议会议员，又不是奥迪隆·巴罗和路易·拿破仑的内阁部长。作为革命的鼓动者和记者，他在德国积极参加了这次革命事件。但是，他曾经居住在法国，深谙法国的政治和法国的革命者，因此就法国而言，他是一个有力的见证人。此外，他对这场革命的国际意义深信不疑，对法国的这场危机深为关切。

在《1848年至1850年的法兰西阶级斗争》和《路易·波拿巴的雾月十八日》两本书中的许多观点是与托克维尔《回忆录》中的观点相一致的。

正像托克维尔一样，马克思对1848年和1849年这两次动乱的对比感到震惊。在1848年的动乱中，巴黎工人在没有人领导的情况下孤军奋战了好几天。过了一年后，即在1849年的动乱中，山岳派议会的头头们曾想发动骚乱，但徒劳无益，他们的主张没有得到士兵们的支持。

他们两人都十分清楚1848至1851年间发生的各种事件已经不仅仅是

一些政治性的动乱，而是一场社会革命的先兆。托克维尔惊慌地发现今后受到威胁的将是全部社会基础，是几世纪来一直为人遵守的法律基础。马克思则以胜利者的口吻大声说道社会动荡是必要的，它正在实现。自由派贵族阶级的价值尺度与革命者的价值尺度不同，甚至是相反的。尊重政治自由，这对托克维尔来说是最神圣不过的了，而在马克思眼中则是对旧制度的某个人的迷信。马克思对议会和形式上的自由毫无敬意。一个想着力拯救的，另一个却认为是无关紧要的，或许还是他心目中最根本的东西——社会革命的障碍。

他们俩在 1789 年革命到 1848 年革命这一过程中看到了某种历史必然。托克维尔认为革命未曾间断过，革命使社会秩序和所有制在君主政体和特权等级被摧毁后受到了威胁。马克思则在这场社会革命中看到了第三等级胜利后第四等级的崛起。他们俩用的词语不同，对重大问题的评价也就截然相反。但在一个基本问题上的看法却是相同的，即：传统的君主政体一旦崩溃、旧时的贵族制度一旦被推翻，旨在实现社会平等的民主运动必然会指责继续存在的特权，即资产阶级特权。在托克维尔头脑里，与经济上的不平等作斗争至少在他那个时代里是注定要失败的。他常常把财富的不平等看作是无法消除的，因为它与人类社会永恒的秩序联系在一起。马克思则认为通过社会改组减少或消灭这些经济上的不平等不是不可能的。不过他们两人都看到了反对贵族政体的革命必然会转变为反对资产阶级的革命、推翻君主政体后必然要转而推翻整个社会秩序。

最后，马克思和托克维尔在对革命阶段的分析上也是一致的。1848 至 1851 年法国发生的这种种事件对当时的目击者们很有吸引力。这些事件由于各种冲突迭起，今天仍然颇具吸引力。仅仅在几年中，法国就经历了现代社会大部分典型的政治冲突。

在 1848 年 2 月 24 日至 1848 年 5 月 4 日这第一个阶段里，一场动乱摧毁了君主政体。临时政府中包括了好几位社会党人，在几个月里他们的影响是举足轻重的。

制宪国民议会的召开标志着第二阶段的开始。全国选出的议员大部分是保守的，甚至是反动的、保皇的。于是在社会党占压倒优势的临时政府和保守的议会之间爆发了一场冲突。这场冲突导致了1848年6月的骚乱。巴黎无产者起来反对由普选产生的、但因其成员结构而在巴黎工人眼里近于仇敌的议会。

第三阶段始于1848年12月路易·拿破仑当选之时，或者，按照马克思的说法始于1849年5月制宪议会末期。共和国总统对波拿巴主义的正统性深信不疑，自认为是主宰命运的人。作为第二共和国的总统，他先是与由保皇派占多数的制宪议会作斗争，然后又与同样由保皇派占多数，而且还包括一百五十名山岳派代表的立法议会作斗争。

自路易·拿破仑当选以来，一场微妙的冲突在多条战线上展开。保皇派对君王的名字和复辟君主政体无法同意，他们出于对路易·拿破仑的敌意转而成为共和政体的保卫者，反对想要复辟王朝的波拿巴。路易·拿破仑则施展开了议员们认为蛊惑人心的一些手法。事实上在路易·拿破仑的策略中确实有二十世纪法西斯的所谓社会主义（或真正的社会主义）因素。由于立法议会错误地取消了普选，路易·拿破仑即于12月2日宣布取消宪法，解散立法议会，同时恢复普选。

但是，马克思同时还想用社会基础来解释各种政治事件。这是他的一个独到之处。他力图揭示在纯粹的政治冲突里各社会集团的剧烈角逐是怎样表现的，或者是怎样上升为政治角逐的。当然托克维尔也是这样做的。他列出了十九世纪中叶法国社会里相互抗争的集团。悲剧的主要角色是农民、巴黎小资产阶级、巴黎工人、资产阶级及贵族的残余。所有这些角色与被马克思推上历史舞台的角色没有多大区别，但是他在用社会角逐来解释政治冲突时仍然坚持这些冲突的独特性，或至少是政治上的相对的独立性。马克思则不同，他利用一切机会试图在政治方面和社会基础方面找出各种事件之间的全面关系。他在多大程度上获得了成功呢？

马克思的《1848年至1850年的法兰西阶级斗争》和《路易·波拿巴

的雾月十八日》这两本小册子是两部光辉的著作。我认为这两本书在许多方面要比他的大部头科学著作更为深刻、更令人满意。在这两本著作里，马克思以史学家的远见卓识，忘记了自己的一贯理论，象天才的观察家那样对事件作出了分析。

为了用社会基础来解释政治，马克思写道：

"1848 年 12 月 10 日是农民起义的日子。只是从这一天起，才开始了法国农民方面的二月革命。这种表示他们投入革命运动的象征是反映出笨拙的狡猾、奸诈的天真、矫揉造作的高超的象征，是深思熟虑的迷信，是打动人心的滑稽剧，是荒谬绝顶的颠倒时代现象，是世界历史中的玩笑，是文明头脑难以了解的象形文字，——这一象征显然带有代表着文明内部野蛮风气的那个阶级的印记。共和国以一个收税人的姿态向这个阶级表明了自己的存在，而这个阶级则以一个皇帝的姿态向共和国表明了自己的存在。拿破仑是充分表现了 1789 年新形成的农民阶级的利益和幻想的惟一人物。农民阶级把他的名字写在共和国的门面上，就是宣布要对外国进行战争，在国内要为自己的阶级利益进行斗争。拿破仑在农民眼中不是一个人物，而是一个纲领。他们举着旗帜奏着音乐走向投票箱，高呼：'取消捐税，打倒富人，打倒共和国，皇帝万岁！'隐藏在皇帝后面的是一个农民战争。由他们投票推翻的共和国是一个富人共和国。"（《法兰西阶级斗争》，社会出版社出版，第 57 页。）[1]

即使是非马克思主义者也毫无困难地承认农民是投了拿破仑的票的。农民在当时代表了大部分选民，他们宁可投拿破仑皇帝真正的或假设的侄子的票，而不愿投共和派将军卡芬雅克的票。如用心理政治方法来解释，人们会说：路易·拿破仑是由于他的姓氏才成为享有特殊威信的首领的。马克思带着蔑视农民的口吻说，农民文化不高，偏爱拿破仑的象征甚于一个名副其实的共和派人士，因而在这个意义上路易·拿破仑正好就是农民心目中用以反对富人共和国的人物。有疑问的只是路

---

[1] 《马克思恩格斯选集》中文版第一卷第 429 页。——译者

易·拿破仑既然被农民选上了，那么他在多大程度上代表了农民阶级的利益呢？农民们不是非得挑选路易·拿破仑来代表自己的阶级利益不可的。路易·拿破仑所采取的措施也不一定符合农民阶级利益。皇帝只是凭自己的意志或办好事或办蠢事。毋庸置疑，农民投路易·拿破仑的票是一件大事，把这件事上升为理论那就是这样一句话："农民阶级的利益是由路易·拿破仑体现的。"

在《路易·波拿巴的雾月十八日》中关于农民的一段话，有助于我们对这个问题的理解。马克思的这段话阐明了农民阶级的地位：

"既然数百万家庭的经济条件使他们的生活方式、利益和教育程度与其他阶级的生活方式、利益和教育程度各不相同并互相敌对，所以他们就形成一个阶级。由于各个小农彼此间只存在有地域的联系，由于他们利益的同一性并不使他们彼此间形成任何的共同关系，形成任何的全国性的联系，形成任何一种政治组织，所以他们就没有形成一个阶级。因此，他们不能以自己的名义来保护自己的阶级利益，无论是通过议会或通过国民公会。他们不能代表自己，一定要别人来代表他们。他们的代表一定要同时是他们的主宰，是高高站在他们上面的权威，是不受限制的政府权力，这种权力保护他们不受其他阶级侵犯，并从上面赐给他们雨水和阳光。所以，归根到底，小农的政治影响表现为行政权力支配社会。"（《路易·波拿巴的雾月十八日》，社会出版社，第98页。）①

这是对农民既作为一个阶级又不作为一个阶级这样一种模棱两可的地位的透彻的描写。农民生活方式大同小异，这样农民就具备了一个社会阶级的第一个特征。但是他们没有能力认识自己是一个统一体，也没有能力代表自己的利益，因而他们是一个只能由本阶级以外的人代表自己的利益的被动的阶级。农民为什么选择路易·拿破仑这个不是自己人的人，这个问题就得到了初步的解答。

不过还有一个主要的困难：政治舞台上发生的事情是否全能用社会

---

① 《马克思恩格斯选集》中文版第一卷第693页。——译者

基础中发生的事情来解释？例如，马克思认为正统的君主国代表土地所有者的利益，而奥尔良派君主国代表的则是金融和商业资产阶级的利益。然而这两个君主国从来也没有协调一致过。在1848 至1851 年危机时期，这两个君主国之间的不和一直是王朝复辟的不可逾越的障碍。那么，这两派王室成员是不是因为一派代表地主阶级的利益、另一派代表工商业主的利益而不能在王位僭望者的名字上取得一致？或者因为顾名思义，王位僭望者只能有一个因而根本无法取得一致？

提出这个问题并非出于挑剔或钻牛角尖，而是一个如何用社会基础对政治作解释的基本问题。就算马克思说得对，就算正统的君主制确实是大地主和传统的贵族制度，而奥尔良派君主制代表的是金融资产阶级的利益，那么，到底是经济利益的冲突还是只能有一个国王这样一个简单的算术现象（如果我能这么说的话）妨碍了两派的团结？

当然，马克思倾向于用经济利益的不能共存来解释协调一致的不可能性。[5]但是这种解释的不足之处在于，在别的国家，在别的环境下，地主阶级是可以与工商资产阶级达成妥协的。

在《路易·波拿巴的雾月十八日》中有一段话颇能说明问题。

"秩序党的外交家们希望以两个王朝的结合，即以各个保皇派和它们的王室的所谓融合来中止这一斗争。复辟王朝和七月王朝的真正融合便是议会制共和国，在这个共和国中，奥尔良派和正统派双方的色彩都脱落了，各种形态的资产者都消溶为一般的资产者，消溶为资产者这个类属了。现在奥尔良派应当变成正统派，正统派应当变成奥尔良派。"（《路易·波拿巴的雾月十八日》，社会出版社出版，第76—77 页。）①

马克思说得完全正确。除非碰巧两派中有一派的王位僭望者同意死去，不然就不会提出这样的问题。这种解释是纯政治性的，完全确切、令人满意。拥护君主政体的两派只有在议会制共和国的基础上才能取得一致。一个王位只能由一个人占据，议会制共和国则是使两位王位僭望

---

① 《马克思恩格斯选集》中文版第一卷第670 页。——译者

者和解的惟一方法。在有两个人想获得王位时，为了不使其中一人入主杜伊勒利宫而另一人却被流放，最好的方法是两个人都不上台。在这个意义上议会制共和国就起了调和两个王朝的作用。马克思还说：

"体现着他们互相对抗的君主国，应当成为他们彼此统一的化身；他们互相排斥的派别利益的表现，应当成为他们的共同的阶级利益的表现；君主国应当完成只有把两个君主国都废除了的共和国才能完成和已经完成的任务。这就是秩序党的术士们绞尽脑汁制造出来的哲人石。仿佛正统派的君主国可能在什么时候变成工业资产者的君主国，或者资产阶级的君主国可能在什么时候变成世袭土地贵族的君主国一样。仿佛地产和工业能够在一项王冠下面和平共居一样，可是王冠只能落在一个头上——不是落在哥哥头上，就是落在弟弟头上。仿佛在地产还没有决心自动变成工业财产以前，工业可以和地产和解一样。如果亨利五世明天逝世，巴黎伯爵仍然不会成为正统派的国王，除非他不再作奥尔良派的国王。"（《路易·波拿巴的雾月十八日》第77页。）①

马克思在这里小心翼翼地把两种解释巧妙地糅合在一起。一种是从政治角度出发的解释，即：当法国王位的两个僭望者处在势不两立的时候，协调他们各自的支持者的惟一办法是建立议会制共和国；另一种是从"社会—经济"角度出发的解释，这是一种根本不同的解释方法，即：地产除非自身工业化，否则是无法与资产阶级和解的。今天，马克思主义的分析家或受马克思主义影响的分析家在解释第五共和国时还在运用这后一种理论。第五共和国不能是戴高乐主义的共和国，它应当要么是现代化的资产阶级共和国，要么是社会基础中另一种成分的共和国。[6]这种解释当然是更加深化了，即使不一定正确。地产和工业资产阶级的利益的不可协调性只存在于社会学家的幻觉之中，只要两个君王中的一个没有后裔，那么这两位王位僭望者就会自动和解。从前彼此对立的利益就会奇迹般地得到调和，因此两个王位僭望者之间的不可调和

---

① 《马克思恩格斯选集》中文版第一卷第671页。——译者

性从根本上来说是属于政治性的。

诚然，用社会基础来解释政治事件是合情合理的，也是有效的，但是环环紧扣的解释在很大程度上就成了社会神话学的东西了。这种解释实际上就是人们在政治舞台上观察到的东西在社会基础上的投影。人们因为看到两个王位僭望者无法融洽相处，于是就说地主无法与工业资产阶级言归于好，这样就把自己在前面所说的协调可以产生于议会制共和国的话否定了，因为，如果在社会阶级关系上不能获得协调一致的话，那么在议会制共和国和君主政体下同样也是不可能的。

我认为这种情况是颇为典型的，它指出了在社会阶级关系上对政治冲突所作的解释中，什么是可以接受的，甚至是必要的，什么是错误的。职业的或业余的社会学家们只能用政治来解释制度的变更和政治危机，对此他们感到某种内疚。我个人倾向于认为政治事件的细枝末节不用人物、政党、他们之间的斗争和他们的思想是很难得到解释的。

路易·拿破仑是由农民选出的，在这个意义上他是农民的代表。同样，戴高乐将军也是农民的代表，因为他的行动在 1958 年是由百分之八十五的法国人赞同的。一个世纪前的心理政治机制与今天的心理政治机制没有根本不同，但这与社会阶级区别毫无关系，与某个特定集团的阶级利益更不相干。法国人对无休止的冲突感到厌倦，如果这时出现一个主宰命运的人，那么各阶级的法国人就会聚集在答应拯救他们的人的周围了。

在《路易·波拿巴的雾月十八日》一书中最后一部分里，马克思对路易·拿破仑的政府以及他是怎样为各阶级的利益效劳的作了详细的分析。马克思说，路易·拿破仑是资产阶级所接受的，因为他保护了资产阶级的根本经济利益，作为对他的补偿，资产阶级就放弃了由它自己行使政治权力的权利。

"显然，资产阶级现在除了投票选举波拿巴之外，是再没有别的出路了。在专制制和无政府主义中它自然选择了专制制……波拿巴作为一种已经成为独立力量的行政权力，自命为负有保障'资产阶级秩序'的使命。但是这个资产阶级秩序的力量是中等阶级。所以他就自命为中等阶级的代表人物，并颁布了相应的法令。可是另一方面，他之所以能够有点作为，只是因为他摧毁了并且每天都在重新摧毁这个中等阶级的政治力量。所以他又自命为中等阶级的政治力量和著作力量的敌人。"（《路易·波拿巴的雾月十八日》，社会出版社出版，第104页。）①

在整篇分析中有一段是特别令人感兴趣的：马克思承认国家具有举足轻重的作用。

"这个行政权力有庞大的官僚机构和军事机构，有复杂而巧妙的国家机器，有五十万人的官吏队伍和五十万人的军队，——这个俨如密网一般缠住法国社会全身并阻塞其一切毛孔的可怕的寄生机体，是在君主专制时代，在封建制度崩溃时期产生的，同时这个寄生机体又加速了封建制度的崩溃。土地所有者的和城市的领主特权转化为国家权力的同样众多的属性；封建的显贵人物转化为领取薪俸的官吏；互相交错的中世纪领主权力的五颜六色的样本转化为确切规定了的国家权力的图案，这里盛行的分工和集中就像工厂里的一样。第一次法国革命所抱的目的是破坏一切地方的、区域的、城市的和各省的特殊权力以造成全国的公民的统一，它必须把专制君主制所已经开始的事情——中央集权加以发展，但是它同时也就扩大了政府权力的容量、属性和帮手的数目。拿破仑完成了这个国家机器。正统王朝和七月王朝并没有增添什么新的东西，不过是扩大了分工，这种分工随着资产阶级社会内部的分工愈益造成新的利益集团，即造成国家管理的新对象，而愈益扩大起来。每一种共同的利益，都立即脱离社会而作为一个最高的普遍的利益来与社会相对立，都从社会成员自己行动的范围中划分出来而成为政府活动的对象——从某一村镇的桥梁、校舍和公共财产起，直到法国的铁路、国有财产和国立大学止。最后，议会制共和国在它反对革命的斗争中，除采用高压手段而外，还不得不加强政府权力的工具和集中化。一切变革都是使这个

---

① 《马克思恩格斯选集》中文版第一卷第699—700页。——译者

机器更加完备，而不是把它毁坏。那些争夺统治权而相继更替的政党，都把这个庞大国家建筑物的夺得视为自己胜利的主要战利品。"（《路易·波拿巴的雾月十八日》，社会出版社出版，第96—97页。）①

换句话说，马克思这里描写的是中央集权国家的巨大发展。托克维尔对这种国家也作过分析，揭示过它革命前的起源，并且看到随着民主的发展，这种国家在幅员上和国力上逐步取得了胜利。

这种国家的领导者对社会必然有一种巨大的影响。托克维尔自己也认为所有的政党都在为加强这一巨大的行政机器作出贡献。此外，他还深信社会主义国家将进一步扩大国家的职能，促使中央集权。马克思断言，与社会相对而言，国家已经取得了某种独立性，只要有"一个从外国来的、被喝醉了的士兵拥为领袖的冒险家做首脑，而这些士兵是他用烧酒和腊肠收买过来的，并且他还要不断地用腊肠来讨好他们"（同上书第97页。）②就行了。

马克思认为，真正的革命其目的并不在于夺取这个机器，而是要摧毁这个机器。对这个问题，托克维尔或许会说：如果生产资料应当归为集体所有，经济应当集中，那么人们应当寄希望于什么奇迹才能摧毁国家机器？

事实上关于国家在革命中的作用，在马克思的著作中有两种理论。在论述巴黎公社的《法兰西内战》中，他提到，公社，也就是说集权国家的解体和进一步下放权力，是无产阶级专政的真正内容。但我们在别的地方却发现另一种完全相反的意见，即：为了实现革命应当最大限度地加强政治权力和国家集权。

这样，托克维尔和马克思在观察集权国家机器时采取同样的方法。托克维尔从中得出的结论是：为了限止国家的至高权力以及这种权力的无限扩大，应当增加中间团体和代议制的机构。马克思则既承认国家与

① 《马克思恩格斯选集》中文版第一卷第691—692页。——译者
② 同上，第692页。——译者

社会相对而言的部分自主性——这一说法是与他关于国家是统治阶级意志的表现这一一般理论相矛盾的，同时又希望社会主义革命会导致国家机器的消亡。

作为一个理论家，马克思希望把政治和政治冲突归结到社会阶级关系和社会阶级斗争上来，但他的观察家的远见卓识在许多基本方面战胜了他的教条。他虽然有点不太自愿，但还是承认了制度冲突的纯政治因素以及国家与各种集团相对而言的自主性。只要存在着这种自主性，社会变革的因素就不能简化为阶级斗争。

与社会斗争相对而言的政治的特殊性和独立性，其最好的明证是1917年的俄国革命。一部分人像路易·拿破仑那样——尽管所采取的手段更为剧烈——夺取了政权，能够不用无产阶级的优势，而是用国家机器的至高无上的力量改造整个俄国社会的结构，并建设社会主义。

马克思主义理论著作中没有的东西，要么在他的历史性分析文章中可以找到，要么在与马克思推崇的人物有关的事件中可以找到。

第一部分中研究的这四位著作者原来分属三个学派。

第一派就是人们所称的法国政治社会学学派，其创始人为孟德斯鸠和托克维尔。当代的埃利·阿莱维就是属于这一派传统的。[7]这一派社会学家不太拘泥于教条，他们首先关心的是政治，但又不轻视社会基础。他们提出政治独立性的看法，并且像自由主义者那样想问题。或许我本人就是这一派的不合时宜的信徒。

第二派是奥古斯特·孔德派，本世纪初它影响着涂尔干，今天大概还影响着法国的社会学家们。这一派轻视政治和经济的重要性，而重视社会关系，重视全社会的统一性，把"协调一致"视为基本的观点。这一派不断作出分析，不断提出各种观点，努力恢复社会的整体性。

第三派即马克思派。这一派取得的成就最大，即使在教室里不是这样，至少在世界史舞台上是这样的。正像千百万人解释的那样，这一派把用社会经济基础对整个社会进行的解释，与向信徒们保证胜利的变革蓝图糅合在一起。由于这一派的历史性成就，因而与这一派争论是最困难不过的，因为人们不知道到底是应当对各种国家学说必不可少的理论上的说法提出异议呢，还是应当对只有聪明绝顶的人才能接受的难以捉摸的说法提出异议？更何况这两种说法犬牙交错，其方式也会随着世界历史上无法预料的突然变化而变化。

这三种社会学学派虽然在价值的选择和对历史的看法上存在分歧，但对现代社会都作了解释。奥古斯特·孔德对他称之为工业社会的现代社会的赞赏几乎是毫无保留的。他告诉我们说这种社会是和平的社会、实证主义的社会。政治社会学派则认为现代社会是一个不能带着个人好恶去观察的民主社会，这种社会当然是有其独特之处的，但它并不是人类前途的终结。至于第三种学派，它既有孔德学派对工业社会的热情，又对资本主义表示愤慨。这一派虽然对遥远的未来极为乐观，对近期的将来却心情忧郁，十分悲观，声称灾难、阶级斗争和战争会长期存在。

换句话说，孔德派是乐观的，倾向于公正；政治派是谨慎的，略带怀疑主义的阴影；马克思派是空想的，倾向于认为灾难是最好不过的，而且不管怎样，是不可避免的。

每一个学派都在用自己的方法重新构思着社会总体，各派都在对历史上已知的各种各样的社会作出某种解释，并对现时赋予一个意义，都受着道德信仰和科学结论的驱使。我曾经试图考虑这些信念和结论，但是我并未忘记即使是想区别这两种因素的人也只是按照自己的信念来加以区别的。

1848 年革命和第二共和国编年表

1847—1848 年　巴黎及外省的选举改革风潮：宴会运动。

1848 年 2 月 22 日　改革派不顾内阁的禁令，仍然在巴黎举行宴会及示威游行。

23 日　巴黎国民自卫军举行游行示威，高呼"改革万岁"。基佐辞职。当晚，军队和市民发生冲突，示威者的尸体被抬上巴黎街头。

24 日　晨，巴黎发生革命。共和派起义者夺取市府大厦，威胁杜伊勒利宫。路易-菲利普让位于他的儿子巴黎伯爵，自己逃亡英国。起义者冲入众议院，不让奥尔良公爵夫人摄政。当晚，临时政府成立，成员包括：杜邦·德·累尔、拉马丁、克莱米约、阿拉戈、勒德律-洛兰、加尔涅·帕热斯。A·马拉斯特、路易·勃朗、弗洛孔和阿尔伯任政府秘书。

25 日　共和国宣告成立。

26 日　取消政治犯死刑，开设国家工厂。

29 日　取消贵族称号。

3 月 2 日　确定法定劳动日，巴黎为十小时，外省为十一小时。

5 日　呼吁为成立制宪议会而选举。

6 日　加尔涅·帕热斯任财政部长，下令对每法郎直接税加收四十五生丁附加税。

16 日　国民自卫军中的资产阶级分子示威游行，反对解散别动队。

17 日　市民举行反示威游行，支持临时政府。社会党人和左翼共和党人要求选举延期。

4 月 16 日　市民再次游行，要求选举延期。临时政府出动国民自卫军维持秩序。

23 日　选举制宪议会代表九百名，激进共和党人只获八十席，正统派获一百席，归顺和没有归顺的奥尔良派获二百席。议会中的大多数，即五百席为温和的共和党人所占。

5 月 10 日　议会任命一个由阿拉戈、加尔涅·帕热斯、拉马丁、勒德律-洛兰、玛丽等五人组成的执行委员会行使政府职权。

5 月 15 日　巴尔贝斯、布朗基、拉斯拜尔等人率领群众示威游行支持波兰。示威者冲入众议院及市府大厦，一个由起义者组成的新政府在人群中宣告成立，但国民自卫军驱散了示威者。巴尔贝斯、拉斯拜尔被捕。

6 月 4—5 日　路易·拿破仑·波拿巴被塞纳河流域三省选为众议员。

21 日　国家工厂解散。

23—26 日　骚乱。由于陆军部长卡芬雅克不采取行动，起义的巴黎工人进行了街垒战，占领了巴黎东部和中部。

24 日　议会授全权予卡芬雅克，要他镇压起义。

7 月—11 月　一个大党——秩序党成立。梯也尔推出在工人中也颇有名望的路易·拿破仑·波拿巴为首领。国民议会起草宪法。

11 月 12 日　宪法颁布。宪法规定行政首脑应由普选产生。

12 月 10 日　选举共和国总统。路易·拿破仑获五百五十万票，卡芬雅克获一百四十万票，勒德律-洛兰获三十七万五千票，拉马丁获八千票。

12 月 20 日　路易·拿破仑宣誓忠于宪法。

1849 年 3—4 月　审判 1848 年 5 月未遂革命的首领巴尔贝斯·布朗基、拉斯拜尔，并对他们判刑。

4—7 月　出征罗马，法国远征军占领罗马，恢复庇护九世教皇地位。

5 月　立法议会选举，由七十五名温和派共和党人、一百八十名山岳党人及四百五十名秩序党中的保皇主义者（正统派及奥尔良派）组成。

6 月　巴黎及里昂举行示威游行反对出征罗马。

1850 年 3 月 15 日　颁布法卢法案，重组公立教育机构。

5 月 31 日　颁布选举法，规定公民必须在一个选区内住满三个月方有选举权。约三百万流动工人被排斥在选举之外。

5—10 月　社会党人在巴黎及外省闹事。

8—9 月　正统派及奥尔良派为重建君主政体举行谈判。

9—10 月　"亲王—总统"在萨托里军营阅兵，骑兵高呼"皇帝万岁"列队而过。

议会中的多数派与"亲王—总统"之间发生斗争。

1851 年 7 月 17 日　忠于"亲王—总统"的马尼扬将军被任命为巴黎军事长官，代替效忠议会中保皇主义多数派的尚加尔涅。

12 月 2 日　政变：宣布戒严，解散议会，恢复普选。

10 日　拿破仑亲王以七百三十五万票赞成、六十四万六千票反对当选，任期十年，并受权制订新宪法。

1852 年 1 月 14 日　颁布新宪法。

11 月 20 日　一次新的全民表决以七十八万四千票赞成、二十五万票反对，同意恢复路易·拿破仑的王位头衔，取号拿破仑三世。

注释

[1]　奥古斯特·孔德并不是一贯的波拿巴主义者。在蒙彼利埃中学时代，他甚至对拿破仑的政策和传奇十分反感。百日王朝时期孔德是综合工科学校的学生，他深为当时席卷巴黎的雅各宾派的热情所折服。如果把这一时期撇开不算，那么这个不懂历史潮流、只会倒行逆施、身后也不会留下什么的波拿巴在他的心目中还是一个典型的伟人。1848年12月7日总统选举前夕，他在给他妹妹的信中写道："我一直未曾改变1814年时你在我身上看到的对这位倒行逆施的英雄的看法，对他的家族在政治上的复辟我认为是我国的耻辱。"后来，他又谈到了"法国农民荒诞的投票(法国农民或许因为葡萄酒免税而祝愿他们的偶像活上两个世纪)"。但1851年12月2日他却又为政变喝彩，喜欢独裁而不赞成议会制共和国和无政府主义了。他的这一态度导致利特雷及自由派的信徒们退出实证主义学会。然而，孔德还是把民众的绝对权力和1852年王朝复辟所要求的世袭原则这两者的糅合视作"妈妈姆齐式的骗人把戏"①，并且预言这一制度将在1853年崩溃。奥古斯特·孔德曾多次——1851年和1855年出版《告保皇派书》时——表示希望拿破仑三世转而信奉实证主义，但他也常常寄希望于无产者，他赞赏无产者清新的哲学思想并以此来反对文人们的形而上学。1848年2月，他由衷地拥护革命。6月，他虽然在默西厄-勒-普兰斯路公寓里足不出户，那里离先贤祠周围的街垒很近，不时发生激烈的战斗，但孔德是支持无产者反对形而上学者和文人政府的。他用"我们"来称呼起义者，不过他抱怨无产者们——"大革命的模仿者"们仍旧迷恋"赤色分子"的乌托邦。因此，孔德在第二共和国时期的政治态度是摇摆不定的、充满矛盾的。不过，这种态度，是视实证主义的成就高于一切的思想所产生的十分合乎逻辑的结果，是

---

①　妈妈姆齐是莫里哀在《贵人迷》一剧中虚构的土耳其爵位。——译者

不承认任何别的派别的成就、在革命中总是只看到瞬息即逝的无政府主义危机的思想所产生的十分合乎逻辑的结果。一种情感支配着其他的情感：蔑视议会制。

奥古斯特·孔德在1852年王朝复辟前夕出版的《实证政治体系》的序言中用一段话对近四年发生的大事作了归纳：

"我认为我们的最近一次危机使法兰西共和国最终从只能转变为一场消极的革命的议会阶段进入专政阶段，只有这种专政阶段才能适应积极革命的需要，因而在秩序和进步之间达成决定性的和解后，西方的弊病就能逐步消失。

"即使这种刚出现的专政实施起来会有许多弊病，并且会迫使人们在预定的时期前改变它的主要机构，这种令人不愉快的必要性也不会真正重新建立某种议会统治，在一个新的独裁者上台这个特殊情况所要求的短暂时期内也许属于例外。

"根据我所创立的历史理论学说，法国的全部过去都有突出中央权力的倾向。这种倾向是正常的，如果不是因为路易十四王朝后半个时期起这个权力终于带有一种倒退的色彩的话，那么中央集权的倾向也许还会继续保持下去，这就导致一个世纪以后法国完全废止君主政体，使得惟一的一个在我们中间真正享有民望的议会（即国民公会）能够暂时统治法国。

"它的巨大影响只是由于它真正地从属于出现在自己内部的、领导捍卫共和国的英勇斗争的那个强有力的委员会而产生的。我们立宪制度的初步尝试说明无政府主义是毫无效果的，这就很快使人感到需要用真正的专制制度来代替君主政体。

"不幸的是，这种不可缺少的专制制度由于把法国的顺从和欧洲的压力糅合在一起，不久就走上了极为反动的道路。

"法国舆论只是在对这一可悲的政策作了反省后，才允许对英国特有的这一制度作一次严肃的尝试的。在我国，这种尝试是惟一可行的。

"但是，尽管西方的和平对我们有所裨益，这种制度对我们还是不太合适的。这种制度在一个世纪中的正式优势，对我们来说要比帝王的暴政更为有害，人们的思想被立宪的诡辩习惯搞糊涂，心灵被市侩的道德观败坏，人格被越来越精湛的议会权术所贬低。

"由于缺乏真正的社会理论这一致命的缺陷，这种糟糕透顶的制度得以在 1848 年共和党人发难后以别的形式继续存在。这种新的局势自发地确保了社会进步，并使人们认真地关心秩序，它更要求一个中央政权的正常崛起。

"与此相反，人们当时认为取消一个无所作为的君主政体会造成敌对政权的全胜。所有在政府中、在反对派里或在暗地里积极参与立宪制度的人都应当被视作没有能力或没有资格领导我们的共和国的人，早在四年前就应当被最终排除在政治舞台之外的。

"但是，来自各方的盲目冲动却赋予他们以制订一部直接关系到议会最高权力的宪法这一无上权力，普选甚至使这一制度的精神和道德上的创伤波及无产者，而在此以前这些创伤还只存在于中上层阶级。

"失去了神圣不可侵犯、持久永恒威望的中央政权不是重振它应当取得的优势，而是像以往一样，继续对制宪是毫无意义的这一点秘而不宣。

"这个必然的政权虽然陷入了山穷水尽的境地，但总算有幸地奋力抗击了对我们来说是灾难性的、对它本身来说则更是可耻的那么一种不可容忍的解决方法。

"民众的本性使一个无政府制度来不及自卫就垮了台。在法国，人们越来越感到合宪性只是在所谓君主政体的情况下才是合适的，而我们的共和形势允许和要求的是一个专制制度。"（《实证政治体系》第二卷前言《1852 年 2 月 28 日致维埃耶尔函》第 26—27 页。）

上述引文请参阅古耶著《奥古斯特·孔德的一生》，巴黎，弗兰出版社 1965 年第二版；《奥古斯特·孔德的青年时代及实证主义的形成》第一卷，巴黎，弗兰出版社 1933 年出版。

　[2]　顺便提一下，奥古斯特·孔德在文中所说的这种普遍的谬误一

直到二十世纪中期仍有市场，因为英国特有的过渡宪法，即代议机构，尽管在世界各地取得的成就各不相同这一点是应当承认的，仍有蔓延之趋势，谬误变得更为普遍、更为荒诞不经。

[3] 我经常收到一种名为《新制度》的刊物。这一刊物受实证主义思想方法的影响十分明显。它以政党和议会代议制的假想来反对实际的国家。其实这家杂志的编者们都是聪明不过的，他们正在寻找与我们熟知的政党和议会方面的代议制不同的另一种代议制方式。

[4] 在最杰出、最辉煌的作品中应当提一下拉马丁的这一番描述："我从来没有看到过脑子里没有一点公众利益的这样一个人。"当然这是指路易·拿破仑。

[5]《路易·波拿巴的雾月十八日》中有一段话在这个问题上是颇有意义的：

"我们已经说过，正统派和奥尔良派是秩序党中的两个巨大集团。什么东西使这两个集团依附于它们的王位僭望者并使它们互相分离呢？难道只是百合花和三色旗，波旁王室和奥尔良王室，各种色彩的保皇主义或是它们的保皇主义信仰吗？在波旁王朝时期进行统治的是大地产连同它的僧侣和仆从；在奥尔良王朝时期进行统治的是金融贵族、大工业、大商业，即资本和它的随从者——律师、教授和健谈家。正统王朝不过是地主世袭权力的政治表现，而七月王朝则不过是资产阶级暴发户篡夺权力的政治表现。所以，这两个集团彼此分离决不是由于什么所谓的原则，而是由于各自生存的物质条件，由于两种不同的所有制形式；它们彼此分离是由于城市和农村之间旧有的对立，由于资本和地产间的竞争。当然，把它们同某个王朝联结起来的同时还有旧日的回忆、个人的仇怨、忧虑和希望、偏见和幻想、同情和反感、信念、信条和原则，这有谁会否认呢？在不同的所有制形式上，在生存的社会条件上，耸立着由各种不同情感、幻想、思想方式和世界观构成的整个上层建筑。整个阶级在它的物质条件和相应的社会关系的基础上创造和构成这一切。通过传统和教育承受了这些情感和观点的个人，会以为这些情感和观点就是他的行为的真实动机和出发点。如果奥尔良派和正统派这两个集团中每一个集团都硬要自己和别人相信它们彼此分离是由于它们对两个不同王朝的眷恋，那末后来的事实所证明的却刚刚相反，正是它们利益的对立才使得这两个王朝不能结合为一。正如在日常生活中把一个人对自己的想法和品评同他的实际人品和实际行动区别开来一样，在历史的战斗中更应该把各个党派的言辞和幻想同它们的本来面目和实际利益区别开来，把它们对自己的看法同它们的真实本质区别开来。奥尔良派和正统派同处于共和国中并提出同样的要求。如果一方不管另一方力求复辟它自家的王朝，那末这只是表明，由资产阶级分化出的两大集团（地产和金融资本），都力图恢复自己的统治地位，而使对方处于从属地位。我们谈论资产阶级的两大集团，是因为大地产虽然还摆着封建主义的资格，抱着高贵门第的高傲态度，但是在现代社会发展的影响下已经完全资产阶级化了。"（同上引书第38—39页。）①

[6]　这一段话主要针对塞尔日·马莱的几篇文章而言的。这些文章已于1965年由巴黎瑟伊出版社收入《戴高乐主义和左派》一书。这位社会学家认为新制度不是历史进程中的一个事件，而是"一个符合新资本主义需要的政治结构的确立"。戴高乐主义是现代资本主义的政治表现。罗歇·普里乌雷的文章中也有类似的分析。普里乌雷虽不是马克思主义者，但他也认为"戴高乐并不是仅仅靠了阿尔及尔的冲击力量于1958年上台的。他认为带来了一种符合他自己历史观的制度并在实际上使政治生活适应了社会状况。"（《1970年的法国政治机构》，工业经济社会研究及资料公司公报1961年5月1日第786期《未来的可能性研究者》增刊）

[7]　埃利·阿莱维的著作有：《哲学激进主义的形成》，巴黎，阿尔康出版社1901—1904年出版，共三卷（第一卷《边沁的青年时代》，第二卷《1789—1815年功利主义理论的演变》，第三卷《哲学激

---

① 《马克思恩格斯选集》中文版第一卷第628—630页。——译者

进主义》）；《十九世纪英国民众史》，巴黎，阿歇特出版社出版，共六卷(前四卷自 1815 年起至 1848 年止，后两卷自 1895 年起至 1914 年止)；《暴政时代——关于社会主义和战争的研究》，巴黎，伽里玛出版社 1938 年出版；《欧洲社会主义史》，根据授课笔记整理，巴黎，伽里玛出版社 1948 年出版。

第二部分

十九世纪末二十世纪初的一代

导　　言

　　第二部分研究的是埃米尔·涂尔干、维尔弗雷多·帕累托和马克斯·韦伯这三位社会学家的指导思想。为了说明对这一剖析将采取的方法，我想花不多的时间回顾一下我是怎样阐明奥古斯特·孔德、马克思和托克维尔的思想的。

　　奥古斯特·孔德、马克思和托克维尔三人都是在十九世纪上半叶形成自己的思想的。他们以欧洲社会在革命和王朝悲剧以后的形势为思考题材，竭力探索当时刚刚结束的危机的涵义以及正在诞生的社会的性质。可是，这三位作者却以不同的方式给这个现代社会下了定义：在奥古斯特·孔德看来，它是工业社会；马克思认为它是资本主义社会；托克维尔则说它是民主社会。他们分别所下的定义表明了他们各人观察当时现实生活的角度。

　　奥古斯特·孔德认为，现代社会(或称工业社会)的特征是封建和神学制度的衰亡。社会改造的重大问题是如何实现"协调一致"，即如何重新树立清一色的宗教信念和道德信念，否则，任何社会都不能生活于安定之中。

　　与此相反，马克思认为，资本主义社会以及与资本主义相联系的社会秩序的内在矛盾构成了他所在时代的社会要素。这些矛盾至少有二：生产力和生产关系的矛盾，敌对的社会阶级之间的矛盾——只要生产资料私有制一天不消灭，社会上必然存在着这种矛盾。

　　最后，在托克维尔看来，现代社会的定义就是民主性。他认为，这种性质意味着阶级或等级差别的缩小，社会地位趋于平等，甚至意味着在时机成熟时经济地位也趋于平等。可是，这个以平等为使命的民主社会，按其复杂的情况而言，可能是自由的，就是说可以由允许有思想自由的保守的代议制来管理；或者相反，如果次要原因并不有利，那么这个社会就可能是专制的。新的专制主义将统治着以类似的方式生活着的、对无能为力和受人奴役的平等感到窘惑的人。

由于各人所选择的出发点不同，对现代社会的描绘也就各不相同。与此同时，对社会演变的看法也不一样。奥古斯特·孔德从工业社会这个概念出发，强调必须协调一致，恢复道德和宗教信念的一致性。他初步观察了一种社会类型，预料它会在将来逐步实现，而他也愿意为之出力相助。相反，马克思认为，资本主义的诸矛盾是基本的，预见会发生一场既是灾难的、又是颇有裨益的革命。这场革命将是这些矛盾斗争的必然结果，而且会有解决这些矛盾的作用。社会主义革命是由大多数人，为了大多数人的利益而进行的，它将标志着史前时期的结束。托克维尔的历史哲学观既不像奥古斯特·孔德那样进步，也不像马克思那样既乐观、又充满着灾难。这是一种高深莫测的历史哲学，它指出了未来社会的某些被视为不可避免的特征，同时又断言有些同样重要的特点对人来说都是不可预料的。在托克维尔看来，将来尚在未定之天，留有自由发展的余地。用今天时髦的话来说，托克维尔似乎承认有一个"方向"。"方向"一词被解释为含有"朝某处走"的意思，历史必然地朝着这个"方向"演变即朝着民主社会演变。可是，如果这一"方向"意味着人类使命的完成的话，那么事先就已确定的历史"方向"是没有的。由于各式各样的原因，民主社会这一演变的"方向"既可以是自由的也可以是专制的。

换句话说，我在第一部分中所用的方法在于阐明每一位作者的基本主题，指出每一主题是如何产生于他们三人对致力于研究的同一社会现实所作的解释的。这些解释不是随心所欲的，而是有个人见解的：作者的气质、道德标准体系和认识问题的方法都能在他们对一种从某些方面说是众所周知的社会现实的解释中表现出来。

在第二部分里，我将继续使用同样的方法；不过，既然严格地说，

E·涂尔干、V·帕累托和 M·韦伯属于同一代人，这就更加方便一些。而奥古斯特·孔德、卡尔·马克思和亚历克西·德·托克维尔的情况就不是这样。

帕累托生于 1848 年，涂尔干生于 1858 年，马克斯·韦伯生于 1864 年；涂尔干逝于 1917 年，马克斯·韦伯逝于 1920 年，帕累托逝于 1923 年。这三人属同一历史时代，他们的思想形成于十九世纪最后三分之一时期，能适应于本世纪初的欧洲历史社会现实。1914 年大战爆发时，他们三人的大部分著作①都已经发表了。

因此，他们生活于现在回顾起来可以被视为欧洲历史上值得庆幸的时期。确实，这一时期今天可能为亚洲人或非洲人所诅咒。但是，当这三位作者在世的时代，欧洲是相对和平的。十九世纪在 1815 到 1914 年间所发生的战争是短暂的和规模有限的，它们没有立即改变欧洲的历史进程。

为此，我们可能认为，这三位作者对他们所经历的历史时期有着乐观的看法。可是，实际上却不是这么回事，尽管三个人的方法各有不同，却都有欧洲社会处于危机之中的感觉。这种感觉没有什么奇特之处，因为很少有这样一代人会没有生活在"危机"之中或"转折时期"的感觉。自十六世纪以来，人们最难找到的，倒是自认为生活在稳定时期的一代，稳定的印象几乎全是追忆过去时才有的。不管怎样，他们三位都不顾表面的和平，认为社会正经历着一个翻天覆地变化的阶段。

我认为，他们思考的基本主题是宗教与科学的关系问题。我提出的这一概括性的解释是不合时宜的，从某种意义上说，甚至是荒谬的。唯有对三位作者逐一作一番详尽的研究才能对此加以验证。不过，我想从概论起就说明我对这个问题是怎样理解的。

涂尔干、帕累托和韦伯有着成为学者的共同愿望。科学在教授们的心目中是严谨和有效的思想的楷模，甚至是有价值的思想的惟一楷模。

---

① 马克斯·韦伯的《经济和社会》一书，于他逝世后开始发表，此为例外。

这一点，他们那个年代与我们的相比有过之而无不及。这三位社会学家都想成为学者。作为社会学家，尽管通过不同的途径，可他们三人都发现了孔德这样一个思想：只有共同的信念才能维系彼此间的一致。然而，他们又都觉察到传统遗留下来超验的共同信念已为科学思想的发展所动摇。在十九世纪末期，宗教信仰与科学之间存在着难以克服的矛盾，这一思想已是最为普通不过的思想了。他们三位都以某种方式承认了这一矛盾；而且正因为他们是学者和社会学家，所以他们承认科学进步使宗教信仰受到损害，这对社会的稳定是必要的。作为社会学家，他们都倾向于相信传统的宗教正在走下坡路。同样作为社会学家，他们还倾向于相信，只有具备了能够使集体成员团结起来的共同信仰，社会才能保持其结构和维护其一致。

这一问题，我认为是症结所在，不过他们各人的表述方式各不相同。

涂尔干对这个问题的表述方式是简单的，因为这位思想家是一位属于世俗传统的法国哲学教授，他的思想不难纳入天主教和世俗思想之间的对话，这种对话我虽然不敢说能够永远持续下去，但肯定是长久的，因为它在法兰西历史上存在了好几个世纪。作为社会学家，涂尔干相信看到了传统的宗教不能再适应他所谓的科学精神的需要。另一方面，作为奥古斯特·孔德的忠实信徒，涂尔干考虑到社会需要"协调一致"，而"协调一致"只能靠树立绝对的信仰才能形成。他从而断言，应该建立一种受科学精神启示的道德。我觉得这一结论是教授的天真想法。在他看来，现代社会的危机产生于基于宗教之上的传统道德未曾得到代替。社会学应该用来奠定和重建那种科学精神所需要的道德。

一种类似的矛盾出现在帕累托的著作里。他一心想成为学者，他一再断言，唯有依靠实验逻辑法得出的命题才是科学的命题，而所有其他的，尤其是道德的、形而上学的或宗教方面的命题都没有真实价值。但是，帕累托对所谓宗教或科学道德无休止地冷嘲热讽，非常清楚地意识到决定人们行动的并不是科学。他甚至写道，如果他想到他的著作要被那么多读者阅读，他就不会发表了，因为不摧毁社会秩序的基础，人们就无法用实验逻辑法解释什么是真正的社会秩序。他说，社会只能靠感情来维系，而感情虽不是真实的，但却是有效的。如果这位社会学家向人们揭开被美丽的假象掩盖着的一面或亮出底牌，他就有可能使人们失去不可缺少的幻想。在必要的"协调一致"感与揭示这种感情的非真实性的科学之间存在着矛盾。帕累托认为涂尔干所说的科学道德一点也不比基督教理中所说的道德更为科学。他把这一思想阐述得淋漓尽致，甚至顺乎自然地说这种道德明显地更不科学，因为这种道德的主要错误在于它还没有成为科学道德时就自认为是科学的道德；且不说它还认为人类的行动有朝一日会由理性因素来决定。

因而，这位社会学家认为，在进行社会分析时严谨的科学性的要求与人们认为科学命题不足以团结人们的信念（因为任何社会的协调一致和秩序总是由极度的、低级的或高级的理性信仰维系的）之间存在着矛盾。

马克斯·韦伯的著作中也有类似的论点。这些论点是以不同的词语和感情表述出来的。在涂尔干的著作中，激励他分析宗教与科学之间相对立的是想创建一种科学道德的愿望。在帕累托的著作中，这一感情就成了一种难以解决矛盾的感情，因为科学就其本身而言，它不仅不能创造社会秩序，而且作为一门有效的科学，甚至可能是社会秩序的破坏者。

马克斯·韦伯的想法又不一样。现代社会如同他所描绘的那样，正在日益成为官僚主义的和符合理性的组织，马克斯·韦伯的描述虽然运用了不同的观点，但同托克维尔的描述相差无几。这就是：社会的现代性越突出，那种无法名状的组织的官僚主义程度和合理性也就越高。这种符合理性的组织是现代社会发展的必然结果，马克斯·韦伯接受了这种命定性。可是他出身于一个虔诚的宗教家庭，虽然本人已对宗教不那么敏感，但对过去可以接受的宗教信仰仍怀着旧情，并且以复杂的心情注视着现代社会正在发生的朝符合理性方面的演变。他厌恶有人拒绝我们生活的社会所需要的东西，厌恶怨天尤人的牢骚，但同时又对目前正在发展着的社会形态缺乏热情。他拿现代人的处境与在现代资本主义形成中起过重要作用的清教徒相比，提出了这样一句常被用来体现他风格特征的名言："清教徒想做手艺人，而我们被迫成为那样的人。"手艺人一词在德语中是 Berufsmensch，他们被迫在广泛的、不知名的整体中从事某种范围狭小的社会职务，没有充分发展个性的可能性，而这在别的时代里则是可以想象的。

马克斯·韦伯担心这个正在成为并还将继续成为官僚主义的和符合理性的现代社会会窒息他心目中能使生存变得有意义的东西，即：个人选择、责任感、活动和信仰。

这个德国人，既不像法国人涂尔干那样对科学道德寄予幻想，也不像意大利人帕累托那样以讽刺的口吻袒护传统观念或伪科学宗教。他生活于理性社会中，并以科学态度考虑这种社会的本质。他认为，人类生活中最有生命力或最有价值的东西并不在于人人依附于职业活动，而是由今天我们称之为"契约"的东西决定的。

诚然，如果我们给他一个他那个时代还不流行的概念的话，那么，作为哲学家，马克斯·韦伯是属于存在主义流派的，更何况他的朋友和学生，著名的存在主义哲学家之一卡尔·雅斯贝斯至今仍像依靠老师那样凭借着他的声望。

因此按照科学思想、社会稳定或协调一致的要求，这三位作者在他们各自的著作中对科学与宗教的关系或理性思想与感情的关系进行了探讨。

我认为对这三位作者来说，这一主题既是根本的，又是共同的。它阐明了他们彼此相通的某些思想。因此人们可以这样理解：在进行社会学解释时所采用的观点和在对人类行为的阐述中，他们同时都超越了行为主义、行为心理学以及纯经济动机。他们的共同信念是：社会是由集体信仰所维系的，这种信念实际上不允许他们满足于对"外部"行为的解释。这种解释只是对在意识中所发生的事情的抽象。

同样，他们三人都认为，承认宗教活动是左右所有团体秩序的主要活动，这和经济学家在作利润核算科目报告时用利己主义的理性所作的解释完全不能相提并论。

涂尔干、帕累托和韦伯既不接受对人类行为作自然主义的或外部唯物主义的解释，也不接受对这种行为作理性化的和经济方面的解释。塔尔科特·帕森斯写了一本有关这三位作者的巨著：《社会行为的结构》。这本书的惟一宗旨就是突出这三种对人类行为所作的概念性解释体系之间有着相似的地方。帕森斯试图证明这三位社会学家虽然所用语气不同，最终还是以十分相似的方法构思出了解释人类行为的形式结构。

我认为，这种形式相似的根源在于他们面对的问题相同，这个问题我在开始时就已提出。这至少是一个原因，因为可能还有另外一个原因，即他们三人都发现了解释人类行为的整个或部分真正体系。当思想家们在事实真相上意见一致时，这种一致无须再作其他解释。像斯宾诺莎曾说过的那样："需要解释的是错误的事实，而不是真理的发现。"

这三位作者都是欧洲人，他们的思想自然受到欧洲环境的制约。但是他们三人都力图把正在到来的现代欧洲社会和其他文明社会作比较。涂尔干把古代社会当作参考和对比的蓝本，他的方法与奥古斯特·孔德有点相似。帕累托对古代社会和现代社会的历史有相当修养，他经常拿雅典和斯巴达、罗马和迦太基作比较，拿法国和德国或英国和德国作比较。至于韦伯，他则更加强调西方文明的独特性。为了指出这种独特性，他曾致力于宗教与文化的比较研究。

如果说他们的共同主题是科学与宗教的关系或理性与情感的关系，那么，这几位作者在很多方面存在着明显的差别也是千真万确的。

涂尔干是从法国大学中培养出来的哲学家。他是奥古斯特·孔德的后继者，他所思考的中心问题是社会协调的要求。另一方面，他是法国人，因而他提出科学与宗教关系这一问题的方式肯定受十九世纪末法国知识界气氛的影响。在那个时代，世俗学派正在寻求某种与宗教道德不同的道德。这种道德，首先发现于按新教精神解释的某种康德主义之中，后来又从社会学思想出发作了部分修订。

涂尔干写过三部巨著。这三部著作标志着他的思想路线，代表着他对协调这一基本主题看法变化的三个阶段。

在第一部著作《社会劳动分工论》里，他提出了下列问题：现代社会要求职务和职业分得极细，怎样才能使分为无数专业的社会保持必要的精神和道德上的"协调一致"呢？

涂尔干的第二部著作《自杀论》，通过分析一种被视为病理状态的现象，阐明了威胁现代社会（或称工业社会）的弊病：社会混乱。

最后，第三部著作《宗教生活的基本形式》的宗旨是研究人类历史初期宗教秩序的基本特征，它不是从几千年前发生的事情中去猎奇，而是在最简单的社会里探索人类社会的奥秘，借助原始社会的东西更好地理解现代社会改革的要求。

意大利人帕累托的知识造诣迥然不同。他原是一个工程师，曾经创建过一套经济数学理论。他在试图掌握具体的社会现象之后，逐渐发觉经济和数学的形式主义缺陷，同时也发觉情感在人类行为中的作用。

从思想风格和精神结构上说，他不是涂尔干式的哲学家，也未曾受奥古斯特·孔德的影响，他甚至趋于蔑视后者。

他借鉴的是马基雅弗利的传统。马基雅弗利主义致力于揭露社会喜剧中的伪善，找出真正促使人类行动起来的情感，把握构成历史变革结构的真实冲突，使人对什么是真正的社会有一个不带任何错觉的看法。

帕累托的思想基础是承认在经济理论的合理性与人类行为的不合理性之间存在着矛盾。他时而闷闷不乐，时而扬扬得意地指出，这些从科学角度看不符合理性的行为从社会学角度看是有效的和有益的。

帕累托是意大利复兴时期一位爱国者的儿子。他对人道主义和自由思想早已持怀疑态度，深信这些思想对少数对之过分热衷称道的特权者来说，常常是危险的。同时，科学告诉他，对实证逻辑思想来说，信仰民主或社会主义，相信人道主义，并不比相信天主、魔鬼或巫师更有价值。

在帕累托看来，一位人道主义者在为感情所驱使时，不亚于一个基督教徒，他顺乎自然地说，涂尔干的民主宗教丝毫不比传统道德更科学。

人们只要稍带善意和稍作心理分析，就可以从帕累托的著作中发现他反对他那个时代的人道主义思想，或者说，发现有大量的原因能说明为什么对现实事物的观察给他留下了痛苦的失望。

从所受的教育角度来看，马克斯·韦伯既不是哲学家，也不是工程师，而是一位法学家，一位历史学家。他在大学受的主要是法律方面的教育，他的职业生涯甚至是在行政机构中开始的。他的历史知识异常渊博，是一个政治上的怀旧人物。他从来不是一位活跃的政治活动家。1918年德国战败以后，他曾经想参加竞选，但最终还是放弃了。然而，他为未能成为一位活动家而深感遗憾。他是社会学家中的一员，也是失意的政治家中的一员。他在政治生涯结束后是修昔底德式的人物，在从事政治生涯时，则像马基雅弗利。

马克斯·韦伯的方法论，在很大程度上是从科学与行为之间的关系或社会学与政治学之间的关系着手，得以阐明的。他希望有一种不偏不倚的科学，因为他不希望教授在讲台上利用威望把自己的思想强加于人。然而，他希望这种科学同时能对政治和活动家都有用。因此，就产生了价值判断与社会准则关系之间的反命题，以及因果关系和涵义之间的区别。

此外，马克斯·韦伯的历史观既不是涂尔干的渐进观，也不是帕累托的周期观。它有点像托克维尔的观点：现代社会有某些内在特征，这些特征是必然的和不可避免的，应当为人们所承认。可是，官僚化和理性化决定不了全部社会秩序，因而就为尊重人和自由或尊重专制主义这一双重可能性开了方便之门。

因此，对这三位作者进行比较不是随心所欲的。对他们进行历史比较以阐明相似点或不同点是合乎情理的。相似之点是，这三位作者所观察并承认的是欧洲形势的共同要素。不同之处在于他们各自所处的民族和知识背景，这种背景影响着各人选择的表达概念的方式。因此，他们的表达方式都带有个人的特色。至少，就出身而言，一位是犹太教徒，另一位是天主教徒，第三位是新教徒。一位是态度严谨的乐观主义者，另一位是喜爱冷嘲热讽的悲观主义者，而第三位则是言语辛辣的观察家。在对他们作历史的解释时，应当保持这些风格，以便还这些社会学说的本来面貌。也就是说，不仅应当保留他们为赋予人的行为以科学的涵义而作的努力，而且还要保留他们三人的表达方法、他们之间的对话和历史背景。因此，我将力图从这些学说中找出它们中所包含的有关人类行为和现代社会的科学涵义，同时也不忽略每种学说所具有的个人色彩。最后，如有可能，我还将努力再现这三位作者之间本来应当有的，但实际上不曾发生过的对话，因为他们彼此之间几乎不熟悉。我们能够重新安排这种对话，或者更谦虚地说，我们能想象出这种对话。

埃米尔·涂尔干

人类的私欲只能在他们所尊重的道德力量面前有所收敛。假使这一类权威不存在，便要靠强权法则来统治，而明争暗斗的状态必然是长时期的……经济职能在以往只起着次要的作用，而现在却跃居首位。在经济职能前，人们觉察到军事、行政、宗教的职能日益衰退，唯有科学职能还处于与之相抗衡的地位；何况，目前科学也只能在为实践服务时，也就是说，大部分为经济行业服务时才享有盛誉。因而，从我们的社会看，人们可以不无理由地说，我们的社会基本上是，或者说倾向于基本上是工业社会。在全部社会生活中占有这样一种地位的活动方式，即使不引起最大的骚乱，显然也不能停留在如此无节制的状态。这明显是道德全面败坏的根源。

——埃米尔·涂尔干《社会劳动分工论》，
第二版序言，第3—4页

对涂尔干思想的剖析，将集中围绕他的《社会劳动分工论》、《自杀论》和《宗教生活的基本形式》这三部主要著作进行。然后，在重现他的思想演变过程、观察他的真实思想与为阐明这种思想时他所运用的方法论公式之间的关系时，我将力求作出进一步的解释。最后，我将以研究涂尔干所构思的社会学与哲学之间的关系结束本章。

1.《社会劳动分工论》(1893年)

《社会劳动分工论》一书是涂尔干的博士论文，也是他的第一部巨著。

这也是受奥古斯特·孔德影响最明显的一本书。这第一部书的主题是涂尔干思想的中心，即个人与集体之间的关系。一群个人怎样才能组成一个社会？这些人怎样才能使社会赖以存在的"协调一致"这一环境得以实现？

涂尔干在回答这一根本问题时，把关联形式区分为"机械关联"和"有机关联"两种。

用涂尔干的话来说，"机械关联"是一种由于彼此相似而形成的关联。当这种形式的关联主宰社会时，个人之间的差异不大。同一团体的成员彼此相似，因为他们有着同样的感情，赞同同样的道德准则，承认同样的神圣事物。社会是"协调一致"的，因为个人之间还没有分化。

与之相反的另一种关联，称之为："有机关联"。在这种形式的关联中，集体的"协调一致"即和谐统一产生或表现为分化。个人不再彼此相似，而是彼此有别：正是由于不相同，"协调一致"才以某种方式得以实现。

涂尔干把建立在个人分化基础之上的关联称为"有机关联"，把每个个人比作人体的各种器官。这种器官各自都有专门的功能，彼此各不相似；但同样都是人体生命所必不可少的。

在涂尔干的思想中，这两种形式的关联是与社会组织的两种极端形式相呼应的。那些半个世纪以前人们称之为原始的，今天称之为古代的、或者没有文字的社会——用词的变化表明人们对这类社会所持的不同态度——是以"机械关联"占优势地位为其特征的。可以这么说，氏族中的各个成员都是可以相互替换的。因而，从历史观点看，个人并不是至关重要的，而这正是涂尔干思想的基本观点之一。对个性的认识是历史本身发展的结果。在原始社会里，一个人是这样，其他的人也是这样；在每人的意识中，相同的或集体的感情，在数量和程度上都占支配地位。

这两种关联形式的对立是与氏族社会及出现劳动分工的现代社会之间的对立相吻合的。"机械关联"的社会在某种意义上也是一种氏族社会，但这两个概念的定义并不完全相同。

在涂尔干所用的词汇里，氏族指的是个人紧密结合在其间的社会集团。然而，氏族也是定居在一个地方，与其他集团相对地分离开来，过着自己生活的集团。它由于相似性而有着"机械关联"；但它也是以分离于外部社会为前提的。氏族自给自足，与外部很少有联系。因而，就定义来说，氏族组织与"有机关联"一词所指的全面分化现象相矛盾。涂尔干补充说，在某些社会劳动经济分工形式已非常发达的社会里，也可能部分地存在着一种氏族结构。

涂尔干在一段引人注目的章节里表述了这一观点。他写道：英国虽已拥有非常发达的现代工业，因而也拥有劳动经济分工，可是，却仍保留着氏族形态和蜂房结构的制度，这种现象较之劳动经济分工并不发达的其他社会尤为显著。涂尔干把地方自治的依然存在和传统力量看成是氏族结构残存的证明。

"在某个特定的社会里,尽管氏族形态仍相当明显,劳动分工,尤其是经济劳动分工仍然极有可能十分发达。看来英国的情况就是这样。在那儿,尽管蜂房结构的制度还是相当突出,地方生活的自治及传统保持的权威都证明了这一点,但是英国的大工业、大商业较之欧洲大陆毫不逊色。

"这是因为像我们刚才所看到的那样,劳动分工是一种派生的和从属的现象。它依附于社会生活,经济劳动分工尤其如此。它是一种表面现象。然而,在任何机构中,表面的现象由于自身的处境更容易受外部原因的影响,而它们通常赖以存在的内部原因并没有改变。只要某种时机激起了一个民族对物质福利强烈的需要,经济劳动分工就会得到发展,而社会结构并无显著改变。模仿的愿望和接触更高雅的文化可以产生这种结果。例如,智力作为意识的最高点,因而,也是意识的最外层,就可以比较容易受到像教育这样的外部影响而发生变化,而物质生活的基础并未受到损害。例如,人们培养了足够的人才以确保获得成功,但是这些人才根基不深。因而这种才能不能用继承手段传给别人。

"这种比较表明不应根据一个社会的文明状况,尤其是经济文明状况来判断它在社会等级上的地位,因为经济文明可能只是一种模仿品,一种抄本,可能包含着一种低级的社会结构。这种例子确实是特殊的,然而,它还是有的。"(《社会劳动分工论》第七版第266—267页注。)

因而,氏族结构的概念不能与由于相似性而造成的关联混为一谈。氏族结构是以相对索居、各种东西的自给自足为前提的。我们想象出这样一个社会:它占地很广,然而,在这块土地上并存着的不过是一些彼此相似但又自成一体的氏族。

我们也可以构思出许多并存的、区域自治的、也许都在一个中央权威统治下的氏族、部落或集团,由氏族的彼此相似性而形成的"协调一致"并没有破裂,标志着"有机关联"特征的职务区别在全社会范围内也未曾出现。

涂尔干试图掌握和确定其涵义的劳动分工是不能与经济学家所关注

的劳动分工混为一谈的。职业分化、工业活动的增多，都是涂尔干所优先注视的社会分化的表现。社会分化的根源就是"机械关联"及氏族结构的解体。

从这些基本题材出发，我们就可以从这一分析中得出几个观点，而这些观点正是我们的这位作者全部理论的组成部分。

第一个观点是集体意识的概念。这一概念从这一时期起就在涂尔干思想中占了首要地位。

在《社会劳动分工论》一书中给集体意识所下的定义极其简单明了："一般社会成员共同的信仰和情感的总和。"涂尔干进一步阐明说，这一总和"形成了一个具有自己生命的特定体系"。（见同书第46页。）集体意识只是由于个人意识中的情感和信仰而存在，但至少在分析时，有别于个人意识，因为，它是按照自己的规律演变的，而不仅仅是个人意识的表现或结果。

"毫无疑问，集体意识的基质不是单一的机构，从定义上说，它扩散于整个社会空间；可是，它仍然有着使其成为一种有别于他物的现实的特殊性质。实际上，集体意识是独立于个人置身其间的特殊情况的；个人消逝了，它仍旧存在，无论在南方还是北方，在大城市还是小城市，在这样那样的行业中，都是一样。同样，集体意识不是每代必变的，相反，它承上启下，代代相传。因而，尽管它只能出现在个人身上，但与个人意识相比则完全是另一回事。集体意识是社会的精神象征，有着自己的特性、生存环境和发展方式，完全像个人一样，尽管方法不同。"（《社会劳动分工论》第46页。）

这种集体意识的外延或力量视社会的不同而大小各异。在"机械关联"占主导地位的社会里，集体意识驾驭着大部分个人意识。在古代社会，隶属于共同情感的那部分个人几乎与全部的人有着相同的外延。

在个人分化的社会里，在大多数情况下，个人按照自己的爱好，可以自由信仰、自由表示自己的愿望和自由行动。相反，在"机械关联"

的社会里，极大部分人为社会的需要和戒律所支配，在涂尔干这个时期的思想中，"社会的"这一形容词只意味着这些戒律和要求要集团的半数或大多数成员接受，意味着它们的起源是集团而不是个人，个人像服从最高权力那样服从这些戒律和要求。

这种集体意识的强制力是与它的外延相匹配的。在原始社会里，不仅集体意识驾驭着极大部分个人，而且共同的情感也有着极大的力量。这种力量表现为严惩那些触犯戒律的人。集体意识越强烈，对罪行，即违反社会要求的行为的义愤也就越加激烈。最后，应当指出，集团意识也是具有特性的。社会生活中的每一行为，尤其是，宗教祭礼的每一项目都有着它确切的含义。该做的和该相信的事的细节都是由集体意识强行规定的。

相反，当"有机关联"占优势时，涂尔干认为自己发现集体意识所驾驭的存在范围缩小了，人们对触犯戒律的集体反应减弱了，尤其是个人对社会要求的解释余地扩大了。

举一个简单例子来说，在原始社会里，正义所要求的东西是由集体情感精确规定的。相反，在劳动分工发达的社会里，同样的要求却仅仅是以抽象的方式，即以一般的方式提出的。在某种情况下，正义就是意味着某一个人应当得到某种明确的处罚；在另一种情况下，是由于契约里规定了某种平等的地位，因而，各人得到的是他所应当得到的东西，这种应得的东西是由许多方法确定的，而各种方法又都是以单义的方法加以规定，因而是不容怀疑的。

涂尔干从这一分析中得出一种他终身恪守的观点，并成为他整个社会学的中心，即个人诞生于社会，而不是相反。

这种形式下的这一说法，其外表是悖乎常情的；但涂尔干本人却常常用这类字眼加以表述。如果由我来理顺涂尔干思想的话，那么我将说，社会第一性，个人第二性，这种说法至少有两层意义，而这两层意义，实际上一点也不荒谬。

第一层意义，即个人彼此相像（而且可以这样说，个人消失于全体之中)的社会较之每个成员都既有责任感,又有表达这种责任感的能力的社会具有历史的优先地位。每个人都彼此相像的集体主义社会在历史上是首先出现的。

从这一历史的优先地位中,人们可以引出在社会现象解释中逻辑上的优先地位。如果说"机械关联"先于"有机关联",那么人们实际上就无法从个人出发解释社会分化和"有机关联"的现象。经济学家用个人为了增加集体的收益在分摊任务时发现的好处来解释劳动分工,这就大错特错了。在涂尔干看来,用个人行为的合理性所作的这种解释是本末倒置的。他认为,说什么为了有效地提高集体收益,人们共同分摊工作并给每人一项事业,这意味着在社会分化以前,个人就已各不相同,而且已经意识到了他们的不同。事实上,个性意识在"有机关联"和社会分工之前是不可能存在的。对增加收益的理性追求,不能解释社会分化,因为这种追求恰恰是以社会分化为前提的。[1]

涂尔干在这儿勾画出了一种贯穿于他一生的主要思想。他用这一思想给社会学、整体优先于局部、社会总体不能在数量上理解为成员之和以及用整体来解释成员等观点下了定义。

在研究劳动分工时,涂尔干发现了两种基本思想,其一,个人意识全部在自我以外的社会,这种社会在历史上具有优先地位;其二,必须用集体状态来解释个人现象,而不是用个人现象来解释集体状态。

因而,这位社会学家所要解释的劳动分工现象就有别于经济学家所理解的同样概念。劳动分工是全社会的某种结构,社会的技术分工或劳动经济分工只不过是一种表现而已。

用科学方法对劳动分工下一定义,这一问题尚有待研究。

涂尔干对方法问题的回答如下:为了科学地研究一种现象,应该对它作客观研究,就是说,从外部找出其侧面,然后进行研究。那些不可直接捉摸的意识状态可以从这一侧面为人们所认识和领会。在《社会劳动分工论》一书中,这些意识现象的征兆或表现是一些法律现象。涂尔干以暗示的形式,也可能是过于简单一点的形式,区别了两类法律,每一类都具有一种关联的特征。这两类法律是：刑事法，惩罚错误或罪行；恢复原状法或合作法，其本质并非为了惩处违反社会法规的行为，而是在错误发生后，把事情恢复到原来的状态或组织个人之间的协作。

在"机械关联"的社会里，刑事法能够揭示人们的集体意识，因为它通过惩罚增多这一事实本身，表现了集体情感的力量、这些情感的外延和特性。集体意识越广泛、越强有力、越有特性，被认定为罪行的行为，也就是说，触犯命令或戒律，甚至直接与集体意识相抵触的行为就越多。

关于罪行一词的这一定义是典型的、涂尔干所理解的社会学上的涵义。罪行一词按照社会学含义仅仅是指集体意识所禁止的行为。这种行为在事件发生后几个世纪的（或属于另一种不同的社会的）观察家眼里是无辜的，无关紧要的。在社会学的罪行研究中，只能从外部，从被研究的社会的集体意识状态的关系上，给罪行一词下定义。这一定义是客观而相对的。

说某人是社会学上的罪犯，这并不牵涉到我们认为他对天主或对我们自己的正义观有所触犯。在一个社会里，罪犯就是拒绝服从城邦法律的人。就这一意义而言，苏格拉底够得上被看成是一名罪犯。

显然，这一思想阐述得过于透彻，就会变得平庸无奇，激起人们思想上的反感。罪行一词在社会学上的定义确实已在逻辑上导致完整的相对主义。这种相对主义虽然易于抽象思维，但实际上没有人赞许，甚至连讲授它的人也不赞成。

不管怎样，在设想出罪行的理论以后，涂尔干毫不费力地从中演绎出关于惩罚的理论。他怀着某种蔑视的态度，不采用传统的解释，按照那种解释，惩罚的目的似乎是防止罪行重犯，而他却认为惩罚的作用和意义并不是使人害怕或威慑别人。惩罚的作用在于使共同意识得到满足，因为共同意识为集体的一个成员的犯罪行为所伤害，它要求补偿，对罪犯的惩罚就是对所有成员的感情给予补偿。

涂尔干认为关于惩罚的这一理论比追求威慑效果的唯理主义解释更能令人满意。从社会学角度来说，他可能是正确的。然而，应该指出，如果确实是这样的话，如果惩罚主要是为了给集体意识以补偿，那么，法院和惩罚机构的威信就难以提高了。

那位犬儒主义者帕累托常说涂尔干是有道理的。他还说，确实很多施加于不守纪律的个人的惩罚只不过是集体意识的报复；不过，涂尔干这么说是不妥当的，因为，如果司法机构只不过是向不合理和专横的社会偏见提供的贡品，怎样来维护它的尊严！

恢复原状法，不再涉及惩罚；但须按照公正的原则把事情恢复到应有的状态。没有还清的债务就得偿还。商法就是属于恢复原状法的。然而，这种恢复原状法不是具有"有机关联"社会特点的惟一法律形式，最低限度，应在非常广泛的涵义上来领会它。根据这一意义，恢复原状法囊括所有旨在组织个人之间协作的法规。行政法或宪法同商法一样，都属于协作法一类。这类法律不是集体共同情感的表示，其目的是把已经分化了的个人组织起来，使之经常地、井然有序地相处。

人们可以认为涂尔干就这样发觉了这一在斯宾塞的社会学和古典经济学家理论中曾起过很大作用的思想。按照这一思想，现代社会主要奠基于契约之上，就是说奠基于个人自由缔结的协议之上。在这种情况下，涂尔干的看法可以说是符合"从法规到契约"这一传统公式的，与"从一个为集体命令所主宰的社会到一个由个人自由决定建立共同秩序的社会"的公式也是一致的。

但这不是涂尔干的思想。他认为，现代社会并非奠基于契约之上。劳动分工也一样，也不能用个人为了增加共同的收益而分摊任务这种理性的决定来解释。如果现代社会是一个"契约主义的"社会，那它就应当从个人行为出发得到解释。然而，这位社会学家所想表明的恰恰是它的反面。

涂尔干就是这样与斯宾塞那样的"契约主义者"和经济学家们作对的，但他同时又不否认，在现代社会中，个人间自由缔结的契约确实起着日益增大的作用。然而，这个契约的因素是社会结构的派生物，甚至源自现代社会中集体意识的状态。为了有一个人与人之间能够自由缔结协议的越来越宽广的天地，社会就应该有一个可以批准个人的这些自主决定的法律结构。换句话说，个人之间的契约处于个人本身不能决定的社会环境内部。由分化而形成的劳动分工是契约领域得以存在的极其重要的条件。这就是社会结构先于个人的原则，或社会形态先于个人现象的原则。

契约是个人之间缔结的。可是，缔约的条件却是由法制所确定的，法制体现了全社会对正确与谬误、容忍与禁止的观点。

因此，"有机关联"支配的社会并不意味着由契约替代群体生活，现代社会也不像斯宾塞的反命题所说的那样意味着由工业型社会代替军事型社会。现代社会首先意味着出现了社会分化的现象，契约主义就是这种现象的后果和表现。

经济学家或社会学家在用契约来解释现代社会时，把历史顺序和逻辑顺序都颠倒了。人们立足于全部社会才能弄明白什么是个人，他们怎样，为什么能够自由地"协调一致"。

那么，造成"有机关联"或被视为现代社会基本特点的社会分化的原因是什么呢？

首先，我们注意到涂尔干提出这一问题时，在用词上并不那么恰当。他说，"有机关联"或社会分化得以发展的原因是什么呢？人们不能马上肯定或者甚至不可能肯定能够找出造成一种并不那么单纯、那么孤立的现象的原因，因为这种现象是社会总体的一个方面。然而，涂尔干却企图确定现代社会中劳动分工的发展原因。

这里就有一个社会基本现象问题。当一种有待解释的现象是这种性质的现象时，根据原因和效果一致的原则，原因也应该是社会性的，因而，个人主义的解释应该排除在外。奇怪的是，涂尔干却撇开了奥古斯特·孔德曾经考虑过而又排除了的这样一种解释，而社会发展的主要因素是厌倦，或者是对幸福的追求。他说，这是因为没有什么东西能够证明现代社会的人比古代社会的人更为幸福。在这点上，他肯定是正确的。惟一使我感到惊奇的是，他甚至认为花那么多笔墨去阐明不能用寻找乐趣或追求幸福来解释社会分化是必要的——但在当时或许是必要的。

他说，在现代社会中，乐趣确实不可胜数、难以捉摸，可是，乐趣的这种分化是社会分化的结果，而不是它的原因。至于幸福，没有谁能说我们比我们的先人更幸福。涂尔干从那个时代起就对自杀现象深有感触。他写道，幸福并不随着现代社会的进步而有所增长，自杀的反复出现就是最好的明证。他指出，现代社会中自杀人数要比过去的社会多得多。不过，由于在古代社会中缺乏自杀者的统计数字，我们在这一点上还不能肯定。

因而，劳动分工既不能用厌倦或追求幸福，也不能用乐趣增长，又不能用增加集体劳动效率的愿望来加以解释。劳动分工作为一种社会现象，只能用另一种社会现象加以解释，这另一种社会现象就是社会量、社会物质密度和社会精神密度的结合。

社会量，简单地说就是属于一个特定集体的个人数额。但是，光有这个量还不能说明社会分化的原因。在一个人数众多、幅员广阔，但只是由一些并存的氏族和许多关系密切的部落组成的社会里，每一部落保存着自己古老的结构，光有社会量还不能引起分化。要使社会量，也就是说，人数的增加成为分化的原因，还必须加上两种含意的密度，即物质的和精神的密度。物质密度，就是在一定面积土地上的个人数字。精神密度，就是个人间的交往和贸易的强度。个人间的关系越密切，他们就越能一起劳动，他们就越在商业或竞争上联系在一起，因而密度就越大。社会分化产生于社会量与物质及精神密度这两种现象的结合之中。

为了解释这一机制，涂尔干援引了十九世纪下半叶达尔文所创行的"生存斗争"观点。试图生活在一起的个人越多，为生存进行的斗争也就越激烈。社会分化是生存斗争的和平解决办法。社会分化避免了像动物界发生的一部分被淘汰、另一部分得以继续生存下去的现象，使一大部分人分化，继续生活下去。每个人都同全体停止了竞争，变得能坚持岗位完成职责了。从个人各不相同不再彼此相似时起，就不需要淘汰大多数个人了，每个人都竭尽所能为集体生活作出贡献。[2]

这一解释符合涂尔干视为社会学方法的法则，即用另一种社会现象来解释某种社会现象，用另一种整体现象来解释某种整体现象。

从这第一部重要著作起，涂尔干的思想就围绕着几个基本观点而形成了。

现代社会特有的这种分化现象是创造个人自由的条件。只有在集体意识部分失去了它那咄咄逼人的严厉性的社会里，个人才有可能享有判断和行动上的某种自主权。

在这种个人主义社会里，首要的问题在于保持最低限度的集体意识，没有这种意识，"有机关联"就会导致社会的解体。

个人是集体的表现。"机械关联"中的个人是可以互相代替的。在古代社会里，按照纪德的用语，把个人称为"最不能替代的生物"这种说法是应当排除的。然而，当人们进入一个每人都可能并愿意成为最不能替代的生物的社会时，个人仍旧是集体的表现。集体结构要求各人都负有自己的责任。即使在这种使每个人都具有个性的社会里，还会有比我们所想象的大得多的一部分集体意识出现于个人意识之中。在有机分化的社会里，如果在契约统治之外或之上不存在使人们与全社会联系在一起的命令或戒律等集体道德标准和神圣事物的话，那么，这样的社会就不能维持。

2.《自杀论》(1897 年)

涂尔干用于论述自杀问题的这部著作是与劳动分工的研究紧密联系在一起的。涂尔干在总体上赞同劳动的有机分工。他从中看到人类社会正常的，因而最终是幸福的发展。对职业和个人间的分化，传统权力的衰退，理智威望的日益增长以及个人首创精神的发挥，对这一切，他都看成是有益的。然而，他也指出，在现代社会中，人们并不一定对自己的命运更加满意，自杀的数字在增加，而自杀是当前共同生活组织某些特点——也许是病态的特点的表现和证明。

论述劳动分工的这部书的最后一部分分析了这些病态特征。涂尔干已经谈到了"混乱"。"混乱"是指正常状态的丧失和解体，这一概念在研究自杀问题中将起主导作用。他回顾了某些现象，诸如：经济危机，劳动者不适应自己的工作，个人用暴力向集体提出要求等。

所有这些现象都是病态的。因为，在建立于分化基础之上的现代社会内，各人所从事的职业必须与自己的才能和愿望相符。此外，一个个人主义成分日益增长的社会，按其本质，就得尊重公正原则。由传统统治的社会，按各人的出身或者根据集体的需要给每人一个职务。在这种社会里，个人要求一个适合自己口味或与自己才能相称的职位，这似乎是反常的。相反，个人主义是构成现代社会的原则。人们在这样的社会里彼此间都不相同，而且自己也有所感觉。每人都想得到自以为有权获得的东西，个人主义的公正原则已成为当前秩序的不可缺少的集体原则。现代社会只有在尊重公正原则时才会稳定。

即使在建立于个人分化基础之上的社会里，还是存在着与"机械关联"社会的集体意识相当的东西，即：共同的信仰和道德准则。如果这些共同道德准则削弱了，这类信仰的范围过分地缩小了，那么，社会就会有分崩离析的危险。

因而，像所有的社会一样，现代社会的中心问题是个人与团体的关系问题。由于人们已经变得过于自信，不愿盲目地接受任何社会指令，因而，这种关系已经有所变化。但是，从另一方面来看，这种受人欢迎的个人主义也蕴藏着危险，因为，个人可以向社会提出更多的要求，而社会则难以使其如愿以偿。这样，就应该有一种唯有社会才能强制施行的纪律。

在《社会劳动分工论》中，特别是在该书第二版的序言中，涂尔干提到了他心目中对这一问题的解决办法和医治现代社会这一常见病的方案，即：组织职业团体，使个人融合在集体之中。

研究自杀涉及的是现代社会的一种病态现象和个人与集体关系上最令人吃惊的现象。涂尔干想阐明集体现实生活在多大程度上支配着个人的命运。从这一观点来看，自杀的现象极为引人入胜，因为再也没有什么东西能比个人了却生命更富有个人特色了。如果这一现象是受社会所支配的，那么涂尔干就会在最不利于他论断的情况下，去证实他的论点的正确性。当个人孤独和失望想要自杀时，社会还出现在这个不幸者的意识之中，支配着他这个孤僻行为的是社会，而不是他的个人历史。

涂尔干以巴黎高等师范学校学生撰写论文那样的严谨态度研究了自杀问题。文章由自杀现象的定义开始，继而驳斥了以往的种种解释，旋即确定自杀类型，最后，用这种分类法发展了有关这种被研究现象的概括性理论。

自杀的定义是："凡由受害者本人积极或消极的行为直接或间接引起的、受害者本人也知道必然会产生这种后果的死亡。"（《自杀论》1960 年版第 5 页。）

所谓积极行为，即用手枪向自己的太阳穴射击；而消极行为，即：呆在着火的房子里不走或濒临死亡时仍拒绝进食。坚持绝食直至死亡就是自杀的一例。

用"直接地"或"间接地"这两个词有助于区别"积极的"或"消极的"这两个类似的词。用手枪向太阳穴射击而直接导致死亡；但是，呆在着火的房子里不走或拒绝进食，能间接致死或缓慢地获得期待的结果——死亡。

根据这一定义，自杀的概念不仅包括通常为人们所承认的那些情况，而且还包括，如：海军军官宁愿下令沉船而不投降、武士自感受辱而杀身、印度妇女按某些风俗给丈夫殉葬等行为。换句话说，它还应该包括怀着英雄主义光荣感而自愿去赴死的行为，以及在报纸上的社会新闻栏披露的、而最初人们并不视为常见的自杀行为，诸如：失恋的情人，破了产的银行家，落网的罪犯等的自杀行为。

统计学直接表明自杀率，就是说，对一个特定的居民群来说，自杀的频率是相对稳定的。涂尔干认为这一事实是基本的。自杀率具有整个社会或某一省、某一地区的特征。它受各种情况的制约，而不会任意变化。社会学家的任务就是要在自杀率的变化这种社会现象与环境之间建立起联系，应当把自杀这一个人现象——某人在某种场合自寻短见——与涂尔干所力求解释的自杀率这一社会现象区别开来。从理论上看，最重要的是自杀这一个人现象与自杀率这一社会现象之间的联系。

在给自杀现象下了定义之后，涂尔干撇开了心理学方面的解释。很多医生或心理学家在观察了一些个人自杀的情况后，都想对此作出心理或心理病理学方面的解释。他们认为：大多数轻生者在采取自杀行为时，处在病理状态中，他们受自己的敏感状态或心理状态所左右。针对这种解释，涂尔干立即用下面的理由加以反驳。

他承认自杀具有心理方面的先兆，这种先兆可以用心理学或心理病理学的术语来解释。其实，在特定的情况下，精神病患者最有自杀的可能，可是，他认为，最后促成自杀的动力并非来自心理而是来自社会。

学术上的争论焦点是这样两个问题，即：心理先兆和社会决定。

为了阐明这一区别，涂尔干运用了传统的共变法。他研究了不同阶层居民中自杀率的变化情况并力图证明在心理病理状态频率和自杀频率之间不存在什么联系。

例如，他研究了各种宗教，发现在犹太教徒中，精神错乱者的比例特别高，而自杀频率却意外地低。他还试图证明遗传素质与自杀率之间不存在相互关系。自杀的百分比随年龄增长而上升，这与自杀的动力因以遗传的方式一脉相承的这种假设不大相符。他力图用这种方法驳斥有人就同一家庭中反复出现自杀现象而提出的看法。

十九世纪，有位法国政论家普雷沃斯特-帕拉多尔，他是法国驻美国大使，他到达华盛顿几天以后，亦即 1870 年战争宣告开始几天后，就自杀。大约在三十年以后，他的儿子在完全不同的情况下自杀了。因此就出现了在同一家庭中多人自杀的例子，使人们认为自杀的先兆可以遗传相承。可是，涂尔干全面摒弃了这种假设。

在这些初步的分析中，他还摒弃了由模仿现象造成自杀的说法，他抓住这一机会与当时著名的现代社会学家加布里埃尔·塔尔德争论。后者把模仿看作是社会秩序的关键现象。[3] 他们之间在所有问题上都存在着分歧。涂尔干认为，人们在模仿的名义下，混淆了三种现象。

第一种是今天人们称之为意识融合的现象，即很多人一起感受到一些同样的情感。典型的例子是让-保罗·萨特在《辩证理性批判》一文中一直谈到的革命大众。在革命大众中，个人有失去自身意识的趋势；每个人都感受到别人所感受到的事，激励个人感情的是一些共同的感情，行动、信仰、激情属于每个人，因为这些东西也为全体所有。可是，这种社会心理学现象的支柱是集体本身，而不是一个或一些个人。

第二种现象是个人适应集体，像别人一样行事，没有意识融合。每人都或多或少地屈从于扩散的社会指令，不愿显得与众不同，社会风尚是社会指令的一种婉转形式，某个社会阶层的妇女，如果穿了一件与适时的裙子不同的裙子，她就会感到丢脸。在这种场合，谈不上模仿，而只有个人服从集体的规矩。

最后，惟一够得上确切意义上的"模仿"的是："再现不久前刚由别人所做过的类似动作，在再现与开始执行这个动作之间没有任何或明或暗的、涉及这一再现动作内部特征之上的智力活动介入。"（《自杀论》第 115 页。）为了弄明白这一现象，只要想一想在一个叫人厌烦的报告会上感染别人的咳嗽声，以及有时发生在人数众多的集会上种种多少有点机械的反应。

另外，还应当区别感染和传染这两种现象。涂尔干的区别方法是有代表性的。感染是一种我们可称之为个人之间的甚至是个人的现象。一个人在另一个人咳嗽以后，自己咳嗽又引起邻近的人咳嗽。到最后，咳嗽的人数可能是很多的。但卷入的人严格地说都是些个人，从一个人到另一个人的现象就像石片掠过水面一样。相反，可以由感染传递的"传染"是一种集体的现象，承受这种现象的是社会整体。对个人动作的持续和集体现象之间的区别使人能够再一次理解涂尔干思想的基本点，即社会决定。

"人们不能用同一个词（模仿）表明人群中产生一种集体情感的过程。这种集体情感造成我们接受共同的或传统的行动准则，最后又促使所有盲从的人都这样做，因为有个人已经带了头。共同感觉是一回事，屈服于舆论的权威又是一回事，最后，自动地重复别人已做过的事又是另外一回事。"（同上引书第 115 页。）

涂尔干作了这些表面分析后，又借助于统计数字驳斥了自杀率主要是由模仿现象所决定的这一观点。如果说自杀是由感染所造成的，人们就可以在地图上找出从自杀率特别高的中心向其他地区扩散的辐射图。然而，对自杀现象地理分布所作的分析丝毫不能说明这一问题。在自杀率很高地区的边上还存在着一些自杀率特别低的地区。自杀率的分布是不规则的，与模仿的假设是不一致的。在某些情况下，感染是存在的。例如，那些绝望的人在失败前夕就是先后自杀的。然而，这些感染现象既不能说明自杀率，也不能说明自杀率的变化。

在对自杀现象下了定义并排除了不能说明这种社会现象的用"模仿"和"心理病理学"所作的解释以后，剩下的就是探索的主要阶段，即：类型的构成阶段。

为此，涂尔干运用他所发现的自杀统计，也就是说，对为数不多的人进行的部分和不完全的统计——在一百万人中，自杀人数每年在一百到三百人之间。因而，某些持怀疑态度的医生抱有这样的看法，即对自杀率变化的研究几乎是没有意义的，因为是少数情况，而且统计也可能不精确。

涂尔干发现，自杀率是按照他所观察的某些情况的变化而变化的。他认为人们可以按照统计上的相互关系确定自杀的社会典型。但是，按照另一种社会学理论，人们则可根据情况确定自杀率的变化，无须循规蹈矩地从相互变化中确定其类型。

涂尔干自认为可以确定的三种类型的自杀是：利己自杀、利他自杀和由社会混乱引起的自杀。

利己自杀是从自杀率与起合成作用的社会背景——宗教和家庭——之间的相互联系上来进行分析的，家庭是从婚姻和孩子状况两个方面进行考察的。

自杀率随年龄而变化，就是说，它一般随年龄的增长而提高，又因性别而异：男子的自杀率较女子为高。它还随宗教而变化：涂尔干用德国的统计数字证实，自杀现象在新教徒中比在天主教徒中更为常见。此外，涂尔干还对已婚男女和鳏夫、寡妇、独身者的情况加以比较。他用来作这些比较的方法是简单的。涂尔干对同年龄已婚男子和未婚男子中的自杀发生次数作了比较，以便得出他所说的防护系数，以衡量不同家庭情况的同一个年龄层中自杀发生次数减少的程度。同样，他还制定了独身或已婚妇女、鳏夫和寡妇的防护系数或与之相反的恶化系数。

最后，他还发现，如果男女个人的婚姻确对自杀有防护作用的话，那么这种防护从一定年龄起，与其归功于婚姻本身，还不如归功于孩子的存在，因为统计数字表明，没有孩子的已婚妇女过了一定的年龄就再也不能得益于保护系数，而只能为恶化系数所苦。因而，婚姻不像家庭和子女那样能起保护作用。没有孩子的家庭不是足够有力的组合环境。或许，没有子女的妇女受着当代心理学家称之为失望的痛苦。

同样，无止境的私欲使自暴自弃的人遭受苦难。他们永远不可能得到满足，他们之所以能够趋于平静，只是靠了外界的精神力量，这种外来的精神力量教他们克制，帮助他们获得安宁。所有使欲望与满足之间的差距扩大的情境都表现为恶化系数。

这种从统计学角度对相互关系所作的研究得出的自杀的第一种社会类型可用"利己主义"一词定名。男人或女人，当他们只想到自己，当他们未曾与社会团体合群，当激励他们的私欲不能被团体的权威或由一个严格有力的中心提出的强制力量引导到可以与人类命运相一致时，更倾向于轻生。

第二种是利他主义的自杀。在涂尔干的著作里，有两个主要例子，一个是我们在不少古老社会里所看到的寡妇的例子。在印度，寡妇们甘愿置身于焚化丈夫尸体的火堆上。在这种情况下，一点不牵涉到由过分的个人主义所造成的自杀；相反，这种自杀是由个人完全消失在团体之中所造成的。个人按照社会的指令赴死，甚至连生命的权利也不考虑。同样，船长不愿在他的船只沉没后继续偷生，出于利他主义而自殉，他为内心化了的社会指令而献出生命，他服从团体的命令，抑制了自卫本能。

除这些英雄主义的自杀或殉道的例子外，涂尔干还在统计数字中发现了一个现代利他主义的自杀例子：在军队中，发生自杀的次数增加。涂尔干使用过的统计数字表明，在一定年龄的军官和士兵中有一个恶化系数。我相信目前的统计数字也有同样的趋势。军人自杀稍多于同年龄、同境遇的平民。这类自杀不能以利己主义来解释，因为，从定义来说，军人——这儿所谈的是职业军人和有军衔的军人——属于一种组织严密的集团。士兵把他们的处境看成是暂时的，他们对这种制度的看法是既服从又十分自由。职业军人则显然已依附于与之融合在一起的这一制度，因为，除特殊情况外，如果不怀有最起码的忠诚，他们是不会选择这一制度的。他们属于一种按照纪律原则组成的组织，因此，他们处于与独身者极端相反的地位。独身者无视家庭生活纪律，也无力控制他们无止境的私欲。

因此，"自杀潮流"可以选择两种类型的人，即对社会团体极不关心和不怎么关心的人。利己主义的人比其他人更易轻生，但是，利他主义到了极点的人，他们与自己所属的团体如此休戚与共，以致抵挡不住命运的打击。

最后，第三种自杀的社会类型是由社会混乱而引起的自杀，这种类型的自杀是涂尔干最感兴趣的，因为它最富有现代社会的特征。这种由社会混乱而引起的自杀反映了发生自杀的次数与经济周期各阶段间统计学上的相互联系。

统计数字似乎表明，在经济危机时期发生自杀的次数有增加的趋势，但是，在极度繁荣时期也是这样，这就更加有趣和更加出乎人们意料了。

相反，另一奇特的现象是，在发生重大的政治事件时，发生自杀的次数却有减少的趋势。例如，在战争年代，自杀数字就有所下降。

在社会动荡时期发生自杀的次数增加，而在发生重大政治事件时又有所减少，这些现象使这位社会学家萌发了由社会混乱而引起自杀的想法。这一措词已在《社会劳动分工论》一书中使用过，是涂尔干关于社会哲学中的关键观念。尤其使他感兴趣，乃至念念不忘的，实际上就是以社会解体和个人与团体间联系脆弱为特征的现代社会的危机。

由社会混乱而引起的自杀人数不仅在经济危机时有所增加，而且随着离婚数的增加而增加。涂尔干就离婚对男人和女人自杀发生次数所产生的影响作了长期而细致的研究。

统计数字在这方面得出的结果比较难以解释。离了婚的男人较之妇女更容易受到自杀的"威胁"，"威胁"一词是涂尔干的说法。为了弄明白这一现象，应该分析男人和女人在婚姻中所感受到的平衡、满足和约束。男人在这中间感受到平衡和约束，但凭借风俗的默许还保留一定的自由。涂尔干曾在过去一段时期里写过，妇女在婚姻中感受到的与其说是自由，还不如说是约束。因此，离了婚的男人重新陷入杂乱无章、生活乏味、意志消沉的境地；而离了婚的女人则享有更多的自由，部分地补偿了失去家庭保护以后所造成的损失。

因此，除利己主义和利他主义的自杀外，还存在着第三种类型的自杀，即：由社会混乱而引起的自杀。这种自杀由于现代社会生活条件方面的原因打击着个人。在这些社会里，社会生活并非由习惯所支配；个人一直处于相互竞争的状态之中；他们对生活充满希望，要求很多，因此，他们经常感到因欲望和满足间的不协调而产生痛苦。这种不安的气氛有助于"自杀潮流"的发展。

接着，涂尔干试图表明他所勾画的社会类型大致上是与心理学类型相符合的。

利己自杀表现为麻木不仁状态和对生活缺乏依恋，利他自杀则出于毅力和激情；最后，由社会混乱而引起的自杀则以恼怒和反感的状态为特征，这种"恼怒"是与现代生活造成人们失望的各种情景联系在一起的，"反感"则来自对希望和满足之间不协调的领悟。

社会类型已用心理学的词语表达出来了，但还有待于用明确的措词来解释或表达研究的成果，而从社会学的理论角度看，这恰恰是至关重要的。

涂尔干的学说可归纳如下：自杀虽然是个人现象，但主要是社会造成的。用涂尔干的话来说，那就是，有几股自杀的潮流贯穿着整个社会，这些潮流的起因不在于个人方面，而在于集体方面。它们是自杀的真正的或决定性的原由。当然，这些潮流并不是在随便哪一个个人身上都表现出来的。如果，这个或那个人自杀了，这可能是由于他们的心理结构、神经脆弱及神经错乱所造成的后果。形成"自杀潮流"的同样的社会环境也能产生心理上的先兆，因为生活在现代社会条件中的个人具有细微的敏感性及由此而带来的脆弱性。

引起自杀的真正原因是社会力量。这种力量视社会、集团和宗教的不同而各异，它来自团体，而不是每个人。我们可以再一次看到涂尔干社会学中的这样一个根本论断，即社会本身与个人是不同质的。有些现象和力量的支柱是集体，而不是个人的相加。由全部个人组成的总体使现象或力量得以产生，而这些现象或力量只能由集体加以说明。有一些特定的社会现象支配着个人现象。最令人震惊、最有说服力的就是社会潮流这一例子，社会潮流将个人引向死亡，每个人都认为只服从他自己，而其实他自己只不过是集体力量的玩物。

为了从对自杀的研究中得出实际的结论，就应当弄清楚这一现象正常的或病理性的特征。

涂尔干认为犯罪从社会学角度来看是一种正常现象。这并不意味着，罪犯的精神状态常常是不正常的，也不是说，对罪犯不应判刑和惩处，而是说在任何社会里，一定数量的犯罪行为是存在的，因此，如果人们联系到定期发生的一切，就会发现犯罪不是一种病态现象。同样，一定数量的自杀率也可被看成是正常的。

可是，涂尔干认为（当然这不是结论性的论证），现代社会中自杀率的增加是病态性的，他还认为，现时的自杀率显示出现代社会的某些病态特征。

大家知道，现代社会是以社会分化、"有机关联"、人口稠密、交往频繁和生存斗争激烈为特征的。所有这些与现代社会的本质相联系的事实不应被看作是反常的。

但是，在《社会劳动分工论》和《自杀论》的结尾部分，涂尔干指出，现代社会呈现出某些病态症状，首先是个人对集体的依存关系不够。在这方面，最引起涂尔干关注的自杀类型是他称之为由社会混乱而引起的那一种。在经济危机和在经济繁荣时期，也就是说，在所有出现过度活跃及交易和竞争扩大的情况下，由社会混乱而引起的自杀都是自杀率增加的原因。交易和竞争的扩大与我们赖以生存的社会是不可分割的。然而，超过一定的限度，它们就会变为病态的了。

"应当相信，这种（自杀率的）加剧不应该归因于进步的内在属性，而应当归咎于在我们的时代里自杀得以实现的特殊条件，并且，又没有什么能向我们证明这些特殊条件是正常的，因为，不应该被我们目击的科学、艺术和工业的辉煌成就冲昏了头脑。毫无疑问，这种辉煌成就是在病态的动荡中完成的，我们每个人都受到它令人痛苦的冲击。因此，自杀率的上升运动很可能，甚至确实是由一种与文明同步发展，但又不是文明发展必要条件的病理状态所造成的。

"自杀率迅速增长，速度之快甚至不允许有其他设想，在不到五十年里，因国而异，有的增长了三倍，有的四倍，甚至五倍。此外，我们知道，自杀与社会结构中年深日久的痼习有关，因为它反映了社会的气质，而一个民族的气质就像个人的气质一样，反映了最基本的组织状态。因而，我们的社会组织在二十世纪内应该彻底地加以改变，这样才能使自杀率限定在某种增长限度内。但是，一种性质严重、速度又快的变化，不可能不是病态的，因为社会结构不可能发生这种突如其来的变化。社会只有通过一系列缓慢的、几乎感觉不到的变化才能具有别的性质。况且，这些可能进行的变革也是有限制的。社会形态一旦确定，便不再无限制地存在可塑性，很快就达到了某种不可逾越的极限。因此，当代自杀统计学所设想的那些变化不可能是正常的。人们即使还没有确切知道这些变化的具体内容，也能预料这些变化不是由于正常的进化，而是出于病态的动荡，这种动荡可以摧毁过去的机构，而丝毫不会有所建树，因为长年累月所经营的事业不是在几年内就能重建的。由此可见，如果原因不正常，其结果也不会正常。因此，自杀人数上升的潮流并不证明我们的文明日益生辉，而是说明一种危机和一种没有危险就不能持续的骚乱状态。"（同上引书第422—423页。）

人们可以用什么方法重新使个人和集体结合成一体呢？涂尔干先后研究了家庭组织、宗教组织和政治组织——特别是国家。他力图证实，在这三类组织中没有一种能够提供既给个人以安全又使人服从相互关系所要求的、可以接近的社会环境。

有两点理由使他排除了使个人与家庭组织融合成一体的想法，其一，由社会混乱而引起的自杀者的比率，其增长速度在已婚者中并不比独身的人慢，这表明家庭组织再也不能有效地阻挡"自杀潮流"；因此，只靠家庭给予个人既使他感到亲近，又使他有章可循的场所，这似乎是徒劳的。其二，在现代社会中，家庭的作用衰退了，变得越来越狭隘，它在经济上的作用也越来越小，已不能在个人与集体之间起纽带作用。

国家，或者说政治集团，它过于远离个人，过于抽象，过于纯权威性，对促成个人与集体的融合不能提供必要的环境。

最后，宗教也不能结束社会的混乱，不能消除产生祸害的深刻原因。涂尔干期待着某种组织纪律，这种组织纪律应当成为使个人与集体融合的工具。个人应该同意克制自己的欲望，服从既规定他们自己可以制订的目标又表明他们有权使用的方法的指令。然而，宗教却在现代社会中日益表现出一种属于精神世界的和抽象的特征。宗教可以说变得纯净了，但它却部分地失去了作为社会约束力量的作用。宗教号召个人超脱情欲，按照精神法则去生活，然而却再也不能规定人们在世俗生活中应该遵循的规章制度和应当履行的义务。简言之，宗教不再像往日一样与戒律学校处于同等地位了。但是，为了消除现代社会的弊端，涂尔干所要寻求的不是抽象的思想和理论，而是正在发生影响的道德。

惟一有利于个人与集体融合的社会组织是行业，或用涂尔干的术语说，即行会组织。

在《社会劳动分工论》第二版的序言中，涂尔干详尽地谈到了行会，今天，它似乎被认为是过了时的组织，但实际上是适应了现时秩序的要求的。一般说来，涂尔干称之为行会的是一些职业性的组织，它把雇主和雇员聚集在一起，与个人相当接近，能促成纪律的培育。这些组织足够驾驭每个人，赢得盛誉和权力。此外，行会适合于经济活动占主导地位的现代社会的特点。

我还将重新回到行会这个概念上来。行会是涂尔干对社会主义的一种说法，可惜这种说法常被社会主义者和自由主义者弃之不顾，这位教授的学说只落得了一个徒劳无益的结局。

但是，这场有关当前自杀率病理性质及其治疗研究的讨论，显示出了涂尔干哲学的中心思想。自暴自弃的人热衷于无止境的欲望。个人常想得到他所没有的尽可能多的东西，而在艰苦的生活中，他总是为所获得的满足感到失望。

"怎样确定每人可以合理追求的福利、舒适和奢侈物品的数量呢？人们既不能在人的生理上也不能在人的心理上找到能对这类爱好规定一个极限的任何东西。个人生活的进展并不要求这种爱好到此为止，事实证明：有史以来，这类爱好总是在不断发展，它们总是得到越来越全面的满足，可是，一般说来，欲望并没有转弱。特别是，怎样确定这些爱好因条件、职业、工作的相对重要性等等的不同而变化的方式呢？不同社会等级的人的爱好都得到满足，这样的社会是没有的。可是，在这些基本方面每个公民身上的人类本性显然都是一样的，因而，人的本性不能对需求定出一个可以变化的、对这些需要又是必不可少的限制。因此，既然这些需求仅仅取决于个人，那么它们就是不受限制的。我们的感情，撇开支配它的外界力量不说，就其本身而言则是一个填不平的无底深渊。"（《自杀论》第273页。）

单个的人是有欲念的人，基于这一点，道德和社会的第一需要就是纪律。人需要某种合情的、权威性的和至高无上的，也就是说值得尊重的力量来加以约束，这种带有强制性的又能吸引人的力量只能是社会本身。

讨论涂尔干关于自杀问题的论文涉及到好几个问题。第一个问题是特别为A·德尔玛斯博士探讨过的有关统计数字的价值问题。[4]自杀率的统计不可避免地涉及不大的数字，因为，非常幸运，只有一小部分人自愿结束自己的生命，因此统计学上的相互关系才建立在相对微弱的自杀率的差异之上。所以，相信自杀心理解释的医生可能证实自杀率的变化，由于统计上的错误，而在大多数情况下是没有意义的。

发生这种错误有两个毋庸置疑的根源。第一个是，自杀通常只是在家属申报后才为人所知。某些自杀由于绝望者的行为发生的现场已为他人亲眼目睹，因而为人所知；但是，许多自杀是在当局根据家属申报才对这些死者进行登记的情况下发现的。因此，被掩盖着的自杀百分比是视社会环境、时代和情况的不同而变化的。

第二个原因来自自杀未遂或自杀企图的发生次数。涂尔干没有研究过这个问题，人们只是最近才对它们作了研究。说实话，这个问题非常复杂，因为确实需要对每一个案例作一番社会心理研究，才能知道死亡的意图是否真实。

讨论涉及的第二点是涂尔干所确定的相互关系的有效性。莫里斯·阿尔博瓦对这种相互关系作过一番深入的分析。[5]

为了对这种讨论有一个简略的看法，需要提一下涂尔干一贯的论断：新教徒自杀的人数之所以较天主教徒为多，是因为天主教与新教相比具有更强烈的聚合力量。这一论断是以德国某些两种教徒混居地区的统计数字为基础的，直到人们思考天主教徒是否出于偶然不生活在农业地区，而新教徒是否出于偶然不居住城市的时候，这一论断似乎还是有说服力的。虽然这两种宗教团体的成员也是生活习惯迥然不同的居民，但宗教聚合价值的理论变得不肯定了。

一般地说，确立自杀率与某种因素（诸如宗教因素）之间的相互关系，要求证明在案例比较中没有其他不同因素的介入。然而，人们常常难以取得无可争辩的结果。宗教因素难以单独列出。彼此接近而又属于不同宗教的居民，通常也有着不同生活习惯和不同职业活动。

讨论中的第三个问题是社会学上的解释与心理学上的解释之间的关系。从理论上看，这个问题最令人感兴趣。心理学家和社会学家在这件事上是一致的，即：大多数自杀的人，他们的神经或精神虽然不一定不正常，但都是脆弱的，他们处于精神失常的边缘。更简单地说，很多自寻短见的人是忧郁型或狂躁与忧郁交替发作型的精神病患者。涂尔干本人对这类病例，没有提出异议。但是，他立即补充说，不是所有的精神病患者都要自杀的，精神病的特征只不过构成了有利于"自杀潮流"行为的场所或环境，选准了对象罢了。

"人们不是因为在一个社会团体中有若干精神病患者，所以每年就算出有那么多的自杀者。神经系统的病症只是使精神病患者更容易自杀，这就是临床医生的看法和社会学家的看法产生分歧的由来。医生看到的只是一些彼此孤立的独特病例。他们经常看到的受害者是一些神经质的人或酒鬼，于是就用神经质或酗酒的心理病理学状态来解释这一行为。从某一种意义上说，医生是对的，因为如果自杀的当事人不是别人，常常就是出于这个原因。但是，一般说来，某些人自寻短见并非出于这种原因，各个社会在一个特定的时期里，一定数量的人自杀尤其不是基于上述原因。"（《自杀论》第370页。）

在这方面的文章里出现含糊不清的说法，其原因是"自杀潮流"这一用语。这一概念似乎暗示：确切地说，有一股社会或集团的力量，也就是整个集团散发出来的力量，怂恿个人去自杀。然而，直接观察到的个人现象和统计上的事实都不强制人们去作这样的想象。自杀率可以用一定的社会里神经性和忧郁性病人的百分比以及唆使他们自杀的情况来解释。并不是所有忧郁性病人都自杀的，其间有多少人自杀，我们可以视他们不同的职业地位、政治境遇和法律身分加以设想。

换句话说，没有什么东西可以迫使我们一定要把"自杀潮流"看成是一种客现实在或一种决定性原因。统计数字所反映的实际情况可能是心理的或心理病理的数据同社会环境共同起作用所造成的。社会环境会增加心理精神失常者的数字或精神失常者中间的自杀人数的数字。

涂尔干所作的解释和所用的词语，其风险在于把社会因素改头换面变成一种超个人的力量（即变成一个在人群中挑选受害者的新的莫洛克），并用这种假想的具体化替代轻而易举地把个人因素和集体因素结合起来的确有实效的解释。

3.《宗教生活的基本形式》(1912年)

涂尔干的第三部巨著是《宗教生活的基本形式》。这一本书无疑是最重要、最深刻、最具有独创性的著作。同时，在我看来也是作者的灵感表达得最清楚的一本书。

这部著作对最简单、最原始的宗教制度进行分析，目的在于创立一种全面的宗教理论。这种设想已经表明了涂尔干的一个指导思想，即在研究宗教原始形式的基础上，建立一种高级宗教理论是合乎情理而又是可能的。图腾制度揭示了宗教的本质。涂尔干在对图腾制度进行研究中所作出的全部结论，都设想人们在观察社会现象最基本形式的同时可以掌握社会现象的本质。

还有另一种理由可以说明对图腾制度的研究在涂尔干体系中有着某种决定性的意义。根据这种体系的说法，今天在我们的个人主义和理性主义社会中，科学拥有至高无上的知识权威和道德权威。再接再厉，不停留在原地，不摒弃科学的教益是可行的。然而，像任何社会一样，对个人主义和唯理主义充分发展起决定作用和促进作用的社会，需要有共同的信仰。但是，这类信仰似乎不能再由难以适应科学精神要求的传统宗教来提供了。

在涂尔干看来，解决办法是有的，而且，我敢说还是"奇迹般的"：科学本身难道不是正好揭示了宗教实际上不过是社会面貌的变形吗？如果透过历史，在图腾或天主的形式下，人们出于信念向来只是崇拜集体现实生活的变形，而不是什么别的，那么就有可能摆脱僵局。宗教科学显示出有可能恢复对"协调一致"来说必不可少的信仰。这倒不是说因为宗教科学足以产生集体信仰，而是因为它能使人们产生这样的希望，即未来的社会仍将有可能制造众神，往昔诸神不过是变了形的社会而已。

从这种意义上说，《宗教生活的基本形式》一书阐明了涂尔干关于解决科学与宗教这一对矛盾的办法。科学发现了所有宗教的奥秘，但是它不能再创造一种宗教，只能寄希望于社会，相信社会有能力在各个时期里创造自己所需的众神。"宗教利益只是社会和道德利益的象征形式"。

我可以理所当然地说，在涂尔干的著作中，《宗教生活的基本形式》一书，相当于奥古斯特·孔德著作中的《实证政治体系》一书。涂尔干不像奥古斯特·孔德详细描绘人类的宗教那样描绘一种社会宗教。他甚至明确地说，奥古斯特·孔德认为个人可以按照需要创建一种宗教是错误的。确实，如果说宗教是集体的产物，那么社会学家可以单独创立宗教一说就与这一理论是大相径庭了。但既然涂尔干希望证实宗教的目的不过是使社会变形，那么他的方法就与奥古斯特·孔德的方法相似了。奥古斯特·孔德为了建立未来的宗教，断言人类在铲除了超人的神以后会彼此相爱或者以人类的名义，爱人类身上最美好的东西。

《宗教生活的基本形式》一书，可以从三方面来加以研究，因为这部著作集中了三类论述。它包括对澳洲某些部落里的氏族体系和图腾制度的描述及详细分析，还谈到了一些美洲部落。它还包括从澳大利亚图腾制度的研究中引出的一套宗教本质的理论。最后，还从社会学角度概述了人类思想形式，就是说，介绍了知识社会学。

这三部分题材中，第一部分即对氏族和图腾制度的描述性研究，占了全书最大的篇幅。然而，我只能对这部分简要加以阐述，因为对描述部分加以归纳是不可能的。

第二部分题材，即宗教概论，是从对图腾制度的研究中归纳出来的，这对我来说是至关重要的。在这本书里，涂尔干所用的方法与上述各书相同，即先给现象下定义，然后，对各种不同于他的理论一一驳斥，最后，第三步是论证宗教主要的社会本质。

涂尔干认为，宗教的本质在于世界被分成在俗和离俗两种现象。这并非信仰超人的神：有些宗教，即使是高级的，也没有神。大多数佛教宗派不公开主张信奉一个个人的和超人的神。宗教也不是由神秘和超自然的概念确定其特性的，这些概念只可能是后来才有的。实际上，超自然只是对自然而言，而为了对自然有一个明确的概念，就应用积极的、科学的方法来思考。超自然的概念不能在自然这一概念（其本身是后来才有的）之前存在。

教徒种类由具有明显区别的在俗和离俗两部分人所组成。圣事由全部用物、信仰和宗教仪式所构成。当圣物彼此间保持着并立或从属的关系以形成某种统一的体系(这种体系本身不属于任何其他同类型的体系)时,与之相称的全部信仰和宗教仪式就构成了一种宗教。因而,宗教是以圣事、与圣事有关的信仰组织以及从信仰中或多或少合乎逻辑地派生出来的宗教仪式或惯例为前提的。

"宗教是一种与圣物(也就是说,与截然不同、禁用的东西)有关的信仰和仪式连在一起的体系。这些信仰和仪式把所有对之赞同的人团结在一个叫做'教会'的同一个道德共同体内。"(《宗教生活的基本形式》第65页。)

为了有别于信徒们相信巫术,但不需要具备共同一致信条的巫教,除了圣事概念和信仰体系外,还必须提到教会概念。

宗教的定义确定以后,涂尔干将在其研究的第二阶段,排斥在他以前别人所提供的种种解释。这些解释出现在《万物有灵论》的第一部分和《自然主义》一书内,这些论著阐述了最简单的关于宗教存在的主要概念。根据《万物有灵论》的说法,信仰宗教就是信奉神明,而这些神明就是人们从自己身体力行中得出的经验的变形。根据《自然主义》的说法,人们崇敬的是改变了面貌的自然力量。这两种学说的陈述和辩驳部分都相当长,然而,就在这双重评论下还隐藏了一个看法。涂尔干认为,不管采用《万物有灵论》中的解释还是《自然主义》中的解释,其结果都只能使自己的解释对象失去客观实在性。如果宗教旨在崇敬不真实的神灵和由于人们的恐惧而变了形的大自然的力量,那么宗教就相当于集体的错觉。然而,其最直接的结果就是要问,取消自己研究客体实在性的科学是什么呢?

相反,涂尔干想用他给宗教所作的解释来保住宗教的实在性。如果,人们崇敬变了形的社会,那么,他们所崇敬的实际上是一种真实的现实。还有什么比集体力量本身更真实的东西呢?宗教是一种异常持久、异常深奥的感受,它相当于一种真正的现实。如果,这一真实的现实不是天主,那么,我可以说,它应该是仅次于天主的现实,即社会。

（我不需要明确指出："仅次于天主"，并非出于涂尔干之口，而是我说的。）

涂尔干关于宗教的理论其目的在于建立信仰客体的现实性，而不承认传统宗教的精神内容。传统宗教已为科学理性主义的发展所指责；然而，科学理性主义却又使人得以拯救似乎趋于毁灭的东西，指出归根到底人类崇敬的不是别的，而只是他们自己的社会。

为了研究万物有灵论和自然主义的理论，涂尔干用了他那个时代所流行的泰勒和斯宾塞的观点。这些观点来自做梦的现象。人们在梦中可以在自己所不在的地方看到自己，因而，他们想象有两个自己，有两个身躯，他们很容易这么想：在死亡来临的时候，这两个自己、两个身躯就会分开，成为一个游魂，一个恶鬼或善鬼。此外，原始人辨别不清无生命的东西和有生命的东西，因此，他们把死者的灵魂或游魂置在这样或那样的现实之中。于是，就产生了对家鬼或祖先的祭祀。原始宗教从在梦境中设想出来的身体与灵魂的两重性出发，虚构出大量在活人周围继续存在的鬼魂，它们是活龙活现的，有象征吉祥的，也有令人害怕的。

涂尔干对这种解释的每个部分逐一加以详尽的批驳。为什么对做梦的现象如此重视呢？假定人们设想我们每个人都有双重性，为什么要神化这一双重性呢？为什么要赋予这一双重性以异乎寻常的价值呢？涂尔干还说，对祖先的祭祀不是最早的祭祀。原始人专为死者祭祀的说法不是真实的，对死者的祭祀不是最早的现象。

总的说来，涂尔干在宣称宗教的基本点是圣事后，没有费太大的力气就指明了万物有灵论解释的缺陷。确实，这种解释可以说明神灵世界是怎样产生的；但是，神灵世界不是圣事世界。主要之点，即圣事，还是没有得到解释。大自然的力量、神灵或活人周围的游魂都不能自己神化自己。唯独社会才是由自己神化的实体。社会属于大自然的范畴，但超越了大自然。社会既是宗教现象的起因，又是在俗与离俗自发区分的明证。

　　涂尔干就是这样用拯救客体的真正的宗教科学来反对旨在瓦解客体的伪科学的：

　　"像宗教这样在历史上占有如此重要地位、人民不时前来从中汲取对他们生活所必需的毅力的思想体系，只是一种幻景，这样的想法是不能容忍的。今天，人们都认为法律、道德和科学思想本身都诞生于宗教，在长时期内都与宗教搅在一起，都浸透了宗教的精神。空虚的幻景怎能对人们的意识熏陶得如此有力，又如此长久呢？宗教不表现大自然中不存在的东西，这一点肯定应当成为宗教科学的一项原则，因为所谓科学只有反映自然现象的科学。

　　"全部问题在于弄清楚这些现象属于自然界的哪一范畴，弄清楚什么力量能决定人们将这些现象用宗教思想形式固有的独特方式显现出来。可是，为了能提出这一问题，首先应该承认如此表现出来的都是些真实的事情。

　　"当十八世纪哲学家把宗教说成是由司铎们虚构的，是一个巨大错误时，他们至少还能用司铎集团用来蒙蔽群众所宣扬的种种好处来解释宗教的持续性。但是，如果所有的人自己就曾是这种错误思想体系的创造者，同时又是它的受骗者，这一异乎寻常的骗局又怎能在历史的长河中延续得如此长久……

　　"主要发现在于使自己探讨的客体本身趋于消逝的科学是什么呢？"（《宗教生活的基本形式》第98—99页。）

　　话说得多么好。可是，我认为一个非社会学家或非涂尔干式的社会学家可能会说：人们据以崇敬社会、保卫它的客体或者使客体消失的宗教科学是什么呢？涂尔干作为杰出的科学家，他认为宗教科学在原则上提出了超越人类认识的、超自然的东西是不现实的。然而，在排除了超越人类认识的东西后，人们能够发现我们宗教的现实性吗？

　　涂尔干认为，图腾崇拜是最简单的宗教。这一观点在他的思想中极为重要。这样断言需要对宗教历史作一番进化论的再现。对非进化论而言，图腾崇拜只不过是许多宗教中简单的一种。如果说涂尔干认为图腾崇拜是最简单的或最基本的宗教，那就是说他默认了源出于一个惟一渊源的宗教会发生变化。

另外，为了从图腾崇拜这一特殊并享有优遇的情况中把握宗教的本质，应当承认这样一个观点：一个经过精心选择的经验能够显示出一个各种社会共有现象的本质。涂尔干的宗教理论不是建立在对大量宗教现象研究的基础之上的。教徒的本质是在一种假设能够反映同类现象基本点的特殊情况上加以理解的。

涂尔干用氏族和图腾这两个概念分析了图腾崇拜这一简单的宗教。氏族是一个并非由血亲关系组成的同种集团，它也许是最简单的人群组合，氏族把自己与某一种植物或某一种动物联系在一起表明其同一性。氏族图腾，即与氏族混同一起的图腾，在澳洲部落中通常是由母亲来转传的；但是，这种转传方式不像法则那么有绝对的规律性，除了氏族图腾外，还有个人图腾，更发达的团体，如胞族和姻族，也有集团图腾。[6]

在涂尔干所研究的澳洲部落中，每一图腾都有其标记或纹章。在几乎所有的部落中，有些东西如木片或光滑的石块都画有图腾的图像，从此，便具有这一图腾的神圣的性质。理解这一现象对我们来说是毫无困难的。在现代社会中，旗帜可以被视为相当于澳洲人的丘兰加（Churinga）。对某一集体来说，它具有国家才有的神圣事物的意义，对它的亵渎与涂尔干所分析的某些现象不无关系。带有图腾标记的物件，就该引起宗教方面的象征行为，就是说制欲行为，或相反，积极的行为。氏族成员应该斋戒或禁止抚摸图腾或具有图腾圣事性质的物件，或者相反，他们应该对图腾表示某种明确的敬意。

在澳洲社会中，一个圣物世界就是这样构成的。它首先包括作为图腾本身的植或动物，然后是画有图腾的物件。有时，一些个人也成了圣物。总之，全体社会现实被分为两个基本大类：一类是世俗的东西，对这一类东西，人们的所作所为是从"经济方面"着眼的，因为经济活动是世俗活动的原型；另一类是或多或少有条不紊地组织起来的整个圣物世界：植物、动物、这些植物和动物的图画、通过参加氏族与圣物联系在一起的个人。

为了解释图腾崇拜，涂尔干按照他常用的方法，首先排除图腾崇拜产生于一种更原始的宗教这类解释。他摒弃把图腾崇拜说成是源自对祖先的祭祀或把祭祀动物看成是原始现象的这种说法。他还摒弃了个人图腾崇拜先于氏族图腾崇拜的观点以及把局部的图腾崇拜——把图腾授予某个特定的地区——看作最早的现象的观点。他认为，在历史上和逻辑上，居于先位的是氏族图腾崇拜，这一论题是主要的，因为它表明个人对社会本身的崇拜的优先或领先地位。图腾崇拜最早的来源是对圣物的承认。圣物是一种假借的集体力量，而这种力量高于所有的个人。

不过，某些原文比评论更能使人理解他的理论：

"图腾制度是一种崇拜，但它不是崇拜某些动物、某些个人或某些图像，而是对某种不知名、非个人力量的崇拜。这种力量存在于上述物体之中，但又不混同于这些物体。没有任何一个人全部拥有这种力量，但所有的人都参加其中。它完全独立于它所体现的个人，因而先于个人，比个人又存在得更久。个人死了，一代一代传下去，由别人代替。但是，这一力量永远是现时的，充满活力，一如往昔。它鼓舞着今天这一代，也激励过昨天那一代，还将激励明天的新一代。从广义而言，人们可以说，这一力量就是每一图腾祭祀所崇敬的天主。不过，这是一个无个性的天主，它没有名称，没有历史，存在于宇宙之内，弥漫于无穷无尽的事物之中。"（《宗教生活的基本形式》第269页。）

这段精彩的文章几乎可以适用于任何形式的宗教，它明确阐述了涂尔干的论点：图腾信仰或仪式在本质上都显然和任何宗教的信仰和仪式相似。

澳洲人认为一种冷漠地体现在植物、动物或它们的图像中的无以名状且没有个性的力量，是世俗世界内在的东西。信仰和崇拜都是以这个无以名状且没有个性，同时又是内在的和超经验的力量为对象的。使用这些词语并使之用于高级宗教是最容易不过的了。但这里讨论的是图腾崇拜，对它的解释是以最先出现氏族图腾崇拜这种认识为基础的：要有圣物，人类就需要区别两类东西，一类是世俗的常见的事物，一类是性质完全不同的，因而是神圣的事物。这种区别出现在原始人的意识里，因为作为集体的成员，他们模糊地感觉到有某种高于他们个人的东西，这种东西就是先于他们个人而存在的社会力量，并且要比个人存在得更久，个人在无意中崇拜的就是这种社会力量。

"我们在美拉尼西亚人中间发现了一种叫作'马纳'的东西，这一概念和苏人的'瓦康'、易洛魁人的'奥朗达'完全相同。科德林顿对它所下的定义是：'美拉尼西亚人相信有一种和任何物质力量截然不同的力量，它能够通过各种方法做好事，也能做坏事，人类如果能掌握它，控制它，就能得到无限的好处。这就是"马纳"。我相信我能够理解这两个字对土著居民的意义……这是一种非物质方面的在某种意义上是超自然的力量或影响；但它只能通过物质力量或者人类拥有的各种能力和优越性显示出来。"马纳"并不固定在某一特定的东西上，它可以依附在各种事物上……美拉尼西亚人的全部宗教就在于谋得"马纳"，或者是为了自己而利用它，或者是为了让别人来利用它。'这不正是我们上面在澳洲图腾崇拜里发现其萌芽的那种无以名状的模糊的力量的概念吗？"（《宗教生活的基本形式》第 277 页。）

在这段引文中对于宗教解释的中心概念就是一种模糊的不可名状的力量。这个例子是从美拉尼西亚社会中引出来的。但是涂尔干认为，对各种不同社会所作的分析，它们的会合点是这样一种理论：宗教是从人们把东西区分为世俗的和神圣的这两类后才开始产生的，不可名状的、模糊的、高于个人又近在咫尺的力量实际上就是崇拜的对象。

但是，为什么社会成了信仰和崇拜的对象？对于这个问题，涂尔干的回答是，社会本身具有某种神圣的东西。

"一般说来，毫无疑问，一个社会能够通过它自身对人类的影响，使他们产生一种神的感觉，因为社会是属于它的成员的，就像神属于它的信徒一样。事实上，神首先是人类从某些方面为自己描绘的一种高于自己的东西，人类相信自己从属于这种东西。不管是宙斯或雅韦那样有意识的神，还是一些像图腾崇拜中的抽象力量，信徒们在这两种情况下，都相信应当遵守神圣原则的性质所要求的某些行动方式，感到和这种原则是心灵相通的。然而，社会本身也在努力使我们保持永远从属于它的感觉。因为社会有它自己的本性，和我们个人的本性是截然不同的，它还在追求自己特殊的目标。但是，由于它只有通过我们的媒介才能够达到这些目标，因而迫切需要我们的合作。它要求我们忘掉自己的利益，做它的仆人，强制我们忍受各种折磨、穷困和牺牲，否则社会就不可能生存下去。这样，我们就不得不时刻遵守一些行为或思想准则，它们既不是我们制订的，也不是我们向往的，有时甚至是与我们的爱好和最基本的天性相反的。

"尽管如此，如果社会通过一种物质胁迫才能使我们接受这些让步和牺牲的话，它就只能使我们感觉到，我们出于需要不得不向它让步的是一种物质力量，而不是宗教崇拜的那种精神力量。但实际上，社会对人类的影响，依赖于它占有优势的物质霸权的程度要比依赖于它享有的精神权威的程度低得多。我们所以服从社会的命令，不只是因为社会具有能够战胜我们的抵抗的方法，而首先是因为它是真正应该尊重的对象。"（《宗教生活的基本形式》第295—296页。）

社会使我们感觉到神的存在。它不但是一个令人敬畏的统帅，而且是一个在质量上比个人高得多的实体，使我们必须尊重它，忠于它，并且崇拜它。

社会也能够促进宗教信仰的产生，因为许多人聚集在一起、生活在一起，能够在节日的气氛里创造出神来。

有两段令人关注的文章在这方面是很有特点的。涂尔干在一段文章里描绘了原始社会中澳洲人激动人心的生活场面；在另一段文章里，他谈到了法国大革命，因为大革命能够产生宗教。关于澳洲人的文章是这样写的：

"夜色降临了，在火把的照耀下出现了各式各样的仪式队伍。人们跳着舞唱着歌，到处是越来越强烈的兴奋景象。一会儿，十二个参加者手里拿着熊熊燃烧的火把，其中有一个人像端着刺刀一样，拿着火把向一群土著冲去。木棍和长矛挡住了火把的袭击。一场混战发生了。人们一会儿跳跃，一会儿伸直身子，发出野蛮的叫声；火把在燃烧，在噼啪作响，火星四溅，打在许多人头上、身上。斯宾塞和吉兰（他们和涂尔干一样都是考察澳洲社会的学者）说：'滚滚的浓烟、熊熊燃烧的火把、四溅的火花以及熙熙攘攘的人群，他们跳啊叫啊，所有这一切形成一个无法用言语来形容的野蛮场面。'

"我们不难想象，人在达到这种兴奋程度之后，就无法控制自己了。他感觉到有一种外部的力量在推动他，支配他，使他的思想和行动都跟平时完全不同，他自然会感觉到他已经不是他本人了。他仿佛感觉到自己已经变成了一个新的人：他身上穿戴的奇怪服饰，脸上戴的奇怪面具，不仅促成了，而且从物质上体现了这种内心的变化。同时，所有的同伴也都感觉到已经用同样的方法变成了另外的人，并且发出各种叫声，做出各种姿势，摆出各种姿态，来表达他们的感情，所有这一切都仿佛表明这里真正地变成了一个特殊的世界，一个和他平时生活的世界完全不同的世界，这个充满了各种特别强大的力量的环境完全占有了他，使他变成了另外的人。这种经验，特别是一连几个星期每天都要重复一次的这种经验，怎能不使他相信确实存在着两个性质完全不同的无法比较的世界？一个是他天天无精打采地生活着的世界，相反，另外一个是，只有在他接触到这种特别的力量，使他像触了电一样直到疯狂程度时，才能够进入的世界。前者是世俗的世界，后者是神圣事物的世界。"（《宗教生活的基本形式》第311—313页。）

我认为这段话最能够说明涂尔干的看法。我们可以想象出，有一群人在一起举行节日活动或者宗教仪式，他们紧紧地挤在一起，他们有共同的经验，他们做相同的动作，他们一面跳舞，一面大声叫喊。这种仪式，这种集体活动，使他们每一个人忘记了自己，使他们分享到集体的力量，使他们感觉到一种和他们"无精打采"的日常生活截然不同的东西。这种非凡的，既是内在的，又是超验的东西，正是集体的力量，也就是一种神圣的东西。这种如醉如狂的现象正是产生宗教的典型的社会心理过程。

涂尔干在前面还提到革命的宗教信仰问题。在法国大革命期间，群众也感染了一种宗教的狂热。像国家、自由、革命这些字眼都具有神圣不可侵犯的价值，像澳洲人赋予"丘兰加"的价值一样。

"一个社会能够自封为神，或者创造神，这种例子没有比大革命初期看得更清楚的了。事实上，当时在群众热情的影响下，许多纯粹属于世俗性质的事物，都被公共舆论说成是神圣的事物，像祖国、自由、理性就是如此。一个宗教自然而然地建立起来了，它有自己的教条、象征、祭台和节日。对理性和至高无上的国家的崇拜，就是为了正式满足这种自发的愿望。当然，这种宗教更新只能是昙花一现。不过，这是因为初期鼓舞群众的那种爱国热情本身越来越削弱了，原因消失了，结果自然不会再维持下去。尽管大革命持续的时间不长久，但是它在社会学上的意义却是永存的。剩下来的问题是，在某种特定情况下，人类可以看到社会和它的主要思想，能够不需要改头换面，直接变成崇拜的真正对象。"（《宗教生活的基本形式》第305—306页。）

但是，别的动乱还会发生，现代社会到了再一次受到一种神圣的狂热影响的时候，新的宗教就在这种神圣的狂热中脱颖而出。（我们想起了希特勒在纽伦堡举行的盛大集会，不得不在这里加一句：哎呀！）

柏格森在结束他的《道德和宗教的两个起源》一书时说："宇宙是一个制造神的机器。"涂尔干也许会说：每一个社会都是制造神的机器。但是，要使这种创造的努力能够取得成功，每一个人就必须摆脱日常生活，走出自己的小圈子，并且受到集体生活激动人心的热情的感染，激动人心的集体生活就是这种热情的原因和表现。[7]

在涂尔干的著作中，从社会学角度对宗教所作的解释有两种形式。

一种是把重点放在这样一个观点上：人类是在不知不觉之中崇拜他们的社会的，神圣的东西首先依附在集体的、非个人的力量之上，这种力量恰恰就是社会本身的再现。另外一种是，当集体生活本身极度紧张，使得社会处于激动人心的状态时，社会本身就会去创造神或者宗教。在澳洲部落里，我们今天还能够在他们的盛大集会上看到这种激动人心的场面。至于现代社会，涂尔干并没有得出严谨的理论，他仅仅说，在发生政治危机和经济危机时，也会发生这种现象。

涂尔干根据这些基本观点，努力对灵魂、精神和神的概念进行解释，并且根据宗教活动探讨人类的智力发展。宗教包括所有的信仰，信仰是通过语言表达出来的，也就是说，信仰体现了思想，而思想的系统化已经相当发达了。涂尔干研究的是图腾崇拜系统化的归宿。他既要阐明在图腾崇拜里人类的智力能够达到什么限度，又要探讨图腾崇拜的世界是怎样过渡到以后的宗教世界的。

此外，涂尔干指出了象征和仪式这两种社会现象的重要性。许多社会行为的对象不是事物本身，而往往是这些事物的象征。在图腾崇拜里，不但有许多动物或者植物被图腾崇拜列为禁物，而且表现这些动物或者植物的东西也被列作禁物。我们今天也是这样，我们平时社会行动的对象不但是事物本身，而且也是这些事物的象征。我这里说的是祖国的象征，国旗。凯旋门底下的火焰又是另外一种象征。为了表示赞成或反对某一项政策而举行的示威游行，这种游行也是既以政策本身，又以它的象征为对象的。

涂尔干提出了一种关于宗教仪式的理论，他把宗教仪式分为几种不同的类型，阐明了它们的一般作用。他把宗教仪式分为三大类：消极的仪式、积极的仪式和他所说的赎罪的仪式。消极的仪式主要指的是戒律，例如，禁止吃什么东西，禁止抚摸什么东西，消极的仪式的发展方向就是各种禁欲主义的宗教惯例。相反，积极的仪式指的是宗教团体的仪式，例如祈祷多子多女的仪式。有关消费方面的惯例也包括在积极仪式的范围里。涂尔干同时也对模拟的仪式或者具有代表性的仪式进行了研究，这些仪式的目的在于模拟人们所向往的事物。所有这些仪式，不管是消极的、积极的还是赎罪的，都能够起一种重要的社会作用。它们的目的在于使共同体继续维持下去，重新加强个人属于集体的观念，使人们保持信仰和信心。一个宗教只有通过宗教惯例才能存在下去，宗教生活是信仰的象征，也是一种不断更新信仰的方法。

最后，涂尔干根据他对图腾崇拜的研究，提出了社会学的认识论。事实上，他不但努力了解澳洲部落的信仰和宗教惯例，他还试图了解和宗教信仰密切相连的思维方法。宗教不但是一个能够通过筛选从中引出严格意义的道德准则和宗教准则的原始核心，而且是一个产生科学思想的原始核心。

我认为涂尔干的社会学认识论可以归纳为三句话：

一、 分类法的原始形式和宇宙的宗教形象紧密相连，而宗教的形象则是从社会本身及世俗世界与宗教世界（或称神圣世界）的表象中产生出来的。涂尔干举出了许多例子，证实这个论点的正确性：

"根据各种可能性，如果我们没有看到各种人类社会，如果我们不是一开始就把一切事物都当作人类社会的成员，以致首先把人类群体和逻辑群体混淆在一起，我们也许永远也想不到要把宇宙里的生物分成若干个同性质的称之为'属'的群体。另一方面，分类法是一种把各个部分按照等级顺序排列起来的体系。有的居统治地位，有的则从属于前者。它们的类别和特性则取决于确定其性质的品质和属性，或者说，同一个'属'的各个不同的'种'都被认为是处在同一个水平上的。"（《宗教生活的基本形式》第210页。）

总的说来，涂尔干的观点是： 我们以人类社会为蓝本，把宇宙间所有的生物划分成许多称之为"属"的群体。人类社会是一种直接为个人所有的合乎逻辑的群体。我们可以把这种划分群体的做法进而运用到自然界的一切事物上去，因为我们是以社会的形象来想象世界的。

这种划分以及占统治地位的特性和占从属地位的特性，是仿照社会上存在的等级制度设想出来的。事实上，"属"和"种"的合乎逻辑的分类法是等级观念所不可缺少的，这种观念也只能从社会本身获取。"不论是物质自然界的现象，还是精神组合机构，都不可能给我们提供这样的概念。等级制度只能是社会的产物。只有在人类社会里，才能有同等、高等和低等的区别。因此，即使这些事实本身还不能说明问题，但只要分析这些概念，就能够揭示出它们的起源了。我们借用了人类社会的这些概念，然后把它们应用到我们对世界的描述中去。社会给我们提供了一块底布，我们就在这块底布上绣上了我们的逻辑思维的花朵。"（同上引书第211页。）

二、涂尔干断言，一个概念，例如因果关系，它是从社会中来的，而且只能从社会中来。集体生活的经验产生了力量这个概念，正是社会使人类想象到一种高于个人力量的力量。

三、最后，涂尔干竭力证明，他设想的这种社会学的认识论，能够提出解决经验论和先验论之间矛盾的办法。这一在课堂里教授的哲学上著名的反命题，他曾经在哲学课上学到过，也许与今天仍在讲授的哲学十分相似。

经验论认为，各类事物，总的来说也就是一切概念，都是直接从可以感觉到的经验中来的；而先验论则认为，一切概念或者一切类别是存在于人类脑袋里的。涂尔干认为经验论是错误的，因为它无法解释概念或类别是怎样从可感觉到的已知的事物中产生出来的。先验论也是错误的，因为它对所有这一切现象都没有作任何解释，因为它把这些需要解释的概念或者类别当作一种第一位的、不可缺少的已知事物放在人类的脑海里。因此，需要在社会的干预下把这两种理论糅合起来。

先验论者清楚地看到，感觉不可能产生概念或者类别，在人类脑海里，除了那些可感觉到的已知事物外还存在别的什么东西。但是，不论是先验论，还是经验论，它们都没有看到，这个在可感觉到的已知事物以外的东西，必须有一个来源，必须对它进行解释。只有集体生活才能够说明这些概念和类别。正像理性主义理论所希望的那样，概念是带有普遍性的表象，因为它们是集体的表象。从本质上说，集体的思维和个人思维截然不同，而概念则是强制个人接受的表象，因为它们是集体的表象。此外，作为集体的表象，概念立刻具有一种普遍性的意义。事实上，社会并不对细节或者个别现象发生兴趣。社会是一种能使思想具有普遍性及概念和类别特点的机制。"概念表达的是社会想象事物的方法。"（《宗教生活的基本形式》第 626 页。）

对我们来说，科学有一种权威性，因为我们生活的社会就是这样希望的。"概念，即使是根据科学法则建立起来的概念，仅仅从它们的客观价值里取得这种权威性是远远不够的。只凭概念的真实性，还不足以使人相信。如果概念和其他的信仰、其他的舆论，总之，和一切集体表象格格不入，它们就不会得到承认，人们会把它们拒之门外；因此，它们虽然存在，也等于不存在一样。今天，总的说来，所有的概念只要打上科学的烙印，就能够受到特别信任，这是因为我们已经相信科学了。但是，这种信仰基本上和宗教信仰没有什么区别。总之，我们赋予科学的价值，取决于我们集体对科学的性质和它在我们生活中所起作用的看法。这个看法说明一种舆论状态，因为社会生活中的一切，包括科学在内，实际上都是以舆论为基础的。当然，我们可以把舆论当作研究的对象，把舆论当成科学；社会学的主要目的就在于此。但是，舆论科学不能制造舆论，它只能说明舆论，使舆论对自己有更清醒的认识。说真的，这样一来科学就能够改变舆论，但是当科学似乎在支配舆论的时候，它仍然是取决于舆论的，因为它只有从舆论里汲取必要的力量，才能够对舆论产生作用。"（同上引书第 625—626 页。）

因此，在某一个社会里，如果人们不再相信科学，一切科学论证都是没有效果的。这个论点，既是显而易见的，也是荒诞不经的。很显然，在人们不再相信论证的价值时，科学的论证也就没有说服力了。但是，即使在人们决定相信白的就是黑的或者黑的就是白的时，这些科学论证仍然是真实的。如果这里指的是信仰的心理现象，那么，涂尔干的话显然是有道理的；如果这里指的是真理的逻辑现象或者科学现象，我认为他的话就显然没有道理了。

在上面研究这个问题的时候，我大量地引用了作者的原话，因为我怕歪曲了作者的原意。事实上，我感觉到我很难接受涂尔干的思想方法，这很可能是因为我对理解他的作品缺乏必要的同情。

涂尔干告诉我们，社会既是现实的，也是理想的，从本质上说，社会是理想的创造者。如果我把社会看作一个由个人组成的群体，就拿澳洲的氏族作例子吧，因为作为一个能够从外部摸得到的、感觉得到的现实，社会是由许多个人和由他们所使用的物体组成的，那么我就会看到这个社会，这个天然的现实，确实能够有助于信仰的产生。我们很难设想孤独的个人能够过一种宗教生活。不但如此，人类所有的现象都是一种社会现象。宗教，不论是哪一种宗教，如果脱离了它诞生于其中的集体，或者脱离了我们叫作教会的共同体，都是无法想象的。但是，如果我们补充说，现在这样一个社会，它不但是一个真实的社会，而且是一个理想的社会，如果所有的个人都像崇拜一个超越人类认识的现实那样崇拜它，我就无法理解了，因为，如果一个宗教的目的在于热爱一个具体的能够感觉到的这样的一个社会，我认为这种热爱只不过是偶像崇拜罢了。在这种情况下，宗教就是一种幻觉的表象，这与万物有灵论者或自然主义者的理解毫无二致。

或者说，这个作为宗教崇拜对象的社会，是一个由许多个人组成的、具体的、可以感觉到的社会，它像所有的人一样也不是十全十美的；那么，崇拜这个社会的个人，就完全像那些崇拜植物、动物、精灵或者鬼魂的人那样，成了幻觉表象的牺牲者了。如果这个社会被看作是一个自然现实，涂尔干的解释就像任何其他解释一样无法"挽救"宗教崇拜的对象了。如果说涂尔干研究的社会并不是一个真实的社会，而是一个和我们能够观察到的社会截然不同的社会，在这种情况下，我们就走出了图腾崇拜的圈子，进入了奥古斯特·孔德所说的人道主义宗教里去了。这个作为宗教崇拜对象的社会，就不再是一个具体的现实，而是一个理想的现实，这个理想的现实代表的是现实社会里没有完全实现的理想的东西。但是这样一来，就不是社会使我们认识到神圣的概念；而是神圣的概念，人类脑子里这一现存的东西，改变了社会面貌，正像它能够改造任何现实一样。

涂尔干说，社会在发生动荡时，能够创造宗教。这里所说的只不过是一种具体的环境。个人处于这样一种心理状态：他们感觉到一种内在的和超验性的不可知的力量。用这种说法来解释宗教，必然会导致因果论的解释，即社会的动荡有利于宗教的产生。但是，这决不是说，关于宗教的社会学解释，一旦证明了人类崇拜应该受到崇拜的东西，就能够"拯救"宗教的对象；还有，我们在谈到社会的时候指的是单个社会，也是错误的，因为照涂尔干本人的说法，只有多种多样的社会。由此看来，如果宗教崇拜的对象是各种社会，那就只有部落教或者国教了。在这种情况下，宗教的本质就在于使人类对部分集体产生疯狂的感情，也就是说，使每一个人热爱某个集体，并憎恨其他的集体。

归根到底，我认为用个人崇拜集体来解释宗教的本质是难以理解的，因为至少在我看来，崇拜社会秩序，从本质上说，恰恰是对宗教的大不敬。如果说宗教感情的对象是变了形的社会，这就不是挽救社会学要研究的人类的经验，而只能使它失去光彩。

4.《社会学方法论》(1895 年)

在对涂尔干三部巨著的论点及其指导思想进行分析的过程中，我们一定被他所使用的方法和得到的结果完全相同而感到惊异。在《社会劳动分工论》、《自杀论》及《宗教生活的基本形式》这三部著作里，涂尔干的思路是完全相同的：一开始是对所研究的现象下定义；然后第二步，批驳先前的解释；最后，在文章将要结束的时候，再对所研究的现象作一番真正社会学的解释。

相同的地方还不止这一些。在这三部著作里，他一丝不苟地批驳的前人的解释，也都具有完全相同的性质，这里有个人主义的，也有理性化的解释，就像在经济科学领域里所见的那样。在《社会劳动分工论》里，涂尔干摒弃了关于社会进步通过个人心理学的机制作用走向社会分化的解释。他说，我们不能用努力提高生产力，用追求娱乐或幸福，用消除烦恼的愿望来解释社会分化。在《自杀论》一书中，他摒弃了用神经错乱或酒精中毒对这一现象所作的个人主义和心理学的解释。最后，在《宗教生活的基本形式》一书里，他批驳了万物有灵论和自然主义的观点，这些观点基本上也是个人主义和心理学上的观点。

在这三本书里，他所进行的基本上都是社会学的解释，只不过"社会学的"这个形容词在三本书里的意义略有不同罢了。在《社会劳动分工论》里，他所作的是社会学的解释，因为他在这里提出了社会和个人现象之间前者是第一性的。尤其是，他把重点放在人口的量和密度上，把它们当作社会分化和"有机关联"的原因。在《自杀论》里，他用以解释自杀行为的社会现象是由一种他称之为"自杀潮流"的东西（或称社会的自杀倾向），这种潮流视各人不同情况表现在某些人身上。最后，在谈到宗教时，他的社会学解释具有双重性质。一方面，由许多人聚集在同一个地方而引起的集体狂热场面产生了宗教现象，并唤起了参加者的神圣感情；另一方面，个人在不知不觉之中崇拜的正是社会本身。

涂尔干构思的社会学所研究的是社会的基本现象，是用社会学的方法解释这些现象。

《社会学方法论》是从《社会劳动分工论》和《自杀论》这头两部著作的创作实践中归纳出来的。这部著作于1895年问世：但事实上，早在他考虑写1894年成书的《社会劳动分工论》和晚几年成书的《自杀论》时，这部著作就在酝酿之中了。

涂尔干的社会学概念是建筑在社会现象的理论上的。涂尔干的目的在于证明，能够而且应该建立社会学，这是一门与其他科学完全一样的客观的科学，它的研究对象是社会现象。要建立社会学必须做两件事：一方面，这门科学要研究的必须是专门现象，换句话说，它的研究对象和其他的学科是截然不同的；另一方面，我们必须能够用其他科学观察和解释事物的同样的方法来观察和解释它的对象。这两个要求可以归纳为两句能够概括涂尔干思想的名言：必须把社会现象看作事物，社会现象的特征就是社会能对个人产生强制作用。

第一句话引起了许多争论，就像朱尔·莫内罗在他的《社会现象并不是事物》一书里说的，这句话太令人费解了。[8]这个看法的出发点是：从"知道"一词的科学意义上说，我们不知道在我们周围的、我们生活在其中的这些社会现象，也可以说，不知道我们经历着的这种社会现象到底是什么东西。我们不知道国家、主权、政治自由、民主、社会主义或者共产主义到底是什么东西。这并不意味着我们对这些东西没有一点概念。但是，正因为我们对这些东西只有一个模糊不清的概念，因此就必须把社会现象看作事物，也就是说，如果我们愿意科学地认识这些东西，就必须摆脱使我们陷于瘫痪的那些先验论的观念和成见。我们必须从外部去观察社会现象，像发现物质现象那样去发现它们。因为我们有一种幻想，要认识社会现实，因此我们必须深信，我们并没有直接认识这些社会现象。正是在这个意义上，涂尔干说必须把社会现象看作事物。事物都是特定的、提供给我们的，或更确切地说，是迫使我们观察的东西。

"必须把社会现象看作事物"这句话引起了一场对政治经济学的批判，也就是说对象价值这样的观念进行的抽象的讨论提出了批判。[9]照涂尔干的说法，所有这些方法都有一个基本的缺点，这就是它们的出发点是这样一个错误的概念：只要自发地对社会现象确定一个意义，就能够认识这些现象了，但是，这些现象的真正意义只有通过客观的科学探索才能发现。

现在我们来探讨一下第二句话："任何能对个人产生外部强制作用的行动方式都是社会现象。"

我们可以根据对个人是否产生强制作用来认识社会现象。涂尔干曾经提出一系列不同的例子，用以表明强制这个词在他心目中所具有的多层意思。在集会上或在一群人中间，一种情感迫使大家感受，或者一种像笑这样的集体反应感染了所有的人，这就是一种强制。这是一种典型的社会现象，因为它的承受者和主体是整个集体而不是某个特定的个人。同样，时装式样也是一种社会现象：比如说，在某一年内每个人都穿某种式样的衣服，因为别人都是这样穿着的。时装式样不起源于个人，而起源于社会本身，社会通过这些不言明的、广为传播的义务表达了自己的意志。涂尔干还以促进婚姻、诱导自杀和决定出生率高低的舆论潮流为例子来说明他的观点，并把这种舆论潮流当作集体灵魂的表现。最后，教育制度、法律和信仰，它们也都具有独立于每个人而又迫使每个人接受的特点。

德国学者把人群、舆论潮流、道德观念、教育、法律和信仰等社会现象一律称作客观精神，涂尔干把所有这些现象都放在一起，因为他认为它们的基本特征是一样的。它们具有共同性，因为它们是集体的现象；它们对每一个人产生的影响虽然不尽相同，但是它们的基质仍然是整个集体。因此，我们完全有理由说："任何能对个人产生外部强制作用的行动方式，不论是固定的还是不固定的，都是社会现象；或者说，任何具有自己的存在，独立于个人表现，在某一个社会里又具有普遍性的行动方式都是社会现象。"（《社会学方法论》第14页。）

因此，作为涂尔干方法论基础的两句话就是：应该把社会现象当作事物，根据社会现象产生的强制作用来认识社会现象。这两句话后来成了无休止的争论的目标。这些争论在很大程度上是因用词含义不清所致。

如果说，一切我们能够或者应当从外部对它进行观察的、我们并没有直接认识其性质的现实，都应该把它叫作事物的话，那么涂尔干完全有道理说应该把社会现象当作事物来进行观察。相反，如果这句话的意思是说，对社会现象的解释不应该不同于对自然现象的解释，或者是说，社会学应该摒弃对人类赋予社会现象的涵义所作的解释，涂尔干就错了。此外，这条规则与涂尔干本人的做法也有矛盾，因为，他在自己的全部著作里一直致力于领会个人或集体赋予他们的生活方式、他们的信仰和他们的宗教仪式的涵义。我们所说的了解，恰恰就是领会社会现象的内在涵义。对涂尔干观点的有节制的解释仅仅说明，这个真正的内在涵义并不是马上就能够认识的，必须通过循序渐进的研究最后才能够发现。

强制这个概念有两个歧义。一方面，强制一词的通常意义要比涂尔干赋予它的意义小得多。在日常语言中，在谈论流行的服装式样、个人接受的信仰时，我们是不说强制一词的，因为信仰是内在的，每一个人在和他的同类人一起接受相同信仰时，都觉得是表达了自己的意愿。换句话说，我认为，涂尔干的不幸在于赋予强制一词的意义太模糊、太广泛了，这样就不能不带来许多麻烦，因为读者几乎不可避免地只记住这个词的通常意义，而涂尔干赋予这个词的意义则要广泛得多。

另一方面，强制究竟是社会现象的本质，还是能使我们认识这个社会现象的外部特征？照涂尔干本人的说法，在这个两者必居其一的答案中只有第二种答案是真实的。他并不认为强制是社会现象自身的基本特点，他只不过把强制视为能使我们认识社会现象的外部特征。然而，要避免把这种外部特征说成是本质是很困难的。于是，人们就在用强制给社会现象下定义究竟是不是正确这个问题上，发生了无休止的争论。我个人的结论是：如果从广义上来理解强制这个词，并认为这个特点仅仅是指一个显而易见的特征，那么这个理论也就不会那样使人感到兴趣、那样引起人们的议论了。

关于事物和强制这两个词的争论之所以如此激烈，其原因是涂尔干作为一位哲学家，他还是一个概念论者。他倾向于把概念当作实在之物，或者至少可以说，他倾向于认为"属"和"种"的区别是铭刻在现实本身的东西。因此，在他的社会学理论里，定义和分类问题占了相当重要的地位。

涂尔干的这三部巨著，每一部都是以给有关的现象下定义开始的。

他认为，这是一项主要的工作，因为这样做是为了引出一类现象来。

"任何科学研究都牵涉到确定一批符合同一个定义的现象。因此，社会学家首先必须对他要研究的事物下个定义，以便使大家知道，也是使社会学家自己知道问题的所在。这是取得证据进行考证的首要的和最必不可少的条件；事实上，一个理论，只有在人们善于承认它所研究的事实时，才能够得到检验。此外，既然科学研究的对象是由这个最初的定义构成的，那么这个对象到底是不是一个事物，就要看这个定义是怎样作出的了。"（《社会学方法论》第 34 页。）

涂尔干总是倾向于认为，一旦确定一类事实的涵义后，人们就能够对这一类事实作出解释，而且只有一种解释。一定的后果总是出于一个原因。因此，如果说自杀或者犯罪有许多原因，那就是说有许多类型的自杀或犯罪。

确定涵义应当遵循的规则是："研究的对象始终只能是一组事先根据某些共同的外部特征被下过定义的现象，并把所有符合这个定义的现象列在同一个研究范围内。"（同上引书第 35 页。）涂尔干是这样评论这条箴言的，他说："例如，我们看到存在着一定数量的、具有共同外部特征的行为，这些行为一旦完成以后，就会引起社会上的一种特殊反应，这种特殊反应叫作惩罚。我们把这种行为放在一起，给它们加一个共同的标签；我们把所有应该受到惩罚的行为叫作犯罪，并把具有这种涵义的犯罪当作一门专门科学的研究对象，这门科学就叫作犯罪学。"犯罪的特征是，它能够使社会对它作出一种称之为惩罚的反应，这种反应本身也说明了集体的意识受到了被认定为有罪行为的伤害。凡是具有这种外部特征的，即：一旦完成后，就会引起社会作出人们称之为惩罚的特殊反应的行为，都是犯罪行为。

这种方法必然会带来许多问题。涂尔干认为，应该通过容易被认识的外部特征来确定社会现象的意义，以避免偏见或者先入为主。例如，犯罪作为一个社会现象，是一种要引起惩罚的行为。如果不认为这个定义具有本质性的意义，也就没有什么困难了；这是一种认识某类事实的简便方法。但是，如果人们一提出这个定义，马上就运用所谓因果律，宣布凡是这类事实都有一个特定的原因，并且只有一个原因，那么，人们即使是在没有意识到的情况下，也会暗示这个非本质性的定义相当于一个本质性的定义，所有被列为同一种类的事实，都只有一个同样的原因。涂尔干在他的宗教理论中就是由于这种方法从崇拜圣物的宗教定义滑到图腾崇拜和灵魂得救的宗教之间没有任何基本区别的观念上去的，并由此出人意外地提出所有宗教的本质都是崇拜社会这一看法的。

这个方法有双重危险：一个是无意间用本质性的定义来代替根据显而易见的外部标记确定的非本质性的定义，另一个危险是，武断地预先假定，凡是被列在同一个种类里的现象都必然是由一个惟一的而且是同样的原因引起的。

在宗教问题上，这两种保留意见或批评意见，就立即显示出它们的意义。在图腾崇拜里，信徒无意中崇拜社会，这是可能的。但我们并不能因此得出结论说，在灵魂得救的宗教里，宗教信仰的基本意义也是如此。凡是根据外在特征被列为同一种类的各个事实都具有同一性质，这是涂尔干的观念主义哲学的产物；但是，这种同一性并不明显。

这种认为所有社会现象都可以被列为"属"和"种"的倾向出现在这部著作的第四章里，该章论述的是关于社会类型的构成法则。涂尔干进行社会分类的基本原则是，各个社会可按其不同的复杂程度来区分。首先就是涂尔干称之为游牧部落的最简单的集体。这个群体也许是一个历史事实，也许只不过是社会学理论杜撰出来的东西。它可以像原子一样立即分解成许多聚居的个体。在人类社会里，游牧部落好像动物界里的原生动物。在游牧部落之后接着出现的是包括好些家庭的氏族。但是，涂尔干认为，家庭的历史比氏族还要晚，而且不构成社会群落。氏族是历史上一种最简单的社会，它是由一些游牧部落组成的。对其他社会进行分类，只要运用这个原则就够了。简单的多群落社会，例如卡比尔人的部落，是由许多氏族杂居组成的。在初级复合体多群落社会里，例如在易洛魁人的联盟里，许多氏族已不是简单地杂居，而是已经组成了一个高级的社会整体。高级复合体多群落社会是由许多低级复合体多群落社会聚居或融合而成的；希腊城邦和罗马城邦都属于这种类型。

这种分类法是以简单的社会单位为前提的。简单社会单位的相加构成各种不同的社会类型。根据这个概念，我们能按每一个社会的复杂程度确定其性质。复杂程度这个标准能够确定一个社会的性质，而不必去研究这个社会处于什么历史发展阶段或者经济发展阶段。

此外，涂尔干还指出，一个社会——他指的是日本社会——可以吸收某些外来的经济发展成果，而不改变它的基本性质。把社会分成"属"和"种"的方法与划分经济发展或者历史发展阶段的方法，那是截然不同的。

十九世纪的社会学家，如奥古斯特·孔德和马克思等，曾经努力确定历史发展的各个主要时期，并把人类智力、经济和社会的进步划分为几个主要的阶段。涂尔干认为，这些尝试毫无成效。相反，根据一个能够反映有关社会结构的标准，即聚居在一个复杂社会里的群落数目和这些群落的组合方式，就能科学地、有效地把人类社会分成许多"属"和"种"。

对社会的"属"和"种"下定义和进行分类的理论，进一步发展，就要求区分社会的正常现象和病理现象，并引出如何进行解释的理论。

《社会学方法论》第三章所阐明的，是如何区别正常现象和病理现象，这种区别在涂尔干的思想里占据了一个重要的地位。依我看，这是他一生中的思想基础之一，尽管在后期，即在撰写《宗教生活的基本形式》一书期间已不再像以前那样常常利用这种区别了。

这个区别的重要地位是和涂尔干的改良主义意图分不开的。他想当一位纯粹的学者的愿望并没有妨碍他这样断言：社会学如果无助于社会的改善，那么它就毫无价值了。他希望建立几个行动委员会，对社会现象进行客观的、科学的研究。正常现象和病理现象的区别，恰恰是观察现象和提出科学结论之间的一个中间环节。如果一个现象是正常的，我们就不应该剔除它，即使它在道德上与我们格格不入；相反，如果这个现象是病理的，我们就有科学的论据，证明我们的改良计划是正确的。

涂尔干认为，一种社会现象，当它在发展的某个阶段，以一般的方式存在于某一种类型的社会里时，这种现象就是一种正常的现象。因此，犯罪就是一种正常的现象，或者更正确地说，某种犯罪率是一种正常的现象。因此，正常性是由普遍性决定的。但是，社会类型不同，我们不可能用一种万能的抽象的方法来认识它们的普遍性。凡是在社会发展的某个时期，在一种特定类型的社会里，最常遇到的现象都应当被视为正常的现象。这个关于正常性的定义并不妨碍人们顺便去努力说明普遍性，也就是说，不妨碍人们去努力发现使这种现象经常出现的原因。但是，看一种现象是否正常，其首要标记和决定性的标记就是这种现象是否经常出现。

涂尔干认为，正像普遍性决定正常性一样，什么样的原因决定什么样的解释。要说明一种社会现象，就必须找出它的动力因，指出必然产生这种现象的前一个现象。一旦找到了原因，人们接着就可以研究这种现象的作用和它的用处。功能主义的解释有一种目的论的性质，应当服从于动力因的寻找。这是因为，"让人们知道一个现象有什么用处，既不是说明它是怎样产生的，也不是说明为什么是这样的。一个现象的效用是以它特有的性质为前提的。这种特性能决定现象的性质，但不能创造现象。我们对于某些事物的需要并不能使事物变成这种或那种东西。因此，需要不能使它们从虚无中解脱出来，也不能赋予它们客观实在性"。（《社会学方法论》第 90 页。）

社会现象形成的原因应该到社会环境里去寻找。只有我们所研究的这个社会的结构才是社会学所要研究的社会现象的形成原因。"必须从社会本身的性质中寻找社会生活的说明"，（同上引书第 101 页。）或者"必须从社会内部的结构中寻找重要的社会进程的最初起因"。（同上引书第 111 页。）

通过社会环境说明社会现象，是与从历史角度说明社会现象对立的，根据后一种解释，社会现象的成因应当到过去中，也就是说到以前的社会状态中去寻找。涂尔干认为从历史角度进行解释并不是真正的科学解释。他认为，只有通过各种相伴条件才能研究社会现象。他甚至说，如果社会环境不能说明人们观察到的某个历史阶段的社会现象，就无法建立任何因果关系。可以说，涂尔干认为社会环境具有的动力因果关系是科学社会学存在的条件。科学社会学的目的在于研究外部社会现象，严格确定概念的意义，然后用这些概念列出现象的种类，把社会按"属"和"种"分门别类，最后从一个特定的社会内部，通过社会环境来解释特定的现象。

通过共变法，人们就可以对社会现象作出解释：

"我们只有一个办法能够证明一个现象是另外一个现象的成因，那就是，比较一下这些现象同时存在或同时不存在的情况，研究一下它们在不同的环境组合里出现的变化是否能证明一个现象取决于另外一个现象。如果这些现象能够按照观察者的意愿人为地产生，这种方法就是真正的科学实验。如果相反，这些现象不能按我们的愿望产生，我们也只能按照它们自发产生的情况对它们加以比较，那么，我们使用的方法就是间接的科学实验方法或者比较的方法。"（同上引书第124页。）

在研究自杀现象时，使用这个方法特别简便。涂尔干只是在同一社会的内部或者几个非常相近的社会内部，对自杀率进行比较。但是，我们可以而且应该运用共变法，对一个社会和另一个社会（不管这两个社会是否属于同一个"种"）的同一种现象，如家庭或者犯罪现象进行比较，目的在于通过各种社会了解一种像家庭或宗教那样的特定社会现象的完整发展过程。"一个具有某种复杂性的社会现象，只有通过各种不同的社会，了解它的完整发展过程，才能解释。比较社会学不是社会学的一个特别的分支，只要不纯粹描写社会现象并且渴望分析这些现象，它就是社会学。"（同上引书第137页。）

在研究宗教现象时，涂尔干追溯了宗教生活的基本形式。他不想通过各种不同的社会，了解宗教现象的发展，但是，我们能够看到，一种运用这种分析方法的理想的社会学如何从一类依靠可认识的外部特征确定的现象出发，通过各种不同的社会了解宗教制度的发展过程，并引出适用于一系列社会现象，甚至各种社会的普遍性理论。这种社会学的理想之处是，可以引出一种普遍的社会理论。这种理论的原则是观念主义哲学。观念主义哲学，包括社会现象分类的理论、社会的"属"和"种"的概念，以及把社会环境解释为社会现象决定性形成原因的学说。

这个科学社会学的理论基础是涂尔干思想中处于核心地位的一个概念：社会是一个与个人性质截然不同的实在之物。任何社会现象的产生原因都是另一个社会现象，而不是一种个人心理现象。

但是，人们也许会说："既然组成社会的惟一的因素就是个人，社会现象的最初起源就只能是心理现象。照这样推论下去，我们能够很容易地得出结论说，分析生物学现象的起因时可以通过无机物现象来进行解释。事实上，我们可以肯定，包含在一个有生命的细胞里的只是一些自然物质的分子，只不过这些分子已经聚合在一起，这种聚合是标志着生命诞生的新现象的起因；我们不可能在这些聚合起来的任何元素里找到这些新现象的胚芽。这是因为总体并不等于各个部分的总和，它是另外一个东西，总体的特性和组成总体的各个部分的特性是不同的。聚合并不像人们有时认为的那样：本身就是一个不能产生其他现象的现象，它只不过是把一些既得现象和法定特性在外部联系起来罢了。相反，难道它不是在事物的全面发展过程中先后产生的那些新生事物的起源吗？在低级生物和其他的生物之间，在一个有生命的组织和一个简单质体之间，一个简单质体和组成这个简单质体的无机物分子之间，如果没有聚合方面的区别，还会有什么区别呢？归根到底，所有这些物体都可以分解为同样性质的元素；但是这些元素在这里是并列的，在那里则聚合在一起；在这里以这种方式聚合在一起，在那里又以另一种方式聚合在一起。我们有权利提出一个问题：这条规律是不是可以延伸到矿物界，划分无机体的区别是不是也出于同样的原因。根据这个原则，社会不是一个由许多个人组成的简单的整体，但是通过聚合形成的这个体系代表的是一个具有固有特性的特定现实。当然，如果没有个人意识也就不可能产生什么集体的东西，但是仅仅有这个必不可少的条件还是不够的，还必须使这些意识组合起来，用某种方式组合在一起。社会生活正是从这种组合中产生的，因此，只有这种组合才能说明社会。个人的灵魂互相聚合、融合和渗透，就产生了一个生物体，如果你愿意的话也可以说是一个通灵体，但是，这是一个新型的有个性的通灵体。因此，就应该从这个新的通灵体的性质中，而不应该从这个通灵体的组成部分的性质中，寻找从中产生的社会现象的近因和具有决定性意义的原因。一个集体的思想、感觉和行动，是与它的成员——如果是处在孤立状态中的话——的思想、感觉和行动截然不同的。因此，如果我们从这些处于孤立状态的成员开始进行研究，我们就无法了解集体的情况了。一句话，心理学和社会学之间的连续性问题也像生物学和物理化学科学之间的连续性问题一样，其解答方法是相同的。"（《社会学方法论》第102—103页。）

这就是涂尔干的方法论思想的中心所在。社会现象是一种特殊的现象，它是由个人的组合产生的，在本质上是与个人意识水平中产生的东西不同的。社会现象可以是一门普通科学的研究对象，因为这些现象是分成类别的，而各种社会本身又可以被分为"属"和"种"。

5. 社会学和社会主义

我们手里有在涂尔干逝世后发表的三套教材，可供研究他的政治思想之用。涂尔干有完整编写教材的良好习惯，所以，这些教材就正确表达了作者的思想。

这些教材包括：1928年发表的《社会主义》，该书主要探讨圣西门的学说；1950 年发表的《社会学教程——风俗和法律的物质作用》，以及关于教育和教育问题的著作。

涂尔干是一位训练有素的哲学家。1880 年前后，他还是巴黎高等师范学校的学生时，就像他的同学莱维-布吕尔和饶勒斯一样，对那个时代人们所称的社会问题发生了浓厚的兴趣。社会问题显然比简单的政治问题内容广泛得多。

在开始进行探索时，他就给自己提出了这样一个问题：个人主义与社会主义的关系如何？对于这个问题的研究，使他以后写成了《社会劳动分工论》。以后他的外甥马塞尔·莫斯在《社会主义》教程的序言里也提到了涂尔干进行理论研究的这个出发点。事实上，这两种思想运动——社会主义和个人主义，用哲学术语来说，也正是《社会劳动分工论》一书探讨的社会学问题。

涂尔干对于个人主义和社会主义的关系或个人和集体的关系的研究，使他最后走向了协调论，这一研究是与奥古斯特·孔德开创的传统一脉相承的。涂尔干以各种方式忠于实证主义创始人的思想。

涂尔干在开始时就提出了科学思想的绝对性问题。在我们这个时代里，只有科学的思想才是惟一站得住脚的思想形式。任何伦理学说或者宗教教义，至少从学术内容来说，如果经不起科学的批判就不能够得到承认。按照同样出于实证主义学说的要求，涂尔干只能在科学思想里才能找到社会秩序的基础。

此外，涂尔干用与奥古斯特·孔德大同小异的方法，批评经济学家，特别是自由主义经济学家或经济学理论家。涂尔干和奥古斯特·孔德都认为经济活动是现代社会，也就是工业社会的特征。因此，经济组织应当对整个社会产生决定性的影响。但是，个人利益的对立或个人利益的先定和谐，不可能导致全体成员的意愿趋于一致，而这个一致性却是社会安定的必要条件。更不能从经济主体的所谓理性行为出发解释社会。

社会问题并不首先是经济问题，它主要是一个协调问题，也就是说个人的共同感情问题，正由于这种共同感情，矛盾才能得到缓和，利己主义受到抑制，社会安宁得以维持。社会问题是一个社会化问题。就是说要使个人变成集体的一员，反复教育他们尊重社会的指令、禁令和各项义务，不然，集体生活就不可能存在。

这部论述社会分工的著作是涂尔干对个人主义和社会主义关系问题，作出的第一个回答。这个答复是和社会学作为一门科学的出现交织在一起的。社会问题，也就是个人和集体的关系问题，不应该抽象地通过思辨方法，而应该通过科学方法来解决。科学告诉我们，个人和集体关系的类型不止一个，而是有许多不同的融合类型，这些融合一体的形式各个时期、各个社会都不尽相同。

融合一体的基本类型主要有两种：一种是由相似性引起的"机械关联"，另一种是由分化引起的"有机关联"。在一个由许多不同的人经过必要的共同努力组织起来的社会里，每个人都在履行自己的职能，因此，"有机关联"实际上就是科学方法表明的对个人主义和社会主义关系问题的解答。涂尔干认为，正是科学本身告诉我们为什么某种类型的社会需要个人主义。允许有独立意志和给个人留下作出决断的余地是这种"有机关联"的特征。

因此，在涂尔干眼里，分析"有机关联"就是回答了个人主义和社会主义的关系这个真正的哲学问题。在"有机关联"占支配地位的社会里，个人主义可以按照集体的需要和道德上的迫切需要得到发展。在这个社会里，道德本身也要求所有的人发展自己。尽管如此，"有机关联"仍然有两个问题。

在现代社会里，个人之间不再可以互相代替，每一个人都可以实现他自己的志愿。但是，这并不是不再需要共同的信仰，也许为了维持分化了的个人之间的和平共处也需要对人绝对尊敬。因此，在一个个人主义已经变成至高无上法则的社会里，必须使集体意识具有更广泛的内容和足够的权威。

在"有机关联"占支配地位的所有现代化社会里，都存在着出现解体和混乱的危险。实际上，现代社会越是鼓励个人提出发展个性和满足欲望的权利要求，人们越应该担心个人会忘记纪律的要求，最后变成永远无法满足自己欲望的人。不论现代社会给个人主义留有多大的余地，不讲纪律，不限制欲望、个人的需求和可以得到的满足之间没有差别的社会是不存在的。

我们这位社会学家就是在分析到了这一程度时，才找到了社会主义问题，我们也就是到了这一程度时才有可能了解涂尔干在哪些方面是一位社会主义者，在哪些方面又不是一位社会主义者，或者说，他所理解的社会学在哪些意义上可以替代社会主义。从历史上说，涂尔干的思想和十九世纪末期法国社会主义者的思想有着相当密切的联系。照马塞尔·莫斯的说法，正是涂尔干把饶勒斯的思想引导到社会主义方向上去的，并且指出了他当时赞同的激进主义思想的贫乏性。饶勒斯以后转而信仰社会主义，可能并不完全是因为受了涂尔干一个人的影响。巴黎高等师范学校的图书馆管理员吕西安·埃尔在他身上也产生了一部分直接的、有决定性意义的影响。尽管如此，从1885年至1895年的十年里，涂尔干的社会主义思想，对法国左翼知识分子阶层的政治意识来说，仍然是一个重要的因素。

涂尔干的有关社会主义的教材，只不过是他没能够完成的一项规模宏大的事业的一部分。他准备对所有的社会主义学说作一番历史的研究，但是他只写出了起源部分，也就是说主要探讨了圣西门的学说。

涂尔干是带着几个能够说明他对社会主义的看法的观念，开始这项研究工作的。虽然在某种意义上他是一个社会主义者——我宁愿说按照他给这个词所下的定义，他是一个真正的社会主义者，但是他并不是一个马克思主义者。他甚至反对通常表现在下面这两个主要问题上的马克思主义学说：

首先，他不相信各种各样的暴力手段，他不愿把阶级斗争，特别是把工人和企业主之间的冲突，看作当今社会的一个主要的因素，甚至是社会发展的动力。作为奥古斯特·孔德的忠实信徒，涂尔干认为，工人和企业主之间的冲突是现代社会无组织状态或者局部混乱的证据，是必须加以纠正的。但是这些冲突丝毫不意味着要向另外一个根本不同的社会制度或经济制度过渡。因此，如果说，像今天人们所想象的那样，阶级斗争和暴力在马克思思想里占据头等重要的地位，如果应该把社会主义和马克思主义等同起来（这样做是错误的），我们就应该说涂尔干就是社会主义的对立面了。

如果说许多社会主义者都倾向于认为，要解决现代社会问题，有待于经济改组，那么这位社会学家也不是一个社会主义者。他认为，社会问题不是经济问题，而是道德问题，所以，他也和马克思主义思想相去甚远。涂尔干既没有把所有制也没有把计划化看成是社会主义思想的基本点。

涂尔干的社会主义，基本上是奥古斯特·孔德的"社会主义"，这种"社会主义"可以归纳为两个关键的词：组织起来和提高觉悟。社会主义是集体生活中较好的也就是说更自觉的组织，它的目的和结果是把个人融合在社会里，或者说融合在具有道德权威从而能够履行教育职责的集体里。

关于社会主义的这本教材有几个副标题：《定义》、《开始阶段》、《圣西门学说》。涂尔干并没有分别说明哪些内容是属于圣西门本人的，哪些内容是属于奥古斯坦·蒂埃里的，或者是属于奥古斯特·孔德的。我个人认为，他把许多本来应该属于圣西门的合作者的功劳、美德和独创性，都归功于圣西门的思想了。不过，这个问题并不重要。

重要的是关于社会主义的定义和涂尔干为使圣西门主义和十九世纪初期的社会主义接近起来所作的努力。他一直想客观地对社会现实下一个定义。他不允许自己像马克斯·韦伯所要求的那样享有可以对一个社会现象下定义的权利。他努力按照可以看到的特点从外部来确定这个社会现象是什么东西。在这种情况下，他从当时通常叫做社会主义学说的共同的特征出发，确定了社会主义的意义。他写道："凡是主张把所有的经济职能（或目前尚处于分散状态的某些经济职能）和指导性的、有意识的社会中心联系起来的学说，都叫作社会主义学说。"（《社会主义》第25页。）他又说："社会主义不能归结为工资问题，或正像有人所说的吃饱肚子问题。它首先是对社会机体进行重新调整的愿望，其目的在于用另一种办法把工业机器纳入整个社会机构，使工业机器摆脱自动运转的黑暗，暴露在光天化日之下，接受人类意识的监督。但是我们现在已经能够看到，不仅社会下层阶级有这样的愿望，国家本身也有这样的愿望，因为，随着经济活动日益成为社会生活的一个越来越重要的因素，国家迫于形势和在与生命休戚相关的必然性影响下，也在进一步监督和调整经济活动的表现。"（同上引书第34页。）

这两段话相当清楚地概括了涂尔干的社会主义思想。他严格地区别了他称为共产主义的学说和他称为社会主义的学说。在历史的各个时期，从远古以来，就一直不断出现了许多共产主义学说。这些学说是从对社会不平等和不公正的不满中产生的。它们梦想着一个各人的社会地位都彼此不相上下的世界。因此它们不像法国大革命以后十九世纪初期的社会主义学说那样具有历史时期的特征。它们远没有把经济活动当作社会的基本活动，而是力图缩小财富的作用。其中有许多共产主义学说受到禁欲生活概念的影响。相反，社会主义学说则强调经济活动的头等重要性。它们远远不想恢复那种俭朴的生活，不要求制定财产限制法，而是努力从社会的富足和生产力的发展里寻找解决社会困难的方法。

照涂尔干的说法，社会主义学说既不建立在对私有财产的否定上或者工人的正当要求上，也不建立在社会上层或者国家的领导人改善最贫困的人社会条件的愿望上。否定私有财产绝不是社会主义的特征。圣西门主义的学说批判遗产继承，但涂尔干看到，在这种批判中包含了对私有财产的原则肯定。这是因为，如果我们把工业财产说成是私有财产，那么当这种财产确实属于获得它的人的时候，它就是正确的。因此，遗产转让是违反私有财产的原则的，因为一个人通过继承得到的是他本人没有资格得到的财产。涂尔干认为，从这个意义上说，对遗产继承的批判可以被认为是"只有私有财产，即个人本人获得并拥有的财产才是惟一合法的财产"这一原则的合乎逻辑的运用。

涂尔干认为，工人的要求和为了改善工人社会地位所作的努力，是产生社会主义学说的原因之一，但是他坚持认为这些并不是社会主义思想的主要因素。在任何时代都有许多人出于仁爱之心或者怜悯，关心穷苦人的命运，努力改善他们的条件。但是，关心他人的不幸既不是社会主义学说的特征，也不是欧洲社会某一历史时期的特征。此外，人们永远无法通过经济改良解决"社会问题"。

法国大革命是社会主义学说发展的必不可少的前奏，十八世纪的某些社会现象可以被认为是产生社会主义学说的原因，例如对社会不平等的抗议此起彼伏，扩大国家职权范围的思想的出现等。但是在法国大革命以前，这些思想只不过处在萌芽状态，还缺少一个主要的因素，也就是社会主义的中心思想，即有意识地重新组织经济生活的观念。

这个思想是在法国大革命以后产生的，因为大革命打乱了社会秩序，使人感觉到危机即将来临，迫使思想家们去寻找危机的原因。法国大革命推翻了旧秩序，使人们意识到国家可能发挥的作用。最后，也正是在大革命以后，日益增长的生产力和广大人民群众的贫困之间的矛盾才明显地暴露出来。人们看到了经济的无政府状态。他们把以前主要对政治上的不平等提出抗议，转为对经济上的不平等提出抗议。这里既有受大革命激励的平等主义的愿望，又包括对新兴工业的崛起而引起的经济无政府状态的认识。对不平等提出的抗议和对经济的无政府状态的认识，两者结合起来，于是产生了旨在从经济生活开始重新组织社会的社会主义学说。

在涂尔干的著作中，根据他对社会主义所下的定义，社会问题首先是一个组织问题，但也是一个提高觉悟问题。他在一段令人惊讶的文章中解释了为什么仅仅依靠仁爱思想进行改良，不可能解决社会问题：

"如果我们没有弄错的话，我们在当前社会主义运动里通常遇到的这种怜悯和同情的思潮，其实只不过是古老的共产主义思潮的替代物，这种思潮只能说是一个次要因素。这种思潮是社会主义的补充部分，但不是它的组成部分。因此，人们采取的阻止这一思潮发展的措施，并没有触及那些导致社会主义的产生原因。如果社会主义反映的需要确有根据，那么仅仅满足一下这种空泛的博爱感情，是不能满足社会主义所反映的要求的。我们现在先来看看欧洲各国的情况。我们可以看到各国都在关心所谓社会问题，努力给以局部解决。然而，为了这个目的而采取的几乎所有的措施，都专门是为了改善劳动阶级的命运的，也就是说，所有这些措施都只不过符合作为共产主义基础的慷慨倾向的。人们似乎认为，最刻不容缓和最切实有效的措施，在于减轻工人的贫困程度，用施舍和国家的津贴来补偿劳动阶级的悲惨的社会条件。国家大量发放助学金、各种名目的津贴，尽量发展各种慈善团体，颁布保护工人健康的法律，等等，旨在缩小两个阶级的差别，减轻不公平的程度。但是我们往往看不到这样做恰恰是本末倒置，而这在社会主义运动中都是层出不穷的。对古老的共产主义残留下来的东西表示廉价的恭维，并不能遏制或者实现社会主义。关心多少世纪以来一直存在的情况并不能使昨天的情况有一丝一毫的好转。这样做不仅偏离了关注的目标，而且人们无法通过这条途径达到自己提出的目的，因为为劳动者创造一些特权来部分抵消老板们享受的特权是徒劳无益的；缩短劳动时间甚至合法地提高工资都是白费力气，水涨船高，欲望是无法满足的。他们的要求是没有限度的。如果打算用满足这些要求的办法来息事宁人，那就等于想要装满达娜依特的酒桶。如果社会问题真是用这些要求提出来的话，那就不如声明社会问题是无法解决的更好些。"（《社会主义》第78—79页。）

这段文章令人惊奇，即使在今天看来也显得很古怪。当然，涂尔干不是社会改革的敌人，他并不反对缩短劳动时间和增加工资。不过，我们在这里可以看出，他已经从社会学家转而成为道德学家了。他的基本论点永远是：人类的欲望是无法满足的；如果没有一个道德权威加以限制，他们的欲望就永远无法满足了，因为人类总是希望多多益善的。

从某种意义上说，涂尔干的话是有道理的。但是他并没有对自己提出埃里克·韦伊在《政治哲学》一书里提出的问题：组织社会的目的在于使人类得到满足吗？不满足难道不是人类社会条件，特别是我们生活在其中的社会条件的一部分吗？[10]

尽管一直在不断地进行社会改革，人类说不定还是和从前一样感到不满足，但也说不定不像从前那样感到如此不满足，或者方式有所不同。那么，难道我们不能够认为，不满足和提出各种要求恰恰是历史运动的动力吗？即使不是一个黑格尔主义者也能够判断出，正是因为人类不愿意接受他们现在的社会条件，人类社会才不断发展。从这个意义上说，不满足并不一定是一种病态现象。特别是在我们这样的社会里，传统势力已经削弱，习惯的生活方式再也不会像什么准则或理想那样强加于人，不满足就不一定是一种病理现象了。如果每一代人都要比上一代人生活得更好，那么涂尔干所描述的永不满足就是不可避免的了。达娜依特的酒桶或者西西弗斯的石头正是能够代表现代社会的神话。

但是，如果改革或人类命运的改善不能解决社会问题，今天世界的特征又是什么呢？

以前，在所有的社会里，经济机能总是从属于世俗权力和神权的。世俗权力实质上就是军人政权，或者说封建政权，神权实质上就是教权。以今天而论，在现代工业社会里，经济机能自由运转，不再受制约和训诫。涂尔干补充说，圣西门清楚地懂得，以人压迫人为基础的军事性质的或者说封建性质的旧政权，只能是现代社会的障碍，因为它们不可能组织和调节工业生活。但是，早期的社会主义者犯了一个错误，因为他们认为经济机能不从属于社会权力是现代社会的特征。换句话说，鉴于旧政权无法对经济机能加以必要的调节，于是他们就得出结论说，经济机能只能自行运转，不必从属于任何权力。这就是某些社会主义学说的无政府主义倾向。

涂尔干认为这是一个根本性的错误。经济机能必须从属于一种权力，这个权力应当既是政治方面的，也是道德方面的。这位社会学家发现，调节经济生活必不可少的这种政治和道德权力，并不是国家机构或家庭，而是职业集团。

《社会主义教程》是在 1896 年问世的。一年前出版了《社会学方法论》。因此，《社会主义教程》是与涂尔干早期作品及《社会劳动分工论》和《自杀论》同时代的。他在第一本书的结尾中提出的那些思想，以后又在这篇论文的第二版序言里作了详尽的阐述，解决社会问题的方案在于重建以前叫作行会的职业集团，它既能够对个人产生影响，又能够调节经济生活，使之具有道德精神。

国家不可能行使这种职权，因为它和个人相隔太远了。家庭范围又太狭窄，并且已经丧失了经济作用。经济活动今后都是在家庭之外进行的；工作地点不再就是居住地点了。国家和家庭都不可能对经济生活进行监督。职业团体，即重新建立起来的行会将成为国家和个人之间的媒介，因为它们具有必要的社会和道德力量，能够重振纪律。没有纪律，人类就会被自己无限止的欲望卷走。

因此，涂尔干认为，社会学可以给社会问题带来一个科学的解决方案，大家可以理解，他是把一个能够支配政治问题的哲学问题作为研究的出发点的，并且在他所理解的社会学里找到了一种社会主义学说的替代物。

《社会主义教程》的结论是饶有兴味的。涂尔干写道，十九世纪初期社会学的诞生、宗教改革和社会主义学说的发展，这三个运动几乎是同时发生的。社会主义学说旨在对社会进行重新组织，或者使现在还处于混乱状态的经济机能服从于一个有意识的权力。宗教运动的目的在于重建信仰，来代替正在衰落的传统宗教。社会学则主张用自然科学的精神，对社会现象进行科学的研究。

涂尔干认为这三大运动在许多方面是互相联系的。社会学、社会主义和宗教改革所以会在十九世纪初期同时产生，那是因为它们受到了同一种危机的影响。科学的发展破坏了，或者至少说削弱了传统的宗教信仰，不可避免地会把科学精神运用于社会现象。社会主义说明人们已经意识到道德、宗教和社会的无组织状态这些危机的存在。这些危机是由于以前的政治权力和神权已不再适应工业社会的性质所造成的。

社会主义提出了一个社会组织问题。宗教改革则是传统的宗教信仰趋于削弱的反映。社会学既是科学精神的发扬，又是对社会主义、宗教信仰的衰落和重建神权的努力提出的问题寻找答案的一次尝试。

可惜《社会主义教程》的最后几行字迹不清，但是《社会主义教程》结论的意义倒也不是神秘莫测的。作为社会学家，涂尔干希望科学地说明社会主义运动的产生原因，阐明哪些是社会主义学说的真实部分，并且根据科学精神指出在什么条件下能够找到解决人们所说的社会问题的答案。至于宗教改革问题，我们不能说社会学家涂尔干会坚持说他曾经作出过具有决定性意义的贡献。涂尔干并不像奥古斯特·孔德那样，是宗教社会学的先知。但是，他认为社会科学有助于理解社会的需要和集体的动荡是怎样产生宗教的，同时他还认为社会科学能使我们相信，通过同样的历史进程，能够产生另外的符合同样需要的宗教。

"如果要让社会秩序占据优势，就必须使绝大多数人对自己的命运感到心满意足。但要让他们感到心满意足，并不是说让他们或多或少有些东西，而是要他们相信他们没有权利得到更多的东西。要做到这一点，就必须有一个他们认为具有至高无上地位的权威发号施令才行。这是因为任何人仅仅在自己的需要驱使下，永远不会承认他自己的权力已经达到了最大的限度。"（《社会主义教程》第291页。）

这段文章最能够说明涂尔干思想的特征，这是他对社会现象进行的一种以集体意识概念为基础的综合研究，介乎霍布斯的人类学和康德的道德义务之间。只有集体意识不可抗拒的要求能够限制人类无限的欲望。

因此，涂尔干认为，社会主义作为历史上的一个思想运动，主要是对经济无政府主义的一种反应。社会主义要对今天尚处于混乱状态的各种社会机能进行深刻的了解。它不同于那种古代共产主义式的对不公正和不平等的抗议。社会主义是在法国大革命以后，是在法国大革命的政治影响伸展到经济领域的时候出现的。它是与工业化同时产生的，其真正目标在于在个人和国家之间建立一些既有道德权威又有社会权威的媒介组织。

因此，涂尔干心目中的社会主义，它的中心主题就是建立这些组织，而不是阶级斗争。它的目标在于建立职业集体，而不是改变私有财产的法律地位。

给社会主义下的这个定义是和社会学分不开的，但这并不是说这位社会学家阐明的是他的政治见解，而是说社会学在客观地和科学地研究社会现实的时候，应当对社会主义运动发生兴趣。社会学考察了社会主义运动的历史意义，提出了一些改革意见，正是由于这些改革，社会主义思想后来才表现为新制度的建立。

这样，我们就明白了涂尔干为什么对真正的政治机制不太感兴趣。在他看来，代议制、选举、政党只不过是社会结构的表面部分。从这方面来说，他还不失为奥古斯特·孔德的信徒。后者虽然在早期活动中曾经接受过一些自由主义思想，但后来随着思想不断发展，他已经和代议制格格不入了。他认为议会制度只是介乎神学和实证主义之间的形而上学过渡时期的产物。奥古斯特·孔德在对未来社会的设想里，并没有给选举、政党、议会留下多少位子。他在这方面走得那么远，以致在拿破仑三世发动政变，把残存的形而上学代议制全都消灭的时候，他并没有表示愤怒，并且在那个时代，毫不犹豫地写信向全俄罗斯的沙皇发出呼吁。为了实现实证主义的新纪元，他宁愿接受由一个专制政权来完成必要的改革，即使这个政权掌握在传统的人物手里也无所谓。

当然，涂尔干对代议制度的轻蔑还没有达到这种程度。但是，正像马塞尔·莫斯在《社会主义教程》序言里说的，这位社会学家认为选举和议会都只不过是表面现象。

涂尔干认为必须在社会领域和道德领域里进行深刻的改革。他认为政党的斗争和议会的混乱，只能够使这些改革陷入瘫痪，而不会帮助它们顺利进行。

涂尔干曾经谈到过民主问题，尤其是在1950年出版的《社会学教程——风俗和法律的物质作用》里说得更加清楚。但是他对民主所下的定义，与我们今天所说古典的定义不同，因为他没有把普选、多党制和议会列入民主范围。一个民主国家的真正特征是，"政府必须广泛了解国内情况，并且和大量的群众意识保持紧密的联系"，换句话说，国家和人民必须保持紧密的联系。

"根据这个观点，我们似乎应该认为民主就是一种能够使社会达到最纯洁的自觉状态的政治形式。当评议、思考和批判精神越能对公众事务的进程发挥更巨大的作用时，一个民族也就越能享有民主。相反，如果人人浑浑噩噩，沾满恶习，没有高尚的情操，总之，一切偏见都不受任何审查，如果让这种情况占了优势，那就谈不上民主了。这就是说，民主并不是我们这个世纪的新发明，也不是一种复兴。这是社会逐渐形成的特征。如果把那些只能使人思想混乱的庸俗标签全部揭掉，我们就会承认，十七世纪的社会比十六世纪的社会更民主，比所有的封建社会更民主。封建制度就是社会生活的混乱，就是最大程度的愚昧和无知，而现代社会都在竭力消灭愚昧和无知。君主政体逐渐把所有的集体力量集中起来，把它的势力扩大到四面八方，和社会广大群众保持着更密切的关系，已经为民主的未来作好了准备，因此与以前所有的制度相比，已是一个民主的政体了。至于国家元首当时还保持了国王的头衔，那完全是次要的问题，应该考虑的是他与整个国家的关系；此后，阐明社会思想的任务就由国家来有效地负责了。因此，民主并不是在四五十年前才开始流行起来的，民主的势头从有史以来就已经开始了。"（同上引书第107—108页。）

这段既令人钦佩又非常朴实的话，说明涂尔干一直在坚持我们可以叫作进化论的观点。世纪复世纪，社会变得越来越民主了。但是，我还需要弄清楚民主到底是什么。

要取得一个日益自动地向更实际、更完善的民主进化的社会的这样一个概念，就必须贬低纯粹政治制度的意义，并且对国家元首是不是国王和由于出身还是由于选举而上台的，都不在乎才行。

关于民主，涂尔干给我们下的定义，意味着政治机构，也就是指挥机构或者权力机构，只是社会总体的一个次要现象。从词源学上说，民主就是人民当家作主，因此，民主的特征并不在于指挥机关本身的结构，而在于政府机能的某些特点，也就是说，在于人民群众与统治者的联系程度。

涂尔干生活在1914年战争以前的幸运时代，我们可以相信，统治者与被统治者之间的联系除了这位观察家津津乐道的那种方式外，没有其他方式。他当然不会想到，按照他对民主所下的定义，国家社会党制度在很大程度上无愧于民主这个称号。在极权主义制度下，分散的社会职能实际上都集中在少数几个统治者手里。政府的职能已经高度地为人们所意识到。政府与广大被统治者的联系并没有中断，恰恰相反，即使这种联系是用这位理性主义社会学家决不会赞成的方法建立起来的，情况也是如此。

诚然，涂尔干在政府的觉悟这个概念里引进了评议、思考和批判精神这些内容。但是，在法西斯式的极权制度下，也不见得没有评议；至于思考问题，它可能是为我们所谴责的那些目的服务的，但它是确实存在的。如果封建制度是没有民主的社会的原型的话，那么，总体国家，且不说极权主义国家，就代表着另外的对立面了。

涂尔干采用民主这个定义，从社会学上的考虑要比从政治学上的考虑多一些，因为他认为政府的觉悟以及国家与群众的联系，只有通过他在自由主义社会和代议制里观察到的那种方法才能实现。他没有想到，同样的中央集权及被统治者与统治者之间的某种形式的联系，也可以和对代议制政权形式的绝对否定结合起来，同时和另外一种完全不同的政体形式结合起来。

涂尔干不赞成直接选举，他要求政府具有评议和思考的能力。还是在《社会学教程》一书里，他说，像我们在法国这样一个国家里所观察到的议会，其无政府状态是不能适应我们生活在其中的社会需要的。他建议采用两级选举制。他认为这种选举制能够使议员摆脱群众的私欲和盲目而热情的压力，这样，统治者就能够对集体的需要进行更自由的评议了。此外，引进了两级选举制，涂尔干就可以在政治领域里实现他心爱的理想，也就是建立以行会为原型的媒介团体了。

涂尔干也像法国十九世纪上半期的反革命派那样，总是喜欢说，现代社会的危机是由分散的个人和权力极大的国家之间的直接冲突引起的。他也希望在个人与国家之间重新引进一个媒介。他希望把社会变成一个更完善的有机体，防止国家权力集中和个人陷入分散和无能的境地。他不像那些反革命派那样，梦想在外省恢复地区居间人，而是更希望建立职能组织，建立行会。

"在有些情况下，再好的推理也是无能为力的。如果出于政治上的安排，让议员们，更常见的是让政府直接和公民群众进行接触，那么公民们不擅自发号施令，事实上是不可能的。这正是许多有识之士为什么要求通过两级或者多级选举制选出议员的原因。因为这些安插在其间的居间人可以使政府摆脱束缚。这些居间人的干预并不会中断政府各个委员之间的联系。他们不需要进行直接的干预。社会生活应当正常运转，国家与个人以及个人与国家的联系不应中断。但是，社会生活的进程没有任何理由摆脱居间机构的调停。正因为有这种调停，国家才能够振作起来；于是，国家与社会其余部分的区别就更明显了，而且只有这样，国家才更能自主。因此，我们的政治烦恼也和我们的社会烦恼出于同样的原因：那就是没有介于个人与国家之间的居间骨干。我们在前面已经看到，要避免国家压迫个人，这种居间人是不可缺少的。我们现在能够看出，为使国家真正不受个人束缚，居间人也是必要的。事实上，这种居间人对双方来说都是很有用的，因为无论从哪方面说，这两种力量不直接接触是有好处的，尽管双方必须保持联系。"（《社会学教程》第

115—116 页。）

涂尔干关于教育问题的教材，不论在数量上，还是在质量上，都是他的著作的一个重要部分。涂尔干在巴黎大学执教时，起初担任的是教育学教授，而不是社会学教授。因此，他每年必须讲授教育学。

但是，他对教育学很有兴趣，并不感觉受到拘束，理由很明显：因为从实质上说，教育本身也是一种社会现象，目的在于对个人进行社会教育。抚养一个孩子，也就是培养他，或迫使他成为一个或者几个集体的成员。因此，他在研究法国历史上曾经推行过的各种不同的教育方式时，就找到了自己热衷于研究的命题。教育是一个社会过程，每个社会都有与之相适应的教育制度。正像每个社会都有一种大体上符合自己需要的道德标准一样，每个社会也有符合集体需要的教育方法。

涂尔干的教育理论也和他所有的著作一样，渗透了同样的人和社会的概念。开始时，涂尔干也和霍布斯一样，提出了人类受到天生的自私之心和无限的欲望的主宰，因而必须接受纪律教育。教育的目的首先在于使个人养成服从纪律的习惯。纪律应该具有，而且不能不具有一种权威的性质。但这并不是指一种粗暴的、庸俗的权威。我们知道，由于社会本身具有双重性，个人必须服从的纪律，既是符合需要的纪律，从某种意义上说，也是一种受人欢迎的纪律，因为这是团体的纪律。由于热爱集体，个人就会发现忠诚于集体和服从纪律的必要性。要培养个人使之与社会合为一体，就要使他们既意识到每一个人的行为必须符合社会准则，同时也意识到我们每个人现在和将来所隶属的集体的内在的、卓绝的价值。

关于纪律问题的第一个论点，是与关于个人主义的论点结合在一起的。现代社会仍然需要适合集体意识的权威。但是，现代社会同时也有义务使个人保持自己的个性。因此，教育的目的不但在于使个人服从纪律，也在于帮助每一个人发展个性，在于使每个人具有自治、思考和选择的意识。用康德的术语来说，这句话应该是：应当使每一个人都服从法律，法律即使属于道德范畴，本质上还是属于社会范畴；但是我们每个人都必须心甘情愿地服从法律，因为只有纪律才能使我们合理地发展个性。

因此，我们可以看出涂尔干用社会学方法所作的解释，有两个特征：社会被视为环境，可以决定教育制度。任何教育制度都是社会的表现，都是适应社会需要的。但它也负有使集体的道德标准永存的职责。社会结构被视为原因，它可以决定教育制度的结构，而教育制度的目的则在于使个人和集体联系起来，说服个人把社会作为尊重和效忠的对象。

6. 社会学和哲学

有人常说涂尔干是以社会学的名义介绍一种社会哲学的，并且说，与其说他是一个社会学家，倒不如说他是一个哲学家。涂尔干无疑具有哲学家，甚至宗教学家的气质。他像一个先知那样怀着满腔热情谈论社会学。此外，他的社会学反映了对人、现代社会和历史的看法；但是，我们可以辩护说，我本人也要辩护说，社会学的各大体系都是跟人与历史这个概念分不开的。责备一种社会学学说带有哲学因素，并不贬低这一学说。

我现在把已经多次分析过的历史观和关于人的概念暂时搁在一边。但是，应当指出，涂尔干一再强调"协调一致"的必要性，相对忽视了冲突的因素，这与他的哲学的某些倾向有关。用社会分化来解释现代社会并不是惟一可行的方法。马克斯·韦伯认为，现代社会的主要特征是社会合理化，而不是社会分化；不论是从对社会现象进行科学解释的观点来说，还是从道德和哲学估价的观点来说，许多结论都是由这些概念决定的。

我主要想对社会这一概念或者对涂尔干对社会一词提出的各种不同意义，提出我的批评性意见。这许多不同意义，如果不是反映了这一思想的内在矛盾，至少也说明了这个思想的不一致倾向。

涂尔干希望一生做一个实证主义和唯科学主义思想家，做一个能够像研究事物那样，对社会现象从外部进行观察，然后像自然科学专家那样对这些现象进行分析的社会学家。但是，在涂尔干的思想里，除了始终如一的实证主义外，还有关于社会既是理想的中心，也是道德和宗教信仰真正的对象这种思想。歧义和麻烦显然是由对社会的这两种解释所引起的。具体的、可以观察的社会不能够与一个作为理想中心的社会混淆在一起，更不能和一个作为人类的愿望和最崇高的信仰对象的社会混淆在一起。如果说，信仰，即使是宗教信仰，以一个具体的社会为崇拜对象，那么，涂尔干的哲学就和具有国家社会党精神的哲学相差无几了，这显然是错误的。

因此，对涂尔干的批评应当着重在社会这个概念的双重意义上。在有的文章里，社会被解释为环境或从外部观察到的社会整体，在另外一些文章里却又被解释成为理想的中心和尊敬、热爱的对象。

因此，从第一个意义上说，社会是社会环境，是决定其他社会现象的东西。但是，决定社会环境的又是什么呢？涂尔干据理力争，他说各种不同的制度、家庭、犯罪、教育、政治、道德、宗教等等，都是受到社会组织制约的。各种类型的社会都有其自己的家庭类型、教育类型、国家类型和道德类型。但是，他倾向于把社会环境当作一个完整的社会现实，而社会环境只是一种分析上的类别，并不是最终的原因。社会环境与某种特定的制度相比，它就是原因，但对另一种观点来说，只不过是社会环境所解释的各种社会制度的整体。

涂尔干倾向于把社会环境当作一个客观上和物质上的特殊现实，其实它只是一种智力表象罢了。这种把抽象观念当作客观实在性的倾向，表现在"自杀潮流"这一概念里。事实上，除了在涂尔干的想象里或词汇里以外，根本没有什么"自杀潮流"。自杀的发生次数多少，取决于社会条件和集团性质。自杀率能说明集团的某些特征，并不能够论证自尽的绝望者是被"集体潮流"吞噬的。

涂尔干常常把社会环境当作一个相当稳定的实体，因此，只要了解这个环境，就能够确定它需要哪些制度。涂尔干的出发点是这样一句话："每个社会都有它自己的道德，"这是大家都能同意的。具体地说，罗马城邦的道德与苏联的加盟共和国，或美国的自由州的道德是截然不同的。的确，每一个社会都有它自己的制度、信仰或者道德习俗，表明这个社会所属类型的特征。但是，各种类型的社会的道德态度各不相同，并不意味着人们一旦知道一种社会类型，就能够说出适合于这类社会的道德。照涂尔干的通常说法，社会仿佛是一个有着确切定义的封闭的统一体。然而，事实上，在每一个社会内部，善与恶的冲突一直连续不断。各种不同的道德概念在进行斗争，最后才有某些道德观念得到公认。认为科学能够决定适应某种类型的现代社会需要的道德观念，仿佛这种类型的社会需要而且只需要一种道德观念，仿佛只要了解了一个社会的结构，就可以说："这个社会所需要的就是这种道德，"这种想法是相当天真的。

换句话说，必须用共存于一个复杂的社会内的社会集团这一概念，代替社会是一个完整的统一体的概念。这样，我们就能够认识到社会集团的多样性和各种道德观念的冲突，也就能够看到，社会科学在很长时间内，很可能永远无法对伦理学家和教育学家说，这就是你们应该用科学的名义进行宣扬的道德。

诚然，有些道德原则是所有社会成员人人必须接受的，至少抽象地说应该如此。但是最令人感兴趣的是，恰恰在这些问题上不存在一致的意见。每当谈及这种问题时，社会学通常总是谈不出什么道德能适应这个社会的需要。也许同样的社会组织能够适应完全不同的道德观念。再说，即使社会学家能够证明某种道德概念对我们生活在其中的这个社会的稳定是有利的，我们又为什么应该以道德的名义，把我们自己的社会的稳定作为最终目标呢？社会的特征之一就是，它的基础总是经常发生问题。社会学能够解释发生问题的原因，但是不能够回答个人提出的问题，更不能够提出一种科学的解决方法。

这里有两个理由。一方面，同一类型的社会可以有几种道德答案、几种政治制度；另外一方面，个人想自行判断，决不会拘泥于现存的这个类型的社会，决不会把它当作人类命运最后的结局。他们可以寄希望于另外一种道德，哪怕是和我们生活在其中的社会格格不入的道德。

我认为，可以从对社会现象的分析中演绎出道德原则的这一幻想，大部分来自社会类型分类理论。我们还记得，涂尔干认为可以把历史上已知的各种社会放在一条线上，从单群落社会直到复合的多群落社会，按照各种社会的复杂程度决定它们的类型。

一般说来，学者们对他这个理论不甚重视，但是在我看来，这种理论虽然不存在于涂尔干卓有实效的社会学里，但在他寻求社会科学的一种完美形式的梦幻里却占有极其重要的地位。

根据社会的复杂程度进行分类的方法，果然使涂尔干有可能把社会现象分为表面的现象和深刻的现象，他把前者轻蔑地搁在一边，认为这是历史学上的问题，而后者则基本上属于社会学范畴。涂尔干对这种区别十分重视。因为，如果我们同意一个社会是以它的复杂程度或者群落的多寡来确定其类型的，我们马上就可以有一个标准来分辨出一个特定的社会属于什么类型。如果我们看到一个相对地说并不复杂的社会突然发展起现代工业——日本的情况就是如此，人们就将会说，这个社会尽管经济发展水平相当高，但由于群落数量及其组成情况等原因，与西方社会比较起来，仍然是另外一种类型的比较原始的社会。

换句话说，涂尔干认为已经找到了把社会结构或者社会整体的基本现象和另外一些表面现象区别开来的方法。他认为前者属于社会学范畴，而后者例如政治制度，甚至经济制度都属于历史学范畴，并不受严格的规律的制约。

我认为，这种把表面的现象和深刻的现象，社会类型和历史现象区别开来的社会分类法，是他的实证主义或者现实主义幻想的产物，按照他的说法，只有这个分类法是绝对有效的。

为了研究和批判涂尔干赋予社会的第二个意义，也就是说把社会理解成为一个理想中心，尊敬和崇拜的目标，我现在使用的是他的一本小册子：《社会学和哲学》。这本小册子收集了涂尔干的三篇论文：一篇是 1898 年写的《个人表现和集体表现》，另外一篇是 1906 年写给法国哲学学会的通讯，即《道德现象的确定》，最后一篇是写给 1911 年在博洛尼亚召开的国际哲学大会的通讯，即《事实判断和价值判断》。在这部篇幅不长的著作里，涂尔干着力阐述了他的主要论点。第一个论点是"人必须开化了才能成为人"，只有在社会里，并且由社会开化才能成为人。只有与社会融为一体，才能够使人变成一个与其他动物不同的动物。

涂尔干写道："很久以前，卢梭就论证过，如果从人身上剔去来自社会的那一部分，剩下的只是一个只有感觉、与动物不太有区别的生灵。如果没有语言这个首要的社会现象，一般或抽象的思想实际上就不可能表达出来，而因此一切高一级的智力作用就不能发挥。个人自暴自弃，就会陷入从属于物质力量的地位；如果能摆脱这种从属地位，如果能获得自由，并成为有个性的人，那是因为他能摆脱一种特殊的力量。这是一种极大的力量，因为它来自所有个人力量的联合，但这是一种智慧和道德力量，因此可以抵消自然界非智慧的和非道德的力量：这就是集体的力量。这是发给理论家论证人有权获得自由的许可证；但不论这些论证的价值怎样，有一点是肯定的，即这种自由只能在社会内部并且通过社会才能成为现实。"（《社会学和哲学》第 79 页。）

因此，没有社会，人或许还是一种动物。只有通过社会，动物人才进而成为人类。因此，这就很容易回答：动物光是过群居生活还不足以逐渐产生一种语言和高级形式的智慧。社会肯定是人发展为人类的必要条件，但是，这种条件只有在动物人具备了不属于其他动物的本领时才能成为充分的条件。语言、理解力、交往当然意味着有好些人，就这个意义而言，也意味着有了一个社会，但是好些动物在一起也不足以形成与人类社会同样的语言、理解力和交往。

涂尔干说，语言、道德和宗教是一些社会现象，他说得很对，但有一个条件，即这一明确而又平凡、不为人注意的提法像我刚才所说的那样被提出来时不要被解释成为好像前面加上了一个副词"基本上"那样。道德、语言或宗教都有着社会意义。人类的一切行为都带有社会性的一面。但是，不能由此得出结论说：这些人类的行为基本上都是社会的，或者说一个特定的现象的真实涵义来自它的社会意义。

这一意见对道德尤为有用。照涂尔干的看法，只要当社会本身较之个人具有更高的价值的时候，方能存在道德。

"因此，我们可以得出这样的结论：那就是，如果存在某种道德、某种责任和义务的话，那么社会就应当是在质量上有别于它所包含的个人的法人，有别于它从中脱胎而来的综合体。人们将看到在这一推论和康德用以证明天主的推论之间有相似之处。康德假设有天主，因为设有这种假设，道德就不可理解……我们假设存在着一个与个人有明显区别的社会，因为不然的话，道德就没有客体，责任就没有依据。还应指出，这种假设很容易由经验加以验证。尽管我已经常在自己的书中阐述过这个问题，我还是很容易找到一些新的理由来补充以前已经阐明的理由，以论证这个观点。这全部论据最终可以归结为几个很简单的命题。它等于承认：在公众舆论的眼光里，当大公无私、忠诚不渝抬头时，才开始有道德。但是，只有在我们所从属的主体比我们个人具有更大的价值时，无私才有其意义。然而，在我们生活的世界里，我只知道有一个主体，这就是集体，它较之我们具有更丰富、更复杂的道德现实。我搞错了，还有另一个道德现实主体，能起同样的作用，这就是神。应该在天主与社会之间加以选择。这里我不想研究有利于这个或那个解决办法的论据，因为这两个解决方法是一致的。再说一句，照我的观点，这一选择对我是无足轻重的，因为，我在神的身上，看到的只是改变了面貌和象征性设想的社会。"（《社会学和哲学》第74—75页。）

因此，在天主与社会之间应加以选择。如果有一句具有涂尔干哲学思想特点的句子，能够表明他究竟真正相信什么的话，那就是这一句话。我难道需要再补充说，这一选择在我看来是没有必要的，涂尔干的推论在我看来纯属诡辩？他的想法是：一个行为只有当它以另外一个人，而不是以行为者本人为客体时才具有道德的涵义。然而，这样的另外一个人，并不比自己更有价值。因此，为了使行为能有道德的意义，就应该有一个比自我或任何人都有价值的现实。这种比个人行为者具有更高价值的现实只能是天主或社会，而且在这两个假设之间没有什么区别，因为通过对宗教生活基本形式的研究，我们知道宗教只不过是对改变了面貌的社会的崇拜而不是别的什么东西。

涂尔干的第一个诡辩存在于他对道德行为或构成道德行为的东西的分析之中。他提出：如果一个以自我为客体的行为不是一个道德行为，那么一个以他人为客体的行为也不能说是道德行为。然而，涂尔干常常用作参考的舆论都愿意承认，以拯救他人生命为目标的献身行为是一种道德行为，即使那人的价值并不比献身者本人高。正是忘我和为他人献身的举动，而不是事先存在于我的行为的客体内的价值，使这一行为成了道德行为。在《比彻姆的职业》这部著名的小说里，梅雷迪思赞扬了叫做内维尔·比彻姆的这个人，在小说的末尾，他为了救一个孩子，献出了自己的生命。[11]这一插曲是对道德问题的说明。一个上层的人为了某个地位比他低的人的生命而牺牲自己，这种行为该不该赞扬？从实用主义的态度来推论，该不该认为，一个上层的人为了拯救一个价值低于自己的人而作出牺牲，这一行为是荒谬的？我把这个问题让道德学家去决定吧！但是，无可怀疑的是，在公众的心目中并不认为行为的客体本身应该优于行为者本人，这个行为才是道德的行为。哲学家阿姆兰，自己不会游泳，但为了救某个落水的人，跳入水中而丧失了生命。这一行为是崇高的，但从实用主义的观点看，却是荒唐的。不管怎样，我们的判断并不是由被拯救的生命本身的价值来确定的。

那种认为，由我们的行为所创造出来的价值应事先在现实中体现出来的观点，这也是一种诡辩。涂尔干重申的并不是宗教，而是通俗的宗教观念。他承认的是，更高等的价值已在事先赋予天主了，而由人们实现的价值则从属于事先就掌握在天主手里的价值。我怀疑在纯粹宗教解释里是不是也是这样说的。不论怎样，在纯粹的人文哲学里，道德的价值是一种创造，是人类的一种无意识的创造。人是逐步演化而成人类的一种动物。假设应该有一个自身价值更高的客体，这就曲解了宗教的意义，或者说曲解了人类道德的意义。

第三种诡辩在于假设社会一词的定义是恰如其分的，人们可以将社会和神作为两个有联系的、可以观察的事物加以比较和对照。没有什么特定的社会，也没有某一个什么泛指的社会，只有人群。什么人群可以用社会这个概念，这个问题一日不明确，人们便仍然感到模糊不清，仍要遇到麻烦。相当于天主的社会是怎样的？是家庭吗？是社会阶级吗？是国家社会吗？是人类吗？这一点至少在奥古斯特·孔德的哲学里是没有什么疑问的；宗教的崇拜对象是人类全体，不是具体的人，是多少世纪以来人类中的精粹。如果人们没有明确社会的含义，涂尔干的观念就会导致或似乎会导致产生我们时代的假宗教，导致自己的成员去崇拜国家集体，这是有悖涂尔干自己意愿的。作为唯理主义者和自由主义者的涂尔干，出于许多显而易见的理由，可能也会憎恶这些世俗的宗教。这种可能的误解本身表明，运用没有确切意义的社会这一概念是危险的。

可惜，在社会一词中的形而上学破坏了涂尔干对科学、道德、宗教同社会背景之间关系的某些深邃的直觉。

按照涂尔干的意见，人的各种不同活动是在历史的进程中逐渐分化的。在上古社会，道德离不开宗教。法律、科学、道德和宗教等各类东西都是在岁月流逝中逐渐获得独立的。这一提法是正确的，但并不意味着这各类东西的权威性都来自它们的社会起源。涂尔干设想了社会学的认识论和道德论，这种理论应当源自对社会环境的客观分析，社会环境影响道德概念和各类科学的发展。但依我看，这种分析已为涂尔干的自信所曲解，他认为在科学与道德、价值判断与事实判断之间没有什么根本区别。在这两种情况中，涉及的都是"基本"社会现实，在这两种情况中，这些判断的权威性都是建立在社会本身之上的。

引自《事实判断和价值判断》一文中的两段原文，比较了事实判断与价值判断的差异以及它们之间的雷同之处。

"价值判断表明事物与理想的关系。然而，理想和事物一样，尽管方式不同，都是既定的。理想也是一种具有自己方式的实在之物。因此，这种已经显示出的关系把这两个既定的东西统一起来，完全像判断一种存在之物时一样。人们会不会说，对价值的判断涉及理想？但是，这与判断现实没有什么两样，因为，概念也是从理想中引出的精神的组成部分；既然理想只能在语言中并通过语言才能形成，而语言又是集体事物的最高成就，所以人们就不难指出概念也属于集体的理想。因此，判断的因素彼此都是相同的。"（《社会学与哲学》第 139 页。）

文章中有句话，它的特点是："从理想出发的概念是思想的结构。"如果涂尔干想说，思想的结构是现实，而不是没有科学根据或空想的东西，肯定说，他是对的。如果他把概念与理想从词的道德意义上进行比较，在我看来，他的主张纯属诡辩。

涂尔干接着写道："如果在判断中运用了一些理想，那么这些理想的种类是不同的。有些理想的作用仅仅是表达与理想相适应的现实，如实地反映这些现实。这就是本义上的概念。与此相反，还有其他理想，它们的作用在于改变与之有关的现实的面貌。这些就是有关价值的理想。在第一种情况下，理想用作事物的象征，使事物能与思想相似。在第二类情况下，事物用作理想的象征，使理想能在各种思想中表现出来。当然，判断随其应用的理想各有不同。第一类判断仅限于分析现实，并且尽可能忠实地表现现实。第二类判断则相反，它能指出现实在理想的作用下不断丰富起来的新的方面。"（同上引书第 139—140 页。）

我们能在事实判断和价值判断的比较中，看出涂尔干这样一种观点：旨在表现现实的概念或旨在指导行动的理想，它们的权威来自社会本身。但是，我认为在这一点上有模糊不清之处。对概念起源所作的社会学研究丝毫不能与认识论，也就是说与对真理的先验条件的分析混为一谈。科学真理的条件与真理降临社会的环境毫无关系。设想有一种社会学的认识论，这是有意混淆视听。在社会学中有一种科学发展条件论，这就是今天人们所说的知识社会学，这种知识社会学是为认识论服务的，但丝毫不能混同于社会学的认识论。

涂尔干在价值判断方面犯的则是另一种错误。他希望道德理想就是社会理想，要社会赋予道德以价值。在我看来，这儿也有模糊不清的地方。确实，我们所能形成的价值观念是由社会环境决定的。然而，我们的价值判断是由社会环境提供的这一事实不能证明道德的合目的性是社会的一种状态。当然，当我们希望有某种道德时，我们希望有某种社会，或某种人际关系。在这一意义上，社会意志是受整个道德意志影响的。但是，社会是一个经验现实，它不能决定道德的内容。两者必居其一：要么间接地重新回到这一观点上来，即宏观上的社会影响着某种道德思想，在这种情况下，人们就会赞同我前面提出的相反意见：一种特定和惟一的道德并不一定来自一种特定的社会结构，因为，在每个时代和每个社会里，各种冲突都是以道德的内容为目的的；要么赞同另一观点，即我们的道德意志是受社会意志支配的，但这一句话也可以反过来说，即社会目标或政治目标是根据一种道德理想来选择的。

涂尔干社会学的哲学特性，说明了半个多世纪前为这种社会学所激起的热情是十分强烈的。当天主教教育和世俗教育的冲突在法国蔓延时，"要社会还是要上帝"这句话起了导火线的作用。社会学作为取代天主教道德观念的世俗道德的基础，出现在小学和师范学校里。涂尔干加了一句，说在天主与社会之间，他几乎看不出有什么区别。在他的思想里，这一句话对宗教是很尊敬的，但在信徒看来，似乎有损于他们的道德标准。这就说明了为什么解释涂尔干思想的方法在今天仍然迥然不同。

人们只要回忆一下，处在涂尔干思想中心地位的是并不矛盾的二元性，那么，这些互相矛盾的解释就可以得到说明了。涂尔干思想旨在重建社会的"协调一致",加强集体的指令和戒律的权威。在某些批评家眼里,恢复社会准则如果不是反动的,至少也有保守之举的特征。确实,涂尔干思想有时能使人想起奥古斯特·孔德的后半生。在这个时期里,孔德在《实证政治体系》一书内,力图创建一种人道的宗教。这一说明只有一半是正确的。涂尔干认为,需要加强其权威的社会准则,不仅允许个人自由发展自我,而且让每个人使用自己的见解,表明自主的态度。涂尔干想使社会稳定,社会的最高原则是尊重人,尊重个人自主的发展。根据加强社会准则的权威,或强调发展个人自主这一思想,那么,这种解释就是保守的,或理性主义和自由主义的了。最正确的解释是把两种明显不同的解释结合起来。在涂尔干的思想中心,我看出了他为论证理性主义、个人主义和自由主义思想是历史发展中暂时的终点所作的努力。这一适合现代社会结构的思想学派应该得到认可,但是,如果那些对任何"协调一致"都是必不可少的集体准则未得到加强,那么,这个学派就有引起社会瓦解和混乱的危险。

按照涂尔干的说法,社会学既要论证理性主义的个人主义的正确性,又要宣传尊重集体准则。马塞尔·莫斯使我们想起在开始进行这项研究时,个人与社会或个人主义与社会主义的关系这个老问题就已经被提出来了,现在我们看到了这项研究的结果。

生平简介

1858 年 4 月 15 日　埃米尔·涂尔干生于埃皮纳勒一个犹太教教士家庭。还在他很年轻的时候，父亲就去世了。就读于埃皮纳勒中学。中学毕业时，通过法国中学会考，获得优胜。旋即赴巴黎路易十四中学准备投考巴黎高等师范学校。他在若弗雷寄宿处结识了让·饶勒斯，后者比涂尔干早一年进入了于尔姆寄宿学校。

1879 年　涂尔干进入巴黎高等师范学校，受教于菲斯泰尔·德·库朗热和布特鲁。

1885—1886 年　获假一年在巴黎研究社会科学，继而，去德国，受教于冯特。

1886—1887 年　旅居德国归来后在《哲学杂志》上发表了《社会科学最新研究》、《德国道德实证科学》、《德国大学里的哲学》等三篇文章。

1887 年　由部长斯皮雷颁布部令，被任命为波尔多大学文学院教育学和社会科学教授。这些课程是法国大学里开设的第一批社会学课程。在波尔多，他的同事有埃斯皮纳、阿姆兰和罗迪埃；学生有夏尔·拉洛和莱昂·迪吉。[12]

1888 年　他在《哲学杂志》上发表了一篇题为《自杀和出生率》的文章。

1891 年　涂尔干给哲学教师学衔考试投考人开课，以便与他们一起研究社会学的伟大先驱者（亚里士多德、孟德斯鸠、孔德……）。

1893 年　在《哲学杂志》上发表文章，就社会主义的定义作了注释。涂尔干就博士论文《社会劳动分工论》进行答辩，该论文并附有一篇拉丁文论文：《孟德斯鸠对社会科学形成的贡献》。

1895 年　《社会学方法论》发表。

1896 年　他的社会学课程成为权威性讲坛。创办《社会学年鉴》。

涂尔干发表在该年鉴上的第一批研究文章有《禁止乱伦及其起源》和《宗教现象的定义》。

1897 年 《自杀论》发表。

1900 年 在《社会年鉴》上发表《图腾崇拜论》一文。涂尔干主张政教分离，他深为德雷菲斯事件所感动，越来越关心宗教问题。

1902 年 被任命为巴黎大学教育学讲座代理教授。

1906 年 涂尔干正式担任巴黎文学院教育学讲座教授，在该校同时教授社会学和教育学。

在法国哲学学会上作学术报告，题为《道德行为的确定》。

1909 年 在法兰西学院为《十八世纪以来法国的主要教育学说》开课。

1911 年 在博洛尼亚哲学会议上作学术报告，题为《事实判断和价值判断》。

1912 年 《宗教生活的基本形式》发表。

1913 年 他的讲座获"巴黎大学社会学讲座"称号。在法国哲学学会上作学术报告，题为《宗教问题和人性的二元性》。

1915 年 涂尔干的独生子在萨洛尼卡前线阵亡。他受环境的影响，发表了两本书：《"德意志高于一切"，德国的精神状态及战争》、《谁要战争？从外交文件看战争的起因》。

1917 年 11 月 15 日 逝世于巴黎。

注释

[1] "人们可以看到，对劳动分工问题，我们的着眼点和经济学家的着眼点是多么不同。经济学家们认为，劳动分工的实质在于生产更多的东西；而我们则认为，这种更大的生产率仅仅是这种现象引出的必然结果和反响。我们搞专业分工，不是为了生产更多的东西，而是为了能够生活在为我们所创造的新的生存环境之中。"（《社会分工论》第259页。）

亚当·斯密在他的名著《国民财富的性质和原因的研究》（1776年）中，在分析经济制度时，把交换和使用资本财富及劳动分工现象列为首位，用以解释生产率问题。亚当·斯密的这一研究主要在《国富论》一书第一册前三章里。它是以对一个别针工场的持续生产活动所作的扣人心弦的描述开始的，其素材很可能仿效狄德罗和达兰贝尔的《大百科全书》。描述是从这句话展开的："劳动生产力的最大改进及指导劳动和在劳动中运用的绝大部分技巧、灵活和智慧似乎都应该归功于劳动分工。"在第二章里，亚当·斯密探讨了产生劳动分工的原则："这种能带来许多好处的劳动分工，其起源不应当视为是预见了作为其结果的普遍富足并以此为目的的人类智慧的结果；劳动分工是所有没有为自己确定一些那么广泛有用的目标的人的自然倾向的必然结果，尽管这一结果是缓慢的、逐渐形成的。这种倾向促使他们去进行交易、去物物交换、去以货易货。"此外，亚当·斯密并不是只看到劳动分工的好处。他在第五册第二章里，揭示了使人愚蠢、使人智能迟钝的危险会来自分段劳动，因而要求政府"采取预防措施，以防止这一祸端发生"。关于这后一点，参阅内森·罗森堡的文章：《亚当·斯密关于劳动分工：两种见解呢？还是一种？》，载《经济学》杂志1965年5月号。

[2] "因此，劳动分工是生存斗争的结果，可它是一种缓和了的结局。确实，由于劳动分工，竞争者无须自相残杀，能彼此共存。因而，

随着劳动分工的发展，它向更多的人提供了得以安身立命的手段，而这些人如果在更为同质的社会里本来是注定要消灭的。在许多低等民族中，任何组织得不善的机构都会不可避免地消亡，因为这种机构在职能上没有任何用处。有时，法律以某种方式迎合并认可了自然选择结果，规定杀死有残疾或虚弱的新生儿，亚里士多德本人也觉得这种做法是正常的。在较先进的社会里，却完全是另一回事了。一个微不足道的人，在我们社会组织的复杂环境里，也可以找到一个可以为社会出力的工作。如果他只是身体虚弱但头脑正常，那么他可以从事办公室工作，从事脑力劳动。如果他的智力低下，那么，'毫无疑问，他就应当放弃激烈的智力竞争；但是，社会在自己组织中的次要部门里，还有着一些相当无关紧要的工作，可以使他们免遭淘汰。'同样，在原始部落里，战败的敌人被处死；但在那些工业职能与军事职能分开的部落里，战败者则可以以奴隶身份在战胜者身边继续活下去。"（《社会劳动分工论》第253页。）

〔3〕 加布里埃尔·塔尔德(1843—1904 年)著有：《比较犯罪学》(1888 年)、《法律的变革》(1893 年)、《模仿的法则》(1890 年)、《社会逻辑学》(1895 年)、《宇宙相对论》(1897 年)和《群众舆论》(1901 年)。塔尔德在法国影响不大，在美国则颇为引人注目。保罗·拉扎斯菲尔德教授对塔尔德很感兴趣，并且津津乐道地谈论后者身后的胜利。

〔4〕 最近，J·D·道格拉斯又展开了同样的讨论，见《自杀的社会意义》，普林斯顿大学出版社 1967 年出版。

〔5〕 莫里斯·阿尔瓦克著：《自杀的原因》，巴黎，阿尔康出版社 1930 年出版。

〔6〕 现代人类学彻底改变了图腾崇拜的理论，直至使其真实性几乎完全解体。

关于这方面的演变，见克洛德·莱维-斯特劳斯著：《今日的图腾崇拜》，巴黎，法国大学出版社 1962 年出版。

[7] 柏格森写道："人类在自己所取得的进步的重压下呻吟着，处于半死半活的状态，它并没有充分认识到，自己的未来取决于自己。人类是否想继续生存下去取决于他自己。他应当接着自己问自己，是仅仅想活下去呢，还是愿意作出必要的努力使宇宙这台创造诸神的机器的主要任务，能在我们无动于衷的行星上得以完成。"（Ch·柏格森：《宗教和道德的两种来源》，巴黎，法国大学出版社 1965 年第一百零四版第 338 页。）

[8] 朱尔·莫内罗著：《社会现象并不是事物》，巴黎，伽里玛出版社 1946 年出版。

[9] 下面是涂尔干对古典经济学演绎和抽象的方法所作的批判："斯图亚特·穆勒说，政治经济学的对象是那些主要为或专为获取财富而产生出来的社会现象……这样理解的政治经济学内容不来自一目了然的现实事物，而来自简单可行的东西和思想的纯概念，即经济学家所设想的与特定的结果有关的现象，也就是他设想的这些现象。例如，他是否打算研究他所谓的生产。他一开始就以为可以举出形成生产的主要因素，并加以检验。因此，他在考察自己所研究的东西以什么条件而存在时并没有承认这些因素的存在，因为当时他原本应当首先阐述这些自己从中得出结论的经验。如果说他在开始研究时就用几句话进行了这种分类，那是因为他已经通过简单的逻辑分析获得了这种分类法。他是从生产这个概念出发的，他分析这个概念时发现这一概念在逻辑上涉及自然力量、劳动、工具或资本主义这样一些概念。他接着又以同样的方法论述了这些派生出来的概念。经济理论中最根本的价值理论明显地就是根据这种同样的方法创立的。人们如果以研究一个现实那样来研究价值，就会首先看到这位经济学家指出了应当怎样认识以这个名字命名的这一东西，然后，比较这些不同的结果，以便从中得出一个普遍的规律。因此，理论只能产生于科学已有长足的进步的时候；但是这个理论一开始就出现了，这是因为这位经济学家为了创立理论，满足于搜索枯肠，对价值，也就是对可以互相交换的东西这一概念苦思冥想，他发现价值这

一概念与实用、稀有等概念有关，于是他用这些研究成果创立了'价值'定义。当然他还用一些例子验证了这一定义。但是，这一理论应能阐明无数现象，怎样才能使这一提法中碰巧提到的、那些十分罕见的现象具有微乎其微的论证价值呢？因此，在政治经济学方面就像在道德方面一样，科学调查这一部分是很有限的，而在艺术方面，科学调查却是占有优势的。"（《社会学方法论》第24—26页。）

涂尔干的学生、经济学家西米昂运用这一批评否认奥地利学派或瓦尔拉学派的新古典纯经济结构论。这一批评与德国历史主义以英国古典经济为目标的评论不无关系。

[10] 埃里克·韦伊著：《政治哲学》，巴黎，弗兰出版社1956年出版。

[11] 英国作家乔治·梅雷迪思（1828—1909年）的小说《比彻姆的职业》，发表于1875年；法译本与原著同名，巴黎，伽里玛出版社1946年出版。

[12] 埃斯皮纳（1844—1922年），把斯宾塞的思想介绍到法国的斯宾塞著作评论家。此人对涂尔干的社会思想的形成有过影响，而且无疑是决定性的影响。他的主要著作有：《动物世界》（1877年）、《经济学说史》（1892年）、《十八世纪的社会哲学》（1898年）。关于埃斯皮纳思想，请参阅G·达维著：《昨天和今天的社会学家》，巴黎，法国大学出版社1950年出版。

维尔弗雷多·帕累托

　　社会组织的问题不能通过基于某种多少有点含混不清的正义理想的宣言来解决,它只能通过科学研究找出使手段与目的一致,对每个人来说,就是使努力和辛劳与享受一致的手段来解决,以最少的辛苦和努力换取绝大多数人的最大幸福。

——维尔弗雷多·帕累托《社会主义体系》,
1903 年版,第二章,第 169 页

介绍了涂尔干后再来介绍维尔弗雷多·帕累托，知识的气氛、语言和风格就迥然不同了。让我们思索一下涂尔干的这句话："上帝和社会，必择其一。"如果帕累托听到了这句话，他可能先是面带微笑，然后重提他在《普通社会学》中作过的解释，即如果说派生物转眼即变，那么剩遗物常存。在帕累托的词汇中，剩遗物指人性中固有的情感或情感的表现，派生物指个人用来掩饰情欲或赋予一些本没有理性的主张或行为以一种理性的外表的辩解的知识体系。实际上，人是一种无理性的，但能理性思考的动物。虽然他们很少合乎逻辑地行事，但总想使他们的同类相信他们的行为是合乎逻辑的。

"要上帝还是要社会"的公式在帕累托眼中也许是毫无意义的。上帝的概念不是一个根据所见所闻经过逻辑推理所得到的概念。任何人都无法观察上帝。因此，如果想成为学者，就必须抛开这些概念，因为它们最终无法接受科学应当采用的那些仅有的方法，即观察、实验和推理的检验。至于社会的概念，它也是一种含糊的和模棱两可的概念。涂尔干提到社会时他想指的是什么？是家庭、一堂课的听众、一所大学、一个国家，还是整个人类？他称之为社会的这个现实又是什么？为何他非要强迫人家在一个模棱两可的、缺乏定义的概念和一个先验的、在科学上没有立锥之地的概念之间作出抉择呢？

1. 非逻辑行为和科学

要理解帕累托的思想体系，必须严格说明逻辑行为和非逻辑行为的概念。因此，要从研究这些概念入手。要领会何为逻辑行为，最简单的方法就是观察工程师和投机商的行为，因为帕累托的社会学源自一位工程师和经济学家的思考和失望。当工程师没有弄错时，他的举止是合乎逻辑的。当经济学家对自己的学识没有想入非非时，他能够理解人类的某些行为。然而，社会学专与那些通常不像工程师或深思熟虑的投机商那样行事的人作对。

工程师在建桥时对自己要达到的目的是清楚的。他研究过材料的抗力，他能够预先考虑到手段与目的之间的关系。在他所想象的手段与目的的关系和客观上的手段与目的的关系之间有种一致性。

投机商的行为是经济主体的典型行为，具有同样的性质。他有一个十分明确的目标——赚钱。他的手段是在低价时买进，目的是增殖资本。他在这两者之间确定了一种逻辑关系。如果事情正如预料的那样，事态的发展就会客观地反映出行为者事先在意识中构思的手段和目的的结果。

无疑，投机商的例子不如工程师的例子纯粹。想象的手段与目的的关系与实际存在的关系之间存在着一种暂时的差距。但是，假定投机商的预料被事实所证明，那么，想象中的手段与目的的关系与实际的关系之间的一致性就显而易见了。手段与目的之间的逻辑关联存在于行为者的意识中和客观现实中，主观上和客观上的这两对关系相互印证。

对工程师和投机商行为的这个分析说明了何为逻辑行为。一种行为要合乎逻辑，就必须使客观现实中的手段与目的的关系符合行为者意识中的手段与目的的关系。

种　　类	行为有没有逻辑目的？	
	客　观　上	主　观　上
第一种——逻辑行为 客观目的与主观目的一致。		
	有	有

种　　类	行为有没有逻辑目的?	
	客　　观　　上	主　　观　　上
第二种——非逻辑行为 客观目的与主观目的相异。		
第一类 第二类 第三类 第四类	无 无 有 有	无 有 无 有
第三类和第四类中的小类		
第三类和第四类 第三类和第四类	主体如认识客观目的便会接受。 主体如认识客观目的便不接受。	

（《普通社会学》第67—68页。）

　　"我们最终将把与目的逻辑地联系在一起的行为称作'逻辑行为'，这不仅是对完成这些动作的主体而言，也针对那些拥有更广博的知识的主体，也就是说主观上和客观上都具有上述意义的行为。其他行为将被认为是非逻辑的行为，当然这并不是说这些行为是反逻辑的。"（《普通社会学》第150节。）

　　换言之，凡在主观上或客观上没有逻辑联系的行为都可归入非逻辑行为的范畴。这样，我们就可以画出一张人类行为的表格。

　　各类非逻辑行为的意思是什么呢?

　　"无——无"类说明行为是不合乎逻辑的，也就是说手段在现实中和意识中都没有与目的联系在一起。这种手段不会引出能够称得上与手段有逻辑联系的任何结果，另一方面，行为者甚至没有想过目的或手段与目的之间的关系。"无——无"类是罕见的，因为人是能理性思考的。不管行为多么荒谬，人总要尽力使它具有一种目的。"人们有一种非常明显的倾向，总要给自己的行为涂上逻辑的光泽，人类行为几乎都可以归于第二类和第四类。许多出于礼貌和习惯不得不做的行为可以归入第一类。但是，人们往往要找某个动机来为他们的行为辩护，这就把这些行为归入了第二类。"（《普通社会学》第154节。）不过，为了统计得全面些，应该把它看作是一个可能存在的类别。

与此相反，第二类范围甚广，例子不胜枚举。行为与行为将产生的结果没有逻辑的联系，但行为者误认为他采用的手段可以引出他所希望的目的。人们希望下雨，向神祇供祭，并确信他们的祈祷能呼风唤雨，这种行为便归入这一类。在这种情况下，手段和目的在主观上存在着某种联系，尽管客观上并不存在。

第三类行为产生与所用手段有逻辑联系的结果，但行为者在主观上并没有想象过手段与目的的关系。这种行为也很多。生理反应便属此类。我在灰尘要落入眼睛时闭上眼睛，这个行为在客观上是合乎逻辑的，但在主观上却不然。我在事先和闭眼时都没有想到过我运用的手段和我要达到的目的之间有什么关系。本能的行为或动物的行为常常是适时的，但是没有逻辑。至少，我们应当承认为生存而活动的动物不会想到它们运用的方法和它们要达到的目的之间的关系。

第四类行为会产生与运用的手段有逻辑联系的结果，行为者主观上也设想过手段和目的间的某种关系，不过客观的后果并不符合主观的后果。帕累托在这里想到的实际上是人道的慈善家、和平主义者和革命者的行为。他们想改变现存社会、纠正其弊端。例如，布尔什维克的革命者说他们夺取政权是为了保障人民的自由。但是，一旦运用暴力完成了革命，他们便被一种不可抗拒的过程拖向建立一种专制制度。在这种情况下，行为与其结果之间有一种客观上的关系，无阶级社会的乌托邦和革命行为之间有一种主观上的关系。但是，他们的作为并不符合他们的愿望。他们希望达到的目的无法通过他们运用的手段来达到。他们运用的手段逻辑地导致某种结果，但是主观的后果和客观的后果是不同的。帕累托还举了经济生活方面的例子。在自由竞争的状态下，企业家的行为部分是非逻辑的。例如，他们尽力降低成本，无意中得到了降低售价的效果，因为竞争总是要拉平这两种价格。

第四类又包括几个小类别，要看行为者是否接受他们实际上要达到的目的，如果人们事先向他们指出了这些目的的话。假设列宁认识了在一个工业化程度不高的国家搞社会主义革命会产生的不可避免的结果，他宁愿放弃革命呢，还是宁愿在一个很长的过渡时期内搞专制国家？

这些非逻辑行为并不一定都是反逻辑的。在"有——无"这第三类行为中，行为可能是符合形势的，缺乏的只是对手段与目的的关系的认识。

《普通社会学》第一部分研究了这四类非逻辑行为。第二部分开始研究逻辑行为，这时帕累托用综合方法取代了分析方法。

这种行为分类法并非没有造成困难。现在我还不想谈论这些困难，但应当提出两个问题：在什么范围内可以仅仅根据手段与目的的关系来分析人类所有的行为？如果逻辑和非逻辑的特性仅适用于手段和目的之间的关系，那么目的是否会不是非逻辑的而是别的什么东西？是不是因为行为的逻辑性定义，所以目的的选择就不能合乎逻辑？

因此，在帕累托的著作中，社会学是参照经济学来确定的。经济学本质上研究逻辑行为，而社会学则主要处理非逻辑行为。因此，我们可以只根据《普通社会学》来研究帕累托的社会学思想。另外，全面分析这位作者的思想要求我们研究他的经济著作，即《政治经济学讲义》和《政治经济学提要》。

对这位社会学家来说，有两类非逻辑行为尤其重要。

一是第二类，即"无——有"型行为。它包括所有没有客观目的，但有一个主观目的性的非逻辑行为，它涉及大部分礼仪性或象征性的行为。水手在出海前向波塞冬祈祷，并没有完成一种会对他的航行起任何作用的行为。然而，出于信仰，他想象这一行为将导致符合自己愿望的结局。一般说来，可以说一切宗教行为，即一切向一种标志或一种神圣物体的象征所作的行为，都归于第二类。与涂尔干在《宗教生活的基本形式》一书中所做的一样，帕累托也研究了礼仪行为，但他首先把这些行为列入了非逻辑行为的范畴。

第二个重要的类是第四类，即"有——有"型行为。这类行为在主观与客观之间没有联系。由科学上的错误导致产生的一切行为都归于这一类。运用的手段在现实中产生一个实在的结果。在行为者的意识中，手段与目的有联系，但是，发生的现象并不符合行为主体的希望和预见应当发生的现象。错误导致了客观效果和主观效果之间的不协调。所有由幻觉导致的行为，特别是政治家和知识分子的行为都归于这一类。当理想主义者主观上想建立一个没有阶级或没有剥削的社会，甚至建立一个同质的民族共同体时，他们的行为结果却与他们的空想理论大相径庭，行为者的希望与他们行为的结局之间不协调，但是在现实和意识方面，手段与目的是相联的。

因而，在《普通社会学》的第一部分中，帕累托想用逻辑手段研究非逻辑的行为，暂时把逻辑行为放在一边，在第二部分中再加论述，以便重组整个社会，最后综合地解释整个社会和社会中发生的各种运动。

除这些抽象的定义之外，逻辑行为和非逻辑行为之间的根本区别还有一个简单而基本的标准（尽管帕累托没有特别强调它），这就是：手段与目的的客观关系和主观关系的一致性要求行为为推理所决定。因此，我们暂时可以断定逻辑行为就是由推理引起的行为。行为者思考过他想做的事和他要达到的目的，他所遵循的推理便是他的行为动机。反之，非逻辑行为或多或少包含着一种感情冲动，感情一般指逻辑推理以外的精神状态。

因此，《普通社会学》第一部分的目的是用逻辑手段研究非逻辑行为，这个任务并不轻松。怎样用逻辑手段研究非逻辑行为呢？帕累托完全可能会说大多数社会学著作都是对非逻辑行为进行非逻辑分析，甚至是怀着想使非逻辑行为显得合乎逻辑的意图对非逻辑行为进行研究。相反，帕累托的目标是研究本来面目的非逻辑行为，而不是让非逻辑行为具有合乎逻辑的外表。

"用逻辑手段研究非逻辑行为"这句话并非出自帕累托本人之口。尽管帕累托意识到了用非逻辑手段研究非逻辑行为的危险，但他并没有像我这样讥讽地解释它。他只限于说他想科学地研究非逻辑行为。他的研究是什么呢？

要回答这个问题，首先要提到帕累托称之为逻辑—经验的科学概念。

这位社会学家研究非逻辑行为的目的是找出真理，而不是获得效益，这两个概念之间是绝对不一致的。

罗马的将军们在发动战争之前向为此献祭的几种动物的内脏占卜。这一行为是非逻辑的，至少在将军们相信祭品的内脏会向他们预示战争的结局这一点上是这样的。但是，如果祭品的内脏显示了一项有利的预示，而且这一预示又传达到士兵，士兵们就可以更加充满信心，士兵们知道他们将会获胜就士气大振。与帕累托一样，为了除去其新闻性和轰动性，我也借用罗马历史上的这个例子，但是，我们生活的时代在这方面与过去稍有差别。现在人们不去询问祭品的内脏，而去询问历史的未来之谜。这两种情况的结果是一样的。领袖们可以宣布："一切都会如愿以偿，你们将成为胜利者。"士兵们相信占卜者的真言、战士们相信事业的最后胜利都是大有好处的。

逻辑—经验科学表明的是预卜未知的未来的各种不同方式之间的相似性，因此主流是怀疑主义。无疑，承认不认识未来是与社会效用相背离的。因此，对非逻辑行为的逻辑—经验研究也可能违背某个特定集团的效用，甚至违背了整个社会的效用。帕累托写道："如果我曾认为我的《普通社会学》会有很多读者的话，我就不会写它了。"因为，《普通社会学》揭穿了基本事实的真相，违背了社会平衡。社会平衡要求一种整体的情感，而《普通社会学》却表明这种情感如果不是反逻辑的，就是非逻辑的。这样，对非逻辑行为的逻辑—经验研究的惟一目的是找出真理，人们不能指责这种研究毫无用处。"把一种理论的社会效用与它的实验真理结合起来是我们首先要拒绝的原则之一。这两样东西是否一直结合在一起？人们只能用对事实的观察来答复这个问题，随后找出证据，即在某些情况下它们是完全没有关联的。因此，我提请读者注意，当我断定一种理论是荒谬的时候，绝对不意味着是说这种理论对社会有害，相反，它对社会可能大有益处。反之，在我肯定一种理论对社会的效用时，我也不想暗示它在经验上完全可靠。总之，同一种学说，从经验的角度看可能被拒绝，从社会效用的角度看可能被接受，反之亦然。"（《普通社会学》第72节和73节。）

这与涂尔干的观念截然不同。涂尔干写道，如果社会学不能改善社会，就毫无价值。在帕累托眼中，这样一种命题混淆了科学的目标（纯粹为探索真理）和社会行为的目标（效用），然而这两者之间并非必然是一致的。

其次，逻辑-经验科学的任务是排除所有"超"经验主义或"形而上学"的经验主义的概念。使用的一切词都应当符合观察到和可观察到的事实，一切概念都应当对照被直接证实或可以由试验建立的事实来确定。因此，宗教方面的概念，不属于现象范畴的概念，在逻辑-经验科学中没有地位。应当严格排除一切哲学概念和关于本质的概念。不少学者或所谓的学者都在不断探索什么是进步，什么是真正的社会主义和真正的平等。关于这些词的讨论不属于科学的范围。在我们区分逻辑行为和非逻辑行为的时候科学定义的性质就已经有了。帕累托认为，讨论是否要把理性行为称为逻辑行为，把非理性行为称为非逻辑行为是徒劳无益的。用什么词是无关紧要的。如果不是为了方便，我们尽可以用 X 代替"逻辑行为"，用 Y 代替"非逻辑行为"。同样，论述阶级的概念是一种没有科学意义的活动。既然阶级的定义已被确定，人们至多能提出在什么程度上如此确定的现象会在这样或那样的社会中出现，但阶级一词和结构一词究竟有何意思是无关紧要的。定义是不可更改的。只要下了严格的定义，每个人都可以按照自己希望的意思使用各种词语。

超出经验的任何东西在科学中没有地位。基本定义应当从逻辑-经验科学中被排除出去，因为逻辑-经验科学只采纳按照可观察到的现象明确确定的概念。科学的讨论应当始终以现实，而不以我们赋予词汇的意义为对象。

　　然而，这并不是说，科学只是我们在外部世界观察到的现象的单纯而简单的重复。恰恰相反，科学要求一种再创造的精神活动，其首要特性是简化。人类社会和我们生活在其中的自然界太丰富、太复杂，科学无法一下子就完全理解它。因此科学总是从简化开始的。它观察并抓住某些现象的某些侧面，给它们以严格的概念，然后建立这些概念内含的各种现象之间的关系，再逐步努力组合这些简化了的逼近法，以重组复杂的现实。例如，《普通社会学》从非逻辑行为的简化的定义出发，进行分类，分析说明这种分类的现象，最后分出了非逻辑行为的各种原因。与复杂的现实相比，这个分类必然是简单的和粗略的。理性机械论是对抽象世界的一种解释。与它一样，纯经济学理论是对经济体制的大概的解释。但是从这些简单的模式出发，逐步地加以复杂化，我们就会发现现实。我们永远发现不了包罗万象的现实。科学在本质上是未完成的，有些人认为科学有朝一日会提供宗教所提供的那些东西，这纯粹是幻想。像涂尔干一样，有些社会学家认为科学的社会学能够提出一些道德的基础，取代宗教信条，他们的思维方法是非逻辑的，尽管他们自己并没有意识到这一点。他们赋予科学一些其本身永远不会有的性质，因为科学将永远是不全面的，永远不会是规范性的。从事实和因果性上看，科学将永远是一套命题，人们永远无法从中演绎出人们应当以哪种方式安身立命。要论证现实中出现这样或那样的有规律的结果是枉然的，我们无法从这些经验的关系中演绎出一种道德，不论它是怎样的。"科学无法满足人们所感受到的假逻辑推演的无穷需要。科学只能使一个事实与另一个事实发生关系，因此它总是停留在某个事实之上。"(《普通社会学》第973节。)

　　帕累托所仰仗的经验科学的概念大大限制了社会学的宏伟目标，把我们引入了这样一个世界：在这个世界里，在科学对所有非逻辑行为感兴趣的范围内，"上帝或社会，必择其一"这句话将不会是科学的结果，而是科学的对象。帕累托思想的这一特征(此外他还乐于嘲笑他同行们的著作)说明了他在大多数社会学家中极不受欢迎的原因，不仅生前如此，死后也是这样。在我的老师和同事中，不少社会学家，听到帕累托的名字都会表示出一种经久不灭的愤慨之情。

帕累托认为，科学是逻辑-经验的。应当严格地解释一下这两个术语。"逻辑"意味着，从下的定义或从观察到的关系出发演绎出源自前提的结论是合适的。"经验的"这个形容词同时指狭义上的观察和试验。科学是经验的，因为它适应和引证现实，即适应和引证一切命题的起源和标准。没有经验论证和反驳的命题不是科学的命题。像我的老师莱翁·布隆什维格喜欢说的那样，不能被证伪的命题不可能是真实的。这个思想是明白无误的，尽管许多人不了解这一点，他们把自己的论断不可能被驳倒这一事实视为自己的论断是真理的一个证据。恰恰相反，一个任何经验都不能对之反驳的、模糊不清的命题，它能够激起或是使人满足，或是使人愤慨的感情，它不是一个科学的命题。命题要成为科学的命题，就应当可以被惟一有价值的批判，即推理和事实的批判所检验。（马克思的剩余价值理论之所以风行，因为它是驳不倒的。）

简言之，逻辑-经验科学的目标是揭示帕累托称之为经验的均一性的东西，即现象间有规则的关系。这些经验的均一性并不是必不可少的。哲学家旷日持久地讨论着联系两个现象的因果关系的性质。在这一点上，帕累托步了休谟的后尘。他认为，现象间的有规则关系并不包含后果的内在必然性。各种相互关联的现象的性质和观察到这种后果的情况的多少，决定着观察到的规则性的可靠程度。这里没有必然性的问题，因为科学的目的仅仅是证实均一性。

此外，帕累托把他要遵循的路线概括为几个命题。这些命题构成了逻辑-经验科学的规则：

"第一，我们不想以任何方式来关注任何宗教、信念、形而上学的信仰、道德或其他事物的固有真理。这并不是说我们对这些事物有半点蔑视，仅仅是因为它们超出了我们不愿超出的界限。我们只从外部观察宗教、信仰等事物，不考察它们的内在价值，因为它们是社会现象。因此，我们完全不会去研究'根据某项高于经验的原则，A 应当等于 B'的这种命题。但我们要研究一种信仰是如何产生和发展的，它与其他社会现象有何关系。

"第二，因而，我们的研究范围仅仅是经验和观察的范围。对这两个词，我们是根据它们在像天文学、化学和生理学这样的自然科学中所具有的意义来使用的，而不是指人们所理解的'内在经验'，'基督教经验'。这只是换了名称，正好又引出了旧的玄学家们的那种自身观察。我们视这种自身观察为一种外在现象，因此就这样去研究它，不把它当作我们自己的感情来研究。

…………

"第四，我们从事实出发提出理论，我们将始终努力尽少偏离这些事实。我们不知道什么是事物的'本质'，也不去留心它，因为这种研究不属于我们的范围。我们研究事实所表现的均一性，也赋予它们法则的名称。但是，这些事实并不服从这些法则，而是相反。法则并不是必不可少的，它只是人们用来概括相当数量的事物的假设，只要人们没有用更好的法则来取代它们，它们就依然有效。

"第五，因此，我们的一切研究都是偶然的、相对的，提供的只是可能性大小不一、至多是非常可能的结果……我们的一切命运，包括纯逻辑命题，都应当受到这样的限制：在我们所拥有的时间和经验的范围内。

"第六，我们只思考事物，而不是它们的名称在我们身上激起的情感。我们把这些情感当作单纯的外部现象加以研究。例如，我们不想讨论行为 A 是正义的还是非正义的，道德的还是不道德的，因为没有首先弄清楚人们想用这些词所指的事物。但是，如果一个特定国家、属于一个特定社会阶层的人在一个特定的时代想表明 A 是一项正义和道德的行为，那我们就会把它当作一种外部现象来研究。

"第七，我们只在经验和观察中寻找我们命题的证据以及它们的逻辑结论，排除一切与感情、内心证明或良心发现一致的证据。

"第八，我们也只使用与事物相符的词语，我们将谨慎而又热忱地使它们具有尽可能准确的意义。

"第九，我们的方法是逐步逼近法，即首先在整体上研究现象，有意不顾细节，在以后的逼近中再考虑细节。"（《普通社会学》第69节。）

逻辑-经验科学的定义大体就是如此，逻辑地（用帕累托的话来说）产生出来的问题是把逻辑行为和非逻辑行为的概念与逻辑-经验科学的这个定义连接起来。令人奇怪的是，帕累托本人没有在他的逻辑行为理论和科学理论之间建立明确的关系。不过，揭示这一关联并不困难。

实际上逻辑行为大部分是由科学知识确定的行为，也就是说与逻辑-经验科学建立的均一性相一致的行为。逻辑行为是手段与目的的主观关系同手段与目的的客观关系相一致的行为。然而，如果不是因为我们知道某个行为带来的后果、某个原因的结果，或者换句话说，逻辑-经验科学建立的均一性，这种相似性如何能得到证实呢？均一性，就是现象 A 有规律地引出现象 B。如果我们想使自己的行为符合逻辑，我们就必须知道我们完成的行为 A 将带来什么后果，科学告诉我们行为 A 将导致结果 B。

然而，科学并没有包罗所有逻辑行为。银行家、投机商，想战胜而不愿失败的将军的行为，通常是合乎逻辑的，这些行为倒并不来自科学上经验的均一性。帕累托曾提到过，实际上大部分逻辑行为都是由科学的均一性确定的行为，但政治、军事、经济等许多领域包含着一些由科学激发的推理决定的逻辑行为。这些推理极为有效地组合各种为达到目的而采取的手段，但不能说这种组合直接来自经验的均一性。"逻辑行为在文明民族中十分繁多。艺术和科学工作属于这个类别，至少了解这两个学科的人属于这个类别。政治经济学研究的行为大部分也属于这个类别。此外，我们还应把一部分军事、政治和司法的行为划归这个类别。"（《普通社会学》第154节。）不论怎样，逻辑行为的概念与逻辑-经验科学的概念之间是有关联的。鉴于逻辑行为定义本身的缘故，这层关系便是必不可少的了。为了确定逻辑行为的性质，帕累托说："逻辑上与目的统一的行为，不仅与完成这些行为的主体有关，而且对有更广博知识的人说来也是如此。"（《普通社会学》第150节。）这些拥有更多知识的人只能是学者。科学的进步逐渐扩大了可以称为逻辑行为的人类行为的范围。

这样确定的科学只包括了现实的一个狭窄的或有限的领域。我们还不能知道世界上发生的一切，因此远不能驾驭全部自然现象。逻辑行为只包括，并且只能包括人类全部行为的一个有限的部分。如果说这是一种使行为合乎逻辑的条件，那是因为我们能够预料我们行为的后果，是因为我们能够运用推理来决定我们想达到的目标。如果科学无助于我们确定目标，甚至无助于我们在有限的范围内认识自己行为的结果，那么人类的大部分行为就必将是非逻辑的。帕累托认为，称某种行为是非逻辑的行为并不是谴责这种行为。如果说"非逻辑"一语有一种公开的或暗含的讥讽之意的话，它只是指那些用非逻辑的方法行事，却又自以为按逻辑行事的人。这位观察家的讥讽并非要建议人们按逻辑行事，他讥讽的是人们既无理性又爱推理。人性的主要特征是让感情牵着鼻子走，并用假逻辑来为多情的态度辩护。

这样，我们就懂得了帕累托为何是令人难以忍受的，又为何他愿意如此。他的第一个论点是，所有的人都想使没有逻辑实质的行为具有一种逻辑的外表。第二个论点是，社会学的目的是向人们指出他们的行为是非逻辑的。很明显，向别人指出他们不愿看到的东西的社会学家是自讨没趣，而帕累托则可能是心甘情愿的。我觉得，对这种自讨没趣的想法作一逻辑的解释不是不可能的。按照帕累托的方法，著书立说的人可分为两类：想博得名望的人和不想博得名望的人。不想博得名望和想博得名望都一样合乎逻辑。一位作者的著作尽管印了成千上万册，他也会有失败之感，反之，如果只印五百册，他也会有成功之感。帕累托坚定不移地选择了受人咒骂的作者的成功之道，这也许是合乎逻辑的。不过，他并没有完全如愿以偿。

帕累托对科学的概念和逻辑行为与非逻辑行为的概念作的对照提醒我们：科学并不逻辑地决定目标。行为问题没有科学的解决方法。科学最多只能指出达到目标的有效手段：目标的决定不属于它的范围。说到底，个人行为的问题没有科学的解决方法，更没有科学方法可以解决社会组织问题。现在许多人纷纷声称科学要求这样或那样的社会组织，帕累托答复他们说：真正的科学，而不是伪科学，不能告诉我们解决社会问题的方法是什么。

2. 从表现到感情

帕累托在《普通社会学》第二章里介绍了一个图，逻辑地或科学地研究非逻辑行为问题的要素可以由该图来表示：

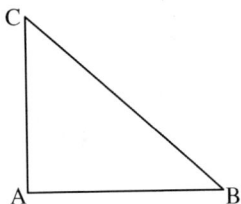

要以逻辑手段研究非逻辑行为，我们只有通过观察来直接认识行为（即 B）和"经常在道德、宗教和其他理论中得到详细说明"的感情的表现（即 C）。行为者的精神状态（即 A）无法直接感受。因此，问题如下：在我们不直接了解 A（即精神状态）时，如何解释 C 和 B，尤其是 B（即行为）？

"人们有一种非常显明的倾向，就是喜欢把非逻辑行为当作逻辑行为。这个倾向使他们相信 B 是'原因' C 的一种结果。这样人们就在 CB 之间建立了一种直接的关系，而没有建立源自 AB 和 AC 两种关系的间接关系。有时 CB 关系确实存在，但并不像人们想象的那样经常。促使人们避免做行为 B（AB 关系）的同一种感情，也会推动他们建立理论 C（AC 关系）。例如，某人惧怕杀人 B，就不愿杀人，但是他会说神将惩罚杀人行为。这就构成了理论 C。"（《普通社会学》第 162 节。）

因此，解释者倾向于通过援引的理论了解行为，用 C 解释 B。但是，这样一来，他们就成了人类合理化倾向、用帕累托的话来说是逻辑化倾向的牺牲品。他们受到人类爱推理这一本能的欺骗，相信自己的行为真是由所援引的理论决定的，然而事实上决定行为和表现的是 A，即精神状态或感情。

《普通社会学》的整个第一部分均在以某种方法周而复始地思考和分析 A、C、B 或 B、C、A 之间的关系。的确，帕累托认为，决定 C 和 B 的，实质上是 A。人的行为由其精神状态或感情决定，远不是由他们援引的理由所决定。然而，不能排除 C（即理论）对 B 具有某种影响。由于人们能自我说服，所以最后也就按照合理推论来行事。由于能根据合理推论行事，也由于能履行某种礼仪，他们最终加强了他们最初用来解释自己行为的观念。这样，如果 B 是一种礼仪性的行为，B 就会对 C 即理论发生作用。B 对 C 发生的作用，实际上就是"喝点圣水，你就会信奉"这句话所隐喻的行为。这句话就是礼仪对信仰施加影响的简化的或非逻辑-经验的表述。

这个三角形的图表明了三个系列的关系，有必要加以详细分析：精神状态同时对表现和行为所起的作用，表现对行为起的次要作用，及行为对表现，也就是对合理推论、意识形态或学说起的次要作用。

在另一幅稍微延伸了的图中，帕累托不仅考虑了精神状态 A 和表达 C，还考虑了另外两个因素：B（即崇拜）和行为（这次叫作 D）。

"人们可以把宗教崇拜比作某种程度上的 B，把它的神学理论比作 C。这两者都来自某种精神状态 A。

"让我们研究一下几个有赖于精神状态 A 的行为 D。崇拜 B 不直接对 D 起作用，而对 A 然后对 D 起作用。它也对 C 起作用，反之，C 也对 B 起作用。也可能有 CD 的直接作用。神学理论 C 对 A 的作用通常很小，因此对 D 的作用也很小，因为 CD 的作用一般说来也是弱的。这样，通常当人们认为神学理论 C 是 D 行为原因时，就犯了一个严重的错误。人们常常提出这样的命题：'这些人这样做，是因为他们是这样信仰

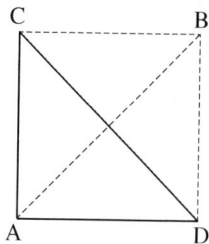

的。'这个命题真实性极小，几乎总是错误的。相反的命题是：'人们这样信仰，是因为他们是这样做的。'这个命题一般包含了较多的真理，但太绝对了，也有错误。的确，信仰和行为并非没有关联，但是它们的依属关系是同一棵树上的两个分枝。

"在希腊诸神侵入之前，罗马古代宗教没有神学理论 C，它只限于一种崇拜 B。但是，这个对 A 起作用的崇拜 B 对罗马人的行为 D 影响很大，甚至极大。BD 之间存在直接关系在我们现代人看来是非常荒谬的。但是，相反，BAD 之间的关系在某种情况下可以是非常合理的、对罗马人大有裨益。一般而论，神学理论 C 对 D 的直接影响小于对 A 的影响。因此，想只根据神学理论的逻辑的和合理的价值来评价宗教的社会价值是一个严重的错误。无疑，如果神学理论对 A 有强烈作用，变得荒谬了，那它对 D 也会产生强烈的影响。但这种情况很少见，差不多只有在精神状态 A 发生变化后，人们才发现了原来从未发现的某些荒谬性。

"这些观察适用于各种理论。例如，C 是自由贸易理论，D 是一国实际采用的自由贸易，A 是大部分源自个人的经济、政治和社会利益以及他们的环境的精神状态。C 和 D 之间的直接关系一般很少。想通过对 C 的影响来改变 D 只会产生毫无意义的结果。相反，A 的一次变化可以影响 C 和 D。因此，人们将看到它们同时发生变化，只看表面的人会认为 D 是因 C 的变化而变化的。但是，深入的研究将表明，D 和 C 没有直接的依属关系，它们都从属于一个共同的原因 A。

"这样，理论讨论 C 对改变 D 没有什么直接的效用，对改变 A 会有些间接的作用。然而，要做到这一点，应该更多地借助于感情，而不是靠逻辑和经验的结论。为了对人起作用，应当把推理变为感情，我们用这种不正确的方式表述了这个事实，因为这种方式太绝对，但观点鲜明。

"在当今英国，多年来奉行的自由贸易的实践 B 对状态 A（利益等）发生了作用，因而加强了这种精神状态，因此自由贸易的实践就是这样反对采纳保护主义的。"（《普通社会学》第 165、第 166、第 167、第

168 节。)

从这个基础的和根本的分析出发，我们可以从两个方面来领会帕累托的社会学思想。一种可以称作归纳法，帕累托在《普通社会学》中也采用此法。另一种是演绎法，我将采用的就是这种方法。

归纳法的目的在于研究在学说史上人们是怎样认识、误解、掩饰或歪曲非逻辑行为的，人们又是如何怀疑非逻辑行为的概念并努力使其不成为理论，因为生来会思考的人愿意相信他们的行为是合乎逻辑的，是由理论决定的，不喜欢承认他们的行为是感情冲动。

历史地研究了对非逻辑行为的解释之后，帕累托对各种超越经验之外的理论作了一个科学的分析。他研究了形而上学和各种以不能为逻辑-经验方法接受的东西为对象的理论。例如，自然法学说，这是一种主张不顾时间和地点差别确定法律内容的学说。它超出了只包括对客观事实的观察和对观察到的事实的演绎的经验。帕累托用整整一章的篇幅分析为数不少的假科学理论。在这将近三百页的三章铺垫文章之后，他终于开始研究非逻辑行为理论的主要之点，即研究剩遗物与派生物。

第二种方法，就是帕累托自己所称的演绎法。在关于论述剩遗物的第六章开始时，他说用这种方法来叙述是有好处的。这种方法的目的在于迅速涉及精神状态，至少是涉及与这种精神状态接近的一种事实，并划分作为非逻辑行为的感情的表示和主要原因的剩遗物的种类。因而，既然精神状态或感情不能直接得到，那就要探讨我们能够认识的有关 A 的情况。既然我们能直接知道的只有表现、行为或崇拜的行为，怎样从表现追溯到表现的原因、从理论或行为追溯到决定这些东西的感情或精神状态呢？

帕累托的方法是研究大量的表现、理论、奇怪的行为、宗教崇拜的方式、巫术和妖术。他发现，这些行为和举动各有差异，表面上琳琅满目，但仔细研究一下，它们揭示了某种可靠性。例如，我们在各种千差万别的文明中发现，人们总认为某些数字、日期和地点是吉利的或不吉利的。在我们的社会中，据说十三这个数字会带来不幸。如果有十三个人在星期五共进晚餐，事情就不妙了。如果这次十三人的晚餐又在13日星期五举行，那就要大祸临头了。这些现象是众所共知的，使人发笑，但家庭主妇还是不愿操办一次十三人的晚餐。这倒不是因为她本人对这个迷信很敏感（显而易见），而是她无法消除客人对十三这个数字和13日星期五这个不吉利数字的恐惧心理。我们也知道，不能用一根火柴点燃三支香烟。据说这个迷信可以追溯到德兰士瓦战争。布尔人当时得到了世界舆论的同情（如今世道变了），他们享有神枪手的声望。当他们在敌人那里看见一支香烟的第三次微光时，他们就准能打倒抽烟的人。我不能断定这就是同一根火柴点燃第三支香烟的不吉利性的真正起源，但是，按帕累托的风格说，这显然是所有社会都有的非逻辑现象之一。这种种例子的共同特征是，人们出于莫明其妙的理由倾向于赋予数字、日期、地点或环境以一种吉利或不吉利的意义。

我说的是出于莫明其妙的理由，而帕累托则更明确地说：出于不断更新、视社会不同而不同的理由，人们总是要找出一条假的逻辑理由来解释为何这个地方不应常去，为何这个数字预示了不幸，为何这种情况是一场未来灾难的迹象。

这样，我们就可以在观察到的现象中区分出两个部分：一个不变的部分，叫作 a——以免与精神状态的符号 A 混淆，一个可变的部分 b。

不变的部分，是人们倾向于在事物、数字、地点与吉利或不吉利之间建立关系，倾向于赋予某些事物以一种象征和迹象的意义。

可变的部分，是人们在各种情况下为这些关系论证而提出的理由。今天，由于西方理性的进步，人们常常不再提出理由，但是，在大多数社会中，一般人们总要寻找证明某种结社活动的理由。结社活动是现象的不变因素，解释性的理论则是可变因素。

再举一例，在几乎所有的社会中，人们似乎都对杀人行为有反感，但是，在不同的时代和不同的社会中，人们解释或论证这种反感的动机是不一样的。在某些情况下，人们会说宙斯禁止犯罪，在另一些情况下，人们会说普遍理性不容许伤害人类的尊严。论证禁止杀人的理论各种各样，但有一个不变因素，这就是对某种行为的反感，这种反感的起源是一种精神状态或一种感情。可供观察的具体现象是各种理论都竞相拒绝为杀人辩解。观察者运用分析的方法区分众说纷纭的各种辩护性的理论和各种现象的不变因素。这些现象经常出现，足以使我们对它们全面分类。由于老是说"所研究的具体现象的不变因素"不大方便，也没有必要卖弄学问式地用"a"来指这个不变因素，以后我们将用"剩遗物"来指我刚刚分析的事物。我刚才没有用这个词而是用了一句复杂的短语。至于人们用来论证不变因素的丰富多彩的理论，我们把它们叫作"派生物"。用分析方法确定的剩遗物和派生物这两个基本概念构成了《普通社会学》第一部分的骨架。

为了确定什么是剩遗物，帕累托写道：

"因素（a）也许与人，说得更准确点，与人的某些本能相符，因为（a）没有客观存在，因人而异。也许正因为它符合这些本能，所以它在这些现象中几乎都是不变因素。因素（b）符合于精神为使因素（a）合乎理性而完成的工作。因此它的变化性要大得多，因为它反映梦幻般的工作……但是，即使说（a）部分符合某些本能，它还远远没有包括一切本能。这与人们发现它一样显而易见。我们分析了推理，研究了不变的部分，因此，我们就只能找到产生推理的本能，我们在研究过程中就不会发现不被推理包括的那些本能了。因而一切简单的欲望、爱好和禀性还是存在的，在社会现象中人们称为'利益'的这个非常重要的类别也是存在的。"（《普通社会学》第850—851节。）

这段文字非常简短，但却是《普通社会学》中最重要的段落之一。帕累托是这样一种作家，写得越少，论述的问题越重要，写得越长，问题越简单，读者已经懂了。帕累托有用之不尽的例子和解释，但当谈论其思想的基本要素时，却又出奇地简明扼要。这两段文字是其思想体系中的关键，表明了两个基本情况：

首先，剩遗物不是感情或精神状态A。它们是我们没有直接认识、也许甚至不能间接认识的感情与表情或行为即 C 和 B 之间的中介物。

其次，这些剩遗物与人的本能有关，但不包括所有的本能，因为采用的方法只能发现导致推理的本能。

在四类非逻辑行为的区分中，第三种的特点是"有——无"，即手段与目的有某种客观上的关系，但没有主观关系。这第三类包括了本能型中直接适应的、不会导致推理、理论和论证的行为。如果从表现、理论和论证追溯到作为本能表示的剩遗物，只能发现导致推理的那些本能。在剩遗物之外，还有欲望、爱好和禀性。

在我看来，尽管帕累托没有在第三类非逻辑行为和欲望、爱好和禀性之间建立一种明确的关系，实质上讲的是同一现象。如果我们想吃一盘菜，尽管我们没有提出一套哲学，只限于满足自己的味觉，手段和目的的客观关系还是存在的，不过没有任何论证性的理论和推理，无法从表现和表示上观察出我们的爱好。反之，如果我们有一套关于中国菜比法国菜好、或法国菜比中国菜好的详细的理论，或者构思了关于宫殿乐事与人体卫生之间关系的复杂理论，那我们就从第三类非逻辑行为进入了第四类非逻辑行为，即客观与主观不呼应的"有——有"型行为。帕累托派的社会学家能够追溯到某些剩遗物。要是我们只想美餐一顿，那我们就不会进入研究领域。

我觉得，欲望、爱好和禀性三者非常相近，应当按它们的通常意义来理解。"欲望"指对某一确指的事物的向往。如果一个人对某件东西有欲望，并且不经争议、争论和解释就满足了这一欲望，因而就不会去探索剩遗物。同样，爱好是偏好，禀性是爱好。特定的向往、偏好、爱好，这就是欲望、爱好和禀性之间的相对区别。一般而论，这三个词适用于人类行为，只要人们是在寻求某种利益好处和某些多少有限度的满足。这些欲望、爱好和禀性可与动物的本能相比。不过，人类的这些本能被文明的发展改变、转化而变得多样化了，似乎已不像大多数本能性的动物行为那样永远适应了。

帕累托也把利益放在剩遗物之外。利益这一概念源自《普通社会学》作者的第一个研究领域——对经济问题的分析。我觉得，在帕累托的思想中，利益来自个人对自己所要达到的目的的意识。尽量扩大货币拥有量是一种最常引起逻辑行为的利益。但是，在"经济利益"之外，还有一种"政治利益"。以夺取政权为目标的人会以相应的方式行事，他们的行为不同于由剩遗物决定的非逻辑行为。在进行社会学的综合时，我们不仅要考虑剩遗物，也应考虑深受本能、欲望、爱好、禀性和利益决定的行为。

要讲完这一分析，还要阐明剩遗物与精神状态或感情 A 之间的关系。帕累托有时认为剩遗物和感情是混为一体的。然而，毫无疑问，在他的思想中存在着双重的区分。一方面，剩遗物比感情更接近行为或表现，因为人们可以从对这些行为或表现的分析发现剩遗物。另一方面，剩遗物不是具体的现实，只是观察者为了解现象而创造的分析概念。人们无法像看到一张桌子或体验到感情那样看到或领会剩遗物。此外，在这一点上帕累托是明确的："必须注意别把剩遗物(a)与感情以及与之相应的本能混为一谈。剩遗物(a)是这些感情和本能的表示，就像温度计中水银柱的升高是温度升高的表示一样。例如，只是为了省略和简化论述，我们才说，除爱好、利益等外，剩遗物在决定社会平衡中起着一种主要的作用。所以我们说水在一百度沸腾，但完整的句子应当是：'除了与爱好、利益等相应的感情或本能之外，与剩遗物相应的感情和本能在决定社会的平衡中起一种主要的作用。当温度达到摄氏一百度时水就会沸腾。'"（《普通社会学》第 875 节。）

最后，让我们明确一下理解这一思想最关键的东西，这就是剩遗物是供社会学家而并非供心理学家所用的分析概念。帕累托说纯感情的研究属于心理学范畴而不属于社会学范畴。剩遗物肯定与人性和人的行为中的某种东西相对应，但是这个东西是由为理解社会的运行而创造的一个分析概念所确定的。在第 879 节至 884 节中，帕累托有趣地对照了语言学家追溯的词根和社会学家追溯的剩遗物。[1] 根据这项比较，剩遗物是大量行为或表现的共同根源。因此它们具有与语言学家发现的词根同样的抽象性质。词根不是具体的成分，但也不是虚构的东西，因为它有助于理解。

3. 剩遗物和派生物

剩遗物理论导致了一种分类，它与社会学家用来分析人性的理论相仿。帕累托首先区分了六种剩遗物，然后又分了若干类，这些类最后又被分为若干小类。最重要的区别是六个种的区别，它们都具有各种意义。这六个种是：

第一，"组合的本能"；

第二，"集合体的持久性"；

第三，"通过外部行为表露感情的需要"；

第四，"与社会性有关的剩遗物"；

第五，"个人与其附属物的完整性"；

第六，"性的剩遗物"。

我们立即就会发现，在某些"种"里剩遗物一词出现在定义中，而在另一些"种"里使用的是本能或需要。表面上，这六个"种"是不均一的，重要性也不完全一样。粗看起来，最重要的是前两类。在《普通社会学》进行综合时，它们单独地，或者说几乎是单独地出现在该书的第二部分中。

一、第一种剩遗物由与"组合的本能"相应的剩遗物组成。帕累托用本能一词来确定这个类别，排除了人身上更深层的东西，即排除了剩遗物之外的感情。组合的本能，从这个词的一般意义上来说，是一种在观念和事物之间建立关系、从提出的原则中得出结论、正确或错误地推理的倾向。正是因为人有一种组合的本能，所以人才能成为人，才会有行为、表现、理论、论证，此外，《普通社会学》这部显然是组合本能的一个不可避免的但看得到摸得着的后果的著作。

"逻辑发展的需要"作为一个类别包括在组合的本能之中。因此，它是人类智力进步、知识和文明发展的根源。最引人注目的社会并非一定是最有道德的社会，而是第一种剩遗物最为丰富的社会。帕累托认为，公元前五世纪的雅典，二十世纪初的法国，都是充满第一种剩遗物的社会。斯巴达和十八世纪的普鲁士没有这样多的第一种剩遗物。我们立即就会看到第一种剩遗物的多寡变化所带来的政治后果。

"组合的本能"本身分为好多类，分析一下这些类是很有意义的。第一类最简单、最抽象，是"一般组合的本能"，即不加详细说明的组合本能。第二类是"组合相似或对立事物的本能"。大部分巫术都有这种组合。第三类称为"某种事物或某种行为的神秘力量"。第四类叫作"统一剩遗物的需要"，第五类称为"逻辑发展的需要"，第六类是"对组合效力的信仰"。

第五类，即"逻辑发展的需要"，包括了决定派生物的大部分剩遗物。正是这种"逻辑发展的需要"说明了理论的推陈出新和科学的进步。

因此，可以知道，一项逻辑行为也可以由本身作为本能和感情的表现的剩遗物决定。如果行为者意识到了手段和目的的关系，可以预料他所采用的手段的切实的结果，在主观关系和客观关系间建立起一种关联，那么逻辑行为也可以起源于感情。

我们也要注意，同样的组合本能也可以以这种方式成为像巫术那样非逻辑行为的起源，也可以成为逻辑行为的特征本身即科学的起源。

二、第二种剩遗物是第一种剩遗物的对称物。如果说组合的本能防止人们一劳永逸地采纳某种行为方式或社会形式，引起了认识的不断发展和信仰的不断更新，那么集合体的持久性（帕累托没有把它称为本能）就与惰性相似。这是人类试图维持已经形成的组合、拒绝变化和一成不变地接受一切命令的倾向。

"某些组合构成各个部分严密一致的、像人体一样的集合体，因此最终获得了与真正的生物相似的人格。这些组合都有自己特有的名称，有别于各个组成部分的简单罗列，人们常常可以从这个特点上认出这些组合……集合体形成后，某种本能就经常发生作用。它以一种可变的力量阻止已经联合在一起的事物再次分离。如果分离不可避免，它就尽力遮盖它，保存集合体的幻影。人们可以粗略地把这种本能与机械的惰性相比。它反对由其他本能引起的运动。第二种剩遗物的重要社会意义就因此而产生。"（《普通社会学》第991、第992节。）

因此，第二种与第一种剩遗物构成了两个对立的范畴。这两种基本倾向的社会意义是显而易见的。一类推动变化和更新，另一类趋向稳定和保守。一类鼓励人们进行精神建议，另一类鼓励人们使组合稳定化。帕累托指出，比起习俗、信仰和宗教，革命更容易改变统治者、统治者借以统治的观念，也许还更容易改变政权的组织。这是因为属于习俗、家庭组织和宗教信仰的东西构成了社会背景，得到了集合体持久性的维护。政客们希望的改天换地遭到了第二种剩遗物的抗拒。

像对第一种剩遗物一样，帕累托把第二种分为好几个类别。他特别区分了生者和死者之间、死者和他生前所拥有的事物之间的关系的持久性。一般而论，一个人与其他人的关系、人群与地点的关系是剩遗物有助于集合体的持久性的典型范例。不少社会都将死者与其财产共同埋葬，这一事实表明一个人与属于他的东西之间的联系的稳固性。同样，也会有抽象的持久性。那些谈论人道、进步或历史的人都受了第二种剩遗物的推动。这些剩遗物属于"抽象的持久性"或"人格化"这个类别。如果有人说进步要求或法律规定……如果人们赋予大写字母某种含义、严格认真对待这些抽象的词，那是因为集合体的持久性这一种剩遗物在我们身上产生了作用，激发我们把一种抽象概念视为一种现实，把一种概念人格化，最后赋予这些人格化了的抽象概念以一种意义。

对第三和第六种剩遗物，帕累托一笔带过，也最简单。

三、第三种称为"通过外部行为表露感情的需要"。这种需要表现为一种礼仪行为，例如鼓掌表示一种赞同的感情。但是，并非在所有社会中人们都用鼓掌来表示赞同，人们用动作和声音表示赞同或反对是因社会而异的。这些不同的表示构成了可变因素（b），而共同因素（a）或剩遗物却是表露感情的不同程度的需要。帕累托只指出了第三种的两个类别，一个就是通过组合表露感情的需要，另一类是宗教狂热。观察一下所有古代社会和现代社会，人们就可以毫不费力地想象出这种表露感情的需要纵情表现的无数情况。在我们的时代，体育表演和政治示威给这种需要提供了良好的机会。

四、帕累托在其剩遗物分类中列举的最后一种是"性的剩遗物"。这里我们碰到了本能的界限，也就是说这种事实原本不属于社会学的研究领域。剩遗物的分类不包括纯状态的本能。帕累托这样写道："单纯的性欲不应是我们这里的对象，尽管它与人类大有关系。"（《普通社会学》第1324节。）因此，不少由性本能支配的行为不属于社会学家的分析领域，但社会学家对某些与性的剩遗物有联系的行为也感兴趣。"我们应当用推理和理论来研究性剩遗物。一般地说，这一剩遗物和产生这一剩遗物的感情在大量现象中都存在；但它们常常被掩盖了，特别是在现代人中间。"（同上。）

帕累托在他喜欢的靶子中，选择了贞节的鼓吹家。他厌恶那些极力反对淫秽读物、泛泛鼓吹清教习俗的团体和个人。帕累托花了十几页篇幅来论述他称之为"贞操主义宗教"的东西，"贞操主义宗教"通过补充、反对或否定与性剩遗物联系在一起。这个例子有利于理解剩遗物的概念以及本能与剩遗物之间的联系。当人们能满足自己的欲望时，他们不关心社会学家，除非他们建立了一种与性行为有关的哲学或道德。因此，在论述第六种剩遗物的段落中，帕累托也谈到了"贞操主义宗教"和严格意义上的宗教，因为一切信仰对性欲问题都持某种态度，并教诲人们采取一定的态度。[2]

五、第四种是"与社会性有关的剩遗物"。帕累托给它下的定义是这样的：

"这个种类由与社会生活有关的剩遗物构成。如果承认相应的感情会被团体生活加强的话，那就也可以把与纪律有关的剩遗物归入此类。在这个意义上，我们可以看到，一切家畜，除了猫之外，当它们获得自由时，都过着团体生活。另一方面，没有某种纪律，社会便不可能存在，因而，建立社会性与制定纪律必然有某种关联。"（同上引书第1113节。）

第四种是与社会和纪律有关的剩遗物，因此它与第二种集合体的持久性有某种关系。但是，定义不同，这两个种别在某些方面还是有所差异。

帕累托划分的各种类别使我们能够更准确地确定这个种别的剩遗物。第一类是"特定社会"。在这里，帕累托指的是一切人都倾向于建立团体，特别是基层团体之外的、他们能直接融合其中的自愿团体。这些团体旨在激起坚贞和忠诚的情感，使这些团体坚持存在下去，最简单的例子是体育协会。在我年轻时，巴黎人分为法国竞赛俱乐部队的拥护者和法国体育场队的拥护者，甚至那些从不参加任何体育活动的人，出于自发的情感，或者倾向于俱乐部队，或者倾向于体育场队。对体育场队的偏爱或对俱乐部队的偏爱使观看这两个队比赛的人如同潮涌。这个例子既是讽刺性的，又是严肃的。自愿的团体只有通过参加者向它们表示的忠诚才能存在下去。出于一种我不知道的原因，我个人也保存着一种对体育场队的偏爱。当体育场足球队与俱乐部队比赛时，前者的胜利常使我心满意足。我看不出这种忠诚有任何逻辑的理由。但是，我从中看到了对特定社会忠诚的例子。我的结论是，我有许多第四种剩遗物。

帕累托提及的第二类是"一致的需求"。这种需要毋庸置疑是人类最广泛、最有力量的需要之一。我们每一个人都会断定，自己的生活方式就是应该如此的。如果不能把某种思想、信仰和活动的方式强加给它的成员，任何社会都不可能存在。但是，任何社会都会使生活方式成为必需接受的方式，所以任何社会都有驱逐异端分子的倾向。一致性的需要这种剩遗物导致了历史上屡见不鲜的对异端者进行的迫害。另外，迫害异端分子的倾向既是自由主义思想家又是信徒们的特性。始终蔑视教士的无神论者和谴责迷信的理性主义者，他们也表现了以信仰自由为正式信条的人群中经久不衰的一致性的需要。像精神分析学家讲情结的陷阱一样，帕累托讲剩遗物的陷阱。

第三类的特性是"怜悯和残酷"的现象。这种剩遗物和与社会性有关的其他剩遗物之间的关系不像前面的例子那样明确。事实上，帕累托分析的是转移到他人身上的自我怜悯、对一般痛苦的本能的厌恶和对无益痛苦的有意识的厌恶。他提出，不愿他人受苦是正常的，好心应当使我们致力于最大限度地缩小我们同类的不幸。但是，他认为，这种怜悯会变得过分，它还谴责了当时的法官对无政府主义者和杀人犯表示的宽容。帕累托尽情讽刺了一些人道主义者，说他们最终只考虑杀人犯的痛苦，而不考虑受害者的痛苦。"一个世纪以来，毋庸置疑的是，对犯罪的镇压越来越软弱了。人们年复一年地制定出有利于罪犯的新法律，而法院和陪审团又带着日益增长的宽容态度来执行现有的法律。因而，对罪犯的怜悯还将增加，而对受害者的怜悯还将减少。"（同上引书第1133节。）过分的人道主义是他喜欢的靶子之一。他用感情和怜悯的泛滥常是屠杀的先导这个事实来证实他的批判。如果一个社会失去了集体纪律的意识，一场将引起价值颠倒的革命就快来临了。对他人痛苦漠不关心将取代由某种盲目怜悯引起的软弱，强大的权威将替代纪律的瓦解。显然，帕累托并没有歌颂暴力，但是他尽力表明人道主义和冷酷无情这两个极端的态度对社会平衡都是可怕的。只有适度才能避开不幸。他在相当清晰地概述自己的道德理想的一段话的开头这样写道："强有力的人、知道该做什么的人、能够适可而止、恰到好处的人特有的感情，是对无益的痛苦的有意识的厌恶。"他又写道："一个政府的臣民出于本能清楚地知道这种怜悯与前一种怜悯的差别。他们尊重、器重和喜欢强大政府的怜悯，嘲笑和蔑视软弱政府的怜悯。对他们来说，第二种怜悯是懦弱，第一种是宽宏。'无益'一词在这里是主观的，指的是使用此词的人的一种感情。在有些情况下，我们能够知道某些事物对社会在客观上是'无益'的，但在绝大多数情况下，人们还是有怀疑。社会学还没有那么发达，不能解决这一问题。从某种效用间或存在的和遥远的可能性中得出处刑的痛苦是有益的，这将是一种错误的推理。应当按照尽可能大的概率来决断。有人说，可以随意杀死一百多人是大有好处

411

的，因为他们当中可能有一个未来的杀人犯。这种说法显然是荒谬的。但是，相反，为了替镇压巫婆辩护，人们常说这里面有大量犯罪的俗尼，这个推理也是值得怀疑的。如果无法把放毒犯同相信自己与魔鬼有关系的歇斯底里的女人分开，这个疑问也许还会存在下去。然而，由于有这种方法，疑问是会消失的，受刑的痛苦客观上就无益了。这里没有必要继续陈述这些意见，这会使我们偏离剩遗物的领域，把我们引入逻辑行为的领域。"（同上引书第1144节。）

第四类是"为了他人的利益强使自己受苦的倾向"，用通常的话说，即推动个人为他人作出牺牲的情操。在帕累托的思想体系中，强使自己为他人作出牺牲的情操是一种非逻辑行为。相应的行为（行为者在这些行为中组合各种手段达到最大限度的自我满足）是逻辑行为。相反，为别人献身往往是非逻辑行为。这个看法清楚地说明，称一种行为是非逻辑行为，并非贬低这种行为。这仅仅是说这个行为的决定因素表达了一些往往不为行为者本身清楚地认识到的感情。然而，悲观的帕累托补充说，不应相信统治阶级中站在下层阶级一边的人必然会为了他人的利益强使自己受苦。资产阶级与革命党结盟，它的目的往往是为了获取政治或财政好处。他们是利己者，但演着毫不利己的喜剧。"今天，企业家和金融家发现他们可以在与社会主义者结盟中获得好处。你们可以看到腰缠万贯的企业家和银行家要求制订'社会法'，你们会相信他们身上充满了对周围人的纯粹的爱，由于这种爱的燃烧，他们急于想平分他们的财产。不过，要密切注意'社会法'通过以后将会发生的事情，你们会看到他们的财富没有减少，反而增加了。这样他们什么也没有给他人，相反，却从中渔利。"（《普通社会学》第1152节。）的确，革命党的领袖很少是彻头彻尾的无耻之徒，因为彻头彻尾的厚颜无耻不可能一分为二。宣扬革命学说的人，无论是左派还是右派，最终都相信这些学说，即使仅仅是为了确保良心的安宁。可是，这个人是否受到他对同类专一的爱的激励还是没有得到说明，他可能被他的剩遗物和派生物欺骗了，剩遗物把他推向政治生涯，派生物使他误以为他赞同改革和革命是出于纯粹的理想主义。

第五类，即与等级制有关的感情，也就是下等人对上等人表示敬重，与统治和骄傲联在一起的上等人对下等人的关怀和保护，简言之，即一个集体中处于不同等级上的成员相互之间表示的感情。很容易理解，如果下等人不服从命令，如果统治者不要求下等人服从命令并向他们表示关怀，等级制化的社会是无法存在下去的。"下等人和上等人的等级意识在动物身上就存在了，这种意识在人类社会中非常广泛。甚至似乎人类社会只要稍为复杂一点，没有这种感情就不能生存下去。等级制在变化着，但始终存在于表面上声称人人平等的社会之中。于是就构成了一种临时的封建制度。在这种制度下，人有伟大的政治家和最渺小的人之分。"（同上引书第1153节。）

最后一类是帕累托十分强调的一类，它由所有"禁欲主义"现象构成。"在人身上，可以观察到一种特殊的感情。它与动物无任何相同之处，它促使人们不求个人好处地承受痛苦、摒弃享受，与人类趋善避苦的本能背道而驰。这就是人们熟知的，名为禁欲主义的现象的核心。"（同上引书第1163节。）帕累托不喜欢禁欲主义者。他嘲弄他们，怀着惊奇、愤怒和钦佩的复杂感情注视着他们。面对禁欲主义者，这位客观的社会学家不再保持中立了。

帕累托用他的方法考察了禁欲主义现象，从斯巴达制度到基督教神秘主义者和非介入文学或纯消遣文学的反对者。他的结论是，这些五花八门的现象有一个共同的因素，在人们自愿承受的痛苦之中存在着一个不变的部分。帕累托给禁欲主义下了一个不能不使人想起涂尔干哲学的定义。个人被迫限制自己的许多欲望这是不可避免的，因为他们无法全部满足这些欲望。人生来就有许多他们永远无法全部满足的欲望。左右欲望戒律的感情，如忠诚或牺牲的倾向，对社会是有用的。但是，当这些感情过分发展时，它们会导致对任何人都无益的禁欲主义。这位社会学家认为禁欲主义是欲望戒律的病态扩张。"大部分禁欲主义行为都是具有某种与社会生活不可分离的剩遗物的行为，是一些即使已经毫无用处，也还会存在下去的行为，或者说是一些十分强烈的，超出了有用限度的行为。因此，禁欲主义的剩遗物应当称作与社会性有关的剩遗物，它常常代表了社会性感情的一种恶性发展。"（同上引书第1171节。）

第四种剩遗物中的大部分类别，除去怜悯和禁欲主义这些极端形式外，整体上都有一种保守的社会功能。通过这个迂回，第四种剩遗物又与第二种剩遗物即集合体的持久性联系起来了。此外，帕累托在该书第二部分着手考察与历史同时变更的感情或剩遗物时，常常把第二种剩遗物和第四种剩遗物，把宗教的保守主义感情同社会的保守主义感情放在一起。宗教集合体的持久性使宗教存在下去，与等级制有关的感情使社会结构存在下去。然而，这种一致性并不是完完全全的。怜悯和禁欲主义可能对社会有害。

六、第五种被说成"个人与其附属物的完整性"，帕累托补充说："人们称作'利益'的所有感情都具有与本类剩遗物与之一致的感情相同的性质。因此，严格地说，它是本类的一个部分。它对社会平衡具有非常重要的内在意义，因此有必要在剩遗物之外来研究它。"（同上引书第1207节。）

由于人受本能的驱使而自发地希望得到自己喜欢的东西，于是，为了达到这一目的就按逻辑行事，为了尽力达到最大的满足，就合理地组合各种手段。同样，如果人向往权力是正常的，那么诡计多端地运用各种方法来夺取权力的政治家的行为就是合乎逻辑的了。因而，由财富和权力确定的利益就成了许多逻辑行为的起源和决定因素。在非逻辑范围内，个人与其附属物的完整性的剩遗物，就是利益在逻辑范围中的对应物。换句话说，当个人基于剩遗物和感情而表露出自私时，他的行为就是非逻辑的，正像当他尽力取得财富和权力时他的行为是逻辑的一样。

事实上，第五种剩遗物的各个类别与这个总的观念都不那么相称。第二类"下等人的平等感情"易于理解，因为这种感情促使下等人要求与上等人平等。它是与等级制有关的感情的对立物，等级制感情驱使人们接受不平等。这类剩遗物的表现就是普遍要求平等。但是，"这种感情常常成为对低等阶层的个人的整体性的辩护，成为它进入上等阶层的方式。在觉察这一感情的个人还没有意识到真实的目的与表面的目的之间的不同之处时，这种事情就发生了。他提出的是他那个社会阶层的利益而不是他自己的利益，仅仅因为这是表达自己观点的常用方式。"（同上引书第1220节。）[3]

第三类必要时也可以归入总的定义中去，它本身的定义是"通过与发生了变化的臣民有关的行动恢复完整性"。帕累托所考虑的现象可以一般地称之为"净化的仪式"。这种仪式在宗教中很风行，不过其他地方也有。在本世纪初，法国处在极端革命时期。1914至1918年战争期间，古斯塔夫·赫尔维还没有成为超爱国主义者，他在一篇文章中宣称应当"把旗子扔在粪堆里"。许多人认为这是对神圣事物的象征的亵渎，全国出现了各种各样的净化活动。这个典型例子说明了旨在通过与有罪的主体或作为变质的牺牲品的客体有关的行动来恢复完整性的剩遗物。一切宗教中都有污点的概念。从图腾崇拜到目前的拯救灵魂的宗教，都有用于净除信徒的罪孽或污点的惯例。帕累托认为，这些惯例是推动个人肯定或恢复自己及其附属物的完整性的剩遗物的表现。

第四类是"与社会平衡的变质形成对照"的感情。这些感情推动人们去惩罚做了违背社会正义与非正义这一社会观念的命令的行为的人。受第五种剩遗物的驱使，每个社会的成员都会教条地说明正义的要求。如果出现了一个违背这些要求的行为，个人完整性的剩遗物就会通过制裁的愿望、愤怒和迫害表示出来。

第五种剩遗物有不同的社会意义。如果从第二类——低层阶级的平等感情看，第五种就是第四种的对等物。革新或复原的感情与保守的感情是对立或对称的。从这第二类看，第五种接近第一种，即组合的本能。但是，从另一个角度看，第一类和第三类更接近于第四种。这是保守的感情而非革新的感情。精确确定第四种和第五种剩遗物的社会意义是困难的，其结果是，这两个种别在《普通社会学》的第二部分中几乎消失了，也就是说在综合里几乎看不到了。这样，起主要作用的两个种别就是组合的本能和集合体的持久性。第四种，即与社会性有关的剩遗物，通常与第二种有关系。

《普通社会学》的第二部分，较好地论证了对剩遗物的冗长的分类。但是，从现在起，我们可以看到它对帕累托的思想是多么重要。"*剩遗物和派生物的分类是一种在社会生活中真实表现出来的人性的学说。*"剩遗物的不同类别与古今各个社会中起作用的全部感情是相应的。帕累托认为，剩遗物的类别变化甚微。换句话说，具有这种定义的人基本上是不变的。人的本质不变这一断言与剩遗物的类别基本稳定的论点是吻合的。作者的悲观主义就是从这里产生的。如果说左派的特点是进步观念和人性可以改变的信念，那么帕累托肯定属于右派。

派生物是由人类行为及其口头表述构成的整体的可变因素。用帕累托的话来说，它们相当于通常叫作意识形态或辩护性理论的东西。这是口头方面的各种手段，个人和集团通过这些手段赋予实际上没有逻辑、或者没有行为者想使人相信的那样多的逻辑的事物以一种表面上的逻辑。

《普通社会学》从好几个方面研究了派生物。实际上，人们可以根据逻辑来考察行为者的口头表示，指明这些表示在什么时候又是怎样背离了逻辑。另一方面还可以对照派生物和经验的现实，以说明行为者对世界的描绘和现实世界之间的差距。

帕累托在论述剩遗物理论以前，用了几个章节的篇幅对照了派生物和逻辑与经验的现实。他在论述了剩遗物的分类之后，接着就分析了派生物，不过他只是从某个特定的方面，也就是说，基本上"从派生物可能具有的说服力的主观方面"来研究派生物的。

如果一位演说家在公众集会上说，普遍的道德禁止将罪犯处死，那么我们就可以根据逻辑来研究他的演讲，看一下有关的命题在什么程度上必须相互联结。我们可以把这份演说即普通道德的意识形态与现实世界相对照。最后，可以赞同演讲者的意见，并探讨为什么他的话对听众有一种说服力。社会学的研究在于探索人怎样运用逻辑的或非逻辑的心理学手段来鼓动别人。通过这一方法，帕累托最后把派生物分为四种。

第一种是"简单肯定"。典型的例子是母亲对孩子说：因为应该听话，所以要听话。家长、儿童或士兵都听到这样的话：因为是这样的，所以就是这样的。如果"应该这样，因为应该这样"这句话是合适的人用合适的语调说出的，那么第一种派生物便是有效的。一种特定形态的人际关系使简单肯定的派生物达到了目的。

第二种派生物可以用母亲的叮嘱加以说明：你应当听从，因为爸爸要你这样。用抽象的话来说，这就是权威的论据，是哲学家的嘱咐。如果说这些始终是指从某些人的权威、传统或习俗中获得说服力的派生物的话，那么我们就可以用今天时髦的思想家来代替亚里士多德。

然而，假如父亲的权威还不够用，母亲将求助于第三种派生物，祈求持鞭老人或圣诞老人。换句话说，派生物可以依赖感情或原则，可以以法律或形而上学的实体为基础，也可求助于超自然存在物的意志。在这种情况下，派生物则可以从"与感情或原则的一致"中获得说服力。帕累托还把第三种派生物分成若干类别，先后列举了感情、个人利益、集体利益、法律实体（如权利、正义）、形而上学的实体（关联、进步、人道、民主以及所有从派生物中获得意志的实体），最后还有超自然的实体。派生物激发感情、表明命题与既存利益之间的和谐一致，或依赖某种抽象的实体或超自然存在物假设的意志，使断言、命令和禁戒具有说服力。

第四种由从"口头证据"中获得说服力的派生物组成。"口头派生物，可以通过使用不确定的、令人疑惑的、模棱两可的和与现实不相符合的词汇来获得。"（同上引书第1543节。）例如，人们可以宣布某种为人民大众利益工作的制度为民主制度。这个命题在两个方面是模棱两可的。民主制指什么？它为什么而工作？大多数政治演说属于口头证据的范畴。必须补充说，只有逻辑-经验论证的演说在公众集会上，甚至在课堂上，肯定无人聆听。帕累托也明白这一点。他嘲笑派生物的非逻辑性质，但是反复说他绝对不希望人们在搞政治时按逻辑-经验的方式行事。这既不可能又没有效果。他在《普通社会学》论述派生物的第十章中，颇为深入地研究了政客们和作家们用来说服、鼓动、引诱的手段，简言之，即人们相互作用的心理手段。早在希特勒之前，帕累托就写道，说服听众和读者最有效的方法之一就是无休止地重复同一件事情："重复，尽管它没有半点逻辑-经验的价值，但比最好的逻辑-经验论证更为有效。重复尤其能影响感情，改变剩遗物，而逻辑-经验的论证影响理性。做最好的假设，它可以改变派生物，但对感情影响甚小。当一个政府或某个财团想通过忠于自己的报纸来为自己的某项措施辩护时，可以清楚地看到，运用的推理常常是，几乎总不是论证这项措施的效益的最好推理。人们通常使用的是权威的最差的口头派生物或其他相似的派生物。但是，这无关紧要。相反，这有时是有用的；尤其应当有一种所有的人，哪怕是最无知的人，都能明白的一种简单派生物，并且没完没了地重复它。"（同上引书第 1749 节。）同样早在希特勒之前他就说过，是否合乎理性，是否合乎逻辑，这毫不重要，重要的是给人一种在作推理的印象。对人们有魔术般的影响的词有的是，应当使用这些词，哪怕它们根本没有准确的意思。这样，就可以事半功倍。受精神分析学或帕累托心理学观点影响的心理学家更加准确地分析了强奸民意的手段。[4]帕累托的派生物理论是对政治领域中人际关系和团体间关系心理学的一大贡献。

根据逻辑-经验的思想，这四种派生物是可以理解的。逻辑-经验论用命题与观察到的事实一致性，而不是用纯粹论断进行论证。它不援引传统的权威或某个个人的权威，而是援引经验的结果和观察到的规律性。它的职责是使用具有确切定义的词语，而不是玩弄意义暧昧的概念。

帕累托视为逻辑-经验的命题在总体上不符合我们的感情。这种不和谐说明了科学真理和人的感情之间的根本区别，并不令人惊奇。经验的或科学的真理在人类生活中并不那么重要，在某种意义上，似乎可以把它们当作无关重要的东西永远置之一边。逻辑-经验的命题只对一部分为数不多的人有真正的意义，这些人喜欢真理甚于喜欢效用，这在社会和经济领域中都是不多见的。

帕累托就这样确定了逻辑-经验思想和非科学思想的性质，接着就着手确定他自己的认识观念和奥古斯特·孔德的认识观念之间可能存在的关系。

他说，非逻辑-经验的思想以经验的事实为基点，并从这些事实出发追溯到假经验的原则。当有教养的人运用这种思想时，它就可以进入第三个阶段，即感情的或形而上学的抽象阶段、或作者们从中演绎出他们喜欢的一切结论的公式阶段。在某种情况下，它最终还可以进入第四个阶段。这个阶段离经验的事实最远，即感情的或形而上学的抽象的人格化的阶段。相反，在没有文化的人身上，第三阶段和第四阶段的顺序是颠倒的。他们认为，借助个人或神的力量比感情的或形而上学的抽象更接近于经验的事实。"不需要花很大的想象力就可以把通常在人身上观察到的意愿和想法移植到其他生物身上。比起抽象的智慧来，想象密涅瓦要容易得多。十诫的上帝比绝对命令更易于理解。"（同上引书第1533节。）最后一类人，甚至在我们的社会中都可以停留在第二阶段，即假经验原则的阶段，把感情的或形而上学的抽象和人格化弃之一边。

我们把这三类人称为(a)、(b)、(c)。帕累托写道："我们已经知道，进化并不是按单一路线发展的，因此，假设一群人从状态(c)进入状态(b)，然后进入状态(a)，是不符合现实的。但是，为了了解真实的现象，我们可以从这个假设出发，然后补充使我们接近现实的看法。如果假设一群人按顺序经过了(c)、(b)、(a)这三个状态，那就会从我们前面提出的看法中得出这样的结论：大量状态(c)的非逻辑行为及对这些行为所作的初步解释，将通过人格化的方式逐步产生解释，然后通过抽象产生形而上学的解释……在此之前，还没有看到相当一部分人（我们不说全部)能够提出纯粹的逻辑-经验解释，达到状态（A），即人们严格地只使用逻辑-经验方法的阶段。我们的确无法预料这样的情况是否会发生。然而，如果我们考察人数有限的甚至很少的有教养的人，我们就可以说，在我们这个时代，有的人已经接近了状态（A）。尽管我们没有证明这一点的方法，但还是可以说，将来会有更多的人完全达到这个状态。"（同上引书第1534节。）

帕累托在后面（第1536节）还评论说："先前为所有的人所描绘的假设现象，奥古斯特·孔德已隐约看到了一些，这些现象成了其著名的拜物教、神学、形而上学和实证主义者阶段的理论的基础。可以说，他研究的进化类似（c）、（b）、（a）、（A）的进化。"

今天有教养的人，如果不是帕累托说的逻辑-经验主义者或奥古斯特·孔德说的实证主义者，他们就会求助于感情的或形而上学的抽象。例如，涂尔干就是把社会的观念当作可以借以演绎出道德命令或宗教命令的原则。因而，帕累托的感情抽象就相当于奥古斯特·孔德称为形而上学的概念。相反，把人格化置于抽象之前的人仍囿于神学思想，而那些只知道事实和假经验原则、把观察到的事实与假想的解释混为一谈的人，实际上是奥古斯特·孔德讲的拜物教者。

不过，帕累托的观念与孔德的观念之间有一个重大的差别。在奥古斯特·孔德看来，虽然有局部的落后，但人类会逐步从拜物教进化到实证主义，其间经过神学和形而上学。而帕累托则认为，这四种思维方式通常在任何层次和任何时代都可以找到。今天，依然有人没有超越拜物教或神学的思维方式。因而，对于整个人类说来，没有从一种思维方式向另一种思维方式的必然过渡阶段。如果我们的同时代人完全按逻辑-经验的方式思维，三个阶段法则就是正确的，可惜事实并不如此。逻辑-经验的方法只代表了今天人类思维的非常狭小的一个部分。因而，说它能包括个人和社会的全部思维甚至也是不合适的。从一种思维类型向另一种类型过渡并没有一个惟一的和不可逆转的过程，只有根据不同的时机社会和阶级才有每种思维方式的相对影响的大小变化。

我们有权说的仅仅是自然科学的发展证明了这一点： 逻辑-经验思想所包括领域的扩展非常缓慢。今天的人类，比起过去几个世纪来，更重视逻辑-经验思维。但是，一方面，这个进步并未最终获得，另一方面，人们不能，甚至在想象中也不能把它无限延伸。一个完全按照逻辑-经验思维办事的社会事实上是不可想象的。实际上，逻辑-经验思维是由思想关系和客观效果之间的一致性决定的，它并不包括目的的确定。可是，不给自己提出一些不是由科学的方法确定的目标，人是无法生活和活动的。另外，人要按逻辑-经验的方式行事，就应受推理的驱使，以保证思维结果和在现实中得出的结果之间的一致。但是，人类的动物本性使他的行为无法总是出于推理。

剩遗物和派生物是两个任意选定的词，用来指一种演绎分析理出的一些现象。演绎分析从作为人类行为的具体的派生物出发，进入到作为剩遗物的感情的表露和作为派生物的假理性现象的形成。[5]

因此，剩遗物不应被视为具体的和独立的现实。人类的某种特定的行为很少只用一种剩遗物就能得到解释。分类本身也不是确定不变的。它只是提出了人类行为和人类感情的主要趋向。正因为这样，它的意义也不能说不大，因为它论证了人类的行为是受制约的，行为的起因也不是随心所欲的。它证明人性有一种内在的秩序，人们可以在生活于社会之中的人的非逻辑-经验行为中发现某种逻辑。

剩遗物的六个种提供了一个易于理解的结构。其中主要的四个种别的特性可以用组合、保守、社会性和个人完整性这几个词来表明。还可以再简单一些，即指出大部分与社会性或个人的完整性有关的剩遗物表现为第二种剩遗物的形态。这样，通过这个过分的但忠于帕累托原意的简化，我们就对照了作为精神发展起源的创造精神和作为社会秩序的必要支柱的保守精神。集合体的持久性、社会性和人的完整性这三个词，指的是通常与宗教感情、社会感情和爱国感情相应的剩遗物。组合的精神会瓦解社会整体，但也会有益于知识进步和文明的高级形式。历史总有某种永恒的二律背反。同一种组合本能既创造精神价值又瓦解社会。

除了在帕累托的著作中直接包括的这个剩遗物结构外，我们还可以设计剩遗物的另一种分类，这在《普通社会学》中没有谈到，但可以从中推导出来。它表示了一种全然不同的解释。

第一种是决定我们行动目的的剩遗物。逻辑-经验只适用于手段和目的的关系，因而目的必须由推理以外的东西提出，这就是说由感情提出。首先，剩遗物表明了确定我们每个人在生活中追求的目的的精神状态。

其次，某些行为不是逻辑-经验的行为，因为它们是象征性的。一种宗教崇拜的仪式是非逻辑-经验的行为，理由很简单，因为这些行为的目的不在于获得可与工程师、军事首脑或投机商的行为获得的结果相比拟的结果，而在于表示对神圣事物的感情，或将其象征化。第二种包括人们称之为礼仪的行为。这些行为是非逻辑的，因为它们的意义仅来自它们的象征性质。

第三种行为也不包括主观与客观的一致，指的是以理想的而事实上是受幻想支配的目的为方向的政治行为。帕累托不厌其烦地提起各个时代革命者的冒险行径。他们总是向人们许诺要更新社会的传统进程，例如今天他们又向人们许诺要建立一个没有阶级的社会。他们取得了某些有时确实是有用的成果，但这些成果与他们宣称追求的理想目标根本不是一回事。这里出现了从乔治·索列尔那里借用的神话理论。[6] 人们根据对理想的描绘而行动，这些理想虽不能变成现实，却有很强的说服力。用索列尔的例子来说，社会主义运动的领袖用总罢工的神话激发工人的热情，或者，社会主义者向无产者展示一个无阶级社会的虚像，鼓励他们反抗。但是，帕累托接着又说，当领导工人反抗的领袖们夺取了政权后，他们就会重组一个社会。这个社会比起前一个社会来是好是坏并不重要，但是它远非革命前他们向群众所许诺的那个理想的社会。这样一种行为可以称作"受幻觉支配的行为"。向行动起来的人们指出了目标，人们的行动导致了社会变革，可是实际结果并不符合行为者想达到的目标。于是主观就与客观不一致，但在性质上不同于礼仪行为的不一致。

最后，第四种行为是由假逻辑-经验推理或由错误所决定的行为。一个政府为了恢复支付平衡而决定大幅度提高关税，或在边境进行进口行政控制，如果这些措施不仅未能恢复平衡，反而起了相反的作用（因为实行了关税保护国内物价就要上涨，而物价上升又会引起出口减少)，那么这种行为就是非逻辑-经验的行为，这并不是因为它来自对一种理想目标的幻觉，也不是因为它是一种象征性的礼仪，而只是因为它源自错误的理论。在帕累托眼中，巫术行为就属于此类，也就是说受错误推理决定的行为，分析的方法不符合逻辑-经验的要求。

在这四种剩遗物中，只有第四种可以名副其实地被称为反逻辑的行为。犯了错误，非逻辑就是反逻辑的了。反之，由剩遗物决定目标是非逻辑的，但不是反逻辑的，因为在任何因果关系中，对目标的逻辑决定都是没有的。同样，礼仪行为也是非逻辑行为，但不是反逻辑行为。在国旗前敬礼，表示爱国之心，不是一种反逻辑的行为，因为象征性地表示对一件神圣事物的忠诚是正常的。至于由幻觉而激起的行为，它们只会招来讽刺的意见。政治首领向自己的人许诺一个理想目标而自己却不相信自己的学说，他们是合乎逻辑的。如果他们相信这种学说，那倒反而不合乎逻辑了。伪君子的活动是合乎逻辑的，但信徒不是这样。这些命题可能是刺眼的，然而它们来自词的固有含义。假如政治领袖是一个厚颜无耻的人，如果他想煽动群众、夺取政权，如果他区别了他给自己的人员介绍的情况和将要发生的情况，他显然是合乎逻辑的，因为他在为他真正想达到的目标而活动，即掌握政权和根据他的利益改变社会。反之，如果他自己也是他试图向他人散布的幻觉的牺牲品，他就是非逻辑的，因为他追求的是实际上达不到的成果。

我没有完全按照帕累托的思路进行叙述。帕累托在进行分析时又补充说，大多数政治领袖事实上是非逻辑的，是他们努力传播的幻想的牺牲品。应当如此，因为伪装感情或传播无人同意的信念极不容易。最有说服力的国家元首相信凭他们的天赋和能力可以改造世界。至少在某一点上，人民的引导者应当按被统治者所需要的幻想行事。

这个命题无疑是真实的，但也肯定会令人不悦。但是，帕累托会说，没有任何理由认为真理和效用必须一致。断言人民的引导者必须相信他们传播的幻想，可能就等于提出了一个真实的命题，不过是否应该公开这个真理？难道要成为一个好的社会学家，我就注定应是一名不够格的公民？

4. 社会学综合

用剩遗物和派生物研究了社会中人的本性之后，帕累托着手分析整个社会的运行。他为这一社会学综合所作的努力表现在《普通社会学》的最后三章：《剩遗物和派生物的特性》、《社会的一般形式》、《历史上的社会平衡》。

我们知道，剩遗物的种别变化不大。在我们能够直接观察的几个世纪中，或在历史的证据中，六个种的剩遗物均有，数量变化也不显著。然而，我们可以发现逻辑-经验思维的缓慢进步和各类剩遗物相对重要性的变化。第一种和第二种剩遗物的相对力量的波动甚至就是历史变革的主要原因和人民与国家命运的决定因素。

于是，帕累托就探讨这些作为感情表现的剩遗物是否也是由物质方面的外部原因决定的。

帕累托在生活的某个时期内，曾受到达尔文的社会观，即把生存斗争和自然选择应用于人类社会的思想的影响。他受了诱引，想用生存斗争即生存下来或取胜的人是最有天赋的人，来解释阶级之间和社会之间的斗争。事实上，经过反复思考之后，帕累托在这种他认为过于机械和单一的解释上，没有陷得太深。他只从中得出了这样一个思想，那些感情或剩遗物不应过分背离生存条件。如果人们的思维和感觉方式与集体生活的要求不相容，社会就无法延续。人类的感情和生命的必要条件之间始终必须有一个最小程度的适应。没有这个最小程度的适应，人类就会消失。

此外，帕累托还明确指出可以抽象地构思出社会的两种"极端类型"："一、完全由感情支配的社会，没有任何类型的推理，动物的社会很可能非常接近这个类型；二、完全由逻辑-经验的推理支配的社会。"（同上引书第2141节。）

"人类社会，"《普通社会学》的作者补充说，"介于上面所指的两种类型之间。它的形式不仅受外部局势，也受感情、利益、以感情满足和利益满足为目标的逻辑-经验推理，以及附带地受表示或有时还能证明感情与利益的在某种情况下作为宣传手段的派生物的支配。"（同上引书第2146节。）

帕累托认为，一个完全由逻辑-经验行为构成的社会是无法设想的，因为逻辑-经验思维无力确定社会的最终目标。"尽管人道主义者和实用主义者不乐意，完全由理性决定的社会是不存在并且也不可能存在的。这并不是因为人们的偏见阻碍他们遵奉理性的教诲，而是因为人们缺乏想用逻辑-经验推理解决的问题的资料。这里，效用的概念没有确定。不同的人对所谓对自己有好处或对他人有利的观念是五花八门的，无法使它们归于一致。"（同上引书第2143节。）

这种对目标的非逻辑-经验的确定使社会对自然界享有了一种自由。这并不是说自然界对人类社会没有影响了，而是说这个影响铭刻在人的感情和剩遗物中，因而必要的最小程度的适应，在一开始就提出来了，已经包含了自然界的影响。主要用剩遗物、派生物、利益和社会差异来理解社会的运行。

如果说目标的确定从来都不是逻辑-经验式的，那么谈论所谓的逻辑-经验行为的范畴是否可以呢？在某种意义上，如果一种逻辑-经验行为是以目标的确定为前提的，那么即使一种逻辑-经验行为也是不合乎逻辑-经验的。这个问题使我们接近了帕累托关于利益和效用的理论。

所谓利益就是指使个人和集体受本能和理性的推动去占有对生命有用和有益的物质财富，去寻求尊严和荣誉的倾向。这些倾向表现在最有可能合乎逻辑的行为，即经济主体和政治主体的行为之中，也就是说表现在那些努力追求最大限度的物质满足或在社会竞争中得到最大限度的权力和荣誉的人的行为之中。

帕累托又说，工人和工程师的行为从定义上说都是合乎经验-逻辑的。目标的问题解决了，因为这些行为的目标是不言而喻的。让我们分析一下桥梁建筑师。的确，决定建造一座桥不是一个经验-逻辑的决定，在某种意义上，甚至技术方面的目标也属于一种非逻辑-经验的决定，但是这个目标既然对有关的人有一种明显的效用，那么强调建筑师的思维过程和根据他们的预料将要发生的实际过程之间的一致性就变得十分容易了。

经济主体的行为是利己的、合乎逻辑-经验的，因为经济学在研究个人时假定他们想达到某些目标，并采用最合适的方法来达到这些目标。

就确定目标这项工作说来，经济学得天独厚，因为目标的选择是由主体本身作出的。经济学家分析经济主体及其偏好等级，不去评价各种层次各自的选择价值。如果一个人喜欢用他最后一个法郎去买葡萄酒，而另一个人想买面包，经济学家了解这些决定，但对这些选择的相对质量不作任何评价。从每个人自由建立的偏好等级出发，经济学家试图重建一项合乎逻辑的行为，即每个人按照可能的手段试图取得最大限度的满足的行为。经济学家只假设，行为者的目的是用他拥有的手段来获得这种最大限度的满足。这些满足是可以观察到的现象，因为对观察者说来，它们与主体的实际选择是合而为一的。

只要这一分析限于发现个人的偏好，不在主体 A 的满足和主体 B 的满足之间作任何对比的话，这一分析就是客观的。"纯粹的经济学选择了一个独一无二的标准，即个人的满足，并认为个人是这种满足的惟一法官。人们就是这样确定经济效用和偏好价值的。如果我们提出另一个非常简单的问题，即撇开个人的评价探讨什么是对他最有利的东西，那么立即就必然会出现一个任意的标准。例如，我们会说，为了精神上的享受而忍受肉体上的痛苦对他到底是有利，还是不利呢？是一味追求财富还是操心其他事情对他更为有利？在纯粹经济学中，我们让他自己去决定。"（同上引书第 2110 节。）为了避免混淆，我们用偏好价值指个人依靠自己的偏好等级和自己拥有的手段得到的满足。如果一个人趋向于尽量扩大他的偏好价值，那么他的行为就是合乎逻辑的。实际上，每个人都想获得最大限度的满足是正常的，当然这个最大限度并不必然是最大限度的欢乐，它也可能是最大限度的穷苦。如果某个人在精神而并非在享乐中找到了最大限度的满足，他就会像吝啬鬼和野心勃勃的人一样合理行事。要讲偏好价值，每个人就必须独自评价一下自己的偏好层次，确保最大限度的偏好价值的行为应根据时机来决定。

把偏好价值这个概念用于社会，立即就会遇到两个困难。社会不是一个人，因此没有偏好等级，而组成社会的个人一般都有不同的偏好等级。"如果个人的效用量相同，如果因此我们可加以比较和总计，我们的研究就不会太困难，至少理论上是如此。我们可以把不同个人的效用加在一起，得到由他们组成的集体效用。这样，我们就会回到已经研究过的问题上来了。但事情没有这么容易。不同个人的效用的量是复杂的，讲一个总数没有任何意义。这些情况并不存在：我们无法观察它们。"（同上引书第 2126 节和 2127 节。）

另一方面，对整个社会说来，人们面对各种不同范畴的效用也是举棋不定的。例如，可以把国际舞台上的最大限度的实力当作社会效用，也可选最大限度的经济繁荣或最大限度的社会正义（这里正义被理解为收入分配中的平等），当作社会效用。换句话说，效用并非一个确定的概念。在用逻辑－经验的方法谈论社会效用之前，必须就效用的标准取得一致的看法。社会效用是特定社会的一种可多可少的状态，它只是根据社会学家任意选择的标准来确定的。社会效用不是一个单义的概念，假如社会学家精确说明了他赋予这个概念的意思，它才会成为单义的概念。

如果他决定把军事实力叫作效用，那么军事实力就是可多可少的。不过，这个定义只是其他可能的定义中的一种。

因此，社会效用问题就以下面的话提了出来：

社会问题，或者还包括个人应该采取的行为的问题，没有逻辑-经验的解决方案，因为行为的目的从来不是以逻辑-经验的方式决定的。

效用的概念是模糊的，只有通过观察家所采用的标准它才会清晰明白。"我们不应当得出这样的结论，即解决同时考虑到不同的异质效用的问题不是不可能的，而应当得出这样的结论，即要处理这些异质的效用，必须采用能使它们可以相互比较的某种假设。如果没有这种假设（这是经常发生的），处理这些问题就是绝对枉然的。这只不过是人们用来掩饰某些感情的一种派生物。因此，我们的注意力必须集中到这些感情上。"（同上引书第2137节。）

人们可以在理论上严格地、客观地衡量一个人的偏好价值，但是只有首先承认行动者个人的偏好等级是有效的，这种衡量才可能进行。

即使采取了一种确定的效用标准，还应当区分直接效用和间接效用，总效用是它们的总和。间接效用首先来自行为对行为者周围的人产生的效果。如果一个强国希望在当今世界上获得原子力量，直接效用就是这个大国从获得这种力量中得到的好处；如果是一种消极的效用的话，那就是坏处。间接效用，无论是积极的还是消极的，都将是国家从整个世界体系的变化中得到的效用。假如原子强国的增加扩大了一场核战争的可能性，间接效用就会是消极的。此外，消极的间接效用可以大于也可以小于直接效用。因而，要测量一个人或一个集体的总效用，必须在考虑直接效用的同时考虑与世界体系改变有关的间接效用。间接效用也可以不源自整个体系的改变，而来自其他人对行为者的影响。例如，在目前的情况下，法国正在拥有一种原子力量，如果美国和苏联对法国的行为不同于假设法国没有原子力量条件下的行为，就会产生一种积极的或消极的效用，在计算总效用时，应该把它加进直接效用。

推理似乎进入了一个死胡同。要想前进，最好区分为了一个集体的最大效用和一个集体的最大效用。

从为了一个集体的最大效用出发，要增加集体中一个人的效用，而又不减少另一个人的效用是不可能的。只要这一点没有达到，也就是说只要还有可能增加某些人的效用而又不缩减任何人的效用，最佳状态就没有达到，继续努力就是合理的。

这个为了一个集体的最大效用要求有一个效用标准。如果像在纯粹经济学中那样，效用是根据个人特有的偏好等级依个人的偏好价值和满足确定的，那么从统治者一方来说，为集体争取一个最大效用是正常的和合乎逻辑的。"当集体处在 Q 点上，为了所有个人的利益，集体可以向每个人提供更多的享受，离开 Q 点。显然，从经济的角度看，如果追求的只是构成集体的所有个人的利益，那么最好还是不要停留在这个点上，而应继续离开这个点，只要对大家有利。"（同上引书第 2129 节。）

这样，我们就可以说有一种对集体的最大偏好价值了，它的确定不依赖于不同个人的偏好价值之间的任何比较。相反，从定义上说人们无法比较 A 和 B 的偏好价值，也不能把它们加在一起，因为它们的量是异质的，因此就不能把集体看成是一个个人，而集体的最大偏好价值就不存在，或者更确切地说就不可能存在。

在社会学上，除为了集体的更大效用之外，人们毕竟可以观察被视为一个个人的相等物的集体的最大效用。这两种情况不能混为一谈。一个集体的最大效用不能成为逻辑-经验确定的对象。一方面，要得到确定，它要求选择一个标准，如荣誉、实力、繁荣。另一方面，一个集体不是一个个人，价值体系和个人的偏好不是一回事，因此，集体的最大效用将永远只是一种任意确定的对象，也就是不是逻辑-经验方法的对象。

如果我们研究个人的满足，就应当把这些满足扩大到最大限度，只要还有可能增加某些人的满足而又不减少任何人的满足，最大限度就没有达到。一旦这个限度达到了，我们就会遇到各种效用的理不清的歧义。在这个限度之外，可以给某些人（甚至可以给更多的人）以更多的满足，牺牲某些人的满足（哪怕是一小部分人），然而，要能够断定人们应当逻辑地再分配这些效用，就必须承认，不同个人的效用是可以比较的。然而，两个人的效用是完全不能比较的，至少不能用科学的方法来比较。

但是，这些保留意见提出之后，甚至那些考虑集体命运的人也并没有明显地公认这个为了一个集体的最大效用的限度。实际上，这并不排除，这个为了一个集体的最大利益的限度，即最大多数的个人依靠可支配的手段取得尽可能多的满足的限度，会成为民族虚弱或威信下降的限度。然而，为了最大多数人的最大满足的概念和集体的实力或荣誉的概念大不一样。最繁荣的社会未必是最有实力或最荣耀的社会。1937 年的日本是一个军事强国。它建立了一个帝国——满洲国①，并且正在统治中国。同时，日本人民的生活水平相对来说是低的，政治制度是专制的，社会纪律是严厉的。1937 年日本的局势并没有显示为了一个集体的最大效用。可以采用很多措施来改善多数人的生活，而又不减少任何人的利益。自 1946 至 1947 年度以来，在整个世界上，包括苏维埃世界，日本的国民生产总值的增长率是最高的，生活水平迅速提高。但与此同时，日本既没有陆军和海军，也没有帝国。应该更喜欢 1962 年经济繁荣的日本的局势，还是更偏爱 1937 年军事强盛的日本的局势呢？没有逻辑-经验的答案可以回答这样一个问题。个人生活舒适的国家的人口、经济或社会状态可以伴随着作家们称之为荣耀或地位的东西的衰落。

异质的概念在帕累托的社会学思想中起着重要的作用。这样，正因为个人的价值体系是完全异质的，所以社会就不能被看成一个个人。在众所周知的任何社会中，都有被统治的广大群众与占统治地位的一小部分人（帕累托把他们称之为精英）之间的分离和某种意义上的对立。帕累托用社会异质的术语来指这个事实。如果说，在马克思的社会学中，阶级划分是基础，那么，在帕累托的社会学中，群众与精英的划分是决定

---

① 1937 年日本帝国主义侵占中国东北后制造的傀儡政权。——译者

性的。这个划分是全部马基雅弗利主义传统特有的。

帕累托在他的著作中给精英下的定义有两个：一个是广义的定义，指全部社会精英，另一个是狭义的定义，只适用于统治精英。

广义的定义把一小部分在自己的活动范围内取得了成功，并达到职业等级较高的层次的人视为精英的一部分。"因此，让我们假设在所有人类活动的部门中，人们给予每个人一个表明其能力的指数，有点像人们在学校教的不同课程中给考试打分一样。例如，对职业上出类拔萃的人，我们给十分。对没有揽到一名顾客的人给一分，对真正的痴呆给零分。对能赚百万法郎的人不分好坏都给十分。对能赚几千法郎的人给六分。对仅仅能维持生计的人给一分。对住在贫民窟里的人给零分。对'政治'女人，如伯里克利的阿斯巴西娅、路易十四的曼特农、路易十五的蓬巴杜，她们善于骗取伟大人物的恩宠，能够影响伟大人物对公共事务的治理，我们可以给八分或九分。对于只能满足伟大人物的欲望、对公共事务毫无影响的荡妇给零分。对欺骗人们又善于逃脱刑法惩罚的狡猾骗子，给八分、九分或十分，视其行骗的次数和从中诈取金钱的多少而定。对偷窃饭店老板一块桌布而结果被宪兵抓获的可怜的偷儿给一分。对像缪塞这样的诗人，可根据爱好给八分或九分。对听其吟诗后人们拔腿就跑的拙劣的诗人给零分。对棋手，可根据他们赢棋的盘数和种类得到更准确的指数。一切人类活动的部门都可以如是效法……这样我们就建立了一个类别，属于这个类别的人在他们各自的活动领域中拥有最高的指数，我们称这个类别为'精英'。任何其他的名称，甚至连一个简单的字母也都可以适用于我们提出的目的。"（同上引书第2027节和2031节。）根据帕累托的方法和规则，这个定义是客观的和不偏不倚的。不必在精英这个概念上寻找深刻的、形而上学的或道德的意义，这是一个客观上可以理解的社会范畴。没有必要探讨精英是真的还是假的和谁有权成为精英。这一切问题都是枉然的。精英是在生存竞争中得到了好的分数、或在"社会"存在的赌博中交了好运的人。

帕累托实际上没有运用这个广义的概念。广义的概念事实上只是为了引进统治精英的狭义概念。统治精英指的是成功者中执行政治或社会领导职能的一小部分人："在我们对社会平衡所做的研究中，把这个阶层的人分成两类也是有利的。我们将把那些直接地或间接地在政府中起重要作用的人单独列出。他们将构成'统治精英'。其余的人将构成非统治精英。例如，一名象棋高手肯定是精英的一部分。同样肯定的是，他的象棋高手的功绩不会为他打通影响政府的道路。因此，如果没有其他优点相助，他就不会成为统治精英中的一员。专制君主或有权有势的政客的情妇，由于她们的美貌，或者由于她们的智力天赋，往往是精英之一部分。但是，在她们当中，只有拥有政客所要求的特殊才干的人才能在统治中起作用。因此，人民可以分为两个阶层：一、低等阶层，即精英以外的阶层，我们暂时不研究这个阶层能够对政府施加的影响；二、高级阶层即精英阶层，它又可分成两个部分：1．统治精英；2．非统治精英。"（同上引书第2032—2034节。）[7]

　　帕累托接着又明确写道："把抽象的东西人格化，甚至仅仅赋予它们以一种客观现实的倾向，使许多人把统治阶级几乎看成为一个人，或者至少看成是一个具体的统一体。他们假设统治阶级有一个统一的意志，并相信统治阶级只要采用逻辑的措施计划就能实现。因此，许多排犹主义者把自己打扮成犹太人，许多社会主义者把自己打扮成资产阶级。"（同上引书第2254节。）不言而喻，至少在开始时他并非如此。"统治阶级本身也不是均质的。"（同上引书。）

　　社会的特点是由精英，特别是统治精英的性质决定的。实际上，一切社会都有一个特征。道德学家会认为它是非常低劣的，但社会学家却必须证实：在这个世界上财富的分配是很不公平的，但与政治竞争有关的声望、实力和荣誉的分配更不平等。物质财富和精神财富的这种不公平分配是可能的，因为归根到底是一小撮借助于暴力和狡诈这两种手段对多数人的统治。群众任凭精英领导自己，因为精英掌握着暴力手段，或者能够说服，也就是总是程度不同地欺骗多数人。一个合法的政府是这样的政府，它成功地让被统治者相信服从一小部分人是符合他们的利益、他们的义务或他们的荣誉的。统治的两种手段——暴力和狡诈的这种区别是马基雅弗利关于狮子和狐狸这一著名对比改头换面的表述。政治精英自然分成两个家族,一个可以称作为狮子家族,因为它偏好暴力,另一个是狐狸家族,因为它倾向于施展诡计。

关于社会异质和精英的理论,在《普通社会学》中得到了充分的发挥,这一理论接近于好几部著作(如《政治经济学讲义》和《社会主义体制》)中阐述的关于收入分配理论。在《政治经济学讲义》中,帕累托解释说,收入分配的曲线可以用一条直线来表示,其方程式是 $logN = logA - \alpha logx$。在这里,x 是收入的大小,N 是拥有相当于或高于 x 的人数,A 和 α 是要根据可能的统计数字确定的常数。α 指对数线 x 轴上的斜角。在表示高于平均水平的收入的二级对数图表上,斜角 α 的缩小表示收入稍不平等。[8]然而,帕累托认为,基本上来自财政的一切统计数字都表明,在所有国家中 α 的值差不多都是一致的,在一点五左右。因此,同一个收入分配的公式适用于一切社会。帕累托评论说:"这些结果是非常引人注目的。绝对不可能认为它们只是偶然产生的。显而易见,有某种原因促使收入依照某种曲线来分配。这个曲线的形式似乎很少取决于不同的经济条件,因为在英国、爱尔兰、德国、意大利城市甚至秘鲁这些经济条件不同的国家中,效果差不多都是一致的。"(《政治经济学讲义》第 960 节。)接着,他还写道:"因此,似乎收入分配的不平等对人的性质本身的依赖甚于对社会经济组织的依赖。这些组织发生的深刻变化很少能改变收入分配的法则。"(同上引书第 1012 节。)然而,帕累托进一步说,观察到的收入分配并没有精确反映社会的异质性,即不平等的优生素质的分配。如果社会不同阶层之间的流动是完善的,情况就会是这样。但实际上,它有赖于"使人能增加克服不利于发挥这些天赋的障碍的能力素质的分布。"(《政治经济学讲义补充》第二卷第 418 页。)在《社会主义体制》中,帕累托非常明显地概括了他的思想:"我们已经指出,收入分配的曲线稳定性很高,在人们从中观察它的环境和场所大幅度变化时,它的变化也不大。这个从统计收集到的事实中产生的命题乍一看是令人惊奇的。它的起源很有可能在于人的心理特性的分配，也在于财产结合的比例不能是任意的这样一个事实。"（同上引书第一卷第 162 节。）帕累托总结说，只有与人口相比财富增加了，低收入才能增长，收入的不平等才会减少。"穷苦阶级财产增加的问题首先是一个生产财富和保存财富的问题，而不是一个分配问题。改善穷苦阶级条件最可靠的方法就是使财富的增长快于人口的增长。"（《政治经济学讲义》第 1036 节。）

因此，关于社会秩序持久性的思想可能有一个经济学的基础。我不打算详细讨论帕累托的法则，但我有两个保留意见。在社会主义社会中，不能肯定旧的公式始终有效。即使旧的公式有效，社会秩序的特性也不能用财富和收入分配的惟一曲线合适地表示出来。

关于统治精英的理论，接近于另一位名叫加埃塔诺·莫斯卡的意大利作者在帕累托之前不久阐述的论点。意大利曾爆发过一场激烈的论战。帕累托是否不合适地采用了莫斯卡的思想？是否不公正地引用了他的话？[9]在莫斯卡的关于统治精英的理论中，有关心理学的内容不多，但政治色彩更浓。按照这位作者的观点，每个政治精英的特性都为一个统治的公式所决定。这个公式有点类似于我们叫做合法性的意识形态的东西。统治的公式或政治公式是一种观念，少数统治者用这种观念为自己的统治辩护，力图说服多数人相信他们的权力是合法的。在帕累托的社会学中，认为不同政治精英的特性首先决定于第一、第二种剩遗物相对丰富的程度。狐狸是这样的精英，它们具有丰富的第一种剩遗物，喜欢诡计和狡猾，竭力扩大政治与金融的结合，通过宣传维持自己的权力。这些精英的特性具有所谓民主制度的特征，帕累托称之为财阀民主制度。

现在，有些作家依然使用这种根据第一、第二种剩遗物对政治变幻所做的解释。在法国从第四共和国过渡到第五共和国前不久，朱尔·莫内罗曾经作过这样的解释：第四共和国的政治阶层遭受了第一种剩遗物泛滥的苦难，为了恢复法国的稳定性，必须促使拥有更多的第二种剩遗物、不大借助狡诈而更多借助暴力的一名精英掌握政权。[10]（狮子们同意阿尔及利亚独立之后，朱尔·莫内罗曾怀疑第四共和国的狐狸们要这样干了，这位帕累托主义者参加了反对派。）

因而，有四个可变因素有助于我们理解社会的总运动，这四个因素是利益、剩遗物、派生物和社会异质性。社会运动所依赖的这四个主要变数是相互依存的。

相互依存的公式与赋予马克思主义的公式——经济决定全部社会现象——不同。它意味着每一个变数都对其他三个变数发生作用，或受到其他三个变数的影响。根据历史唯物主义阐明的真实的相互关系，利益对剩遗物和派生物发生作用。但是，剩遗物和派生物，感情和意识形态，对经济行为和体制也发生作用。最后，社会异质性，也就是说精英之间的竞争和群众与精英之间的斗争，受到利益的影响，但也作用于利益。说到底，不存在用一个变数确定整体的情况，只有各种变数之间的相互作用确定整体的现象。[11]

在帕累托解释马克思称之为阶级斗争的现象时，帕累托理论和马克思理论（至少是帕累托所理解的马克思理论）之间的对立表现得最为清楚明白。特别是在《社会主义体制》中，帕累托明确说马克思是对的，阶级斗争是全部人类史中的一个基本因素，如果不说是惟一的基本因素的话。

但是，在帕累托的心目中，马克思在两点上错了。首先，他错误地认为阶级斗争完全是由经济，也就是说由从生产资料所有制中产生的冲突决定的，而拥有国家和军事力量也完全可以引起群众和精英的对立。在《社会主义体制》中有一页对此写得很清楚："许多人相信，如果能找到消除'劳动和资本之间的冲突'的药方，阶级斗争就会消失。这是许多把本质和形式混为一谈的阶级中人数最多的那个阶级的一种幻觉。阶级斗争只是生存斗争的一种形式，人们称作'劳动和资本之间的冲突'的东西只是阶级斗争的一种形式。在中世纪，人们原以为，如果宗教冲突消失了，社会就会平静。这些宗教冲突只是阶级斗争的一种形式。它们消失了，至少部分地消失了，被社会主义的冲突取而代之。假定集体主义制度建成了，假定'资本'不复存在了，很明显，这时资本就再不会与劳动发生冲突了。但这只是阶级斗争的一种形式消失了，其他形式会取而代之。社会主义国家中的不同劳动者之间、'知识分子'和'非知识分子'之间、各种政客之间、政客与他们的属民之间、革新者和保守者之间，也会出现冲突。是否真有人认真地认为社会主义的来临会使革新的源泉完全干涸呢？人们的幻想就不会再孕育新的计划了吗？利益就不会再促使某些人采纳这些计划以便获得一个优越的社会地位了吗？"（《社会主义体制》第二卷第467—468页。）

其次，马克思错误地认为目前的阶级斗争与过去几个世纪中可以观察到的阶级斗争本质上不一样，无产阶级的胜利将结束阶级斗争。当代的阶级斗争是无产阶级和资产阶级之间的斗争，因此，它不会导致无产阶级专政，而会导致无产阶级的代言人的统治，也就是说与往昔和将来的一切精英一样的一小部分享有特权的人的统治。帕累托认为，绝不能相信或希望少数人夺取政权的斗争能改变社会的经久不变的进程，达到一个截然不同的状态。"今天，社会主义者非常清楚地看到，十八世纪末的革命仅仅把资产阶级放到了旧精英阶层的位置上，他们甚至大大强化了新主人的压迫，但他们真诚地相信，一个新的政治精英阶层将比至今一切精英阶层都能更好地信守诺言。另外，一切革命者都相继宣称过去的革命最终只是欺骗了人民，只有他们主张的革命才是真正的革命。1848 年，《共产党宣言》指出：'至今发生过的一切运动都是少数人的运动，或者都是为少数人谋利益的运动。无产阶级的运动是绝大多数人为绝大多数人谋利益的独立自主的运动。'不幸的是，这场应给人们带来不掺假的幸福的真正的革命只是一种令人失望的海市蜃楼，从未变成现实。它有点像有几千年历史的黄金时代，人们翘首以望，但它却消失在未来的迷雾之中。在它的信徒认为已经抓住了它的时候，又飞跑了。"（《社会主义体制》第一卷第60—62页。）

根据帕累托的观点，历史上最重要的现象是少数统治者，或者用他有时用的术语说是贵族的生与死这一现象。帕累托有一句名言："历史是贵族的墓地。"（《普通社会学》第 2053 节。）"人类社会的历史在很大程度上是贵族继往开来的历史。"（《政治经济学手册》第七章第 115 节。）历史是少数特权者生生息息，他们形成、奋斗、掌权、用权、衰落，被其他少数人取而代之的历史。"新的精英通过不停的循环运动，从社会的下层阶级中冒出来，登入上层阶级，在里面发展壮大，随后衰落、被消灭、消失。这一现象是历史的要旨之一，要理解社会的伟大运动，不能不了解这一点。"（《社会主义体制》第一卷第 24 页。）这位社会学家应当想一想为什么贵族或少数领导者常常如此动荡和如此短命。

按照帕累托的分析，贵族短命的原因如下：

第一，许多贵族是军事贵族，葬身战场。军事贵族很快就衰竭了，因为他们的成员必须在战场上出生入死。

第二，一般说来，经过了几代人之后，贵族就丧失了生命力和运用强力的能力。帕累托可能会说，没有某种暴力习性，统治人是不行的，何况不应把强力和暴力混为一谈。他说，暴力常常伴随着虚弱。一般说来，夺取权力的人的孙子或曾孙一生下来就享受着优越的条件，受到了第一种剩遗物发展的侵害。他们投身于智力组合活动；有时甚至沉溺于文明和艺术的高级享受，而对社会秩序所要求的行动却无能为力。按照帕累托的哲学观点，那些变得最平庸的，因而也是人民最能容忍的贵族，往往成为自身软弱的牺牲品，被一场暴乱打翻在地，被一个强暴的精英阶级取而代之。十八世纪末的法国贵族就陷入了山穷水尽的境地。他们接受了一种人道主义的哲学，善于享受生活的乐趣，鼓励自由主义思想。他们在断头台上完蛋了。他们的消失既是可悲又是公正的，至少在历史正义的范围内是这样。历史正义要求贵族严守本职，不要沉湎于那些也许令人尊敬的感情，这种感情不会使一个阶级继续留在领导地位上。

"任何不准备发动战争以保卫自己地位的精英阶层都处于全面的衰退

之中。他们能做的只有把地盘让给具备了他们所没有的英勇气概的另一个精英阶层。如果他们认为他们宣布的人道主义的原则也将适用于另一个精英阶层的话，那是纯粹的梦想，因为胜利者会在他们的耳旁重复这条无情的原则：败者活该。上个世纪末，当法国领导阶级专心于发展他们的'怜悯心'时，断头台上的砍刀却在暗中磨快了。这伙游手好闲、轻浮的人在国内过着寄生的生活，他们在丰盛的夜宵上大谈清除人们的'迷信和粉碎可耻行为'，丝毫不怀疑他们自己将被粉碎。"（《社会主义体制》第一卷第40—41页。）

第三，最后一点，也是特别重要的一点，个人的天赋和他们占有的社会地位之间不可能存在持久的协调。个人高踞的地位在很大程度上有赖于他们一开始所享有的优惠，也就是说他们的父母占有的地位。然而，遗产继承法只能使人认为那些有统领天赋的人的儿子也将有此天赋。在精英阶层中，每时每刻都有没有资格留在其中的人。而在大众中，却有具备属于精英阶层资格的人。"如果人类的贵族类似于动物的选择竞争（这些竞争常常发生，性质基本相同），人类种族的历史就会完全不像我们所认识的历史那样。"（《普通社会学》第2055节。）

在这种情况下，社会的稳定性如何能得到维持呢？

原则上说，如果群众中产生了有资格加入少数统治者行列的少数人，对此，任何精英阶层都可以在两种方法中作出选择，也可根据可变的比例，以两种方法并用。一是消灭精英阶层的候选人，他们一般是革命者，二是吸收他们。后一种方法显然最人道，也许最有效，也就是说最能避免革命。最精于吸收潜在的革命者这种方法的是英国的精英阶层。几个世纪以来，他们向那些不是出生在特权阶层家庭中的最有天赋的一些人敞开了大门。

消灭有不同的方法。最人道的方法是流放。根据欧洲流行的一种理论，在十九世纪，殖民地的主要功绩在于为革命者开辟了逃跑之路。1871年，雷南在《法国的精神和道德改革》一书中还认为，没有移民的安全阀的社会注定要发生内乱。（在这方面殖民地是宝贵的。）他又认为，任何社会都有潜在的和心怀不满的领袖，最好是吸收他们或消灭他们。帕累托客观地指出，消灭，显而易见就是处死，是一种不人道的方法，历史上人们常常采用这一方法。

因此，按照相互依赖的循环，社会就有一种精英循环。这种现象就是帕累托所说的社会总形式的主要特征。

由于个人继承的天赋和在等级制中的地位之间不可能完全一致，任何社会都包含着不稳定的因素。社会也会受到第一种和第二种剩遗物频繁波动的影响。一个精英阶层掌权久了，他们的第一种剩遗物就会泛滥。他们会变得过于文质彬彬（不是说过于聪明），会过分地厌恶使用强力手段，这样他们就是脆弱的。群众中产生的强有力者就会发动群众反对这个精英阶层。

社会稳定，也就是说缩小革命危险的局势，要求精英阶层具有相当丰富的第一种剩遗物，要求群众有更多的第二种剩遗物。要使一种秩序延续下去，许多人用不同的方式更无耻、更刺耳地说，"人民应有宗教，统治者应有智慧。"用帕累托的话来说，就是群众必须有更多的第二种，也许还应该有第四种和第五种剩遗物，而需要有效行动的精英阶层应当有更多的第一种剩遗物。

然而，即使是精英阶层，第一种剩遗物也不应过多，集合体的持久性、社会性和个人完整性的剩遗物也不应完全没有。实际上，随着第一种剩遗物的增加，个人会变得更加关心自己的个人利益、更加自私。然而，如果说一个领导阶级必须具有灵活应变的智慧和适应现实世界的能力才能生存下去的话，那么它仍需保持责任感，保持与自身利害一致的意识。

于是，在爱好玩弄权术的习性和社会道德的利害一致的意识之间，就发生了某种矛盾。这两者都是精英必不可少的。因此，历史不可避免地出现的风云变幻，其持续时间是长短不一的。在怀疑主义的精神蔓延的阶段之后，第二、第四和第五种剩遗物突然再现。第二种剩遗物的再生是集体信仰的大规模运动，涂尔干说宗教产生于集体狂热的危机，指的就是这些运动。帕累托同意这句话，但是，他还补充说，历史正是由怀疑主义、文明和智慧阶段和爱国或宗教信仰阶段无穷循环的更替构成的。群众和精英身上的剩遗物的波动决定了相互依赖的循环。

为了完成对整个社会运动的重建，帕累托还在经济领域中作了两个对比，一是对比投机商和食利者，二是对比经济主体即财富创造者的自由活动和官僚化。

经济领域中投机商和食利者之间的对比从某种方式上说与政治领域中狐狸和狮子的比较是相应的。[12]实际上有两种可能的经济态度，一是运用计谋或投机的财富创造者的态度，二是首先希望财产安全并尽力运用可靠的投资来获得财富的人的态度。如果没有货币贬值和破产，食利者最终会拥有全部财产。基督诞生以来为求复利而存入的一个苏①今天可能就是一笔比全人类拥有的财富还要多的财富。因此，就应该不时地剥夺食利者一些东西。但这种剥夺不应太频繁，以免食利者——储蓄的创造者消失。事实上，社会依然会有依靠权术创造财富的人和囤积财富的人，以及谋求安全最终成为骗子或暴徒的牺牲品的人。

最后一个对照是创造与官僚化的对照。它与前一种比较不一样。帕累托受过工程师和经济学家的教育。作为工程师，他观察了创造财富的劳动。作为具有自由主义信念的经济学家，他分析了经济主体的行为。经济主体追求自己的利益，也为财富的增加作出了贡献。帕累托用社会僵化或国家主义和官僚组织来对比经济经纪人的自由创造性。国家，出于政治的和蛊惑人心的理由，情不自禁地会干涉经济运行，把企业收归国有、重新分配收入，并逐渐用一种会渐渐走向僵化的官僚秩序取代有利于个人创新和发展的竞争。

帕累托认为，西欧的社会是受财阀精英统治的。他们属于狐狸家

---

① 苏,法国辅助货币名,旧时相当于 1/20 里弗尔,今相当于 1/20 法郎,即 5 生丁。——译者

族，过分地受权术本能的支配，越来越无力运用统治社会所必不可少的强力了。他看到新的精英正在崛起，他们较多使用强力，较少使用欺诈手段，更新了合法性的公式。帕累托肯定会在法西斯主义的精英和共产主义的精英中认出这些属于狮子家族的暴力精英，他们夺取了衰落社会中的政权。同时，在帕累托眼中，现代欧洲社会正趋于逐步扩大官僚化活动的数量，并抑制创造财富的自由创造精神的作用。欧洲社会正在向集体主义和僵化的经济演变。"拜占庭向我们显示了我们社会正在走的曲线会通向什么地方。"（《普通社会学》第2612节。）

帕累托是否认为这个官僚主义的僵化快要来了，还是还很遥远？说真的，在这一点上，他的论述是相互矛盾的。有时，这个前景被说成是遥远的，有时帕累托似乎又相信官僚政治的阶段马上就要来临。[13]这一点是没有疑问的：写《普通社会学》时，也就是在1914年战争的前夕，帕累托看到暴力精英的统治和国家化的经济已经出现了。尽管这个理论那样令人不悦，但不承认它有一部分真理是困难的。

因此，《普通社会学》，更笼统地说，帕累托的社会学著作是对所谓民主社会的诊断。他把这种社会称之为财阀民主社会，用以强调这个社会的特点在于政治阶层（或称狭义的精英阶层）与工业和财政领导人士之间的联系。帕累托认为，这些财阀民主制度是由偏爱狡诈而不喜欢强力的精英统治的。另一方面，帕累托还看到了人道主义意识形态的发展，并认为这种意识的过分发展对社会平衡是一种危险。最后，他指出了运用行政手段管理经济的逐步发展和私人创新与市场机制的紧密结合。他看到西方社会正像罗马帝国的社会那样向僵化的官僚政治演变。

5. 科学与政治

根据他自己表示的愿望，帕累托在何种程度上成功地对社会作了科学的研究？或者，用我自己用过的话来说，他在何种程度上成功地用逻辑手段对非逻辑行为作了研究？

第一个答案马上就出现了。根据帕累托自己的看法，对非逻辑行为的逻辑-经验研究在道德上和政治上应当是不偏不倚的，不带有价值评判和激情，因为人类行为的问题没有逻辑-经验的解决方案。然而，对《普通社会学》的任何读者来说都显而易见的是，帕累托的文章中充满了激情和价值判断。帕累托有自己抓住不放的靶子、不共戴天的对手和嘲笑对象。这种态度与其他社会学家的态度肯定没有很大差别。但它原则上不符合一种客观和不偏不倚的科学不断宣布的意愿。一方面是惹人注目的纯科学的意愿，另一方面是一览无遗的激情。这两者之间的对立可以作为评价的出发点。这些被违背的意愿和这种实践是如何结合的？

帕累托嘲笑和谩骂某些人和某些思想。首先，他憎恶那些企图改善同胞们的习俗的道德主义的团体和宣传家。他对某些现代人道主义的观念也十分严厉。他对宣称以科学的名义规定一种道德和社会纲领的人毫不留情，他谴责这样的科学家。最后，他不能容忍"衰退"的资产阶级，他们丧失了自己利益的感觉，由于盲目或虚伪，看不清寡头政治的铁律，认为目前的社会是历史的终端，他们无力自卫。衰退的资产阶级容忍罢工者的暴力，却对警察的暴力愤愤不平。他们抱着安抚人民请愿的愿望，不顾经济生活官僚化的危险，准备采取任何形式的企业国有化政策。为了维护自己的统治，他们没有其他方法，只会收买可能代表了新精英阶层的工会领袖。

"在我们的时代，冲突主要是经济性的，如果政府想保护老板或'罢工破坏者'免遭罢工者的暴力，人们就会控告政府'干涉'了经济争执。如果负责公共力量的官员不愿挨打而又不使用自己的武器，人们就说他们不冷静，说他们'情绪冲动、神经衰弱'……法院的判决被谴责为'阶级的判决'。总而言之，他们总是过分严厉了。最后，最好是让大赦来抹去这些冲突的任何痕迹。我们会认为，老板们会运用直接对立的派生物，因为利益是对立的。但是，这种事件没有发生，或者以缓和的、悄悄的方式发生。……许多老板是投机商，他们想依靠政府的帮助，损害消费者和纳税人的利益来挽回罢工的损失。他们与罢工者的冲突是分赃的同谋之间的争吵。罢工者是人民之一部分，人民身上第二种剩遗物极多。罢工者不仅关心利益，而且还有一个理想。投机的老板属于靠计谋发财致富的阶级，相反，他们的第一种剩遗物极多。因此，他们主要关心利益，很少有理想。他们把时间都极好地用来搞有利可图的活动，不会去建设理论。他们当中有不少财阀出身的煽动家，能老练地把实际上针对他们的罢工扭转到对自己有利。"（《普通社会学》第2187节。）[14]

帕累托用贵族的价值体系反对敌视生活和享乐的道德宣传家。他本人是贵族，是热那亚一个贵族家庭的后裔，赞同适度和高雅的伊壁鸠鲁学说，反对极端形式的清教道德主义和禁欲主义。他认为，没有理由拒绝生命奉献给我们的东西，自以为道德的发言人的人常常受到一些感情的左右，这些感情并不像他们炫耀的感情那样纯真。不过，这第一个敌手的政治意义很小，它更多地揭示了帕累托的内在人格，而不是他的政治和社会信念。

相反，帕累托的其他靶子却揭示了《普通社会学》作者的精神、道德和政治思想。

对科学主义的揭发源自对科学的尊敬和爱慕。帕累托断定，过高估计科学，认为科学能像涂尔干想象的那样为我们提供一种政治学说甚至一种宗教的倾向，是最不符合科学精神的。对科学主义的这一批评也是对十九世纪末和二十世纪初流行的一种理性主义的批评。在帕累托的思想中，惟一真实的理性是科学的理性。然而，只有了解了自己的局限性，科学的理性才会成为惟一真实的理性。它只能指出被我们的思想和经验之间的一致性验证了的均一性，它没有穷尽现实，没有发现最终的原则，也没有用以经验的和事实为基础的理性主义的名义教授某种道德或某种形而上学。帕累托的理性主义也是对心理学中的理性主义幻觉的批评。这种幻觉认为，人最终将受理性论据的引导。帕累托的思想是对莱昂·多代说的"愚蠢的十九世纪"理性主义希望的一种反抗。他自己也愿意用这个词，并赋予它一个准确和有限的含义。他觉得，认为科学进步将导致社会本身的合理化以及随着认识的加深有了进步的人将能够根据理性来组织社会这样的想法是荒谬的。帕累托无情地揭穿了这种骗人的希望。他承认逻辑-经验的思维发展非常缓慢，也不否认久而久之由理性决定的那部分逻辑行为将会扩大，但是这种扩大不会导致以科学理性本身为基础的社会。从定义上说，逻辑-经验的思维不可能确定个人或集体的目标，只有在个人常常同意为集体利益牺牲个人利益的时候，社会统一才能维持。帕累托花了大量篇幅来论述个人的利己主义利益与集体利益之间的协调和矛盾的问题，他不厌其烦地揭露哲学家和道德家用来宣扬这两个目标最终必会协调的那些诡辩。

宣称证明了个人利益和集体利益基本一致性的那些人，一般都要证明个人需要社会存在，而社会的成员又是相互信赖的。因此，如果一个人偷盗或撒谎，他就破坏了公共秩序必不可少的相互信赖，由此他的行为也违背了他自己的利益。对于这一点，帕累托毫不费力地答道，应该区分直接利益和间接利益。对某个人来说，直接利益可以是说谎和偷窃。当然，这些行为会给他带来间接的损失，因为对整个社会秩序的损害减少了他从自己道德上有罪的行为中获得的好处，不过，在大多数情况下，这种间接的损失在数量上小于个人从有罪行为中得到的直接利益。如果个人只盘算自己的利益，他就会认为践踏集体的规则是合乎逻辑的。换句话说，我们无法用逻辑-经验的推理说服个人为集体牺牲自己，甚至不能说服他们服从集体的准则。如果说在大部分时间里人们服从这些准则，这是因为，非常幸运，他们没有按逻辑-经验的方式行事，还没有理性化和自私自利到锱铢必争只为自己的利益来行事的程度。人们由欲望或激情驱使而行事，正是这些欲望和感情使他们能在社会得以存在的范围内行事。社会得以存在那是因为人类行为是非逻辑的。因此"非逻辑行为"一词本身丝毫不是贬义的。某些逻辑行为在道德上是应该受谴责的，如投机商和小偷的逻辑行为。

帕累托的论证在传统的理性主义者看来是可恨的。它断定集体的协调一致是由感情而不是由理性保证的，实际上导致了这样一个结论，即：科学思想的进步有带来会使社会共同体瓦解的利己主义的泛滥的危险。社会共同体是由第二种剩遗物，以及第四、第五种剩遗物（后两种是次要的）维持的。然而，某种精神态度的发展削弱或用尽了这些剩遗物。这种精神态度既来源于高级文明，又来源于社会崩溃。这样，帕累托的思想就引出了一个极为矛盾的历史价值体系。我们相信道德进步、理性进步和文明进步是协调一致的，而抱着高度悲观主义的帕累托却宣布，利己主义不占上风理性就不能取胜，有着最为灿烂文化的社会也最接近于衰落，人道主义盛行的城市离血流成河的局面不远了，连最宽容的、最不爱使用暴力的精英阶层也在呼唤着摧毁他们的革命。

这种解释历史的思想体系完全不同于作为哲学教授、乐观主义者和理性主义者的埃米尔·涂尔干的体系。涂尔干在某本书中写道，如果说国家还保存着与主权之争有关的某种军事职能，那么这些往日的残存物正在消失之中。帕累托严厉地批判了这种乐观主义，把它视为实际上受到剩遗物决定的假科学学说的典型形式。然而，在一个重要问题上，涂尔干和帕累托是一致的。他们两人都看到宗教信仰来源于社会本身，来源于作用于人群的感情。但涂尔干想拯救这些集体信仰的合理性质、赋予集体信仰一个配得上集体感情的崇拜对象。帕累托带着有点令人迷惑不解的厚颜无耻回答说，这些感情根本不需要一个配得上它们的对象，不是对象激起了感情，而是先前存在的感情选择对象，无论是什么对象。

帕累托的敌手有政治敌手（人道主义者、衰落的资产阶级）、科学敌手（对人类行为提出理性解释的哲学家和宣称证明了个人利益和集体利益之间早已协调一致的道德学家）。我觉得，列举这些敌手可以使我们懂得可以赋予《普通社会学》的作者思想的各种不同意义。

帕累托想暗示什么呢？他为哪一个政治派别或思想派别提供论据？

在两次大战期间，人们情愿根据法西斯主义来解释帕累托。在差不多三十年前写的一篇文章中，我自己也指控他为法西斯主义提供了一种意识形态或一种辩护。不过，那是1937年，即使由于词汇贫乏用的词没有变化，但那时激励我们的热情，与今天是不一样的。[15]

用法西斯主义来解释帕累托是容易的。法西斯主义者，我指的是意大利人——而不是德国的国家社会主义者，完全像帕累托一样为政府的寡头政治理论辩护，为它涂脂抹粉。他们断言人民总是由少数人统治的，这些少数人只有称职才能维持他们的统治。他们告诫说，统治的职能并不总是赏心悦目的，因此，含情脉脉的人应当永远放弃或避开它。帕累托绝不是一个凶残的人。他愿意承认，政治的目的是最大限度地缩小历史暴力的数量，但是他接着又说，想取消任何暴力的迷惑人的企图往往会导致暴力的无限扩大。和平主义者帮助挑起了战争，人道主义者促进了革命。法西斯主义可以歪曲帕累托的这个论证加以利用。他们把这一理论简化了，断言统治精英要想行之有效，就应当是粗暴的。

意大利法西斯主义的许多知识分子实际上信奉帕累托。他们自诩是没有衰退的资产阶级，要接衰退的资产阶级的班。他们辩护说，他们的暴力是对工人暴力的必要的反击。他们即使公开不说，也在私下里断言，他们的最高辩护是他们恢复秩序的能力，哪怕采用暴力。既然说到底都无法在本质上、道德上或哲学上为少数领导人的权力进行辩护，那么取胜的精英阶层在很大程度上就可以用自己的成功证明自己是正确的。

在解释为了集体的最大效用和集体的最大效用的区别时，把法西斯主义思想与帕累托的思想联系起来也是可行的。为了集体的最大效用，亦即绝大多数个人的最大满足，实质上是人道主义者或社会民主党人的理想。在尽可能大的范围内给予个人以他所希望的东西，提高大家和每个人的水平，是财阀民主精英阶层的资产阶级理想。帕累托没有明确说提出这个目标是错误的，但他暗示说还有另一个目标，即集体的最大效用，就是被看成一个个人的集体的最大实力和最大荣耀。断定无法在这两者之间做出科学选择降低了为了集体的最大效用的价值，可以被看成是一种含蓄的有利于集体的最大效用的选择。甚至可以说，像帕累托那样否认在这种或那种政治制度之间作出合理选择的可能性的人是暴力精英阶层的起因，他们企图通过暴力证明他们具有统治的权利。

帕累托本人和法西斯主义的关系是有限的。帕累托死于墨索里尼登台后不久的 1923 年。他对"领袖"的运动并不那么深恶痛绝，[16] 因为他是一位社会学家而不是一个政客，他的社会学能够解释一个类似的历史反动。在他看来，法西斯主义显然是社会整体对第一种剩遗物过多、人道主义过分发展和资产阶级意志衰弱引起的混乱的一种反动。这种混乱在一个正常的社会中会引起反方向的反动。法西斯主义革命是相互依赖循环的一个阶段，是对由狡诈的精英阶层的衰落引起的混乱的强烈反动。[17]

哪一种政治经济制度在理论上会博得帕累托的青睐？一方面，帕累托认为个人的创造精神是最有利于财富增长的经济机制。因此，在经济理论上，他是一位自由主义者，他接受国家的某些干预，只要这些干预能促进市场运转，或者能使投机商既顾己又顾大家。在政治方面，他的思想使他赞成一种既专权又适度的制度。也许帕累托组合了莫拉斯喜爱的两个形容词——绝对和有限。这不是他的语言，不过，众人最向往的制度，至少按照它为众人谋利的观点看，是统治者有能力决策而又不企图包揽一切、尤其是不企图把他们思想和相信的东西强加给公民特别是知识分子和教授的制度。换句话说，帕累托可能赞成从经济角度和科学角度来看都强大而又自由的政府。他向统治者推荐知识自由主义，不仅因为他个人喜爱它，而且因为在他眼中研究和思想的自由对科学思想进步来说是必不可少的。长此以往，整个社会就会在逻辑-经验思维的进步中大获其益。

同样，如果从法西斯主义的角度来解释帕累托的思想不是不可能的（人们常常这样做），我们也可以从自由主义的角度来解释，并用帕累托的论据来证明民主制度或财阀民主制度是正确的。

帕累托知道，G·莫斯卡花了前半生时间来揭露代议民主制的卑劣行径，他也把代议民主制叫作财阀民主制。在后半生中，他致力于证明，这些制度尽管有缺点，但毕竟是人类历史上最好的制度，至少对个人说来是这样。因此，在接受帕累托对民主制所提出的许多批评时，人们可以看到对个人说来这些制度是缺点最少的制度，因为既然任何制度都是寡头制度，那么财阀民主的寡头至少还能分化，同时其活动能力还能受到限制。对个人自由说来，民主制的精英阶层危险最小。

帕累托狂热的崇拜者莫里斯·阿莱斯认为，帕累托不仅是经济上的自由主义者，也是政治和道德上的自由主义者。他认为，帕累托的学说回答了下述问题：怎样把集体对个人行使的不可避免的统治缩小到最小的程度？为了限制人对人的统治，应当让市场机制发挥作用，并拥有一个足够强大的国家，以强迫人们尊重某些人的精神自由和所有人的经济自由。

因此，如同人们有时所说的那样，帕累托并不必然是极权制度的理论家。事实上，他为许多人（如果不是为所有的人）提供了论据，这些论据从各个角度都可以加以利用。掌权的精英阶层援引帕累托的论据来奠定自己的合法性，因为一切合法性都是任意的，成功当然成了最高的合法性。只要还在掌权，人们就会把这种论据当作最后的砝码。如果丧失了政权，或者没有能取得政权，人们可以打开《普通社会学》，即使找不到为失败的事情的辩护，至少会找到一种对不幸的安抚。人们会抱怨说，正因为他们比掌权者更正直，正因为他们拒绝了必要的暴力，所以他们在牢房里而不是政府的宫殿中了此余生。

这些抱怨者有点道理。1917 年，围绕在一个还没有实现工业化的国家中能否进行社会主义革命的问题，俄国的不同的马克思主义学派展开了大辩论。孟什维克认为，由于缺乏工业化和资本主义，俄国还没有成熟到可以进行一场社会主义革命的程度，他们还说，如果工人政党不幸地主张在一个不适宜完成这种任务的国家中完成一场社会主义革命，结果不可避免地会出现至少半个世纪的暴政。革命的社会主义者一方想发动一场革命，不过这是一种民粹主义而非马克思主义的革命，他们不同意牺牲一切自由。布尔什维克在1914年战争爆发前，就非工业国家中的社会主义革命是否可能问题进行了长期争论，但是一旦投入行动，他们就忘却了他们在理论上的分歧，认为首要的事情是夺取政权。总之，布尔什维克信守诺言，孟什维克也一样。布尔什维克登台掌权，孟什维克鞲铠下狱。但是孟什维克看得准确，因为这场在资本主义刚刚萌芽的国家里进行的革命确实导致了一种独裁制度，并维持了半个世纪。

帕累托不是任何团体的发言人。他有自己的爱憎，不过这些爱憎使许多学派都汇集到他身边来了。许多意大利法西斯主义者均仰仗他和索列尔，而他自己一开始也认为法西斯主义是对某些过分行为的一种健康的反应。但是，作为一名真正的自由主义者，他不会长期亲近这个政权。这位自由主义的社会学家清醒地宣布不久将发生暴力行为。后来他也没有逆来顺受。喜欢帕累托也好，讨厌他也好，但总不应把他看成是一个党派的代表，而应当把他看成是一种悲观主义和不加掩饰的思维方式的代言人。幸运的是，任何人都没有全部采纳这种思维方式，连他本人也没有。

帕累托属于这样的思想家，他们的特征在很大程度上是由他们的对手来确定的，考虑的是怎样反对他人。他同时考虑反对野蛮人和文明人、反对独裁者和天真的民主主义者、反对宣称找到了事物真谛的哲学家和认为只有科学才有价值的学者。因此，他的著作的内在意义不能不是捉摸不定的。很清楚，帕累托反对确定个人或社会应当为自己提出的目标。他在探讨这样的问题，当一个民族由于丧失了民族独立而使辉煌的文明阶段快要结束时，把几十年或几百年的文明给予这个民族是否合适。他宣布这种问题是没有答案的。因而，某些读者就认为最好是维护一种文明的光彩，哪怕付出以后面临政治衰败的代价，另一些人则认为首先应维持民族的团结和力量，哪怕是牺牲文化。

帕累托暗示科学真理和社会效用之间存在着一种内在的矛盾。社会的真理毋宁说是社会瓦解的一个因素。真理不一定都有益。效用来自想象和幻觉。每个人都可以按照个人的爱好自由地选择真理和效用来为他所属的那个社会服务。帕累托的政治教诲在本质上是模棱两可的。

6. 有争议的著作

《普通社会学》在社会学文献中占有一个与众不同的地位。这是各种社会学主要思潮之外的一个庞大的整体(庞大一词就其外形而言),蒙受着各种针锋相对的评价。一些人认为这部著作是人类才智的杰作之一,另一些人同样激动地把它视为愚蠢的庞然大物。[18]我曾从那些也可以被认为是佼佼者的人那里听到过这些极端的评价。这是一种罕见的情况。往往会发生这种情况,半个世纪过去后,人们心平气和了,著作得到了一个与作者的真正功劳并不一定一致的地位,但毕竟有某种一致之处。对《普通社会学》说来,就不能参照公共舆论了,因为没有这方面的公共舆论。这个事实也意味着,《普通社会学》具有一种模糊的性质,尤其是它问世时挑起的激情还没有平息。主要原因是,这种思想给读者带来了一种不安,某些人,如我的一位意大利朋友说,帕累托的思想最多只对上了年纪的、已对世界进程感到讨厌的人来说是有价值的。但是,应该避开这些激烈态度和过激的评价。我现在想明确一下我自己的评价,我的这个评价居于两个极端的中间。

帕累托在起草《普通社会学》时,他的心理学机制是这样的:这位社会学家原来是工程师,他在职业活动中体验出逻辑行为就是由科学认识支配的、其效果证明意识活动与客观世界的事实发展之间的一致性的行为。后来他从工程师变成经济学家,他又以不同的方式再次找到逻辑行为的相同的特点,这次是用对利润、开支和产量的计算来确定逻辑行为的。经济计算可以确定一种逻辑行为。一旦有了某些目标和某些可支配的手段,逻辑行为就按照科学知识了解外部环境,尽力适应一种偏好的等级制度。然而,帕累托不甘愿只做一名经济学家。他还观察了十九世纪末二十世纪初法国和意大利的制度。他惊奇地发现,工程师或经济主体的逻辑行为与政客的行为之间相去甚远。政客们援引理性，无穷无尽地推理，但都是不合理性的。一些人以为人类的宗教与工程师或经济主体的行为同出一源。另一些人相信可以依靠科学来改变人类社会秩序，并宣布社会主义革命或自由主义革命之后将会有正义的统治。

换句话说，帕累托对照了工程师和经济学家的经验与在政治舞台上观察到的东西，提出了他的著作的基本论题，即逻辑行为和非逻辑行为的二律背反。同时他还发现，最糟糕的幻觉是前一代自由主义者和民主主义者的幻觉。他们认为理性的进步将使人类进入一个前所未有的时代。帕累托与 1848 年这一代人的错误信念反其道而行之。他看到了实际上的民主制已变成何物，代议制度又是如何运转的，他苦恼地得出这样的结论：万变不离其宗，总是少数特权者占上风。少数人可以无穷无尽地改变派生物或辩护理论，但现实一如既往。任何政治制度均是寡头制度，任何政客都是利己的或天真的。往往是最不天真的，也就是说最不正直的人却对社会最为有用。另外，为什么个人的正直是社会效用的一项条件呢？为什么科学的真理应该成为社会的基石呢？

我觉得，这就是帕累托思想的中心。这样，人们就可以理解为什么他在教授和社会学家中总是孤立的了。承认真理本身可能有害，这对有才智的人来说几乎是不能容忍的。帕累托本人是否完全相信这一点，我没有把握，但是他故作姿态地肯定了这一点。

要从社会学家的角度来评价《普通社会学》，就应当循序考察它的两个基本部分，其一，关于剩遗物和派生物的理论，其二，关于精英循环和相互依赖周期的理论。

帕累托的剩遗物和派生物理论是一种思想运动，马克思、尼采和弗洛伊德的著作有时也是这场运动的组成部分。论题是人们的行为和思想具有的动机和意义不同于行为者本人所承认的动机和意义。帕累托的理论类似自尼采和弗洛伊德以来所说的深度心理学，或以马克思著作为开端的意识形态的社会学。但是，帕累托的批判不同于精神分析的方法和社会学的解释方法。与精神分析方法相反，帕累托的方法不属心理分析法，因为它自愿不去了解以剩遗物为其惟一表现的感情或精神状态。帕累托不用潜意识和无意识来专心研究内心深处和外部直接可看到的行为和语言之间的中间层次。与马克思对意识形态的批判相比，帕累托的方法有两个特殊之处：一、它不注重建立派生物或意识形态与社会阶层之间的关系，帕累托甚至不提出各个社会阶层是各种意识形态的主体；二、他不太关注派生物和理论的历史特点和显著特性。他的研究旨在完整地列举各种别的剩遗物和派生物，在于缩小人类历史进程的意义，在于介绍一个不朽的人或一个永恒的社会结构。

因此，帕累托的方法既不是纯心理学的，也不是专门历史学的，而是生殖性的方法。无疑，帕累托在寻找放之四海皆准的剩遗物分类法，不时接近对心理学机制的分析。特别是在研究说服和鼓动他人的手段时，帕累托对现代宣传和广告心理学做出了贡献。与此相同，他不想像有些心理分析学家那样向我们揭示人性的基本冲动。这些心理分析学家区分了性冲动、占有的冲动，德国人称之为求名欲望的趋向价值的冲动，以及被别人承认的需要。帕累托停留在剩遗物的中间层次，即可以通过行为看到的感情的表露。我们不能说这种方法是不合适的，但显然它包含着一种危险，即最后不是解释而是怀疑，甚至用表现为剩遗物的人类的实际行为代替解释。

我举一个帕累托所喜欢的例子。人类学家发现，人类常常赋予一个场所、一件东西、一块砖头或一个因素以一种特殊的意义。某些人力图解释这些手段，寻找能赋予这种手段以意义的思想体系。帕累托反驳说，这种解释方式在于把次要的、不决定人类行为的现象——派生物——看得过重，这些派生物可以无休止地被更新，但富有感情的集合体却可以一成不变。的确，知识体系并不一定是行为的决定因素，但是，如果在解释这些富有感情的集合体时说它们是第二种剩遗物的一个范例，那么心怀叵测的人就会说这个解释几乎与用催眠的效用来解释鸦片买卖一样能说服人。说到底，用集合体的持久性这些剩遗物来解释富有感情的实体容易陷入假解释的泥坑。

换句话说，由于帕累托既不关注尼采或弗洛伊德所揭示的心理学机制，也不关注马克思试图在具体社会中分析的社会机制，他研究社会学一般特性的中间方法，还是一种表面上的方法。我不敢说其结论是错误的，但也许它们并非总是很有教益的。

最后，令人惊奇的是，帕累托区分了六种剩遗物，但是，在《普通社会学》的第二部分中，当他讨论相互依赖的周期时，只有两种剩遗物——组合的本能和集合体的持久性起着重要作用。组合的本能是知识研究、科学进步和自私自利的发展的起源，也即既是高级文明的原则又是高级文明崩溃的原因。集合体的持久性成了全部宗教的、民族的、爱国的感情的相等物，这些感情维持着社会。

现在，我们有了一种突如其来的，但有点令人讨厌的印象，好像又在聆听一位启蒙时期的哲学家的讲话，但其价值观念可能被部分地颠倒过来。实质上，一方面是理性和批判精神的进步，另一方面是一切教会的神甫，他们在传播幻觉，制造谬误，并且认为迷信思想不是神甫的业绩，如像百科全书派会说的那样，而是不加论证的信仰或献身于神话的人类需要的永恒表现。在这个意义上，帕累托属于十八世纪理性主义的思想路线，尽管他可能已经从奢望转向了一种过早的顺从。尽管这种对比有几分道理，我们还是不能不思考花这么多的章节，又举了这么多的例子来找出逻辑行为和感情行为、科学理性和宗教迷信之间那种原有的区别是否必要。这种区别被描绘成人类和社会的基本结构。

如果说在我看来《普通社会学》的第一部分没有足够的心理学内容，那么相反我觉得第二部分的心理学内容太多了。这个批评不是一个悖论。由于他喜欢概括的雄心和不愿研究感情的态度，第一部分的方法在进入心理学的门槛之前就止步不前了。但是，在第二部分中，精英的特性主要是根据他们的心理特征来确定的。在粗暴的精英身上第一种剩遗物占上风，在狡诈的精英身上第二种剩遗物占上风，这一切概念本质上都具有心理学的性质。他用精英和群众的感情、脾气和态度来解释、说明民族历史的波折变故。二十世纪初，爱国感情和宗教感情的觉醒在帕累托心目中是同一种剩遗物在人类意识中的持久性的又一个例证，也是人类感情的起伏决定历史事件的又一个例证。的确，帕累托明确承认，历史的进程更依赖社会组织，而不那么依赖个人的感情："现象的主要部分是组织，而不是个人有意识的愿望。在某些情况下，组织甚至能把个人拖入有意识的愿望不会把他们带去的地方。"（《普通社会学》第2254节。）但是，《普通社会学》的最后几页以某种形式归纳了第一种剩遗物和第二种剩遗物、狡诈的精英和粗暴的精英差别的由来。这种说明方法，即使有部分真理，也不会令人满意。

帕累托尽力建立起一个全面的解释体系，并使之成为可与理性力学的模式相比的一种简化的模式。他承认命题过分简单，需要逐步加以明确和复杂化，不过他认为他已用相互依赖的周期确定了社会平衡的一般特性。然而，我们会看到，一方面，其中某些命题是真实的，确实能适用于一切社会，而另一方面，这些命题又没有抓住事物的本质。换句话说，在社会学中，普遍性的东西并不一定就是本质的、最有意义或最重要的东西。

帕累托断言，一切社会都存在少数特权者，或者说广义上的精英阶层。在这个精英阶层里，又可以区分出一个狭义的统治精英阶层。我认为这个命题是无可非议的。以前出现的一切社会本质上都是不平等的。因此，把在经济上或政治上占有最好地位的一小部分人与大多数人区别开来是合适的。随后帕累托又说这些少数特权者兼用强力和狡诈来保住他们的地位。如果人类同意用狡诈指一切说服他人的手段，我会毫不犹豫地说他是对的。如果不用强力胁迫或说服大多数人接受必要的服从，一个人如何能指挥大多数人？少数人运用强力和狡诈进行统治的论断是无可辩驳的，只要赋予这两个术语一个相当模糊的含义。不过，我觉得，有意义的问题还不在此。少数特权者和大多数人的真正关系是怎样的呢？什么是不同精英阶层乞求的合法性原则？精英阶层用什么方法维护自身的地位？不属于精英阶层的人怎样才能进入精英阶层？虽然我们已经同意了最一般的命题，但我觉得历史的差别还是很悬殊，因而也是最重要的。的确，帕累托也许根本不会否认我刚才提出的看法。他只想回答说，他所以提醒人们注意这些一般命题，是因为统治者甚至被统治者往往会忘记它们，他不否认各个政治阶层行使政权的不同方式之间有实质性的区别，他懂得这种差别对被统治者的影响。不过，他明确地或含蓄地倾向于贬低各种制度、各个精英阶层和各种统治方式之间的差别。他说"这是换汤不换药"，又说历史在不断重复着，因此，各种制度之间的差别是次要的。不论他是否愿意，他告诫人们逆来顺受地接受人类事态的进程，几乎不由自主地把按照正义原则改造社会组织的努力说成是虚幻的。

因此，我的反对意见如下：一方面，帕累托用精英阶层的心理学而不用政权或社会的组织来确定各种制度的特性，另一方面，他又说最一般的东西是最重要的东西。这样他就把一切社会共同的特征与一切社会秩序的基本特征混为一谈了，贬低了历史差异的价值，几乎剥夺了变化的任何意义。

我的最后一个意见将涉及逻辑和非逻辑理论。根据帕累托同意的定义，非逻辑行为可以分为好几个范畴，观察家根据自己的而非行为者的认识来评价一项行为的逻辑性质或非逻辑性质。在这些条件下，由科学上的错误支配的行为是非逻辑行为，受幻觉或神话影响的行为也是非逻辑行为。我们称之为象征性的或礼仪性的行为也是非逻辑行为，因为这些行为的目标仅仅是向代表价值的物和事表现感情。最后，宗教行为或巫术行为也是非逻辑的。

是否可以把科学上的错误、与今天我们看来过时的形而上学有关的迷信、由乐观主义或理想主义的信念激发的行为、礼仪性的行为和巫术惯例放进一个独特的范畴呢？是否真有一个独特的范畴？能否像帕累托那样认为所有这些非逻辑行为都不是由推理，而是由感情或精神状态决定的？逻辑和非逻辑的两重性可以引导人们认识由推理决定的行为和由感情和精神状态决定的行为的两重性。这个简化了的二律背反是否不仅是危险的，而且还使现实走了样？由表面上科学的但事后被证明是错误的命题所支配的行为，可以通过与理解一项礼仪活动或革命行动一样的机制来得到解释这一点是否明显？[19]

的确，可以逐渐增加帕累托的分类，但危险的是，分别引出推理行为和感情行为的逻辑行为和非逻辑行为，其两重性是粗略的。它引导帕累托对人性作出了一种二元论的描述，随后引导他对精英和制度作出了二元论的分类。这些独具一格的对立能够引起一种他自己并不打算要的、但又难以全盘否认的哲学。总之，既然精英阶层的政权的惟一无可非议的辩护是成功的，因而用有效的短期手段来谋求政权是令人羡慕的。面对一个狡诈的精英阶层，也就是说面对想说服他人的精英阶层，革命者将问心无愧地求助于强制手段。像毁坏了文学一样，善良的感情最终是否也会毁灭社会？

生平简介

1848 年 7 月 15 日　维尔弗雷多·帕累托生于巴黎。原籍利古里亚，十八世纪初进入贵族阶层，属热那亚的贵族阶层。1811 年，祖父乔瓦尼·贝内代托·帕累托爵士被拿破仑封为帝国男爵。父亲是马志尼的拥护者，因其共和思想和反皮埃蒙特人的思想被流放。他在巴黎娶了维尔弗雷多的母亲玛丽·梅特尼埃。

1850 年左右　帕累托一家返回意大利。维尔弗雷多学完传统的中等教育课程后，在都灵的综合技术大学攻读理科。

1869 年　帕累托写了一篇论文，题为《固体平衡的基本原则》，并作答辩。

1874—1892 年　帕累托迁居佛罗伦萨。在铁路公司当工程师，后成为意大利铁路公司的总经理。因职务需要，他到国外特别是英国旅行。他与佛罗伦萨的亚当·斯密学会一起参加了反对意大利政府的国家社会主义、保护主义和黩武政策的运动。这时他是民主主义者，拥护一种不妥协的自由主义。

1882 年　参加皮斯托亚选区议员竞选，没有成功。

1889 年　娶原籍俄国的亚历山大·巴枯宁为妻。同年，在罗马参加和平与国际仲裁大会。大会根据他的提议，散发了一份关于要求贸易自由的意见书。

1891 年　帕累托读了马费奥·潘塔莱奥尼的《纯粹经济学原理》。后者向帕累托指出了瓦尔拉、库尔诺和埃奇沃思的著作。他在米兰的一次讲演被警察阻止。他与 L·瓦尔拉接触。意大利政府不准他免费教授政治经济学。

1892—1894 年　帕累托发表了一些关于纯粹经济学基本原理、数学经济学和各种经济学理论问题的文章。

1892 年　瓦尔拉推荐帕累托接替他在洛桑大学开设政治经济学

教职。

1893 年　帕累托被任命为洛桑大学政治经济学教授。这时，他开始了新的职业生涯，专攻科学，并发表作品。

1896—1897 年　在洛桑用法文发表《政治经济学讲义》。

1898 年　帕累托继承了一位伯父的大笔财富。他在瑞士家中接待一些意大利社会主义者。他们在逃避米兰和帕维亚骚乱后开始进行的镇压。

1901 年　帕累托迁居莱芒湖边日内瓦州塞利涅的"安哥拉"别墅。这时他的思想更趋保守，更敌视没落资产阶级的人道主义。前往巴黎，在高等研究学院授课。他的妻子离他而返回俄国，帕累托立即要求离婚。1902 年起，他就与让娜·雷吉斯同居，直至逝世前不久才与她结婚。《普通社会学》一书是献给她的。

1901—1902 年　《社会主义体制》用法文在巴黎发表。

1907 年　《政治经济学手册》在米兰发表。

1907—1908 年　患病，帕累托逐渐把经济学课的教课任务让给帕斯卡尔·博宁塞尼。1912 年停教经济学，只教一点社会学课程。

1909 年　精心修改《政治经济学手册》的法译本。

1911 年　《伦理主义的神话和不朽文学》法文本在巴黎发表。

1916 年　帕累托最后一次系统讲授社会学课程。《普通社会学》在佛罗伦萨出版。

1917 年　帕累托在洛桑大学参加庆祝他任教二十五周年纪念大会。

1917—1919 年　把《普通社会学》译成法文，并在洛桑和巴黎出版。

1920 年　《事实与理论》在佛罗伦萨出版，这是一本主要由关于第一次世界大战的政论文辑成的集子。

1921 年　《民主制的变革》在米兰出版。

1922 年　为了抗议瑞士社会主义者倡议提取财产税，帕累托在迪沃那住了几个月。年终时，他同意出任(B·墨索里尼的)意大利政府驻国联代表。

1923 年 被任命为意大利王国参议员。

他在《等级体制》上发表了两篇文章，表示归附法西斯主义，但要求法西斯主义自由主义化。

1923 年 8 月 19 日 死于塞利涅，并葬于该地。

注释

[1] "看到这里，读者也许已经发现，我们从事的研究类似于语史学上常见的其他研究，也就是说，类似于以探讨产生一种语言词汇的词根和派生法为目的的研究。这种类似不是人为的。它源自这样的事实，即不管在何种情况下，研讨的都是具有共同过程的人类精神活动的产物。

"不仅如此，还有另一种相似。现代语史学非常清楚地懂得语言是一种按照自身特有的规律而发展的有机体，不是人工创造的。只有一些技术用语，如氧、米和温度计等，是学者逻辑行为的产物。它们与社会上的逻辑行为是一致的，而平民的大量用词的任何形成却与非逻辑行为一致。此后，就到了社会学应前进，并努力达到语史学已经达到的水平的时候了。"（《普通社会学》第879、第883节。）

[2] 如果不记住帕累托根深蒂固的自由主义信念，他的这个思想是难以理解的。帕累托以同样的方式为本世纪初在法国受到激进分子和左翼集团迫害的天主教神职人员和1898年在意大利受到追逐的社会主义者辩护。他基本上反对一切宗教裁判所。朱塞佩·拉费拉写的《维尔弗雷多·帕累托：伏尔泰式的哲学家》（佛罗伦萨，新意大利出版社1954年出版)一书，很好地指明了《普通社会学》作者的这种人格特征。

[3] 在研究这一种剩遗物时，帕累托无情地、引人入胜地分析了平等主义者的要求。他专心致志地揭露这些要求的虚伪性。他很可能会像乔治·奥威尔在《动物共和国》一书中所说的那样认为，平等主义者都以此为信条："动物都是平等的，但某些动物比其他动物更平等。"帕累托这样写道："平等的要求几乎总是隐藏着特权的要求。"（《普通社会学》第1222节。）"人们谈论平等是为了抽象地得到它，然后又做出无穷无尽的区分来具体地否认它。平等应当属于大家，但只能给予几个人。"（同上引书第1222节。）"在我们的同代人中，人人平等是一个信

条，在法国和意大利，'自觉的劳动者'和'不自觉的劳动者'之间、普通公民和受议员、参议员或大选举人保护的公民之间照样存在着巨大的不平等。有些赌场是警察不敢碰的，因为警察发现里面有议员或其他大人物。"（同上引书第 1223 节。）这些看法是对社会虚伪的一个雄辩的批判，也是对社会宣布的理想与其日常现实之间的差距提出异议。

〔4〕 我们知道 S·切科廷在他所写的《以政治宣传强奸民意》（巴黎，1952 年出版）一书中论述宣传手段时，提到现代社会学文献是繁多的，尤其是英语文献。如有：D·勒纳的《战争与危机中的宣传》（1951年）、A·英克尔斯的《苏维埃俄国的公共舆论》（1951 年）、L·弗雷泽的《宣传》（1957 年）……

让我们从希特勒那儿引用几句颇具特色的话："大多数人民的性格都那样女性化，以致他们的意见和行为主要是受通过感官所产生的印象的指导，而不是受纯粹的反省的指导。这种印象丝毫没有经过精心加工，是非常单纯和有限的。它不包含任何细微差别，只有关于爱和恨、权利和不公正、真理和谎言的肯定或否定的观念。半拉子的感情不存在。""如果不绝对严格地依靠一项基本的原则，在宣传组织中出现的任何天才都会一败涂地。应当缩小观念的数目，而且经常加以重复。"（引自阿道夫·希特勒的文章《我的学说》，巴黎，法亚尔出版社 1938 年出版第 61、第 62 页。）

〔5〕 帕累托常常提起这个思想，因为他担心别人不能很好地理解他。"赋予剩遗物甚至感情以一种客观存在是有危险的，对此应当注意。事实上，我们观察的仅仅是处于通过我们称为感情的东西而显示出的一种状态之中的人。"（《普通社会学》第 1690 节。）

〔6〕 乔治·索列尔（1847—1922）是帕累托的同时代人，他与帕累托有书信来往和学术上的经常交流。他与《普通社会学》的作者有许多共同之点。与后者一样，索列尔也受过科学方面的训练，是综合工科学校的学生；和他一样，索列尔也有过工程师的生涯，是桥梁和道路工程师；和他一样，索列尔对经济颇有兴趣，发表过《现代经济学导论》；

和他一样，索列尔坚定不移地蔑视衰落的资产阶级。索列尔的许多论点都可在帕累托的著作中找到对应物，但索列尔的思想比帕累托的思想更接近马克思主义，更为理想主义，尤其是更为混乱。索列尔的主要著作有：《关于暴力的思索》（1906年）、《马克思主义的解体》（1908年）、《无产阶级理论的素材》（1919年）、《论实用主义的效益》（1921年），所有这些著作均由巴黎里维尔出版社出版。索列尔的思想在意大利的学者中，在法西斯主义和社会主义的理论家中影响很大。关于帕累托和索列尔的关系，可参阅托马索·贾卡洛内-莫纳科的著作《帕累托与索列尔：思考与研究》（帕多瓦，第一卷1960年出版，第二卷1961年出版）。

　　[7]　在《普通社会学》问世之前的另一部著作《社会主义体制》一书的引言中，帕累托用下述方式描绘了统治精英的现象："可以根据人们拥有的财富和必须具备的素质（财富、知识、道德价值、政治才能）的大小多少来安排他们在有点像陀螺形的不平等的分配金字塔上的位置。同样的个人，在我们刚才假设的同样的图表中不一定占有同样的地位。实际上，断言在数学或政治天赋分配表中处于上层的人，与在财富分配表中处于上层的人是一样的，这显然是荒谬的……如果根据人们的影响、政治权力和社会权力来安排的话，那么，在大多数社会中，至少有一部分人，他们在这张图表中占有地位与在财富分配表中占有地位是相同的。所谓的上层阶级一般也是最富有的阶级。这些阶级代表了一个'精英阶层'，一个贵族。"（《社会主义体制》第一卷第27—28页。）

　　[8]　关于帕累托的收入分配"法则"，除《政治经济学讲义》和《政治经济学手册》外，还请参阅G·布西诺汇编和出版的《关于财富分配曲线的论文》（日内瓦，德洛兹出版社1965年出版）。

　　帕累托的这个法则引出了许多经济学著作。其中主要有：G·廷特纳的《经济学家的数学和统计学》（巴黎，迪诺出版社出版第一卷）、J·廷柏根的《收入分配理论》（载《法国和意大利文献》1963年第二期）、R·鲁瓦的《统计学家帕累托：收入分配》（载《政治经济学杂志》，

1949 年)、N·O·约翰逊的《帕累托法则》（载《经济统计杂志》，1937年）、C·布雷夏尼-图罗尼的《统计资料年鉴：帕累托法则和收入不平等的指数》（载《经济学》，1939 年）、玛丽·J·鲍曼的《美国个人收入分配图解》（载《美国经济评论》，1945 年，转引自《收入分配理论选读》，赫姆霍德，R·D·爱尔文出版社 1951 年出版，第72—99 页）、D·H·麦克格雷戈的《帕累托法则》（载《经济学杂志》，1936 年）、F·吉昂卡蒂的《论收入分配》（载《经济杂志》，1949 年）、R·达达里奥的《收入分配研究》（同上）、E·C·罗兹的《帕累托的收入分配论》（载《经济学》，1944 年）。

[9]　在《社会主义体制》出版前十七年，G·莫斯卡在一本题为《论统治者的理论和议会政府》（1884 年）的著作中，就已阐述了关于统治精英和政治公式的理论。帕累托是否照搬莫斯卡的说法尚难断定。但是，如同G·H·波斯凯写的那样，"莫斯卡曾彬彬有礼地要求帕累托承认他胜人一筹，帕累托拒绝了，说相同的观点会引来布克尔、泰恩和别人早已陈述过的平凡思想。莫斯卡能得到的一切，就是帕累托在《手册》的一个注解中用傲慢无礼和不公正的口气提到了他一下（这个注解在法文版《手册》中没有被译出）。"（《帕累托：学者和人》，洛桑，帕约出版社 1960 年出版，第 117 页。）

关于这场论战，参阅 A·德彼得里-托内利的《莫斯卡与帕累托》（载《国际社会科学评论》，1935 年）。

不久，G·莫斯卡在《政治学基础》（第一版，1896 年；第二版作了修订和增加，1923 年，都灵，波卡出版社)中阐述了他的思想。此书英文版叫《统治阶级》（纽约，麦格劳·希尔出版社 1939 年出版）。在 G·莫斯卡的一本法文版著作《政治学说史》（巴黎，帕约出版社 1965 年出版，第7—9 页，第243—253 页)中可以找到这一思想的梗概。还可以看J·伯纳姆论述莫斯卡的章节（《马基雅弗利主义者：自由的捍卫者》，巴黎，卡尔曼-列维出版社 1949 年出版，第97—125 页）。

[10]　参阅朱尔·莫内罗的文章《认识原因的政治》（载《复兴论

文集》，由法兰西民族小组发表，巴黎普隆图书公司 1938 年出版，该小组成员有皮埃尔·安德留、菲利普·阿里埃斯、皮埃尔·布当和阿里伊）。朱尔·莫内罗还写了《共产主义的社会学》（巴黎，伽里玛出版社 1949 年出版），此书深受帕累托政治社会学的影响。

[11]　相互依赖的社会学理论是帕累托在《政治经济学讲义》和《政治经济学手册》中阐述过的普遍互相依赖和平衡的经济理论的位置移动，但是其主要精神是莱昂·瓦尔拉在《纯粹经济学基础》中提出来的。关于这些经济理论，参阅 G·皮卢的《经济平衡理论：L·瓦尔拉和 V·帕累托》（巴黎，多马-蒙克莱蒂安出版社 1938 年出版，第二版）、F·乌尔的《洛桑学派：L·瓦尔拉和 V·帕累托著作选》（巴黎，德洛兹出版社 1950 年出版）、J·熊彼得的《经济分析史》（伦敦，艾伦和昂温出版社 1963 年出版）。

[12]　"人们在资本家这一名称下，混淆了并且继续在混淆从土地或储蓄中获得收入的人和企业家。这对认识经济现象是非常有害的，对认识社会现象更为有害。事实上，这两种'资本家'的利益常常是不同的，有时是对立的。他们之间的对立甚至比所谓的'资产阶级'和'无产阶级'的对立更加激烈。从经济学的观点看，储蓄的收入和他租借给占有者的其他资本的收入越小，对企业家就越有利。相反，越是大，对生产者就越有利。如果生产的商品涨价，企业家就有利可图，如果他从自己产品中获得的利益中得到补偿，那么别人商品的涨价对他来说是无关紧要的。所有这些涨价均损害了单纯的储蓄拥有者的利益。对产品征的商品税对企业家危害不大，因为有时他可以利用税收避开竞争。税收总是危害收入来自储蓄利息的消费者。一般说来，企业家几乎总是能从消费者身上收回由重税而多付出的费用。单纯的储蓄拥有者却几乎永远不能做到这一点。同样，劳动力的涨价对企业家往往只是略有损害，只对正在生效的合同产生影响。对于未来的契约，企业家可以通过提高产品价格来弥补损失。相反，单纯的储蓄拥有者常常受到涨价之苦，又不能用任何方式弥补损失。因此，在这种情况下，企业家和工人就有了共

同利益，这种利益与单纯的储蓄拥有者的利益是对立的。对享受关税保护的工业企业家和工人也一样……

"从社会的观点看，对立也不逊色。玩弄计谋这一本能特别发达的人加入企业家的行列。玩弄计谋的本能是在这种职业中取胜的必不可少的本能。集合体持久性的剩遗物占主导地位的人依然是单纯的储蓄拥有者。正因为如此，所以企业家一般是经济领域和社会领域冒险性强、追求新事物的人。动荡并不使他们难过，因为他们希望从中渔利。相反，单纯的储蓄拥有者往往是安于本分、谨小慎微的人，他们总是像兔子一样竖着耳朵。他们不希望动荡，常常为此提心吊胆，因为他们有过痛苦的经验，知道他们几乎总是为此付出代价的。"（《普通社会学》第2231节和第2232节。）

[13] "从经济和社会的角度看，在十九世纪的一段时间内，我们地区的繁荣——尽管只是一部分地区——是它们的成员的自由活动的结果。现在，僵化开始形成了，完全像罗马帝国一样。人民希望这种僵化，因为在许多情况下，它似乎能促进繁荣。无疑，我们远没有达到工人最终从属于他们的职业的状态，但是工人工会、两个国家之间人员流通的限制，把我们引上了这条道路。美利坚合众国由移民组成，它目前的繁荣应归功于移民，但现在却正在用一切办法尽力排斥移民。另外一些国家，如澳大利亚，也如法炮制。工人工会力图禁止非会员工人工作。此外，这些工会还没有同意接受所有的人。政府和市镇日盛一日地干预经济事务。人民的意志推动它们这样做，人民往往能得到明显的好处……很容易看到，我们走的下坡路与帝国建立后罗马社会走的下坡路相似。罗马帝国呈现了一阵繁荣之后便一蹶不振，直到衰败。历史永远不会重复。除非人们相信'横祸'，否则未来和新的繁荣阶段完全不可能源自另一次蛮族的入侵。这个阶段将源自一场内部革命也不是不可能的，革命将把政权交给第二种剩遗物极多的人，他们懂得、他们能够并且愿意使用强力。但是，这种遥远和不确切的可能性纯属幻想，不是经验科学的东西。"（《普通社会学》第2553节。）

[14] 对衰落的资产阶级的蔑视导致帕累托这样写道："罗马社会是被恺撒军团和屋大维军队从废墟中拯救出来的,与此一样,我们的社会有朝一日会被我们工团主义者和无政府主义者的继承人从衰退中拯救出来。"(《普通社会学》第 1858 节。)

[15] 这篇题为《帕累托的社会学》的文章,于 1937 年发表在《社会调查年鉴》上(1937 年第六期第 489—521 页)。参阅《反对暴君的人》(巴黎,伽里玛出版社 1945 年出版)第一章:《马基雅弗利主义——近代专制的学说》(第 11—12 页)。

[16] G·H·布斯凯在《帕累托:学者和人》(洛桑,帕约出版社 1960 年出版第 188—197 页)一书中详尽地分析了帕累托和法西斯主义的关系。G·H·布斯凯认为:"在法西斯主义登基以前,这位大师对它的态度是极其审慎的,有时几乎是敌对的。后来,他无可非议地赞成了当时还比较适度的法西斯主义运动。不过这个赞同也是有保留的,他指出必须维护一定数量的自由权。"1922 年 6 月 1 日,黑衫党人向罗马进军前五个月,帕累托在给一位朋友的信中说:"我可能搞错了,但我没有看出法西斯主义有什么持久的和深刻的力量。"但是,1922 年 11 月 13 日,法西斯分子夺取政权后几天,他说作为普通人,他对法西斯主义的胜利很高兴,作为学者,又对自己的理论得到证实而感到高兴。帕累托接受了新制度给他的荣誉:1922 年 12 月出任意大利驻国联裁军委员会代表;1923 年 3 月任参议员。在旧制度下,他曾经拒绝接受参议员的职位。

1923 年 3 月,他写道:"如果说意大利的复兴标志着文明民族经历过的周期中的一个变化的话,那么墨索里尼就将是一个名垂青史的历史人物。"他还说:"法国只有找到自己的墨索里尼才能得救。"但是,同时,他也写到他拒绝做阿谀奉承的人:"如果说拯救意大利可能要靠法西斯主义,那么灾难也存在着。"另外,在法西斯主义的理论杂志《等级体制》上,他的思想表述得最清楚,他在该杂志上发表了一篇题为《自由》的文章。他在文章中写道,法西斯之所以好不仅因为它是独裁的，即能够恢复秩序，而且因为直到现在它的效果是好的。有许多暗礁需要躲避，如战争冒险、对新闻自由的限制、对富人和农民的重税、对教会和教权主义的服从、对教育自由的限制。"大学中的教育自由不应有任何限制，可以教牛顿理论、爱因斯坦的理论，也可以教马克思的理论和历史学派的理论。"

换句话说，帕累托赞同一种专制制度在经济和知识方面的和平与自由主义观点，世俗的和社会方面的保守的观点。但是他不同意行会主义、不赞成拉特兰协议、征服埃塞俄比亚和1931年起强迫大学教授做的效忠宣誓。他会竭力批判秦梯利、沃尔佩、罗科和博塔伊的一切黑格尔主义和民族主义的派生物。我不想预料帕累托对法西斯主义的观点会有什么变化，因为这是荒谬的，也没有必要说。1923年初，后来成为自由主义反对派领袖之一的贝内代托·柯罗齐也曾支持和赞同过新制度。

至于帕累托对法西斯主义的影响，这是无可争议的，但远没有那么举足轻重。1902年，墨索里尼在洛桑住了一段时间。他可能听过帕累托的课，但绝没有与帕累托接触。他是否读过帕累托的著作不太清楚，然而，这位流亡和自学的青年社会主义者不会只读他的书。对法西斯主义意识形态的形成，马克思、达尔文、马基雅弗利、索列尔、莫拉斯、尼采、克罗齐、意大利的黑格尔主义，显然还有民族主义的作家"教导"的作用，至少与帕累托的教导所起的作用相同。只有在给法西斯主义下一个普遍的定义时，马基雅弗利主义的那一部分，因而也是帕累托主义的那一部分才是重要的。还要看这种抽象工作是否是枉然的，因为所谓法西斯主义的政治实践和运动，它的民族主义特点是相当显著的。

[17] 如果脑子里没有上一世纪末和本世纪初意大利政治生活的情景，帕累托为财阀民主派政客（在他们身上第一大类剩遗物几乎支配了一切）画的像是难以理解的。1876年，意大利左翼，更确切地说是加富尔的继承人——皮埃蒙特人——失去了政权。那时有三个人先后统治了政治舞台。1876年至1887年德博莱蒂执政，随后从1897年至1914年，克里斯皮，尤其是焦利蒂执政。"焦利蒂在政治和经济上是温和的自由主义

者，是一位现实主义者和经验主义者。他的内政活动重新采用了德博莱蒂的'变形论'的方法，即分而治之，避免粗暴镇压，在议会的各派成员与工会之间周旋自如。他的'独裁'是灵活的、妥协的，有利于安抚或联合对手，它依靠选举行贿来获得多数。焦利蒂主义在战术方面是切实有效的，它在一个民主的根基还很脆弱的国家里，使议会制度丧失了威信，削弱了公民观念。"（保罗·吉肖内：《墨索里尼和法西斯主义》，巴黎，法国大学出版社1966年出版。）

[18] G·H·布斯凯认为，《普通社会学》是人类为"理解社会结构和社会中流行的推理价值所作的最大的努力之一。"（《帕累托：学者和人》，洛桑，帕约出版社1960年出版，第150页。）

G·居尔维什认为，"这样一种观念在科学上似乎只有一个好处，就是构成了应当避免的东西的一个例子。"（《马克思以来的社会阶级观念》，巴黎，大学资料中心1957年出版，第78页。）

[19] 例如，在本世纪初，甚至二十年代，大多数经济学家认为，在失业危机和出口萧条的情况下，恢复充分就业和外贸平衡的最好方式是帮助降低工资和价格。凯因斯主义者指出，由于结构僵硬、固定成本高昂，因此通货紧缩的政策实际上不能恢复充分就业、开拓国外市场。通过紧缩恢复平衡在理论上也许是可能的，但如果不以比例失调的牺牲为代价的话肯定不是一项有效的政策。三十年代拉伐尔和布吕宁的政策，或1925年丘吉尔的政策，虽然都受到了著名的科学家的支持，表述得合乎理性，难道不是与沃杜的门徒们的巫术活动同样都是非逻辑的行为吗？

马克斯·韦伯

因此,集体活动的理性化,如与这种活动的条件和关系相比,其结果丝毫不会是认识的普遍化,它得到的常常是相反的效果。"野蛮人"要比通常意义上的"文明人"更了解自己赖以生存的经济和社会条件。

> ——马克斯·韦伯《科学理论论文集》,第397页,
> 《理解人类行为的社会学》

马克斯·韦伯的著作数量繁多，内容庞杂，我无法用在分析涂尔干和帕累托著作时用过的方法加以论述。

我们可以简单地把马克斯·韦伯的著作分成四大类：

第一，方法论、评论和哲学方面的论著。这些论著主要涉及人文科学（历史学和哲学）的精神、对象和方法，既研究方法论又研究哲学观，并从中引导出人对历史的看法和科学与行为关系的观念。这一类中的几篇主要论著收在《科学理论论文集》中，并已有法文译本。[1]

第二，纯历史著作。其中一篇是关于古代农业生产关系的论著；一篇经济通史，是在马克斯·韦伯逝世后发表的讲稿；几篇关于德国或近代欧洲经济问题的专著，如关于东普鲁士经济形势的调查，特别是关于波兰农民和德国领导阶级关系问题的文章。[2]

第三，宗教社会学专著。其中首推《耶稣教伦理与资本主义精神》这篇著名的、论述这两者之间关系的著作，以及它的续篇——对几大宗教及经济条件、社会地位与宗教信念的相互作用的比较分析。[3]

第四，作者的主要著作，是一本题为《经济与社会》的普通社会学专著。这部著作也是在作者逝世后才问世的。马克斯·韦伯是在第一次世界大战结束后，患西班牙流行性感冒这一段时间里写就本书的。[4]

韦伯的著作内容极为丰富，无法用几页篇幅归纳概述，因此我首先只想探讨第一类中几篇论著的指导思想，努力阐述马克斯·韦伯在科学与政治以及这两者之间的关系问题上的主要观点。韦伯对科学和政治之间的关系的这种解释导致了一种哲学的产生。这种哲学在当时还不叫存在主义哲学，但实际上是属于今天人们称之为存在主义哲学这一类的。接着我还将把纯社会学方面的研究的主要命题作一归纳，最后还要分析一下马克斯·韦伯是怎样解释他那个时代的，以便使本章与前面两章保持平衡。

1. 关于科学的理论

　　为了研究韦伯关于科学问题的理论，我们可以沿用上一章所用的方法，首先对行为进行分类。帕累托的基点是逻辑行为与非逻辑行为的比较。因此，我们同样可以顺理成章地说，韦伯是从区分四种行为类型出发的，尽管这不是什么传统的阐述方法。这四种类型的行为是：有目的的理性行为；有价值的理性行为；富有感情的或充满激情的行为及习惯的行为。

　　有目的的理性行为与帕累托所说的逻辑行为大体相当。工程师建造桥梁，投机商钻营赚钱，将军力图获胜就是这种行为。在这些例子中，有目的的行为的特点是行为者设想的目的明确，并为达到这一目的使用一切手段。

　　然而，韦伯并不像帕累托那样明确地说行为者由于自己认识上的不确切性，在行为时选择了不合适的手段，这种行为是非理性的行为。有目的的理性行为是由行为者的认识，而不是由旁观者的认识所确定的。这后一种定义是帕累托下的定义。[5]

　　有价值的理性行为就是在决斗中身亡的德国社会主义者拉萨尔和与自己的船只同归于尽的船长的行为。这种行为之所以是理性的，不在于因为它旨在达到某一既定的和外部的目的，而是因为不接受挑战或弃船逃生会被视为不光彩的行为。行为者甘冒各种风险理性地采取行动不是为了获得某种外在结果，而是为了忠于他自己对荣誉的看法。

　　韦伯所称的富有情感的行为是由行为主体的道德状态或性情直接决定的。孩子淘气，母亲打他耳光；失去精神控制的足球运动员在比赛时以拳击人，都是这种行为。在上述例子中，行为不是由于行为者考虑了某种目的或某种价值体系而造成的，而是由于行为者在某种特定的情况下，情绪激动所致。

471

最后，所谓习惯行为是指由习惯、习俗或已经成了第二本性的信仰所决定的行为。行为者按照习惯行动，既不需要有一个目的，设想一个价值，也不必受激情的支配。他的行为只是长期实践形成的、根深蒂固的东西的反射。

行为的这种分类法历经了近半个世纪的争论而变得更为细腻了。我只是把它指出来而已，不过我要强调说，这种分类方法在某种程度上表明了马克斯·韦伯的全部观念，实际上我们还能在好些方面看到这种分类法。

社会学是一门理解社会行为的科学，理解意味着把握行为者赋予行为的意义。帕累托是按旁观者的认识程度来判断行为的逻辑性的，而韦伯的目的和着眼点则是弄清每个行为者赋予自己行为的意义。对主观意义的理解要求对各种行为作出分类，最终把握住各种类型的行为的可以理解的结构。

对各种行为进行分类，在一定程度上支配着韦伯对他那个时代的解释。我们所处的这个世界的特征是理性化。理性化大体上与有目的的理性行为的范围扩大是合拍的。经济企业是合乎理性的，官僚治国也同样如此。整个现代社会趋于成为有目的的理性组织。我们时代存在的最突出的哲学问题是在社会中确定存在着或应当存在着另一种类型行为的那一个部分。

最后，对各种行为的分类是与马克斯·韦伯哲学思考的中心，即科学与政治既互相关联又彼此独立这一思想联系在一起的。

马克斯·韦伯一贯对下述问题极为关心：哪种类型的政治家或学者是理想的？怎样才能既是一个政治活动家又是一个教授？他认为这个问题既是他私人的问题，又是一个哲学上的问题。

马克斯·韦伯虽然从未成为一个政治家，但他总是希望成为这样的人物。实际上他的纯政治活动一直只停留在一个教授所能从事的政治活动范围内。他偶然也作为记者或王室顾问参加活动，但他的意见自然是没有人听的。当德国的军政首脑准备发动会引起美国干涉的毫无节制的潜艇战争时，他曾经给柏林当局寄过一份秘密陈情书。在这份秘密陈情书中他列举了种种理由，指出这一决定极有可能导致德国遭受一场大灾难。他也曾作为德国代表团的成员去法国接受和平的条件，这时他虽然想当这帮人的头头，但他主要还是一个教授和学者。出于对清晰思路的爱好和知识分子的诚实，他一直在探讨历史学和社会学得以客观地反映问题的条件，探讨使政治活动得以符合它的使命的条件。

马克斯·韦伯在两个报告中概述了他自己在这些问题上的观点。这两个报告的题目是：《以政治为职业》和《以科学为职业》。[6]

学者的行为是一种有目的的理性行为。学者打算对现象提出一些自己的看法，找到因果关系和作出普遍有用的可以理解的解释。

因此，科学研究就是这种有目的的理性行为的范例，因为目的本身就是真理。但是这一目的是由价值判断，即由对一种已被事实和普遍有效的论据证实了的真理的价值所作的判断决定的。

因而科学行为包括有目的的理性行为和有价值的理性行为，而价值本身也是真理。理性出自对逻辑规则的尊重，这种尊重对于获得有效结果是必不可少的。

所以韦伯设想的科学就是具有现代西方社会特征的理性化进程中的一个方面。韦伯甚至提出，有时还断言说，我们时代的历史学和社会学代表着历史上的一种奇特现象，因为在别的文化中没有与这种对社会的运行及其演变理性化了的理解相同的东西。[7]

马克斯·韦伯孜孜以求的实证的、理性的科学是理性化历史进程的不可分割的组成部分。它阐述了两个支配着科学真理意义的特征，这两个特征是科学的基本上未完成性和客观性。后者是由对所有追求这种真理的人都适用的科学有效性以及对价值判断的否定所决定的。[8]科学家在观察江湖郎中和医生、蛊惑人心的政客和国务活动家时的心情都是同样冷漠的。

在马克斯·韦伯的心目中，未完成性是现代科学的一个根本特征。

他从来没有说过会有社会学建成或会有一个完整的社会法则体系出现的时候。而涂尔干却乐此不倦。奥古斯特·孔德热中于设想会有一门科学一夜间就能勾画出一幅包含所有基本法则在内的、最终、最完整的图像。再也没有更比这种设想与他的思维方式格格不入的东西了。旧时代的"科学"在某种意义上说可以自认为是已经完成了的,因为它的目的仅仅是把握存在的原则。现代科学的本质则是变化。它无视与事物终极意义有关的命题,总是朝着存在于无限之中的目标挺进,不断更新向自然界提出的问题。

对于自然科学和文化科学的一切学科来说,知识就是永无止境的远征。科学就是科学的变化。分析总是可以不断深化,科学研究总是可以朝着两个无限的方向继续下去。

但是,对于以人类现象、历史和文化为对象的科学来说就不是这么一回事了。在这种科学里,认识从属于学者们向现实提出的问题。随着历史的发展,随着历史不断更新价值体系和精神丰碑,历史学家和社会学家免不了会自发地向过去的或现时的事实提出一些新的问题。历史的现实性在不断地唤起历史学家或社会学家的求新欲,因此不可能设想会有一部完整的历史或一门完美无缺的社会学。社会学或历史学只有在人类的生存结束之时才能完成。只有在人类失去创造能力之时,以研究人类业绩为对象的科学才会终结。[9]

历史学家不断提出新的问题,历史科学得以不断更新。这种不断更新似乎威胁着科学的普遍有效性。但在马克斯·韦伯看来,这一点是无关紧要的。科学的普遍有效性要求学者们不要把他们自己对价值的判断,即审美倾向或政治偏向带到科学研究中去。这些倾向表现在学者们的求新欲的方向里,它并不排斥历史学和社会学的普遍有效性。这些科学回答了理所当然受我们的利益和道德观念支配的问题,因此它们是普遍有效的,至少理论上如此。

马克斯·韦伯分析了历史学和社会学的特性。这两门科学虽然也与自然科学一样受着理性的影响，但是我们可以发现，它们根本不同于自然科学。这两门科学有别于自然科学的特征有三：它们是*理解性*的科学，它们是*历史性*的科学，它们*涉及到的是人类文化*。

理解一词是德文 Verstehen 的传统译法。韦伯的观点是：在自然现象方面，我们只能通过数学形式和数学性质的命题的媒介把握所观察事物的规律性，换句话说，我们必须通过由经验证实了的命题解释现象，才会有理解这些现象的感觉。因此，理解是间接的，通过概念或感受机能获得的。在人类行为中，从某种意义上说理解也可以是直接的。如：教授理解听他课的学生的举止；乘客理解出租汽车司机为什么在红灯前停车。我们无须查考有多少司机在红灯前停车也能知道他们为什么这样做。人的行为具有一种内在的可理解性，这是因为人是有意识的。行为和目的、一个人的行为与另一人的行为之间的某些可理解的关系常常可以立刻被感知。社会行为具有一种可以理解的结构，研究人类现实的科学是能够掌握这种结构的。这种可理解性丝毫不意味着社会学家或历史学家光凭直觉就能理解这些行为，恰恰相反，他们是根据各种书籍文件逐渐把这些行为重现出来的。对于一个社会学家来说，主观意义既是可以直接把握的，又是含糊不清的。

在韦伯的思想中，理解丝毫不是一种神秘的才能，一种理智以外的或高于理智、高于自然科学逻辑方法的能力。我们可以不经事先调查了解就能一下子把握他人行为的意义，在这一点上来说，可理解性就不是直接的。即使是对我们的同代人也是如此。我们几乎总是可以立即就对他的行为和著作作出解释。但不经研究，不取得证据，我们无法知道哪种解释才是正确的。简言之，内在的可理解性这一提法要比直接的可理解性为好。其实，这种可理解性的本身就包含着含糊不清之处。行为者常常不知道自己行为的动机，旁人更不可能凭直觉乱加猜测。应当去探讨行为的动机，才能区别是真正的动机还是似是而非的动机。

韦伯对理解的观点大部分来自 K·雅斯贝斯的著作，尤其是后者在青年时代所写的有关心理病理学方面的著作，特别是让-保罗·萨特部分译出的《论文》一书。[10]雅斯贝斯的心理病理学的中心思想是区别解释和理解。这位心理分析学家理解梦幻、童年时某种经验与某种情结的关系、神经官能症的发展。雅斯贝斯说，在展现过去的经验过程中有一种对意义的内在的理解，但是这种理解是有局限性的，我们远不能了解某种意识状态与某种病理症候的联系。人们可以理解一种神经官能症，但常常不能理解一种癖狂。有时可理解性也会使病理症候消失。此外，人们不能理解反射行为。一般说来，人们可以说在某种范围内行为是可以理解的，但一旦超出了这个范围，意识状态与身体状况或心理状况之间的关系就不再是可以理解的了，即使这些状况是可以解释的，也是如此。

我认为，这一区别是韦伯观点的基点。韦伯认为，从社会学家角度来看，社会行为在很大程度上是可以理解的，就像心理学家所能做到的一样。当然社会学角度上的理解绝不能与心理学上的理解混为一谈，这是不言而喻的。社会的可理解性领域是独立的，它并不包括心理上的可理解性领域。

鉴于我们的理解能力，我们可以无须借助一般的命题也能研究独特的现象。人类现象的内在可理解性和科学的历史方向之间有着某种联系，这倒不是因为以人类现实为对象的科学总是研究只发生一次的东西，或只关心各种现象的独特性质，而是因为我们懂得这种独特之处，因为纯历史的范畴在以人类现实为对象的科学中具有自然科学不可能具有的重要性和意义。

在以人类现实为对象的科学中，应当区别下述两种方向：一种是以历史学为方向，也就是说以记述不可能再现的东西为方向；另一种以社会学为方向，即以在概念上重现社会体制和它们的运转情况为方向。这两种方向是互为补充的。马克斯·韦伯绝不会像涂尔干那样说对历史的好奇性应当从属于对普遍性的探讨。人类一旦成了知识的对象，那么关心某个人、某个时期或某个集团的特征以及支配社会的运转和变化的规则就是理所当然的了。

最后，以人类现实为对象的科学也就是文化的科学。这些科学力图理解并解释人类在自身变化过程中创造的各种业绩。这里不仅包括艺术作品，也包括法律、政治机构和制度、宗教实践、科学理论等。因此，韦伯的科学观就是努力理解和解释人类接受的各种社会准则及他们自己创造的业绩。

人类的业绩是价值的创造者，或者说是按照价值决定的。怎样才会有一种客观的，即不为我们对价值及对有价值的业绩所作的判断歪曲了的科学？科学是以普遍有效性为其特定目标的。按照韦伯的概念来说，科学是一种理性的行为，其目的是要对现象作出普遍有效的判断。那么，怎样才能对创造价值的人类业绩作出这种判断呢？

这个问题是韦伯所考虑的哲学和认识论的中心问题之一。马克斯·韦伯是用区别价值判断及价值关系来回答这个问题的。

价值判断这一概念极易理解。一个公民认为自由是至关重要的东西，断言言论自由和思想自由是一种基本的价值，那么他就是在作表明自己个性的判断。另一个人则完全可以不承认这种判断，认为言论自由不是什么了不起的事。因此对价值的判断是带有个人性和主观性的，每个人都有权认为自由是一种积极意义的价值或消极意义的价值，是至关重要的或是等而次之的东西，是首先需要捍卫的还是出于某种考虑可以牺牲的价值。反之，还是用上面的例子来说，价值关系则意味着政治社会学家认为自由是历史的主体为之争吵的客体，他们把它当作人与人之间、党派与党派之间争论或冲突的赌注。政治社会学家应当把过去的政治现实与自由这一价值联系起来探讨政治现实。自由这一价值是政治社会学家常加引证的中心之一，政治社会学家无须宣布自己热中于自由。只要自由这一价值成为许多观念中的一个，使他能借以把一部分应研究的社会现实勾画出来并组织起来就行了。这个方法只要求使政治自由成为享有这种自由的人的一种价值。简言之，我们不是提出价值判断，而只是为政治自由这一价值提供一些素材罢了。

因此，价值判断是道德或生命的表示，价值关系则是选择和组织客观科学的手段。马克斯·韦伯在担任教职时想当一名学者而不是一名政治家。把价值判断和价值关系区别开来既有助于他区别学者的活动和政治家的活动，又便于他指出这种人的利益的相同之处。

然而这种区别并不是一下子就能看出的，而且许多问题却由此而出。

首先，为什么必须使用这种方法？为什么必须"为价值提供历史学方面的或社会学方面的素材"？对这个最基本问题的回答是：学者为了确定研究的对象，不得不在现实中作出一种选择，因为选择事实，提出概念都要求运用一种价值关系的程序。

为什么必须进行选择？马克斯·韦伯的回答有两个方面，有时可以被视为是一种受康德影响的先验性批判，有时也可被视为是一种不带哲学上或批判性先决条件的认识论和方法论的研究。

在先验性批判这一点上，韦伯的观点是从新康德派的 H·李凯尔特那里来的。[11] 李凯尔特认为，首先印入人脑的是一种粗陋的素材，科学的任务就是对这些材料进行整理或加工。此外，李凯尔特还发展了这一思想，即由于整理材料的方法的性质不同，因而就有两类科学。自然科学中特有的整理方法旨在研究现象的一般性质，确定这些现象之间经常的必要的关系。这种整理有助于建立一种法则体系，或尽可能带有数学性质的、越来越普遍的关系体系。自然科学的典范是牛顿或爱因斯坦的物理学。在这种物理学中，概念确定的是经过头脑加工的客体。这种体系是演绎体系，是根据简单的、基本的规律或原则组成的。

第二种科学的整理材料方法是历史科学或文化科学中特有的方法。在这种情况下，人们不以逐步把未成形的素材纳入数学关系体系之中为目的，而是选择素材，把素材与价值联系起来。一个历史学家要想尽善尽美、点滴不漏地叙述某一个人在一天内的每一个思想和每一个行为，这是做不到的。现代的小说家们曾经试图一刻不停地把某个特定时期里头脑中出现的念头全部记录下来。米歇尔·比托尔在他那部题为《变化》的小说里就曾经这样做过。小说写的是发生在巴黎到罗马旅途中的事情。光是叙述一个独特的人在一天中的内心活动就用了几百页篇幅。想象一下历史学家如用同样的方法记述参加奥斯特利茨战役的所有的士兵意识到的全部事情，就可以发现那些记载人类历史各个时期发生的事情的书本，其篇幅要比这种不可能的记述所要求的也许还要少些。

这个属于精神经验方法的例子清楚地说明了人们可以毫无困难地接受这样一个说法，即任何一种历史性的记叙都是对过去发生的事情有选择的整理。材料的选择有一部分是由在文件中进行的选择预先决定的。我们无法把在过去几个世纪里发生的大部分事件一一加以整理，原因很简单，就是材料不够，我们无法知道到底发生过什么事情。但是，即使文件材料极为丰富，历史学家也只能按照 H·李凯尔特和马克斯·韦伯所说的美学价值、道德价值和政治价值有所取舍。我们不谋求让人类过去经历过的全部事情重现，而是力图通过文件材料，按照人类——历史的客体，或历史学家——历史学的主体所感受的价值标准作一番选择，把已经逝去了的人类生存情况整理出来。

假定确实有已完成的科学，那么我们就能够在自然科学领域里建立起一种假言演绎体系。这种体系可以根据各种原则、公理和规律研究各种现象，但假言演绎体系并不能具体详尽地说明在一个特定的时间、特定的空间里，怎样又为什么会突然发生一件大事。在合法的解释和具体的历史事件之间总是有一个距离的。

在文化科学和历史科学方面，人们可以建立的不是什么假言演绎体系，而只能找到一整套解释。各种解释都是有选择的，与所选定的价值体系浑成一体。但是，如果各种整理方法都是有选择的，由价值体系所决定的，那么有多少供选择用的价值体系就会有多少历史学或社会学的观点。我们就这样从先验论转而探讨这位历史学家或社会学家所持的方法论观点了。

马克斯·韦伯按照 H·李凯尔特的价值观念对一般的整理和独特的整理作了一番比较。这位不是职业哲学家的社会学家感兴趣的是这个思想使他记起一部历史著作或社会学著作的意义，其中有一部分应当归功于历史学家或社会学家提出的问题的意义。由于学者向社会现实提出了问题，人文科学才有了活力和方向。这些答案的意义在很大程度上取决于问题本身的意义。因此，政治社会学家关心政治，宗教社会学家关心宗教并不是一件坏事。

马克斯·韦伯打算用这种方法解决人们熟知的一个矛盾：热中于科学研究的学者一定不可能是公正客观的。但是认为宗教是以迷信为基础的人，永远也不会深刻理解宗教生活。马克斯·韦伯用这种方法区别了问题和答案，找到了解决的办法，那就是要真正懂得人类就必须关心人类所经历的事情，但要找到一个普遍有效的答案，回答历史人物出于激情而提出的问题，还必须不顾自身的兴趣。

马克斯·韦伯据以构思宗教政治学、政治社会学和当代社会学的问题属于存在主义的范畴。这些问题都涉及我们每个人相对城市和宗教或玄学道理的存在。马克斯·韦伯探讨过这样一些问题：行为者必须遵循的规则是什么？政治生活的规律是什么？人们能赋予自己的存在于世以什么意义？每个人的宗教观念同他的生活方式，对经济、对国家的态度之间的关系是怎样的？韦伯的社会学观点是受存在主义哲学的影响的，这种哲学在研究开始之前就已用一个双重否定回答了这些问题：

任何一门科学都不能告诉人们该怎样生活，也无法揭示社会该怎样组织；任何一门科学都无法指出人类会有什么样的前途，第一个否定的答案是针对涂尔干的，第二个则是针对马克思的。

马克思式的哲学是不符合实际的，因为它与科学的本质以及人类存在的本质互不相容。任何历史学和社会学所看到的都只是部分的东西，不可能预先告诉我们未来将是怎样的，因为未来不能预作安排。即使未来中的某些事件可以预作安排，人类还有不接受这种部分决定论或以各种不同方式适应这种决定论的自由。

价值判断和价值关系的区别还引起了另外两个根本的问题：

鉴于科学的对象的选择和加工都取决于观察者所提出的问题，因此科学成果在表面上与学者的求新欲，并进而与学者所处的历史环境有关。然而，科学的目标却是要作出普遍有效的判断，那么一门受多变的问题支配的科学怎样才能不受影响，取得普遍的有效性呢？

第二个问题与上一个问题不同，它是一个哲学问题而不是方法论上的问题。为什么价值判断实际上不是普遍有效的呢？为什么这种判断是主观的，存在主义的，因而也必然是矛盾的？

科学的行为作为一种理性的举止，是以普遍有效的真理的价值为目标的。但是科学构思始于未经验证的主观选择，那么除了这种主观选择外，还有什么方法能确保科学成果的普遍有效性呢？

马克斯·韦伯的大部分方法论方面的著作是以回答这一问题为目的的。简单地说，他的回答是科学成果应当从主观选择出发，用经过验证的、为所有的人接受的方法去获得。他力图证明历史科学是一门理性的、论证性的科学，它的目标是需加证实的科学命题。直觉在历史学或社会学中的作用与在自然科学里的作用无甚区别。历史学或社会学的命题都是一些不以谋求基本真理为目的、对事实提出的看法。马克斯·韦伯曾经像帕累托那样很自然地说过这样一句话：企图把握某一现象本质的人，他们的观点超出了科学的范围。历史学和社会学的命题涉及的是可以观察到的事实，其目的是弄清某一特定的现实，按照行为者赋予自己行动的意义理解人类的行为。

马克斯·韦伯像帕累托一样，也认为社会学是一门人类行为的科学，因为人类的行为是社会性的行为。帕累托探讨的中心课题是逻辑行为，因此他特别强调行为的非逻辑性方面，并用精神状态或剩遗物的观点对之予以解释。韦伯也是研究社会行为的，但他注重的是经历过的事情的意义或主观意义的概念。他的雄心壮志在于了解人类为什么能带着不同的信仰在各种不同的社会里生存，弄懂人类又是怎样在不同的社会里致力于这种或那种活动，有时寄希望于冥冥之中，有时则奇希望于现实世界，有时想到的是拯救灵魂，有时则考虑经济的增长。

每个社会都有自己的文化。文化一词的涵义是美国的社会学家们确定的，它指的是信仰和价值体系。我们的这位社会学家则力求弄懂人类为什么能够经历如此众多的生存方式，这些生存方式只有依靠信仰体系和对被研究的社会的了解才可能理解。

2. 历史学和社会学

但是，历史学和社会学不仅是对行为的主观意识所作的理解性解释，而且也是两门因果科学。这位社会学家不仅想使信仰体系和集体行为体系能为人理解，他还想确定事情是怎样发生的，某种信仰方式是怎样决定某种行为方式的，某种政治组织又是怎样影响经济组织的。换句话说，历史学和社会学在用理解性的方式解释社会现象的同时，还想从因果关系上解释这些现象。对因果规定性的分析是确保科学成果的普遍有效性的程序之一。

按照马克斯·韦伯的说法，因果研究可以有两个方向，简单地说就是历史学上的因果关系和社会学上的因果关系。第一种因果关系决定导致某一事件产生的独特的环境；第二种因果关系则意味着要在两种现象之间确立一种固定的关系。这种关系的形式不一定是现象 A 必然导致现象 B 的产生，也可以是现象 A 程度不同地有助于现象 B 的产生。于是专制政体就有助于国家干预经济管理。这个提法不管是对是错，都可以说是这种类型的例子。

历史学上的因果关系指的是各种往事的作用的规定性对某一事件的起因的影响。这种规定性以下述步骤为前提：

首先，应当确定历史的特点，我们认为从中可以找到事件发生的原因。这种特点可以是一件独特的事件，如 1914 年的大战和 1917 年的革命，也可以是一个范围极广的历史特点，如资本主义。确定历史特点有助于确切地限定人们正在探索其发生原因的历史事件的特征。探讨 1914 年大战的发生原因就是探讨为什么欧战会在 1914 年 8 月爆发。这一独特事件的起因既不会与欧洲历史上各次战争的起因混淆，也不会与人们在各种文明中看到的战争的发生原因混为一谈。换句话说，历史学和社会学上的因果方法论的首要规则是明确确定人们想要解释的历史上的一个事件的性质。

其次，应当根据其复杂的性质，把历史现象分析成许多组成部分。因果关系从来也不是时间总体 t 和前时总体 t −1 之间的关系，它总是某个历史事件的某些组成因素和先前的某些情况之间的部分关系。

第三，如果为了得出某种因果规定性而研究只出现一次的某种独特的结果，那么就应当在分析历史上的某个事件和在此以前发生的事件后，出于思想上的经验假定先前的某一个因素并没有出现过或是以不同的方式产生的。用通俗的话来说，就是应当想一想：如果……又会发生什么？还是以 1914 年大战为例，如果雷蒙·普恩加来不是法兰西共和国总统的话，那么又会发生什么呢？或者说如果沙皇尼古拉二世在奥地利皇帝作出同样的决定之前几小时没有签署动员令，如果塞尔维亚接受了奥地利的最后通牒又会发生什么呢？用于独特的历史结果的因果分析，应当对许多因素中的一个因素作出假设性的改动，努力回答这样一个问题：如果没有这个因素或完全是另外一回事，那么又会发生什么呢？

最后，还应当在根据对一件前事作出的假定修改提出的假设性的变化和真实的进化之间进行比较，才能得出这样的结论：经过思想修改后的这个因素就是我们在研究之初确定的这一历史事件性质的原因之一。

以抽象和简化了的方式加以阐述的这种逻辑分析必然会引起这样一个问题：如果已经发生的事没有发生，人们怎样才能知道将会发生什么呢？这一合乎逻辑的设想常常遭到专业历史学家们的抨击甚至嘲笑。其原因正是因为这种程序似乎要求人们了解无法确切了解的东西，换句话说就是要求人们了解不真实的东西。

马克斯·韦伯回答说，历史学家们信誓旦旦地说他们不会提出这样的问题，这是徒劳无益的，因为实际上他们非如此做不可。不包括上述那种类型的问题和答案的历史性叙述是没有的，如果不提出这种问题，剩下的就只是纯粹的记述了：在某某时候，有一个某某人，他说了或做了某一件事。为了能作出因果分析就应当含蓄地指出：没有某种行为，某种事件的进程就会完全不同，这种方法论提出的全部东西就是这些。

"绝不会有哪个'家伙'提出这样的问题：如果俾斯麦没有作出发动战争的决定将会发生什么？实际上这个问题涉及到现实的历史结构的关键之点：组成总体的因素极其众多，应当用这种方法而不是用其他方法加以整理才能取得这一结果；那么归根到底应当赋予总体内的这一个人决定以什么样的因果意义呢？这一决定在历史记述中的地位怎样？如果历史自认为高踞于事件和人物的简单的编年史之上，那么除了提出这种问题之外就别无其他途径了。只要历史仍是一门科学，它就总是如此行事的。"（《科学理论论文集》第291页。）

人们在自由地评论马克斯·韦伯的同时，还可以补充说上这么一句话：历史学家倾向于认为过去是必然的，未来则尚无定论。然而这两种说法是相互矛盾的。时间不是异质的，我们的过去也曾经是其他人的未来。如果未来尚未确定，那么历史上就不会有什么决定论的解释了。在理论上，因果解释的可能性对过去和未来都是相同的。人们无法确切地了解未来，就像人们在对过去作因果分析时无法得到必要的解释，其原因是一样的。复杂的事件往往是许多情况同时的产物。某个人在历史的关键时刻作出了某些决定，第二天，另一些人又作出了另外一些决定，这些决定都受着情况的影响，往往含有某种不确定性，其原因正在于另一个人处于同样的地位可能作出另外的决定。在每个时期总有一些倾向是基本的，但人们还是有自由行动的余地，或者说许多因素还在各个不同的方面起着作用。

历史的因果分析的目的，在于区别某一特定时期里一般情况的影响和某一事件或人物的效率。这是因为个人和事件在历史上都有作用，因为变化的方向不是事先规定的，因而从因果关系上分析过去对确定某些人物所承担的责任是有意义的。这样或那样的决定一旦作出后，历史就会按照这一决定朝这个或那个方向发展。因此，这种分析对发现命运的犹豫也是有意义的。对历史变化的这种表述方法使韦伯得以继续保留行为者的尊严。如果人只是早已注定的命运的同谋，政治就是毫无价值的活动了。政治是因为未来尚未肯定，某些人能够创造未来才成为人类的一种高尚的活动。

追溯以往的因果分析就是这样与历史变化的一个概念联系在一起的。这种抽象的方法论又是与一种历史哲学相联系的，但是这种哲学是实证历史哲学，它的任务仅限于表述我们不自觉地想象的和经历的东西。没有任何一个行为者会边干边说：总而言之"这是一回事"。没有任何一个行为者会认为任何其他人处在他的位置上也会这么做，或者认为即使这个别的什么人不这么做，其结果也还是一样的。马克斯·韦伯用逻辑方式表达的是历史人物（即在整理历史之前就对历史有所感受的人）的自发的，因而在我看来也是真正的经验。

因此，人们据以得出历史因果关系的这种程序，包括构思如果某一件往事未曾发生或以不同的形式出现时将会发生的事情，并把此作为基本的手段，换句话说构思假设性的事态是了解事件实际上是怎样展开的必要手段。

怎样才能构思出一个假设性的事态的展开呢？回答是：不需要详细地重新整理可能会发生的东西。人们只需从历史现实出发，就能表明如果某一独特的往事未曾发生过或不是这么一回事，那么我们想要解释的这一事件也就完全不同了。

有的人认为独特的历史事件，即使在某一独特的往事不是那么一回事的时候也不会是另外一种样子。他提出了一个需要由他自己加以论证的命题。人物或事件在历史事件发生之初的作用是一个基本的直接的已知东西。因此应当由那些不承认这一作用的人来证明这是一个错觉。

此外，人们通过比较有时可以找到的是使另一种变化成为可能的手段，而不是构思假设性的变化的细微末节的手段。马克斯·韦伯举了米堤亚战争作为例子。我们可以设想一下，假如雅典人在马拉松和萨拉米尼战役中吃了败仗，波斯帝国足以征服希腊，那么在这种假设下，希腊的变化会不会与实际的变化有本质的区别？倘若波斯征服了希腊，希腊文化的重要组成因素就可能被改变。如果能证实这一点，那么我们就能说明一次军事胜利的因果作用。马克斯·韦伯写道：有两个方法可以构思这一假设性的变化：一是观察确实为波斯帝国征服的地区里发生的事，二是分析希腊在马拉松战役和萨拉米尼战役发生时的状况。当时希腊已经出现了与在城邦里蓬勃发展的文化和宗教不同的文化和宗教萌芽。与东方宗教相近的狄俄尼索斯型的宗教已经开始发展。与其他地方发生的情况相比，波斯的征服窒息了理性思想的发展，这一点是确实无疑的，而这种理性思想正是希腊文化对人类共同事业的巨大贡献。在这一意义上，人们可以说马拉松战役作为希腊城邦独立的保证，是理性文化的必要原因之一。

"没有人比迈尔(韦伯对他的直率的方法论是有异议的)阐述米堤亚战争对于西方文化发展普遍的历史'意义'更中听、更清晰了。他是怎样用逻辑手段阐述的呢？最重要的是他指出了马拉松战役是在两种可能性中作出的选择。一种是宗教—神权政治文化的可能性，这种文化我们在秘密祭礼和神示中已见端倪，它还将在波斯保护国制度的庇荫下展现出来。我们知道这种保护国制度当时正在尽可能地到处把民族宗教当作一种统治工具，对犹太人的做法就是一例。另一种可能性是已转化为世界财富的古希腊自由精神的胜利，古希腊自由精神所提供的文化价值，我们今天仍旧受益匪浅。因此，这次小规模的'战役'是建立雅典舰队的必不可少的'先决条件'，也是后来开展争取自由的斗争、保卫希腊文化的独立性及促使适合于西方的历史编纂学的诞生、推动戏剧和出现在世界历史的小小舞台上(从数量上来看)的全部独特的精神生活的全面发展所不可缺少的'先决条件'。"(《科学理论论文集》第300—301页。)

因此，在特定的历史环境下，看来只要有一次大的事件，一次军事胜利或失败，就可以决定全部文化的走向。这样的解释有利于恢复人物和事件的作用，有利于表明历史进程并非事先确定的，有作为的人可以改变历史进程。

同一类型的分析方法也可用于各种不同的历史场合。例如，倘若奥尔良公爵未在车祸中丧身，倘若王朝反对派团结在被认为是自由派的继承人周围，那么路易-菲力普的法国将会出现什么情况呢？倘若1848年2月第一次骚乱之后大街上意外的几下枪声没有再引起骚动，倘若在这个确切的日子里路易-菲力普的王位能够保住，那么法国又会出现什么情况呢？

指出零星的事态可以决定一个具有重大意义的运动并不是否认经济事态或人口事态，或者用抽象的概念来说，也就是大量事态的全面规定性，而是使过去发生过的事件重新具有不肯定性或盖然性。这种盖然性标志着像我们亲身经历着的，或任何有作为的人所设想的那种事件的特点。

最后，由于历史学家提出的一般命题越来越多，所以对历史因素的因果关系分析就变得越发严密了。这些命题或是有助于人们构思假设性演变，或是有助于根据某一往事确定某一事件的发生可能性。

马克斯·韦伯认为历史因果关系与社会学因果关系是密切联系着的，这两者的表现形式都是可能性。例如，历史因果性的一种表现形式是假定在1848年法国的总形势下有可能发生革命，这就意味着大量的偶然事件已足以引起革命。同样，说战争可能在1914年爆发，意味着鉴于欧洲当时的政治制度，大量的各种偶然事件也能引起战争爆发。因此，当我们认为某种形势即使不是不可避免地产生一些事件——这些事件是我们力图加以解释的，至少也很可能导致这些事件的产生。在这个时刻，形势和事件之间的因果关系就是完全一致的了。此外，这种关系的可能性的大小是随着形势的变化而变化的。

我们可以更为概括地说，马克斯·韦伯的因果思想表现为可能性或机遇这两个词。最典型的例子是某种经济制度与政权机构的关系。不少自由派作者在他们的著作中写道，经济计划化使民主制度无法实行，而马克思主义者却断言生产资料私有制必然导致生产资料的少数占有者掌握政权。根据马克斯·韦伯的看法，所有这些与由一个社会组成部分决定另一个组成部分有关的命题都应当用可能性来加以表述。一种全面计划化的经济制度只是使某种类型的政治机构更为可能。如果设想某种经济制度，那么政权机构也就处在人们可以程度不同地明确加以限定的范围之内。

因此，由一个组成部分单独地决定整个社会，这种情况是没有的，不管这个组成部分是经济的、政治的还是宗教的。马克斯·韦伯把社会学上的因果关系看作是部分的和可能的关系。说它是部分的，这是因为现实中的一个特定部分能使现实的另一个部分成为可能或不可能。例如，专制政权有助于国家对经济活动的干预。但是我们也可以设想并建立一种反方向的关系，即通过计划化、私有财产或公有财产等某些经济资料，指明这些经济要素在多大程度上有助于或不利于某种思想方式或某种权力组织方式。因果关系是局部的，非全面的，它的特点是可能性，而不是必然的规定性。

这种部分的、分析性的因果关系理论是并且能是对历史唯物主义的庸俗解释的批驳。它否认现实的一个组成部分可以被视为能决定现实的其他因素而不受这些其他因素反作用的说法。

不承认整个社会是由一个组成部分决定的这一说法也否定了整个未来社会是由现时社会的某种特点决定的这个观点。韦伯的哲学是分析性的、部分的哲学，它不允许人们过于详尽地预测未来的资本主义社会或后资本主义社会。这倒不是因为马克斯·韦伯认为预测未来社会的特点是不可能的，而是因为他深信理性化和官僚化的过程还会不可避免地继续存在下去，这个演变过程不足以决定政治制度的确切性质，又无法决定人类明天的生活方式、思想方式和信仰方式。

换句话说，无法被决定的却正是我们最关心的东西。理性化、官僚化的社会可以是专制的或自由的社会，这是托克维尔的说法。马克斯·

韦伯则认为这样的社会要么容纳的只是一些没有灵魂的人；要么完全相反，把他们的位子让给虔诚的宗教感情，让人们，即使是一小部分人也罢，像人一样生活。

这就是马克斯·韦伯对因果关系及历史学上的因果性与社会学上的因果性之间的关系的一般解释。这一理论糅合了他那个时代的德国哲学家们讲授人文科学独特性时的两种说法。一部分德国哲学家认为这个独特性可以归因于我们在人文科学领域里对历史沿革、独特的变化和不会重现的东西的关注。于是就产生了这样一种理论：研究人类实在性的科学首先是历史科学。另一部分德国哲学家则强调人类智力上的独特性，认为人文科学把握了人类行为的内在可理解性，因而是独特的。

马克斯·韦伯兼收并蓄这两种观点，但不承认以人类实在性为研究对象的科学只是或首先是历史科学。诚然，以人类实在性为研究对象的科学比自然科学更关心独特性和独特的变化，但说它无视带有普遍意义的命题则是不确切的。因为研究人类实在性的科学即使执着于理解独特性，也只有在能提出具有普遍意义的命题时才算得上是科学。因而在分析各种事件与提出带有普遍意义的命题之间就有一种内在的联系。历史学和社会学标志着两个方向各不相同的探索，当然不是隔行如隔山的两门学科。要理解历史就要使用具有普遍意义的命题，而具有普遍意义的命题只能在历史的分析与比较中才能被证实。

历史学和社会学的这种相互关系在马克斯·韦伯关于理想类型的观点中十分明显。理想类型的观点在某种意义上说是马克斯·韦伯的认识论的中心所在。

理想类型这一概念是韦伯思想的好几种倾向的结果。它是与理解概念联系在一起的，因为任何理想类型都是整理某个历史整体，或某些事件的连贯性本身所固有的各种可理解的关系。此外，理想类型是与社会和现代科学的特点，即理性化的过程，联系在一起的。种种理想类型的建立，表明各门学科都在努力寻找物质的内在合理性，并以某种半成型的物质为基础建立这种合理性，使物质为人们所理解。最后，理想类型又是与因果关系的分析性及部分性观点联系在一起的。理想类型确实有助于把握历史上的个别事件或总体，但它所把握的只是总体的一个部分，它保留了因果关系的部分性，即使它在表面上涉及整个社会，也还是如此。

韦伯的理想类型说，其困难之点在于这个概念既可用来泛指文化科学的所有概念，也可以用来确指某些特定的概念。因此，我认为把文化科学的所有概念的理想类型倾向与韦伯至少非明确地划分过的各种已经确定的理想类型加以区别，这样做会更清楚一些，尽管在马克斯·韦伯的著作中找不到这种明确的区别。

所谓文化科学使用的各种概念的理想类型的倾向，我想说的是最具有文化科学特征的概念，不管是宗教方面的、统治方面的、先知预言方面的还是官僚主义方面的，都包含着一种因袭性或合理性因素。我还想说（恐怕这会冒犯一些人），社会学家干的这一行是使社会或历史的材料变得更为容易理解，不再像亲身经历过这些社会或历史事件的人的经验之谈。任何社会学都是把某些像所有人类生存一样模糊不清、晦涩难懂的人类生存加以整理，使之能够为人理解。资本主义的含义从来也没有像在社会学的概念中这样清晰明白过，以此来指责他们是不应该的。社会学家的目的是使不为人们所理解的东西在可能的范围内为人们所理解，是阐明活人经历过的事情有哪些尚未为人们所意识到的意义。

各种理想类型由与亚里士多德的逻辑模式不相一致的定义所表述。一个历史学上的概念不能说明包含在这一概念引申意义中的所有个人的特征，更不能说明他们的一般性质，因为概念是以典型的、本质的东西为目标的。我们说法国人不讲纪律但很聪明，这并不是说他们都不讲纪律，都很聪明，因为这是不可能的。要重新勾画出某个历史人物，描绘出法国人的形象，就应该先取得某些看来是典型的、能够确定这个人物独特性的特征。同样，哲学家说人类都像普罗米修斯一样，他们根据对过去的认识确定自己的未来，人类的生存是一场战斗。哲学家们说这番话的时候并不认为所有的人都同时出于对过去的考虑和对未来的憧憬而思考自己的存在的。他们提出人类只有站在这样的高度思考问题和作出抉择时才是真正的人。无论对官僚主义或是对资本主义，对民主制度还是对一个独特的国家，如德国来说，概念既不是由所有的个人的共同性质，也不是由所有的人的一般性质所决定的。概念将是勾勒典型的特征，将是分离典型的特征。[12]

理想类型倾向与马克斯·韦伯的一般哲学观相联系。这种倾向涉及到价值关系及理解。理解普罗米修斯式的历史人物就是要根据我们看来具有决定性意义的东西——即他的职责——来了解这个人物。说一个历史人物是普罗米修斯式的人物，就应当假定他常常扪心自问，常常思忖自己的价值和职责。因此，理想类型的倾向是与人类行为和人类存在的可理解性分不开的，也是与文化科学最初的手段——即价值关系分不开的。[13]

简言之，我们可以说马克斯·韦伯所称的理想类型有三种概念：

第一种概念是历史事件的理想类型，如资本主义或西方城市。在这种情况下，理想类型就是把总的历史实在性和独特的历史实在性加以重现，使之易于为人理解。这种历史实在性之所以是总的，那是因为整个经济制度是由资本主义一词所确定的。说它是独特的，那是因为在韦伯看来，根据他给资本主义一词所下的定义，资本主义只有在现代西方社会才有可能完全实现。一个历史事件的理想类型永远只是一个部分的再现，因为社会学家在历史的总体中只挑选一定数量的特征，把它们组成一个可以被理解的整体。重现的只是许多可以重现的东西的一部分，整个社会的实在性并没有印入社会学家的脑海之中。

第二种概念是确定历史实在性的抽象组成部分的理想类型。历史实在性的抽象组成部分存在于许多情况之中，这些概念一经糅合就有助于确定真实历史总体的特点，并理解这些总体。

如果以资本主义作为第一种概念的例子，以官僚主义作为第二种概念的例子，那么这两种理想类型之间的对立就更清楚了。在第一个例子中，人们可以确定一个真实的和独特的历史整体；在第二个例子中则可以确定政治机构的某一个方面。这种政治机构并不包含全部制度，它多次存在于各个不同的历史时期之中。

这些具有社会特征的组成部分的理想类型存在于各种不同的抽象层次之中。在第一个层次里的是诸如官僚制度和封建制度这样一些概念；在高一级的抽象层次里有三种统治形式（理性统治形式、传统统治形式和享有殊誉人物的统治形式），每一种统治形式都是由服从的动机或领袖人物企求的法制性质决定的。理性统治由法律和规章制度佐证，传统统治由常常参照往事和习俗佐证，享有殊誉人物的统治则依赖领袖人物具有的、几乎是不可思议的特殊德行。这种特殊的德行是追随领袖、效忠于领袖的人赋予的。这三种类型的统治方式就是人们可以称之为"原子"概念的例子。人们可以把这些概念作为因素加以利用，以再现和理解某些具体的政治制度。大部分政治制度是由属于这三种类型统治方式的因素组成的。再说一遍，这样做是因为实在性是模糊不清的，需要有清醒的头脑予以对待，又因为各种形式的统治在现实中互有交叉，应当严格地逐个确定，因为纯粹的权威人士统治或传统的统治是没有的，应当在我们的思想中严格区别这两种类型的统治。理想类型的再现不是科学研究的目的，而是一种手段。我们就是利用这些严格确定下来的概念衡量我们的概念与实际之间的距离的，就是靠各种概念的糅合来把握复杂的现实的。在最后一个抽象层次里，我们可以看到各种类型的行为：有目的的理性行为、有价值的理性行为、习惯行为和感情行为。

最后，第三种理想类型，它是由具有独特性质的行为的理性化再现组成的。马克斯·韦伯认为，经济理论的全部命题仅仅在于用理想类型重现主体据以处世为人的方法，如果这些主体是纯粹的经济主体的话。经济理论严格要求经济行为具有明确的涵义，符合它的主旨。[14]

3. 人类条件的矛盾

文化科学就是这样，它既是理解性的科学，又是因果性的科学。根据不同情况，因果关系可分为历史学上的因果关系和社会学上的因果关系。历史学家着眼于衡量各种不同的往事在一个独特的场合下的因果作用。社会学家则致力于确定重复产生的或可以重复产生的连贯关系。理解的主要手段是各种理想类型，而这些理想类型的共同特点是倾向于理性化或倾向于把握某种行为或某种独特的历史现象明显的或不明显的逻辑性。在这些情况下，理想类型就是一种手段，而不是目的，因为文化科学的目的总是在于理解主观意义，归根到底就是人类赋予自己存在的意义。

文化科学着眼于把握行为的主观意义，这一思想还鲜为人知。今天的许多社会学家摒弃这一观点，他们认为科学的真正目的在于追求社会或存在的非意识的逻辑性，而韦伯的目的却是理解真实的存在。这种科学探索方向很可能与马克斯·韦伯思想里和他的认识论里的认识与行动的关系有关。

韦伯思想中的基本课题之一是价值判断与价值关系的对立。这个问题我们已经分析过了。历史存在实质上就是创造和肯定价值。文化科学就是理解这一存在，理解的手段就是价值关系。人类的生存是由一系列的选择组成的，人们根据这些选择确立一整套价值体系。文化科学就是再现和理解人类据以建立一个价值天地的选择。

价值哲学与行为的理论紧密相关。马克斯·韦伯是"政治上失意"的社会学家中的一位，想在政治上有所作为的愿望得不到满足是他们致力科学的动力之一。

马克斯·韦伯的价值哲学起源于新康德派哲学。在他那个时代里，德国西南部的一些大学讲授过新康德派哲学，这种哲学一开始就提出了事态与价值的根本区别这一问题。

价值既不产生于灵感，也不发端于超验，它是由人类的决定创造的。这些决定在本质上不同于人们据以把握实情、确立真理的各种手段。真理本身很可能也是一种价值，这一点已为新康德派的某些哲学家所肯定。但在马克斯·韦伯的著作里，科学和价值是有根本区别的。科学的本质是意识服从事实、服从证据；价值的本质则是自由选择和自由肯定，论证不能逼使任何人承认一种他本人不赞同的价值。[15]

在这一点上，比较一下涂尔干和帕累托不是没有意义的。涂尔干自以为已经在他称之为社会的这个东西里找到了极为神圣的客体，同时也发现了创造价值的主体。帕累托原则上认定只有手段和目的关系才有逻辑的特点，任何目的规定性都是不合乎逻辑的。因而，他就在精神状态、感情或剩遗物中寻找能够肯定目的的力量，换句话说，就是决定价值的力量。不过他所关心的只是这种决定性的不变的特征。他认为任何社会都备受职务与能力、个人利己主义与忠于集体（或为集体作出牺牲）的必要性之间的基本矛盾的折磨，于是他希望首先要经常有效地对剩遗物进行分类，也就是要找出与人性理论相等的东西。帕累托基于无数不同的历史现象探讨了人性理论。

无论哪一种看法都与韦伯的思想不相一致。韦伯也许会这样回答涂尔干：任何社会实际上都是价值的产生之地，但是现实社会是由人组成的，也就是说由我们自己和其他人共同组成的，因而我们崇敬的或应当崇敬的不是这样的具体社会。即使每个社会都确实曾向我们提出过或迫使我们接受过某种价值制度，还是不能证明我们生活在其中的这个制度要比我们敌人的制度好些，要比我们自己想建立的制度更值得称道一些。价值的创造是社会性的，但也是历史性的。在每个社会内部都存在着集团、政党和个人之间的冲突，我们每个人最终都要与之发生联系的价值世界既是集体的产物，又是个人的产物。它源自我们的意识对一个环境或一种境况的回答，因而不必改变现存社会制度的面貌，从现存的社会制度中寻找一种高于我们自己选择的价值的价值。我们的选择也许能创造未来，但是我们接受的制度则体现了历史的遗产。

韦伯本来还想回答帕累托说各种剩遗物也许适应了人类本性的永久的倾向，但是社会学家常常在对剩遗物进行分类时忘记或忽视了历史进程中更有意义的东西。当然，所有的神正论，所有的哲学，都是不合逻辑的，或者说都缺少逻辑规则和事实的教诲。不过历史学家想要了解的是人类给自己的存在赋予的意义，他们难以适应的方式以及他们把利己主义和献身精神结合起来的方法。所有这些意义体系和价值体系都具有某种历史特点，它们数量众多而又各不相同，又因为具有独特性而颇使人感兴趣。换句话说，帕累托探讨的是固定不变的东西，而马克斯·韦伯却是想把握社会和精神制度的特点。他最热中于确定宗教在一个特定社会里的地位，确定为一个时期、一个共同体所接受的价值等级体系。正像帕累托所说的那样，对世界和社会的这些解释方法都是非逻辑的，因为世界和社会都是韦伯要探讨的首要目标。

这个价值世界是过去行为的世界，也是当前科学的研究对象。我认为马克斯·韦伯是用两种不同的方法看待这个价值世界的。这两种方法的效果相仿，一方面，作为哲学家，韦伯试图构思出我乐意称之为行为的矛盾的东西；另一方面，作为社会学家，他又要设想不同的宗教态度以及这些态度对人们采取的行为，尤其是对人们采取的经济行为所产生的影响。

按照马克斯·韦伯的说法，所谓行为的基本矛盾就是责任道德与信念道德之间的矛盾。一方是马基雅弗利的主张，另一方是康德的观点。责任道德是行为者不能不接受的道德，它要求人们安于现状，考虑可能作出的决定会造成什么后果，设法在事件的发生过程中加进能取得某些成果或能决定我们企求的某些结果的行为。责任道德把行为解释为手段—目的。要想说服军官们接受他们所不喜欢的政策，就应当故弄玄虚，用军官们听不懂的言语或者用与政策制订人的原意、他所追求的目的完全不同的解释向他们阐述这种政策。也许在后来某个特定的时期里政策制订人与执行者之间会出现某种紧张状态，也许执行者会觉得自己受了骗，但是如果这种做法是达到追求目的的惟一手段，难道人们有权谴责为了国家的利益而行骗的人吗？马克斯·韦伯喜欢把佛罗伦萨的公民们作为责任道德的象征。马基雅弗利说过，佛罗伦萨的公民视城市的尊严高于自己的灵魂得救。政治家们同意使用为一般伦理所不齿的手段去实现一个超个人的目标，即集体的利益。马克斯·韦伯对马基雅弗利派不予赞赏。责任道德就其一般意义来说，并不一定是马基雅弗利主义的。它只不过是一种关注效果、以选择与人们想达到的目的相适应的手段为特点的一种道德观。马克斯·韦伯还说，如果责任道德的意思是只讲效果不择手段，那么任何人都不会始终恪守这种道德。他举了马基雅弗利和为了城市的尊严而牺牲灵魂得救这两个例子作证，但也举了路德和他在沃尔姆斯会议上的一句名言："我不干了，除此之外我别无他法，愿上帝保佑我。"行为的道德包括两个极端的东西：为拯救城堡而犯下的罪孽及其在非常情况下，不顾后果而无条件地肯定某种愿望。

需要补充的是责任道德是以追求实现目的的手段为特点，而这些目的又还是虚无飘渺的东西。在这种情况下，光有责任道德还是不够的，所以就出现了某些人（如莱维-斯特劳斯）所说的韦伯虚无主义。韦伯不相信个人与社会能在要达到的目的这个问题上一致起来。他承认价值是由人创造的这个唯意志论的观点，但不承认有什么普遍意义的目的等级制度。他甚至认为我们每个人都不得不在归根到底彼此互不相容的价值之间作出选择。必须选择这样的行动：为了有所作为，应当作出牺牲。

我们向往的各种价值都体现在人类的集体之中，而这些集体却又彼此自发地矛盾着。马克斯·韦伯秉承了霍布斯的传统观点，即各种政治社会的自然状态的观点。他说大国都是一些处在不断竞争中的强国，它们中的每个国家都拥有某种文化，这些文化彼此对峙，都自以为优于对方，任何方法都不能使它们之间的争吵平息。

在一个集体内部，不给某个阶级带来好处，不要另一个阶级作出牺牲的政策是没有的。因此，政治决策——它可以并且应当受科学思想的开导——归根到底还是由无法加以验证的价值判断所支配的。任何人都不能确有把握地决定一项要某人或某个集团为了另一个集团或总集体的利益作出牺牲的政策。总集体的利益从来都只能由一个特定的集团所决定。换句话说，按照马克斯·韦伯的说法，天主教关于城堡共同利益的概念并不可取，或不能包括严格的规定性。

更有甚者，马克斯·韦伯还认为关于公正的理论包含着一个根本的矛盾。人的体质、智力和精神上的天赋是不一样的。一个人在出生时就有一种遗传上的偶然性。从基因一词的本义上说，我们每个人得到的基因是由概率决定的。不平等性既然是天生的、基本的现象，人们就能或是通过社会努力消除这种天生的不平等性，或是相反，按照各人的才干付给报酬。不管是否有理，马克斯·韦伯断言：在由天然不平等引起的生活条件不平等和为消除这种不平等性所作的努力之间，没有可由科学支配的选择。是上帝还是魔鬼，只能由各人自选。

最后，仿照马克斯·韦伯的说法，奥林匹斯诸神都自然是彼此不和的。今天我们知道有一件事也许是美好的，"因为"（而不是"尽管"）它是不合道德的。同一个社会不可能同时实现军事强国的价值、社会公正的价值和文化的价值。因此，不仅这些价值在历史上互不相容，而且美学的价值还可能与某些道德价值相悖，道德价值也可能与某些政治价值背道而驰。

价值的选择问题导致了信念道德的产生。信念道德促使我们每个人不左顾右盼，不考虑后果，按照自己的感情行事。马克斯·韦伯举了两个例子，一个是绝对和平主义者的例子，一个是革命的工团主义者的例子。

绝对和平主义者无条件地反对使用武器，反对残杀同类。如果他想用这种态度阻止战争，那就太天真了，而且在责任道德上也是毫无作用的。但是，如果他的目的只是按照自己的意识行事，如果反对战争、反对残杀同类本身就是他的行为的目的，那么姑且不论这种行为是高尚还是荒谬，他都是无可指责的。声称宁可坐牢、宁可去死也不愿杀戮同类的人，是按照信念道德行事的。人们可以指责他们错了，但无法证明他们的确错了，因为行为者只是凭自己的意识作判断，而每个人的意识只要不怀有改变世界面貌的幻想，不奢求除了忠诚以外的其他满足，都是无可辩驳的。在责任方面，和平主义者可能无法平息暴力行为，因而只能眼看自己的祖国惨遭失败，但是这种反对意见不会触动信念道德主义者。同样，对社会持反对态度的革命工团主义者对自己的这种反对态度的眼前和长远的后果是不予考虑的，他们懂得的只是他们自己，完全不顾忠于事实的人的科学的或政治的批评。

"即使用最有说服力的方法向一个深信信念道德真理的工团主义者解释，指出他的行为只会造成增加对抗的可能性，只会延缓他本阶级的行动，只会使他本阶级陷入更深的奴役地位，你这样做不过是徒然浪费时间，他是不会相信你的。当一个由纯粹的信念推动的行为造成了令人恼火的后果时，赞成这种道德的人不会把责任归于做这个行为的人，而是把它推给世界，把它归咎于他人的愚蠢，甚至归咎于上帝，因为是上帝这样创造了人。"（《学者和政治家》第187页。）

关于这个基本矛盾，要说的东西还很多。显然，不受信念影响的责任道德是没有的，因为责任道德归根到底是追求效果，而这种追求的目的又是大可怀疑的。

同样，信念道德不可能是一个国家的道德观，这一点也是明白无疑的。我们甚至可以说信念道德说到底也不可能是那些通过言论或著作参加政治游戏的为数不多的人的道德观。没有任何人会不顾自己的言论或行为的后果，听任自己的意识，随便说话随便写文章的。唯信念的道德观只是一种理想类型，任何人都不应当与它靠得太近，以免超出合理行为的限度。

尽管如此，我还是认为在韦伯的信念道德和责任道德的矛盾中还有一层深刻的思想。在行为问题上，尤其是在政治行为上，有两种态度，甚至可以说有两种态度的愿望。一种态度是我称之为工具格的态度，它力求产生符合于我们目标的结果，因而迫使自己观察世界，分析我们的所作所为可能产生的影响。另一种是我称之为道德格的态度，这种态度常常促使我们不顾他人，不考虑事件的决定论去讲话、行事。有时我们懒得考虑，只好听任驱使，把我们的言论、行为的后果交给上帝或魔鬼去考虑了。理性的行为同时得益于这两种态度，但我认为严格地提出这两种态度的理想类型不是毫无益处的，而且我还觉得很能说明问题。这是因为我们每个人都在这两种理想类型中游移不定：国务活动家肯定更看重责任，即使是为了证明自己正确也罢，而普通公民则更多地倾向于信念，即使为了批评国务活动家也罢。马克斯·韦伯断言："两种伦理准则处在永恒的对立之中，相互抗衡，绝不可能用以纯道德为基础的伦理手段克服这种对立。"（《科学理论论文集》第 425 页。）他又说："信念伦理和责任伦理并不矛盾，它们互为补充共同构成真正的人，即能够自称具有'政治天职'的人。"（《学者和政治家》第 199 页。）

4. 宗教社会学

在韦伯的思想中，信念道德是宗教态度的一种可能的表示方法。"登山宝训"就是典型的信念道德。理想主义的和平主义者就是那些反对持剑伤人，反对以暴力对付暴力的人。韦伯很乐意地引用了"甘愿再受侮辱"这句话，并说这句话不是崇高的就是懦弱的。一个基督教徒出于自我克制骂不还口，因而是崇高的；但如果有人因为懦弱或害怕而骂不还口那就可悲了。同样的态度如果表现的是一种宗教信念，就可能是崇高的；如果表现的是没有勇气、缺乏自尊，那就是卑下的。分析这种信念道德必然导致宗教社会学的产生。

由信念形成的和平主义只能用对世界的全面看法加以解释。基督教和平主义只有当它把对生活的看法与它承认的最高价值联系在一起时才能为人理解，也就是说才有真正的意义。任何态度要能为人了解都要求把握全部生存观念。这种观念激励着行为者，也是行为者所亲身感受的。这就是韦伯的宗教社会学研究的基点。韦伯的宗教社会学研究是受这个问题支配的：宗教观念在多大程度上影响着各种社会的经济行为？

人们常说韦伯致力于批驳历史唯物主义，并用宗教来解释经济行为，又说他不承认宗教是社会的上层建筑，不承认社会的基础是由生产关系组成的。实际上韦伯的思想并非如此。他想论证人类在各种不同的社会里的行为只有在他们对生存的总观念中才是可理解的。宗教的教义及对教义的解释是这种世界观的组成部分，要了解个人和集团的行为，尤其是他们的经济行为，就应当了解这些观点。此外，马克斯·韦伯还想证明宗教观念实际上是经济行为的决定因素，因而也是社会经济变革的原因之一。

在这两点上最能说明问题的是马克斯·韦伯就资本主义精神与耶稣教伦理观的关系所写的一篇论著。

为了正确地解释这篇著名的论著，应当先读一下该书的前言及第二章中对资本主义所作的分析。马克斯·韦伯认为资本主义不是一个，而是有许多个。换句话说，每个资本主义社会都有自己的独特性，这种独特性是在同类型的其他社会里所不存在的。这里用得上理想类型的方法。

"如果确有一种东西可以为这一词组（资本主义精神）明智地用上，那么它必将是一个'历史个体'，就是说是一个出现在历史实在性中的各种关系的组合，根据它们所包含的文化上的意义，把它们汇集成一个观念的总体。然而这一历史概念只能按照类别相似、种列不同的公式加以确定，因为它与一种具有独特个性的、有意义的现象有关。不过这个概念是从历史实在性中逐个提取出来的、独特的因素逐步形成的。因此，最终的概念不存在于研究的开始，而只出现在研究的结束之时。换句话说，只有在讨论过程中，研究的基本成果，即概括我们所说的资本主义'精神'的最佳方式，才会显露出来。所谓最佳方式，就是按照在此处令我感兴趣的观点选择的最合适的方式。但是，无论如何都不能说我们据以对所研究的各种历史现象作出分析的观点就只有这些。如同各种历史现象一样，其他的观点也会引出其他的'基本'特点。于是，在资本主义'精神'这个概念里，我们就根本无须仅仅了解出现在我们面前的、对我们的研究对象来说是基本的东西。这是由历史现象的概念化性质所决定的。出于方法论的需要，历史现象的概念化性质不会把现实归入抽象的范畴里，而是努力在必然具有明显个性的具体遗传关系中突出现实。"(《耶稣教伦理和资本主义精神》第47—48页。)

因此，给资本主义确定一种理想类型，即根据某些已掌握的特点给资本主义下一定义是完全应该的，因为这些特征特别使我们感兴趣，它们支配着一系列次要的现象。[16]

马克斯·韦伯认为资本主义的特征是存在着以最大限度的利润为目的的、其手段是合理组织劳动和生产的企业。对利润的追求和合理的纪律这两者结合，在历史学上构成了西方资本主义的特点。贪财的人在已知的各种社会里都有，但不可多见的，也许还是绝无仅有的是：这种欲望不是用巧取豪夺、投机冒险的手段加以满足的，而是靠纪律和科学满足的。资本主义企业通过官僚机构，着眼于最大限度的利润。这里"最大限度的利润"一语并不完全确切。组成资本主义的并不是最大限度的利润，而是无限制的积累。任何一个商人都想在生意中获得尽可能多的利润。资本主义的特征是不限制赢利欲，而是积累越多越好，使得生产的愿望也变得没有限制了。

"'获取欲'、'追求利润'、追求金钱，追求尽可能多的金钱，这些东西本身都与资本主义无关。咖啡馆侍应生、医生、马车夫、艺术家、轻佻的女人、贪财的官吏、士兵、小偷、十字军参加者、赌棍、乞丐……所有的人都可能受同样的欲望驱使。就像各个时期里各种不同身分的人一样，只要处在存在着或存在过这种情景的客观条件的地方，都可以被或者曾经被这种欲望诱惑……贪得无厌与资本主义毫无关系，与资本主义的'精神'更不沾边。资本主义的标志倒还是统治方式，至少是对这种非理性化的欲望所加的理性化的节制。当然，在一个持续的、理性的资本主义企业中，资本主义是追求利润、追求永不间断的利润的同义词——就是追求赢利。在整个经济都已纳入资本主义秩序的地方，个人的资本主义企业如果不去追逐赢利就注定要淘汰……我们所说的'资本主义'经济活动就是指那种寄希望于利用交换的可能性获取利润的活动，也就是说那种建立在（表面上）和平地获取利润的机遇上的活动。如果追求资本主义的利润是合理的，那么与之相应的活动就应当被分析为用资本进行的计算，这就意味着如果企业的活动是有条不紊地利用原材料及个人提供的劳务，把这些作为获取利润的手段，那么，在经营活动终了时，企业用金额表示的资产（或持续企业定期估算的资产额）就会超过资本，也就是说超过为了通过交换途径获取利润而投入生产的物质手段的价值……用我们的概念来说，重要之点在于：经济活动中起决定性作用的是这样一种实际的倾向，即用金额表示的结果和用金额估算的投资进行比较，不管这种比较是多么原始。各种经济资料有助于我们作出这样的判断：在所有的文明国家里都曾有过以用资本进行估算的不太差的理性化为基础的这种意义上的资本主义和资本主义企业。在中国、印度、巴比伦和埃及，在地中海地区的远古时代、中世纪乃至今天都曾有过……但在现时，西方却自有另一种形式的资本主义，即理性的、资本主义的（表面上）自由劳动组织，而在别处则还处在隐约的朦胧状态。企业的合理组织与对固定市场的预计有关，而不是与不合理的或政治投机的机遇相联系的。但是企业的合理组织并不是西方资本主义惟一的特点。如果没有两个主要因素，企业的合理组织也是不可能的。这两个因素是：家务与企业分开，这是现代经济生活的主宰；合理的会计制度，它是与企业的合理组织紧密相连的。我们还可以在别的地方看到住所和生产车间（或店铺）分离的情况，例如东方的商场和某些文明国家的作坊。同样，远古时代在地中海东岸地区和远东，一些带有资本主义萌芽的协会就已经有了自己独立的会计制度，但与企业的现代独立性相比，这种会计制度只不过是一种微不足道的尝试。各个企业都在到处追求利润，它们都有通过巨大的家庭经济发展自身的倾向，不管这种家庭经济是王室的还是公有的。正像洛贝尔图斯观察到的那样，这些企业除了表面上与现代经济有些相似以外，其发展道路是迥然不同甚至是完全相反的。但是，归根到底，西方资本主义所有的特点只有在与资本主义的劳动组织结合起来时才有现代意义。人们通常称之为'商业化'的东西，流通证券的发展，以及使投机合理化的交易所，也都是与资本主义密切相连的。没有资本主义的合理的劳动组织，所有这些事实——假定这些事实是可能的——就远不会有同样的意义。尤其在涉及社会结构方面，现代西方固有的所有问题都与之有关。确切地计算是其余一切东西的基础，只有在自由劳动的基础上才能做到。因此，对于我们来说，人类文明通史的中心问题——即使出于纯经济观点的考虑——归根到底还不是资本主义活动本身的发展(资本主义活动的形式视不同的文明而异。在这里是带有冒险色彩的，在那里就可能是唯利是图的，或以战争、政治或管理为目标的)，而是资产阶级企业的资本主义以及合理的自由劳动组织的发展。或者，用文明史的措辞来说，我们的问题就是具有明显特征的西方资产阶级的诞生。"(《耶稣教伦理和资本主义精神》第15—23页。)

马克斯・韦伯认为，官僚主义并不是西方社会的特征。埃及新王朝、中华帝国、罗马教廷、欧洲国家，都和大型现代资本主义企业一样曾经有过官僚主义。按照韦伯的说法，官僚主义的特点在于它的结构。它是许多个人进行合作的常务组织，各人在其中担任一个专门的职务。官吏们从事一种与家庭生活不相干的，也许还可以说是超脱个性的工作。当我们在邮局窗口与一个公务员发生联系时，我们不是在和某个个人打交道，而是与一个不知名的执行者打交道。我们也为女职员与她的邻座交谈私事而恼火。官吏应当干好自己的分内事，而这与孩子、度假毫无关系。这种无个性性就是官僚主义的基本特性。在理论上，每个人都应当懂得法律，严格按照规章制度的抽象命令行事。最后，官僚主义能保证按规定向每个为之工作的人支付报酬，因而这就要求它有自己的财源。[17]

用为了谋求无限的利润积累和按照官僚主义的合理性办事的企业给资本主义下的这一定义，与圣西门派及大部分自由派经济学家给资本主义下的定义迥然不同。它接近于马克思的定义，但也有某些差异。马克斯・韦伯像马克思一样，认为资本主义的本质在于通过市场谋求利润。他也强调存在着法律上自由但靠向生产资料所有者出卖劳动力为生的劳动者。他还指出现代资本主义企业使用越来越有力的手段不断更新技术，以谋求额外利润的积累。技术进步只不过是生产者竞争的结果，这一结果不是特意谋求的。

"大家知道，西方资本主义的现代形式在很大程度上是由技术可能性的发展决定的。今天，它的合理性又基本上取决于对最重要的技术因素的估价可能性。这就意味着它取决于现代科学的特点，尤其取决于以数学和合理试验为基础的自然科学。此外，科学的发展以及由此而引起的技术进步也受到资本主义利益的决定性的推动。资本主义利益把报酬与科学技术的实际应用联系起来了，尽管西方科学的起源并不是由这种利益决定的。"（《耶稣教伦理和资本主义精神》第23页。）

马克思和韦伯之间的区别在于后者认为现代社会和资本主义的主要特征是官僚主义的理性化。不管生产资料所有制的地位如何，官僚主义理性都不能不继续有所发展。马克斯·韦伯顺理成章地援引了经济社会化的例子，但未把这看成是根本的变革。合理组织生产以达到用最低的成本从事生产的必要性，在会导致生产资料归国家所有的革命之外还会存在。

圣西门派强调现代社会的技术方面，即生产手段迅速增多。因此，他们不重视工人与业主之间的对立，不相信阶级斗争对于实现现代社会的必要性。马克斯·韦伯像马克思一样，在谈到现代企业的典型组织时说："没有组织自由劳动的企业，无产阶级作为一个阶级就不能存在于西方以外的地方。"（《耶稣教伦理和资本主义精神》第22页。）不过，他像圣西门派一样，尽量压低社会主义—资本主义的对立，因为官僚主义的理性化是现代社会最本质的东西，不管所有制如何，它都能存在下去。因而，所有制的变更不会引起现代社会的变化，更何况马克斯·韦伯是赞成个人价值体系的，他害怕社会化的进展会缩小个人自由行动的余地。他认为在社会主义社会里，等级制度中的职务晋升是按照官僚主义的程序进行的。要想成为一个政治家或部长，其升迁过程就像当部的办公厅主任一样。然而在民主型的社会里，情况就完全不同了。职务的升迁是通过争执、演讲，换句话说就是通过让候选者的个性更好发挥作用的过程进行的。

在今天，资本主义一旦存在，个人要想适应资本主义的法则已经不需要什么形而上学的或伦理上的动机了。因此从历史社会学的观点上来看，应当分别解释清楚资本主义制度的形成过程和资本主义制度的运转情况。一个大型工业公司的头头是天主教徒、耶稣教徒，还是犹太教徒，是加尔文派还是路德派，是不是看到经济成就与拯救灵魂的许诺之间的关系，今天对我们来说，知道这些东西没有多大意义。制度一旦存在，并且已经在运转，那么，支配经济活动的就是这种社会环境了："清教徒曾经希望成为劳碌的人，而我们则是不得不成为这样的人……今天，宗教苦行主义已经冲出了樊笼——是不是最终冲出了樊笼？无人知道……但是，不管怎样，获胜了的资本主义自从有了自己的机构作为基础之后，就已不再需要这一支柱了。"（同上引书第 245—246 页。）但是，这个制度是怎样建立的，这就完全是另外一个问题了。不过，心理和宗教上的动机曾经在资本主义制度的建立中起过作用，这一点是不能排除的。韦伯的假设是：耶稣教教义的某种解释曾经造成过某些有利于资本主义制度形成的动机。

为了证实这种假设，马克斯·韦伯从三个方面阐述了自己的研究成果。

在研究之初，他使用的方法是分析统计数字。这一方法与涂尔干在《自杀论》一书中所用的方法相似，其目的是要确定以下的事实，即：在许多宗教团体杂处的德国某些地区，耶稣教徒，尤其是某些教派的耶稣教徒，拥有的财富与人数的比例极不相称，并且在经济上居于要位。这并不能证明宗教这一可变参数决定了经济成就，而只是提出了这样一个问题：宗教观念对个人或集团的行为有否影响。马克斯·韦伯很快就结束了这种统计数字的分析，接着就着手进一步的研究。

接下来进行的分析着眼于确定耶稣教伦理（或耶稣教的某种伦理）与资本主义精神在理智或精神上的共同性。在这种情况下，需要把一种宗教思想与对某些行为问题的看法用可以理解的方式联系起来。

最后，马克斯·韦伯在其他著作中就耶稣教教义和资本主义问题展开研究，努力探讨社会和宗教条件在其他文明——中国文明、印度文明、原始犹太教和伊斯兰教——中是否或在多大程度上有利或不利于资本主义的形式。如果在西方以外的其他文明中确实也存在资本主义现象，那么西方资本主义的特征，即追求利润与合理的劳动纪律的结合，在历史进程中就只出现了一次。西方式的资本主义在西方文明以外的任何地方都未曾有过发展。于是，马克斯·韦伯就思索这样一个问题：由宗教信仰决定的对劳动的特殊态度在多大程度上成为西方有、别处无的，可以用来研究西方历史独特过程的东西。这个问题在马克斯·韦伯思想中极为重要，于是他就着手论述耶稣教伦理。他这样写道："所有由今日欧洲文明培养出来的专门研究世界史问题的人，迟早会振振有词地提出这样一个问题：应当把西方文明中，而且只在这种文明中出现的具有普遍意义和普遍价值的文化现象——至少我们喜欢这样去想——归因于一系列什么环境？"（同上引书第 11 页。）

马克斯·韦伯的论点是资本主义精神与耶稣教教义精神的一致性，这种一致性很有意义。把这个观点回复到基本要素上来就是：对经济活动采取一种符合资本主义精神的态度，是符合某种耶稣教教义的。某些世界观和某种经济活动的风格有着一种精神上的相似之处。

马克斯·韦伯所醉心的耶稣教伦理，基本上是加尔文主义的观点。他参照了 1647 年的《威斯敏斯特忏悔录》，把加尔文主义观念归纳为五个方面：

存在着一个完美无缺、卓越万能的上帝。上帝创造了世界并治理着世界，上帝是人类有限的精神所不能把握的；

神秘而又无所不能的上帝决定着我们每个人的命运，或是灵魂得救，或是堕入地狱，即使我们有所作为也不能改变这种事先已经安排好了的上帝旨意；

上帝创造世界是为了自己的荣誉；

不管应当得救还是应当下地狱，人都应当把为上帝效劳，在这个世界上创建一个上帝的王国作为自己的职责；

地球上的一切东西、人性、肌肤都是罪孽和死亡的渊源，灵魂得救是上帝对人类的恩赐。

马克斯·韦伯指出这些因素分散在其他宗教观念之中，把这些因素综合起来却是别具一格，其结果极为重要。

首先，这种宗教观排除了神秘主义。原先，造物的有限精神与上帝的无限精神之间是不容许沟通的，这种观念同样也是反礼仪的，使意识倾向于承认科学可以并且应当加以探索的自然秩序。因此，它间接地有利于科学的发展，与各种形式的偶像崇拜毫无共同之处。"因此，这个波澜壮阔的'觉醒'过程在宗教史上已经达到终点。人们从旧犹太教的先知先觉开始，继而接受了希腊的科学思想，最终把一切用以达到拯救灵魂的、不可思议的手段都斥之为迷信和渎神，把它们抛弃殆尽。真正的清教徒甚至还废除了墓前一切宗教仪式，他们安葬自己的亲友既不唱挽歌，又不奏哀乐，不让丝毫的'迷信'流露，也绝不相信巫术般的宗教仪式的效用。"（同上引书第121—122页。）

在这罪恶的世界上，教徒应当为上帝的事业效劳。怎样效劳呢？在这个问题上加尔文各教派的解释互不相同。有利于资本主义的解释既无独特之处又不确实可靠。加尔文本人曾致力于建立一个适应上帝权威的共和国。另外还有一种解释，至少也是可以考虑的。这位加尔文派教徒无法知道自己将得救还是将堕入地狱。这个结局是无法忍受的。出于一种并不合乎逻辑，但属于心理上的癖好，他要在这个世界上找出这一选择的征兆。马克斯·韦伯说，某些加尔文派教徒最终就是这样在世俗的成就中，可能是在经济成就中，找到上帝选择的证据的。人们对自己的灵魂是否能够获救不能肯定，一直处在苦恼之中。他们就是为了排除这种苦恼而劳动的。

"个人怎样才能对自己的命运高枕无忧呢？对于这个问题，加尔文的回答只有一个：我们应当满足于知道一切都是由上帝决定的，应当坚贞不渝地信任基督，因为他是真正的信念的化身。他在原则上摒弃了这样一种假设，即人们可以按照一个人的举止判断他是上帝的宠儿还是上帝的罪人，因为自以为能够洞察上帝秘密的人是极不审慎的。在现实生活中，上帝的宠儿和上帝的罪人在外表上并没有什么区别，更何况前者的主观经验——作为神灵的把戏，除了坚贞不渝的信念外，后者同样可以获得。因此，上帝的宠儿就是识别不出的上帝的教士。至于那些模仿者们——其中泰奥多尔·德·贝兹就是一例——那当然就不一样了，更不用说芸芸众生了。在他们眼中，命运的肯定性，作为认识恩泽状态的可能性来说，必然具有极其重要的意义。凡是灵魂归宿预定论继续存在的地方，都不能回避这样一个问题：有没有什么标准可以让人确切无疑地看出谁是上帝的宠儿？……只要存在个人恩泽状态的问题，那么在证明坚定不移的信念来自对人类的恩赐行为时就不可能坚持信赖加尔文。对加尔文的信赖虽然表面上从未消失过，但至少在原则上已被正统的学说所放弃。尤其是在为人们灵魂操心的活动中，教士们对这种信赖是不满意的，因为他们与这种学说所孕育的风暴有着直接的关系，因此教士的活动困难重重，只好用各种方式为人们的灵魂操心。在命运归宿预定论还没有新的解释，还没有受人轻视乃至被人抛弃的情况下，出现了两种互有联系又各具特征的教士训诫。一个训诫说：自认为是上帝的宠儿本身就是一种责任，对这一点的任何怀疑都应当被视为是受了魔鬼的诱惑，都在摒弃之列，因为缺乏自信是缺乏信念的产物，也就是恩泽功效不足的产物。要'增强'个人的使命感，教士的这一训诫在这里的解释是在日常的斗争中，人们应当在主观上坚信自己的选择，相信自己是清白无辜的。如果卑贱的罪人向上帝忏悔，那么路德就答应饶恕他们。现在，在这些罪人的位置上出现了许多充满自信的'圣者'，我们能在资本主义上升时期，在那些坚强的清教徒式的商人身上看到这些圣者的影子，即使在今天也还能看到这些虽然是孤立的却又是十分相似的例子。另一个训诫是：在一个职业中，勤奋工作是获得自信的最佳手段。这样，而且只有这样，才能消除对宗教的疑虑，坚定获得恩泽的信念。世俗的活动能够使人获得这一信念，也可以说这些活动可以被认为是抵御对宗教的烦恼情绪的一种手段。人们能在新教宣讲的宗教感情的明显特点里找到这种烦恼的原因。信念辩解说与路德教义相比，区别是十分明显的。"（同上引书第131—135页。）

从神学中派生出来的这种心理学观点对个人主义颇为有利。每个人都只身面对上帝。与他人结成共同团体的观念、对他人的尽责的观念淡薄了。合理地、有规律地、经常不断地工作最终被解释成是对上帝旨意的服从。

令人惊异的是神学逻辑和加尔文逻辑的某些要求与资本主义逻辑的某些要求竟然是如此地吻合。耶稣教伦理嘱咐自己的信徒不要太看重这个世界上的财富，要求他们采用苦行主义的举止行为。然而，为了利润而合理地劳动、不耗用利润，是一种值得称道的行为，这种行为对资本主义的发展是必不可少的，因为它意味着把未曾耗用的利润用于持续的再投资。这里最清楚地显示了耶稣教态度与资本主义态度的相似性。资本主义是以合理的劳动组织为前提的，它要求大部分利润不要被耗用掉，而是要储存起来，用以增加生产资料。正像马克思在《资本论》里所说的那样"积累啊，积累啊！这就是摩西和先知们！"然而，照马克斯·韦伯的说法，耶稣教伦理把追求最高利润解释并证明为是一种目的不在于生活的舒适而是为了满足生产更多东西的欲望的奇怪行为，这类奇怪行为在西欧以外地区的社会中是没有的。

这一例子清晰地阐明了韦伯的理解方法。撇开因果关系问题不说，韦伯至少使宗教态度及经济行为的相似性变得似乎确有其事。他提出了一个极有意义的社会学问题，即：世界观对社会组织或个人态度的影响问题。

马克斯·韦伯想把握个人或集体的总的态度。有人指责他是个数学分析家或点彩派画家，说他不会使用总体性这个时髦的术语。这些人不知道正是韦伯阐明了掌握全部行为和世界观、社会观的必要性。真正的理解应当是全面的，但是因为他是一个学者，不是一个玄学家，所以他不相信能够得出只有他自己的理解才是惟一可行的理解这样一个结论。

他以某种方式解释了耶稣教伦理，但并没有排除其他人在其他时代也可以以别的方法看到耶稣教教义，并从不同的角度加以研究。他不否认解释的多样性，但强调解释的完整性。

此外，他还指出除了科学的逻辑以外，不仅仅有任性和疯狂，还存在着其他东西。我认为《普通社会学》一书的缺陷在于帕累托给所有与实验科学精神不相符的东西都贴上了同样的非逻辑的标签。马克斯·韦伯指出思想和存在的有些可以理解的组织虽然并不科学，但也还是不无意义的。他倾向于把这些主要是心理学上的而不是科学上的逻辑理顺，使人们能从对灵魂得救缺乏信心变为去发现选择的信号。这一变化是可以理解的，无须规规矩矩地与逻辑—实验思想保持一致。

最后，马克斯·韦伯还阐明了为什么从利益角度所作的解释和从思想角度所作的解释这两者之间的对比是没有意义的。因为支配我们对利益的认识的是思想，甚至是超验的或宗教的思想。帕累托把剩遗物放在一边，把经济上或政治上的利益搁置另一边。利益似乎可以归结为政治实力和经济财富。马克斯·韦伯表明的是我们每个人的利益的走向受我们的世界观的支配。对于一个加尔文派教徒来说，还有什么东西能比发现决定自己命运选择的信号更有意义呢？神学左右着生存的方向，因为加尔文派教徒对造物主与造物的关系有一种既定的看法，对命运的选择也有某种主见，因而他们以某种方式生活并劳动着。因此，经济活动与全面的世界观极为有关，每个人对这种或那种活动的兴趣与价值体系对生存的全面观点不可分割。

与历史唯物主义相比，韦伯的思想不是赞成与反对变换了一下位置。认为马克斯·韦伯提出了一个与马克思根本相反的命题，即用宗教来说明经济，而不是其相反，用经济来解释宗教，这一观点是绝对错误的。虽然他有时，特别是在第一次世界大战结束后在维也纳的一次大会上也说过"积极批判历史唯物主义"这样的话，但他从不打算推翻历史唯物主义学说，让宗教力量的因果关系替代经济力量的因果关系。首先，资本主义一旦建成，那就是这个环境决定人们的行为了，不管动机如何不同。资本主义企业已经在各种文明中广为建立就足以证明这个观点。此外，即使在解释资本主义制度的起源时，马克斯·韦伯也没有提出另一种什么专门的因果关系。他想表明的是人对经济所采取的态度可能为自己的信仰体系所左右，而信仰体系在一定时期里又是受经济制度支配的。"有没有必要申明说我们的目的丝毫不是想用对文化和历史的同样片面的唯灵论解释代替纯粹的唯物主义的因果解释？*这两种解释同属于可能的范畴。如果它们不满足于起准备工作的作用，而是声称可以提出结论性意见，那么，无论哪种解释对历史的真理都毫无好处。*"（同上引书第248—249页。）因此，他要求读者相信，由经济—社会实在性决定的信仰是没有的，至少应当相信在研究刚开始时就提出这种决定论是不恰当的。他自己还论证了这一观点，即人们有时可以通过一个社会集团的世界观理解它的经济活动，并且还就超验的宗教动机可以左右经济的发展这一提法展开过讨论。

马克斯·韦伯认为，分析宗教世界观，即分析人类按照自己的信仰解释自己处境对生存所采取的态度，是极为重要的。我认为这一点在评论家眼中也是至关重要的。马克斯·韦伯特别想表明耶稣教教义解释和某种经济行为之间精神上和实际上存在的相似性。资本主义精神和耶稣教伦理之间的相似性使决定行动方向的认识世界的方法能为人理解。韦伯的论著有助于人们积极、科学地理解道德准则和信仰对于人类行为的影响，也阐明了宗教思想的因果关系是怎样对历史起作用的。[18]

韦伯的其他宗教社会学论著专门论述中国、印度和原始犹太教。按照韦伯的价值关系方法，这些论著形成了几大宗教的比较社会学的雏形。马克斯·韦伯根据历史资料提出了下述两个问题：

能否在西方文明以外的其他地方找到在世上崇尚苦行的类似情况（耶稣教伦理就是这种苦行主义的典型例子）？能否在西方文明以外的其他地方找到用宗教观点对世界作出的解释（这种解释表现在经济活动中，可与耶稣教伦理据以在西方得以表现的解释相比拟）？

怎样才能阐明宗教观念的几种不同的基本类型，发展论述宗教观念和经济活动关系的普通社会学？

第一个问题直接源自一些导致《耶稣教伦理和资本主义精神》一书问世的想法。资本主义经济制度只能在西方而不能在其他任何地方发展。这种经济上的独特性难道可以用西方宗教观念的特点部分地加以解释吗？

这种分析方式属于斯图亚特·穆勒的逻辑学中所用的假设方法。如果除了过去西方有、别处无的宗教外，西方文明和非西方文明的全部情况都相同的话，那么论证宗教存在这一往事与资本主义经济制度这一结果之间的因果关系就是令人信服的了。

当然要在现实中找出一些与西欧环境完全相同的环境是不可能的，没有耶稣教式的宗教伦理就是一种不同的因素。用历史比较的方法进行的因果关系试验无法得出与在假设法的理想模式中得出的同样精确的结果。但马克斯·韦伯在其他文明中，例如在中国文明中，发现发展资本主义经济制度的必要条件都已具备，唯独没有发展这一制度的必要的变量，即宗教这一变量。

马克斯·韦伯通过精神试验这种历史比较，雄心勃勃地至少要论证这样一个论点，即：宗教对于存在的解释以及由这一宗教观念决定的经济行为曾经是西方资本主义经济制度得以发展的原因之一。这一先决条件与其他先决条件一样，它在西方世界以外地方的不存在说明了与资本主义经济制度相同的经济制度未能发展的原因。

第二个问题已在论述一般宗教社会学的《经济与社会》这一部分中再次提到并已作全面阐述。我无法把韦伯的分析作综合归纳，因为这一分析，尤其是有关中国和印度的分析，内容极为丰富，我只想指出几个基本观点，在这里作一个概括的阐述。

按照马克斯·韦伯的观点，物质的合理性概念具有中国对世界看法的特点。这种物质合理性在某种意义上与耶稣教的合理性同样合理，甚至更合乎情理，但它却有悖于典型的资本主义的发展。

如果一个社会按照对已知的宇宙秩序的看法生存着，并且采取了一种多少受这种宇宙秩序支配的通常的生活方式，那么，生存的目的就已具备，生活方式也就已确定。在对世界的这种看法中，合理性，即讲究效率的劳动居于一定的位置。这个社会必定不会像耶稣教的物质苦行主义一样，以最多的生产、最小的消费为目的，因为这样做在某种意义上来说是极不明智的，尽管这是马克思心目中的资本主义的本质，也是非共产主义者所见的苏维埃制度的本质。这个社会的目的是需要多少生产多少，不多不少，以求获得幸福，达到没有任何理由加以改变的平衡。资本主义的出现，换句话说，以不断增加生产为目的的生产合理性的出现，要求人们采取一种只有生时崇尚苦行的伦理才能具有意义的态度。与此相反，在宇宙秩序和一般范围内的劳动与生活的合理化既不包含放弃享受也不包含投资和无限止地增加生产等构成资本主义本质的东西。如果历史性分析的基点是另外一种定义上的资本主义，譬如说技术意义上的资本主义，那么其结果就必然不同。

印度也有过理性化的过程，不过这种理性化是在一种讲究仪式的宗教内部和一种以灵魂转世为主旨的玄想范围内进行的。马克斯·韦伯认为宗教礼仪主义是社会保守主义很重要的一个原则。社会的历史变迁就是以与礼仪主义决裂为条件的。用帕累托的话来说礼仪主义是第二种剩遗物的胜利，也就是说集团持续性的胜利，物与人、思想与行为之间联系的胜利。韦伯的礼仪主义和集团持续性是同一基本现象的两个概念。韦伯认为有预见的思想可以克服礼仪主义。帕累托认为第一种剩遗物，即综合的本能是更普遍、更抽象的革命力量，更是一种精神上的革命力量。在帕累托看来，只有综合的本能才能消除社会的保守主义，而韦伯则认为，唯有预见的精神才能对讲究礼仪的保守主义战而胜之。

在印度这个社会里，礼仪主义并不是阻止资本主义经济发展的惟一因素。人们可以想象得出的最有组织、最稳定的社会（在这种社会里每个人生来就属于一个种姓，就已被安排在某种职业之上，一系列的禁令限制着个人与种姓集团之间的关系），它的逐步形成和发展更是资本主义经济发展的巨大障碍。但是，如果没有灵魂转世的玄想，种姓社会的稳定是不可设想的。灵魂转世说降低了各人一生注定的命运的意义。苦命人目前遭受着命运对他们明显的不公正，灵魂转世说使他们指望在来世得到补报。

韦伯的宗教社会学的主旨是一个极为简单但又十分深奥的思想，即：要了解一个社会或人类生活，不应当像帕累托那样局限于把社会制度和人的行为归因于各种剩遗物，而应当立足于超验的或宗教的观念，从中得出暗含的逻辑。帕累托认为，只有在实验科学或手段—目的的关系中才有逻辑。韦伯指出，在宗教和社会里，在假想的和真实的生活中确实有一种合理性，它虽然不是一种科学的合理性，但也反映了一种精神活动，一种基于原则作出的半理性、半心理的推断。

帕累托所著《普通社会学》一书的读者会有这样的感觉：尽管科学思想已在逐渐扩大，但全部人类历史还是由决定相互依存的周期有规律地轮回的剩遗物所支配的。马克斯·韦伯则使人觉得是人类提出了，并且继续提出生命的意义这一根本问题，这个问题不强求逻辑上的答案。有意义的答案很多，虽然都基于完全偶然的前提，但都不失为有效的答案。

马克斯·韦伯的宗教社会学是从《经济与社会》一书中《各种类型的宗教》一章和《宗教社会学论文集》中引出的。它的基础是对原始的、永恒的宗教的解释。这种解释与涂尔干在《宗教生活的基本形式》一书中阐述的观点十分相似。塔尔科特·帕森斯也注意到了这种相同性，很可能是一种借用。三十年前我曾与马塞尔·莫斯谈起过这个问题，他回答我说他曾在马克斯·韦伯的办公室里看到全套《社会学年鉴》。这种讨论纵贯历史，十分热烈，因为学者也是人。韦伯把神赐的能力这一概念视为原始人宗教的主要概念。这一概念与涂尔干所说的圣事概念（或马纳概念）十分相似。如同马克斯·韦伯所说的那样，神赐的能力是一种依附在人、动物、植物和一切事物之上的、非同寻常的才干。用韦伯的话来说，原始社会有平常的事物和特殊的事物之区别。用涂尔干的话来说，有世俗的事物和神圣的事物之区别。

因此，人类宗教历史之初是一个布满圣物的世界。到了我们这个时代它就到了终点，就是到了马克斯·韦伯所说的世界醒悟阶段。神圣的东西或特殊的东西在人类的冒险事业之初是附在我们周围的事物或生物之上的，现在都已被撵走。资本主义生活在其中的世界，也是我们大家，不管是苏维埃人还是西方人，生活在其中的世界，是由听凭人们支配的物质和生物构成的。这些物质和生物供人使用，任人改造，由人消耗，已不再具有神赐的能力了。宗教在这个物质的、已经醒悟的世界上只能退居到意识的深处，只能朝万能的上帝或人们身后的命运那一边逃遁了。

预言主义既是一种宗教力量，又是一股历史力量，它能战胜注重宗教礼仪的保守主义，中断神赐的能力与事物之间的联系。从宗教角度上说，它是革命的，因为它的对象是全部人类，而不是某个民族或种族集团的成员，因为它从根本上区别了人世与冥世，区别了物和神赐的能力。但正因为这样，预言主义提出的问题也是人类理智难以回答的问题。如果承认有一个独一无二的造物主——上帝，那么该怎样解释罪恶？于是神正论就成了宗教的中心，它要求人们寻求理智以解决各种矛盾，或者至少指出解决矛盾的方向。如果人类在这个世界上注定要受不幸的摆布，那么上帝为什么创造世界呢？对那些受到不公正打击的人，上帝会不会给他们什么补偿？这些问题支配着神学和伦理学的理性活动，也是预言主义需要努力回答的问题。"世界的非理性经验问题是各种宗教发展的原动力。"（《学者和政治家》第190页。）

韦伯的社会学试图把各种基本的宗教态度加以分类。这些基本的宗教态度也许就是预言家应当加以解答的上述精神问题的答案。韦伯区别了这样两种根本态度：神秘主义和苦行主义。这两种态度也许可以回答罪恶的问题，是可以想象的赎罪途径。

苦行主义基本上有两种：在世时的苦行主义和身后的苦行主义。耶稣教伦理观就是在世时的苦行主义的最好的例子。所谓在世时的苦行主义就是不求乐趣和享受，为了履行在世时的责任作出超出通常标准的行动。

除了这些类型学上的分析以外，马克斯·韦伯还在《社会学和宗教》第一卷末《在思考中：论世人拒绝宗教的阶段和方向》这一章里，就宗教思想与人类各种活动的关系问题设想并展开了同样风格的分析，即既是理性的，又是社会学观点上的分析。

如果说原始人的信魔世界与现代人的醒悟世界之间的对立支配着人类的宗教演变，那么，另一个指导思想就是人类的各种活动分化的思想。在守旧的、重宗教礼仪的社会里，各种活动没有什么区别。经济、政治和私生活都具有同样的社会价值和宗教价值。

预言主义破除了重宗教礼仪的保守主义，开创了独立自主的道路，各种活动日益频繁。但同时也提出了宗教价值和政治价值、经济价值或科学价值的互相排斥、互相矛盾的问题。我们在前面已经看到，科学的价值表是没有的。科学不能以真理的名义强行规定需要完成什么行为。奥林匹斯诸神处在不断的冲突之中，因此，韦伯的价值哲学观就是描写历史发展最后达到的价值世界。诸神的冲突就是社会分化的终极，正像世界的觉醒是宗教的结局一样。在每个时期里，每种宗教都应当在出于宗教原则的要求与某一活动领域里的要求之间找出一种折中的解决办法。禁止带息贷款就是一例。它曾多次与经济活动的固有逻辑发生矛盾。同样，政治也可以包含使用武力。为了体面地处世行事，绝不应当在挨打时再把脸颊凑上去送打，需要的却是其相反，即用武力对付武力。因此，在"登山宝训"的基督教道德观和士兵的尊严和荣誉观之间可能存在矛盾。只有当各种活动逐渐显示出自己的本质，而超验的宗教道德观(这两者在以前是合为一体的)在地球上已不复存在的情况下才会出现矛盾。

"宗教伦理以各种方式适应着使我们处于各种不同的生活制度之下的这种基本局势。而我们的生活制度又是取决于同样各不相同的法则。古希腊的多神教既向阿弗罗蒂特提供祭品，也向海拉、阿波罗和狄俄尼索斯提供祭品，因为多神教知道，这些神祇经常在互相攻击着。印度的生活制度使各种职业成为一种特殊的伦理法则——达摩的对象，并用种姓制度使各种不同的职业永远分离，然后把它们归入一种永恒不变的等级制度之中。出身于某一种姓的人除非在来世肉体再生，否则就永远不可能脱离这一种姓。因此，各种职业与崇高的灵魂拯救之间的距离长短不一。于是，人们就在各个种姓之间，从禁欲者、婆罗门到无赖、妓女，在按照内在的、适合于各种职业的法则制定的等级制度中建立起一种达摩制度。战争与政治在这种制度中自然各得其所。战争是生活的不可分割的组成部分，这一点，只要读一下《薄伽梵歌》中黑天对阿周那说的这句话：'干吧，去干应当干的事吧！'就可以知道。这句话的意思是：去完成士兵种姓的达摩要你完成的任务，去执行种姓制度的指示。一句话就是去干符合你所属的种姓的目的的客观上必须完成的'事业'，即作战。根据这一信仰，履行士兵的职责对灵魂得救不仅不是一种危险，反而有所裨益。印度的士兵总是相信自己英勇牺牲后会重返因陀罗天国，就像日耳曼士兵相信死后会在沃丁神接待战死者英灵的殿堂里受到欢迎一样。他们一定会像日耳曼士兵蔑视基督教的天堂及其天使的登坛一样蔑视涅槃。伦理观的这种专门化使印度的道德得以把王室的政治艺术变成一种只相信自己、只服从自己法则的极为重要的活动。印度的文学甚至在马基雅弗利主义最通俗的意义上为我们作了激进的'马基雅弗利主义'古典的说明。这一点，只须读一下鬘底利耶远在基督纪元前，可能在旃陀罗笈多统治时期写的《治国论》一书就行了。与这本书相比，马基雅弗利的《君主论》一书就显得不那么咄咄逼人了。我们知道天主教伦理学中的《福音训谕》是一种专门的道德伦理，专为享有圣洁的神赐能力的人所写。我们在该书中可以看到，除了不得杀生、不得牟利的僧侣外，还有骑士和虔诚的市民，骑士有权流血，虔诚的市民有权致富。当然书中谈到的伦理上的区别和伦理与拯救灵魂的制度的结合，不像在印度那样始终如一。但是按照天主教信念的先决条件，它可以而且甚至应当是这样的。原罪造成世界堕落的学说使人们比较方便地把暴力纳入伦理之中，作为与罪恶及显然构成人类灵魂之大敌的异端邪说作斗争的手段。但是，以纯粹的信念伦理形式出现的'登山宝训'的反宇宙要求，以及被视为建立在这种学说上的毋庸置疑的要求的天主教天然权利，仍旧保持着自己的革命性的威力，每当社会发生动乱时，又都强烈地浮现出来。特别重要的是，它们还导致了宣传激进和平主义的教派的诞生，其中有一个教派甚至试图在宾夕法尼亚建立一个在外交关系中不使用武力的国家，可惜这一悲剧性的尝试进行得并不顺利，因为独立战争爆发时，公谊会教徒不能手持武器参加旨在保卫与他们的理想相同的斗争。相反，共同的耶稣教教义原则上承认这个国家是合法的，并且还承认使用武力是一种神圣的手段，耶稣教教义特别证明这个专制的国家是合法的。路德解脱了个人对战争负有的道义上的责任，并把它归罪于政治当局。这样，除了信念问题以外，服从政治权力的命令就不是有罪的了。加尔文教派原则上也把武力看作捍卫信念的手段，因而认为宗教战争是合法的。大家知道，长期以来宗教战争是伊斯兰教生命攸关的组成部分。我们现在可以看到：政治伦理观的问题绝不是由源自文艺复兴时期对英雄崇拜的现代无宗教信仰状态引出来的。所有宗教都曾经就这个问题进行过争论，并且多少取得了一些成就。我们的阐述足以表明情况只能是这样。"（《学者和政治家》第191—194页。）

归根到底，宗教世界和科学世界之间暗含着两个矛盾。实证实验和数学思维的科学已逐步把神圣不可侵犯的东西从这个世界上清除了出去，并把我们置于一个可加利用，但没有意义的宇宙之中。"在系统地运用凭经验得来的理性知识，揭去世界神秘的面纱，并使世界成为一个服从因果法则的机制的地方，世界是一个由上帝支配的宇宙这一在道德上还有某种意义的伦理学上的公设已经最终遭到人们的非议，因为经验论的世界观已在原则上排除了目的在于在内部世界的各种现象中寻找不管什么'意义'的思想方式。数学上的世界观更是如此。"（《宗教社会学论文集》第564页。）另一方面，科学导致了精神危机，因为人们还在怀念宗教，而科学却使他们在这方面得不到满足。宗教的世界观曾使生命、事件以及我们个人的命运具有某种意义。学者们知道最终的答案是没有的，他们也知道自己所做的一切都将过时，因为在本质上说，实证科学是一种变化的科学，是没有最终完成之时的。

因此，在业经论证但未曾完善的实证知识和源自宗教、未经论证但可以对一些基本问题作出回答的知识之间，存在着一个根本的矛盾。照马克斯·韦伯的看法，今天人们只有用个人武断的、无条件的抉择，并且在个人抉择之中才能找到这些问题的答案。要么是上帝，要么是魔鬼，都应当由每个人自己选择。

5.《经济和社会》

《经济和社会》是一部普通社会学论著。它先后或同时论述了经济社会学、法律社会学、政治社会学和宗教社会学。

这部著作以通史为对象。各种文明、各个时代和各种社会在书中都被作为例子或说明加以引用。但是这部著作仍不失为一部社会学著作而不是历史学著作，因为它的目的是把各种经济形式、法律形式、统治形式和宗教形式置于一个独特的观念体系之中，使之为人理解。这部普通社会学论著以现状为方向，通过与其他文明的比较，突出西方文明的特点。

这部著作长达近八百页，字体很小，排得密密麻麻，大约有帕累托的《普通社会学》的一半篇幅。但在阅读时不可跳页，也几乎无法概括，这是与阅读《普通社会学》不同的。因此，我只能努力叙述得出普通概念的各个阶段，以说明人们称为马克斯·韦伯的唯名论和个人主义包括些什么内容。我还将以政治社会的例子来说明韦伯是怎样在不太抽象的层次上来实现观念化的。

按照马克斯·韦伯的看法，社会学是一门行为的科学。科学要理解这种行为，说明这种行为，并且从社会的角度解释行为的展开。这里提到三个关键性的词：理解，即把握意义；解释，即把主观意义组织成概念；说明，即指出行为的规律性。

社会行为是人类的一种表现，换句话说就是决定该做什么，不该做什么的内心或外部态度。如果行为者把自己的举止与某种意义结合起来，那么这种态度就成了一个行为。按照行为者赋予行为的意义，如果这个行为与其他人的态度有关，那么行为就具有社会性。教师的行为是一种社会的行为，因为他之所以讲得缓慢与学生们有关，学生们应当努力记录教师写在黑板上的范例。如果教师只是不以任何人为对象的独白，而且讲得很快，那么他的行为就不是社会性的行为，因为他讲的话不以听众的行为为对象。

社会行为组成社会关系。许多人在一起做事，每个人的行为都与别人的态度有关。他们的活动彼此都以别人的活动为对象，这就形成了社会关系。教师与学生共同生活在一种社会关系之中，他们的态度是互为对象的。

如果许多人的行为总是互为对象的，那么就应当有什么东西来确定这些社会关系的规律性。如果这种社会关系是有规律的，那么这就是一种习惯。如果这些有规律的关系起源于使它变成第二本性的长期习惯，那么风尚也就随之产生。马克斯·韦伯用了积习一词，这就是说，习惯已成了生活的一个部分，传统成了自发的行为方式。

分析到了这一阶段时就出现了机遇这个概念。不管是习惯还是风尚，规律性并不是绝对的。在大学里，学生通常是不对教师起哄的，因此教师讲课时学生们是肃静的，但是这种机遇并不可靠，即使在法国的大学里也是一样。在法国的大学里，通常学生是被动地听讲，但如果说在一个小时里光是教师一个人讲课，并把它说成是千真万确的事实，也就言过其实了。应当说总的说来，教师讲课学生是静听的，这种机遇大小不等。

在有规律的关系这一概念之后，还有法律秩序这一概念。社会关系的规律性可以只是一种长期习惯的结果，但常常也是协议和法律这两种补充因素的结果。当集体不同意对违反法律秩序的行为进行惩罚时，法律秩序就是协议性的；当对违反法律秩序的行为所采取的惩罚是一种肉体上的强制手段，那么它就具有司法的意义。就像涂尔干著作中所写的那样，是协议性的还是法律性的，由惩罚的性质决定。法律秩序可以按照服从这种秩序的人的动机分成几个类别。马克斯·韦伯把它们分成四类。这四种类别使人想起行为的四种类型，但与行为的类型并不完全相同。这四类法律秩序是：富于情感和激情的秩序；与价值有关的理性秩序；宗教性的秩序以及由利益决定的秩序。由利益决定的法律秩序由于它与目的有关，因而是理性的秩序；由宗教决定的法律秩序使人想起传统的行为。这就说明宗教与传统至少在历史发展的某个阶段上的相似性，因为预言论和由预言论中产生出来的宗教理性化常常是带有革命性的。

马克斯·韦伯接着又从法律秩序转而谈到了斗争这一概念。这个概念出现在这篇著作的开头部分，其意义是很显然的。社会并不像某些社会学家们所认为的那样是一个和谐的整体。奥古斯特·孔德强调"协调一致"。他说，社会是由同样多的活人和死人组成的。马克斯·韦伯则认为社会是由同样多的斗争和一致组成的。斗争是一种基本的社会关系。在决斗中，决斗者的行动是以对方的行动为目标的。在这种情况下，行为对象的相互性甚至比在和谐一致时更为必要，因为这里涉及的是决斗双方的生命。斗争这一社会关系的特点是每个行为者不顾他人的反对都想把自己的意志强加于对方。这种斗争在不诉诸武力时称为竞争，当它关系到人的生命时就叫淘汰。

解释了社会关系和斗争这两个概念后，我们就进入了概念化的另一个阶段：社会集团的组成。行为者与社会集团融为一体的过程，可以导致一个公司或者一个共同体的诞生。这两个过程的区别如下：

当融合过程的结果是产生一个共同体时，这个集团的基础就是所有参加者感受到的归属感。他们参加这一集团有时是出于感情上的原因，有时则出于传统上的原因。如果这个融合过程导致一个公司的诞生，那么社会行为的动机就是出于利益的考虑或利益的联系，其结果是利益的调节。股份公司和契约都是一种有目的的理性融合。公司或共同体的融合过程导致集团的产生。集团是开放型的还是封闭型的，取决于加入这个集团是有严格的限制的呢，还是其相反，即所有的人或几乎所有的人均可加入。联合体要求在公司或共同体之外加设一个行政管理机构及一系列规章制度。

在集团之后，接踵而来的是企业这一概念。企业的特征是许多行为者不断有所活动，追求一个目的的合理性。一个企业集团就是一个公司加上一套为了合理活动而设立的管理机构。集团和企业这两个概念的糅合清楚地表明了韦伯的概念化过程的发展。集团包括一套专门的行政管理机构，企业这一概念则包含不断活动和追求目的的合理活动这两个概念。把这两个概念糅合在一起就有了企业集团这个概念。企业集团是一个受管理机构管辖的、不断进行理性活动的公司。

马克斯·韦伯还为他构思的社会活动中的另外几个关键的概念下了定义。首先是协会和机关。在协会里，各种规章制度是参加者自觉地心甘情愿地接受的；在机关中，规章制度则是以参加者必须遵守的行政命令的形式提出的。

另外两个相当重要的概念是权力和统治。权力的概念就是一个行为者拥有的、置他人的反对于不顾、把自己的意愿强加于人的可能性。因此，权力是在某种社会关系内部决定行为者可以把自己的意志强加于另一个人的这一不平等现象的力量。这些行为者可以是一些集团，如国家，也可以是一些个人。统治就是有一个领袖人物这样一种局面。统治的定义就是领袖有获得在理论上不得不听从他的旨意的人的服从的可能性。权力和统治之间的区别在于：在第一种情况下，命令并不一定都是合乎情理的，服从也不一定就是一种责任。但在第二种情况下，人们服从为他们所下达的命令，所以服从是以这种承认为基础的。因此，服从的动机使人能够区别几种不同的统治方式。从权力和统治转而谈论政治现实，其间还应当加上政治集团这一概念。政治集团这一概念还包括领土概念、集团持续性概念和使用物质力量强制人们尊重秩序和规章制度的概念。在所有的政治集团中，国家是拥有物质制约手段垄断地位的最高权力机构。

马克斯·韦伯最后还谈到了僧侣统治集团或神圣统治集团这一概念。在这个集团中，统治权属于拥有神产，并有权支配这些神产的人。僧侣统治集团使人想起奥古斯特·孔德提到过的神权制度，虽然这两者并不完全相同。当一个政权自称是神圣的政权、当神权和俗权互相混淆时，它的权威更多地由掌握拯救灵魂方法的多少，而较少地由物质上的强制手段迫使人们服从的。如果说这种权力能向人们赐福以赎回他们在尘世所犯的罪孽，那是因为它为每个人，为大家掌握着善知人世和冥间幸福生活的秘诀。

马克斯·韦伯在《经济和社会》一书中曾经两次谈到政治社会学。第一次是在第一部分叙述几种统治类型时提到的，第二次是在第二部分，特别是第二部分的最后两章(《政治团体》和《统治社会学》)更详尽地阐述了他用第一部分中提到的分类法纵观历史看到的政治制的分化。

我将在《经济和社会》一书中有关政治社会学这一章上花些时间。首先是因为归纳政治社会学不如概述经济社会学困难。与韦伯的文章的丰富内容相比，我的叙述可能是贫瘠的，但也许还不至于背离作者的原意。反之，论述经济社会学却是要花许多笔墨的。

政治社会学直接受到对当时德意志帝国和西欧形势的解释的影响。政治社会学有助于我们了解马克斯·韦伯的这一重大抱负，即通过世界史了解他那个时代，使以现状和结果为目的的世界史能为人理解。

最后，政治社会学比起《经济和社会》一书的其他章节更与作者本人的个性密切相连。马克斯·韦伯属于出于对公共事务的关心而关心社会的那一派社会学家。他和马基雅弗利一样，也是怀念政治活动、极想参加政治斗争，极想行使权力的社会学家。他做梦也想成为一个国务活动家。但实际上，他从来也没有成为一个政治家，只不过是王室的一名顾问。从来没有人认真听过他的话。

马克斯·韦伯的政治社会学的基础是通过人类行为的主观意义，区别经济的本质和政治的本质。这种方法直接源自社会学的定义。如果说社会学的任务是解释性的理解人类活动，也就是说了解行为者赋予自己所做的或不想做的事情的主观意义，那么经济活动和政治活动就是根据人类行为的主观意义确定的。

经济上方向明确的活动，从其意义上来说是指与满足获取效益这一欲望有关的活动。这个定义适用于经济上方向明确的活动，而不适用于经济行为。经济行为指的是用和平的手段采取经济上方向明确的措施。经济范畴的方向只要求人们努力满足每个人感受到的、对获取效益的需要。获取效益这一概念，同时包括物质的财富和非物质的财富，如各种劳务。经济行为则要求和平的行动，它不包括历史上常用的、对确保效益十分有效的抢劫和战争。强者常常侵占他人用劳动所创造的财富，他们这样做不是出于道德，而是出于一种作为工具的理性。韦伯对经济行为所下的定义排除了这种满足欲望的方法，因为经济行为是以用人力和物力来满足欲望为前提的。劳动是一种经济行为，因为它和平地施展了一个人或许多人拥有的掌握材料或工具的能力，以满足自己的需要。如果在经济行为前加上"理性的"这一形容词，那么经济活动就具有现代社会的特点，成了一种包括有计划地开发资源、不间断地为满足需要而努力这些内容的行为。

从这里人们已经可以看到政治与经济的区别。经济把满足需要作为目的，并以此确定行为的合理组织，而政治的特点则是一个人或几个人对其他人的统治。

这些定义同时也能使人了解经济行为和政治行为是交叉在一起的。它们的区别只是概念上的区别而不是真正的区别。因此，要像分离一个化合物中的两个物体那样把经济行为和政治行为具体地区别开来是不可能的。经济行为可以包括在这里或那里使用武力手段，因而就包含着某种政治意义。此外，政治行为，也就是说持续行使一个人或几个人对其他人的统治，需要经济行为，即需要掌握或支配能满足需要的必要手段。因此就有政治的经济和经济的政治。只有把武力手段从纯经济行为中排除出去，把经济行为固有的合理性与不多的手段以及手段的合理选择联系起来，这两个术语才有概念上的严格区别。

因此，政治就是包括人对人的统治在内的全部人类行为。统治一词是德语 Herrschaft 的译称。马克斯·韦伯著作的法文译者朱利安·弗罗因德选用这个词是因为 Herr 的意思是主人（先生），统治一词的词源是拉丁文 dominus，它的原意是指主人与服从于他的人这样一种关系。不过应当撇开这个词的令人不快的内涵，光从由接受命令的人去切实有效地执行命令这一点上去理解。权威一词用来翻译 Herrschaft 不够确切，因为马克斯·韦伯也用过 Autorität 一词来指主人拥有的天然的或社会的品质。

统治类型有三种：理性的、传统的和享有特殊威信人物的统治。这种分类法的基础是支配服从动机的固有特征。建立在人们相信规章条例是合理的、行使统治权的人有资格进行统治基础上的统治，是理性的统治。建立在相信传统是神圣的，按照传统确定行使权威的人是合理的这一基础上的统治，是传统的统治。建立在人们无限忠于某个人的神威基础上的统治，是享有殊誉人物的统治。

这三种类型的统治，其例子不胜枚举。我们服从税务官是因为相信他有资格向我们寄送交款通知，所以税务官是在实施理性的统治。大体说来，现代社会的全部行政管理手段，不管是交通规则、学校考试制度或税法章程，都包含着人对人的统治。所有听从治理的人都应当服从合法的规章制度或法制的解释者和执行者，而不是服从某个个人。要在现时的社会里找出传统的统治方式的例子较为困难，但是，如果英国女王仍在继续行使实际的权力，那么这种统治的基础就可能是一部冗长的历史，是对一种其根源可以追溯到几个世纪以前的权威的信任。这种情况在今天已经只是一种装饰罢了。虽然人们还很尊敬拥有这种传统权力的人，但在实际上他们已经没有多少机会服从于他了。法律虽然还要以女王的名义颁布，但内容已经不是由她决定的。在我们这个时代里，在仍旧保持君主政体的国家里，传统的统治方式只是作为一种象征继续存在着。

与此相反，享有殊誉的人物的统治，其例子却是层出不穷的。列宁曾经在好几年里实行过这种我们称为享有殊誉的人物的统治，因为这种统治既不是以法制，也不是以长期传统，而是以人们对他的忠诚为基础的。人们对这位以推翻现有社会秩序为己任的人的异乎寻常的德行深信不疑。根据韦伯所下的定义，希特勒和戴高乐将军不但过去是，而且今天也同样是享有殊誉的人物，虽然他们是如此地不同。戴高乐将军自己也曾强调过他的统治的个人殊誉性。那是在他到底是依靠选举的合法性，还是依靠 1940 年 6 月 18 日的荣誉，须作出抉择时这么说的。最后他还是选择了后者。1961 年 4 月戴高乐为了要大家听从他的旨意，共同反对阿尔及尔叛乱的将领，又穿起了 1940 年 6 月时穿过的准将军服，以二十年来国家正统性的代表戴高乐将军的名义，而不是以由显要人物选举团选举出来的共和国总统的名义，对军官和士兵们发表了演说。当一个人自称二十年来体现了国家的正统性时，他的统治就既不是理性的统治，又不是传统的统治——戴高乐将军出身并不显赫——而是享有殊誉的个人统治了。领袖是非同寻常的，人们对这位英雄的典范人物的忠诚程度也是非同一般的。[19]

当然，把统治方式分成三种类型是一种简化了的分类方法。马克斯·韦伯明确地指出，在现实中这三种纯粹的类型常常被混在一起。

但是，这种分析法也会引起某些问题。

马克斯·韦伯区分了四种行为和三种统治方式。行为的分类和统治类型的分类为什么不一样呢？

三种统治类型与四种行为中的三种大体相应。只有一种行为没有为统治类型所反映。有目的的理性行为与合法的统治完全一致。富有情感的行为与享有殊誉的人物的统治之间的相似性至少也是可加证明的。传统的行为和传统的统治也可以说是可加证明的。那么可不可以说行为类型分错了？难道实际上就只有三种基本动机，因而就只有三种行为和三种统治方式了？理智、激情和感情说明了行为不是理性的就是富有感情的或传统的行为，同样也说明了统治不是理性的就是享有殊誉的人物的统治或传统的统治。

可以这样解释。不过我认为这个问题却是更难捉摸了。统治类型是按照受统治的人的动机来划分的，但是这些动机是基本性质的动机而不是心理上的动机。公民收到交税通知单后如数交付了税务官要他交付的税款，这倒不是因为他想到了税收制度的合法性，甚至也不是因为害怕法院执达官的出现，而只是出于服从的习惯。实际的心理动机并不一定和与统治类型联系在一起的抽象的动机类型那么一致。在理性统治的情况下，习惯能够支配服从，而不是理智支配服从。如果统治类型的分类确实源自动机的分类，那么动机就不是人们可加观察的通俗意义上的动机了。

最好的证明就是马克斯·韦伯已经列出了好几种不同的服从动机。在《经济和社会》第一章里，他在提出合法秩序这一概念后，接着又提出了支持某种秩序的合法性的动机问题，并且还提出把这些动机分成二到四种类型的问题。一种合法的秩序可以由服从于这种秩序的人的感情在其内部加以支持。如果这种秩序已经内心化了，那么，按照行为的三种方式——富于感情的行为、有价值的理性行为和宗教行为（宗教行为在这里就替代了传统的行为），这种现象也可以有三种形态。如果合法秩序还没有内心化，那么它就受对行为所造成的后果的考虑所支持，因为这种考虑决定了服从合法秩序的人的行为。因此，在这种情况下，服从的动机就应当分为四类，与三类统治类型不同。还是在论述赋予某种秩序以某种合法性的动机的第一章另外一段里，马克斯·韦伯又恢复了与四种行为方式完全相同的四种统治类型的提法。实际上他认为合法性的形态也有四种，即传统的形态、富有感情的形态、有价值的理性形态以及作为某种合法秩序积极肯定的结果的形态。

因此，马克斯·韦伯在选择这几种不同的分类方法时犹豫不决。他总是觉得有目的的理性行为这一形式是经济和政治行为的理想类型。这种行为实际上也是受某种合法秩序支配的行为，是由对行为、对有关行为类型和对契约可能造成的后果的考虑所决定的行为。同样，在各种类型的行为中总是有富有激情的行为。在政治上与这种行为对应的是先知型或个人殊誉型的统治。与此相反，有两类行为的名称前后不一，时隐时现。传统的行为有时被称为宗教的行为。在某种意义上说，宗教只是表现传统的一种方式；在另一种意义上说它又是传统最初的、深刻的表现方式。此外，有价值的理性行为在某种情况下是合法性（荣誉）的基础之一，但在统治方式的分类中没有被列入，因为它不构成一种抽象的类型。

分类中出现的种种困难，其原因是马克斯·韦伯没有在纯分析性的概念与半历史性的概念之间作出选择。三种统治类型的概念应当被视为纯粹分析性的概念，但是韦伯却同时使这些概念具有某种历史上的意义。

不管怎样，统治类型的这种分类法使得马克斯·韦伯在这方面的概念上研究得越来越细。他根据理性统治这个概念分析了官僚组织的特点，又从传统统治这个概念进而阐述它的发展和逐步分化：老人统治、家长统治、世袭统治。他力图表明怎样从一个统治类型的定义出发，由简到繁，通过对各种方式的筛理，从历史角度上考察各种制度，并看出其无穷的多样化，于是历史的多样性就可以为人所理解，因为它已不是以仲裁人的身分出现的了。

自从人类开始思考社会体制问题以来，最令人吃惊的是他物的存在。我们在一个社会中生活，除了这个社会外还有别的社会。我们认为某种政治秩序或宗教秩序是显而易见的、神圣不可侵犯的，然而在此之外还有别的秩序。对于这一发现，人们的反应可以是用挑衅性的或忧伤的言词来肯定我们的秩序的绝对生命力，同时又贬低其他秩序的作用。社会学承认并且愿意理解这种多样性，但这并不意味着所有的方式都具有同样的价值，而是说这些方式都表明了同样的人性和社会性，因而都是可以理解的。亚里士多德的政治学使希腊各种城邦制度明白易懂，马克斯·韦伯的政治社会学则在世界史方面具有同样的抱负。亚里士多德摆出了每种制度应当解决的种种困难，提出了各种制度如何生存下去并获得繁荣的问题。马克斯·韦伯同样也提出了一种统治类型可能和必须发展的问题。

对享有殊誉的个人统治的变迁所作的分析就是一个极好的范例。这种统治类型在形成之初包含着某些异乎寻常的东西。由于人类在正常状态之外无法长久生存，也由于所有异乎寻常的东西都不可避免地最终衰亡，因而这种统治类型本身就包含着某种脆弱的因素，所以就需要有一个与个人殊誉统治密切相连的过程，即从享有殊誉的个人统治回复到常人生活的过程。以某个人异乎寻常的品质为基础的统治在这个人消失以后难道还能存在吗？任何以其最高领袖的个人殊誉为起源的制度都不可避免地会遇到生存和继承问题。所以，马克斯·韦伯提出了方法分类问题，用这些方法来解决享有殊誉的个人统治的主要问题，即继承问题。

我们还可以系地研究一下传统的西藏僧侣政治中的这另一个享有殊誉的人物。神的旨意和决断也可以巩固这位特殊人物的地位。享有殊誉的首领可以选择自己的继承人，但是继承人还得为信徒们所接受。继承人也可先由享有殊誉的首领的幕僚们选出，然后再由信徒们认可。这种天赋的权威可以被认为与血缘有关，因而是世袭的。在这种情况下，享有殊誉的个人统治必然导致传统的统治。神赐予个人的恩典就成了一个家族拥有的东西了。最后，根据某些神奇的或宗教的方式，天赋的权威也可以禅让。法国几个国王王位的转移就是神的恩泽转让的一种方式。所以神的恩泽是属于一个家族的，而不是只属于个人。

这个简单的例子，清楚地说明了马克斯·韦伯的分析方法和体系。他的目的还是一个，即从人类的各种制度中找出逻辑性的东西来，并且运用各种概念了解这些制度的特点，使各种社会现象系统化。这种系统化是灵活的，它既可以使各种现象融合在一个独特的概念里，也可继续保留组成各种制度、各个社会特点的东西。

概念化的这种方式促使马克斯·韦伯思考这样一个问题：统治方式对经济组织和经济合理性的影响如何？经济类型与法律类型的关系如何？换句话说，概念化的目的不仅是程度不同的理解，而且还要提出因果关系问题和社会各部门之间的相互影响问题。在这种因果分析中起主导地位的是机遇、影响和可能性。一种类型的经济可以在某个方向上影响法律，一种统治类型也可能以某种方式在行政管理和法律上表现出来。一系列特殊制度与社会的其他部分单方面的因果关系是没有的，也是不可能有的。在这个意义上说，韦伯的方法既可令人赞赏，也可受人批评，因为他的方法使局部的关系增多，却又提不出今天的哲学家们称为总体化的东西。马克斯·韦伯在宗教社会学的论著中力图用生活方式及对世界的看法来构思总体，他也知道应当把一个存在或一个社会的各个组成部分放到总体中来考察，但在《经济和社会》一书中，他只是分析了社会各部门的相互关系，从而使局部的关系增多，但总体却没有被勾画出来。马克斯·韦伯声称他没有排除其他方法的使用，又说他的分析立足于一般概念，而在一般概念中不可能得出包括严格的必要性在内的因果关系，也不可能勾画出一个独特的社会或政治制度的总体，因为我们的目的是借助各种概念把握这些总体的各个不同的方面。我认为他说这番话是在替自己辩解。

马克斯·韦伯的政治社会学是与他当时所处的历史形势分不开的。[20] 在德国威廉王朝时期，马克斯·韦伯是一个民族自由党人，但不是美国人所说的自由党人。严格地说，他甚至也不是法国人、英国人或美国人赋予民主党一词的意义上的民主党人。他把民族的尊严、国家的强盛置于一切之上。当然，他热中于旧大陆自由派渴望的自由。他曾经写道，没有最起码的人权，我们就无法生活。但是他既不相信人们的普遍愿望，也不相信各民族掌握自己命运的权力，又不相信民主的意识形态。如果说他曾经向往过德国制度"议会化"，这仅仅是因为他恪守他在自己的著作中讲过的话，只是想改善一下领袖们的素质，而不是出于原则。俾斯麦以后的一代人以保住帝国创始人的遗产为首要任务，以使德国登上世界政治舞台为第二任务。韦伯就属于这一代人。他也不像涂尔干那样的社会学家，认为国家的军事职能属于正在消失的过去，相反却认为大国之间的冲突是永恒的，因此他希望统一的德国在世界舞台上居于重要地位。他只是在与帝国的尊严高于一切这个目标有关时才考虑他感兴趣的当时的社会问题，诸如德国西部的波兰农民问题。马克斯·韦伯是威廉二世的死敌，因为在1914年大战时，韦伯曾经要他对损害他的祖国的灾难负主要责任。在这个时期里他还设想了一套改革体制的计划，其目的是使德国的制度"议会化"。实际上他是把第二帝国时期外交上的作为不多的原因，归咎于部长人选的委任方法和缺乏议会生活。

他认为官僚统治是一切现代社会的特征，也是所有制度的一个重要组成部分。但是官吏们的职责既不是推动国家前进，又不以严格的政治为业。他们的任务只是贯彻规章制度，步前任们的后尘。他们所受的教育是遵纪守法而不是创新和斗争，所以他们通常都是一些不称职的部长。起用政界人物的规章制度应当有别于委任办公室工作人员的制度。因此马克斯·韦伯期望德国的制度朝议会制方向作一些改革。议会两院可以造成最好的，也就是说在政治斗争中培养出来的，比皇帝挑选的或在行政等级制度上爬到最高峰的人更好的领袖人物涌现的机会。

德国的制度包含着一个传统的因素，即皇帝；一个官僚的因素，即行政机关。缺少的是一个享有殊誉的人物。马克斯·韦伯观察了盎格鲁-撒克逊的民主制度，设想了一个享有殊誉的政治领袖。这个人作为一个党派的领袖，应当在斗争中养成缺此即不成其为国务活动家的素质，即决断的勇气、创新的魄力、唤起信念使人们对他服从的能力。[21]对享有殊誉的领袖的梦幻，马克斯·韦伯以后的一代人已经有过感受了。当然马克斯·韦伯本人是不可能在1933—1945年的德国现实中认识自己的梦幻的。

马克斯·韦伯的政治社会学观点必然会导致他对现时社会作出一番解释，就像他的宗教社会学观点必定会引出他对当时各种文明作出一番解释一样。我们生活在其中的这个世界的特点是世界的醒悟。科学使我们习惯于在外部现实中只看到可以为我所用的全部没有理智的力量。朦胧时期的思想在世界上到处传播的神话和神祇已经涤荡无存,人类社会在这个去尽魔力、没有理智的世界上不断朝着更为合理、更为官僚化的组织发展。

我们知道,一部著作只有在能够并且应当被超过的条件下才具有真正的科学意义。这就是致力于科学研究的人的感人之处。科学研究即使在获得成就时也不能不是令人失望的。我们的努力从来也不会有到顶的时候,我们也永远不会获得与我们最为休戚相关的问题的答案。

同样,社会越是合乎理性,我们大家也就越不可避免马克思主义所说的异化。我们注定要毕生从事于一种有限的工作,除了承认这种局限性外别无宏伟的希望。我们只能理解自身的一个部分,而整体却超越了我们,支配着我们。

因此,马克斯·韦伯说,首先应当拯救的是人权。人权使每个人有可能于自己在理性组织中占有的一席之地以外可靠地生存下去。从政治上来说,就是要拯救自由竞争的余地。正是由于这种自由竞争才能显露出个性,才能挑选出真正的领袖人物而不是官僚。

在世界的科学理性化这一边,应当保留纯属内心的宗教的权利;在官僚体制的理性化这一方,则应捍卫意识的自由及人与人之间的竞争。社会主义并没有消灭个人及阶级之间的不平等。如果说它已从空想变为现实,那么它还将标志着全面官僚化道路上的一个阶段。

韦伯的结论来自对价值观与诸神之间的斗争不可并存所作的存在主义的分析。由于科学的进步,行政管理的加强和经济企业的严格管理,世界已趋合理化,但是阶级之间的斗争、民族之间的斗争及诸神间的斗争仍在继续。既然不存在什么仲裁人或评判者,那么各人就可以按照自己的认识单独作出选择,只有这种态度才与人的尊严相称。也许这种哲学态度的最后一个词应当是承担的义务。马克斯·韦伯说过选择和决断。决断不是在这一派与那一派之间进行选择,而是指为一个可能是魔鬼的神祇承担义务。

6. 韦伯，我们的同时代人

与埃米尔·涂尔干或维尔弗雷多·帕累托相比，马克斯·韦伯更是我们的同时代人。人们称赞对自杀原因所作的统计学上的分析，誉为是科学的一个阶段。人们虽然还在继续使用社会混乱这个概念，但对涂尔干的政治思想、对他想在各级师范学校传播的道德理论不太感兴趣。《普通社会学》一直是一部奇怪的不朽著作，是一位出类拔萃人物的杰作。这部著作是一些人称道的对象，另一些人却对此恼火甚至暴跳如雷。帕累托没有多少信徒或后继者，而马克斯·韦伯的情况则完全不同。

1964年在由德国社会学学会组织的纪念马克斯·韦伯诞生一百周年的海德堡大会上，争论十分激烈，在会议结束后很久还在继续着。一位瑞士历史学家赫伯特·卢迪甚至这样写道：像有"马克思主义者"一样，还有一批"韦伯派"。当祖师爷的某个观点发生了问题，他们就会大动肝火。当然韦伯派和马克思主义者没有多少相同之处，前者只是在大学里，后者却统治着一些国家。马克思主义可以概括和通俗化为一种教程供群众使用，韦伯主义则不适用于确立一种正统性，除非把对正统的否定也称之为正统。

为什么马克斯·韦伯在他死后近半个世纪里还能激起那么多的热情？是由于他的著作的缘故呢，还是由于他个人品格的缘故？

就《耶稣教伦理和资本主义精神》一书展开的学术争论还没有结束，不仅是因为这本书被视为对历史唯物主义所作的经验论的批判，而且还因为它提出了两个意义重大的问题。第一个问题是历史学上的问题：耶稣教的某些教派，或者更笼统地说，耶稣教的精神，在多大程度上影响过资本主义的形成？第二个问题是理论上的或社会学上的问题：对经济行为的理解在什么情况下要求参照宗教信仰，参照行为者所处的社会制度？在经济的人和宗教的人之间没有不可逾越的鸿沟。按照某种既定的伦理，有着血肉身躯、七情六欲的人在某些绝无仅有的情况下成了经济的人。

韦伯曾试图分析社会行为结构，确定行为的分类，比较各种宗教、经济、政治和社会制度。他的这一尝试虽然在某些方法和结果上会引起不少争论，但还是我们时代的东西。我们甚至可以说这一尝试大大超过了今天的社会学家们自以为能够做到的事情，或者，至少是抽象的理论和历史的解释正趋于彼此分离。T·帕森斯笔下的"伟大理论"自称为与现代社会以及与影响马克斯·韦伯的哲学思想无涉，这种理论正在变为可用于理解任何一种社会的、极为抽象的概念化词汇。援引现状是否在实际上已从帕森斯的概念化或更笼统地说，从今天的社会学特有的概念化中消失了？这个问题可以讨论。对我们来说，重要的仅仅是表明马克斯·韦伯把社会学基本概念的抽象理论和对世界历史半具体的解释结合起来，比今天的教授们显得更具雄心。从这个意义上来说，也许他既属于社会学的过去，也属于社会学的未来。

这些论据就其本身来说虽然都很有价值，但仍不能说明争论的激烈程度。加之争论发生在欧洲而不是在美国。在美国，T·帕森斯解释并翻译了马克斯·韦伯的著作。韦伯的著作作为一位纯粹的学者的作品备受欢迎。他的著作就是以这一名义进入各大学的。在大学里这些著作被人阐述和评论，还常常引起一些争论。作者本人要么在作品中有所表现，要么隐身于作品之后。难道他不是一个反对威廉二世的民主党人吗？此外，只知道他是一位学者而不知道他是一个政治家难道不可以吗？

马克斯·韦伯在诞生一百周年时再次在欧洲激起了人们的热情。受欧洲教育的教授们，对马克斯·韦伯这位政治家、哲学家和社会学家，有人赞成，有人反对。即使是后来成了美国公民的某些教授也是这样。在这一点上最能说明问题的是海德堡的三次全体会议。第一次会议上，T·帕森斯就韦伯的方法论观点作了一个报告，引起了纯学术性的意见交换。后来两次会议的性质就完全不同了。我在会上作的题为《马克斯·韦伯与政权》的报告也被卷进了由沃夫冈·J·莫姆森[22]的那本书引起的论战。这场论战直到 1966 年还没有结束。至于赫伯特・马尔库塞的《工业化和资本主义》的报告，似乎受了对马克斯・韦伯的某种恼怒情绪的影响，好像马克斯・韦伯还活着，还是那么顽固不化似的。

这两次辩论，一次涉及到马克斯・韦伯在德国政治中的地位及公开主张的见解；另一次与他的哲学思想以及基本态度有关。但这两次辩论意义不同，方式也各异。联邦德国和美国的某些作者认为马克斯・韦伯与他们在第二次世界大战以后形成的形象相符，把他当作一位西方式的杰出民主人士加以介绍。显然这种介绍与现实相去甚远。我们已经看到马克斯・韦伯出于自己的决断，把民族的尊严，而不是把民主或个人自由放在首位。他赞成民主化是由于环境的原因而不是出于原则。照他的看法，皇帝从中确定部长人选的官吏都是在学识上和气质上缺乏力量意识的人，而这种意识恰恰是统治者，也许还是生活在这一充满荆棘的世界之中注定要经受个人、阶级和国家之间不断斗争的民族的首要品质。

影响他的学术著作和行为的政治哲学思想，用一个通俗的词来说是悲观的。某些人在马克斯・韦伯的著作中看到了又一个马基雅弗利。M・欧仁・弗莱希曼[23]在一篇精辟的文章中，不惜使用韦伯的仰慕者们难以忍受的腔调指出有两种主要的影响先后促使韦伯这位"资产阶级的马克思"和尼采派成分多于自由派成分的人的思想的形成。这两种影响一是马克思的影响，一是尼采的影响。

对韦伯的政治观的这种解释引起了纷纷议论，因为它使德国新的民主政体失去了一位"奠基之父"，一位光荣的先驱，一位天才的后盾。虽然它的基本之点是无可置疑的，是以与对一位杰出人物的尊敬毫无抵触的著作作为基础的。马克斯・韦伯是一位像上个世纪末许多欧洲人一样的民族主义者（这些人今天已不再是民族主义者了）。这种民族主义不仅仅是一种爱国主义，不仅仅关心国家的独立和自主，它几乎不可避免地会导致今天我们倾向于称为帝国主义的东西。各国都处在不断的竞争之中，有时表面上是和平的，有时则显然是残酷的。这种竞争无休无止，残酷无情。这里一些人死于战壕之中，那儿又有不少人在矿山、工厂过着拮据的生活。他们的生存受到经济竞争或炮火的威胁。因此，国家的权力既是手段，又是目的，它独自保证着人民的安全，为文化的传播作出贡献（因为文化本质上是民族的文化），但是作为人类伟大的象征，权力也是它自己所需要的。

当然韦伯的政治思想要比这些简单的说明复杂得多。如果说他看出了德国这一统一一体已朝世界政治迈进了一步，那么他就不会不知道国家的力量并不意味着文化的繁荣。特别是在德国的情况下，精神的东西的兴旺时期似乎并不与国家力量的强盛时期相一致，即使他使用了强大民族这个词，但也不应当用希特勒赋予这个词的意义来理解这个词。韦伯像尼采那样，常常批评德国人，指责德国人具有消极服从的恶习，指责他们接受传统的制度和一个有文艺癖好的君王，批评他们的暴发户式的态度，而这种态度是与一个承担并且应当承担世界责任的民族不相称的。他出自内心盼望民主制度，盼望由全体人民自己选出的领袖。他盼望的这种民主制度具有我们时代所有的民主制度都具有的某些特征，与戴高乐将军的第五共和国特别相似。马克斯·韦伯心目中的"民主"领袖就是由普选产生的、对自己的意识和历史负责的、能独立作出决断的、享有殊誉的领袖，就是两次大战期间所有的独裁者加以丑化的领袖，就是1959年以来法兰西共和国总统所体现的领袖。英国首相和美国总统在风格和程度上都不是引导人们为人民也为他们自己设想的宏伟目标出力的导师。在马克斯·韦伯的心目中，领袖的享有殊誉的影响是对无名的官僚统治的一种拯救性的反应，因此，他不是不知道议员们的评议，也不是不知道尊重规章制度，更不是不知道宪法、法治国家和个人自由的必要性，而也许只是因为他是十九世纪的人，倾向于相信政治文明获得的这些脆弱的东西已经有了最终的保证。

由赫伯特·马尔库塞发起的第二次论战归根到底涉及到马克斯·韦伯的历史哲学观。马克斯·韦伯解释西方现代社会时的中心思想是表现在科学、工业和官僚制度中的理性化。资本主义制度——生产资料的个人所有制和生产者在市场上的竞争——在历史上与理性化的进程有关。

这一进程就是人类的命运所在，反抗这种命运是徒劳无益的，任何制度都逃脱不了这个命运。马克斯·韦伯虽然崇敬马克思，但对社会主义是敌视的。这倒不仅仅是因为他是民族主义者，或者因为他在与民族斗争同样不可避免的阶级斗争中站在资产阶级一边，而是因为在他眼中，威胁人类尊严的是个人受到不知名的组织的役使。有效的生产制度同时也是一种人对人的统治制度。马克斯·韦伯承认"无论如何，工人总是社会主义者"，他甚至断言"没有任何方式可以消除社会主义的信念和社会主义的希望"[24]（在这一点上，他也许是错误的），但是已经实现了的社会主义包含着旧时他所热爱的人类价值的危险与资本主义不相上下。更何况为了建立并维持劳动纪律，社会主义必须推行更严格的人对人的统治或组织对个人的统治，使个人的机遇和自由更加少得可怜，因此，社会主义只会加重上述危险。

事实是否证明马克斯·韦伯在这个问题上错了？显然，后来发生的事实证明他是对的，而赫伯特·马尔库塞自己也承认了这一点。他说："因为，作为智慧的结晶，机器并不是中性的：技术方面的原因就是在每个时代都起主导作用的社会原因，机器的结构本身也是可以改造的。作为技术方面的原因，它可以作为一种解放人的技术被加以利用。马克斯·韦伯认为这种可能性是一种空想，今天看来他似乎是对的。"换句话说，赫伯特·马尔库塞抱怨马克斯·韦伯过早地宣布今天确实表明为空想的东西——通过所有制的改变和计划化解放人类——为空想。

在生产资料集体所有制、计划化与人类解放之间既没有因果联系，也没有逻辑上的联系。最近五十年的历史已经清楚地表明了这一点。法兰克福的一位马克思主义者——不是一位马克思列宁主义者——抱怨马克斯·韦伯不赞同他的幻想，使他失去为了生活下去所需要的梦幻。但是社会主义的空想今天已经毫无实质内容。更自动化的生产也许会带来人类解放的别的具体的可能性，但它不会使官僚秩序消亡，也不会取消韦伯和马克思主义者们稍为言过其实地揭露过的理性而又不可名状的统治。

今天的工业社会显然已不是马克斯·韦伯所熟悉的资本主义社会。在本质上它已不是资产阶级的社会，甚至也不是资本主义的社会，因为这种制度首先是所有制和个体业主的创造性所决定的。但正是出于这个原因我个人才想从另一个角度上来批评马克斯·韦伯：他在解释现代社会时太马克思主义化了，也就是说太悲观了。他没有准确地看到生产力的增长会给群众带来好处这一前景，也没有看到财富的增加取决于有效的劳动而不取决于领土的大小，没有看到在这样的时代里阶级冲突，也许还有民族冲突正在缓和。恰恰相反，严格地区别科学的或官僚的理性和历史的理智正是一大功勋。遗憾！智慧和技术手段居然可以被利用来搞种族灭绝。这一经验告诉我们，资本主义、资产阶级，更不用说马克斯·韦伯，都不应当对此负责。韦伯事先就已看出理性化并不能担保黑格尔派所说的历史理智的胜利，或好心的民主派所说的自由价值的胜利。

在韦伯身上集中了受马克思和尼采影响的斗争和力量的哲学思想以及这样一种观点：世界历史的结果必然导致一个醒悟的世界和备受奴役、丧失最崇高情操的人类。出于自己的利益，也许还出于别人的利益，马克斯·韦伯不是把成就和力量而是把某种高尚的情操放在高于一切的地位。这种高尚的情操就是敢于正视出现在不作幻想、对宗教和空洞的政治理论不寄希望的人的面前的人类生存条件。所有认为掌握了绝对的或全部真理、愿意调解各种价值矛盾的马克思-黑格尔主义者、主张民主政体或天然权力的理论家正在继续——这是完全应该的——与这样一个人进行论战。这个人想使与教条主义的斗争具有教条主义的性质，使各种价值的矛盾成为一种最终的真理，因而他本人最终除了部分的科学和极为武断的选择外就一无所知了。

某些独断论起源于我们时代的极权政体。但是，应当承认，马克斯·韦伯连同他的义务哲学观都无法最好地防范野蛮人的复辟。享有殊誉的领袖应当成为反对无法名状的官僚统治的支柱，我们养成了害怕蛊惑人心的人的诺言甚于害怕理性组织的平庸的习惯。

这些论争是以马克斯·韦伯的个人特点、他的哲学观和政治见解为对象的。在我看来，它们清楚地说明了讨论的众多意义。据此，我认为说马克斯·韦伯是我们的同时代人是完全正确的。他是我们的同时代人，首先是因为他如同所有伟大的思想家一样，著作浩瀚，内容丰富。每一代人都在阅读、思考这些著作，并用不同的方法解释这些著作。他是我们的同时代人，还因为他像所有的学者一样，为我们提供了也许是过了时的，但目前还有意义的东西。对他提出的理解、理想类型、价值判断与价值关系、作为社会学家探索精神特有对象的主观意义、作者相互了解的方式和社会学家了解作者的方式之间的区别等等观点，人们即使不提出异议，也还在不断提出问题。虽然马克斯·韦伯的实践是否总是与他的理论一致，这一点还不能肯定，但是他自己是否没有作过任何价值判断，价值的参照和价值的判断是否可以彻底分开还很可怀疑。但是，我认为，如果不是受到不时提出认识与信念、科学与行动、宗教与预言、官僚政体与享有殊誉的领袖、理性化和个人自由等难度极大的问题的人的驱使，如果不是受到这样一类人（即为了选择自己的命运而依仗自己极为渊博的历史知识，不顾在并非最终的探索结束时处于孤立无援、心痛欲裂境地的危险也要在各种文明中找出自己这些问题的答案的人）的激励，韦伯的社会学思想也许会不那么引人入胜，但却更加科学了。

生平简介

1864 年 4 月 21 日　马克斯·韦伯生于德国图林根的埃尔富特市。他的父亲是出身于威斯特伐利亚纺织业实业家兼批发商家庭的一位法学家。1869 年他携眷迁居柏林。后来成为柏林市议会议员，普鲁士议会众议员和德意志帝国议会众议员，属于汉诺威人贝尼格森领导的右翼自由党党团。他的母亲海伦妮·法伦斯坦-韦伯是位很有文化修养、热中于宗教和社会问题的妇女。她在 1919 年去世前一直和她的儿子在精神上保持密切的联系。她对她的儿子影响很深，使他对宗教具有炽热的感情。青年时代的韦伯在他的父母亲的客厅里结识了当时知识界和政界的许多杰出人士，如狄尔泰、莫姆森、聚贝尔、特赖奇克和卡普等人。

1882 年　马克斯·韦伯考入海德堡大学，在法学院注册，开始接受高等教育。他同时攻读历史、经济、哲学和神学，并参加学生会组织的各种活动和辩论会。

1883 年　在海德堡大学学习了三个学期之后，韦伯在斯特拉斯堡服了一年兵役，先是普通士兵，后来晋升为军官。他为曾经担任过帝国军队的军官一直引以为荣。

1884 年　进入柏林大学和格丁根大学继续深造。

1886 年　第一次通过高等学校法学考试。

1887—1888 年　多次参加在阿尔萨斯和东普鲁士举行的军事演习，成为由关心社会问题、具有种种不同倾向的大学生组织的"社会政治联盟"的成员。该组织是施穆勒于 1872 年创建的，受"社会主义者讲坛"领导。

1889 年　在柏林获法学博士学位。论文题目是《中世纪商业企业史》。同年，开始学意大利语和西班牙语。登记为开业律师。

1890 年　再次参加法学考试。应"社会政治联盟"的要求开始调查东普鲁士农民的境况。

1891 年　《罗马农业史及其对公法和私法的意义》发表。这篇论文以及他和莫姆森教授进行的答辩使他获得了教授资格，在柏林大学谋得了一个教席。从此，韦伯开始他的大学教授的生涯。

1892 年　提出关于东德意志农业劳动者境况的报告。

1893 年　与玛丽安妮·施尼特格尔结婚。

1894 年　担任弗赖堡大学政治经济学教授。发表论文《东德意志农业劳动者境况演变的趋势》。

1895 年　去苏格兰和爱尔兰旅行。

开始在弗赖堡大学授课。第一次讲授的内容是：《民族国家和经济政策》。

1896 年　韦伯应聘去海德堡大学任教，接替克尼斯教授退休后留下的教席。发表论文《古代文明衰退的社会原因》。

1897 年　由于患严重的神经官能症，韦伯不得不完全停止工作达四年之久。在此期间，他去意大利、科西嘉和瑞士等地旅行以减轻自己的焦虑不安。

1899 年　韦伯自愿退出"泛日耳曼联盟"。

1902 年　再次去海德堡大学任教，但已不能像过去那样积极参与大学的各种活动。

1903 年　与维尔纳·桑巴特共同创建"社会学和社会政策档案"。

1904 年　去美国参加在圣路易斯举行的社会科学大会。新大陆给他的印象极为深刻。他在大会上作关于资本主义和德国农村社会的报告。

同年，《耶稣教伦理和资本主义精神》一书的第一部分及《社会科学和政治中认识的客观性》发表。

1905 年　俄国的革命使韦伯对沙俄帝国面临的问题发生兴趣。为了阅读俄文原著，他开始学习俄语。

《耶稣教伦理和资本主义精神》一书的第二部分出版。

1906 年　发表下述论著：《俄国资产阶级民主的形势》、《俄国向装门面的立宪主义演变》、《用作文化科学逻辑性的批判性研究》、

《耶稣教各教派与资本主义精神》。

1907 年　韦伯获得一笔可观的遗产，这使他有可能退出教育界潜心从事科学研究。

1908 年　韦伯对工业社会心理学发生兴趣，出版了两本这方面的著作。在海德堡寓所的客厅里，他接待过当时德国的大部分著名学者，如：文德尔班、耶利内克、特勒克斯、诺曼、桑巴特、齐美尔、米歇尔斯、特尼埃斯等。

他指导的年轻大学教师有格奥尔格·卢卡斯、卡尔·勒文斯坦等人。

韦伯组织德国社会学协会并出版一部社会科学丛书。

1909 年　《古代社会的农业生产关系》发表。开始编写《经济和社会》。

1910 年　在德国社会学协会举行的大会上，他采取鲜明的立场反对种族主义思想。

1912 年　由于在价值哲学的中立性问题上存在的分歧，他辞去德国社会学协会执行委员的职务。

1913 年　发表论文《论广义社会学的某些范畴》。

1914 年　大战爆发后，马克斯·韦伯参加军队服役，负责驻在海德堡的几家医院的工作，至 1915 年底止。

1915 年　《世界性宗教的经济伦理》的一部分（《序》和《儒教和道教》和《中庸之道》）出版。

1916—1917 年　多次去布鲁塞尔、维也纳和布达佩斯执行各种非正式的秘密使命，尽力劝说德国的领导人物避免扩大战争，同时他也断言德国对全世界政治负有责任，并认为俄国是主要威胁。

1916 年　《宗教社会学》一书的《印度教和佛教》几章出版。

1917 年　出版《宗教社会学》一书的《古犹太教》的几章。

1918 年 4 月　去维也纳大学进行暑期讲学，内容是介绍政治和宗教社会学，题目是《对历史唯物主义的思想的实证批判》。

冬天，他在慕尼黑大学作了两次报告，题目是《学者的职业和使命》、《政治家的职业和使命》。

德国投降后，他是前往凡尔赛签署和约的德国代表团的一名专家。

发表论文：《论社会学和经济学中价值哲学的中立性的意义》。

1919 年　应聘去慕尼黑大学任教，接替布伦塔诺教授的工作。在 1919 至 1920 年间讲授的是普通经济学史。后成书，于 1924 年出版。

韦伯支持共和国，但并不热情。他参与慕尼黑的库尔特·埃斯纳的革命专政，是魏玛宪法起草委员会的成员之一。

继续编写《经济和社会》一书。该书的最初几个章节于 1919 年秋付印，但全书未能完成。

1920 年 6 月 14 日　韦伯在慕尼黑逝世。

1922 年　玛丽安妮·韦伯出版《经济和社会》一书。1925 年和 1956 年又出版经过增补的新版本。

注释

[1] 巴黎，普隆图书出版公司，1965 年出版。这部文集包括韦伯的四篇最主要的认识论论文的译文，即 1904 年发表的《社会科学和政治中认识的客观性》，1906 年的《用作文化科学逻辑性的批判性研究》，1913 年的《论广义社会学的某些范畴》，1917 至 1918 年的《论社会学和经济学中价值哲学的中立性的意义》。

1919 年在慕尼黑作题为《以科学为职业》的著名报告（原文收在德国出版的《科学理论论文集》中），报告的译文收在巴黎普隆图书出版公司 1959 年出版的《学者和政治家》一书中。

德文文集中另外还有四篇比较次要的论文。这四篇论文都未被译成任何外文。它们的题目是：《罗舍尔和克尼斯同国民经济史的逻辑问题》、《R·施塔姆勒的唯物主义历史观点的胜利》、《边际效用价值学说和心理物理学的基本规律》、《唯能论的文化理论》。

[2] 韦伯对古代社会进行研究的著作也不少。不应忘记在他早年的教师中有著名的历史学家莫姆森，他本人也在法律院校就读过。在当时这些德国和法国院校中，对罗马法律的研究占有极为重要的位置。韦伯除了在 1909 年定稿的名为《古代社会的农业生产关系》一书外，还曾写过《古代文明衰退的社会原因》的论文（1896 年）。他的授职论文是《罗马农业史》（1891 年）。这些论文都未被译成法文。

《普通经济学史》是 1919 年他去世前不久在慕尼黑讲授的课程，出版于 1923 年，有英译本。

韦伯关于德国和当时欧洲各国的政治、经济和社会问题的著作既多且杂。这些著作收集在下述三部文集中：《政治论文集》、《社会和经济史论文集》、《社会学和社会政治学论文集》。

关于东德意志农业劳动者处境演变的趋势的著作收集在第二部文集中。该文是应社会政治联盟的要求，根据他在该地区进行的调查研究于

1890—1892 年之间写成的。在该文中，韦伯指出易北河以东的大地主为了减低工资成本，毫不犹豫地雇佣斯拉夫(俄国的和波兰的)劳动力在他们的土地上耕作因而迫使具有日耳曼血统和文化的农民向西部工业城市迁移。他揭示容克的这种资本主义立场，是他们促成东德意志的非日耳曼化。

［3］ 韦伯关于宗教社会学的著作都收集在三卷本的《宗教社会学论文集》中。在第一卷中有两篇关于耶稣教和资本主义精神的文章，还有《世界性宗教的经济伦理》一书的第一部分(《序》、《儒教和道教》和《中庸之道》)。第二卷是该书的第二部分《印度教和佛教》。第三卷是第三部分《古犹太教》。

韦伯逝世前曾计划写第四卷，专述伊斯兰教。

为了对韦伯的宗教社会学有一个完整的认识，还应当把《经济和社会》一书中有关宗教的几章，特别是第二部分第五章《各种类型的宗教》收在这个文集中。

［4］ 参阅书目提要。

［5］ "我们把只根据自己(主观地)认为是惟一适合既定目标而作出的行为称作为有目的的理性行为。"(《科学理论论文集》第 328 页，巴黎，普隆图书出版公司 1965 年出版。)

［6］ 1919 年在慕尼黑发表的这两篇论文已被译成法文，书名为：《学者和政治家》，巴黎，普隆图书出版公司 1959 年出版。德文的《以政治为职业》一文是《政治论文集》的一部分。

［7］ "修昔底德的方法忽略了学识广博的中国历史学家。当然，在马基雅弗利之前还有印度哲人，但亚洲的政治家都没有掌握可与亚里士多德相比的系统方法，尤其缺乏理性概念。罗马法及其衍生的西方法所特有的理性法学理论所不可缺少的严格的系统思想方法在世界其他地方均属阙如，即使是印度早期的实际成就，如《吠陀》的注释学派(Mimamsa)，古代亚洲广泛编纂的法典以及印度和其他亚洲国家的法学著作也无无如此。只有西方才拥有像教会法那样的硕果。"(《耶稣教伦

理和资本主义精神》，巴黎，普隆图书公司，1964 年《序言》第
12 页。)

[8] "在社会科学范畴里，一项声称使用正确的方法并已达到其目
标的科学论证应该可以被广泛地(包括被中国人)承认为是正确的。这一
点是而且还将继续是确定无疑的。或者更确切地说，应该有这样的目
标。当然，由于物质条件的不足，要完全实现这个目标可能是有困难
的。同样，一种对理想进行旨在阐明其内容和最高准则的逻辑分析，以
及在认为有关这种理想的探索是成功的情况下对由此而产生的合乎逻辑
的实际结果所进行的解释，同样也应该为中国人所认可，虽然中国人很
可能对我们认为是绝对必须的伦理道德一无所知，甚至根本反对(肯定在
很多情况下都可能如此)那种理想本身以及由此而产生的具体评价，而不
会怀疑理论分析的科学价值。"(《科学理论论文集》第 131—132 页。)

[9] "有些科学被认为是永远年轻的，如所有的历史学科，以及人
类文明永不止息的潮流对它们提出新问题的所有学科。从本质上讲，这
些学科负有的任务都会遇到理想类型结构的脆弱性问题，但它们不可避
免地必须继续不断地提出新的结构的设想。如果我们想掌握现实的有意
义的因素，我们就不能忽视任何一种思想体系，因为所有的思想体系都
有取之不尽的财富。思想体系并不是什么别的东西，而是我们写的论
文。我们用论文的形式，把我们感兴趣的范围里的杂乱无章的事实，根
据我们掌握的知识和能运用的概念结构，有头有绪地整理表达出来。过
去的对事物的反复思考，即对直接接触的现实通过思维上的转化，以及
思维同认识水平和好奇倾向的结合，促进了人的智能器官的发展。人的
智能器官一直处于和人们能够并希望获得的对现实的新的认识相矛盾的
状态中。人文科学研究工作的进展就是在这种矛盾的斗争中取得的。斗
争的结果是我们用以认识现实的概念不断地发生变化。因此和社会生活
有关的科学的历史现在是，并且将继续是，想用某种概念结构把各种现
实从理论上加以整理的尝试——用扩大并转移科学领域的方法分析思想
图表——和在经过修正的基础上建立起来的新的概念结构之间的一种持

续不断的交替。上述论点并不意味着一般地建立概念体系是错误的，因为任何科学，即使是简单地叙述历史，也都是根据当时的概念进行工作的。恰恰相反，此处要表明的事实是在人文科学中，概念的结构从属于提问的方式，而提问的方式又随文化所包含的内容的变化而变化。概念和设想的关系给人文科学中所有的综合概括带来不稳定性。在科学领域里，对概念结构进行重大尝试的价值一般在于阐明作为它们基础的概念的意义的局限性。社会科学领域里最值得重视的进步毫无疑问与下列情况有关：文明的实际问题已经转移并具有对概念结构进行批判的形式。"（《科学理论论文集》第202—204页。）

[10]　Allgemeine Psychopathologie 一书由卡斯特勒和孟图斯两人译成法文，书名为《普通心理病理学》，巴黎，1923年第三版，让-保罗·萨特和保罗-伊夫·尼赞对法译本进行部分修订。

[11]　李凯尔特(1865—1936年)，海德堡大学哲学教授。他的主要著作有：《自然科学概念形成的限度》，1896—1902年出版；《历史哲学问题》，1904年出版；《文化科学和自然科学》，1899年出版。

对李凯尔特作品的批判分析可参阅雷蒙·阿隆所著的《历史的批判哲学——论德国的某种历史理论》，巴黎，弗兰出版社1964年第三版，第113—157页。

[12]　"片面强调一种或几种观点，把所发现的有时是大量的，有时是少量的、单独地存在、互不关联不为人注意的事实贯串起来，并只按预先选定的观点组合拼凑而不是有机地构成一幅单一的理想图画，这样得到的就是某种理想类型。人们不可能单凭经验发现这样的一幅单纯概念的图画；那样只能是空想。历史工作的任务是对各种特定的事实确定现实与理想蓝图之间的距离，确定在多大程度上应该，譬如说，在概念意义上，赋予某特定城市的经济以'都市经济'的性质。这一概念如谨慎地加以应用能产生人们期待的有利于研究工作和阐明论点的特定作用。"（《科学理论论文集》第181页。）

"理想类型是一种思维方面的蓝图，它并不是历史事实，尤其不是真正的事实，更不能用作整理历史事实的方案的范例。它只能作为一种有限的纯理想的概念。为了弄清它的某些重要事实的具体内容，人们对其真实性进行衡量与比较。这些概念就是图像，我们运用根据现实形成并由现实指导的我们的想象力认为恰当的，在客观上是可能的分类法为这些图像构筑它们之间的关系。

"从这项作用来讲，理想类型更应该说是为了把握各种历史事实的独特性或遗传学概念中的不同因素的一种尝试。试以'教会'和'教派'两个概念为例，分析这两种概念用的是对一系列特点进行纯粹的分类方法。使用这种方法不但两种概念之间的界限，甚至其内容都继续处于模糊不清的状态。相反，如果我根据遗传学观点来理解'教派'的概念，也就是说，如果我根据'教派精神'在现代文明中所表示的某些重要涵义来考虑，那么这两种概念的明确的特性将成为基本的了，因为，与有意义的行为作比较，这两种概念具有一致的因果关系。"（同上引书第185—186页。）

[13] 有关社会准则的理想类型是抽象的，它不同于价值判断。但在学者所进行的具体工作中，两者混淆不清的情况是经常存在的。

"所有以基督教的'本质'为主题的学术报告，如果追求的是根据已知的经验作的历史报告的质量，那么这些报告往往是具有相对的，甚至有问题的有效性的理想类型。相反，如果只是把它们当作与事实进行比较并加以估量的概念工具，那么它们对研究工作就具有极大的启发性的价值；对报告本身也具有极大的系统性的价值。从这一作用来讲，它们甚至是不可缺少的。

"还有另外一种通常与这种理想类型的阐述方式相联系的因素使其含义更为复杂。理想类型通常总是自以为（也可能是不自觉地自以为）不仅从逻辑意义上说是理想类型，即使从实际意义上说也是理想类型，也即典型类型——如在所举的例子中。这些典型类型从学者的观点来看，包括基督教应该是什么，即由于该教具有永久性的价值，它的'本质'应该是什么。如果是这样的话，不管是有意识还是在更多的情况是无意识，那么这些叙述也包括学者在讲述基督教义时对之进行评价的理想，即学者据以指导自己对基督教的'想法'的使命和目标。当然这些理想可能完全不同，并且毫无疑问将永远不同于我们这个矫揉造作的时代的同代人（例如基督教徒）根据他们的观点宣扬的基督教准则。在这种情况下，'想法'当然不再是纯逻辑学上的次要的东西，也不再是人们用来与现实作比较的一些概念，而是人们用来估量现实并判断现实的思想。这样涉及的不再是关于经验和准则的关系这一纯理论上的方法问题，而是从基督教义的观念中获得的对价值的判断问题。由于理想类型在此情况下要求的是经验的有效性，因而它就离开经验论科学的领域，深入到对基督教义作出评价性解释的范畴，面临的是表达个人的信仰而不是纯理想类型的概念结构的前景。

"尽管原则上的差别十分引人注目，人们还是发觉在'理念'这一概念上两种根本不同的含义的混淆不清经常影响着历史的研究工作，特别是在历史学家开始对某一人物或某一时期提出自己的'解释'的时候。与希罗萨在论述理性主义精神时使用的伦理标准相反，具有相对论思想的现代历史学家他们一方面自称'理解他们所研究的时代'，另一方面又坚持要提出'评论'，认为需要在他们研究的课题的'材料'中使用他们的评论标准，这样就使'理念'一词具有理想的意义，即具有'理想类型'的意义了。此外，对这种方法的爱好促使他们不停地抹去分隔这两个范畴的界限，因而产生一种权宜的措施，即一方面不得不提出价值判断，另一方面又竭力避免为作出这些判断承担责任。必须以科学的自我约制的基本责任感来反对这种态度。这也是我们严格分清从逻辑意义上比较现实与理想类型的关系和在理想的基础上对现实进行更有价值的评价两者之间的差别以防止混淆不清的情况发生的惟一办法。我再重复一遍，我们所谓的理想类型与有价值的评价完全无关，与所谓的'完美的'理想也毫无共同之处，它们之间的关系是纯逻辑学上的关系。有妓院的理想类型，也有宗教的理想类型。从现代警察的伦理学的观点来看，前者可能被认为在技术上是'恰当的'，否则就不行。"（《科学理论论文集》第191—194页。)

[14] "抽象的经济学理论为我们提供了一个人们常常用对历史事实的'想法'来进行概括综合的例子。确实,它为我们描绘了一幅按照交换、自由竞争和严格的理性活动的原则在有组织的社会的商品市场里发生的情况的理想画面。这幅思想上的图画把历史生活的既定关系和事实组合成一个没有思想准则上矛盾的天地。从内容上看,这种结构具有乌托邦的性质,是人们从思想上强调由现实决定的资料而获得的。它与凭经验取得的东西的关系仅在于:在人们发觉或怀疑上述结构中存在的抽象的关系,此处指的是取决于'市场'的事实的关系,在实际上起不同作用的任何地方,我们都能以直观的、可以理解的方式,根据某一理想类型再现这些关系的特点。这种可能性对事实的研究和阐述也许是可贵的,甚至可以说是必须的。对于研究工作来说,理想类型概念的意图是作出责难性的判断:它本身不是'假设',但谋求导致作出假设。另一方面,它并不叙述事实,但要求叙述事实时使用独特的表达方式。因此,理想类型的概念,从历史学的观点来讲,是把现代社会组织成交换经济的'理念'。这种'理念'在我们看来正是与中世纪按照遗传学概念的方式建立'都市经济'同样的逻辑原理发展起来的。在后一种情况下,'都市经济'这一概念并不是由于采取把实际上存在于作为观察对象的全部城市里的经济活动原理加以折中而形成的,而恰恰是在于构成一种理想类型。"(同上引书第178—181页。)

[15] "尝到过知识之树甜美果实的有文化的时代的使命是:我们不可能根据自己探索的结果(不管它是多么完美),来理解世界变化的意义。我们应该善于自己来造成世界的变化;我们应该懂得对'世界的设想'绝不可能是凭经验获得的知识导致的进展的产物,因而懂得在任何情况下,在我们身上最起作用的我们视为是神圣的最高理想只有在与别人也认为是神圣的别的理想进行斗争中才能成为现实。"(同上引书第130页。)

[16] 韦伯晚年在慕尼黑大学教授经济学通史时再次对资本主义的

定义进行探索。他认为：

"凡是在生产经济中，一群人的需要，不论是什么性质的，是通过企业的途径得到满足的话，那就是资本主义。简言之，理性的资本主义企业是从事资金核算的企业，即运用现代会计学编制资产负债表，通过计算来控制生产效率的生产性企业（最早是荷兰经济学家西门·斯特凡在1608年提出的）。当然一个经济单位的资本主义经营方式是千变万化的；有些满足需要的方式根据的是资本主义的原则，有的则不是资本主义方式，而是手工业方式或农业经济方式的。"（《经济史》，朱利安·弗罗因德在他的著作《韦伯的社会学》中引用，第150页。）

[17]　韦伯在《经济和社会》一书的第三部分第六章中给官僚主义下了定义。朱利安·弗罗因德在概括这一章和其他几章时对韦伯下的定义总结如下：

"官僚主义是合法统治的最典型的例子，官僚主义是以下列原则为基础的：1．存在着明确规定的部门以及由法律或条例严格确定的权限，因此，职责和为完成相应的任务所必需的决策权都有明确的划分和规定；2．根据法律（如法官的终身制）保护执行公务的官吏，一般地说，当官是终身的，因而国家公职成为一种主要的职业而不是一般其他职业以外的另一种次要职业；3．公职的等级制度，即行政制度，按下级职务和领导职位严格构成，对下级的审理不满时可以向上级提出申诉，一般地说，这种结构是独裁政治性质的而不是集体领导的，显示出向更高的中央集权发展的倾向；4．官员通过会试、考试或凭文凭任用，这就需要谋求职务的人经过专门的培养，通常官员是在自由选择的基础上以合同形式任用的，很少是选举产生的；5．官员的报酬以固定的薪俸的形式发给，在离开公职后领取退休金，薪俸是等级制的，根据行政内部的职务等级及所负责任的重要程度而定；6．上级部门有权监督下属的工作，有时可以通过设立纪律委员会这样的机构进行监督；7．官员有可能根据客观的标准而不是依据上级的好恶升迁；8．公职和担任公职的人完全分开，任何官员都不能是他所担任的职务或行政手段的主人。

"这样的描述当然只是现代国家的轮廓，因为官僚主义现象出现得更早。在古埃及，在古罗马元首制时代，特别是在十三世纪开始的罗马教廷，在秦始皇以后的中国，官僚主义就已存在。现代官僚主义是在揭开现代史序幕的君主专制政体的保护下发展起来的。古代官僚主义基本上具有世袭的性质，也就是说官吏不享有现代法律规定的各种保证，也不享有以货币支付的薪俸。我们所理解的官僚主义是与现代的财政经济一起发展起来的。但我们不可能在这两者之间确立某种简单的因果关系，因为别的因素也在起作用。如：法律的理性化、群众现象的重要性、由于交通方便和企业的集中而出现的日益增进的中央集权、国家对千差万别的人类活动在各方面进行干预的扩大化，特别是技术的理性化发展。"（《韦伯的社会学》第 205—206 页。）

［18］《耶稣教伦理和资本主义精神》一书无疑是，而且还将是马克斯·韦伯最著名的著作。由于该书提及的历史问题的重要性以及它对历史唯物主义流行说法的批判性质，该书曾广受评论，引起大量论著的出现。最新出版的综述性文章有：《赫伯特·卢迪和朱利安·弗罗因德之间的论战》（载《证据》1964 年 7 月和 9 月号）；《雅克·埃勒尔的书目提要》（载工业经济社会研究及资料公司 1964 年 12 月 20 日的《公报》）。

关于耶稣教和资本主义的专题文章有：A·比埃勒著《卡尔文的经济和社会思想》（日内瓦，乔格出版公司 1963 年出版）；R·H·托尼著《宗教与资本主义的兴起》（法译本，巴黎，里维埃出版社 1951 年出版）；W·桑巴特著《资产阶级》（法译本，巴黎，帕约出版社 1966 年出版）；H·塞著《现代资本主义的起源》（巴黎，阿尔芒·科兰出版社 1926 年出版）；H·塞著《清教徒和犹太人对现代资本主义的发展作出多大贡献？》（载《历史杂志》1927 年）；M·哈伯瓦赫著《现代资本主义的清教徒起源》（载《历史与宗教哲学杂志》1925 年 3—4 月号）；H·豪泽著《资本主义的初始》（巴黎，1927 年）；B·格罗图森著《法国资产阶级精神的起源》（巴黎，伽里玛出版社 1927 年出版）；H·卢迪著《自撤销南特赦令至大革命的法国基督教银行》（巴黎，国民教育刊物出版及销售处，1960—1962 年二卷本）。

[19] "殊誉人物统治理论有时会导致误解，因为人们曾希望从这种理论中发现纳粹制的先兆。某些人甚至试图把韦伯说成是希特勒的先驱，而韦伯只是埋头从事对一直存在的一种统治类型进行社会学的和理想类型的分析。在希特勒之前已出现过殊誉人物政权体制；在他之后也有，如菲德尔·卡斯特罗的政权。即使韦伯的分析曾经有助于纳粹分子更清晰地认识其立场，对他的指责仍然是十分可笑的，因为这等于要对疾病作出诊断的医生为疾病负责。照这样的说法，政治社会学似乎应该转变成为一种具有美好感情的学科，而不是去客观地观察某些现象，最终否定本身是一门科学而只去迎合那些把思维看作仅仅是纯意识形态上的评价的人。这种态度既违反韦伯一再强调的单凭经验进行的观察和对价值的判断这两者之间的差别，也违反他的社会学中关于价值哲学中立性的原则，违反他向学者们提出的在个人感到不愉快的事实前面决不采取回避态度的原则。再一方面，韦伯的批判者们忽略了他的殊誉人物政权类型概念的本质。他们不必在韦伯的学说中去寻找他不了解的某一特定历史事件的理论，最好还是去阅读关于这种类型的统治的篇章。这些篇章阐述他关于革命现象的想法。在写这些篇章时，韦伯尤其注意的是列宁和库特·埃斯纳（后者的著作曾被韦伯着重引用）。"（《韦伯的社会学》，朱利安·弗罗因德著，第 211—212 页。）

[20] 关于马克斯·韦伯和德国政治的著作有：《德国政治中的马克斯·韦伯》（J·P·迈耶著，伦敦，费伯出版社 1956 年出版）；《马克斯·韦伯和德国政治》（W·蒙森著，图宾根，莫尔出版社 1959 年出版）。

[21] 玛丽安妮·韦伯叙述了于 1919 年她的丈夫和鲁登道夫所进行的一次谈话。她的丈夫认为鲁登道夫是德国的灾难的罪魁祸首之一。他们之间进行的是一次各执己见的谈话。当时韦伯曾试图说服鲁登道夫，劝他牺牲自己作为战俘向协约国投降。后来话题转为讨论德国的政治形

势。鲁登道夫指责韦伯和《法兰克福报》(韦伯是该报社论主要撰写者之一)自封为民主的辩护士。谈话情况如下:

韦伯: 你认为我是把现在我们看到的乌七八糟的东西看作民主制度吗?

鲁登道夫: 如果您是这样看的话,也许我们有可能取得一致的意见。

韦: 但从前的乌七八糟的东西也并不是君主制度。

鲁: 您理解的民主制度又是什么呢?

韦: 在民主制度下,人民选择自己的领袖并寄予信任。后来被选出的人却说:"现在收拾起你们的民主制,听我的!"人民和党派就再也没有插嘴的权利了。

鲁: 我喜欢的就是这样的民主制。

韦: 以后人民会作出判断的。如果领袖犯错误,他应该被吊死。

(《马克斯·韦伯,生动的形象》,玛丽安妮·韦伯著,图宾根,莫尔出版社 1926 年出版,第 664—665 页。)

[22] 《马克斯·韦伯和德国政治》,图宾根,1959 年。

[23] 《欧洲的社会学档案》,第五卷,1964 年 2 月,第 190—238 页。

[24] 这些引文摘自 1918 年 6 月 13 日在维也纳向奥匈帝国的官员作的一次报告;后在《当代社会学和社会政治学论文全集》及 E·鲍姆加腾著《马克斯·韦伯的著作及其为人》(图宾根,1964 年,第 243—270 页)两书中被再次引用。

结　　论

埃米尔·涂尔干、维尔弗雷多·帕累托和马克斯·韦伯是属于同一历史时期的三个不同国家的社会学家。他们学识形成的途径各异，但都曾致力于同一学科的发展。

上述几点情况使人们提出以下几个可以把他们三人的思想和著作进行比较的问题：确定他们各自的社会学学说的个人的民族的因素是什么？这三位学者所处的历史背景是怎样的？他们对自己生活在其中的环境有些什么相似的或不同的解释？他们那一代人对社会学的发展作出了什么贡献？

这三位作者的风格是各不相同的。涂尔干是武断的，帕累托是讥讽的，韦伯是伤感的。涂尔干要证明的是科学和道德的真理；帕累托设想的是不完整的、暂时的科学体系。尽管他的愿望是使之具有客观性，但他设想的科学体系往往对人道主义者的幻想和革命者的理想采取嘲弄讥讽的态度，最后转而揭露狡诈的人和头脑简单的人，狂暴的人和豪富的人。马克斯·韦伯则致力于探索生活的意义，不管是个人的还是集体的，不管是命中注定的还是自己选择的。他既不掩盖社会需要的作用，也不回避采取科学上不可能证明其正确性的措施的不可抗拒的责任。他们三人不同的个性和不同的国内环境决定了他们不同的风格。

涂尔干是法国哲学教师学衔获得者。他的写作风格至少从表面上来看是受到他写过的大量论文的影响。论文是法国的高等学校为了对付知识分子的名利欲而设置的重重障碍。这位第三共和国时期的大学教授怀着预言家的激情相信科学，相信科学的伦理价值。他是，或者说想决心成为既是科学家又是改革家，既是社会现象的观察者又是某种伦理学说的创造者。这样的结合在我们今天看来似乎十分奇特，但在本世纪初，

555

在对科学的信仰犹如对待宗教一样的时代，则并不如此。这种信仰和科学结合的最强烈的表现形式是社会的概念。在涂尔干的社会学中，社会概念是解释的根本依据，是最高价值的源泉，是某种崇拜的对象。涂尔干是一个法国籍犹太人，是一位探索法国的传统问题，即宗教和国家的矛盾，或宗教道德和世俗道德矛盾的大学教授。对于他来说，社会学是伦理学的基础。社会学阐述的社会把尊重个人、尊重个人判断的自主性视为现代社会的最高准则。这种想在新的科学里寻求既是社会学的，又是理性主义的世俗道德的基础的尝试具有一个历史时期的特征。

现在，话题从涂尔干转到了帕累托。这样，我们就撇开了一位毕业于高等师范学校的哲学教师职衔获得者，看到的是一位不抱幻想的意大利贵族，一位反对一切形而上学的工程师，一位不带偏见的观察家。他的风格不再是伦理学教授的风格，而是对平民百姓不是没有一点同情心的、有教养的、高雅的贵族风格。这位学者完全不是纯科学主义者。他用讥讽的眼光观察那些试图创立某种科学伦理的教授们，譬如涂尔干。他常常喜欢这样说："如果你知道科学是什么的话，你就会明白不可能从科学中演绎出什么伦理来。如果你知道人是什么的话，你也就会明白人并不需要什么科学上的理由来表示赞同某种伦理。人有足够的聪明才智足以想象出在他看来是有说服力的理由来附和实际上与科学和逻辑毫不相干的准则。"

帕累托之属于意大利文化犹如涂尔干之属于法兰西文化。他明确地站在以伟大的马基雅弗利为首的政治思想家行列中。对于统治者和被统治者的二元性的坚决主张和对杰出人物的作用和群众的盲目的冷漠甚至厌恶的评论，形成了一种除了马基雅弗利以外还有圭契阿迪尼和莫斯卡等人加以发扬光大的、具有意大利传统特征的政治命题为中心的社会学。但是，也不应过分夸大国内环境的作用。对帕累托有影响的学者还有法国人乔治·索列尔。法国有许多属于马基雅弗利派的学者。意大利在帕累托的时代也有不少理性主义作家和坚信存在某种既是科学又是伦理基础的社会学的科学家。帕累托由于他是马基雅弗利派的学者，因此在我们看来本质上是属于意大利的。但我是不是受某种法国偏见的影响呢？实际上，以涂尔干和帕累托为代表的两种思潮同样都在法国和意大利流行过。有些法国思想家也把帕累托非常精湛地运用的社会学批判应用到批判人道主义者的幻想和革命者的理想上去。

马克斯·韦伯则肯定是属于德国的。要理解他的思想就必须理解德国知识界所处的历史背景。韦伯接受的是历史学派的教育。他从历史理想主义出发试图从中得出某种客观的社会科学的概念，它应该是能够提出证据并被证明的，是能够理解社会现实、完全有别于精神上或历史上的形而上学的。

他和涂尔干不同，受的不是哲学家的教育而是法学家、经济学家的教育。他的思想的许多方面起源于这种双重教育。例如在他强调主观意义的概念时，在他宣称社会学家要掌握的正是行为人赋予他的行为，他决心做和决心不做的事情的意义时，他受的就是他的法学家的思维方式的影响。因此不难区别这位法学教授对法律条文所作的客观的解释和这些条文的主观意义，即执法者对这些条文所作的解释。这种区别使人们能够理解法律条文对个人行为所起的作用。韦伯在许多关于认识论的著作中致力于严格地辨别法律的不同解释方式，目的是提醒人们记住社会学家关注的是法律的主观意义，即法律的真正的实质，就像人们认为的那样，就像它程度不同地影响人们的行为那样。同样，他的经济学家的经验促使他对使行为理性化的经济理论和人们处在其中的、常常是不一致的具体经济现实之间的关系进行思考。

韦伯的思想源于法学家和经济学家的经验，他的思想特别受到宗教的忧伤感情和科学的严格要求的矛盾所造成的内心痛苦的影响。我在本书第二部分的序言里曾经指出这三位作者的中心课题是科学与宗教的关系。涂尔干认为，科学既能使人理解宗教，也能使人设想新的宗教的出现。帕累托则认为信教的倾向是永恒的，剩遗物不会改变，不管它们的派生物多么的形形色色，新的宗教也会充分发展起来。韦伯则以伤感的目光注视着理性化的社会和对宗教信仰的需要的矛盾。"世界的幻想破灭了"。在这个为科学所揭示、被技术所操纵的自然界里，再没有昔日的宗教柔情的位置了。因此宗教信仰只能隐藏在人们的意识深处。人被一分为二；一方面从事越来越理性化和局部化的职业活动，另一方面向往全面了解世界、向往最终的可靠性。

韦伯还对科学和行为的矛盾，对作为教授同时又作为政治家的矛盾深感忧伤。他属于在政治上失意、只限于从事教学和科学工作的社会学家的行列。此外，他在政治上硬把相互很不适应的选择凑合在一起。他热爱个人自由，并认为没有最低限度的人权就无法生活，但也经常想到国家的强盛。在第一次世界大战时期，他曾经梦想他的祖国能上升到世界政治大国的地位。虽然他有时也激烈地反对威廉二世皇帝，但他始终是帝国制度的拥护者。

热爱自由而又念念不忘德意志帝国的强盛，反对威廉二世而又忠于帝国制度，这种矛盾的立场使他产生了用议会制改革帝国宪法的想法。用这种倒退将近半个世纪的想法来解决他自己提出的问题，这在我们看来真是十分可笑的。

涂尔干是在师范学校里讲授的伦理学的奠基人。帕累托是一切空想理论的讽刺批评家。韦伯是主张对德国宪法作议会制度改革的鼓动家。这三位作者确实是属于欧洲三个不同国家的。

当大战爆发时，涂尔干是一位热情的爱国主义者。他痛苦但又勇敢地忍受着他的独子阵亡的悲哀，忍受着在议会讲坛上受到谩骂的耻辱。马克斯·韦伯是一位同样热情的德国爱国主义者。他们两人都写过探讨世界大战起因的文章，但我认为那些文章没有为他们的科学成就增添什么光彩。他们都是学者，但同时也是他们国家的公民。帕累托仍旧忠于帕累托他自己，仍旧是一位喜欢冷嘲热讽的观察家，一位出色的先知。他认为能够使大战结束并建立稳定的和平的惟一希望是妥协。[1]

我们可以说这三位社会学家都曾以自己独特的风格对1914至1918年的大战作出反应。但事实却是涂尔干在他的社会学著作中并没有与众不同地预先对战争作出任何反应。他认为如果国家还具有一些军事职能的话，这些职能也只是正在消亡中的过去的残余而已。当这种残余在1914

年表现出未曾预料或不可预料的猛烈程度时，涂尔干就不再是一位受孔德熏陶的乐观主义的教授了，而是一个普通的公民。他和所有的法国人，不论是知识分子还是非知识分子，有着共同的感情和共同的希望。

而韦伯则认为阶级、社会准则和民族冲突是永恒的，不可克服的。战争并没有使他在描绘世界时在思想上产生混乱。他不认为现代社会从本质上讲是和平的。他把暴力看作是与历史和社会的正常秩序相适应的。虽然他反对殊死的潜艇战，反对梦想大量并吞别国领土的大日耳曼主义，他却是一个"打到底主义者"。毫无疑问，如果涂尔干不是死在胜利到来之前，他一定也是这样的。

我们还可以根据这三位作者对他们所处的社会的解释来对他们进行比较。

涂尔干认为，社会问题本质上就是道德问题；当代社会的危机是作为社会结构基础的道德的危机。涂尔干这样提出问题使他不同于帕累托和韦伯。人们可以根据社会学赋予社会斗争的意义来对大部分社会学家进行分类。涂尔干和奥古斯特·孔德一样认为社会从它的性质来讲是在"协调一致"基础上建立起来的一个统一体；冲突既不是历史运动的原动力，也不是共同生活的必然产物，而是某种弊病或错误的象征。现代社会的特征是对经济活动的压倒一切的关注，是职务和人的极端的差异化，是"协调一致"这一社会基础的分崩离析的危险；没有"协调一致"也就不可能有什么社会秩序。

涂尔干害怕社会混乱，也即害怕"协调一致"这一基础的瓦解，因为这是现代社会的最大威胁。但是他相信我们时代的神圣准则是人的尊严、个人的自由和独立的批判性判断。因此他的思想具有两重性，他认为对事物有可能提出两种互相矛盾的解释。

我可以按照柏格森的方法用一句话来归纳涂尔干的基本观点，那就是，在涂尔干看来，现代社会的特征是集体规定每个人应尽的责任，每个人应该是每个人自己，在发展独立的个性的同时履行自己的社会职责；社会本身则提出个人自主的价值。

这种观点是十分荒谬的。既然独立的个性的价值基础是社会的绝对需要，那么从社会生活中产生的宗教反过来攻击个人主义的准则，并以重建"协调一致"原则为名，强制每个人不应该是每个人自己而应该服从集体，那又意味着什么呢？如果说，按照涂尔干思想的实质，道德上和宗教上的责任和信仰，其原则和目标是社会，那么涂尔干也属于像博纳尔那样的思想家；他们从事实上和法律上把集体置于个人之上。如果相反，人们坚持我们这个时代的最高准则是个人主义和理性主义，那么涂尔干可以说是启蒙时期哲学的继承人了。

真实的涂尔干当然不符合上述两种解释中的任何一种，而是两者的结合。涂尔干思想的中心问题从本质上讲也就是奥古斯特·孔德的问题，是想把理性主义的准则建于社会的绝对需要之上的有理性主义思想的思想家们的问题。

要确定帕累托和韦伯在他们的时代和在我们的时代属于哪一类人物要比确定涂尔干容易得多。只要把他们和马克思相比较并进行分析就可以了。他们也许没有从这位思想家的著作中直接汲取什么东西，但他们确实曾大量阅读过并批判过马克思的著作。

帕累托曾多次提到过马克思的著作。帕累托思想可以被视为是对马克思主义的批判。在《社会主义制度》一书中，帕累托对《资本论》，尤其是对价值—劳动和剥削理论从经济学的角度进行过深刻的批判。简言之，帕累托属于洛桑学派，研究过瓦尔拉的著作，他发展了一种由个人选择决定的平衡学说并把价值—劳动这一概念视为形而上学的和完全过时的东西。他认为马克思对剩余价值和剥削的所有论证都是毫无科学价值的。此外，他认为收入不平等在一切社会里几乎都永远存在；在他看来，各种各样凭经验获得的资料都表明分配曲线的数学公式永远是相同的，由于社会主义革命而使收入的分配得到修改的机会极少。此外，帕累托作为卓越的经济学家他断言说，不管是什么制度，经济核算是必不可少的；因此，资本主义经济的许多特点在社会主义型的革命之后还会继续存在。在我们这个时代，如果没有合理的生产组织，也就是说，如果不服从经济核算的需要，就没有有效的经济。[2]

从这一观点出发，帕累托以私有财产和自由竞争制度的有效性来为这种制度辩解。竞争在一定程度上可以说是一种选择的形式。帕累托认为，经济竞争和社会斗争与达尔文主义关于动物界的生存竞争是相似的。被马克思主义者称为资本主义无政府状态的经济竞争实际上是一种对经济发展相当有益的选择形式。帕累托并不是武断的自由主义者。许多在纯经济方面应当受谴责的措施有可能通过社会学的手段间接地产生令人满意的结果。例如某项从人道观点上来看是不公正的，从经济观点上来看也是应该受谴责的措施可以给投机分子带来巨额利润，但是如果所获的利润投资到有利于集体的企业，那么这项措施也可能是有益的。

归根到底，针对马克思对资本主义的批判，帕累托反驳说，马克思主义揭示的某些因素在任何制度都存在；经济核算与现代的理性经济有着内在的联系；不存在对工人的全面剥削，因为工资有限定在边际劳动生产率的水平上的趋势；有关剩余价值的概念是没有意义的。

马克斯·韦伯对马克思主义理论的批判，其笔调也相似。但批判的重点不是放在经济核算在各种制度下的重要性上，而是放在长期存在的官僚主义和长期存在的组织与权力的现象上。帕累托认为，总的来看，竞争和私有财产是最有利于财富增长的经济体制；官僚主义的发展，国家社会主义的扩张，行政当局征收所得税以肥自己或以利于庸碌之辈都极有可能导致整个经济的衰退。韦伯指出理性组织和官僚主义组成了现代社会实际存在的结构；即使向社会主义过渡，这些特征也远不会减弱而只会加强。生产资料集体化的社会主义经济将会强化韦伯认为对维护人类道德准则非常危险的种种特征。[3]

帕累托和韦伯驳斥马克思对资本主义经济的批判，认为这种批判是没有科学根据的。他们两人都不否认在资本主义制度下，存在着一个获取重大份额的收入和财富的特权阶级。他们都不断言资本主义制度是完全公正的或惟一可行的制度。不仅如此，他们两人还都倾向于相信资本

561

主义制度将向社会主义方向演变。但他们拒绝接受剩余价值和剥削的理论，并且否认社会主义经济与资本主义经济在组织生产和分配收入上有根本的区别。

帕累托和韦伯对马克思思想的批判还不止这些，他们还把马克思主义心理学和对历史的解释暗含的或者说至少是明显的理性主义作为批判的对象。

当帕累托嘲笑革命者，尤其是马克思主义者的理想时，他那讽刺性的批判首先完全是经济方面的。他指出社会主义的经济由于自身的许多缺陷与资本主义经济十分相似，此外，它还有很多不是资本主义经济所有的缺陷。一种以生产资料集体所有制为基础的、市场机制不起作用的、没有竞争的经济是官僚主义的经济。劳动者在这种体制下必须服从一种至少与资本主义企业的纪律类似的、具有压迫性的专制纪律；从财富增长的观点来看，这种经济的效率要低得多。

他的第二种批判方式是在论述革命者的理想时，不是把它作为对实际上观察到并感受到的社会危机的某种理性的反应，而是把它视为长久存在的某种剩遗物或梦幻的表现。照马克思主义的流行说法，资本主义的种种矛盾促使无产者组织成阶级，无产者要完成历史利益赋予的使命。马克思描绘的远景，从世界史的观点来看，是合乎情理的；他还提出某种理性的心理学理论。按照这种理论，人或人群的行为是受他们的利益支配的。乐观主义实质上是一种认为人既是自私的又是明智的心理学。对人的行为所作的这种解释通常被称为是唯物主义的或犬儒主义的解释。多么荒诞的错觉！如果人能认识自己的利益并按照自己的利益去行动，那么社会生活就会容易得多。正像那位名叫希特勒的高明的心理学家所说的那样，在各种利益之间，妥协总是可能的；但在各种世界观之间，则决不可能。

帕累托，在一定程度上还有韦伯，对马克思的这种理性主义观点反驳说，社会运动，包括社会主义运动，根本不受集体利益意识的启发，也不是历史利益的产物，而是像人类本身一样持久的感情或宗教上的需要的表现。

　　马克斯·韦伯有时把他的宗教社会学称为"对历史唯物主义的经验论的批判"。他的学说实际上是阐明某些集体对经济生活的态度可以由宗教观念来决定。宗教观念则不一定都由经济态度所决定，反之也一样。

　　帕累托认为，如果人们的行为合乎逻辑，他们实际上是受追求利益和权力的欲望所支配；集团之间的斗争也可以用纯理性的术语来解释。但实际上推动人们行动的是相对长久地存在的各种剩遗物。历史不会朝人类和解的最终结局演变，而是服从于相互依赖的循环规律。一种剩遗物或另一种剩遗物力量的起伏变化形成各个历史阶段，人们无法预料其最终结局，也不能设想会有最终的稳定。

　　帕累托和韦伯都不否认马克思作出的贡献。帕累托曾这样写道："马克思著作中的社会学部分，从科学的观点来看大大优于其经济学部分。"（《社会主义制度》第二卷第386页。）阶级斗争在许多世纪的编年史中都占有很大的篇幅，是所有已知社会的主要社会现象之一。"为生存或幸福而斗争是所有生物的一种普遍现象。我们所知道的关于斗争的一切方面使我们认识斗争是使种族得以存在并改良的最强有力的因素之一。"（同上引书第455页。）由此可见，帕累托承认阶级斗争，但他对阶级斗争的解释不同于马克思。一方面社会并不倾向于只分成两个阶级，只分成生产资料所有者阶级和被剥削的群众。"阶级斗争变得复杂化，分得更细，远不只是两个阶级之间的简单的斗争。有产者之间的分化与无产者之间的分化一样在激烈起来。"（同上引书第420页。）社会的和经济的集团有许许多多。另一方面，帕累托是用二元论方法描述社会的，在这种情况下社会建立的基础是统治者和被统治者之间，杰出人物和群众之间的对抗；而是不是属于杰出人物不一定是由占有生产手段与否决定的。由于基本的二元是统治者和被统治者，因而阶级斗争是永恒的，即使在无剥削的社会里也会继续存在。如果像马克思那样认为阶级斗争的根源是生产手段的私有制，那么就有可能设想一个没有私有财产，从而没有剥削的社会。但是如果社会冲突的最终根源是少数人拥有统治多数人的权力，那么社会的异质性就是不可克服的了；建立一个没有阶级的社会的希望纯粹是假宗教的神话。总之，帕累托倾向于主要用阶级的心理状态来确定各阶级的特点。精英阶层可能是凶恶的或狡猾的，是由好斗的人或富豪组成的，他们中间暴发户或吃租金者成群，像狮子也像狐狸。所有这些描述方式都倾向于赋予阶级，特别是统治阶级以一种心理上的特点而不是严格社会学上的特点。

韦伯关于社会的思想是戏剧性的而不是讥讽性的，他也承认阶级斗争的实在性和重要性，因而，从某种意义上说，他也承认马克思留下的遗产和作为《共产党宣言》基点的社会学评论方面的价值。"任何肩负推动自己祖国政治车轮前进责任的人都应该具有坚强的神经而不应过于感情冲动而搞不了世俗政治。任何搞世俗政治的人都应首先不抱幻想并承认在这个世界上存在着人与人之间永恒的不可避免的斗争这个基本事实。"（《国家社会党全国代表大会会议记录》，爱尔福特，1896 年。这段话是朱利安·弗罗因德引用的，载于《科学理论论文序言》，第 15页。）韦伯不甚露骨地重述帕累托的论点，他提醒人们，在集体所有制和计划化的制度下，少数人拥有巨大的政治和经济权力。只有对人的本性无限信任才有可能使人们希望这部分少数人不滥用其权势。收入分配方面的不公平和特权在私有财产和资本主义竞争消失了后还将继续存在。更有甚者，在社会主义社会里，爬上社会顶峰的将是那些在阴暗的、鲜为人知的，当然并不比经济竞争更令人愉快的官场竞争中最最狡猾的人。从人的观点来讲，官场里的竞争甚至比在资本主义社会集体组织的缝隙里残存的准个人主义竞争还要糟糕。

为了使现代社会稳定化并有道德，涂尔干设想并提倡重建行会。帕累托并不以为自己有权提出改革的建议，但宣称时间虽不能预料，官僚主义必将凝聚，强硬的杰出人物将取代财阀寡头政治的老狐狸。韦伯则悲观地预言官僚组织机构将会不断地扩展。

在这三位作者中，我认为思维最不受客观事实影响的是涂尔干。他设想的在道德上有权威的中间性组织，即行会在任何现代经济的国家里都没能得到发展。现代经济国家今天已分化成两种制度。但行会组织在苏维埃俄国和西方国家都没有它们的位置；在苏联，那是因为党和国家的混合体便是一切权威和道德的基础；在西方国家，那是因为需要有特别敏锐的眼光才能在工资收入者或企业家的行业组织中看出为人们所接受或被承认的道德权威的极为微弱的痕迹。相反，帕累托正确地预料到强硬的杰出人物将会掌权；韦伯也正确地预言官僚政治将会扩展。如果说这两种现象并不能代表现代社会的全部现实，那么它们两者的混合肯定是我们时代的特点了。

总之，他们三人对科学的社会学的发展所作的贡献既不同又一致。他们从同一历史背景出发考虑科学和宗教的关系这一命题，并致力于从社会的角度来解释宗教，又从宗教的角度来解释社会。社会的人也是宗教的人，各种宗教的信徒都是社会的成员。他们对上述问题极为关注说明他们把社会学当作一门科学，为它的发展作出了贡献。帕累托和韦伯是明确地，涂尔干则是暗示地提出社会学这门社会行为科学的概念的。作为社会的人和宗教的人是社会准则和制度的创造者，社会学的目标是掌握这些社会准则和社会制度的结构，也就是要掌握社会行为的结构。马克斯·韦伯认为社会学是理解人类行为的科学。如果说在《普通社会学》一书中不能一字不差地找到这个定义的话，那么在帕累托的著作里却有类似的说法，涂尔干给社会学下的定义也无甚区别。

这样构思的社会学排除了折中的解释，不认为人们可以根据传统或环境的原因来解释社会行为。人会行动做事、会确定目标，会想出各种办法，会适应环境，也会从社会的价值体系中得到启示。以上所述的每一项都是为了理解行为的某一个方面，都涉及社会行为结构的某一个因素。

最简单的说法是关于手段和目的的关系的说法。帕累托把行为这一个方面作为逻辑行为定义的中心。韦伯则把它置于有目的的理性行为这一概念之中。对手段和目的的关系进行分析，会直接促使人们提出下列关于社会学的基本问题：目的是怎样确定的？什么是行为的动机？这样的分析使人们在理解人的行为时钻了牛角尖：人的行为的要素是手段和目的的关系、行为的动机、人类据以行动的价值体系，还可以加上行为者与之适应的并据以确定其目的的环境。

T·帕森斯在他的第一部重要著作《社会行为的结构》一书里研究了帕累托、涂尔干和韦伯的著作，把他们的著作看作是对作为社会学基础的社会行为理论的贡献。社会学，即人类行为科学，既是理解性的，又是解释性的。说它是理解性的，那是因为它指出个人或集体的行为所暗含的逻辑性或合理性；说它是解释性的，那是因为它确定行为的规律性并把部分行为纳入使其具有一定的意义整体之中。按照帕森斯的观点，帕累托、涂尔干和韦伯三人的观念虽各有不同，但是都为社会行为结构的共同理论提供了资料。这一理解性的理论重述了三位作者著作中有价值的内容，当然这个理论也是帕森斯自己的理论。

涂尔干、帕累托和韦伯是提出历史社会学学说的最后几位伟大的社会学家，也就是说他们提出了同时包括对人的行为进行微观分析，对现代社会作出解释并对历史的发展提出长远的看法等内容的全面综合。社会学的这些不同的组成部分汇集在第一代(1830—1870年)社会学家，即孔德、马克思和托克维尔的学说之中，也或多或少地集中在第二代(1890—1920年)的社会学家的学说之中，今天却已分崩离析。因此，为了研究当代的社会学，必须分析社会行为的抽象理论，重新找出社会学家运用的基本概念并观察各个领域里凭经验进行的研究的发展。西方的经验论社会学家拒不接受对现时所作的历史解释，理由是这类解释超越科学上的可能性。在东方，对历史的解释先于一切研究工作，是以早期某一学说的残余为基础的。这一早期学说由于历史的利益而被狡诈地改变为国家的正统观念。

但东欧的马克思主义者接受了经验主义的研究。在西方，这类研究也许暗含有对现代社会的某种解释。

本书即将结束，但我们又回到了本书的序言上来了。如果像我这样年纪的人蔑视鬼神不算轻率的话，我将乐意地宣告我还要写一本书，作为本书的续编。

注释

[1]　涂尔干写过两部关于第一次世界大战的作品：《德国至上：德国的中立和战争》和《谁要战争？从外交文件看战争的根源》，1915年，阿尔芒·科兰出版社出版。

同年，1915年，他的独子在希腊萨洛尼卡前线阵亡。他的儿子死后不久，一位参议员在议会讲坛上要求负责检查外国人居留许可证的委员会复查这位"外裔法国人，巴黎大学的教授，无疑也是，至少有人认为是代表德国军部的人"的案件（转引自 J·迪维尼奥所著《涂尔干》一书第11页，巴黎法国大学出版社1965年出版）。

韦伯所写关于1914至1918年大战的著作收在《政治论文全集》（图宾根，穆尔出版社1958年第二版）；尤其可参阅1919年的两篇文章：《论战争罪责》和《责任问题的调查》。

帕累托在他的《普通社会学》一书中避而不谈正在进行的战争。该书的意大利文版在1916年出版。但战争一结束，他就在《事实与理论》（佛罗伦萨，瓦莱基出版社1920年出版）一书中对战争进行了分析。战前他曾以为如果战争爆发，德国将能获胜。他本能地喜欢德意志帝国甚于财阀统治的法国和意大利，并且一直反对他的同胞和朋友们（如潘塔莱奥尼）中大多数人的爱国热情。但在协约国胜利时，他也极为欢欣。在他对意大利的感情中存在着许多失望的情绪。在《事实与理论》一书中，他论述了德国在外交上犯的错误。在1915年以后，他多次宣称那次大战不会是最后一次大战，它有孕育另一次大战的危险。

[2]　帕累托认为："任何一个社会主义组织如果想为社会获得最大效益的话，只能从直接改变分配制度入手，把从一部分人身上取走的东西分给另一部分人。生产则必须像自由竞争和资本私人占有制度里的生产那样组织起来。"（《政治经济学教程》第1022节。）为了证明这一论点，帕累托设想一种经济体制，在这种体制里，财产归集体所有，"政

府既管生产也管分配"。(同上引书第 1013—1023 节。)他指出如果某种社会主义体制能在收入受益人的选择上有所作为,这种选择就可以"为提高货币的效用"而作出。"如果政府的愿望是使人民能得到最大效益,那么生产组织应该设计一种根据交换关系,即价格,来进行的经济核算,消费品是这样,各种生产性服务也该这样。"消费品价格的决定是以消费品市场的存在为前提的。"不管政府想制订的分配它所掌握的商品的方案是怎样的,显然,如果它希望它管辖的人能得到最大限度的公平的话,它就必须注意使每个人都能获得他最需要的商品。它不能把近视眼镜分配给需要戴老花眼镜的人;反之也如此。或者它应该允许人民交换分配给他们的东西;或者它自己参与新的一轮的分配,结果都是一样的……如果允许消费品交换,价格就会重新出现。如果国家进行新的分配,那么价格只是换个名称而已,称为进行新的分配的比价。"(同上引书第 1014 节。)确定生产性服务的价格,尤其是确定资本,需要生产单位和管理机构之间进行交换。这类交换可以简便地通过账户进行。基本经济现实和资本主义制度下的实际情况是一样的。"需要把资本分配给不同的生产部门,使商品的数量与需求相适应。在进行这方面的核算时,就会出现某些补充性的数字,那就是在资本私人占有和自由竞争的制度下资本提供的服务的价格。为了明确这种核算的方式,可以设想把政府的生产部划分成两个局:一个局主管资本,另一个局出售资本服务。确定了的资本服务的价格,应当使第二个局不得不十分珍惜它所获得的稀少而又珍贵的资本,使其发挥最大的效益。用数学进行核算可以证明能满足上述要求的价格正是资本私人占有和自由竞争的制度下形成的价格。这些价格只用于生产部内部的会计核算。第二个局起的主要是企业家的作用,它把资本服务转化为产品。"(同上引书第 1017 节。)因此,帕累托认为有着良好的管理和组织以取得最高经济效益的社会主义经济,在本质上与资本主义经济没有什么两样。和资本主义经济一样,社会主义经济也只能建立在交换和经济核算的基础上。为了证明不同制度的基本经济问题的同一性以及经济组织的亲缘关系,帕累托指出(他是第一个这样做的经济学家)社会主义制度有可能运转，也就是说，如果存在市场或者别的什么可以代替市场的东西的话，那么私有制对经济核算来说并不是先验地必不可少的。帕累托的这些论点后来又为 E·巴罗纳所发展，成为 O·兰奇、F·泰勒、H·D·迪金森、A·P·勒纳等经济学家反驳 F·A·冯·哈耶克、L·鲁宾斯、L·冯·米泽斯和 N·G·皮尔森批判在社会主义制度下不可能进行经济核算的论点的基础。兰奇—泰勒学派认为，社会主义经济如果保留消费市场和议定工资的自由的话，就会比资本主义制度更合理、更接近于由纯粹、完美的竞争产生的理想境界。从某种意义讲，帕累托是第一位拥护社会主义市场经济的经济学家。

但迄今为止，社会主义市场经济学还是一个假设的学科，即使对现在正在南斯拉夫、捷克甚至苏联进行的试验先不妄加评论，我们也可以觉察到，正如彼得·肯特指出的那样："从 O·兰奇到 J·马佐斯基，一大批杰出的经济学家都曾致力于批驳米泽斯关于集体经济里不可能有合理核算的论点。但我们认为，他们中的许多人似乎把自己的任务看得过于容易了一点；他们试图论证组织社会主义经济是可能的。这种可能性或者是借助于市场(泰勒—兰奇的"新社会主义学派")，或者按边际论者的原理进行有组织的核算(多布、马佐斯基)，或者得益于电子时代的模式(库普曼斯)——懂得经济要素的真正价值。那是因为米泽斯本人研究的是不涉及经济要素价值的经济。在已被提出用来反对米泽斯的各种模式是否有生命力还有待证明的时候，实际上存在的计划经济的模式则和米泽斯构思的模式极为相似。"(《中央集权经济的逻辑，一个典型——匈牙利》，巴黎，高等教育出版公司 1964 年出版，第 491 页。)

关于这一问题，请参阅：F·A·冯·哈耶克的《集体主义制度下的统制经济》，巴黎，梅迪西斯出版社，1939 年出版(这部著作除哈耶克的研究论文外，还包括米泽斯于 1920 年写的《集体主义制度下的经济核算》的译文和 E·巴罗纳于 1908 年写的论文《集体主义国家的生产部》的译文)；O·兰奇和 F·M·泰勒写的《论社会主义的经济理论》，纽约，麦格劳·希尔出版社 1964 年出版(这是泰勒于 1929 年写的一篇论文和兰奇于 1937 年写的论文的再版)；L·冯·米泽斯的《社会主义——经济学和社会学研究》，巴黎，梅迪西斯出版社 1938 年出版；P·怀尔斯的《共产主义的政治经济学》，牛津，布莱克韦尔出版社 1962 年出版。

[3] 韦伯关于经济核算方面的论著相当丰富，F·A·冯·哈耶克在关于社会主义制度的可能性问题的发展和性质的研究中曾把韦伯列入最先对社会主义经济的经济核算问题进行过详尽论述的作者的行列。马克斯·韦伯在他于 1921 年出版的重要遗作《经济和社会》一书中，曾专门论述过在混合经济的体制中使决策能够理性化的条件。像 L·冯·米泽斯一样——哈耶克在引用米泽斯 1920 年写的一篇关于在社会主义集体里的经济核算的文章时说他是在自己的研究文章已经付印时才读到米泽斯的文章的——韦伯强调这样一件事实，即计划经济的主要辩护者提出的以实物进行核算不可能合理地解决这种制度的当局需要解决的问题。他特别强调资本的合理运用和保管只有在以交换和使用货币为基础的制度下才有可能。由于在完全社会化的制度中不可能进行合理的经济核算而产生的，可能是相当严重的浪费很可能使今天那些人口最多的国家的居民的生存受到威胁。"人们提不出任何有分量的论据说如果认真探讨一个没有货币的经济制度问题，就能及时地找到某种核算制度。这个问题是所有完全社会化的制度都会遇到的问题。当然在基本点上已经明确但仍不知道用什么方法制订一个'计划'时，不可能侈谈什么合理化计划经济。"(《集体主义制度下的统制经济》，巴黎，梅迪西斯出版社 1939 年出版，第 42—43 页。)

附　　录

英国的鉴赏家： 奥古斯特·孔德
和亚历克西·德·托克维尔

　　首先，我应向你们作点解释。在此地追念亚历克西·德·托克维尔及其对英国的评价是再正常不过的。你们这个学院保存了他致亨利·里夫的信件。1857 年 7 月，英国海军部用它的"轻松号"军舰把《旧制度与革命》的作者送回了法国。丹尼斯·W·布罗根曾经在一篇文章中这样写道："我们英国人对自己的知识分子也没有这样重视过。"我能否再补充一句： 你们曾经至少非常器重两位法国知识分子——孟德斯鸠和托克维尔。的确，在他们自己的国家里，他们是以英国派著称的（我们将会看到，这种说法，至少对托克维尔来说并不完全正确）。

　　实证主义的创始人无疑不属于英国派。当年 J·S·穆勒即使在与他的友谊破裂之后还是那样尊重他，我不能肯定牛津对他是否同样尊重。几年前，应实证主义学会之邀，我的朋友艾赛亚·柏林爵士在伦敦经济学院开设了一个"奥古斯特·孔德纪念讲座"。他不失时机地评价和谴责了历史决定论的空论家。他把奥古斯特·孔德也列入此辈之中。几周前，我有幸在巴黎会晤了贝洛夫教授，他大概这样对我说："我们知道托克维尔关于英国的全部想法，但奥古斯特·孔德是怎样想的，我们却一无所知。"但是，他不是出于强烈的好奇而承认自己的无知的，所以不管你们对此知或不知我都有些担忧。你们有所了解，那就使我不能冒昧向你们授课，而你们不了解的话，那我或许引不起你们的兴趣。

　　近年来，我一直在研究十九世纪的社会学家。这次报告会的主题受到这些研究的启示。今天的社会学家宁愿把上述人士称为前社会学家或古社会学家。法国学派对托克维尔漠然置之，对孔德的启示却忠贞不渝，这使我惊奇。他们两人的对立在代议体制问题上因而也就是在英国问题上更为明显。孔德不仅想用整个社会的科学——社会学来取代政治学或经济学。这个新的科学观念是与一种政治观念互相关联的。这就是他认为议会属于以往的时代，即批判和形而上学的时代。涂尔干也认为代议体制是无关紧要的，可以说是肤浅的。真正重要的是社会，而不是党派间的争斗或民众代表的泛泛议论。相反，透过未来的迷雾，托克维尔看出了两类现代社会。每一类都以一定的政治制度为特征。

随着研究的深入，我的课题也就显得更复杂了。无疑，我刚刚指出的这种对立在我看来依然是确有其事和至关重要的。奥古斯特·孔德说现代社会就是工业社会，而亚历克西·德·托克维尔则说现代社会就是民主社会；他俩一个把统治和管理混为一谈，是技术治国论的鼻祖。他不懂得政治问题的特殊性，在后期的著作中把议会的职能几乎贬作零。另一位首先是关注代议体制所保障的自由，担心管理专制主义，即使是一个符合天国宽容、温和的专制主义。因此，在他们两人的心目中，英国的地位必然是迥然不同的。

但是，一接触细节，这个对立的主线就模糊了。托克维尔和孔德也有共同点，例如他们两人都是 J·S·穆勒的法国信友。我重读了穆勒和这两位法国人的来往信件，慢慢弄清这些信件交往怎样导致他们两人与他关系破裂的。另外，尽管他们对英国的评价极为不同，但他们有一个共同的观念，即英国历史具有非典型的，也就是特殊的性质。同时，诺曼底的贵族和在探索一种宗教的综合工科学校的毕业生之间还有一个相同之处：两个人都有一个思想体系，都是较多地以自己特有的问题或概念而不是从英国本身来考察英国的。如果我能这么说的话，孔德的体系比托克维尔的体系更为系统。尽管如此，我想研究我这个课题的一位英国历史学家将会下结论说："他俩确实都是法国人。"或者像 1843 年 2月 20 日 J·S·穆勒致托克维尔的那封著名的信中所说的那样："您知道我是热爱法国的，但我承认欧洲有一个法国就足够了。"①

奥古斯特·孔德年轻时在综合工科学校就读，是一位自由主义者，从某种意义上说，他直到临终前仍忠于行动党。但是，他特别想克服秩序党和进步党，革命党和反革命党之间的矛盾。1820 年 4 月，他曾在《近代史概观》一文中，用历史进化的一般理论对英国历史作过一番解释。

奥古斯特·孔德强调英法历史上国王、贵族和民选议员三股势力之间关系上的不同。在英国，贵族和下院议员联合起来限制王权；在法国，则是国王和国民议会议员联合起来反对贵族的特权。他写道，在英国应当留神关注的是下院议员的步调，因为这在英国曾经是最为显著的。"下院议员先是在英国议会中，就赋税问题取得了某种咨询权，以后又渐渐取得了审议权，最后，赋税表决权便专由他们来行使了。这项专门权利是作为一项基本原则和 1688 年革命的结果被提出来的，一经提出不得改变。与此同时，民选议员对制订总政策方案的影响也日益增大。在这个时代，这种影响在英国甚至达到了这样的程度：使旧制度原则上承认社会繁荣是以工业为基础的，因而政策方案应当按民选议员的利益来构思。在这两层关系下，制度上的除旧布新已经达到了它所能达到的程度，而社会在整体上依然服从旧制度。"②

因此，民选议员，也就是说工业活动逐渐代替军事活动发展得最早、最生气勃勃的地方是英国。但是奥古斯特·孔德却急于限制这段早熟的历史的意义。赋税表决专有权对民选议员来说，至今都还不太有用。"实质上下议院只是王权和封建制度的附属品，只不过是旧制度的一种工具。"

旧制度只能利用它特有的活动手段，即暴力和欺诈。"自著名的航

---

① 《托克维尔全集》，J·P·梅耶版，第六卷第一篇《英国通信》，第 337—338 页。
② 《实证政治体系》，巴黎，1851 年，第四卷附录，第 30—31 页。

海条例以来，世俗权力就是这样不断地发动战争，制订众多旨在为民选议员利益服务的马基雅弗利式的计划。"因而英国议会制度的建立只是对旧制度的一种修修补补。法国最近才采纳了英国宪法，就已达到了英国的水平。而且，由于这场变革比较迟，因而比较完善。这场变革承认民选议员的利益是议会组合的目的和调节物。"议会制度的过渡性质变得更为明显"。①这是最后一点，也是基本思想所在。换句话说，自1820年以来，议会制和它最好的体现——英国宪法就已被视作旧的神学-军事制度与未来的科学-工业制度之间的一种过渡体制。

《实证哲实教程》第五、六卷中也有相同的解释，不过论述更加充分。奥古斯特·孔德逐个考察了世俗权力和神权的解体，以及新政权的崛起，尽力清理出历史发展的大致轮廓。然而，无论在世俗权力，神权或是两者之间的关系方面，英国的情况都是异乎寻常的。

罗马教廷权力的削弱不可避免地促发了教权的分散。所以，为了在伟大的革命过渡时期中重建某种平衡和防止混乱，封建权力或军事权力的衰落自然就表现为君主集权。旧制度没落的受害者应当是贵族，而不是君王。奥古斯特·孔德从中得出了下述结论："在我们评价的组织普遍解体中，出现的封建解体和以王权为基础的贵族政治权势上升的趋势，是一个十分罕见的例子。英国却是最好的典范。但是，对它的研究今天毕竟是极为重要的，它已使人感到一种盲目的、无理性的、危险的经验主义，这种经验主义试图将欧洲的伟大运动限于划一地移植英国演变特有的过渡制度。英国的演变与几乎所有的欧洲国家特别是法国不同，从中世纪的最后几个世纪起就表现出一种极其重要、十分明显的差异，它必然对日后的整个发展施加明显的影响，与任何枉然的政治模仿均不相容。"②

英国的独特性并不限于贵族优于君主政体这一点之上，世俗权力在

---

① 《实证政治体系》，巴黎，1851年，第32页。
② 《实证哲学教程》，巴黎，1908年，第五卷，第306页（以后版本同1830年的第一版）。

各种情况下都想把教权聚集在自己的周围。与对议会制的评价一样，对新教的评价同样也是对英国总体意见的一个基本部分。孔德在这个问题上再次强调了英国式演变的暂时的利惠和长远的麻烦。他说："在纯精神的领域中，首先，明显的是考察精神最初的不完整的飞跃，由于它只是部分地满足了人类的理性，因而随之必然会延缓人类理性的全面解放，直接迎合了我们引以为荣的智力中天生的惰性，对凡夫俗子说来尤其如此……因此，信奉新教的民族虽然以各种方式在社会进步中走到了依然信奉天主教的民族的前面。但尔后，它们革命运动的最终发展实质上还是落在后面的，尽管表面现象上不尽相同。"①奥古斯特·孔德还说，法国提供了最好的实例：新教的种子已在法国深深扎根，虽然没有"在法律上达到应有的高度"，但足以推动精神解放。在奥古斯特·孔德眼中甚至南特赦令的撤消（不管对政治、尤其是对工业进步带来什么样的后果）似乎也不包含着什么"实质性的危险"。

最后，"尽管我们平庸的政论家具有典型的崇英狂"，奥古斯特·孔德还是毫不犹豫地"强调了正常的法国模式对例外的英国模式的优越性，无论是在旧的社会制度的彻底崩溃，还是在随之而来的全面改组方面都要优越"。②清除一位国王或君主制要比清除贵族方便得多。法国在铲除种姓或等级制度方面要比英国彻底得多。新教的形而上学一旦不再与政府作对，就绝对不会敌视种姓精神。（奥古斯特·孔德指责它允许妇女担任王室甚至采邑的职务。）在第六卷中，③奥古斯特·孔德断定法国式的世俗专政（即君主政体的优越地位）也应更有利于抽象思维，承认"对科学和艺术来说另一种姓制度由于具有小小的鼓励和不那么单调的指导会更有利于禀赋的自发性和作品的独创性"。

孔德对英国体制的解释，在他自己认为离题的《实证哲学教程》第

---

① 《实证哲学教程》，巴黎，1908 年，第五卷，第 318 页。
② 同上，第 320 页。
③ 同上，第六卷，第 136 和 183 页。

六卷的一个章节中也许表达得最独特、最具体。这一章节比较了威尼斯和英国，总之一句话，结论是：英国就是现代的威尼斯。"威尼斯制度在十四世纪末充分显示了其特征。在任何方面都构成了与三个世纪后最终定型的整个英国政府最相似的政治制度。这种不可避免的相似性显然源自社会向有贵族因素的世俗专政发展的相同的基本倾向……这两个制度都是过渡性的（后者形成于政治解体更为深刻的时代，它肯定不能奢望与前者有同样长的寿命），它们的相同命运所提供的惟一关键性的差别在于，威尼斯的独立自然应当在它的特殊的政府必然衰落时消失，而英国的民族性在临时政体不可避免地散架时却会幸运地完整无缺地存在下去……尽管事后人们就各项权力之间空想的平衡设想过各种形而上学的徒劳无益的理论，但贵族因素自发的优势在英国和威尼斯都不能不提供这样一种政治机制的普遍原则，它的实际活动肯定是与这种想入非非的平衡不相容的……"在英国制度的这一基本条件之外，奥古斯特·孔德又加上了两条："第一条在于建立英国新教的体制，以更好地确保教权经常处于从属地位，而威尼斯特有的天主教体制却未能做到这一点。因此，新教体制应为处于领导地位的贵族提供强有力的手段，使他们要么得以不断夺取教会的巨大权益，延缓内部衰退，要么给贵族在民众中的影响涂上一种神圣色彩以巩固这种影响，不过这种神圣色彩不可避免地在衰落着。英国制度的第二项补充条件，与英国绝无仅有的政治孤立精神有关。这种精神使一种广泛的民族利己主义体能在那里活跃地发展起来，尤其是在现代的第三个阶段。它自然有助于把各阶级的基本利益与贵族政治的持续紧紧地联系在一起。从此，除非不能再充分满足下层群众，贵族就被视作共同繁荣的一种永恒保证。"①

奥古斯特·孔德应当被视作反崇英派中最严谨、最系统的理论家，这一派，在法国谴责模仿英国体制的枉然企图，指责这样做在哲学上是错误的，在政治上是致命的（这里我用奥古斯特·孔德的风格来表述自己

---

① 《实证哲学教程》，巴黎，1908 年，第六卷，第 193—194 页。

的思想）。因此，我觉得，注意一下属于孔德个人的东西和属于整个反崇英派的东西，对于思想史来说是有好处的。

纯属孔德的东西，首先是独断论，如果我可以说的话还有天主教（当然没有上帝）。孔德的独断论随着年岁的增加已经僵化，但在他年轻时的著作中就已明确无误地显示了出来。例如，在 1819 年的《舆论与希望的普遍分离》①这本小册子中，他写道："当未来政治成为一门实证科学时，公众在政治上就应当并且必然会信任政论家，正如今天他们在天文学上信任天文学家，在医学上信任医生等一样。区别则在于只需向公众指出工作的目的和方向。"在 1826 年 3 月出版的第五本小册子《论教权》中，我们可以看到这样一段文字："独断论是人类智力的正常状态，就其本性来说人类智力不断以各种方式追求的就是这种状态，甚至在似乎离它最远的时候也是如此。因为怀疑论只不过是一种危机状态。人类精神必须变换学说时都会出现智力的空白。怀疑论便是它不可避免的结果……人和人类都不是注定要在思维贫瘠的运动中不停地论述他们应当保持的举止来消耗生命。就本质来说整个人类都应当进行活动，只有数量极少的人天生是主要来沉思的。"②最后，他在 1822 年 5 月出版的第三本小册子——题为《重组社会所需的科学工作的计划》——中说："在天文学、物理学、化学和生理学中没有意识的自由。在这个意义上，每个人都会认为，不相信由权威人士制订的科学原则是荒谬的。如果说在政治上情况有所不同，这是因为旧原则已被废黜，新原则尚未形成。因此确切地说，在这个空当里是没有什么既定的原则的。"③

在这层意义上，如果大部分人不能理解的政治应当成为一门像天文学、物理学的真理那样令人信服的实证学说，那么，自由研究的学说就只能具有过渡的价值。在奥古斯特·孔德的眼中，新教就是这种学说的

---

① 《实证政治体系》，第四卷附录，第 3 页。
② 同上，第 203 页。
③ 同上，第 53 页。

最好的表现。反新教论，我说的是对以一种真正的、最终的宗教自诩的新教的敌视，它必然是从实证主义的独断论中产生出来的。

的确，实证主义也是反神学的，因而是反天主教的。J·S·穆勒之所以曾经受到实证主义的吸引，就是因为实证主义主张在一切领域中引进科学的精神和方法。但是孔德设想的社会科学在他的同代人看来似乎不太科学。我们只提一下他特别强调的两个思想：把计算最终用于政治现象的不可能性，以及从一般到特殊或从整体到局部的过程。另外，奥古斯特·孔德还赋予这门学科以一种今天谁也不会承认的确定性和意义。他主张根据生理学的法则来确定最符合人类本性的文明状态，[①]他断言："体制和学说应当被看作是与各个时代现存的文明状态所容存的状态同样至善至美的。"[②]他乐意承认实证政治的精神与乐观主义著名的神学和形而上学的信条之间有着某种亲缘关系。[③]简言之，既然实证主义否认任何超验的信仰，那么，尽管它在一层意义上是敌视一切形式的基督教、天主教和新教的。但归根到底，它敌视后者甚于前者，至少在涉及人类终极状态时是这样的。新教在击败旧的教权中起着必不可少的作用，但在使它自己永存下去的时候造成了无政府状态，因为科学的真理应当成为实证主义制度的基础，就像宗教的真理构成神学-尚武制度的基础一样。实证主义与新教虽然暂时结了盟，但却是在寻求一种新的天主教。

独断论是实证主义与天主教结盟的原因之一。普遍主义的愿望则是另一原因。教皇权力的失势必然要引出改革。但是一个民族的教会，如英国圣公会，它是传统和改革不纯的混合物，则为孔德所深恶痛绝。孔德崇拜J·德·梅斯特尔，特别崇拜他的著作《论教皇》。社会的改组应当有助于人类，至少是人类的先锋——欧洲人或白种人的统一。因此，

① 《实证政治体系》，第四卷附录，第127页。
② 同上，第115页。
③ 同上，第116页。

英国国教有着双重的缺陷： 形而上学的缺陷（即错误地把纯粹批判的原则看成是有机的原则）和民族主义的缺陷（即不承认教权的普遍主义的禀性）。

在那些或多或少受到奥古斯特·孔德影响的反崇英派如查里·莫拉斯的著作中，我们找到了对英国历史的纯孔德主义评价的一些动机。然而，反崇英派也常常是服从不那么哲学化的、纯粹的政治动机。这些纯政治的动机分成两个范畴，一类理论性较强，另一类则以历史性见长。

奥古斯特·孔德之后的反崇英派宁愿一视同仁地对待教权和民权这两项原则。无论是神学的还是形而上学的原则都抵挡不住实证精神（我不是说实证主义精神）的要求。探讨一种可能的、最好的政府是一种错误的提法。[1]政体始终是随总的文明状态而变化的，因而自在的最好的政府是没有的，只有完善程度不同地适应了文明进步的政府。因此，卓越的孟德斯鸠犯下了一个双重错误： 他没有考虑到"各种政治状态必然的继续关系"， "他过分地夸大了一个次要事物——政体的重要性"。[2]

从这些理论出发，历史的论据获得了充分的意义。即使排除了奥古斯特·孔德对新教和议会制的谴责，即使排除了关于一种最终制度普遍主义的幼稚的思想，一位二十世纪的实证主义者也会注重英法历史之间的基本差别，也会断定模仿英国体制是一种危险的疯狂或一种乌托邦。尽管奥古斯特·孔德在这一点上一如初衷，但随着独断论的加强，他粗暴地表述了这个见解。不过，从《实证哲学教程》一书发表以来，他就竭力论证"形而上学的枉然思辨是轻佻的非理性行为，这种思辨导致制宪会议的主要领袖提出，法国革命的目的就是简单模仿一种与我们全部历史相矛盾的、与来自我们真实社会情况的天性相背离的制度"[3]。工业领袖们枉然地企图摆脱人民群众，向旧贵族靠拢。法国教会的拥护者们

---

①　《实证政治体系》，第四卷附录，第 101 页。
②　同上，第六卷，第 107 页。
③　同上，第 194 页。

抱着一线希望，提出关于建立一种与英国国教相同的东西，但没有遂愿。伟大的孟德斯鸠和十八世纪的崇英派们犯了一个根本错误：议会制是英国史上民选议员与贵族的联盟、宗教改革和民族孤立的结果，而这些条件法国均没有。英国的自由并不像《论法的精神》的作者用一句名言所描述的那样，产生在日耳曼的丛林之中。①在天主教和封建制解体的第二阶段中，世俗专政在这个环境中具备特别的性质。议会政体便是这种性质自发和区域性的产物。我们坚持这一今天显得最为重要的观点：英国议会制是以多少有点开放的贵族政体为前提的，前者只是后者的政治工具。这一思想至今仍在法国流行，它并不全错。托克维尔可能接受了这一思想，哪怕他是用不同的术语提出来的。

奥古斯特·孔德仅仅从书本上认识了英国。他在开始撰写《实证哲学教程》时就遵循了他称为"大脑卫生"的规则。他不再阅读任何可能影响他建立体系的书籍（穆勒的《逻辑学》除外）。闲暇时间则是读读诗作。因此他拥有的材料有限，在他身上体系的精神超过了对事实的关注。然而，虽然他热中于建立体系，但是他的关于英法历史比较的最终格式使我转向了我的第二位作者。"这两个民族之间有着根本的区别，因此在逐步研究王权和贵族的相继状态时，良好的比较方法其目的不应当是抓住两国的相同的东西，而应该是把握住两国之间相反的东西，并用每一方中这两个世俗因素的兴衰来取代对方这两个因素的兴衰。借助这种连续的对照，我们就能随时发现两国历史之间精确的对应。在最近五个世纪中，两国历史走着一条尽管相反但相等的道路，都在走向神学和军事体系的完全解体。"②

亚历克西·德·托克维尔原来希望法国历史比事实上更像英国历史。但是，如果说他在临终前有勇气研究了《实证哲学教程》，那他也许会部分地承认孔德有理。制宪会议的尝试引起了他充满激情的赞赏。

---

① 孔德在第六卷第192页上提到孟德斯鸠这句话。

② 《实证哲学教程》，第五卷，第320页。

而孔德却认为这不过是轻佻的差错。但是，作为历史学家和历史哲学家他并非不知失败的深刻原因。法国的过去酝酿了革命的爆发，英国的过去导致了渐进的改良。不过，两国都被同一场运动引入了托克维尔称之为民主的而非实证主义的或工业的状态。

1833 年、1835 年、1857 年，亚历克西·德·托克维尔曾三次访问英国。1835 年，年轻的但已经成名的托克维尔作为《美国的民主》第一卷的作者受到欢迎。1857 年，《旧制度和革命》一书的成功使他博得了几乎凯旋式的接待。当时法国处在专制帝国时期，托克维尔销声匿迹，在国内流亡，但他比以往更忠于自由主义的信念。英国是他的第二祖国。英国不仅是他妻子的祖国，也是他政治信念上的家园。

我常常想象托克维尔的著作应当包括三大部。我们手中有的是第一部，写美国的，和第二部的一个残篇——《旧制度和革命》，它应当是一部概述革命与帝国史的著作的第一卷。至于第三部应该是关于英国的了，但托克维尔从未考虑写它。

贝洛夫教授不明白托克维尔为什么写美国而不写英国，美国遥远，托克维尔只在那里呆过一年；而英国邻近，往来方便。我的解释是双重的，与他的解释相似。像许多政治作家一样，托克维尔有当政治家的雄心，他多少有点偶然的美洲之行为他提供了写一本书的材料。他希望这本书既给他增添文学的荣誉，又给他的政治生涯提供帮助。在他动手写《旧制度和革命》时，他可能还没有放弃行动，帝国已经奄奄一息，自由即将恢复。即使甘心只当一名作家，他研究的课题也是他的经历和没能成为政治家的失望强加于他的，奥古斯特·孔德轻松地适应了帝国的政变。这一政变又一次排除了对英国制度骗人的模仿。托克维尔则为他认为与自由融为一体的制度的被取消而感到痛惜，但他太逆来顺受了，不会执意告发他人。为什么法国在民主时代无法维护代议体制和个人自由？这便是他写作《旧制度和革命》一书的初衷，英国历史只是他的参考资料。

我补充一句，在托克维尔眼中，1830 年的美国似乎比英国更为简单，更易理解。实际上也如此。它适合于那种从一个中心思想展开的系统阐释。托克维尔乐于此道。①他不能像在档案中研究法国那样研究英国，也不能像解释美国那样抽象地，极端地解释英国。这样，托克维尔对英国的评价便分散在旅行期间所记的日记、信函或谈话，还有他在两部巨著中提及英国的大量文字这三类材料之中。

除了因材料分散而造成的困难外，还有一个困难，那就是托克维尔对英国的言论是即兴发表的，日期也不同。他的见解或预见前后常不一致。托克维尔与英国的关系大体可分为三阶段：1833 年和 1835 年旅行中的笔记，1840 年和 1848 年之间法英外交危机中作为议员和基佐对手时的表态，最后，由于拿破仑专制的过失，他重新转入科学研究后对自由的命运和英国的使命所作的最终评价。

对第二阶段我只想说一句。在这个阶段中，会被孔德视为崇英派的托克维尔指责路易-菲利普和基佐与英国结盟，至少指责他们对盟友软弱无力。托克维尔在议会发表了一些演说，使他的英国朋友大为吃惊。这些演说用今天的话来说，可以被说成是"好战的"。尽管他从未发自内心地呼唤英法开战，但他强烈地感到英、俄、奥、普 1840 年 7 月 15 日背着法国缔结的条约是"民族的侮辱"，它迫使受法国保护的穆罕默德·阿里在十天内撤离叙利亚。1840 年 8 月 8 日，他在致里夫的一封信中写道："我相信现在战争已是不可避免的了，或者是政府想打，或者是舆论把政府拖入战争。在英国，人们对法国在这方面的实际能力了解得不够，以为只是说说而已，不会动手。有一点，他们忘记了像我们这样一个骄傲的民族，即便是不谨慎的、夸大的语词也都会以某种方式促使人们行动。一场灾难，一场巨大的灾难正在酝酿。这不仅有害于这两个国家，而且有害于整个自由事业，最终有害于欧洲的独立。"令其朋友里

---

①　参阅 1835 年 8 月致莫莱伯爵的信件。载《全集》(博蒙出版社) 第七卷第 134—135 页。"在美国，所有法律几乎都源自同一种思想，整个社会建立在惟一的实际之上，一切都出自一个惟一的本原。"

夫吃惊的是，托克维尔与反对党一起投票反对苏尔特元帅领导的内阁，基佐是外交部长。法国人自尊心的反应，尽管被夸大了，但从他的原则来看是公正的。他指责帕尔梅斯东把内阁逼入绝境：要么选择战争，蒙受灾难；要么选择屈辱，这会使全国反对他。"政府应该害怕的不是战争，而首先应该是颠覆，其次才是战争。"①他之所以加入反对派，这是因为"只有赞同民众的良好愿望，才有可能控制民众的恶劣情绪"。②

1843 年，在因访问权的问题上引出一场危机时，托克维尔第二次发表了演说。他认为这次演说是温和的，调解性的，但英国人的评价却迥然不同。他的演说在上院受到布鲁厄姆爵士的猛烈攻击。穆勒写信给《早晨纪事报》，为托克维尔辩护，但也没能改变英国舆论。托克维尔对英国舆论非常敏感，他非常难过地表示："我承认我十分重视英国人的意见，我痛苦地发现，作为一名公职人员，在自己国家的尊敬和公正之外去寻找什么报答是一种疯狂。"③

从托克维尔表现的"民族主义"到这个阶段，他从他的哲学中给自己做了一个辩解。他主张和平，但不是和平主义者。他认为，国内一部分人不惜一切代价维持和平的愿望，并非出于对公共利益的关注，而是出于对物质福利的爱好和心灵的软弱。他雄辩地写道："亲爱的穆勒，我没有必要对你说，威胁我们这个有组织的民族的最大疾病是习俗的逐步衰弱、精神的低落和爱好的平庸。正是这里会产生未来的巨大危险。在我们这个民主的民族中，种族的天然恶习已不幸地与社会状态的天然恶习合二为一了。对这个民族，人们无法轻易地使它习惯为安宁而牺牲它所认定的伟大，为渺小的事务而牺牲伟大的事务。让这样的民族相信它在世界上的地位是比较小的，它已经从其父辈们享有的位子上跌落

---

① 《全集》，梅耶出版社，第六卷，第一篇《英国通信》，第 61 页。
② 同上，第 64 页。
③ 同上，第 343 页。

了下来也是不确当的。它应当自慰，应当建造铁路，在和平中（只要这种和平能够建立）增进每个人的福利。走在这样一个民族前列的人，如果不想让民族的风俗过分败坏，就必须永远在民族中保持一种自豪的态度。"①

一个世纪以后，英吉利海峡两岸的人都在反复说着这句话。Ｊ·Ｓ·穆勒一年以后的复信可能尚未完全失去其意义。由于穆勒是用英文写这封信的（这是异乎寻常的），请允许我用英语引用此信的片断：

"近来，我常常想起在最近英法的争吵中你为自由党的行为辩护时提出的理由，即民族自豪感是依然存在的使公众精神振奋的惟一的情感，因此不能让它衰退。这是多么真实，每天它都在费力地表现出来——人们现在看到，在法国，对自由、进步甚至物质繁荣的热爱仅仅是正在发生的非本质的和表面的思想倾向，它们是在民族精神之外惟一真正深入法国人心的一种蔑视外国的吸引力……我最由衷地赞同你的看法，这只是一种公众的情感，因此它具有无私的性质，到目前为止它依然存在，决不会衰退下去。想在外国人心目中出众，赢得他们尊敬的愿望……法国应不惜任何代价培植和鼓励这种感情。但是，后代们有权以法国和文明的名义，在像你这样的人的身上，在更卓越的人的身上期望时代的更文明的精神，期望你们能向国人教授构成民族荣誉和民族地位的良好观念，而不是教授他们现在头脑里已有的低级平庸的观念。这里，例如，最愚昧的人也清楚地知道，一个国家在外国人眼里的真正地位并不是口头上的大声喧闹所能维护的，这只会给人以极其虚弱而非强大的印象。实际上一国的地位取决于它的工业、教育、道德和好的政府……"②

这次信件交换是否就像最近人们所说的那样，是两人停止通信的原

---

① 《全集》，梅耶出版社，第六卷，第一篇《英国通信》，1841 年 3 月 18 日致 Ｊ·Ｓ·穆勒信，第 335 页。
② 同上，第 357—358 页。

因呢？穆勒在第二年为维护托克维尔、反对布鲁厄姆爵士进行活动，趁此机会写信给他还是可能的。无论怎样，这场关于民族荣誉的争论不乏意义，尚未丧失其全部现实性。在其他情况下，别的英国人曾讲述过托克维尔的话，而法国人兴许也讲过穆勒的话，忘记这一点是危险的。不过，我承认，讲过穆勒话的法国人在他们大部分同胞眼中是可疑的。反之，当穆勒写到"幸好我国公众从不操心对外事务"，并把这样或那样外交决策的责任推给帕默斯顿时，他也许并没有说服托克维尔，可能也没有说服其他外国信友。法国的外交风格与英国的大相径庭。英国有英国的风格，穆勒的信与其说是它的反映，不如说是它的变态。

不谈我们的崇英派与英国的争吵了。让我们回到前面提出的两组文章上来：一组是1833年和1835年的访问笔记，一组是在大部头著作，特别是《旧制度和革命》一书中的提示。

这些笔记、想法和观察与托克维尔为编辑《美国的民主》所积累的材料一样。令读者惊奇的是托克维尔的中心问题，即与民主（或与民主制与贵族制之间的矛盾）和革命有关的问题所占的位置。甚至在1833年关于牛津的笔记（8月20日和31日之间）中，他又谈到了他热中的主题，"当时的牛津受到改革的威胁。这样，贵族所依据的次要的流弊将渐渐消失。贵族垮台以后，英国将更加幸福吗？我想会的。还是那样伟大吗？我怀疑。"①

托克维尔认为，同样的民主运动，即消除等级和地位的差别，无疑会像法国和美国一样席卷英国。但是他不清楚这场民主运动已经到了何种程度，会否引起革命。然而，总的说来，托克维尔归结为："贵族的观念和本能在英国仍是根深蒂固的。"②他的这个看法在1835年甚于1833年，在1857年又甚于1835年。相反，在关于爱尔兰的笔记中，他

① 《全集》，梅耶出版社，第五卷，第Ⅱ部分《英国、爱尔兰、瑞士和阿尔及利亚之行》，第79页。
② 同上，第28页。

对这个不幸国家的制度用词是严峻的，但却包含着对英国制度的颂扬。我特别想到了一份笔记，题为《贵族如何组成世界上最好的和最坏的政府》。①他用修辞的笔调对照了本国的贵族和外国的贵族。它们有相同的起源，相同的习俗，相同的法律，但后者在几个世纪中赋予英国人一种最好的政府，前者则赋予爱尔兰人一种无法想象的最可憎的政府。

英国贵族根深蒂固，这个贵族与人民联合起来反对比贵族权力和人民权力更大，但比贵族和人民联合一体的权力更弱的一种权力。换言之，这种贵族的特权被人接受，它与其他阶级自由地合作，这就是英国的奇迹（奥古斯特·孔德的价值见解不同，但形异实同。）"想象一个贵族阶层，他们与人民有同样的语言、同样的习俗和同样的宗教，他们是人民的首领，但并不在人民中出类拔萃的人物之上，他们在一切方面均略微超过人民，但在任何方面均非无限地超越。"还有，"贵族的权利越受尊重，人民就越能确保其权利的享受。"②

1833年访问结束时，他下了这样的结论："简言之，我认为英国处于一种危急的局势之中，因为某些能够预料到的事件随时都会使英国陷入一种剧烈的革命状态。但是，如果事态自然发展的话，我不相信这场革命会发生，我看到英国人有许多机遇来最终改变他们的政治和社会状态，虽然会有万般苦恼，但无疑不会有骚乱和内战。"③两年后，在对社会形势作阶级分析时，④他区分了三个阶级：第一个阶级包括几乎所有纯粹意义上的贵族和大部分中等阶级；第二个阶级包括了一部分中等阶级和一小部分贵族；第三个阶级包括下等阶级，即纯粹意义上的人民大众。第三个阶级的领袖们想彻底拆除他们国家的贵族社会的旧建筑。但是，他深信，想只与平民一起发动一场全面革命来反对所有联合在一起的富裕和有教养的阶级，终究是一种几乎行不通的事，其后果是有害

---

① 《全集》，梅耶出版社，第五卷II《英国、爱尔兰、瑞士和阿尔及利亚之行》，第131页。
② 同上。
③ 同上，第132页。
④ 同上，第57页。

的。他庆幸中等阶级，甚至一部分贵族拥护改革。

总之，我认为讨论不休的课题实质上就是奥古斯特·孔德的课题：贵族与中等阶级（孔德称为民选议员）联合反对君主制，这种联合一直存在着，它有助于一场渐进的变革，而不利于革命。在实证主义的先知认为不可能将把俗权交给实业家、把教权交给学者的革命进行到底的地方，托克维尔满怀敬意地看到了使旧制度适应时代而不会引起暴力决裂的艺术。

托克维尔观察了他认为与法国不同的情况。他向英国朋友询问中央行政集权的问题，Ｊ·Ｓ·穆勒安慰他说，英国人的精神从不以普遍的观念为目标；而集权是以普遍观念为基础的。我们没有限制地划分了行政职能。这种划分不是由计算，而是由构思普遍观念的困难造成的。另外英国人对自由极为敏感，决不想把一种生活方式强加于他人，哪怕是他们认为有益的方式。穆勒还说，人们攻击社区和郡的体制，并不是想把它们交给中央管理，而是因为它们成了贵族的工具。[①]托克维尔以普遍观念为目的，对此将信将疑：英国精神难道不是贵族精神吗？难道自由的精神，难道自我孤立的愿望不是贵族的精神和愿望吗？因此，它们不是与目前的倾向和托克维尔所谓的"伟大事业"背道而驰吗？而穆勒没有被说服，他拒绝把英国精神与贵族精神混为一谈。

总之，托克维尔看到并赞同贵族在地方上继续起着行政和司法的作用。贵族仍在履行社会职能。它对能人是开放的。宗教衰落了，但不信教的精神长期内不会达到它在法国达到的程度。英国表明，以次要法律的一致性代替善行几乎始终是一个大癖。[②]在他认为最重要的一些问题上，他觉得英国与法国不同，就像奥古斯特·孔德所认为的那样。但是，与奥古斯特·孔德一样，他也并不认为英国能逃开历史的运动。

---

① 《全集》，梅耶出版社，第五卷Ⅱ《英国、爱尔兰、瑞士和阿尔及利亚之行》，第5页。另见关于英国中央集权的细致分析，权力集中在立法而非执行者手中，第83—84页。

② 同上，第35页。

"人们可以称作为富有阶级统治的英国贵族权力，每天都在缩小疆域……二十世纪是彻底民主的世纪。民主像涨潮的大海，它后退，只是为了更加有力前进。一段时间后，人们发现，在波涛中它不断地赢得地盘。欧洲社会不久的将来是完全民主的社会。"①

在这个中心思想上，我们再补充两个思想。一是金钱在英国社会中的地位的思想。孟德斯鸠是第一个最著名的崇英派。他已经把英国贵族和法国贵族作了一番比较。英国贵族不蔑视商业和工业，而法国贵族却认为赢利活动与自己的身分不相称。与孟德斯鸠一样，托克维尔对崇拜金钱隐约有点反感，他不敢谴责它，是因为他认为它有利于贵族制的存在。②"整个英国社会是建立在金钱的特权之上的。"随后，托克维尔又列举了没钱不能办的一切事情。要当部长、众议员、治安法官、郡长、市长、救济管事，要成为教士或申诉人，都必须有钱。"为什么要对这个民族对金钱的崇拜感到惊奇呢？金钱并非只是财富的象征，也是权力，尊敬和光荣的象征。当一位法国人说：'某人有十万法郎的年金！'英国人也说：'这某人有十万利弗尔的年金（他每年挣五千英镑）'。"这句话今天成了美国人常说的话，托克维尔的英国朋友们对这个解释不无保留。③

我想揭示的第二个思想与其说是思想，不如说是一种描绘，即对曼彻斯特郊区工人居民的贫困，对妇女和儿童劳动的描绘。"人类工业的最大的河流正发源于这个臭气熏天的脏水坑，并肥沃了世界。从这个污秽的下水道中，流出了纯金。人类精神正是在这里，自我完善并自我愚弄着。文明造就了它的奇观，但文明人又变得近乎野蛮……"④

托克维尔对工业化并非丝毫没有惊恐。工业化的情景使马克思充满

① 《全集》，梅耶出版社，第五卷Ⅱ《英国、爱尔兰、瑞士和阿尔及利亚之行》，第5页。另见关于英国中央集权的细致分析，权力集中在立法而非执行者手中，第37页。
② 同上，第63页。
③ 另见："表面的平等，财富的实际特权可能比任何国家都大。"
④ 《全集》，第五卷Ⅰ，第82页。

了对资本主义制度的憎恨。但是，诺曼底的贵族把他的思想转到另一课题上去了：说到底，英国的工业和商业繁荣不都归因于自由吗？正是自由孕育了贸易。并不是所有自由的人都是厂主或者商人，但不自由的人就成不了商人或厂主。"你想知道一个民族是不是工业的和商业的民族吗？用不着测量它的港口，用不着考察它森林的性质及土地的产品。这一切东西都要凭商业精神才能获得。没有商业精神，这些东西就一无所用。应当研究这个民族的法律是否鼓励人们去寻求富裕，寻求不断富裕的自由，寻求使人能发现富裕的思想和习惯及寻求在富裕后享受富裕的保障。自由实际上是一个神圣的东西。"①

因而，在1833年和1835年两次访问的过程中，托克维尔考察的英国全然是（用政治语言说）贵族自由主义的或（用历史哲学语言说）向民主渐进的典型。用奥古斯特·孔德的话来说，这个评价使他于1843年或1845年在国民议会中作反对与英国结盟的演说时能用法国的民主制反对英国的贵族制，而又不明显地自相矛盾。1845年5月30日关于废除奴隶制的演说在这方面是最典型的。"人们整天说，废除奴隶制只能归功于基督教。上帝提醒我不要背离我应对这个神圣的学说表示的尊敬。然而我必须说，先生们，我们所见到的解放，甚至在英伦三岛，都是法国思想的产物。正是我们在所有的人头脑中铲除了种姓和阶级的原则，如同人们所说，正是我们重新找到了已经丧失的人类的权利，正是我们在整个世界传播了法律面前人人平等的概念，就像基督教建立了上帝面前人人平等的思想一样。我说我们便是废除奴隶制度的真正的发起人……令人敬佩的宗教狂热运动正是出自我们的思想运动。这种宗教狂热运动的效果我们已在英国的殖民地看到了……一言以蔽之，正是我们创立了像英国的宗教慈善那样高尚、那样幸运地加以实现的思想……废除奴隶制的思想，这个伟大而神圣的思想，源自法国现代精神的同一个基础……按照民族本身感觉到的大革命的伟大原则在它心中复活或熄灭的程度，你们

---

① 《全集》，第五卷I，第91页。

就会感到法国现代精神占有民族精神的程度。"①更令人吃惊的是 1845 年 1 月 20 日答复特卢尼的演说。托克维尔的仰慕者情愿忘掉这演说。他在演说中猛烈批驳了基佐或梯也尔的外交原则。该原则认定与英国结盟对法国是绝对必要的。托克维尔运用了两个基本依据： 英法各自代表的思想的对立和两国民族利益的对立。

英国代表了"旧贵族、旧欧洲体制、旧世界"。相反，"法国在这个世界上是什么呢？它有何作用？如果它不是民主和这些新条件的心脏和领袖，又是什么呢？这些新的条件会受到赞美或谴责，但应得到承认，因为它们符合事物的本性。"②法国体现了一种逻辑上必然的和普遍的自由思想，因此它有保卫世界上自由主义体制的天职，而英国的贵族自由，由于它的特殊性，既没给它赢得朋友，也没给它招来敌人。

另外，一旦法国要尽力扩大它的关系和商业利益，就不可避免地要与英国发生冲突。英国的政策对其他国家的政体漠不关心，只服从它自己商业利益的需要。英国由于它的处境，注定要不断扩张，维持它的霸权。这对它的生存是必不可少的。他写道："想想英国特殊和独一无二的条件吧，特别就特别在它的广袤和它的危险上，一个国家把整个世界的贸易都集中在自己手中，为了生存，它不得不维持这种特别而异乎寻常的处境。"

托克维尔的结论是在与反对派论战时作的，他认为内阁留恋与英国结盟只是为了这样一个目的： 继续掌权。与英国结盟就能保证它的安全，使它能在英国的怀抱中安睡。没有这个联盟，内阁就必须唤起民族，使之处于迎战状态，激发并支持其爱国主义……

后来，在任外交部长的六个月中，托克维尔表明他极其注重英国的意见。几年后，路易·波拿巴的政变迫使他在国内流亡。政变开始了他

---

① 《全集》，第二卷《政治文献与演讲》，第112—126页。
② 这演说发表在 1845 年 6 月 20 日的《箴言报》上，我转引自塞莫尔·德雷谢提供的英译本《托克维克和英国》，哈佛大学出版社 1964 年出版，第 163 页。

智慧生涯的最后一个阶段。在这个阶段，他对英国的狂热和仇恨都充分发展了。

毫无疑问，托克维尔指责政府和英国舆论太轻易地迁就了帝国的专制主义(尽管他自己宣布对他国制度的漠不关心符合英国的秉性)。他在《泰晤士报》上匿名发表了一篇关于政变的报告，想激起读者的愤怒。从1851年直到临终前，他不停地给他的英国朋友们写信，以便维持他们的自由主义热情。今后，在欧洲拯救自由的任务就落到了英国的身上了。他走出了政界，被迫再次从事研究，他致力于撰写最后一部巨著《旧制度和革命》。在这本书中，英国如同或更胜于美国，成了一个善于并且永远善于疏通现代民主革命，将其引向尊重自由的民族，扮演了一个历史的和英勇的角色。

与《美国的民主》及1833年和1835年之行的笔记相比，目标没有变化，至多有些细枝末节的变化。民主运动本质上是平等运动。大革命的目标是社会平等，而不是自由。1851年后，法英之间的冲突具有新的和决定性的意义。1830年革命不像一个学派所希望的那样是法国的1688年。它并没有致力于调和君主制和新的体制，以便让幼小的树枝代替老树枝。帝国专制的恢复证实了历史运动在英法所经历的不同进程。在托克维尔看来，英国的历史进程不论是正常的还是异常的，都值得仰慕。

托克维尔继续运用平等、自由、集权、地方自治和社会阶级这些范畴来进行思考和判断。但是他着重论述英法之间的两个基本差异。在旧制度时期的法国，各社会阶级互不理解，旧贵族越来越封闭，与其说是一个阶级，还不如说成了一个种姓。它已停止在地方行政中履行职能；中央政权的代表——总督占据首位。同时，物质条件的平等程度在法国要比其他国家都更高，以致地位和威望等传统上的不平等也变得不那么合法了。由于缺乏公民活动和政治生活，任何阶级都不准备换班或填补空白。如果说没有政治经验的文人在法国能有这样的影响，这是因为谁都没有公共事务的实践经验。相反，从十七世纪起，英国就是一个现代国家了，各阶级相互合作，贵族任人唯贤，金钱通向政权。税收平等、辩论、新闻自由，这一切制度极大地吸引了托克维尔。他在十七世纪的英国考察了它们。与此同时，法国的行政集权却在加剧，结果引起了阶级的分离和政治生活的空缺。

在他生命的这个阶段里，托克维尔几乎是不折不扣的英国仰慕者。说英国之所以能在新大陆取胜，那是因为它的自由制度之故。旧制度特有的行政集权的弊端恰恰出现在法属加拿大。英国的特殊性从此得到青睐。重要的事是阶级合作，而非贵族的持久性，英国的灵魂是公民的感觉，而非财富的欲望。从此，在一切领域中，托克维尔对英国制度的功绩而不是对它的缺点很敏感。英国制度是欧洲自由的最后一座堡垒。然而，在他被剥夺了自由的祖国，托克维尔信心倍增地宣布，只有自由的人民才是伟大的、有气魄的、能干最崇高事业的人民。政治自由是智慧自由的条件和结果。

的确，《旧制度和革命》是在专制势力和反抗专制中写成的。托克维尔更细心地区别了民主一词的各种说法。他从此更多地用平等来称呼二十年前他称为民主的东西。他不再认为法国最明确最系统地提出了自由的民主思想。他坚持认为旧制度下的自由—特权是和现代自由相对立的。自由—特权是真正的自由（即法律统治下的正常自由）最糟的前景。

1836年，托克维尔希望七月王朝标志着导致个人平等和自由主义制度的革命的结束，但是，《美国的民主》第二卷明确地阐明，在一个必然要民主化（即平等的）社会中，专制应为自由所取代。1857年，托克维尔相信，英国与美国一样比法国有更好的机遇来拯救民主时代的自由。英国还保护了行政上的地方分权，统一了宗教精神和民主精神。它没有像美国那样把平等当作起因和原则。但是，在所有欧洲国家中，也许只有它懂得依靠贵族的逐步转变和自由制度下各阶级的合作，不经过革命就从封建制过渡到现代社会。

在可以列举的许多文章中，我们只举一例，它也许是所有文章中最著名的一篇。"人们常常注意到，英国的贵族比任何别的贵族都更谨慎、更干练、更开放。必须说的是，如果我们按照各国对贵族一词的旧的、局限的意义来使用这个词的话，那么，长期以来，英国就不存在本义上的贵族。这场特殊的革命消失在漫长的岁月之中了，但还存在一个活的证明，这就是惯用语。几个世纪以来，绅士这个词在英国完全改变了意思，平民一词荡然无存了……您想不想用另一种方式将语言学应用于历史学？那就请您在时间和空间上探讨 gentleman（源自我们法语中的 gentilhomme）一词的命运。您将看到，随着条件的接近和混合，它的意义在英国扩大了。在各个世纪，人们都把它应用于社会等级上地位较低的人。最后，这个词随英国人到了美国。在那里，人们用它来泛指一切公民。它的历史就是民主的历史。"①

无论对英国如何崇拜，托克维尔并没有把自己的国家说得一无是处。他对制宪会议派仍然敬佩不已。在《旧制度和革命》第二卷中，托克维尔收集了一些文章。在这里，我就不引用他在这些文章中作的评语了。在此书的最后，他写下了一个被剥夺了自由、受到侮辱的自由主义者对其祖国充满激情的颂扬："我不相信，在历史的任何时候，在地球的任何地方，人们能看到这样多的人那样真挚地热爱公共利益，那样名副其实地富有忘我精神，那样沉醉于对一幅宏图的思索，那样坚定不移地把人生最宝贵的一切拿出来为这幅宏图去冒险。他们克制自己，使自己超脱于私心杂念。这是激情、勇毅和忠诚的共同基础，完成法国革命的一切壮举都由此而来。

"这个场面是短暂的，但它的美妙是无可比拟的。它永远留在人们的记忆中。一切外国民族都看到了这个场面，为它喝彩，为之感动……

"我敢说，地球上只有一个民族能演出这样的场面。我熟知我的民族。只是我对它的错误、它的缺点、它的弱点和它的不幸了解得太清楚了。但是，我也知道它的能量。有的事业，唯有法兰西民族才设想得出

---

① 《全集》，梅耶出版社，第二卷I，第二篇第九章，第148页。在1836年为穆勒写的《法国的社会和政治状况》的一文中，托克维尔也表示了同样的思想。（同上，第37页。）在《旧制度和革命》中，同一主题的文章很多，如第一篇第四章，第94页；第二篇第一章，第103页；第二篇第十章，第160页；第二卷，第358—359页。

来。某些崇高的决心，只有它才敢下。只有它有朝一日会愿意从事人类的公共事业，愿意为之奋斗。如果说它易于土崩瓦解，那它也有卓越的激情，瞬间就会把它带向其他民族永远达不到的高峰之上。"①

在这些笔记中，我们还看到对伯克关于革命一书的批评。托克维尔承认这是一部极有思想的著作，它具备在一个自由国家中自然而然形成的那些智慧的观念。但是，他指责伯克误解了"正在开始的革命的总性质、普遍性和最终意义"。他写道："伯克依然好像埋没在旧世界和旧世界的英国阶层里，不懂得正在形成的新的普遍事物。"②

由耶稣会学派遗传给拿破仑时代和共和时代大学的拉丁文修辞法，要求论述两个人的演说最后有一段对照。

现在我简略地作一个你们所期待的对照。

托克维尔既是作家又是政治家。孔德从未离开过默西厄·勒·普兰斯街十号的办公桌。高等研究实践学校在这里设立了办公室。上面的套房改建成了博物馆。一位表明了过分介入政治的思想家的危险，另一位表明了不那么介入政治的思想家的危险。

托克维尔敌视 1840 年到 1848 年的英国联盟。虽然他在演说中从哲学上对此作了一切说明，但他的敌视与 1849 年 6 月至 10 月当外交部长时的行为，与《美国的民主》和《旧制度和革命》的作者的哲学不太相符。他甚至也无力抵制反对派，至少是法国式的反对派的逻辑。

然而，如果为他辩解几句，那么我们就应该说，1851 年后，他对荣誉的关注始终如一，但这个关注转到成为自由最后希望的英国身上去了。在克里米亚战争期间，当印度官兵反抗时，托克维尔的信件充满了对捍卫英国的荣誉所必不可少的行为的崇敬。孔德反对任何殖民征服(特别是对阿尔及利亚的征服)。他允许英国拥有它的帝国，因为这也是英国

---

① 《全集》，梅耶出版社，第二卷I，II部分，第一册第七章，第 133—134 页。
② 同上，第二卷II，第五册第二章，第 340—341 页。

历史异常的一个证明。托克维尔欣赏印度的不列颠帝国："太阳底下从未有过比这更杰出的了。"①英国人遵循了一种不仅是英雄的而且是正义的天职，自从拥有印度以来，他们就一直希望不惜一切代价地保持它。"这是一种破费的占有，尤其是当人们想为了自己的利益而统治它的时候。"印度使英国得以统治整个亚洲。"这一切使全体人民产生了伟大和强盛的感觉，一个民族不应总是出于财政和贸易的考虑来评价一次征服的价值。"②

介入政治活动的思想家颇难（我承认这一点）始终与自己保持一致。奥古斯特·孔德独自沉思，遵循他的"大脑卫生"原则，使离群索居成了制度，这使思想家几乎不与现实接触，为了前后一致，弄得有点逻辑上的谵妄。

J·S·穆勒是他们两人钦佩和友好的信友，但他被托克维尔在议会演说中的民族主义激怒了。他很不容易地让勒·普兰斯街的孤独者懂得，他的英国仰慕者们并不是信徒，他们自愿在一年内提供某种财政帮助，但不承认他是实证主义的伟大教士，在精神上也不向他提供帮助，而在奥古斯特·孔德眼中，这种帮助是富人和学者、有钱人和有思想的人之间正常关系的第一个例证。

介入和不介入政治的差别只是对照的第一步。真正的问题不在这里。孔德和托克维尔对英法历史的比较最终所做的解释是一样的还是迥然不同的？他们的分歧仅在价值上，还是既在价值上又在事实上？

在某种程度上，他们同意，与法国历史相比，英国历史有其特殊性。英国保存了一种贵族结构，但是依仗着特有的环境，贵族阶层懂得把全民族团结在它的周围。奥古斯特·孔德认为这种特殊性在于君主制的衰弱，在于平民和贵族的联盟和商业及殖民扩张。托克维尔至少在临终前又在这些原因上补充了自由精神和行政分权、阶级靠拢，以及贵族

① 1857 年的一封信，转引自 S·德雷谢的文章，《全集》，梅耶出版社，第 182 页。
② 同上，第三卷第一篇，第 478 页。

在行政、司法、公民、贸易和财政方面的活动开放。

托克维尔执着于历史，不会盲目地宣扬模仿英国，但他是孔德所蔑视的议会制度的狂热的拥护者，在这个意义上，他是属于我称之为英国派和崇英派的。随着年龄的增长和帝国专制不断向他显示的专制的代价，他日益热情地维护这种制度。而孔德年龄越大，却越蔑视这种制度，他甚至准备依靠俄国的沙皇来完成实证主义的革命。只要受到点拨，法国的崇英派就会知道两国经历不同，因此它们不能采纳相同的制度。然而他不承认自由的体制只有对英国才是美好的。我们说，他赋予恰当地适应了民族环境的自由制度一种普遍的意义。

孔德和托克维尔的争论，崇英派及其对手的争论没有结束。它在法国和世界上仍在继续。最后的结论——假如有最后的结论——将不会由今天的历史学家，而应由明天的历史学家来做出。议会制度是否注定要随着工业社会向世界的扩张而传布开来呢？

在目前的法国，托克维尔和孔德的争论是什么呢？在评论第五共和国的政论文中，你们可以看到这场争论正以比较缓和的形式进行着。孔德的信徒不再相信他，许多政论家都宣布议会已致命地衰落了，工业和技术的能力已经开始居于统治地位。孔德目前的信徒赋予议会一个更重要的作用，超过了《实证政治制度》的作者在临终前赋予议会的作用。托克维尔目前的信徒承认，议会制度应当适应科学社会的要求，但并不否认这种适应的困难。甚至在英国，奥古斯特·孔德的一个论点也开始得到广泛的运用。你们知道，孔德认为，英国不会把工业和技术的现代化进行到底，因为它过分完善地保存了过去的制度和精神。在阅读《文汇》的号外《一个民族的自杀》时，我们看到作者赞扬了法国通过综合工科学校培养企业领导，同时强调了在伊顿公学的草坪上或在牛津或剑桥的校园里对英国企业领导进行培训的不足之处。今天英国的自我批评重复了奥古斯特·孔德的一些课题。英国的领导阶级具有传统精神而不具有工业精神。奥古斯特·孔德宣布英国在工业上将被超越，因为它旷日持久地延长一种幸运的，但早熟而不稳定的综合。

　　你们也许会问我，在英国派和反对派的争论中，我站在哪一边。我不太能回答你们。也许我自己也不知道。今天，我幸运地作为教授而不是政治记者来到牛津。作为教授，我不介入政治。我使我的作者互助争论，使他们与我们争论；我愿意延长我们的交谈——如果我能这样称呼我的演说和你们的沉默，让你们来把我安置在这一方，或那一方，或者我可能决定我不属于任何一方，或者当我想入非非时我属于这一方，我观察世界时又属于另一方。

（1965 年的扎哈罗夫讲座*）

---

* 牛津大学出版社版权。

托克维尔的政治思想和历史观

亚历克西·德·托克维尔写了两部巨著:《美国的民主》与《旧制度和革命》。这两本书都从只提问题开始,结果勾勒出了两个完全不同的民族的画像,尽管这两个民族在某种意义上注定会有共同的命运。法国和美国都没有避开把近代社会卷入民主制的不可抵抗的运动。"平等的逐渐发展是符合天意的事实。它有符合天意的主要特征;它是普遍的、持久的;它每天都在避开人类的权力,一切事件和一切人都在促进平等的发展。"[①]民主制是我们时代的宿命或天意,但是,它在政治领域中给各种体制都留下了余地,尤其是它不在自由和专制之间作出决断。某些民主社会现在是或将来是自由的,另一些则相反,是奴隶般的。

在美国,托克维尔并不只是一位只观察他人风尚习俗的旅行者。作为一位社会学家,他想同时描绘一个独一无二的共同体,弄懂大西洋两岸新旧大陆共同的民主倾向借以表现自己的特点。在研究旧制度时,他并不只想用孟德斯鸠弟子的方法去使各类事件能够被理解,而是尽力领会和解释法国的历史过程,他认为法国以一种特殊的方式进入了民主时代。美国的特点决定合众共和国具有自由的素质。历史的进程不但现在使,并将继续使法国面临着专制主义的危险。

于是,我称之为托克维尔的"独一无二的问题"就出现了。在关于论述《哲学的直觉》的文章中,柏格森写过,每一位大哲学家都以一个观念或一种看法作为自己学说的启示和中心,他的所有著作都构思着这

---

① 摘自《美国的民主》引言。

一观念，但都没有全部说尽它的意义。也许政治哲学家不大从一种直觉，而更多地从一种疑问出发。我认为，政治在本质上是有疑问的，几乎是矛盾的。

马基雅弗利假装幼稚，提出了一个人们在以后几个世纪不断思考和研究的问题：既然政治是行动，效益是行动的法则，人们怎么能以道德和宗教的名义拒绝有效但可怕的手段呢？如果一位新君主夺取了政权，如果他饶恕了旧统治家族中一个孩子的性命，他就增加了遭到反抗的危险。不论他哪一天成为他应该清除的那个人的牺牲品，这种时来运转的责任全在于他自己，因为他不发慈悲本来是可以避免这件事情的。

自然，这样提出政治问题没有明显的说服力。也许应寻求什么是最好的政府，或在什么条件下权威是合法的，而不是讲那些应当用权宜之计来对付的极端情况。换言之，哲学家一开始构思的问题其意义本身就是成问题的。

马克思的问题，或者应当说他对丑行表示的义愤，来自于生产力的发展而引起的集体财富的增长和群众的贫困之间的矛盾。这个矛盾是他对资本主义所作的解释的中心，也是他的人类历史观甚至宇宙观的中心。人类创造自己的历史，但是要通过一个既悲壮又有讽刺意义的辩证过程，他们只有经过不可调和的斗争才能获得自己劳动的利益。资本家本身是革命的，他们在进行创造的同时就为自己的毁灭作好了准备。现代社会特有的对立达到了暴力的顶点，因为它酝酿着一切对立的结束。

马基雅弗利的疑问是永恒的，所以马基雅弗利主义世代相传，只是某些方面有所更新，本质不变。如果马克思的问题限于生产力发展和群众贫困化的对立上，那它就只与一个历史阶段有联系。如果它表示了对社会矛盾的反抗和对一个无矛盾社会的向往，那么它也是永恒的。

我觉得，和马克思的问题一样，托克维尔的问题既是历史的，又是永恒的。说其是历史的，是因为思想家本人把它与现代社会民主化的明显事实联系在一起。说其是永恒的，是因为它使我们面临着平等和自由的矛盾或协调。以平等为最高理想的社会能否是自由的社会？社会在什么意义上和在什么程度上可以平等地对待天性不同的个人？

托克维尔的语汇是难以捉摸的。我只举一段话为证。这段话引自《旧制度和革命》第二卷：①

"最能引起思想混乱的是人们对下列这些词的使用：民主制国家、民主制度、民主统治。只要人们还没有明确地确定它们的意义并就这些定义取得一致，人们就将生活在错综复杂的思想混乱之中，结果大大有利于蛊惑人心的政客和独裁者。人们会说一个由专制君主统治的国家是一种民主制国家，因为他通过法律或在有利于人民生存的制度中进行统治。他的统治将是一种民主统治。它将构成一个民主的君主制。然而，根据民主制国家、君主制度和民主统治这些词的真正意义，它们只能说明一件事情，即人民或多或少地参与其统治的政府。它的意义与政治自由的思想是密切联系在一起的。根据这些词的本意，把民主统治这一修饰语赋予一个没有政治自由的政府，是显而易见的谬误。使人们接受这些虚假的、至少是暧昧的说法的原因有：一、希望在群众中造成幻觉，民主统治一词对群众总是有这种效用的；二、无法用一个词来表示这样一种相当复杂的观念，如一个政府是集权的，民众丝毫不参与公共事务，但置身民众之上的阶级不享有任何特权，法律的制定也是尽力有利于民众的福利的。"

不能说托克维尔也犯了他称之为"显而易见的谬误"的错误（尽管在《美国的民主》的某些段落中，②他在使用民主统治一词时似乎并不包括政治自由的思想）③。然而，他最常用民主指一种社会状态而非一种统治方式，这一点是显而易见的。"不可抗拒的革命"在成为政治革命之前

---

① 《全集》，梅耶出版社，第二卷第二篇，第198—199页。所有的参考资料均引自此版。

② 例如第二卷，第323页。

③ "在群情激奋和危机重重的时刻，民主政府可以变得暴烈和残忍，但这些危机是罕见的、暂时的。"

是社会性的，它在作者的灵魂中产生了一种宗教式的恐怖。这种革命有助于"逐步和渐进地发展平等"。法国迟早会像美国那样达到地位的几乎完全平等。因此，这位望族的后裔所看到的那种民主制，是贵族的消失和等级的拉平。他考察了一种"自由主义的共和国和压迫性的共和国"，还考察了"民主的自由和民主的暴政"。

我们上面引证的这段话表明，托克维尔没有彻底与民主一词的传统用法决裂。民主一词传统上指的是一种统治方式。这段话还表明，在他眼中用在统治一词上的民主的这个形容词要求民众参与公共事务的管理。当托克维尔提到民主专制主义时，他考虑的是可能在民主的民族中出现的专制主义，他并不想把民主的尊严赋予一种专制主义。因为，作为统治方式，专制主义是民主的对立物。

托克维尔没有明确区分社会状态和统治方式。我们刚才引用的那段文字的最后几行字又使这个模棱两可的态度增加了一些复杂的因素。在民主社会中，一切制度都打着民主的旗号，因为这个词在群众中是颇得人心的，因为甚至专制主义也促进大多数人的福利，而没有构成贵族的特权。用现代的语言来讲，我就会说平等社会中的统治者所援引的合法性始终是民主的（人民主权）。法西斯主义者自称为民族意志的解释人，国社党人自称为种族意志的解释人，共产主义者自称为无产阶级意志的解释人。甚至恢复了权力原则的各个政党也声明他们的权力来自所有的人、来自民族、种族或阶级。

让我们总结一下这个初步的分析。根据托克维尔的看法，民主首先是一种社会事实，即地位平等。在政治范围中，这一事实的正常表现是人民主权和公民参与公共事务。在经济领域中，尽管它不要求结束财富的不平等状况，但它却引出了穷人对财富分配的反抗，有助于正常地促进不平等的缩小。然而，民主社会并不一定就是自由的。

托克维尔最喜欢用的词是自由。但这个词并没有得到多少明确的说明。然而，我却觉得他的思想没有什么暧昧含糊之处。托克维尔继承了孟德斯鸠的思想，他认为自由首先是用来指法律保护下的每个人的安全。享有自由，就是不受权势者或权威的专横行为的侵害。这种不受专横行为侵害的范围应当延伸到少数人身上，并应禁止人们滥用自己的权力。毫无疑问，托克维尔可能赞同孟德斯鸠的这一名言（《论法的精神》第十一章第二节）："还有一点：在民主的国家里，人民仿佛是愿意做什么就可以做什么，因此人们便认为这种政体有自由，而把人民的权力同人民的自由混淆了起来。"还有（第十一章第三节）："政治自由丝毫不是愿意做什么就做什么。"

法律的统治和尊重法律是自由的首要条件，但这不是自由的全部意义。还必须由人民自己来为法律的制定作出贡献。能不能说，政治自由与被统治者参与制定法律和管理事务的活动有直接的比例关系。因此托克维尔脑子里充满了行政与代议对立的观念，相信国家职能的扩大和集中最终会给自由带来致命的打击。

平等和自治这两个思想也许还不足以完整地确定自由的定义。一个社会要成为自由的社会，就必须拥有自由的人。"只有自由才能使他们摆脱金钱崇拜和鸡毛蒜皮的琐事，使他们每时每刻都看到和感到在他们之上和身旁的祖国，只有自由能随时用更强烈、更高尚的激情代替对舒适的爱慕，使人们的雄心转向比获取财富更伟大的目标，放射出能使人看清和判断人类的罪恶和美德的光芒。"（《旧制度和革命》第75页。）托克维尔为贵族被"打倒、根除"而不是"折服于法律"（同上引书第170页）感到遗憾，而贵族恰恰是受自由精神鼓舞的。此外，"必须避免用人们对最高权力的服从程度来评价人的卑下，因为这是一种错误的尺度。不论旧制度下的人怎样服从国王的意志，也还存在着一种他们不知道的服从，因为他们不知道什么是服从一种非法的或受到异议的权力。人们不尊重，而且常常蔑视这个政权，但人们宁愿忍受它，因为它既能提供服务又能带来危害。他们对那种有失尊严的奴役形式总是陌生的"。后面还写到："对他们说来，服从的最大祸害是强制；对我们来说则是微不足道的了。最大的祸害在使人服从的奴隶性之中。"

托克维尔在内心中是一位贵族，他不厌恶地位平等，但惧怕使人服从的奴隶性。他害怕对舒适的专心致志会在独自操持庸俗小事的人们中传播这种卑贱的精神。

现在，我们可以明确地提出托克维尔的问题了：在什么情况下一个民主的社会会有不成为专制社会的最好的机遇？

在学说史中，托克维尔的思想与孟德斯鸠的思想紧紧相连。在《论法的精神》中，对体制的分类源自对社会状态和统治方式（统治方式是由掌握主权的人数和行使权威的方式两个标准来确定的）的综合分析。古代城邦的共和国有赖于一个平等的社会，这并不是因为不存在财富差别或不存在佼佼者与大众的差别。孟德斯鸠明确承认有必要把人民分成阶级。然而，主权属于作为整体的人民；地位的不平等将会与制度的性质相矛盾。

相反，近代君主制建立在本质上不平等的社会基础上，如果各个等级失去了自己的特权，特权者失去了对自己阶层应尽的义务的意识，个人专权很快就会成为专制政权。美德、热爱法律、关心公共利益、不注重财富是共和制的美德。"荣誉的性质就是要求优惠和高官厚禄；就是因为这个缘故，荣誉便在这类政体中获得地位了。"（《论法的精神》第三章第七节。）

托克维尔所观察的那些民主社会似乎不属于孟德斯鸠区分的任何一种类型。它们地广人多，不像古代城邦那样小。它们不像君主制那样包括截然分离的等级。它们更不可能与亚洲的专制制度相似。亚洲的专制制度把全权授予一人，恢复了所有人的平等，然而是受奴役的平等。孟德斯鸠转交给托克维尔的问题可以用下面的话来表述：一个不俭朴也不小的、取消了等级差别的社会在什么条件下可以是自由的社会？

的确，孟德斯鸠曾做了与他的整个理论并不总是一致的一些说明。但这些说明为其弟子打开了研究的道路。在英国，贵族不敌视商业和实业活动，英国的特有目标是政治自由，而不是君主或国家的荣誉。英国建立了代议制。代议制不仅远远没有排斥人民参与公共事务，而且是大国中维护自治的惟一方法。"在一个自由的国家里，既然每个人都被认为具有自由的精神，都应该自己来统治自己，所以立法权应该由人民集体享有。然而这在大国里是不可能的，在小国也有许多不便，因此人民必须通过他们的代表来做他们自己所不能做的事情。"（《论法的精神》第十一章第一节。）

最后，自由和节制的最后条件是社会力量的平衡。如果说孟德斯鸠对英国宪法作了著名的分析之后用了好几个章节来写罗马共和国的宪法和历史，那是因为他在古代共和国中找到了类似于他在英国君主制中看到的东西：一个由相互竞争的等级（其各自的权利是由宪法保障的）构成的异质社会，一个与国家机关同样长时期保持自由的政府，这两者通力合作，反映和维护社会力量的平衡。法国君主制的中间团体只是自由不可缺少的政治和社会多元论的范例之一。

托克维尔对"在那些既不狭小又不俭朴的社会中，自由怎样才能得到维护？"这个问题的回答补充了孟德斯鸠的说明。美国的自由原则与古代城邦的自由原则有亲缘关系，与罗马的宪法一样，美国的宪法体现了一种和谐的统一，它不排斥共同体中的任何成员，又不使公民们变得刻板一律和不可以相互替换，像原子隔离似地屈从于一个强大国家至高无上的权力。

有一段文字在定稿的著作中没有出现。不过它说明了古代共和国和现代共和制的共同原则（载《国际哲学杂志》，1959 年第三分册，J·P·梅耶出版社）：

"美国人并不构成一个具有美德的民族，然而他们是自由的。这绝不说明美德对于共和国的存在不是至关重要的，如同孟德斯鸠所认为的那样。不应狭隘地解释孟德斯鸠的思想。这位伟人想说的是，共和国只有通过社会对自己的作用才能存在。他认为美德指的是每个人对自己行使并防止自己侵害他人权利的道德权力。当人的欲望不够强烈或者出于个人利益的考虑，战胜了这些欲望时，这种胜利在道德主义者眼中并不就是美德，但与孟德斯鸠的思想却是相符的，因为孟德斯鸠重视效果甚于原因。在美国，伟大的东西不是美德，渺小的东西是欲望，意思是一致的。伟大的东西不是不计名利，显而易见的东西是利益，意思几乎还是一致的。因此，尽管孟德斯鸠谈论的是古代美德，他还是有道理的，他就希腊人和罗马人所说的话也适用于美国人。"

至于对美国宪法的分析，它可以成为《论法的精神》第十一卷的一个补篇。托克维尔在这个分析中区别了三种权力。但是，除了这个法律分析之外，根据孟德斯鸠的教诲，他还尽力寻找美国有利于节制和统治的合法性的具体条件。

如果托克维尔写一部政治理论的著作，他就可能修正孟德斯鸠提出的政体分类法。也许他会比孟德斯鸠更明确地坚持说不可能有一门从各种社会结构中抽象出来的普遍有效的"政府类型学"。在有着民主倾向的现代社会中，过去所有的政体都有其独特的姿态。现代社会里的共和政体和专制制度与古代城邦、欧洲的君主制及亚洲的专制主义不同，托克维尔的调查研究并不以此为目标。作为理论家，他的功绩首先在于找出了近代工业和商业共和国的原则（孟德斯鸠意义上的），即显而易见的利益和尊重法律，而不是不可妥协的爱国主义和蔑视财富。同时，托克维尔理顺了社会类型和政府类型的关系。一种社会类型并不必然要求一种特定的政府，尽管它明显影响到政府的特性。

这些抽象的命题现在说来还是含蓄的，因为托克维尔注重描绘和分析的是美国和法国这两个具体例子。或者是说：为什么美国有成为自由民主制的最好机遇？为什么尽管发生了革命或者正因为有了革命法国却更难维持法国人为之英勇斗争的自由？

复述托克维尔对这两个问题的回答，这就要概述我们这位作者的两部巨著了。下面，我们只想着重分析这些回答的一些基本内容。

答复首先是多重的，它们既是历史的又是社会学的。政府的性质既与目前的情况也与几个世纪的遗产有关系。美国和法国将以不同的方式经历民主时代，因为它们处在不同的地理环境之中，它们的历史不同。

在第一卷第二部分第九章中，托克维尔列举了有助于在美国维持民主共和制的主要原因。这时，他从较外部的原因谈到较深的原因、从物质方面进而谈到法律、习惯和风尚。美国的共和制是由移民在一个未开垦的大陆上建立的。这些移民具有源自一种古老文明的知识和工具。他们比数量不多而且软弱无能的印第安人更具有克敌制胜的天性。他们把工业和商业活动、把有用的工作视为首要的工作，因为这个等级制度完全是由环境强加给他们的。

美国没有敌人，因而避免了外交和战争的奴役。它保存了开发者的精神和第一批抵达者——清教徒的精神。"人民常常受到他们起源的影响。伴随他们诞生、有利于他们发展的环境，影响着他们的全部生涯。"（第一卷第二部分第 6 页。）清教徒的精神表现在受益格鲁-撒克逊人启示的法律，尤其是宪法之中。

在美国，有利于维护自由的法律首先是宪法：由于联邦制，共和国享受了小国享受的优惠，但又避免了通常威胁着小国的危险。行政的地方分权、社区、镇和州的自治，使个人能够了解他们要处理的公共事务。独立和司法权的至高无上性质使法制得到尊重，法制是抵制多数派实施暴政所必不可少的手段。

民主的维持有赖于习俗甚于国家的性质和法律本身。"在美洲其他民族那里，我发现了与美洲盎格鲁人同样的繁荣条件，而法律和习俗不同。这些民族是悲惨的。因此，美洲盎格鲁人的法律和习俗构成了他们伟大的特殊理由和我所追寻的压倒一切的原因。"（《美国的民主》第一卷第二部分第九章第 321 页。）这些习俗，显然可以由居民的来源和从大西洋彼岸传来的并受到精心保存的传统来解释。它们与美国人生活的环境、与他们给自己制定的法律有关。最后，这些习俗是压倒一切的原因，因为它们构成了孟德斯鸠所讲的原则和"民族的普遍精神"。

社会学的解释通过多重分析，区分了深刻的和次要的、长久的和暂时的原因，重建了社会整体的统一性。这项工作不是依据一个可能占统治地位的因素，而是在一个民族(作为历史的起源和结果)的精神中抓住了政治制度和"文化"的原则(文化一词取意于美国人类学家赋予它的意义)来进行的。

美国民族的精神是什么呢? 是宗教精神、自由精神和商业精神的结合。在清教徒身上，宗教精神与自由精神是联为一体的。清教徒来到一个未开化的自然中，便自发地在开发和支配环境中寻找自己的尊严了。他们专心致志地谋求财富，维护了他们父辈的清教习俗和信仰。这样，美国民族的精神就成了自由民主的原则。"比起他们攻击的君主制来，宗教在他们所主张的共和制中更加必要，在民主共和制中比在其他制度中更必不可少。如果政治联系松弛了，而道德联系又不紧密，社会怎么能避免毁灭呢? 如果一个当家作主的民族不服从上帝，那会变成什么呢? "(《美国的民主》第一卷第二部分第九章第308页。)

这样，我们就应该——比较法国和美国两个例子了。法国历史和"文化"的特性与自由是相背的，正如美国历史和"文化"的特性有利于自由一样。

法国的特点是有其封建的、贵族的和君主的历史。它通过一场暴力革命才摆脱了这段历史。这场革命开辟了通向民主的道路，但损害了自由的机遇。因为革命是暴力、轻视法制，而自由则要求尊重法律和热中调解。法国四围都有邻国，它们常常是竞争对手，有时是敌人。它应该首先关心自己的外部安全，因此授予国家广泛的特权。法国的国家不像美国那样是从基础上建立起来的。它是国王们的杰作，又逐步被官吏们的活动强化了。在大灾难的前夕，它已经建立了中央集权的行政体制。民主制本质上倾向于中央集权，因而它继承了一个中央集权的国家。民主制又加强了我们这个时代自然但致命的倾向。

如果说在美国自由首先受到习俗的保障，那么，在法国威胁却来自习俗。宗教精神和自由精神的冲突危及了大洋彼岸建立起来的东西并推动这两种精神的联合。

"基督教——使一切人在上帝面前平等——并不厌恶看到一切公民在法律面前平等。可是，由于一些奇特事件的巧合，宗教一时卷入了民主制所推翻的权力范围，它常常摒弃它所热爱的平等，把自由当作一个敌人来咒骂，而当它与自由联合起来时，它又会为争取自由而努力。"（《美国的民主》第一卷引言第 9 页。）"上个世纪末，一切宗教信仰都普遍失去了威信。毫无疑问，这对我们的整个革命影响极大，标志着这场革命的特性。什么也没有使革命呈现出人们看到的如此可怕的外观。"（《旧制度和革命》第 207 页。）"我叫住我在美国或其他地方遇到的第一位美国人，问他是否认为宗教有利于法律的稳定和社会的良好秩序。他毫不犹豫地回答我说，一个文明社会，尤其是一个自由社会，没有宗教便不能存在。他认为，尊重宗教是美国国家稳定和个人安全的最大的保障。"（《旧制度和革命》第 205 页。）

托克维尔在他的两部巨著中得出了后来有意于解释盎格鲁撒克逊的民主制，尤其是美国的民主制，与不稳定的法国民主制之间的对比的历史学家所分析的大部分课题。一方是历史演变的突然中断，另一方是历史的延续；一方是专断的官僚组织的中央集权，另一方是社区和地区的自由；一方是教会与革命（革命本身也是一种宗教）的冲突，另一方是具有坚固基础的宗教信仰，教会不干预政治；一方缺少自由实践的习惯，文人喜欢意识形态和革命观念，另一方有调节事务的习惯，对空洞的理论兴味索然。

实际上，在《旧制度和革命》第三卷第一章中，托克维尔早就描述了近代欧洲和不发达国家中知识分子的文学情况，"当别人在行使统治权，而且只有这些人掌握权力时，没有地位、荣誉、财富、责任和权力的文人怎样在事实上变成了当时主要的政治家，甚至变成了惟一的政治家呢？我想简要地指明这一点，并指出这些事实对革命和今天产生了多么奇特、多么可怕的影响，这似乎是我国文学史所特有的东西。"（《旧制度和革命》第 194 页。）还有："作家们并非只向进行革命的人民提供自己的思想，而且把自己的气质和情绪都传给他们。整个民族没有任何其他引导者，实际上生活在愚昧无知之中，因而，在作家们的长期熏陶下，在阅读他们的著作的同时养成了与写作者一样的天性、思路、爱好、甚至作家特有的怪脾气。这样，民族在起来行动时，就把文坛的所有习惯带进了政治领域。"（《旧制度和革命》第 200 页。）

作为社会学家，托克维尔是擅长比较法的大师，然而他也大胆运用了理想类型的方法。在马克思以后，许多作者认为只要把一个社会命名为资本主义或社会主义就确定了一个社会的性质，而托克维尔知道近代社会（也许全是民主社会）依其今昔所处的自然环境和历史环境的不同而具有多种形式，他并且认为对一个民族统一的描绘与对所有民主社会共同的倾向的分析之间没有任何不相容之处。他依据孟德斯鸠的做法把民族统一称作一个民族的精神，我们则称之为民族特性。他从未混淆民主化和美国化，因为他知道美国社会在许多方面是特殊的，但他也知道在别的地方特权等级的消失、商业活动和工业活动的首要性、社会地位的拉平不会以同样的风格，但会以同样的必要性来完成。

人们可以重读一下《美国的民主》第二卷。这一卷设计了民主社会的理想类型。人们将毫不费力地发现，在十九世纪上半叶的预言家中，托克维尔可能是最英明的。他描绘了我们今天视为小资产阶级的生活方式的普遍化。他没有期待在资本主义的发展中爆发革命性的骚乱，而是看到在日益繁荣的社会中占有欲和平庸的影响正在蔓延。在他眼中，社会的大动乱宁可说是传统社会向近代社会过渡阶段的问题。

我们不要过分颂扬他。他自己也会谴责我们这样做的。他预料到一种民主的专制主义：

"我看到一群难以计数、彼此相似和平等的人在不停地忙忙碌碌，以取得渺小和庸俗的欢乐来充实灵魂。他们每个人都独居一隅，不关心其他一切人的命运；他们的孩子和私人朋友构成了他的全部交际环境，至于他的同胞，他虽在他们身边，却视而不见；他接触他们，却什么也感觉不到；他只是为了自己而存在，如果说他还有一个家庭，那可以说他至少不再有祖国。在这些人的头上，有一种强大的监护权力，负责保障他们的生存，照管他们的命运；这种权力是绝对的、无所不包的、卓有远见的和温情脉脉的。这种权力如果像父权一样以把他们培养成人为目标，那就类似于父亲的权威。然而，相反，它竭力所为的却是牢牢地把他们固定在童年时代；它让公民们享乐，只要公民只是想着享乐；它乐意为他们的幸福操劳，但要成为他们惟一的代理人和主宰；它向他们提供安全，预料和保障他们的需要，为他们的享乐提供方便，引导他们的主要事务，领导他们的实业，解决他们的继承问题，分配他们的遗产。为了完全排除人民的思想混乱和生活艰辛它什么不能干！"（《美国的民主》第二卷第 324 页。）

二十世纪的专制主义与此不同，因为它具有一种希望自己成为普遍的和强制的信念。托克维尔在《美国的民主》第二卷第 33 页上写道："在平等的世纪中，国王常常让人服从，然而总是大多数人让人相信和服从。"他搞错了。或者，至少是低估了少数狂热分子的力量。民主的、监护的和温和的专制主义与西方社会有部分的相似之处。苏维埃式的社会包含着一种监护的但又是暴力的专制主义，随着繁荣的日益扩大，它会放弃暴力吗？

在法国，托克维尔在舆论界和大学中均没有得到应有的地位。社会学家们，有的打着圣西门的旗号，他的"响亮的回声"思想是人们无法理解的；有的打着条理清晰但知识有限的奥古斯特·孔德的旗号，有的打着把预言与阐述结合起来，即使沉湎于自己的激情中时也自称为科学的卡尔·马克思的旗号。在专业者眼中，托克维尔的错误可能在于他立论完美，既拒绝抨击现状又不接受太平盛世的乐趣。他努力重新认识历史过程，对不可避免的历史变迁无可奈何，但又不无留恋，尽力拯救重要的部分。他认为并不是一切都是可能的，但也不是一切都是预先就确定好的。

为什么教授们，特别是社会学家，避而不谈这位十九世纪的孟德斯鸠的继承人呢？某些人指责他大胆地把一些为数不多的事实普遍化了。确实，托克维尔是优秀的观察家，他善于观察美国，就像他善于审阅法国的档案一样。他毫不犹豫地建立了各种理论，但这些理论的基础是狭隘的。然而，即使需要防止滥用方法，那么对这位思想家的真知灼见表示敬佩又有何不可？无论在美国还是法国问题上，托克维尔都以无与伦比的明确性把握了主要的事实和启示性的思想。

在我看来，最常提出的反对意见——托克维尔可能不太重视经济基础——是无力的。托克维尔是用一个社会事实（即地位平等），而不是用一个技术的或经济的事实（即生产力的发展）来确定现代性的。可以说，他没有分辨出生产力发展带来的人类历史上未曾有过的特性。可是，我认为把社会因素当作出发点，并从中得出经济的特点或用相反的方法都是同样有效的。托克维尔从民主的事实中演绎出了商业和工业的至上性和生活水平的提高的看法。

事实上，我认为对托克维尔的敌视或无视有科学和政治这两方面的原因。史学家们批评说他观念太多，材料不硬。社会学家们直到最近仍注重经济或社会的协调一致，他们不模仿托克维尔，不想列举现代社会的结构特征和政治制度可能的种类。必须等到集权主义的分裂或多元的民主制产生，社会学家们才会发现托克维尔提出的问题的历史意义。然而，对于许多人来说，政治偏见产生于失宠之中，至少在法国托克维尔是失宠的牺牲品，因为他不属于任何阶级、任何学派、任何政党。正像他给一位信友的信中所写的那样："我的同代人和我，我们越来越走向了两条如此不同的道路，有时甚至是那样的截然相反，以致我们几乎永远不能再有同样的感情和同样的思想了。我有父母、邻居和密友，但我的精神不再有家庭和祖国。我向您肯定，这种知识和精神的孤立常常使我感到万分孤寂，甚至超过了我过去在美洲森林中所感到的孤寂。"①

---

① 转引自 J·P·梅耶：《亚历克西·德·托克维尔》，伽里玛出版社 1948 年出版，第 33 页。

托克维尔是孤独的，他接受了民主制，但并不歌颂民主制。他出生在一个贵族家庭中，但却不想恢复革命所消灭的东西。他断言议会是必不可少的，但他不大喜欢大部分议员。他曾想在政治上显露身手，但最终却甘心只当一名作家。他使右派和左派一一失望，他蔑视激进派和意识形态派，也蔑视反革命派或专制主义的拥护者。他对像他那样寄希望于一种温和的自由制度的人的运气不抱幻想，对路易·菲利普统治下占有一切要位的资产阶级的自私自利也不宽容。同样，他也没有屈服于自命为顺应天命的人的魅力。

"如果路易·拿破仑是一位聪明的天才人物，他就永远不会成为共和国总统；他相信一颗星星；他坚信自己是命运的工具和不可缺少的人物。我一直认为他实际上信服他的权利。我怀疑查理十世是否会像他那样迷恋自己的正统性，另外也不可能像他那样解释自己的信仰，因为如果说他对人民有一种抽象的崇拜，那么他对自由就没有多少兴趣。在政治方面，他脑子里的典型的和基本的工作是仇恨和轻视议会。在他看来，君主立宪制比共和制更令人不能容忍。他的名字给他带来无比骄傲，使他心甘情愿地服从民族，但厌恶容忍议会影响的思想。"

然而，所有这些否定都被一种反复肯定的观点和对一种神圣价值的眷恋改变了形象。我和许多人一样，读到《旧制度和革命》引言的最后几行时不能不战栗发抖：

"此外，人们应该认真考虑一下，就在这一点上，我并不像我的大部分反驳者可能想象的那样与他们有何不同。如果民族在一个人看来具有了妥善运用自由所必需的美德，那么在本性上可能具有偏爱依靠一个相同的人的任性、而不愿遵从他所致力制定的法律的精神的人该是怎样的呢？我想这样的人是不会有的。专制者自己也不否认自由是美妙的，只是他们只想自己享有自由，并认为其他一切人完全不配享有自由。因此，人们不是在对自由应有的看法上，而是在对人的尊重的程度上有分歧。这样，人们就可以断言对专制政府的爱好与对自己国家的蔑视确实有关。我请求人们能让我在接受这种感情之前再等待片刻。"

马克斯·韦伯和实力政治

你们交给我的任务——呈交一份论文①——给我提出了一个意识问题。或者说，如果我已经敢于使用马克斯·韦伯的语言的话，那就是给我提出了一个科学问题，也是一个政治问题。我们知道，马克斯·韦伯不仅是我们大家都仰慕的社会学家和哲学家，而且也是一位政治思想家，一位政论家。他曾多次想成为一位政治家。最后，如果说他从未跨过这个门槛，但他一生都是置身于日常活动的政治家们（如弗里德利希·瑙曼）的朋友、顾问和启示者。因此，不对威廉的德国，甚至当时的德国民族主义提出（甚至作出）一些判断，我就不能追忆、评论或讨论马克斯·韦伯的某些观念和立场。

换一个时代，一位法国人可能也许应该拒绝写这样一份报告。如果他全盘托出，他会害怕失之机敏，如果他闪烁其辞，又会担心失之坦率。我个人并不相信，在这个年份，在这种局势中，民族的考虑会强使我如此这般。

的确，马克斯·韦伯不属于一个完全消逝了的过去。沃尔夫冈·莫姆森的著作《马克斯·韦伯与德国政治》引起的争论不属于纯科学的范围。这些争论也涉及到今天我们赋予威廉德国、第一次世界大战、魏玛共和国、希特勒和第二次世界大战的意义。因而，作为实力政治家，马克斯·韦伯属于这样一种过去：对它的解释影响到我们从目前局势中获得的意识。在这个意义上，如果下述三项理由不能避免可能的反驳的话，一位法国人在讨论中发言便是不审慎的了。

---

① 为海德堡德国社会学家十五届大会而写的论文。

615

　　首先，从个人讲，我并不涉嫌敌视韦伯，即使今天我也不再用与三十年前在《当代德国社会学》中一样的词汇来准确地表述我的思想。其次，韦伯提出的某些问题在目前的法国具有一种奇特的现实性。沃尔夫冈·莫姆森指出了法兰西第五共和国宪法和马克斯·韦伯的宪法思想之间的亲缘关系，他没有错。最后（这条理由是决定性的），欧洲共同体已成了我们共同的经历，以致对民族主义（或旧日的民族主义）和实力政治的思考已成为我们所有社会学家和公民的任务。然而，我不会忘记韦伯对科学和政治作出的区别。但是，韦伯本人用以区分的方式并不永远可以作为榜样。不混淆事实和价值、事实和愿望是有益的。因此，必须注意观察本来面目的世界，而不是观察人们所希望的或所害怕的那个世界。由把实力政治表述为不可避免和必不可少的愿望引出的悲观主义的歪曲，其令人可怕之处不亚于理想主义的歪曲。

　　在这份报告中，我们把实力政治称作什么呢？我看可以给它下两个定义：一个是狭义的，一个是广义的。或者，人们可以称实力政治为国家之间展开的政治、服从于实力竞争的政治，因为它不服从任何法律、任何法庭、任何超国家的权威。在这个意义上，直到我们的时代，虽然各政治单位及它们之间的关系形态复杂多样，但任何对外政治均为实力政治。或者，人们可以称实力政治为一切以实力为目标和主要手段的政治，包括国内政治。在这第二层意义上，任何政治至少部分地是实力政治。在分析中，人们越是注重统治和斗争，政治就越是实力政治。

　　不论人们采纳第一个还是第二个定义，马克斯·韦伯作为政治家和社会学家都是典型的实力政治家。他属于马基雅弗利的后裔，也是尼采的同代人。在他看来，何为最好的政治制度这一古代的论题是毫无意义的，因此避而不谈。对他说来，阶级之间和个人之间争夺权力的斗争是本质，或者说是政治的永恒因素。在他眼中，没有实力愿望的民族和个人不属于政治范围。在他笔下，自由主义的和代议的体制是一个民族起世界作用必不可少的条件。他有时推举这些条件，以便证明一个民族即德意志民族是能够起世界作用的。他写道："唯有高等民族才有推动世界发展的车轮的天职。如果说不拥有这种深刻品质的民族从未冒此风险，那不仅是因为它们遭到了其他民族追求万无一失的天性的反对，而且它们在内部就粉碎了做此壮举的企图。我们绝非想用高等民族指有些人制造的暴发户的丑陋面庞。这些人对民族尊严的感情，使他们以及他们的民族容忍了 M·H·张伯伦这类英国的叛国分子，以领教什么是'德国'的教诲。此外，一个只会产生清官、令人钦佩的办公人员、正直的商人、功绩显著的学者和技术人员、忠诚的奴仆，总之听从官吏们不受控制的统治和关于假君主制的连篇废话的民族，也不会是高等民族。它不会自命不凡地操虑世界命运，只会忙于日常琐事。如果我们应当恢复我们的昔日地位，那么就不要向我们唠叨什么'世界政治'这类话！因为，如果德国人在国内仍处于纯粹的官吏统治的活动范围内（从技术上讲，这种统治是那样的熟练），如果他们竟然容忍领取薪俸、饱食终日的学者讨论一个民族是否已'成熟'了，是否可以采取这样或那样的政体了，那么，唠叨那些保守的连篇废话的文人对德国发展外部尊严的希望便是枉然的。

"文人对国内宣扬的非实力的意志与人们在世界上大肆宣传的外部'实力意志'是不相容的。"

我引了这段话，[1]因为它集中了韦伯关于实力政治的观念的主题。在理论上，任何国内或国外政治，首先是民族、阶级或个人之间的斗争。只有受实力意志鼓舞的个人才参加这种斗争，因而他们具有政治的天赋。马克斯·韦伯从未明确国内斗争和国外斗争有什么性质区别。与马基雅弗利一样，他在到处寻找斗争。但是，仍与马基雅弗利一样，他突出外部政治的首要性，他给自己确定的目标是本民族的团结（这里指的是德意志民族），以便使这个民族能影响世界历史的进程。只有由公民而非属民组成的民族，只有确立了自由制度并参加争夺权力的斗争、而非

---

① 《政治著作》，1921 年第一版，第259 页。

消极地忍受传统的或官僚的权威的民族，才能作为主人民族渴望世界政治。这种议会制度与帝国主义式的民族主义的结合肯定是韦伯的典型思想，但是韦伯可能没有、或者说可能不应赋予它比环境的价值更多的东西。在资本主义时代，在威廉德国，因为皇帝和容克地主的家长式的权威从此过时和无效了，因为官吏们出于职业的缘故被剥夺了政治即斗争的意义，所以马克斯·韦伯便要求制度的民主化或代议制化。但是，主人民族始终应是自由的民族。我觉得，马克斯·韦伯太拘泥于历史、太悲观，未能肯定这一点。此外，自由主义和帝国主义的综合兴许也适应韦伯的价值体系，因为用民族利益、民族的实力利益为议会制辩护，会使自发体验到的偏好或者毋宁说是强烈的厌恶具有一种工具的性质。

如果我们采纳实力政治的广义（第二层意思），这份报告就应以某种方式包括韦伯的全部政治社会学。由于不能涉及这样大的范围，我想就采纳实力政治概念的第一层意义，即对外政治——国家之间的争夺。这些国家不受一种共同法律或一个法庭权威的制约，因此不得不自我判定，不得不依靠自己及其盟友的力量来保护自己、自己的安全和生存。如果我们采纳实力政治的这项定义，立即就会产生一个看法。作为社会学家，马克斯·韦伯不大论述国家间的斗争，很少谈及民族和帝国、文化与实力之间的关系。《经济和社会》一章写的可能是我们可以称之为"国际关系的社会学"的东西，但没有完成。①如果有时间的话，韦伯可能会利用他无与伦比的渊博的历史知识来充实这个部分。另一个事实同样是无可争辩的：韦伯的民族主义先于他的社会学研究，先于他的科学活动；他在读书时就觉得民族主义在威廉德国是生气勃勃的。他汲取它，毫不犹豫地将它变为自己的民族主义。他这时似乎没有深思熟虑。在很多问题上，韦伯采纳了特赖奇克关于政治的著名课程的教诲，尽管他的哲学更为悲观，因此更为悲惨。

①　《经济和社会》,第三版,1947年,第三部分第三章,第619—630页。

　　他曾无可更改地决定了他要为之献身的最高价值，在政治上他发誓
永远忠于的上帝（或魔鬼）是伟大的德意志民族。我使用了伟大一词，尽
管这不是韦伯的术语，他常常讲的是实力、实力利益、实力尊严和世界
政治。我选择伟大这个模棱两可的词的理由是，马克斯·韦伯一直暗示
实力与文化之间有联系。德意志民族是一个文化民族。实力无疑是目
标，但它也是使文化灿烂夺目的条件。面对未来的后代，德国作为强国
对未来的人类文化负有责任。

　　"如果世界权力——说到底是关系到未来文明特性的决定权——不经
斗争就带着某种拉丁人'理性'的芬芳一方面受俄国官吏们的规定支
配，另一方面又受盎格鲁-撒克逊社会的协议的掣肘，未来的几代人，主
要是我们的后裔将不能怪罪丹麦人、瑞士人、荷兰人和挪威人。他们应
当理智地怪罪于我们。"（《政治著作》第60—61页。）

　　马克斯·韦伯毫不犹豫地、不加论证地承认了文化和民族（"在我们
的时代，任何文化都服从并继续服从于民族现象，文化的外部手段在传
播和种类上越是变得'民主'，这个情况就越为明显。"[1]）及民族实力
和文化传播之间的双重联带关系。的确，在未完成的《经济和社会》一
章中，他指明了文化灿烂或文化威望与军事政治实力之间的联带关系。
他没有从中得出结论说实力有利于文化的质量。以下是他做的一个
注解：

　　"文化的威望和实力的威望紧密相关。一切胜利的战争都有利于增加
文化的威望（如德国、日本等）。至于弄清这个事实是否有益于文化的发
展，则是另一个问题。这个问题不能在价值论的中性立场上加以解决。
总之，答复不会是独一无二的（如1870年来的德国），即便在可以凭经验
掌握的指数的基础上也是如此。纯德意志性质的艺术和文学并非产生于
德国的政治中心。"

　　对这段文字我们可以有两个看法：自诩为价值自由以致不给事业的

---

　　[1]　《政治著作》，第47页。

性质带来任何评价的历史是异常贫乏的。令人惊奇的是，韦伯认为实力是最高目标，它不影响文化的质量，而影响文化传播和威望。

韦伯的独特之处不在于他接受了这种民族主义——这在上世纪末似乎是相当平常的事，甚至也不在于他狂热地宣传世界政治的必要性——俾斯麦事业的必然后果和最后的辩护。我认为，当韦伯强调实力的恶魔般的性质和实力国家所要求的种种牺牲时，他是特别的，不同于他的同代人。特赖奇克在政治课程中认为某些东西对小国是可笑的。马克斯·韦伯为成为**民族实力国家**的德意志之外存在一种日耳曼主义感到兴奋不已。

他写道："我们有千条理由该感谢命运，因为在德意志民族的实力国家的疆域之外，也存在一种日耳曼的性质。不仅资产阶级谦逊的品德和从未在一个大国实现的真正的民主，而且更为内在并永恒的价值，都只能在放弃了政治实力的共同体的土地上生根开花。艺术范围的价值也是如此：像戈特弗里德·凯勒这样一位真正的德国人，在我国这样一个军事阵营中，永远不会成为独创的、独一无二的人。"（《政治著作》第60页。）

至于民族和国家、民族主义和帝国主义的关系，马克斯·韦伯属于他的时代，他接受了当时的观念和混乱。一方面，他承认并强调了民族要求的力量、所有自觉民族要求自治甚至独立的渴望。另一方面，他愤怒地反对主张与法国在洛林问题上进行妥协的思想。在阿尔萨斯举行公民投票这一思想，在他看来甚至是可笑的。[1]马克斯·韦伯不希望把非德意志或敌对的人吸收进帝国。但是，他同时又远非无保留地同意民族的原则，不论这一原则采用什么形式。在他看来，中欧分解为所谓的民族国家（但不可避免地要包括少数民族）既不可向往，[2]也不现实。他倾向于构思一种既是民族的、又是帝国的政治。这种政治将协调帝国的实力

---

[1] 致 R·米歇尔的信，转引自莫姆森的著作，第28页。
[2] 他也许对。

利益与其他民族的某些要求。

他提出俄国是帝国的主要敌人，是惟一能威胁帝国生存的敌人。于是在1914至1918年战争期间，他便推崇一种有利于波兰的德国政策。①与其说这是出于对波兰要求的同情，不如说出自对德国民族利益的关注。一些在军事上受帝国保护、经济上与帝国连在一起的自主国家会构成反对大俄罗斯帝国主义威胁的最好屏障。然而——这里又显示了时代的精神——马克斯·韦伯从未最后同意让波兰国家完全独立，也没有考虑过西方要为各族人民的明确意志而牺牲军事保障和利益。

在一切问题上，韦伯突出的一点是他几乎完全没有意识形态上的辩解。我觉得，他对法德在阿尔萨斯问题上的意识形态的争论是无动于衷的。争论的问题是帝国的这个省份的日耳曼主义应否战胜阿尔萨斯人目前的意愿。同样，他对"民族的原则"不作任何复杂和细微的分析。他看到了民族感情的可变化的力量②，但又以完全现实主义的方式从中演绎出了欧洲附属国的危险，也演绎出为帝国的利益在东欧发动民族感情反对沙皇帝国的良机。

他很少明确提出有利于这种或那种外交的道德的或理想主义的论据，而只是含蓄地这样做。任何人——甚至一位德国人——都不必把帝国的实力利益确定为最高目标。从这个意义上说，最后的目的是任意的。因为这些实力利益被假设为不可与文化利益（至少是文化的威望）分开的，所以它们就有一圈精神光轮。一旦做出这个选择，政治家就应每时每刻地探究真实情况，以确定为达到最后目标可能做的事，而不必过分担心他所采取或推崇的措施是否合乎道德。如果说他不关心这些，这不是出于非道德主义，而是出于理智的诚实。"因为，一切参与实力国家利益的东西都结合在支配着全部政治史的'实力综合'的法则之中。"（《政治著作》第63页。）

---

① 这时，他完全抛弃了德国向东殖民的旧观念和对波兰工人的涌入表示敌视。
② 《经济和社会》，第627—629页。

如果这些分析是正确的，那么马克斯·韦伯的民族和帝国的观念就将是他那个时代和他那一代人的典型观念。①它们在对象上是温和的，在表述上却一览无遗。德国首先面临着来自东方、沙皇帝国或大俄罗斯帝国主义的危险；因此，在1918年最终的灾难爆发前，他一直希望和平的条件不排除与大不列颠和法国关系的和平化。也许他对这种和平化所要求的东西抱有幻想。但是，在这个问题上，如果说他可能没有远见，但比起几乎所有的同代人他的远见要多得多。

详细介绍韦伯的意见、考察从著名的《就职演说》到战时提出亲波兰主张时他的意见的变化，是容易的。但我觉得没有意思。人们常常做这种研究，但它会使我们偏离基本的问题。

西方的政治思想家一直证实国内政治和国外政治是一致的，认为这是一件显而易见的事实。当霍布斯在《利维坦》中尽力描绘自然状态时，他描述了主权者之间的关系，彻底表述了一种古典的观念。马克斯·韦伯用合法暴力的垄断权来确定国家，逻辑上他应该承认国家间的暴力争夺类似于一个国家内部个人或阶级间在服从法律的条件下进行的竞争。然而，事实上，马克斯·韦伯显然接受了这一观念，他还是看轻和混淆了这一区别。我觉得，达尔文关于社会现实的观点给他留下了印象，影响了他。例如，他写道：

"任何人触及了其他人被迫（直接或间接地）交纳的年金的一个生丁，任何人拥有一种有用的财产，或使用了靠别人额头上的汗水、而不是用自己劳动获得的通讯手段，他就用为生活而进行的经济斗争运动充实了他的生活。这是一种没有任何爱慕、毫无怜悯的生活。资产阶级的措辞把它说成'和平的文化工作'。这只是另一种形式的人反对人的斗争。在斗争过程中，几百万乃至几亿人每年都全力以赴地消耗自身。他们陷于这种斗争，或者至少过着一种实际上比所有的人（包括妇女，因为她们

----

① 我不相信马克斯·韦伯曾确定过世界政治所指的是什么东西，或者明确指出过哪种殖民占有会满足德国的野心。

在履行义务时也参与战争）为荣誉而进行的斗争更加与任何可察觉到的'意义'格格不入的生活，这只是意味着，为历史任务服务的斗争已由命运交给人民本身了。"（《政治著作》第62页。）

这段文字摘自战争年代的作品。然而，二十多年前，在《就职演说》中，他就已经同样有力地表述了相似的思想：

"因此，在我们看来，在'和平'的表象下，各民族间的经济斗争仍在继续。东部的德国农民和农业工人并不是在一场公开的冲突中被政治上高于他们的敌人从自己的耕地上赶出去的，而是在一种平静的、忧郁的日常经济生活的竞争中，被一个不那么发达的种族战胜了。他们背井离乡，前途黯淡。因而，在生存的经济斗争中并没有和平，只有把这种和平的表象视为事实的人才会相信，未来会产生有利于我们后裔的和平和生活享乐。"（同上引书第17—18页。）

后面还写道：

"在人类历史未知的未来之门上写着：每人都留下自己的希望，而不是和平和人类幸福的梦想。

"除我们这代人的坟墓之外还能激起我们思考、并确实构成任何经济工作基础的问题不是弄清未来的人怎样生活，而是他们将变成什么样子。我们想培植的不是人们的舒适而是我们的感情与之联系的品质，这些品质构成了人类的伟大和人类本质的高贵。"

还有：

"我们提供给后人的并不是人类的和平和幸福，而是为保持和塑造我们民族性格而进行的永恒斗争。我们没有权利沉湎在乐观主义的希望之中。根据这种乐观主义的希望，由于'和平的'自由经济竞争，选择将有助于最发达的人种的胜利，与此同时，我们的任务将随着经济文明最大可能的蓬勃发展而告完成。

"在历史面前，我们的后裔要我们负责的首先不是我们遗留给他们的经济组织的类型，而是我们为他们赢得并转交给他们的自由空间的范围。说到底，发展的过程也是谋求实力的斗争。哪里发展过程成为问题，哪里的民族实力利益就是经济政策应当为之服务的最后和决定性的利益。经济政策学是一门政治科学。它是为政治和民族实力政治的永恒利益服务的，而不是为那种土皇帝和掌握政权的阶级的日常政治服务的。在我们眼中，民族国家并非某种人们所渲染的那种不确定的东西。人们越是用一种神秘的昏暗掩盖它的存在，它越是如此。国家是世俗的实力组织。因此我们认为国家利益就是价值的最高阶梯，即使从经济上考虑也是如此。"（同上引书第 20 页。）

我觉得，这段常被人引用的文字揭示了应当称作马克斯·韦伯的世界观的东西，其中有达尔文的成分（生存斗争）、尼采的成分（不是人类的幸福，而是人的伟大）、经济的成分（财富的永恒稀有，人民的不可根绝的贫困）、马克思主义的成分①（每个阶级都有自己的利益，一个阶级、即使统治阶级的利益，并不一定符合民族共同体的长久利益），最后，还有民族的成分（民族共同体的利益应压倒其他一切东西，此外，民族主义源自一种决策，而非源自事实。）

三十年前，我第一次读马克斯·韦伯的著作，首先就为作者的大胆抒发己见和谦逊的教诲所打动。我现在仍然相信这部著作确实包含着一条依然有效的教训。但是，今天，我对产生那种自诩为不带一丝幻觉的思想的形而上学和悲观主义的世界观也很有感触。

在韦伯看来，战争是国家间实力政治的正常表现和不可避免的后果，国家间的实力政治不是旧时代的一种残存物，也不是对人类的文明努力的一种否认，而是阶级之间和国家之间生存斗争的形式之一，与其他本质上残酷的形式一样。换句话说，一种半达尔文式、半尼采式的生存斗争的形而上学会缩小和平与战争、人民之间的经济竞争和争夺国家

---

① 在《经济和社会》中，还可以找到马克思主义的另一个成分：用资本主义的利益解释帝国主义（第 621 页）。解释不完全是马克思主义的，因为韦伯认为社会主义经济也会或更会导致帝国主义。另一方面，韦伯仅用经济利益来解释帝国主义的扩张。

实力的斗争之间对立的意义。暴力并不因为掩饰而不再是暴力。如果说实力一词同时指国家内部和国家之间斗争的赌注，这是因为赌注在本质上是同一的。国内国外所涉及的问题均在于弄清楚谁取胜、谁支配，每个阶级或每个民族将为自己夺到哪部分空间或哪些可支配的资源。

由于各种原因，这套哲学已不时兴了。经过野蛮人的庸俗化和解释，它导致了惨无人道。但是，现代经济也揭穿了半个世纪以来专家们毫不犹豫地尊奉为科学真理的许多见解。马克斯·韦伯与他的同时代人一样，但和自由主义的经济学家不同，似乎并不怀疑一个国家的政治实力支配着民族的经济发展。他这样说，这样写，好像工人阶级的生活水平最终有赖于武器的命运。在这方面，马克斯·韦伯不属于我们的时代。今天，我们知道——六十年前也不是不可能知道——军事力量既非物质繁荣的一项必要条件，也非一项足够的条件。

希望人们能理解我们的意思。马克斯·韦伯曾选择民族国家的实力作最高的价值，这个选择是自由的、任意的。即使他知道从文化发展和工人阶级的福利看威廉德国都不需要殖民地，他也无法改变他的决定，因为实力利益是一个自在的目标，的确，一种文化的发扬光大与它所联结的民族的实力有某种关系。然而，如果阶级之间和民族之间斗争的主要目标(且不说是惟一的目标)是支配或实力，而不是福利和生存本身，那么对世界的描述就不一样了。

的确，今天，我们也可能犯与韦伯相反的错误。在民族内部和民族之间，社会关系包含着一种冲突的因素。人们根据不同情况把这种冲突称之为竞争、争夺、敌对和战争。冲突的赌注很多，有时候取得胜利的荣誉是惟一的报酬。但是，一旦生存和财富均不构成赌注了，一旦斗争本质上成为主要决定由谁掌权的政治斗争了，各种冲突的形式、手段和规则就有了决定性的区别。实际上一个没有冲突的世界是不能设想的。然而一个各阶级和民族不再卷入生存斗争的世界并不是不可设想的。总之，暴力形式和非暴力形式的斗争之间的区别又成为极有意义的了。竞选沙场上的胜利者在性质上、而非在程度上有别于军事沙场上的胜利者。

达尔文—尼采式的世界观构成了韦伯实力政治观的框架。各种不能相容的价值的多神教和多元性构成了韦伯实力哲学的另一个哲学基础。我们知道，马克斯·韦伯是从康德或新康德主义关于既然和应然、事实和价值之间的对立出发的。他没有把应然变成道德，而是他把道德本身也变成了有别于其他价值世界的一个价值世界。他说，各个价值世界不仅相互独立，而且处在不可调和的冲突之中。一件事情可能是美的，不是尽管而是因为它是恶的（《恶之花》）。从这里他提出了两个与实力政治有关的命题。第一个命题：没有一个法庭能裁决德国文化和法国文化的相对价值；第二个命题确认：一个人不能既当政治家又做基督教徒（至少如果基督教道德是"登山宝训"那样的话），我们每一个人在行动时都应在信仰道德和责任道德间做出选择。根据每个人伦理观念的不同，每一个行为都会引起截然不同的评价。

这两个命题一直并且继续引起激烈的论战。在某种方式上，多神论的公式是明显的。真正的艺术家不是一个道德的人，一件艺术品是美的，而不是好的。每个价值世界都有一个特殊的最终目的、一个特殊的意义。士兵的道德观不是圣人和哲学家的道德观。每种道德都遵循自己的法则。每个民族都在一定的价值体系中表现自己，为某种事业而骄傲。在这些价值体系或事业之间，谁能够具有足够的超然和公正来决断呢？直到这里，我们一起追循了马克斯·韦伯的思想。问题和反驳在此之外。

首先，我们重温一下《作为职业的科学》中的一段名言（第545页）："不能'以科学的名义'使自己成为实际信仰的捍卫者"——关系到达到事先确定的目的的必要手段的讨论除外——这种不可能性与一些更深刻的原因有关。这样一种态度原则上是荒谬的，因为不同的价值秩序在世界上处在不可调和的斗争中。我们并不想对老穆勒另作颂辞，但应当承认他所说的，当人们从纯粹的经验出发时，就会到达多神论这是正确的。这个公式有一种肤浅的，甚至反常的表象，然而也包含着一部分真理。如果说今天我们对某件事已不是一无所知，那是因为这件事可能是神圣的，尽管它是不美的，而且还因为确实是不美的。你们可以在《以赛亚书》第五十三章和《诗篇》第二十一首中找到有关的依据。同样，一件事情，不仅尽管是不好的，而且正因为它是不好的，才可能是美的。尼采向我们重新提到了这一点。但是，在他之前，波德莱尔已在《恶之花》中说过了。《恶之花》是他给自己的诗作起的名字。最后，常识告诉我们，一件事情，尽管是不美的、不神圣的、不好的，但可以是真实的。这只是不同秩序和不同价值的诸神之间斗争的最基本的情况。我不知道人们该怎样"科学地"决断与德国文化相比较的法国文化的价值问题。因为在这个问题上不同的神正在无休止地斗争着。因此，事情与古代世界发生的情况一样，还处在神和魔鬼的魅力之下，但意义不同。希腊人首先把祭品献给阿芙罗狄蒂，后来献给阿波罗，特别是献给了城邦的每一位神祇。今天我们也在这样做，尽管我们的行为粉碎了魅力，摆脱了依然在我们身上存在的神秘感。统治神祇的是命运，而不是一门科学，不论什么样的科学。

确实，谁都不能科学地判断法国文化的价值和德国文化的价值这两者之间的关系。但是，这个问题有意义吗？从一个事实（法国文化和德国文化不同）过渡到诸神将斗争到世界末日的观念合适吗？我不能不认为，马克斯·韦伯满脑子普遍和永恒斗争的观念，终于把无可争辩但暂时的实力竞争改头换面，变成一种神的战斗。有些时候实力竞争涉及着人和灵魂的命运。但并非永远如此。

一件事情，不仅尽管不好，并且因为确实不好，才是美的，这种情况是否如此明显呢？一件事情，尽管不美、不神圣、不好，并且因为这样，才可能是真实的，这种情况是否符合民族的明智呢？《恶之花》的美到处都以恶为对象，但它并不起源于会激起诗人的恶的欲念。如果可以说诗人给邪恶穿上了美的外衣，但这还不至于说邪恶因此就是美的起因和条件。同样，凡看见事实并讲实话的人，都会看见并说出"不美、不神圣、不好的东西"。寻求和阐述真理，与寻求美、神圣和好并没有固有的、不可避免的和不可调和的冲突。

然而，让我们撇开神的冲突吧，它只是间接地涉及到我们的主题——实力政治，我们再来谈谈支配着韦伯全部行动哲学的对立，即信仰和责任两种伦理的对立。马克斯·韦伯对我们说，任何人都不是非卷入政治领域不可的。但是，如果他卷入了，他就得接受政治的毫不留情的法则。既然政治的赌注是实力，是各阶级之间和各国之间的实力分配，那么，想领导同胞、本阶级或本民族的成员的人，应当服从斗争的无情要求。然而，斗争不能不要求有些即使不是邪恶的，但至少是危险的手段。责任道德显然与实力政治不一样。《作为职业的科学》中有一段常被人引用的话，马克斯·韦伯在这段话中批评了对实力政治的崇拜。

他写道："实际上，尽管或者毋宁说因为实力是政治不可避免的手段，尽管因此实力的欲望就是一种原动力，但不可能有比冒充好汉的政治更荒唐的政治漫画了。冒充好汉者像暴发户一样，或者像夸耀自己权力的那喀索斯那样，简言之像一切这样的权力崇拜者一样玩弄权力。的确，在我们这里，人们也狂热地崇拜单纯的实力政治家，他能产生很大影响。不过这一切都陷于空洞和荒谬之中。在这一点上，批评'实力政治'的人完全有理。这种态度的杰出代表们的精神的突然崩溃，使我们得以看到隐藏在某些狂妄自大，但空洞无物的行为后面的虚弱和无能。这样一种政治从来只是麻木不仁、极度肤浅平庸和缺乏任何人类生命的意义的精神的产物。另外，再没有比这种精神状态更远离人们在任何行动，尤其是政治行动中发现的悲剧意识了。"（《政治著作》第437页。）

责任道德的定义不是对实力崇拜和对道德价值的冷漠，而是接受事实、服从行动的要求和在危急关头首先拯救城邦其次拯救灵魂（《政治著作》第477页）。反之，选择信仰道德的人则服从信仰的要求，不论其后果如何。

事实上，马克斯·韦伯或多或少混淆了两种二律背反。一是政治行为与基督教行为的二律背反，政治行为必然求助于始终危险、有时狠毒的手段，基督教行为是"登山宝训"所启示的那种行为，或者是圣弗朗索瓦的教诲（甘愿再受侮辱，摒弃人间的一切享乐）；二是审慎决定和紧急选择的二律背反，审慎决定考虑决定的一切可能的后果，紧急选择是不可挽回的，不考虑可能的后果的。这两个二律背反不完全一致。如果"登山宝训"包括了全部基督教道德，那么任何国家首脑都不能成一个"纯粹的基督教徒"。任何人都无权不顾及行为后果。然而，在某种情况下，任何人都不能避开内心的要求，不论断然的命令要他作出的决定有何危险。

作为理论家，马克斯·韦伯想成为一个责任道德主义者，他坚定地，但也尽可能客观和清醒地接受了实力政治，即在国家内部和国家之间运用实力斗争所要求的手段。他选择了责任道德和实力政治的义务。这并非出于个人的兴趣，而是出于对他决定信奉的最高价值即帝国实力的忠诚。因为，出于虚荣或个人野心，为实力而实力的政治人物，只是漫画中的真实首领。只有在为一种超越自己的事业服务时，他才能成为真正的首领。

在政治活动中，马克斯·韦伯的举止不太像一位现实主义者。虽然他博学多才，英明大智，但我不能肯定他命中注定会成为一位人民的领导者。比起行为来，他更能在理论上抽象地接受平庸的妥协、权术和诡计，这些都是在任何制度尤其是民主制度下展开的实际政治不可分割的一部分。马克斯·韦伯往往很计较一个行为的价值、一次拒绝的典范意义，而对他的决定可以预料的后果却不太在意，对自己对别人都是这样。

马克斯·韦伯正确地防范了幻觉，认为政治不会没有斗争，斗争不会没有暴力，斗争的手段不可能永远符合基督的法则或简单的道德观念。然而，这个理论中有两个地方使我感到为难。

629

第一，赋予责任道德和信仰道德的二律背反以一种极端的、在某种程度上说是彻底的形式。能否完全不顾及人们做出的决定的后果？是否可以摒弃人们对目前的决定所做的道德判断？我觉得，马克斯·韦伯本来会承认这个问题。然而，他把只有在紧急情况下才会成为现实的一种选择确定为基本的选择，这样他就面临了双重的危险。一是为轻蔑地摒弃道德主义者指责的假现实主义者做了某种辩护；二是为不加区别地谴责一切政治的假理想主义者提供了某种辩护，因为这些政治不符合他们的理想。这些假理想主义者最终会有意无意地促进摧毁现存秩序，有利于盲目的革命者或暴君。

另外，马克斯·韦伯正确地提醒我们，用目的为手段辩护这个永恒的问题并不包含理论上的解决。但是，他不仅肯定了各种价值的混杂性，而且还肯定了它们之间不可调和的冲突，这样，他就阻止了自己去真正建立自己的价值体系。尽管他写道，没有最小程度的人权，我们就无法生活，可是他还是贬低了人权本身的价值——自由主义和议会制，把它们局限为替帝国的强盛服务的单纯手段。

这样一来，我就提出了另一个相反意见：既然马克斯·韦伯把德意志民族的实力利益视为最后的目标，那他就没有滑向一种虚无主义吗？他对我们说，民族实力有利于文化的威望而非文化的质量。因此，民族实力能否成为一个最终目标，成为人们为其牺牲一切的神呢？这并不是否认民族间的竞争和保卫民族在世界舞台上的地位的义务。但是，如果不论民族文化如何，不论统治它的人如何，不论所运用的手段如何，民族实力依然是最高价值的话，那么以什么名义来否认马克斯·韦伯曾恐惧地拒绝过的东西呢？

我觉得这是一个关键的问题，我们应当思考。马克斯·韦伯看到并描绘了欧洲民族间的敌对。如果今天我们感到他过高估计了这些冲突的意义、低估了一场大战对所有欧洲民族的前途的影响的话，那么，与许多同时代的德国人和法国人相比，他至少有一个高超之处，即他没有丧失节制和得体的意识。他从未加入在双方蔓延的狂妄宣传，也没有怀疑政治共同体的最高形式——民族国家(也许这个形式还没有被克服)。总之,在这一点上他也是属于他那个时代的。在大国的权利与义务、在实力政治的外交规则上,他也是用与同代人一样的风格来表述自己的思想的。

最后,作为社会学家,马克斯·韦伯的观念至今依然是现实的,作为政治家,他一直没有超出他的时代。他关心用民主制排除没有天赋的政治家的统治,因此他强调以公民投票确定的享有特殊威信的,但不了解下一代人将面临和蒙受的危险的领袖的合法性。他比其他人都更好地理解了现代文明的特殊性,但他没有领会技术时代军事实力与民族繁荣的区别(至少是可能的区别)。作为资产阶级,他是反马克思主义的,他援引官僚作风的必然性和宗教信仰的效力,而不是用生产力提高引起增长的论点(一切现代经济共有的事实)来反对马克思。

的确,目前还没有事实表明马克斯·韦伯的达尔文—尼采式的悲观主义的观点是错误的,我们现在的观点是最为合适的。前途仍然是宽广的,我们不知道人类将决定自我摧毁还是自我联合。然而,我们知道我们不再承认一个民族的实力利益是最终的目的和一个神圣的价值。马克斯·韦伯这样做了,或者他认为他这样做了,因为他认为在历史的长河中积累起来的文化已经一劳永逸地获得了,不会再有历史的变故。如果他知道文化本身可能会以实力的名义而被牺牲掉,他可能会承认自己既太自信又太悲观了。当他信任民选的首领、对文化和实力又不加区别的时候,他太自信了。当他想象不出一个和平的人类,或者至少能使阶级和民族不可避免的斗争服从规则时,他是悲观的。实质上,马克斯·韦伯在他自己的政治理论中背叛了自己,因为实力,无论是他的实力还是民族的实力,从来不是他的神。他的思想和生存服从于两个价值: 事实和高贵。作为人和哲学家,他给我们留下了一份遗产,这是实力政治的理论家所犯的错误不足以损害的。①

----

① 　马克斯·韦伯的语录由朱利安·弗罗因德译自德文。

图书在版编目(CIP)数据

社会学主要思潮／(法)阿隆著;葛秉宁译.
—上海：上海译文出版社,2015.7(2024.2重印)
(大学译丛)
ISBN 978－7－5327－7011－3

Ⅰ.①社… Ⅱ.①阿…②葛… Ⅲ.①社会学学派-
思想评论 Ⅳ.①C91－06

中国版本图书馆 CIP 数据核字(2015)第 129739 号

Raymond Aron
LES ÉTAPES DE LA PENSÉE SOCIOLOGIQUE
Editions Gallimard,1967
根据法国伽里玛出版社 1967 年版译出
Chinese (Simplified Characters) Trade Paperback Copyright ©
2015 by Shanghai Translation Publishing House
ALL RIGHTS RESERVED

图字：09－2005－334 号

社会学主要思潮
〔法〕雷蒙·阿隆 著　葛秉宁 译
责任编辑／衷雅琴　装帧设计／未氓设计工作室

上海译文出版社有限公司出版、发行
网址：www.yiwen.com.cn
201101　上海市闵行区号景路159弄B座
常熟市文化印刷有限公司印刷

开本 890×1240　1/32　印张 20.5　插页 2　字数 481,000
2015 年 7 月第 1 版　2024年2月第10次印刷
印数：21,001—23,000 册

ISBN 978－7－5327－7011－3/C·065
定价：88.00 元

大学译丛　书目